JN072841

目黒考二・北上次郎・藤代三郎の書庫

撮影・中村規

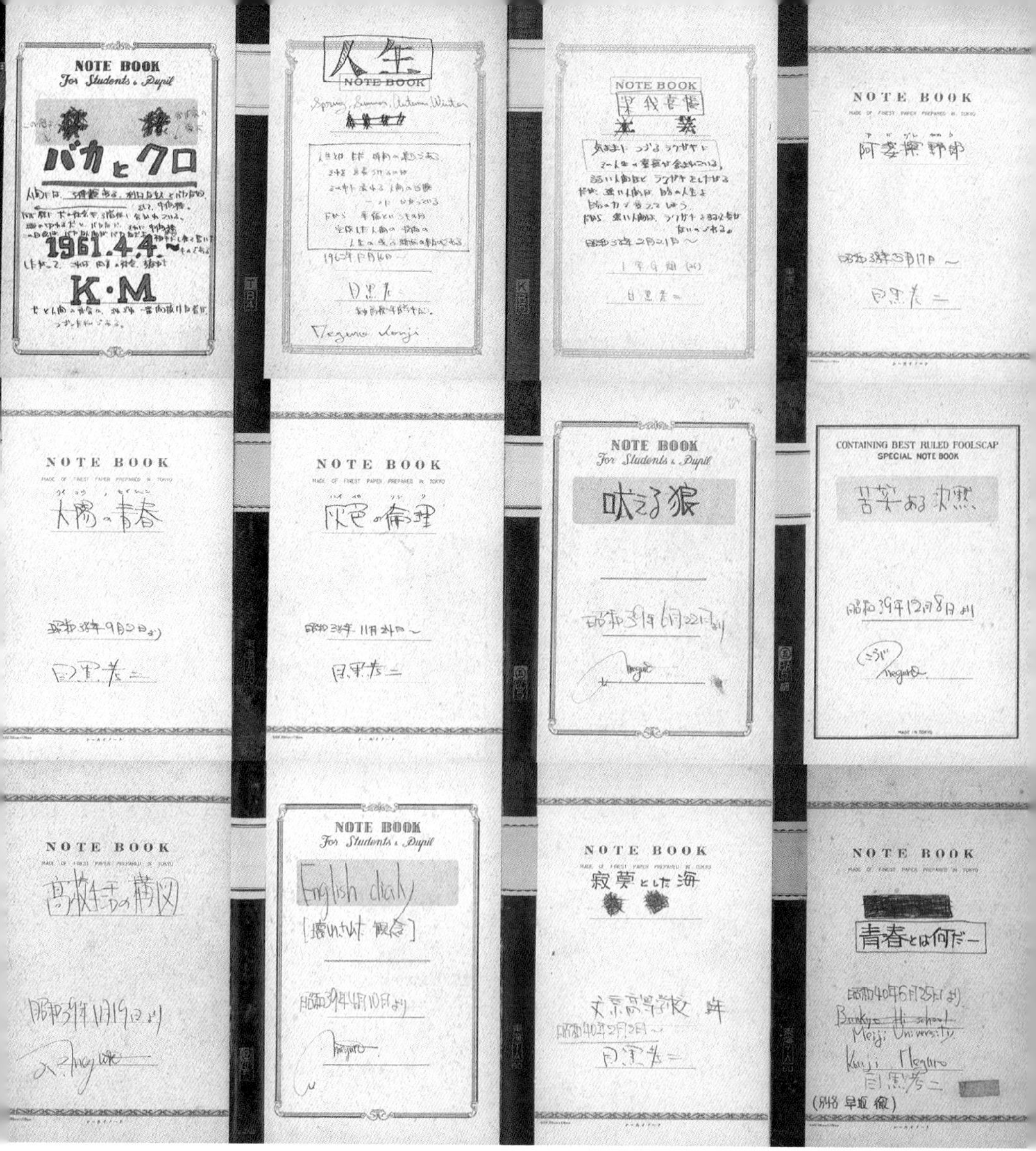

中学高校時代（1961年から65年）の日記。すべてにタイトルがつけてある

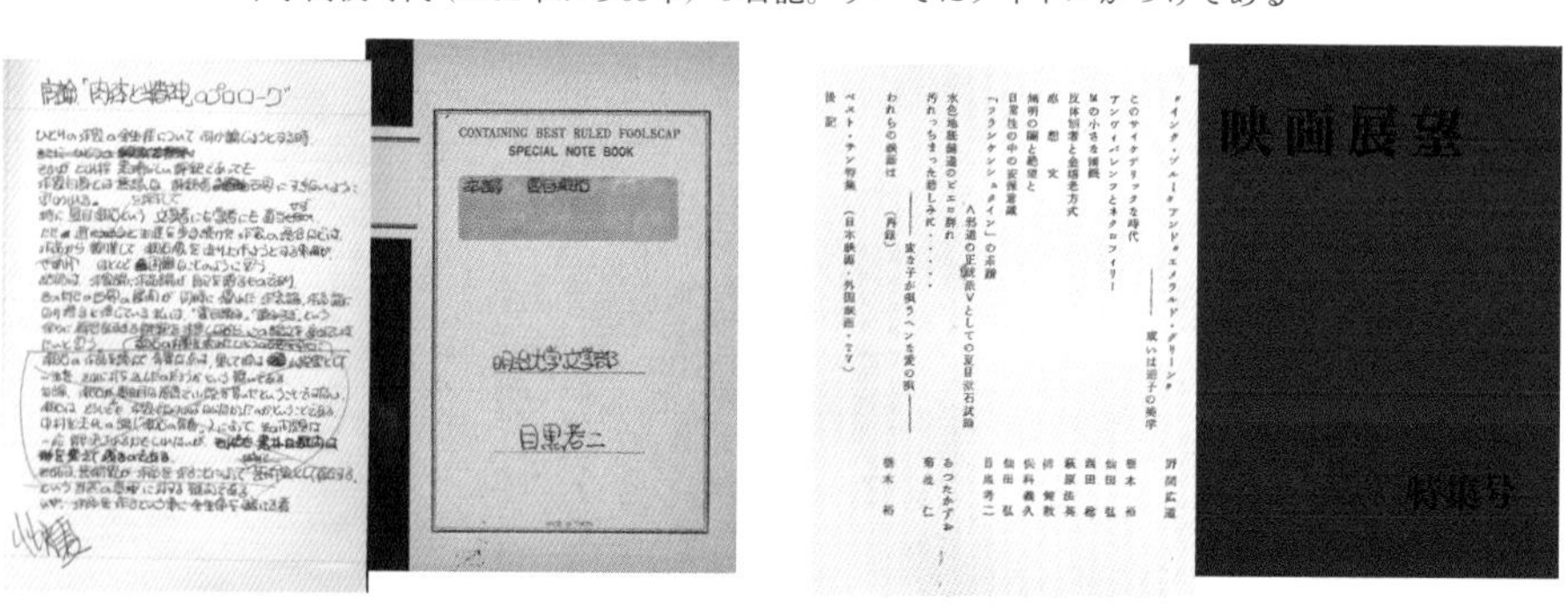

大学卒論「夏目漱石論」草稿（1968年）

明治大学映研制作冊子（1968年）

明治大学学生

教育実習録

昭和45年度

学部 専攻	文学部 日本文学科	教籍番号	2
氏名	ふりがな めぐろこうじ 目黒考二		

ストアーズ社に在籍しながら教職免許取得をめざしていたころの日記と教育実習録。
実習先は品川区立平塚中学校(1970年5月～6月)

手書きの個人読書通信各種。コピーをして知人に送っていた

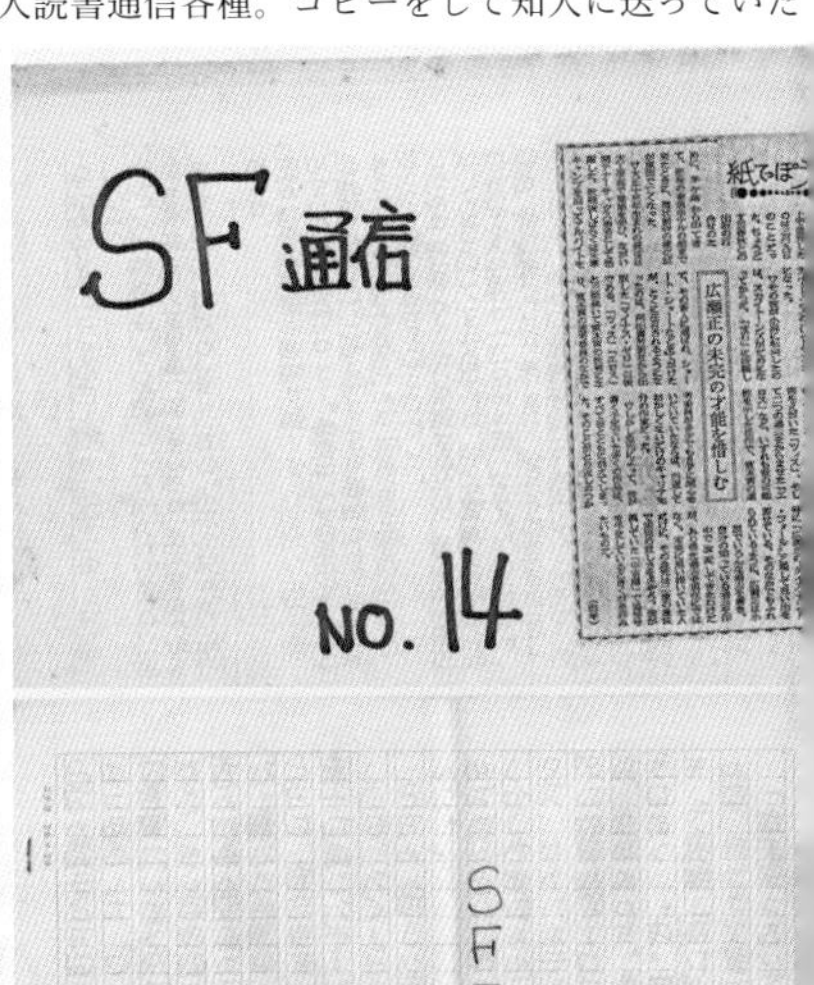

SFワールドへの招待

平井和正のウルフガイ・シリーズ（「人狼戦線」などはいちばんいい）が中・高校生に熱狂的に支持され、角川文庫で大藪春彦の解説を鏡明が書いて、それから平井和正が大藪のファンだったことを告白する、というひとつの流れがある。

そして何故か直木賞を受賞した半村良を、よかった、よかったとみんなが肩を叩きあう、というもうひとつの流れがある。

エンサイクロペディア・ファンタスティカ（だったかな）という素敵な連載を中断して、久しぶりに「世界の退屈な終末」を書いたら、退屈なのはその文章の方だった、なんて伊藤典夫の"休筆"を真ん中に置くと、今の日本SFの象徴的なパノラマが出来上がる、というのはぼくの勝手な推測だ。と、ここまで前書きにしておこう。

（本文の中で、コリン・ウィルスンの→ⓐ→「精神寄生体」（早川ノヴェルズ）と「賢者の石」（創元文庫）に触れるのを忘れてしまったけれど、これはぜひ読むことをおすすめしたい。）

注、クラーク「渇いた海」は「渇きの海」のマチガイ。ごめんなさい。

1 半村良なんて知らないよ

「広瀬正か半村良か、というリトマス試験紙に似たSF読者の判別法があるらしい」と書いたのは、何年前のことだったのかなあ。半村良が直木賞を受賞して、何だかみんな当然のことのように受け取っている昨今、ふとそんなことを想い出してしまった。

「雨の中の系図」（角川）を読んでから偉大な風俗小説作家だなあ、と思ったものの、それ以前もそれ以後も、半村良が広瀬正よりもすぐれたSF作家だとは、ただの一度も考えたことがない。

「英雄伝説」「黄金伝説」（いずれも祥伝社）「平家伝説」（角川文庫）と続く伝説シリーズも、巧みな風俗描写で読ませるだけ、といっても過言ではない。三作の中では「平家伝説」が、書き流しているにもかかわらず面白い。面白いという意味は、「雨の中の系図」の第1章「列外の男」に見られる巧みな風俗描写を愉しめる、といった程度である。半村の小説に共通しているのは、唐突に現われるSFワールドの意外性が、不自然な付け足しのまま終っていることで、その部分だけ延長すると「不可触領域」（文春）になる。

ぼくがビックリしたのは「都市の仮面」（角川）に収録されている「生命取立人」を読んだ時で、小松左京の「彼方へ」を除くと、こんなにバカバカしいホラ話は初めてだった。

だが半村は「炎の陰画」（河出）に見られる"私小説"の方向に進んでいく。「わが青春のE・S・P」がその分岐点か。

山野浩一、森優を代表とする当時のSFゲットー主流派に、広瀬正が評価されなかったのは、"お遊び小説"のためだろう。そのいちばんいい例が最後の長編「鏡の国のアリス」（河出）で、これは最初から最後まで"論理のお遊び"で一貫していて愉しい。直木賞の候補になった時司馬遼太郎がただ一人推していたのが象徴的だったが、それを書くと司馬遼太郎論に脱線しそうなので今回は書かない。広瀬正も「マイナス・ゼロ」（河出）はそれほど評価していない。「エロス」（河出）にいたっては駄作だと思っている。「ツィス」（河出）がまあまあという程度だが、成功作とも言い切れない。ぼくが広瀬正に執着するのは「鏡の国のアリス」一作のためなのだ。これがある限り、ぼくは「半村良なんて知らないよ」と言い続けるだろう。

2. それではまずオールディスを読もう

SFをこれから読もうとする人に、どんな作品をすすめるか、という点で、いろいろ意見はわかれるかもしれないけれど、ぼくはオールディスの「グレイベアド」（早川版・世界SF全集に収録）をすすめたい。これはファーマーの「恋人たち」（早川SF）と並んで、SFの生んだもっとも美しい恋愛小説である。トマス・モアがテームズ河をのぼって作り上げたユートピアが崩壊し、同じ河を下っていく灰色の顔にカット・バックでそう入される恋人たちの姿が、たまらないほど胸に沁みる。これがつまらないという人とはぼくは口を聞かない。

同じオールディスの「地球の長い午後」（早川SF）もすてきな小説のひとつだが、いきなりこれを読むと拒絶反応を起こす人もいるかもしれない。でもいつかは読まねばならない。

3. 友だちとSFばかり語っていたっけ

ハードSFの代表作にレムの「砂漠の惑星」「ソラリスの陽のもとに」（世界SF全集）がある。このあたりは、ぼくなんか、ゾクゾクしちゃって、いつも椎名誠と興奮しながら語っていた。アーサー・C・クラーク「渇いた海」（早川SF）を入れてもいい。こういうハードSFにゾクゾクしちゃうと山野浩一のNW宣言もかすんでしまう。

ハル・クレメントもいいなあ。「超惑星への使命」（早川SF）は面白くなかったけれど、「重力の使命」（同）は、一度読んだら病みつきだ。「アイス・ワールド」（同）も「20億の針」（創元文庫）も、こうなったら、まとめて面倒みちゃおうって気になってしまう。

もっともS派とF派の対立というのはやっぱりあるだろうから、こうしたハードSFがつまらないからといって本を投げ捨てちゃダメだよ、沢野クン。そういう人はファンタジーを読もう。素敵なファンタジーもたくさんあるんだ。

シルヴァーバーグ「夜の翼」（早川SF）がファンタジーかどうかはわからないけれど、夜空を飛んでいくイメージは奇麗だ。伊藤典夫がこの小説をけなしていた理由がぼくには今だにわからない。

ブラッドベリもいいんじゃないのかなあ。

4. 山田正紀の次の作品が愉しみだ

筒井康隆「ウィークエンド・シャッフル」（講談社）は久しぶりに面白かったけれど、同じ筒井の「ミラーマンの時間」（いんなあとりっぷ社）はどうしてこんな駄作を書くんだろうと首をひねりたくなる小説だった。筒井の作品で面白いのは「わが良き狼」（三一書房）を除くと実に少ない。

小松左京も失敗作「継ぐのは誰か？」（早川文庫）は、ぼくの好きな小説だけれど、それ以後はさっぱり。「牙の時代」（早川）が辛うじて読める程度。初期の短編集（早川P.Bで五、六冊出ている）にあった野放図な面白さが最近はなくなってしまった。

豊田有恒、眉村卓、福島正実を称して、誰かが日本SF界の"三バカ・トリオ"と言っていたけれど、異論はない。

自信をもってすすめられるのは河野典生「緑の時代」（早川）だ。短編集だが「グリーン・ピース」が特にいい。

その新鮮なイメージは、ぼくらをワクワクさせる。

日本SFの神話時代が終って過渡期の今、ざっと見渡すと、誰もが混乱し、作品もそれに応じて混乱している中で（小松左京の低迷と星新一の変身は、そうした混乱期の象徴なのだ）たった一人、期待できる新人がいる。

「幻覚の地平線」（早川文庫）「大滅亡」（祥伝社）を書いた田中光二だろうなんて言っちゃいけない。

「神狩り」でSFマガジンにデビューした山田正紀だ。

「流氷民族」（SFマガジンに連載した長編 もうすぐ単行本になるだろう）は、小松左京の二番せんじという感じがあって、その意味では限界のある面白さというだけだが、「襲撃のメロディ」（SFマガジンに2回分載）がいい。これは「神狩り」に続くビッグ・コンピューター・シリーズの2作目で、今3作目を宇宙塵に載せている。今もっとも期待できる新人なのだ。単行本になったら、ぜひ読むことをすすめたい。

まだ書きたいことはたくさんあるけれど、キリがないので、ベスト10でまとめよう。

めぐろくんの選んだSFベスト10

	日本			翻訳	
1.	鏡の国のアリス	広瀬正	1.	グレイベアド	オールディス
2.	緑の時代	河野典生	2.	砂漠の惑星	レム
3.	日本アパッチ族	小松左京	3.	重力の使命	クレメント
4.	わが良き狼	筒井康隆	4.	渇いた海	クラーク
5.	光の塔	今日泊亜蘭	5.	恋人たち	ファーマー
6.	家畜人ヤプー	沼正三	6.	アルジャーノンに花束を	
7.	おーいでてこーい	星新一	7.	アンドロメダ病原体	クライトン
8.	石の血脈	半村良	8.	賢者の石	コリン・ウィルスン
9.	鳥はいまどこを飛ぶか	山野浩一	9.	地球の長い午後	オールディス
10.	メガロポリスの虎	平井和正	10.	夏への扉	ハインライン

（上）
「SFワールドへの招待」（1973年）
全ページ
（下）
「別冊S・F通信 星盗人」（1972年）

編集後記

★創刊号の発刊が半年も遅れてしまって、本当にゴメンナサイ。「同人誌じゃなくて個人誌ナノダ」などとわめき続けた編集者を終始、許して下さった執筆者の方々に感謝しています。特に改稿を心よく了承して下さった山森、椎名、鈴木の三氏にはエディーターとして非常に感謝しています。
★とりあえず椎名誠氏の「アドバタイジング・バード」の連載が終わるまでは、廃刊にしないことを約束します。
★この雑誌は「SF通信」の別冊です。「SF通信」は月刊のニューズ・レターで、独断と偏見に満ちた通信です。新刊紹介があったり、なかったり、SFと関係ない話で埋められていたり、何だか当人にも判らないのですが、部数がふえればそれだけ赤字になるという妙な仕組みになっていて、その影響なのか申し込みがあっても「面倒だから送らないノダ」などと寝てしまいます。そのために、あまり人の噂にものぼらない先鋭的な通信です。
★でも、この「星盗人」は《SF通信》と違ってマトモな雑誌ですから申し込みがあれば、どなたにでもお送りします。もっとも、マトモになった分だけ"通信"よりもつまらなくなったのではないか、と当人は密かに思っているので、あまり性急に申し込まない方がいいのではないかしらん。
★「星盗人」第二号は十二月発行の予定です。面白い作品を求めます。同人誌ではないので掲載料その他一切不要ですが、原稿料を差し上げる訳にはいかないので御了承下さい。
★「改稿するノダ」とわめきわめき続けたので、きちがい編集者と呼ばれていますが、それを承諾さえしてもらえれば、どなたでも歓迎します。
★この雑誌、あるいは個々の作品に対する批判、感想などがありましたら、ぜひお寄せ下さい。
（めぐろ）

発行 一九七二年六月十日
編集人 目黒考二（豊島区高松三の五）
印刷所 東邦堂印刷

星盗人

別冊／S・F通信

左ページ
（上）1974年の競馬日記。
（中）1976年から78年までの読書録
（下左）
1976年5月9日、「十字屋書店」あての「本の雑誌」初の納品書と1986年第8号の配本記録
（下右）
1982年第26号の配本日誌

7.7（日）3回中山8日　ダート不良. 芝・重

5レース. マーガレット賞（4才・900万下. 芝1800）
メジロチトセが大外からハナを奪うなんて. 最初から展開が予想と違っている. ヒダカフジが後方まま. なんて許せない. もっとも3角で2番手まで上がってひっぱったけれど。3角から仕掛けたダイショウゴンがのびたがラウンドファーザー（3回続けて2着した馬なのだ. ボクが買わない時にどうしてくるのだ！）が先に行った分だけこの足を使って粘り
エクセルランナーがやはり届かず. 4-5. 1060円
この3頭から5馬身遅れの4着にモンテダイオー.
ラウンドファーザーは重に助けられた. と解釈すべきなのか
6レース（5才上700万下. ダート1800）
ダート上手のハツイタオーが中団の位置から一気に差しきり圧勝.
メイジヤマトが残って. 1-6. 1760円 ウェリントンが3着.
マイバーハはいいところなく着外. ダートはダメなのか.
9レース（4才. 200万下牝. ダート1700）
カツシラフジの順当勝ち. 直線一度さがったサンテサトナがセイセイハを差し返し. 三頭差なしだが 5-6. 550.
この3頭が抜けていて. 8馬身遅れの4着がダイ/4ドリ.
キョウメイは後方まま. ビバモリーはどうしたのだ！
7レース. ルビーステークス（5才1000万下. 芝1600）
ダイシンバリアントの逃げ切り. 内をまわったスモールキングが2着
パワーライフが3着. 大外をポツンとまわったラウンドファイトが4着
2-3. 2つで 5320円. メジロゲッコウはいいところなく7着に惨敗.
重下手の馬のダイシンバリアントがくるなんて. この！
マークリボーイは直線. 意外にのびず. 差のない5着. パラマスは
まったくいいところなく. 後方ままの6着. ヒデヤスターは. 激しい先行争いでつぶれ殿り負け. このクラスまで上がっては まだまだか.

中山最終日は. 祖レースに万馬券が飛び出し大荒れ. ボクは惨敗.
九月の府中まで. 2カ月間競馬は休んで本を読もう。

9.7（土）　5回東京初日　ダート. 芝とも良

8レース.（サラ4才上. オープン. 芝1600）

ミホノフォードがスタート直後で1回叩いて. ここは狙い目。
逃げ切りじゃないかなんて思ってたら. マイルの王者. シカゴが直線スルスル. 2馬身の差をつけてゴール。ツアールターフが差のある3着.
ナスノカザは着外. グァムは一体どこを走っていたのだ. 2-6 470円

9レース　初秋ステークス（4才700万下. 芝1800）

ハーバーラークスは日経賞で負けてしまったけれど. 1800なら勝てる
2-8（ハーバーラークス・ストロングナイン）を本命. 2-4 2-7を押さえ.
サンセイオーザがハナから押えるという不可解なレース. ストロングナインが速い. ラウンドファイトが二番手. 三角から仕かけたハーバーラークス 四角で二番手. 勝った！と思ったのはいつもの早とちり。直線に向いて. ストロングナインとラウンドファイトが叩き合い。結局. ラウンドファイトが競り勝。
突っ込んできたホッカイダイヤとエスコルタが1馬身差の3 4着. ラークス5着. ロイヤルタカシは足を痛めたらしく. テレビにはとうとう映らなかった
5-7. 1420円。ストロングナインの先残りは考えたのだが. ラウンドファイトは条件馬とバカにしたのが大間違い. 体の大きいエスコルタは人気だったが. やはり叩かないとダメなのだろう. アカセゼキがいいところなかったが. もう一度見てみたい。

10レース. 六社特別（4才400万下. 芝2000）

エクセルランナーが一本人気になったが. 直線で苦しがって伸びず. 逃げたオプとアイアンロングの叩き合い. アイアンロングはすっかり立ち直ったのか競り勝ち
3-5. 8150円。ハセノタイヨウが2差の3着 アロー・ウイン4着.
エクセルランナーは5着. このレースは固いと思って手を出さなかったが
アイアンロングは狙うべきだったな。本日のマイナス 12000円。

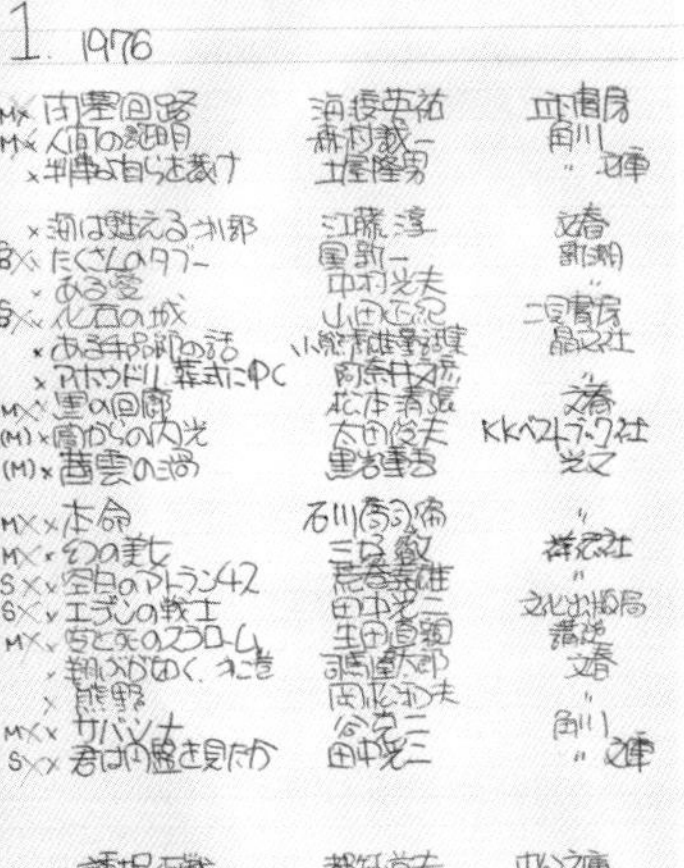

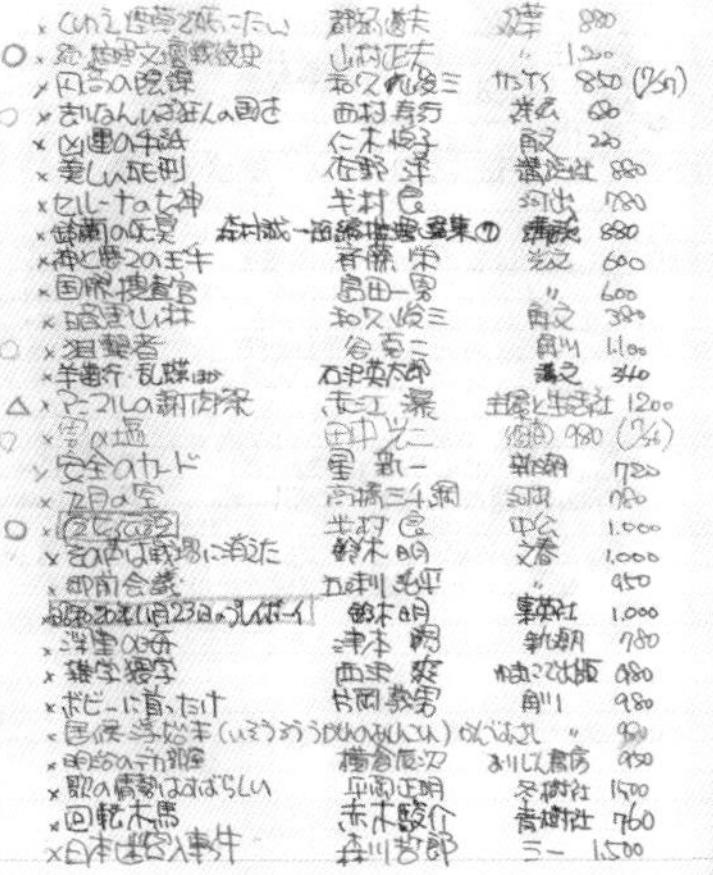

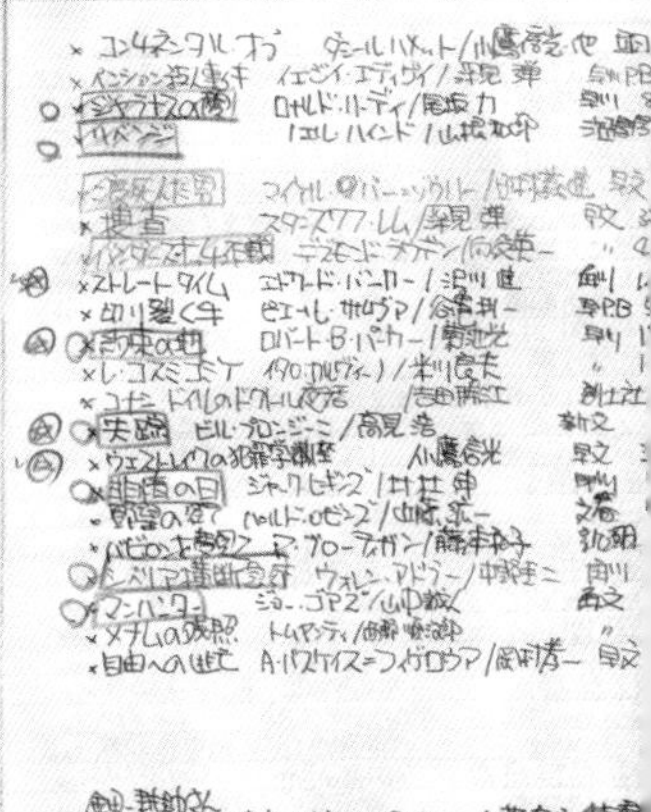

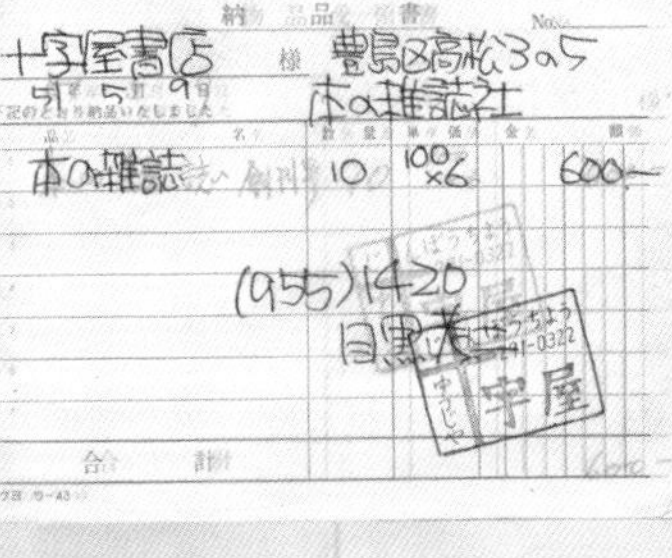
納品書
No.
十字屋書店　様　豊島区高松3の5
本の雑誌社
51年5月9日
下記の通り納品いたしました
品名	数量	単価	金額
本の雑誌	10	100×6	600―

(955)1420
目黒考二
合計

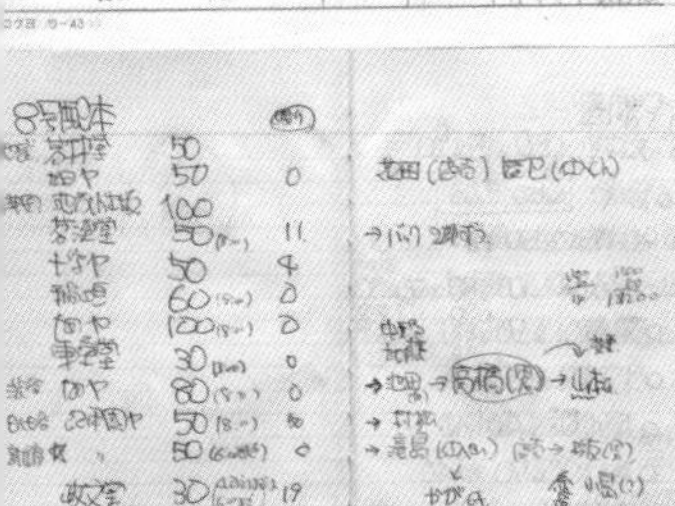

7月16日（金）　26号

A班（小尾の）目黒 → 新宿. 銀座. 新橋. 青山
B班　福井. 上原 → 池袋. 大山. 高円. 十条
C班　荻原. 富沢 → 横浜

かんぱん. 群原 → 経堂. 池尻大橋

富沢君は会計実習先の面接から直行.
横浜班. 5:30に帰社
A班はゆっくりラーメンを食べて 6:00帰社
B班　7:00帰社.

椎名氏. 書原を読者についてもめる.
書原が一回分の納品書を紛失したことが判明.
しかし. 木原ひろみ嬢「頭足りないんじゃないの」と電話口で言われ. ぷんぷん.
書原氏が返品に主張するので. 翌日. 控えのコピーを持参すること. 担当は上原君. なんだかわからないので「すみません. すみません」と頭を下げてきたとのこと. 頼りなし。

7月17日（土）

A班 小尾の 目黒. 富沢. 福津 → 新宿. 銀座. 赤坂. 渋谷
B班 福井 上原 中村. 田村 → 新宿. 池袋. 吉祥寺
C班　荻原 萩原 → 八王子

かんぱん　吉田嬢. 室木嬢 → 三軒茶屋. 船橋. 千葉.
鈴木. ■■ 中野 → 下北沢. 経堂.

朝から雨. じゅらく2Fで自転車のみ集合 9:40分。
鈴木君遅刻. 各班が納品書や請求書の点検するはずで.
（2分は1000キロの（の手当）福里バン. 1台はライトバン）に乗り
荷物を積みこみ. 雨なので運ぶには はかどらない.
デスクから顔を上げると. 下の路上で福井君と小田切君がびしょぬれになりながら「こっちの車に別冊のを積んだか」叫んでいる。
大ただバイト料も出ないのに（週4日で月3千万）よく働いてくれると. 本当にもうなく熱いものを感じる.
マンション前の路上に駐車できず. 積みこみ遅れに車を移動したが. 福井君が その途中にウィンカーをコンクリート塀に接触させ
5万円以上の修理代がかかると車の整備関係をやらないと困まりないので. 福井君はジャパレンに戻る. 出発前から ケチ
幸い5万円を越えないとのことで. 福井君30分ほどで戻る
しかし. 社を出たのは1:00　いつもより 2:00遅れ.
A班　新宿を終ったところで 2:30　雨のためにはかどらない.
社に電話を入れると B班 新宿を出るときにすでに3:40
今回で福井. 荻原 Ⓑ 荻君が家族のために引越するために
公募を上原. 富沢君にやらせるも 慣れないためか ミス続出.

『本の雑誌風雲録』（1985年刊）の草稿

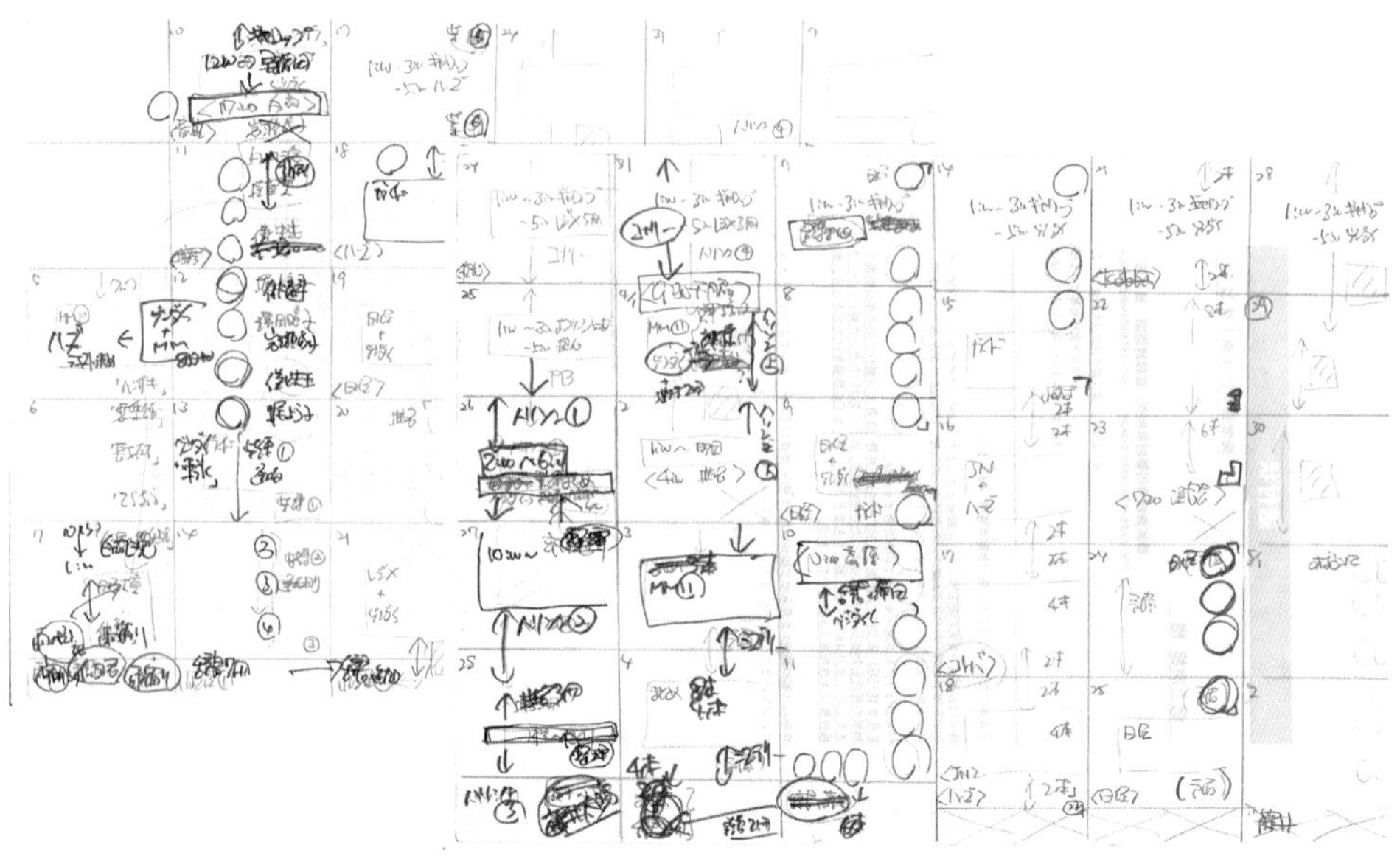

常に持ち歩いていた予定表。鉛筆書きのもともとの予定が変更になると赤のサインペンで修正する。読む本、原稿執筆時間、打ち合わせ等、すべてが書き込まれていた

目次

目次

さらば、友よ！ 追悼・北上次郎

さらば、友よ！　追悼・藤代三郎

北上次郎選

年度別ミステリーベスト10

北上次郎選

年度別エンターテインメントベスト10

本文イラスト　沢野ひとし
ブックデザイン　金子哲郎

本の雑誌の目黒考二・北上次郎・藤代三郎

別冊本の雑誌㉑

本の雑誌編集部編

まえがき

目黒考二は一九七六年に椎名誠とともに「本の雑誌」を創刊。日本にエンターテインメント書評を根付かせると同時に、北上次郎の名でミステリー、文芸評論家として健筆をふるい、八十年代の冒険小説ムーブメントを牽引してきました。また、藤代三郎の名ではギャンブル本にスポットを当て、競馬エッセイストとして外れ馬券の愉しさを伝えてきました。

本別冊は二〇二三年一月十九日に急逝した目黒考二の功績を記録すべく、目黒考二、北上次郎、藤代三郎が「本の雑誌」に書いた膨大な原稿のなかから厳選したものを収録。合わせて友人知人、作家、編集者など、関係者からの哀悼の言葉を掲載しました。「本の雑誌」二〇二三年五月の追悼特集「さらば友よ！」に加え、座談会、追悼原稿、追悼記事、秘蔵の品の写真等を新たに収録した保存版です。いささか厚くなってしまいましたが、本棚の見えるところに納めていただき、時折でも目黒考二のことを思い出していただけると幸いです。

さらば、友よ！

追悼・目黒考二

対談 僕らはこうやって雑誌を作ってきた
椎名 誠・目黒考二

目黒 椎名は「本の雑誌」を作る前に結構いろいろと雑誌を作っていて、「幕張じゃーなる」という雑誌が厄よけ展にも展示されてたんだけど、これは椎名が十九歳のときに作ったの？

椎名 え？

目黒 覚えてないの？

椎名 そんなの覚えてないだろう。目黒はなんで知ってるんだよ？

目黒 それはさ、『自走式漂流記』（新潮文庫）という文庫があるじゃない。二十年以上前に「小説新潮」の増刊号で出た椎名誠のガイドブックの文庫化だけど、これがすごく便利な本で、椎名が「幕張じゃーなる」を何歳のときに作ったかということまでわかるんだよ。しかも「幕張じゃーなる」の総目次も載っていて、この総目次がすごく面白い。意外なことに小説も結構載ってるんだよね。「幕張じゃーなる」は六号続いたみたいなんだけど、椎名は毎回小説を書いている。椎名だけじゃなくて、沢野も小説を寄稿している。上田凱陸くんっていうのは椎名の中学時代の友だち？

椎名 高校の友だち。

目黒 高校の友だちか。椎名が小説家になるのに影響を受けたというその凱陸くんの小説も載ってたり。で、普通だったら文学同人誌かなと思うんだけど、そうではなくてですね。木村晋介が「政治無関心層の発生について」という論文を書いてたりするんですよ（笑）。あと占いコーナーとか幕張スポーツとか新刊案内まである。これはどう考えても文芸誌じゃないよね。

椎名 これはね、「文藝春秋」を目指したんだよ。

目黒 ははは。椎名は昔から言うよね、

「文藝春秋」って。総合誌が好きなんだよね。「本の雑誌」を創刊したときも「早く『文藝春秋』にしよう」って言っててさ。それは無理だろって（笑）。

椎名　ふふふ（笑）。

目黒　こういう雑誌を作っていたのは六〇年代の初期ですから、そのころは全部ガリ版誌なんだよね。それで「幕張じゃーなる」を改題して出したのが「斜めの世界」のはずなんだけど、なぜか『自走式漂流記』に載ってない。「幕張じゃーなる」は六号全部総目次が載ってるんだけど、「斜めの世界」は載ってない。だから内容がどんなものなのかわからないんだけど、椎名覚えてる？

椎名　そんなの聞くなよ（笑）。

目黒　きっと「斜めの世界」はそんなに続かなかったんだろうね。

椎名　そうなんだよな。あっ、そういえば思い出したけど、「幕張じゃーなる」まではガリ版誌だったんだけど、「斜めの世界」は印刷を……何だったたっけなあ……。

目黒　コピー紙？

椎名　違う違う。

目黒　えっ、じゃあ、謄写印刷？

椎名　そう、謄写印刷！　タイプで文字がバーって出てくるやつ。

目黒　すごいじゃん！

椎名　だからえらいんですよ、「斜めの世界」は。あれ、かなり時間かかるの。

目黒　そうだったんだ。それはすごいね。それで椎名は一九六六年にデパートニューズ社、のちのストアーズ社に入社して、実際に編集者になって、それまでの上田凱陸くんとか沢野ひとしとか木村晋介とか当時の椎名の周りの人間を集めた雑誌作りは終わるんだよね。ところが今度は突然個人誌を始めるんだ。それが「月刊おれの足」。『自走式漂流記』に「月刊おれの足」一号の中身が全部入ってる。これが、すっごくくだらないよね。

椎名　そうか？

目黒　いかにくだらないかというと、冒頭がインタビュー構成で「克美荘ついに閉鎖」、見出しが「バケツをたたいて喜ぶ地元民」とかさ（笑）。それで特集がだよ「パンツの市民意識はどう高まったか」だって。しかもそれを表とか図いっぱい入れて書いてるの。椎名好きなんだよね、そういうの。

椎名　総合誌だからな（笑）。

目黒　文芸誌や同人誌を作るのはわかるんだけど、「月刊おれの足」は異色だよね。小説を載せるわけではなく、こういうバカバカしいことをやるのって相当エネルギーがいるから、逆にできないんだよ。

椎名　「月刊おれの足」は、貴重なんだ。十一部しか作らなかったんだよ。

目黒　よく覚えてるね（笑）。

椎名　それだけ覚えてるの（笑）。どうして十一って半端な数なのかはわからないんだけども。それね、俺の手元に一切なかったんだ。

目黒　とってなかったの？

椎名　そう。それが奇蹟的に一部だけ残ってるのが発見された。沢野の家で火事が起きて、焼け残った物の中から周りが焦げている「おれの足」が発掘されたんだ。

目黒　そうなんだ。

椎名　それ一部しかないんだよ。なんでこんな雑誌を作ったのかも覚えてないんだけど、目黒も読んでないだろ？

目黒　俺には送られてきてない。だから「月刊おれの足」は知らないんだ。そのころさ、沢野が「月刊わたしの手」っていうのを出したよね。

椎名　真似したんだよ。「おれの足」に対して「わたしの手」って。バカだよね。

目黒　なぜか「わたしの手」は沢野から送られてきたんだよ。でも俺は「月刊おれの足」を知らなくて、「わたしの手」しか知らないから、突然なんだろうって思ったわけ。ただ、沢野の「月刊わたしの手」はすごく面白かった。四十年以上前なのに今でも覚えてるけど、最後のページに沢野がイラストを描いていて、その横にお得意のフレーズを書くわけ。そのフレーズがね、「上野駅で別れたときの、あのむっとした表情は何だったんですか、小安くん」って（笑）。

椎名　ははは。

目黒　小安くんはあやしい探検隊の隊員で、実は沢野の後輩で友だちなんだよね。椎名のいたストアーズ社に入って探検隊の隊員にされて、「陰気な小安」って椎名は名づけたんだけど、別に陰気じゃないよね（笑）。まあ確かにいつもむっとした表情をしていたから、陰気に見えちゃうんだろうけど。だから、沢野と別れたときもおそらくいつもの表情を浮かべていただけで、深い意味はなかったはずなんだよ。でも沢野はそういうことを、「あれ、もしかしたら僕は嫌われたんじゃないか」とか、異常に気にする男なんだよね。で、そういう部分を書き留めるわけじゃん。こういうのはある意味沢野の小説世界そのものだから、俺は「月刊わたしの手」は、当時すごく感心した記憶がある。

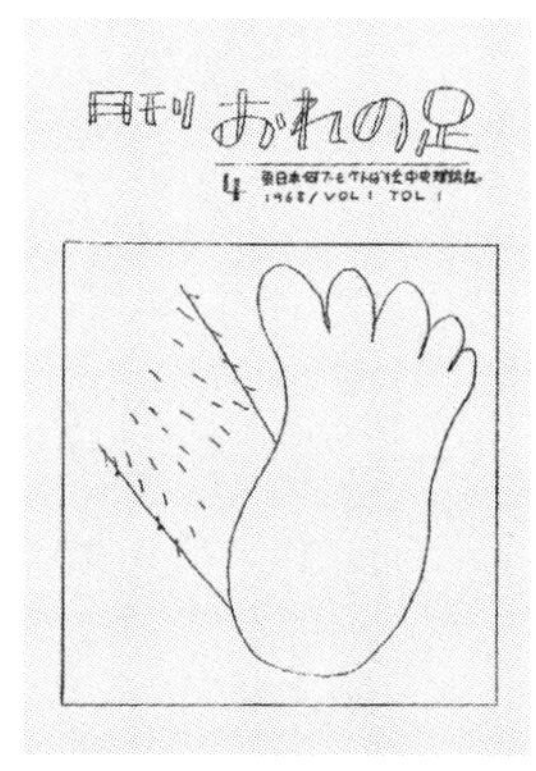

椎名　「月刊わたしの手」は、「月刊おれの足」に対抗して作られた雑誌だから、すごく真面目なんだよ（笑）。児童文学研究の個人誌だったんだ。それで、巻頭に小説、童話を書いてくれって沢野が俺に言ってきて、『なつのしっぽ』

っていうタイトルの短編童話を書いた。沢野が絵を入れてね。面白いもので、それから何十年か経ったあと、作家になっていた俺に講談社から童話を書いて欲しいって依頼があって、それで書いたのが『なつのしっぽ』なんだよ。「わたしの手」に書いたものをのばしてね。なんと十万部くらい売れましたね。つまり俺が童話を書くきっかけを沢野が発掘してくれたという。だから「月刊わたしの手」は、俺にとってはある種エポックメイキングな刺激を与えてくれたガリ版誌だったんだ。ガリ版誌も馬鹿にできないんですよ。

目黒　そのころ椎名が作っていた雑誌の中で、実は一番好きな雑誌があったんだけど、それは、探検隊でどこか行くときに椎名が作ってたパンフレットなんだよね。行く前に配ってくれるんだ。毎号、送られてくるのが楽しみだった。本当にくだらないんだよ。毎号爆笑した記憶があるなあ。ただ、椎名も忙しい年は作ってないんだよね。だから何号かしかないんだけど、あれが椎名の作った雑誌で最高傑作だと思ってる。

椎名　あれこそ十部も刷ってなかったよな？

目黒　そうだね、参加する人だけだったから。

椎名　六、七部かな。

目黒　三宅島に行った年が俺の最初の参加なんだけど、探検隊でいうと三回目か四回目で、フジケンっていう、椎名の近所の、小学校五年生か六年生の子どもが初めて一緒に来るというときで、そのときに初めてパンフレット貰って、「なにこれ」って思ったんだよね。だってさ、俺にとっては入社した会社の上司が、どこか南の島に行くぞっていうからリゾートにでも行くのかなと思ってたら、なぜかみんなで小岩にビール買いに行くところから始まって。「なんでビールを？　三宅島にだってあるだろう」って思ったんだけど、椎名は心配なんだよね（笑）。もし三宅島に行ってなかったらどうしようって。でっかい背負子を担いでビール運んで、でもキャンプの場所は決まってないんだよね（笑）。突然、椎名がここでキャンプしようって決めたら、そこ、夜中に水が流れてきてね。

椎名　ははは（笑）。

目黒　その辺のエピソードは『わしらは怪しい探険隊』（角川文庫）に入ってるけど、『あやしい探検隊』シリーズの最高傑作は最初のやつだよね。その次が最近出た韓国に行くやつ。

椎名　『あやしい探検隊　済州島乱入』な。

目黒　面白いよね。本当にくだらない（笑）。韓国にみんなで行くんだけども、レーゾンデートル（自分の存在意義）であることを韓国語で覚えてきて、それを現地で言おうってさ。たとえばとある編集長で油ものが好きな男は「私は油ものが好きです」っていう韓国語を覚えてこさせられる（笑）。

椎名　「私は釣りがしたいです」っていう言葉だけをおぼえていったやつがいるんだよね（笑）。飛行機に乗って客室乗務員が来ても「釣りがしたいです」って韓国語で。それに客室乗務員が何か答えるんだけど、相手の韓国語はなにを言ってるかまったく理解してない。イミグレーションでも「私は釣りがしたいです」って言ってたら随分とめられちゃって、なかなか出てこなかった。

目黒　ははは。面白いよね。

椎名　日本からなんかおかしな団体が来たと思われたんだろうなあ。みんなカタコトの韓国語で変なことしか言わないんだもん。俺は常に「ビール二本持ってこい」って言ってた（笑）。

目黒　俺は『怪しい探検隊　済州島乱入』が、椎名のここ十年におけるベスト1だと思う。

椎名　俺、小説も書いているんだけど（笑）。

目黒　本人は気にいらないかもしれないけど、ベスト1ですよ。素晴らしい。椎名はエッセイでも書いてるけど、自分の最高傑作は「ストアーズレポート」という新雑誌を立ち上げるとき、社長に提出した企画書だって言うよね（笑）。まあ、本当に「ストアーズレポート」は創刊して会社の運命も変えてしまったぐらいの雑誌になって、もう仕事が忙しくなってしまって、椎名はいわゆる個人誌作りはやめて本当の雑誌を作り続けるわけだけど、その直後の一九七一年に俺が「ＳＦ通信」を創刊したんだ。俺は六九年に椎名の会社に入って直属の部下になったんだけど、すぐやめちゃって……そうすると本の話がしたいんだけど、ＳＦを読んでいる友だちもいないし、椎名だけだったんだよね、ＳＦの話ができるのが。椎名も椎名で、入ってすぐにやめた新入社員に毎月電話してきて「目黒、呑もうぜ」と誘ってさ。新宿の酒場の隅っこで「今月は何を読んだ」とか「今はＳＦはこれがいいよ」っていう感じにこそこそ情報交換をしてたよね。それが、たまたま椎名が忙しくて二か月くらい会えない時期があって、そうすると二か月分の読んだ本の話がたまっちゃってさ。そのときに「ああ、そうだ！　手紙でもいいんだ」って、椎名に向けて手紙を書こうと思い立ったわけ。それで「ＳＦ通信」と銘打って二か月間に読んだ新刊のこれはいい、これはダメだっていうのを全部書いて送ったら、椎名から電話がきて「目黒、あれ面白いから来月も送れ」って。そのうち会社にいる人間に見せたら自分にも送って欲しいと言ってる奴が三人いるとかとなって、俺は手紙のつもりで手書きで書いたものを送ってたから三通も書けないって言ったら、椎名が「コピーすればいい」って。

椎名　そうか。

目黒　それで「ＳＦ通信」はコピー誌になっちゃった。椎名に会って本の話をすれば気が済むのに、わざわざコピーしてホチキス留めして郵送するのが面倒くさくてさ。だから読者が二十人まで増えたところで打ち止めにしたんだよね……。

椎名　ふつう発行物って部数が増えれば増えるほどいいのにね。発行部数一部のものが二十部になれば二十倍じゃん。ところが目黒は、その都度コピーするからコピー代がどんどんどんどんかさんで行って、部数が増えるたびにどんどんどんどん貧乏になっていった。購読料取ってなかったからね。あれはよくやってたね。

目黒　二十一人目の人に断ったのを今でも覚えてる。「もうやめよう」と思って。

椎名　そうな（笑）。

目黒　俺たち、なぜか雑誌を改題するのが好きで、「SF通信」も途中で「目黒ジャーナル」になって、次が「読書通信」だったかな。月刊が隔月になり、最後は年に一回しか出ない状態になって、そのときに椎名が、「ああいうまったく腹蔵もなく新刊情報を教えてくれる雑誌があったら、俺、千円でも買うな」って言ったんだよ。一九七〇年代初頭の千円って、かなりの価値だよね。それなのに俺も誰かが作ってくれたら買うなって思ったんだ。だけど誰も作らないから、じゃあ俺たちで作っちゃおうかって言って始めたのが「本の雑誌」だった。

椎名　そうだな。

目黒　椎名と会うたびにしょっちゅうその幻の書評雑誌の話をしながら酒を飲んでいて、「目黒、こういうのいいよな」とかって企画を出し合っていたんだけど、あるとき「タイトルどうするの」って訊ねたら、椎名が大きなバッグから大学ノートを出して、バババッと書いて「これでどうだ」って見せてくれたのが「本の雑誌」。「それいいじゃん」って雑誌名も決まったんだけど、そこまでで終わっちゃってたんだよね。つまり椎名は仕事で忙しかったし、俺は暇だったけど、そういう行動力はまったくないから。

椎名　うんうん。

目黒　だから二人でそのままやっていたら「本の雑誌」は創刊しなかったと思うんだけど、そこに俺の知り合いだった本多健治が現れて、「本の雑誌」が実現していった。本多は当時、双葉社で「漫画アクション」の若き編集者だったんだけど、なにかの用で会ったときに「本の雑誌」の話をしたら、「面白い！　俺にも一枚かませろ」って言って、「その椎名ってのを呼んで打ち合わせしよう」って。それで打ち合わせをしたら、本多は行動力にあふれる男で、創刊号の日付から逆算するんだよね。

椎名　びっくりしたよな。

目黒　「じゃあ来年の四月に創刊するからここを原稿の〆切にしよう」ってさ。それからあれよあれよという間に創刊号ができちゃった。それが一九七六年の四月なんだ。本多があのとき現れなかったら、「本の雑誌」は飲み屋の話で終わってたよね。

椎名　そうだな。

目黒　それでさ、実は俺、この間久々に本多と会ったんだ。それでね、俺はずっと謎に思っていたことがあって、本多は当時、漫画の編集者だったわけじゃない？　しかも相当それで忙しいのに、なんで「本の雑誌」に一枚かませろっていうくらい食指が動いたんだろうって。それで「あのころ、なにを考えてたの？」って聞いてみたら、本多は本当は小説が好きで小説の編集者になりたかったんだって。ところが会社の事情で漫画の編集部に移されて、当時の「漫画アクション」っていうのは大人気雑誌で、その編集者は社内でも廊下の真ん中を肩で風を切って歩いていられるような時代だったらしいんだけれど、本多は漫画の編集部にいることにどこか忸怩たるものがあった。そこに俺たちの雑誌の話があって、自分がなにかそこに関われないかって思ったんだって。

椎名　そうだったんだ。

目黒　そんなの初めて聞いて、驚いたんだけど。

椎名　彼は元気だった？

目黒　元気だったよ。双葉社の重役にまでなって定年した。それでさ、俺はもうひとつ疑問に思っていることがあるんだけど、椎名は「本の雑誌」を創刊してなくても作家になっていたと思う？

椎名　えーとね、断言はできないけれど、作家になってなかったと思う。

目黒　そうか。

椎名　やっぱり小説って、よっぽど何か大きなめぐりあわせというか、気運というかね、あるいは本人の努力でいいもの書いて文学賞に応募して賞をもらうとかなにかかないかぎりは、作家にはなれないですよ。俺が作家になったのも、よーく考えたら「本の雑誌」に書いていたものが世間に少しずつ認められていったのがあって、たとえば最初に出した『さらば国分寺書店のオババ』なんていうのは、「本の雑誌」の五号に書いたものに目をつけた編集者が会いに来てくれたんだよね。

目黒　編集者が「本の雑誌」を読んでたわけね。

椎名　それで「この話、おもしろいですねぇ。何か書きませんか」って言われてさ。そもそも俺は流通業界誌という堅い雑誌の編集長で、「前年同期比××・××パーセントで」とか「資本金○○万円で」とかそういう経済記事を書いてたわけじゃん。だからそれとはまったく別に、フリーに書ける、昔「おれの足」に書いていたころのようなものを書けるのは、かなり嬉しくてさ。しかも楽しく書けば面白いものができるっていうのもあるじゃない。そういう場がないと俺は作家にならなかったと思うな。

目黒　椎名が「奇想天外」ＳＦ新人賞の第一回に応募していたじゃない？　新井素子さんが『あたしの中の……』で新人賞とった年ね。あれは「本の雑誌」創刊の翌年なんだよね。応募したのは『アド・バード』の原型の作品だよね。

椎名　そうだね、うん。

目黒　あの後は、新人賞に一回も応募してないの？

椎名　たぶん百枚くらいの原稿だった

と思うんだけど、何かの賞に書いて送った記憶がある。すごくいい出来だと思って、これは絶対受賞するなって送ったときに確信したんだけど、雑誌に中間発表五十作が発表されたら、そこに俺の名前がないの……。予選にも通過しなかったんだよね。結構ショックでさ。「そうか、俺の小説は通用しないんだ」って思ったよ。それで作家になる道が閉ざされてしまったと考えてたんじゃないかな。

目黒　作家になるにはせっせと新人賞に応募するか、あるいは向こうから来るかしか基本的にないもんね。知られてなかったら向こうからは来ないから、やっぱり「本の雑誌」を創刊しなかったら、椎名の才能も編集者に見つけられてなかった可能性が高い。もちろん椎名は「ストアーズレポート」の正月発売号にSF小説を書いて勝手に発表していたから、それを読んで奇特な編集者が来たかもしれないけど、それは発見してもらうまでに時間がかかっただろうしね。

椎名　うん、うん。

目黒　だから「本の雑誌」がなかったら、椎名が作家になっていたかどうかわからないところがあるよね。もしあのとき作家になってなかったら、自分はどういう人生を送っただろうかって考えたことない？

椎名　だいたい想像つくよ。ストアーズ社は男ばっかり三十人くらいの零細企業だったでしょう。所在地だけは銀座ってカッコいいんだけどね、まあなんていうか、業界紙だから来てる社員は文学青年崩れ、学生運動崩れ、それからパチプロ崩れ、音楽評論崩れ、崩れ系ばかりでさ。

目黒　ははは。

椎名　詐欺師崩れもいたしな。目黒が入社する前は社内の雰囲気がもっと荒くれてたんだよね。そういうところが、俺には逆に面白かった。出社時間もわりと自由だったからね。それと、目黒はいつも俺に対して批判してたけど、無意味に仕事をためて徹夜でみんなで一緒にやろうって言って夜なべしてたじゃん。冬なんかはエアコンあまりつけてくれなかったから、部屋の真ん中にガスストーブ焚いて、酒の燗をつけてスルメとかメザシとか買ってきて焼いて飲むとうまいんだよ。一応仕事はしながらさ。でもある時、朝早く来る上司がいてさ、鼻を鳴らして「なんか臭いな」ってにおいの根源を探していったらガスストーブで、これはどうもスルメのにおいだと。それで俺はすでに目を付けられてたから、「椎名君、昨日残業したか？」って。いまさら嘘をついてもしょうがないと思って、「はい、しました」って答えたら、「う〜ん」って考え込んで、それを社長に言うんだよな。翌日、社長に呼び出されて「椎

本の雑誌

書評とブックガイド●1

少年　動物の葬禮　よるべなき男の仕事・殺し　北天の星　旅籏兵　剣士燃え尽きて死す　新鬼平犯科帳・一本眉　寃罪　霧氷　流行歌手　宮澤賢治全集　夢あるひは　水駅　見えない隣人　新しき記憶の果実　ネコ兵衛太平記　閉塞回路　夏の終る日　サムソンの犯罪　戎神はなにを見たか　原爆不発弾　黒の文化財　幻の美女　聖夜に死を　本命　愛と死のスラローム　黄金のシープール　黒の回廊　ナイトムーブス　ゴッドウルフの行方　チャールストン　ナイフが町に戻ってきた　恐喝　クラ

名君、一昨日の夜、会社で何をしてたか言いなさい」って取り調べられてさ。

目黒　よく勤めてられたよね（笑）。

椎名　どういう考えだったのかなあ。まあ、いい人だったんだろうな。大したお咎めはなくて「もうやるなよ」ってぐらいで済んだよね。また、やったけどな。

目黒　ははは。

椎名　だから会社としてはすごく楽しかったんだよね。それで自分で企画書を作った新しい雑誌を出して自分で編集長になって、あのころ、部下が四人か五人いて、まあ贅沢な月刊誌だったんだけど、それで営業にも動いて、取材にも動いて、海外の取材も何かというと担当させられて。ようするに雑誌を成功させたんだよね。

目黒　椎名はやっぱり会社に勤めていてもできる人間だったんだよね。

椎名　そしたら社長があちこちに俺を連れて行って「次はこの椎名に任せるつもりでいるんですよ、次期社長です」って。三越の社長とか、西武の堤さんとか、ああいう人の前で紹介してくれるんだよ。それで俺も「そうか、自分が次期社長か」って思っていたかというと、意外と懐疑的に「どうかなあ」って思ったんですね。というのは俺の上に三人いたわけ。その人たちがわりと陰気ないじめっ子っぽくて、社長になったとしてもこの人たちとのタタカイがあるんだなあって思ってもいた。だから「本の雑誌」を創刊してなくて、作家にもなっていなければ、あのままストアーズ社にいて、そういう道はあったと思う。ただ、それをやってたら一年ももたなかったと思うけど。

目黒　逆上してケンカしちゃうもんね。あと、椎名は忘れてるかもしれないんだけど、「本の雑誌」を創刊する前に俺に電話をかけてきて、丸井の先代社長に椎名が可愛がられていた関係で「丸井でＰＲ誌を作ろうと思ってるんだけど、目黒は一緒にやってくれないか」って。「俺がその道を選んだら、目黒がデスクとして来てくれるか」って相談されたわけ。まあ、当時の俺にできる仕事だとはまったく思えないんだけど、「えっ！　椎名がそういう道を選ぶんだ」って驚いたんだよね。「どうしよう、もし本当にそうなったら俺、できるかな」ってすっごいドキドキしたのを覚えてるんだ。椎名、覚えてる？

椎名　覚えてるよ。

目黒　あっ、そう。その話も椎名は断ったんだよね。

椎名　俺、その誘いがあったとき、ストアーズ社の社長に正直に言ったんだよ。こういう話が来てるって。それで、受けたいけども社長がどう考えてるかを知りたいと。

目黒　引き留められたの？

椎名　引き留められたの。俺ん家まで来てさ。

目黒　なるほどね。そういう椎名と俺の人生もあったのかなって、今ふっと思ったんだよね。基本的に俺は椎名の編集のやり方に批判してたんだけど、毎日朝十時に来て夕方までやれば全部終わっちゃう仕事なのに、それを校了に近づくまでほとんどやらず、もうそろそろっていう日にみんなを集めて徹夜でやって入稿する。椎名は昔から人を集めるのが好きなんだよね。克美荘もそうだし、あやしい探検隊のキャンプもそうだし。

椎名　映画もそうだな。

目黒　映画もそうだね。全部同じなんですよ。ずーっと昔から同じで、ようするに皆を集めて遊んでるだけ。

椎名　そうだな。

目黒　その後始末が本当は大変なんですよ。

椎名　ははは。

目黒　「本の雑誌」はたまたま後始末が上手くいっちゃってこれだけ続いてるだけなんだろうね。

椎名　あんまり俺、「本の雑誌」のことを真剣に考えてなかったもんな。

目黒　たぶんそうだと思う。考えてみたら椎名のピークっていうか、映画を撮って忙しい時期の日記がいっぱい出てるんだけど、それを読むとこの忙しいときに俺と打ち合わせしてたのかっていうのがいっぱい出てくるわけ。こっちは「本の雑誌」の大事な打ち合わせだから椎名を捕まえなきゃいけないっていうのがあって、都内で会えるときに一時間くらいなんだけど時間もらってさ。でも今考えたら、俺と会ってる場合じゃないじゃんっていうくらい忙しかったよね。だから「本の雑誌」に本腰入れられるわけないよねって思ってた。

椎名　ただ「本の雑誌」は好きだったよ。

目黒　わかってる、わかってる。

椎名　やっぱり俺ね、雑誌作りが好きなんだよ。だからさ、三年前にやっぱり男は雑誌だ、とか思ってさ(笑)。「ずんがずんが」なんて作る必要もないんだけど、創刊したわけ。これは書評誌でも文芸誌でもなく、総合文化誌です。つまり「文藝春秋」(笑)。

目黒「本の雑誌」が創刊二十周年のときに、非売品で作った創刊号から百五十号までの総目次があってさ。今見ると、これが面白いんだ。ただ目次が並んでるだけなんだけど、すごく懐かしい。第四号なんかは読み方の研究をしているんだけど、写真のモデルが沢野で、椎名が徳之島で撮った写真を使ったんだよね。

椎名　沢野はよく来てたよね。あいつ用もないとき来るじゃんか。

目黒　呼んでないのにね。それで「本の雑誌」の企画で一番有名なのが、「文藝春秋完全読破」。あれが八号か九号……。

椎名　あれは十号じゃないか?

目黒　えっ⁉　あっ、ほんとだ。すごい、十号だよ。

椎名　俺、すごく燃えてたもん。

目黒　「文藝春秋10月号四六四頁単独完全読破」。ただ「文藝春秋」を最初から最後まで読むだけなんだけど、でもそんなのやった奴はいないはずで。

椎名　あのね、あれはね、絶対飛ばしちゃいけないの。当たり前だけどさ。飛ばすとやっている意味がなくなっちゃうじゃん。だから表紙の何年何月承認とか、そういう文字も全部読んでいったわけ。まあ、面白いのもあるし、面白くないものもあるんだけど、そのとき、助けてくれたのが植村直己さんのグリーンランドを横断する旅の本（『北極点グリーンランド単独行』）なんだ。

目黒　なんでそれが助けになるのよ？

椎名　並行して読んでいたんだけど、俺も苦しいな、一緒だなって思いながら、今日も頑張るんだと。やっと半分まで来たと思ったら、植村さんは半分から先は海が見えるって書いてあったりして。困難なのは、広告ページだよね。「文藝春秋」は広告がいっぱい入っていて、読んだってなんの意味もない。でもね、ちゃんと最後まで読んだんだよな。きっちり。グリーンランドを横断するより大変だったかもしれない（笑）。

目黒　よくそんなことする時間があったよね。

椎名　そうだよなあ。あのころは時間があったんだな。

目黒　サラリーマンだったからね。通勤途中の描写もあって、会社に行くってちゃんと書いてあるもん。初期のころだと、第七号の特集がね、「もだえ苦しむ活字中毒者地獄の味噌蔵」。伝説的な特集だね。この直前に、俺もエッセイで書いているんだけど、椎名とケンカしたんだよね、原稿をめぐって。椎名の持ってきた原稿を俺が没にした。それに頭に来た椎名が、じゃあ目黒を閉じ込めちゃおうって、エッセイの中で俺を閉じ込めたんだよね。これが、後にＮＨＫでドラマ化された。

椎名　東京じゃ放送されなかったんだよな。

目黒　そう。大阪のＮＨＫだかの制作で、だから東京じゃ放映されてないんだけど、監督があの黒沢清なんだよな。それで、貰ったビデオを一応見たんだけど、納得いかなかったのは、目黒役がかっこいいのに、椎名役はおっさんなんだよ！

椎名　ははは。

目黒　俺、椎名原作の映像化で一番好きな奴は、緒形直人が主演した……。

椎名　『新橋烏森口青春篇』かな。

目黒　『新橋烏森口青春篇』！　あれはよかったよね。緒方直人もいいし、すごくよかった。もう三十年くらい前のドラマだけど、また観たいなあ。

椎名　なんか新橋っていうのは青春の香りがするんだよな。

目黒　そうね。うん。この『もだえ苦しむ活字中毒者地獄の味噌蔵』っていうのはその後単行本にして、本の雑誌社はじまって以来のベストセラーになったんですよ。それまであまり売れてなかったんですが、この時はびっくりして、取次がうちみたいな小さな会社にトラックを出してやってきた。それで在庫をいっぱい持ってかれちゃった。ええって驚いたなあ。作るまでも大変だったけども、売れて売れて大変だった。

椎名　そういう時代はもう来ないだろうなあ。

目黒　いい時代だったなあ（笑）。

椎名　なあ。でもその儲けで寿司屋に行くとかそういうことはしなかったよなあ？

目黒　えっ？　ああ、ないない。

椎名　行きたかったけどな。

目黒　うちはさ、経理の社員が何人か変わってるけど、何人目だったかの人がやめる時に「本の雑誌社の上の方々ってどうしてそんなにお金使わないんですか?」って言われて、びっくりしたね。ふつう小さい会社って、ワンマンで社長が経費を個人利用するのが多いんだって。

椎名　俺たちは自腹切ってるからなあ。

目黒　銀座に行くとかしないからね。飲み会は全部トクちゃん（太田篤哉）の店だからね。池林房ばっかり。安いよね。

椎名　ストアーズ社にいた時も二十代だけど、役員になってたからさ、金を使おうと思えば使えたんだけど、俺は使わなかったよ。「もっと使ってください」って経理から言われてたな。

目黒　この二十周年の総目次の前に十周年の時にも「10周年記念文集」っていうのを作ってるんだけど、その記念文集は当時出入りしていた学生助っ人が書いた文集なんだよね。当時NHKのラジオにゲストで呼ばれて、ミュージシャンの甲斐よしひろさんが実はものすごい本好きで、「本の雑誌」のファンだったの。甲斐さんが記念文集をなぜか手に入れて読んでいて感想を言ってくれたんだけど、「目黒さん、本の雑誌の学生さんってどうしてみんな文章が上手いんですか」って。

椎名　ああ。

目黒　俺はそれに気が付かなかったの。第三者の目じゃ見られないからね。「いや、みなさんうまいですよ」と。そう言われて読んだらやっぱりうまいかなって気がしたんだけど、その二回しか非売品の本って作ってないんだよね。もっといっぱい作っておけばよかったなって、そういう思い出はいっぱいあるね。

椎名　俺は十年くらい編集長をやってたんだよね?

目黒　そう。「本の雑誌」には四十二年の歴史があるんだけど、椎名が実質的に編集長やっていたのは最初の十年で、俺がその後の十年で、残りの二十二年は今の社長の浜本がやってる。俺が社長だったころ、浜本はデスクって肩書きだったけど、実質的には浜本がやってた。だから実を言うと「本の雑誌」の歴史のなかで、我々は半分しかやってないんです。

椎名　企画したけどすべったのもあったなあ。

目黒　あのね、失敗はいっぱいあるんですよ。何号だったかな、六号か七号かで、ひどいことに誰も表紙の色指定

本の雑誌　創刊10周年記念文集

本の雑誌　〈創刊号〜150号総目次〉　大阪餃子に千葉のスイカの

をしてないんですよ。それで当時「本の雑誌」を印刷していた三光印刷の方で勝手に決めちゃった。

椎名　ああ、変な色のな（笑）。

目黒　雑誌が出来上がってなんだこの色は！って怒ったら、誰も指定してなかった。もっとひどいのは、これはもう時効だから言うけど、さっき言った本の雑誌はじまって以来のベストセラー『もだえ苦しむ活字中毒者地獄の味噌蔵』を誰も校正してないことに後で気がついたっていう。

椎名　そうなのか!?

目黒　椎名は忙しいから目黒が読んでるだろうって思っていて、俺は俺で校正の人が見てくれるだろうと思ってた。で、校正者も忙しかった時期で「椎名さんの事務所が見てくれるだろう」って、それぞれが思った結果、誰も見てなかったんだ。だから初版は誤植だらけで……。

椎名　貴重だな（笑）。

目黒　それで売れたものだから増刷、増刷で、そのたびに直したんだよ。六刷目か七刷目まで毎回五十か所くらいずつ直してて、ということは全体で三百か所くらい誤植があった。その中でも特にひどいのが冒頭、「オリンピック」って出てくるんですが、それが「オリピック」になっていた。

椎名　細かいことはいいじゃないか（笑）。

目黒　でたらめだったんだよ、ほんと。

椎名　俺ね、編集長として調子に乗りすぎて失敗したなって今でも思ってるのが……目黒はこれ、覚えてるかな？

目黒　なに？

椎名　よく雑誌で特大号ってあるじゃない？　俺、一回特小号って作ったじゃん。

目黒　はいはいはいはいはい。あれ、俺が作ったんだよ。

椎名　そうだったっけ？　あれは見事に外れたな。

目黒　うん。書店から怒られた、怒られた。「お前ら、何を考えてるんだ」って。特大号というのは値段が上がる分、書店の売り上げも上がるんだよね。特小号になると逆に下がるわけだから。

椎名　商売の迷惑なんだな。

目黒　当時、新潮社の編集者から電話がかかってきて「目黒さん、本の雑誌じゃないとできないですよこんなこと」とか言われてねえ。バカバカしくて普通はやらないよね。定期購読してる人からは、先にお金もらってるから安くなった五十円分差額を切手で返すことになっちゃってさ。だからよけいお金がかかってる。定価は安くするわ、五十円の切手を送る羽目になるわで。切手を送ってたら椎名に怒られたんだよね。「目黒君は律義だなぁ」って。

椎名　全員に返すんだもん。

目黒　あれは意味なかったね。

椎名　じゃあって、今度は超特大号を出そうって。

目黒　思ったよね。何周年のときだろう、普通は何十周年記念号みたいな形で特大号を出すじゃないですか。そこで特小号を出してびっくりさせた翌週に別冊ででっかいのをだーんって出そうと思ったんだけど……。

椎名　特小号と超特大号でプラマイゼロになるようにな。

目黒　でも作るの大変だからやっぱりできない。

椎名　まあ、色々あったな。

目黒　うん。

椎名　創刊号は五百部だっけ？　待ち切れなくて印刷所まで行ったのは覚えてる。目黒も行ったよな？

目黒　いや、俺は池袋のハタボウルの前で椎名がワゴン車で運んでくるのを待ってたんだ。

椎名　あ、そうか。で、その出来上がった束を開いた時のインクのにおい。本当に初めての活版印刷をしたわけだから、これがやっぱり感動的なにおいだった。一生忘れないよね。これでこの雑誌が長く続けばいいなあってそのとき心から思ったね。四十二年も続いてるってことはもう申し訳ないぐらいでさ。ただ、惜しむらくは今、印刷方法が変わっちゃって活版印刷っていうのはもうしていないから、活字のにおいってしないんだよね。

目黒　しないしない。

椎名　まあ、別に悲しむほどのことじゃないんだけどさ、でも俺にとっては大きな違いでね。出来上がった時の完成品のにおいっていうのは、そのとき一回だからな。

目黒　俺が一番覚えてるのは、初期のころは椎名が編集長だったから、その編集長のやる気が出るまでずっと待ってたわけだよ。でも椎名はなかなかやりはじめなくて、季刊誌なのに年三回とか、隔月誌にしても年四回とか。まあ、それでもいいやって思ってたんだけど、だんだん社員が増えてくると経費がかかるじゃん。でも椎名をせっついてもしょうがないから別冊作っちゃおうって「別冊本の雑誌」の第一弾、『ブックカタログ１０００』っていうのを作ったの。

椎名　ああ、あったな。

目黒　あれも作るのは大変だったけど、出したら売れに売れて嬉しかったなあ。作っていて楽しかったし。それまでのブックカタログってジャンル別のしかなかったんだけど、実際、自分たちが本を読むときに必要なのは何だろうって考えて、だったらジャンルを横に切ろうと。その代わりテーマにして、たとえばホテルの本十冊としたら、ホテルに関する小説、童話、写真集って横に切って紹介しようてひらめいたんだ。プールの本十冊とかね。それがウケなかったらそれまでと思ってたんだけど、売れちゃったもんだから後から別の会社から類似もいっぱい出てさ。あの別冊が一番印象に残ってるね。

椎名　やっぱり俺がきちんと出さなかったのがよかったんだな。

（２０１７年5月13日　町田市民文学館ことばらんどにて）

（『寄せ書き 本の雑誌』２０１７年11月）

目黒考二への追悼

二〇二三年五月十八日の弔詞

嵐山光三郎

目黒考二氏は一月十九日、肺がんで亡くなられた。享年76歳。御逝去の報を受けたとき、頭のなかに雷が光りました。椎名誠氏らと「本の雑誌」を創刊した参謀本部長でした。誠実で木訥で、深く読み、わかりやすく書評する達人でした。「本の雑誌」が創刊された1976年、私は雑誌「太陽」の編集をしつつ雑文を書いていました。編集者に徹するか物書きになるのかという葛藤のなかにいた。「本の雑誌」を読

20×20

1)

人で、なんだ南方やればいいのだと気づきました。
椎名誠という金カンバンを囲んで、木村晋介という法廷の魔術師がいて「月光仮面のおじさんは、あの衣裳をどこで洗濯するのか」と問い、沢野ひとしが筆一本でリリシズム漂う絵をさし示す。「本の雑誌」は昭和活字文化の砦となりました。発行人の目黒氏は雑誌を経営する「本の梁山泊」の主（あるじ）です。

二〇一五年に刊行された目黒考二著「昭和残影 父のこと」を読んで胸を打たれた。書評家として活躍する目黒氏が、ふとしたことで知った父の意外な過去。父亀治郎

LIFE C155

も「本の虫」で、書物をこよなく愛するカモクな男で
あった。過ぎさった激動の時代を書きあげたノンフィク
ションです。そうか、目黒氏の、重力は、父の「そびゆる
マスト」そともあったのだ。
片岡千恵蔵が演じる活劇映画「多羅尾伴内」のように
語れば、あるときは競馬の評論家藤代三郎、またある
ときはエンターテイメント書評家北上次郎、してそ
正体は義理と人情の快男子メグロコージだ」。
深く読みこんでわかりやすく解説する。細部に執着
して全体を見わたす。それがメグロコージだ。

2

浜本茂・松村眞喜子さん

「本の雑誌」諸君は、目黒氏の心意気とココロザシをついで、いまほろびつつある活字出版物の再生に力をそそいで下さい。

シャイで、ガンコ者で最後までペンを放さなかった目黒氏は反骨の表現者でありつつも心やさしい戦士でありました。目黒考二氏の魂がはばたいて五月の空へ飛んでゆく。

2023 5月18日

山ノ宮山ノ沢ノ[illegible]郎

流星のあと新しき日まつまる

LIFE C155

「群ようこ」の名付け親

群ようこ

私は二十四歳のときに、本の雑誌に入社させてもらった。その顚末については、他にも書いているのでここでは省くことにする。椎名さんとの面接の後に、目黒さんとの面接があったのだけれど、初対面の彼は笑顔もなく淡々と事務的な話をするだけで、私は少し不安になっていた。

そんな状況で、四谷三丁目の角に建っている、ひょろ長いビルの上の「本の雑誌社」に勤めることになった。狭いスペースに置いてあるのはスチール製の薄型の本棚、布張りの椅子が二脚の応接セット、そして私用の事務机だった。通勤するとなると定期券が必要になる。交通費は支給されるので、定期券の話をすると、目黒さんに、

「三か月分じゃなくて、ひと月分を買ってください」

といわれた。三か月分を買ったほうが会社としては得なのではと首を傾げたが、きっぱりといい渡され、そのときに私は、まだ信用されていないのだとわかった。もちろんこの会社で自分がどれだけ仕事ができるかもわからなかったし、目黒さんとしても、私がどんな働きをするかもわからないので、そういったのも当然だろう。しかし正直いって、目黒さんとはうまくいきそうもないと思った。それでも私はこの会社で、自分ができること、役に立つことをすればいいのだと考えるようにした。

最初の頃は注文の電話もなく、私の仕事はなかった。椎名さんも目黒さんもそれぞれご自身の仕事で忙しかったので、会社に来ることはほとんどなく、すべてが電話連絡だった。目黒さんと私のやりとりは、伝言があれば伝えたが、それ以外は、

「今日は行きません」

「わかりました」、

それだけだった。この会社は大丈夫なのだろうかと心配になってきたほどだった。しかし勤めて一か月が経ち、また定期券を買うことになったとき、目黒さんに、

「三か月でも六か月でも、好きに買っていいよ」

といわれて、うれしかった覚えがある。

私も本が好きだが、目黒さんの本好きは想像を超えていた。会社に来るときは、必ずその前に書店をはしごしていて、ショルダーバッグにはぎっしりと本が詰まっていた。彼はそれを一冊ずつ、応接セットのテーブルの上に置き、椅子に座ると今度は一冊ずつぱらぱらとページをめくる。書店員の不手際で、帯がよれたり破れたりしていると、ちょっと怒っていた。いちばんびっくりしたのは、歩きながら本を読んでいて、電柱にぶつかりそうになったという話で、そこまでして本を読む人がいるのかと驚いたのである。

それから徐々に雑誌の注文が増えるようになり、それに従って、こちらの仕事

が増えてきて、目黒さんが会社に来ることも多くなっていた。雑談をするようになると、気むずかしい人ではないとよくわかった。最初はご自身の話はしなかったけれど、だんだん身の回りにあった出来事、ご両親のことなどを、笑いを交えて話してくれるようになった。

四谷三丁目、信濃町、新宿五丁目と、会社は次々に広い場所に引っ越した。浜本くん(現社長)という有能な社員が加わり、目黒さんは社長として毎日出社し、ご長男も生まれた。雑誌の納品などもすべて終わり、社内にはお手伝いの学生さんたちもおらず、目黒さん、私、浜本くんの三人でのんびりと雑談をしていた。するとと浜本くんが、

「目黒さんが今、いちばん欲しいものって何ですか」

と聞いた。するとすかさず、

「慎吾の妹!」

と力強く答えた。それを聞いた浜本くんが、

「それは……僕にはどうにもできないので、目黒さんのほうでがんばってくださ い」

とすまなそうにいったので、三人で笑った記憶がある。

目黒さんと最後に会ったのは、本の雑誌から身を引かれるという話を、浜本くんから聞いた二〇一〇年だった。笹塚の会社にご挨拶に出向くと、ご長男、ご次男のことを、うれしそうに話されていた。今となっては、そのときお目にかかれて本当によかったと思っている。

目黒さんは「群ようこ」の名付け親である。勤めている会社の雑誌に、本名で文章を書くのはいやなので、ペンネームをつけて欲しいとお願いした。本当に軽い気持ちだった。すると十個あった自分のペンネームのなかで、最初に使っていた「群一郎」の「群」を名字としてのれん分けしてくださり、名前は初恋の人の名前の「ようこ」をつけてくれた。私自身に関わる要素はまったくなかったが、とても気に入った名前だった。

のちに私が会社をやめるとき、

「まさか『群ようこ』が、こんなことになるとは思いませんでした」

というと、目黒さんは、

「僕も思わなかったよ。もうちょっとちゃんとした名前をつければよかったかなあ」

と笑っていた。しかしすぐに二人で、

「でも、いい名前」と意見が一致した。実際、このペンネームはいろいろな人に褒められた。入社当初の定期券の話もしたら、

「そんな失礼なことをいったの? ごめんね」と謝られて、恐縮してしまった。

目黒さんがこの名前をつけてくれなければ、世の中に「群ようこ」は存在しなかった。物を書く私はいるかもしれないけれど、それは「群ようこ」ではない。私と目黒さんは八歳違いだが、訃報を受け、名前をつけてくれた実の父親が亡くなった気持ちになった。あまりに突然のことだったので、これからはあちらの世界で、心おきなく、たくさんの本を読んで楽しんでいただければと願うしかない。こんなに早く、旅立たれた目黒さんについての文章を書くとは想像もしていなかった。心よりご冥福をお祈り申し上げます。

読書家・目黒考二

鏡明

◎目黒考二は「本を読むこと」そのものに価値を与えた「読書家」だった

目黒考二さんが亡くなった。本の雑誌の編集部からのメールだった。驚いた。驚いたけれども、まさか！というような驚きではなかった。わたしたちの世代がそういう年代になってきている。そう思っていたからだ。自分自身を含めて。いつ、訃報を聞かされても、不思議ではない。例えば、ミュージシャン。ジェフ・ベック。デヴィッド・クロスビー。トム・ヴァーライン。この数ヶ月の間に、何人もの人の訃報に接してきた。残念とか、悲しいとかいう気分ではない。あきらめに近いのかも知れない。そういうことが起きる年齢になったのだ。

心の中に空白ができる感じはあるが、それも時が経てば埋まっていくものだ。目黒さんのことも、そうなっていくのだろう。そう思っていたが、どうやらそんなに簡単なものではなかった。空白が埋まっていかない感じがある。目黒さんのことを、もっと深く知っている人は何人もいる。わたしが書けることはたいしてない。気は進まないのだが、目黒さんのことを少しだけ書いておこう。

わたしがこうして「本の雑誌」に書くようになったのは、四十年位も前のことだけれども、わたしの勤務先に目黒さんと椎名誠さんが訪ねてきたことから始まる。お二人とも、まだ会社員だったように思う。「本の雑誌」に書いてくれないか。わたしは、すぐに了承した。「本の雑誌」は、まだ数号しか出ていない時期だったが、すでに読者として知っていた。そしてこの雑誌が考えていること、それが面白いと思っていたからだ。その当時、書評誌というものが幾つかあった。新聞や雑誌の書評欄も充実していた。最初に「本の雑誌」を見たときには、また新しい書評誌が出たのかと思った。けれども、これは違う。すぐに思った。それまでの書評というものは、基本的に立派な本を立派な人たちがその価値について語るものだった。その結果として、面白くないものになる。この雑誌は、それとは正反対のものだった。書評で取り上げられることが無さそうな本を、ほぼ無名の人たちが語る。これ面白いぞ。それだけのことだ。けれども、それこそがわたしが本を読むようになった理由だったし、そのことを思い出させてくれた。そしてこの雑誌に載った文章は、面白かったのだ。

目黒さんからの依頼は、SFのことを書いて欲しいということだった。おそらく、「本の雑誌」で大森望が書いているようなものを、目黒さんは想定していたのではないか。大森望のページが始まったときに、目黒さんはこういうものを望んでいたのではないか。そう思った。でもわたしがやったことは、たしかにSFのことを書いていたけれども、新刊というよりも、気になったものや、未訳のSFの話が中心になった。その内、SFとは関わりのないことも書くようになった。目黒さんは、そのことについて、不満を語ったことは一度もなかった。今にして思う。ありがたいことだ。もしもSFだけに限定されていたら、こんなにも長い間、毎月書き続けることはできなかった。それでもたとえばジェイムズ・P

・ホーガンの「星を継ぐもの」を紹介できたのは、この雑誌のおかげだろう。ルーカス・フィルムとの仕事は六年続いたけれども、その間、何度もＩＬＭの中庭で原稿を書いた。当時はファックスで原稿を送るわけだけれども、何度かは、ＩＬＭのファックスを使わせてもらった。それから、海外で仕事をすることが増え、いろいろな土地から原稿を送った。日記みたいだね、友人から半ば揶揄するように言われたこともあった。それでも目黒さんはそのことについて一言も言わなかった。諦めていたのかも知れないとも思う、でもわたしはそれに甘えて、好き勝手なことを書き続けた。

　わたしは、ベスト10というものには、否定的だった。簡単に言えば、結局は選者の個人的な好みでしかないだろうし、投票というやり方では、平均的な結果しか出てこない。ベスト10は読んで、ちょっと違うんじゃないか、と、茶々を入れるもので、それを自分で選ぶことに意味を感じなかった。それが、自分で選ぶことになったのは、目黒さんに説得されたからだ。具体的にどういう言葉だったのか、思い出せないけれども、やることになってしまった。いろいろ試行錯誤したけれども、今はやって良かったと思う。日本の作品と海外の作品を分けずに選ぶというのは、かなり無理があるけれども、それなりの意味はあると思っている。それも、「本の雑誌」だから可能だった。

　目黒さんは、いや、北上次郎と言うべきか、これまで誰もできなかったことをやったのだと思う。評論家としての著作もあるが、たぶん、読書家というのが正しいのではないかと思っている。普通はよく本を読む人という意味だが、作家とか評論家、翻訳家ということと同じような意味で読書家と呼びたいと思う。本を読むという行為を、能動的なもの、世界を変えうる行為だとしたのは佐々木中（あたる）だった。あるいは、本を読むことが人間の思考を物理的に変えてしまうといったのはマクルーハンだった。

　目黒さんは、本を読むことそのものに価値を与えた。本を読むことが仕事になりうることを示してくれたように思う。仕事だから読むのではない。逆なのだろう。そうでなければ、何十年もの間、毎月多くの本を読み続けていけるわけがない。目黒さんは最後まで本を読み、原稿を書いていたという。わたしのような怠け者には、尊敬するしかない。

　目黒さんは、わたしが言ったことを、妙に覚えてくれるところがあった。わたし自身が忘れていたことを思い出させてくれる。わたしのヒーロー論が進展しないことにいらだっていたのかも知れない。今世紀中には出ますよね。そう言われたことがある。前世紀の終わりまで、かなりあった頃だった。もちろんですよ。わたしはそう答えた。まずいなぁ。目黒さんは忘れてくれていればいいのだけれども、覚えているだろうな。わたしの本の最も大事な読者を先に失ってしまった。もうしわけない。ありがとうございました。

（２０２３年４月号／連続的ＳＦ話４６７）

　目黒さんの訃報に接して、衝動的に書いたもので、書き足したり、訂正する部分があるかもしれない。でもあの時の気分を残すために、わがままですが、このままにしておく。目黒さんには感謝しかない。

映研時代の目黒先輩

保科義久

田舎の映画大好き少年が明治大学「映画研究部」に入部したのは1966年4月。僕は18歳でした。

その初日、狭い部室に先輩らが並び、品定めの如く「好きな監督は誰？」と問われ、恐る恐る「黒澤明」と答えたら、そろって苦笑されたのが衝撃でした。

その時の先輩とは、1学年上の目黒考二さんと2学年上の菊池仁さんでした。

当時の映研は、後に映画監督や映像カメラマンになる先輩もいましたが、存在感が大きかったのは目黒先輩、菊池先輩であり、彼らは映画よりも文学に、より傾倒しているようでした。漱石と山手樹一郎が同等に語られていました。

映研では月に一度、映画の合評会がありましたが、そこで取り上げられる映画のほとんどは「プログラム・ピクチャー」と呼ばれる娯楽映画でした。それらの映画を目黒・菊池両先輩は、僕にはまったく理解できない言葉で語るのです。

例えば『座頭市物語』では、座頭市と天知茂扮する平手造酒（みき）の関係を「絶対的他者」と言う言葉を使って解読すると言う具合に……。

部室ではしばしば政治や社会が語られ「ロクゼンキョウ（六全協）」や「ハン・ヨヨギ」「サンパゼンガクレン」がどうのこうの……。

両先輩は、年齢的には僕と1、2歳しか違わないのに、知的には遥かに大人でした。

それまで映画雑誌と言えば『スクリーン』しか知らなかった初心（うぶ）な「少年期」の僕には、毎日がカルチャーショックでした。

その夏のクラブ合宿は伊豆の『伊豆の踊子』ゆかりの宿（の隣の安宿）で、昼は川端文学散歩、夜は1年生が各自用意した研究発表会でした。

僕のテーマはエイゼンシュテイン『モンタージュ論』。無論、付け焼刃です。

短い発表を終えると、浴衣姿で酒を飲んでいた目黒先輩が、席に戻りかけた僕を鋭い眼で見上げてポツリ「ホシナはモンタージュ論を映像編集技術だけだと思ってるの？」それだけでしたが、その声は今も耳に残っています。

二人からはテレビドラマの見方も教わります。二人の当時のお薦めはTBS『七人の刑事』NHK『文五捕物絵図』で、ドラマはシナリオ作家で観ることを教わりました。

二人の先輩は麻雀好きでしたが、特に目黒先輩は熱心でした。

僕がようやくルールを覚え、初めて同期の部員と卓を囲み300円負けた時、隣の卓にいた目黒先輩から「おいホシナ、顔が引きつってるよ」。当時は田舎からの仕送りからアパート代を引いたら、食事代込みで月に1万円以下しか使えない、そんな時代の300円です。

当時の明大は、1966年暮れには全学スト権が確立し、休講が相次ぐ「政治の季節」に突入していました。

ですから、僕が2年3年生（目黒先輩が3年4年生）時代は授業もなく、お昼過ぎに駿河台の部室か馴染みの喫茶店「ひまわり」に顔を出して「マガジン」と「サンデー」を読み、部員で面子が揃うと雀荘へ。

深夜になり雀荘が閉店となれば、目黒先輩らが率先して新宿西口の「アシュベリーハウス」と言うゴーゴー喫茶に行って一晩中ゴーゴーを踊り、明け方にアパートに帰ってひと眠り。翌日、昼ごろに起床すると、また同じことを繰り返す日々でした。時には、機動隊員が発砲する催涙ガスから逃れて、卓を囲む日も有りました。我が映研にも「ブント」や「革マル」の学生運動家がいましたが、雀荘に行けば、ノンポリもセクトの垣根も無くなり、麻雀に打ち興じました。

　ある日の麻雀です。僕の手は「面前で萬子のチンイツ」でテンパりましたが、当たり牌が複数あってヤヤこしい手でした。その時、対面の目黒先輩から「当たり牌」が出て「ローン！」。僕は嬉々として手牌を倒し「えっと、チンイツで……それから、イッツウで……」とモタツキながら点数を数え始めましたら、先輩がボソっと一言「チュウレンポートーだよ」、その声は微かにイラついています。

　驚いた僕が目を上げると、先輩はムッとした表情で箱を引っ繰り返して点棒を放り出し「あとは借り」。その時の目黒先輩の声と表情は55年経った今でも生生しく思い出します。僕はサラリーマンになって以降も20年以上麻雀をやり続けましたが、自他を含めて一回も「九蓮宝燈（チュウレンポートー）」にお目にかかったことは有りません。

　目黒先輩の実家は印刷屋でした。

　一度ご自宅に行ったことがあります。先輩とそっくりのお姉さんに案内されて先輩の畳部屋に入りましたら、決して広い部屋ではありませんが、天井まで届きそうな本棚が数列ギッシリと並んで置かれ、まるで古本屋か図書館の書庫のようでした。これが20歳前後の目黒先輩の蔵書量でした。

　そして、本棚に挟まれた幅50センチほどの隙間に布団が押し込んであります。ここが目黒先輩の寝床であり、本を読む場所でした。

　目黒先輩は言いました「いつか本が崩れて、その下敷きになって死ぬんじゃないかなぁ」。

「全共闘運動」が急速に拡大する１９６８年。春の新学期が始まった頃でした。目黒先輩から「アルバイトがある」と言われて、部員ら数名が部室に集まりますと、目黒先輩が「うちの印刷所で刷ったチラシだけど、配布も頼まれたんで」と、ドサリッと大量のチラシの束がテーブルに置かれました。

　そのチラシは「共産主義と学生運動への強い非難」が書かれた右翼のチラシでした。

　その時の部員は、学生活動家もいましたし、ノンポリでも「新左翼」に共感していた時代です。バイト代か思想か？　まるで踏み絵のごとき短い時間が流れました。

　すると、目黒先輩が皮肉っぽく「思想よりも生活の幅の方が広いんじゃないの？」。

　それは当時、誰もが読んでいた吉本隆明の名言のモジリでした。

　今思えば、当時台頭しつつあった「反共（勝共）運動」のチラシでしたが、目黒先輩の一言で僕たちは節操も無くバイトに飛びつき、余所の大学の校門でチラシを配りました。その後、もう一回はこのバイトをした覚えがあります。

　１９６８年10月の「国際反戦デー」では動員を要請されて、軟弱で売っていた映研も参加を決め、数人の部員がピンク色に染めたヘルメットをかぶって新宿に行きました。この日の新宿は「騒擾罪」が適用される歴史的事件となりますが、その時、目黒先輩がピンクのヘルメットをかぶって参加したかどうかは覚えがありません。

　時代の熱狂とシラケのはざまで、誰もが漂っていました。

目黒考二のアパートを発見した日々

沢野ひとし

一九七二（昭和四十七）年、目黒考二は梅ヶ丘のアパートに住んでいた。お互い二十代で、私は結婚して子どもが生まれ、小田急線町田の古い都営住宅に住んでいた。

その頃、二ヶ月に一、二度、椎名誠を中心にした本好きの連中が新宿で飲み会をやっており、目黒考二は毎回参加していた。酒も気も弱いのか、いつも恥ずかしそうに下を向き、グラスをじっと見つめていた。

だが話題がSFになると顔をキッと上げて目を光らせ、雄弁になり、挙げ句に「椎名さん、そういう読み方は甘い」と少し前は会社の上司だった男を諭すのだった。

根負けした椎名は忌々しそうに「わかった、次に会う時に決着をつけるから」と最後はいつも逃げ腰になるのだった。

ある時、目黒が「オレ梅ヶ丘に引っ越したんだ」とつぶやくように言った。池袋の実家に厄介になる年齢はとうに過ぎていた。

「公園、学校、お風呂屋、食堂。まわりも静かで環境もなかなかいいんだ」

椎名が何気なく「サーノも小田急線だよな」と言った。「そう、町田だよ」答えながら目黒の前にあった焼き鳥を横取りしたら、すごく嫌そうな顔をした。それは焼き鳥より、同じ路線であることを警戒した表情だったのかもしれない。

ある秋の夕方、会社帰りに梅ヶ丘の公園の近くを通ると、金木犀の甘い香りが漂っていた。

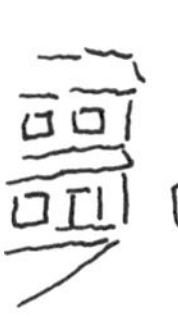

目黒が言ったように公園の先には中学校があり、ひっそりした住宅街の中に二階建てのアパートがあった。

そっと覗くと、郵便受けに本人が書いたと思しき「目黒考二」という表札が貼られていた。

ドアを勇ましく叩くと、「ハーイ」という目黒の声がした。そしてドアが開いた瞬間、「アッ」と絶句した。

だが相手は「ここがよくわかったな」と、とりあえず部屋に入れてくれた。

パジャマにセーターを羽織った姿で「住所は教えていなかったよな」とまるで独り言のようにこぼし、台所にあった赤い椅子を差し出した。

テーブルの上には書きかけの原稿用紙、周りには資料らしき本が散乱していた。六畳ほどの和室は寝床なのだろう、壁に這うように本が腰の高さまでぎっしりと並んでいた。

「もうすぐ連載の原稿が終わるから、適当にそのへんの本を読んでいて」と言うので、奥の和室であぐらをかいて、積み上げられた週刊誌をしばらくめくっていた。

その年の二月に赤軍派の浅間山荘事件

があり、世間はいつまでも事件の真相について侃々諤々を続けていた。

　やがて目黒が外に出られるというので、二人してまず銭湯に行き、食堂でアジフライ定食とビールを頼んだ。

「よくアパートがわかったね」

　目黒はもう一度しみじみと言った。

「山を歩いていたから、地図がなんとなく頭に浮かんでくる」

「でもな、梅ヶ丘、公園、学校だけで来たんだろう」

「前に世田谷区、東大駒場だけで友だちの家に行ったよ」

「エーッ、どうして?」

「そいつが妙におしゃれな男だったから、駒場のクリーニング屋に入って、『このへんに山下という家ありませんか』と聞いたらすぐに教えてくれた」

　私はビールを一口飲んで続けた。

「いきなりたずねていったら、やっぱり驚いた顔をしていた。そいつもハンサムだけど、その母親があまりの美しさ、まるで女優みたいなノーブルな顔立ちでたまげた。あんなに美しい母親は見たことがない。三人で近所のトンカツ屋に行った」

「ふーん。なんだかすごい話だ」

　目黒はしきりにうなずいていた。

　食堂からの帰りに、「でもあんまり家に来ないでね」「なんで」「オレ原稿書いて食べているので」

「どんな原稿?」「きっと説明してもわからないよ。週刊誌のコラムみたいなもの」「コラムって?」「だから内容を言っても理解できないよ。じゃあねー」

　目黒はつれなく手を振りながら、アパートに消えていった。

　その後、二ヶ月に一度は訪問した。喜んでは受け入れてくれないが、頑なに拒否もされなかった。目黒は原稿が残っている時は酒は口にせず、いつものアジフライ定食を嬉しそうに食べていた。

　目黒と別れて飲み足りない時は、一人で町田駅の久美堂の隣の「柿島屋」で桜鍋に梅割り焼酎を二杯飲んだ。いつもは駅からバスで帰宅するのだが、酒が入ると気分がよく、二十分ほど歩いて都営住宅に戻った。月が出ている夜はそれだけで幸せな気分になっていた。

　歳下にもかかわらず、目黒考二が原稿を書いて生活していることを、心から尊敬していた。どんな原稿でもそれで食べていくというのは大変な努力がいるものだ。

「締切だけは守らないとね」が口癖であった。さらりと言う目黒がすごく大人に見えた。

　やがて彼は結婚して相模大野の新居に移っていった。その頃私はフォルクスワーゲンの「カブト虫」に乗っていた。その整備工場が相模大野にあったので、修理の後に新婚の目黒のアパートに立ち寄った。目黒は横を向いていたが、奥さんは「わざわざ遠くまでようこそ」と喜んでくれた。

本の雑誌が創刊した夜

椎名 誠

メグロは、活版印刷特有の刷りたてインクの匂いを背負いながら、銀座の資生堂前からうつむいて直角に不格好に歩いてきた。

風景とおよそ場違いなそのメグロをぼくは約束の銀座八丁目のバス停前で長いこと待っていた。

銀座にしてはえらくしけたベンチがあり、バス停は「天國前」と言った。座るのではなく主に荷物置き場に使われていた。

「天國」というのは老舗のてんぷら屋の屋号だ。そして当時おれが勤めていた会社の前。おれたちにとってその日そこは輝かしいところになっていた。

彼がやってくるのは約束の時間よりも三時間も遅かった。ぼくは「天國前」にある寄り合いビルのなかの小さな会社で目黒を待ちながらずっと自分の仕事をしていた。

目黒は薄暗い製本屋でずっと待っているのだから蛍光灯のあかりの下にいるぼくは文句など言えなかった。

製本屋の担当者からも出来上がるのが何時になるかわからない、と言われていたが、メグロは待っていたらしい。

「できたぜ。これだ」

メグロは『本の雑誌』創刊号を差しだした。モノクロだが小さく光っているようにみえた。そしておれたちはそこでガッチリ握手をした。

考えてみると目黒考二と握手をしたのはそれがはじめてのような気がする。

「おい、それにしても五百部だ。どうするコレ!」

製本屋から貰った古びた背負いバッグにそれが丸々入っていた。五百部といっても当時は一冊そのものが薄かったから三十冊ごとにくくられている。

「シーナさんに頼みたいのは六十冊。そのぶん別の袋に分けて持っていきますか?」メグロは言った。

「ハンパな数だなあ。百冊くらい預かってあとは駅のコインロッカーでいいんじゃないか」

「盗まれないかなあ」

「同じ雑誌を百冊もか?」

おれたちはそんなことを話した。そのときおれたちはあきらかにコーフンし、浮足だっていたんだと思う。それくらいしかそのときの会話を覚えていないのだ。

書店に置いてもらってみようと思っている、というので目黒はそれらの殆どを自分のアパートに持っていく、と言った。

創刊号をうっとりながめながら寝たいのだろうな。と、ぼくは思った。ぼくは自分が書店に持ち込む予定の新橋、銀座地域への部数があればよかった。それでも六十冊は必要だった。ぼくはそれを自分の勤めている会社におき、目黒と銀座裏とか新橋あたりの居酒屋でビールで乾杯したかった。

そのあたりに十年も勤めていると深夜までやっているそういう店をいくつか知っていた。その日居酒屋に行ってメグロと何を話していたのかも殆ど記憶はない。

とにかく出来たよな。

と言ってなぜか呆然としていた。それから先、二号以降ができていくのかどうかおれたちにもよくわからなかったからそんなに手放しで喜べないような気がしていた。

空腹だったことに気がつき、新橋にある二十四時間営業の「なんどき屋」（牛丼屋の元祖）で大盛りを喰い、大衆酒場に行ってビンビールで乾杯した。

二時間くらい飲んで店をでた。

銀座八丁目にハリウッドという巨大なキャバレーがあった。

当時ガード下でたむろしていたホームレスのおっさんたちが深夜になるとそのキャバレーの裏に集まっていた。

みんなの共有財産であるいくつかの石油缶にハリウッドが出している客の飲み残しをチームを作ってハイヨ、ハイヨ、と手当たり次第に集めているのだった。

キャバレーの客の残りだからいろんな酒が混ざっている。ビール、ワイン、日本酒、焼酎、ウイスキー、シャンパン、ラオチュー、あっというまに石油缶三〜四個ぐらいになった。かれらはそれを「スーパーカクテル」と呼んでいた。朝の通勤のときに彼らとよく顔をあわせていたので知り合いが多い。

その日、メグロと飲んだあと、そこをとおりかかった。

「よお、あんちゃんよお、なんかうれしそうだなあ。一杯飲んでいけやあ。おごるぜえ」と誘ってくれた。けっこう酔っていたのだけれどありがたくワンカップサイズのものを御馳走になった。別にワンカップそのものではなくいろんなものが混ざった酒の入れ物というだけの話だ。そこそこ酔っていたからだろう。なんだか信じられないくらいうまいような気がしたが、その頃、そもそもあまり飲まなかったメグロはもう酔っちまって少し口をつけただけだった。でも丁寧に礼を言っていた。

「礼儀のあるあんちゃんだなあ。将来いいセールスマンになるでえ」

そのホームレスチームの首領はチキンと呼ばれていた。ぼくはよく読みおわった週刊誌や東京スポーツをあげていた。

別の日の深夜、サラリーマンふうの酔っぱらいの数人がその缶をとりまいて小便をしているのを見た。怒りで体がカッと熱くなった。でもそのすぐあと、酔ったサラリーマンらはホームレスの人々にコテンパンに殴られていた。

元社員が目黒考二を語る座談会だ！

ベージュのスウェットの衝撃！

上原ゼンジ（'85〜'86編集）
野口道也（'88〜'92営業）
南雲まち子（'91〜'94営業事務）
司会◎浜本茂、杉江由次

浜本　かつて本の雑誌社に勤めていた元社員お三方と目黒さんについて話していきましょう。この中では、上原ゼンジさんが一番古くて。えっと八〇年？

上原　八一年にまずは助っ人として関わるようになりました。

浜　社員になったのはいつ？

上　浜本さんの一年後です。

浜　じゃあ八五年だ。

上　初めての営業の社員が浜本さんで、その前に入社していたのが後に群ようこになる事務の木原さん。木原さんが辞めたのが八四年いっぱいですよね。

浜　群さんの『午前零時の玄米パン』を作ったのがゼンジなんだよ。『玄米パン』が出たのが八四年だから、その時は社員じゃなかったんだ？

上　そう。大学三年の時に『沢野ひとしの片手間仕事』を作って、四年の時に『玄米パン』と椎名さんの『むははは日記』を作った。

杉江　なんでたくさんいる助っ人の中で、ゼンジさんに単行本の編集作業が回ってきたんですか。

上　うーん、入り浸っていたからかな？　大学三年の時にあやしい探検隊にも連れていってもらったし。

浜　琵琶湖のほうに行ったりしてたよね？

上　最初は粟島。その時は目黒さんも行ってるの。目黒さんが最後に参加した遠征。所在なげにしてた記憶がある。

南雲　そのまま本の雑誌の社員になったんですね。

上　そう。編集で初めての社員。学生の時に本を作っちゃったからそのまんま入んないかって目黒さんに言われて。ちょっと悩んだけど入社しました。

杉　南雲さんと野口さんはどちらが先の入社なんですか。

浜　野口さんが先です。

野口　僕は昭和六十二年、一九八七年の「本の雑誌」五十七号、隔月刊最後の号で新入社員募集があってそれで入社しました。「本の雑誌」が大好きだったので文章と履歴書を送ったら、面接に来てくださいと。何人が受けてたかわかんないんですけど、わあ！ 書類通ったあ！ って大喜びで面接に行きました。椎名さんの仕事場だったのかな。マンションの一室に椎名さんと目黒さんがいらっしゃって、お二人とも僕の話を一生懸命聞いてくれるんで、嬉しくてべらべら喋って、その日の日記に「とても幸せな時間だった」って書いてありましたね。「とにかく落ちてもいい」って。で、クリスマスの十二月二十五日に「採用です」って電話が来て、天にも昇るような気持ちでした。

上　それは本の雑誌社がどこにあった時？

野　第2スカイビル8階Aの頃です。

杉　野口さんは営業として採用されたんですか。

野　はい。大学四年の冬に採用され、一月の最初の出社日に新年会があって、その時に目黒さんから「お前三年は会社を辞めるなよ」って言われて、大好きな本の雑誌社を辞めるわけないじゃないかって思ったんですけど、実際には三年半で辞めて…。

学生の頃から本を作っていた
上原ゼンジ

南　私も三年半くらいですよ。

杉　南雲さんはいつ入社されたんですか。

南　私は九一年の六月に入社しました。その前は河出書房新社で営業事務をしてたんですね。で、契約が切れた後に、アラスカに行きたいとアルバイトしてお金を貯めていたんです。その準備をしている時に友だちと本屋さんに行ったら、「本の雑誌」をペラペラ見ていた友だちが求人が出ているよって教えてくれて。

浜　立ち読みしてた（笑）。

南　そう、立ち読みしてたんです。すみません（笑）。それで履歴書を出しました。野口さんみたいに作文があったか覚えてないんですけど、電話があって、六月の上旬に面接に来てくださいと言われて。それがちょうどアラスカに行ってる日付だったので、すみません行けませんと断ったんです。それでお終いだと思っていたら、アラスカ行きの出発間際に「目黒の予定が空いたので面接に来れますか？」って連絡があって、急遽面接を受けました。その時、本の雑誌社はＬＡＮＤ・ＤＥＮでした。

浜　新宿御苑前ね。

南　すごく覚えているのが、面接の時に目黒さんがスウェットだったんですよ。それがベージュで、紺とかグレーとかじゃないんですよ、しかも上下なので、私、衝撃で…。

杉　えっ、ちょっと待ってください。目黒さんのスウェット姿って笹塚に移転してからじゃないんですか。

南　いやいやいやいや。

浜　第2スカイビルの後期くらいから会社に住んでたからね。

杉　スウェットで会社にいたんですか。

南　LAND・DENの頃はずっとスウェットでした。

浜　そのスウェットの人が社長だと思ったの？

南　だって目黒ですって。低い声でベージュの人が言いましたから（笑）。忘れられないですね。直視できないですよ。まだ若かったですし。

杉　ゼンジさんが助っ人で来てた頃は目黒さんはどんな格好していたんですか。

上　最初の時はね、臙脂色のチョッキ着てネクタイしてたり。

浜　あー、あのネクタイ何ていうの、編んだようなやつ。

南　ニットタイ？

浜　それだ。ニットタイ！

南　ちゃんとネクタイしていることもあったんですね。

上　助っ人の募集に百三十人も来ちゃった時で、説明会を何回かに分けて開催したんだよね。だから一応ちゃんとした格好をしていた。

浜　俺、最初に会った時は黒いコーデュロイのジャケットに黒のタートルだったよ。黒い人だなーって思った。

南　私はベージュの人だなって思いました（笑）。

上　僕は目黒さんにスウェットのイメージはないなあ。記憶にあるのはウエストバッグ。雀荘に行った時に札束いっぱい入れてパンってやってた。

浜　やってたやってた。競馬の時も持っていってたよね。

杉　じゃあ、もうその頃からギャンブルは…。

上　ギャンブルは相当昔からやってるから。

浜　競馬は途中ブランクがあったけど麻雀はずっとやってたよね。

上　チンチロリンも会社でやってた。

南　私がいた時もまだやってらっしゃいました。二階が編集部なんですけど上がっていくと…。

浜　LAND・DENの頃もやってたね。でも、やっぱり第2スカイルビルにいた時がひどかったんじゃないかな。

野　助っ人も一緒にやっちゃって、最後は結構な額になって。

浜　一番ひどかったのは昭和天皇の崩御の時ね。目黒さんが「今日は外に出たら危ないから会社を閉めよう」って言って、それでどんぶりとサイコロを用意して「これで遊ぼう」って（笑）。

杉　一日中？

浜　その時は三十数時間もみんな帰らせないでやってたんだよ（笑）。

杉　チンチロリンって毎日やっていたんですか。

野　いや、いくらなんでも毎日はないです。

浜　まずバイト代が入らないと賭場は開かれないからね。

杉　金を持ってる日を目黒さんは虎視眈々と待っている。

浜　よく考えたらひどい話だよね（笑）。

南　ねえ（笑）。

編集の極意から複勝転がしまで、目黒社長の教えが今も野口道也の心に生きているのである！

杉　そんな目黒さんに対して仕事ができる人だなあってイメージはありましたか。

上　ありましたよ。最初に会った時はそう思った。その後なくなったんですが（笑）。

野口道也の当時の日記が炸裂！

浜　すぐなくなるよね（笑）。最初に見た時は、大学生からしてみるとやっぱり知らない世界の人だし。

上　椎名さんの本に登場するような感じだと、なんか青白い読書青年みたいな感じなんだけど、助っ人募集で来て、そこで話した感じは勢いよくハキハキと喋ってたからちょっとイメージが違ったよね。

杉　出版業界の話とか？

上　そういう話じゃないんだけれども、「今日来た人たちは採用も不採用もありません」って言って、「全員来たい人は来てください。来たくなくなったら来なくていいです」みたいな感じで。あと、「ただしバイト代も出ません」っていうことを身振り手振り交えて話していた。

杉　野口さんは目黒さんと仕事のことで最も記憶に残っていることってなんですか。

野　実は僕が営業をしている時に本の雑誌社が朝日新聞に編集募集で求人を出したことがあったんですよ。それを見つけて、僕に編集をやらせてほしいって直談判に行ったんです。

浜　目黒さんに？

野　はい。普通そんなこと言われたら「お前ばか、営業どうすんだよ」とか、「お前にはできないだろう」とか言いそうですけど、目黒さんは言わないんですよね。一生懸命話すと一生懸命答えてくれる人で、ちょっと長いんですけど、当時の日記にその日のことが書いてあるんで、それを読み上げますね…。

浜　日記つけていたんだ。

野　この時、目黒さんが編集とはどんな仕事であるか説明してくれた内容が書かれているんです。「まず一つは編集は細かな雑用が九十％なの。一つ一つ字数とか二回チェックするとかそんなのばかりなの。二つ目は俺はガミガミやるし、仕事をできなきゃ帰ってもらうから。三つ目は教えないから勉強してほしいの自分で。電話の取り方一つ、依頼の書き方一つ、相手によって違うしな。自分のやってることだけじゃなくて、そんな耳を持って勉強しないと駄目なの。四つ目は聞くのを恐れないように。聞けばいいんだから。尻拭いするのはこっちなんだから聞けばいいの。これでいいですか？これ何ですか？って。勉強する意識について言えば、例えば題名つけをやらせたりする。自分でいいと思うものができたら、それで満足せずに自分以外のページを見て、あーこうやるのかとまた学ばなければいけない。編集の技術なんて一年あれば学べます。問題はその後なんです」って言っていただいて、それで、「じゃあ検討するから」って。

杉　すごいですね。

野　ちょうど一か月後、目黒さんから返事があって、「営業サイドからの編集参加をしてほしい」ということで、「外を出て歩いてる人間にしか見えないものを本誌に提供してもらって、駄目な場合はどこが駄目か指摘するから」と。「自分の好きなものだけ見るんじゃなくて、多方面を広く見ろ」とも言われて、さらにしばらくして書店員にインタビューしてその人の人生とか考えを原稿に書く「書店員の午後」っていうページをもらって、でも第一回のインタビューをまとめた時に、もう何回も何回も原稿のダメ出しを受けて、自分に編集の能力がなかったことを思い知らされたんですよね…。ていう長い話ですいません。

南　日記に書いておいてよかったですね、本当に。

野　目黒さん一生懸命、目を見ながら話を聞いてくれて、「野口な」とか、話しかけてくれるんですよね。

南　目黒さんてちゃんと話を聞いてくださいますよね。どんなにくだらない話でも…。特にくだらない話がお好きだったりするので、あそこにこんなお店ができたとか、意外とそういうことから真剣に聞いてくれる。

何度も事情聴取をくぐり抜けた南雲まち子

杉　普段そんな感じでお喋りしていたんですか。

南　いや、それはなかったですね。編集部と営業部でフロアが異なっていたし、会社の中にいるとあくまでも社長と社員だったので、やっぱり社長然とした風格もありましたから。

杉　風格ありましたか?!

野　ありますよー（笑）。

南　目黒さんは、あくまで社長でした。だからそんなに軽軽しく、何か言ったりできなかったです。会社を辞めてからのほうが普通に話せるようになったと思います。目黒さんも年を重ねて丸くなられたというか、五、六年に一回くらい会って、近況報告というか…。

浜　事情聴取されるんでしょう？（笑）

南　そうです（笑）。要所要所で。よく事情聴取がありました。まあ、五分から十分話すと、目黒さんが飽きますけど。

杉　すぐ飽きますよね（笑）。

野　知りたいことがわかったら、興味がすーっと消えてく雰囲気はありました。

杉　『笹塚日記』でよく書いてましたけど、「ふーん」って感じになるんですよね。

野　僕は本の雑誌社に入ってから競馬を覚えた口なんですけど、南阿佐ヶ谷にあった書原の店長さんも競馬が好きで一緒に競馬に行ったりしていたんですよ。そういう話を目黒さんにしたら、「おー、そうか、お前もこっちの世界に入ってきたか」みたいな感じで非常に喜んでくれて。それで目黒さんに複勝転がし理論というのを教わったんですよね。

浜　一時期、複勝転がしに凝ってたからね。

野　素晴らしい理論なんですよ！「最初のレースに一万円賭けて一・五倍になると一万五千円。それでずっと当たると十二レースで百二十万円超えるんだぜ！」って言われて（笑）。

浜　俺も、それ、よく言われた。三着まで入ればいいんだからって（笑）。

野　すげーと思って、ボーナス出た翌日に朝から行ったんですよ。一レース目からことごとく全部外れちゃって。でも目黒さんが、たとえ初めに外れたとしても次のレースで倍賭けて、二レース目からスタートと思えばいいからって言うもんで、次のレース、次のレース、どんどん倍にして賭けていったら、午前中にお金がなくなっちゃって、泣きながら競馬場から帰ったんですよ。

浜　そりゃあ大変だよ！

野　それで翌日報告したら、「野口気にすることないよ。お前そんなの大丈夫だよ、いざとなりゃ自己破産すりゃいいんだよ」って言ってくれて、そうかなんとかなると思って嬉しくなっちゃって、俺（笑）。「目黒さんっていい人だな」って。

浜　そもそも、その複勝転がしって目黒さん自身が一度もうまくいったことないのにね。

野　でも目をキラキラさせて話すんですよ。そういえば日記には競馬でいいことがあったなんていうのもあって。「一九九〇年十月二十九日（月）出社してくると…」

浜　その日程だと天皇賞？

野　おっしゃる通りです。「出社してくると社員の机の上に目黒さんが書いたこんな紙が置かれていました。『昨日行われた天皇賞でヤエノムテキ、メジロアルダンの枠連4-4を一点で的中しました。今日は全員に好きなものをおごります』って。繰り返しますが一点的中ですよ。

上　おお〜！

野　一万円賭けてたんですけども、配当が三十五倍だったんですよ。お寿司をみんなで食べたんですよね。

南　一九九〇年、私が入社する前ですね。残念（笑）。でもそういうの、私の時もあった気がする。

浜　競馬で当ててケーキを買ってきてくれたりというのもあったよね。

南　ありました。あとはアイスとか。

浜　目黒さん、アイス好きだったからね。

南　たまたま椎名さん、沢野さん、目黒さんが会社に居合わせたことがあって。覗いてみたら、お三方が揃ってアイスを食べてらして。まだ入社したての頃だったので、良いもの見たなって（笑）。そうやって一緒にアイス食べてる大人がいるっていうのが、いいなって思ったんですよね。

浜　なかなかないもんね。

南　こんなこと言うと失礼かもしれませんが、目黒さん、いい人生だったのではないかと…。

杉　椎名さんもまったく同じことを言ってました。

浜　競馬も最後まで楽しめたし。

南　でも亡くなるとは思いませんでした。なんとなく目黒さんはずっといてくれると勝手に思っていたので驚きました。

浜　吉田伸子は目黒さんのことを「変わり者の親戚のおじさん」と言っていたけど、みんなはどう思っていたの？

南　初めて会った面白い大人っていうんですか。面白いって…ほかにうまく言葉が見つかりませんが、いい意味で、です。

杉　それまで出会ったことがないような大人だった？

南　なかったですね。後にも先にもないです。その後仕事上も含めていろんな方に会ってますけども、ああいう人には出会えませんでした。椎名さんや沢野さんも含めて出会ったことのない人たちでした。

野　僕が退職して田舎に帰って新しい仕事に四苦八苦している時に編集後記に「そういえば野口くんが就職したというので報告に来てくれた。ユニークな人間だからきっと新しい職場でも愛されるだろう」って書いてくれて、実際には愛されてなかったですけど(笑)。周りに本を読んだり、映画を観たりする人がいないようなところで生活するようになって、それでも目黒さんがエールを送ってくれたというのが。そうか、そうやって見てくれている人もいるんだ、もう少しこの仕事がんばろうって思わせてくれたので、応援してもらったなぁという気がすごくしますね。本当に恩人だと思っています。

上　僕は自由にやらせてもらえてよかったなあって思う。本の作り方とか。たとえば『午前零時の玄米パン』なんかは判型だけが決まってて、あとは自分で書店を見て回って、これがかわいいなというので角背溝付きハードカバーのカバーなしにしたんですね。

浜　たしか高峰秀子の本に倣ったんだよね。

上　そうそう『台所のオーケストラ』。それで装丁家の多田進さんに、かわいい本にしたいですと依頼して…というのを目黒さんは学生の俺にやらせてくれたんですよね。

浜　それはすごいね。

上　学生が何でそんなことまでやってるんだろうって思いますけど(笑)。でもまあ編集で一対一で、机が隣だったから圧はすごかった。

杉　お前、もっと早くやれとか？

上　早くやるようにとはよく言われた。自分は時間をかけてじっくりやるタイプなんだけど「芸術やってるんじゃないんだから」という感じで。あとは原稿のまとめ方とか座談会で「(笑)」の入れ方とかそういうのもいろいろ教わったね。

浜　俺はコラムを最後のページに持ってくるなって言われた。終わった感じがしないからって。目黒さんけっこうテクニカルなんですよね。

上　そういうのあったよね。レイアウトで写真や見出しを入れる位置もそう。読者が読みやすいような配置の工夫とかを教わった。

杉　ゼンジさんは最後に目黒さんに会ったのはいつですか。

上　菊池寛賞の時。浜やんとかみんなその時ぶりですね。

南　菊池寛賞の受賞がなかったら、たぶんここしばらく目黒さんと会う機会なかったですよね。それ以降も含めて。

浜　あれは七年前か。

南　私たちも授賞式に出席させていただいて。

杉　その時も事情聴取にあいましたか。

南　あいました。かならず事情聴取はあります(笑)。

杉　野口さんも最後に会われたのはその時ですか。

野　そうです。

浜　それを考えると菊池寛賞を受賞して本当によかったよね。

座談会

本の雑誌スッキリ隊 目黒考二の仕事場整理に行く!

向井透史(スッキリイエロー・古書幻世)
岡島一郎(スッキリグリーン・立石書店)
杉江由次(スッキリレッド)
浜本茂(スッキリブルー)

☆三月三日から四月二十八日まで、五度に亘って目黒考二の仕事場整理に臨んだ本の雑誌スッキリ隊。大スッキリ隊も参戦して取り組んだ整理の全貌を明らかにする!

杉 目黒さんの書庫というか、仕事場をスッキリ隊が二ヶ月かけて整理したわけですが、最初に見た時はどんな印象でしたか。

向 着いた瞬間、ほっとした。車を二台駐められたでしょう。気を使わなくてすむじゃないですか。

岡 そう。出口の前に車がつけられるっていうのはベストだよね。結果的に古本の整理がしやすい家になっている。

杉 よかったのは一階だったことですよね。マンションというかアパートというか、三階建て共同住宅の一階の二戸分を書庫として使っていた。あれが二階だったら大変ですよね。

向 難度が一気に変わる。

浜 三Kが二つ分。八畳くらいの細長い部屋と四畳半二つに本棚が隙間なく据えられて

初日に整理を開始した左奥の部屋。比較的新しい本が多い

いて、ひとつのほうはキッチンもつぶして新書の本棚を並べていた。

杉　初めて見て量はどうでした?

浜　岡島さんは四万冊くらいかなって言ってましたよね。初見の時。

岡　もっとあったのかな。多いことは多いんですよ。間違いなく多いんだけど、わりと整然としたよね。

向　整然としてるのと、混沌としてるのが両方あった。棚はわりときれいになってて、だけど床がめちゃくちゃだったじゃない。最初に手をつけた机のあった部屋は床もある程度きれいだったけど、他の部屋は…俺が入るとぎりぎりみたいな部屋が二つくらいあった。

岡　やっぱり手前に積んじゃってる感じだったもんね。

向　あれでちょっと数がわからないっていうか。棚で換算できなくなっちゃってるから。もうあそこまでいっちゃうと、何冊だとか何回必要だねとか考えない。とりあえずやってみないとわからないわけなんで、じゃあやりましょうと始めたのが奥の机の部屋。で、車一台分、積んだけど、びくともしなかったじゃない。

杉　減った気がしなかった。

向　何も変わってない(笑)。これはもう大変なことだなって。本が前後二列に並んでたから、もうなぞった気しかしないっていうかね。

岡　だから大スッキリ隊に応援を頼まないで、うちのハイエースで運んでたら何回になったかわからない。

向　あのペースでやってたら、三月から始めて七月にようやく終わったとか、たぶんそんな感じだよね。

浜　最初は三月三日だった。

杉　俺と向井さん、いきなり痛風発症ですからね。三日朝。

岡　まさか二人ともだなんて。びっくりしましたよ。

向　四分の二が痛風発症(笑)。

杉　僕もびっくりしました。プレッシャーですよね。ああ、こんなにいっぱいあるんだと思って。

岡　でも楽しい棚でしたけどね。北上次郎の書評も読んでいたし、もともと推理関係は好きだから、棚を見た時、ああ面白いなと思って。

向　最初、入った時は何があるのかっていうのもわからなかったじゃないですか。本当に雑本的なものしかないのかもよくわからないまま入って、でも奥に行くと、調べ物をするための資料みたいな本もけっこうあって。単純に書評をした本が並んでる棚じゃないというのはすぐにわかった。すごい雑多な棚でしたよね。

浜　一応部屋ごとに時代小説、歴史小説、ミステリー、普通の小説、純文、ノンフィクションとわかれてはいるんですよね。

向　新書も多かった。

岡　読んでるうちにどんどんバラバラになっていったんだろうね。きちんとわかれてはいなかったけど。

浜　あったところに戻さないから。

岡　最初はこうやってわけてたんだろうなっていう層が一番後ろにあって、その前に動かしてるうちにめちゃくちゃになったんだろうなという層が次から次へと出てくる。なんでこれがここにあるんだろうっていうね（笑）。何巻はないかとか、いろんな部屋に探しに行ったりしたじゃないですか。あれが生きてる棚って感じで面白かったね。使ってる棚ですよね。

浜　そのせいで苦労した。巻数ものが全然揃わない。

杉　これどっかにない？とか常に言ってたよね。

岡　あれくらいは想定内。だってあれだけ広いんですよ。きっちり揃ってたほうが怖いですよ。揃ってるってことは何もしないでただ置いてあったってことだから。

向　逆にあれだけあって、ここを崩したらもったいないなっていうコレクションになってないのが面白かったですね。

岡　そうだね。

浜　それは褒めてる？（笑）

岡　いやいや（笑）。ちゃんと本を読んでるってことですよ。

向　集め始めたら全部集めようみたいな感じはあったのかもしれないけど、競馬とかだって、ものすごくガッツリあったわけでもなかったし、すごいコレクションだなみたいなのはなかったから。とにかく量があって、やっぱりひたすら読み続けてる人の棚だよね、あれは。

浜　それは伝わってきますよね。

向　自分の読書によって破壊されていく棚ですよ。

浜　言いましたっけ？　あの部屋の秘密を。

向　何ですか。

浜　棚に「あ」とか「か」とか貼ってあったでしょう。

杉　ああ、付箋みたいなやつ。

浜　そうそう。あれは奥さんのお父さんが貼ったんです。本棚を設置して見出しをつけたのが奥さんのお父さんで、最初にあそこに本を並べたのも奥さんのお父さん。

杉　ひどい。考二は何もしてない。

浜　だから最初はきちんと並んでた。

向　そういえばちゃんと並んでいたのはみちくさ広場に出した棚の部屋だよね。普通の小説の部屋。あそこだけあいうえお順にずっと並んでた。「あ」からずっと回ってきて、「わ」で終わって。

浜　あそこはたぶんお父さんが最初に並べた時に、もういっぱいになっちゃって、その後、足したりできなかったんじゃないかな。

向　浅田次郎とか村上春樹とか。本当に普通の小説。

杉　浅田次郎はあそこに並んでた後も読んでるはずなのにね。なんであそこに持っていかなかったんだろう。

浜　入らなかったんだよ。

向　二列に並んでびっちりなんだから。どうにもならない

みちくさ広場用に小説を選り分けるスッキリイエロー。本を見る目は真剣だ

よね。

杉　でも、あの部屋の本のおかげですよね。鬼子母神通りみちくさ広場で目黒蔵書大放出会ができたのは。

向　そうだね。二回目に行った時、俺はほとんどその準備をやってたから。目黒さんの蔵書っていうプレミアムは古書市場ではつかないわけじゃないですか。一般の小説っていうのはお金になりづらい上に付箋代わりの折り込みがある。市場に出しても入札がゼロの可能性だってあるわけですよ。それは正直もったいない。ちょうどみちくさ広場をやるのが決まったから、これを目黒さんの名前を出して売ったほうがお金に変わるんじゃないかという話で、あそこで売ることになったんだよね。

浜　逆に折ってあったりするほうが。

向　そう、むしろ折ってあるほうがいい。それで「あ」から抜いて、とりあえず千冊を目指して、あの部屋をずっとさらっていったわけですよ。それで五十本選んだ。田中小実昌とか片岡義男とかは市場に出す用にしてギリギリのラインのところを抜いて。

杉　読者が喜んでくれましたよね。みちくさ広場はオープン前に五十人以上並んでくれてたじゃない。結局、ほとんどなくなった。蔵書整理としては一番幸せなパターンじゃないですか。

向　これは目黒さんの本と、意味をわかった上でちゃんと大事にしてくれる形で渡るって意味では一番いいですよね。新しいお葬式を見てるみたいな感じで。しかも杉江さんと目黒さんの話をしたりとかさ。

杉　まさしく供養してる感じ。

岡　最高でどれくらい買って行ったの？

杉　十冊、二十冊みたいな人もいましたね。みなさん、嬉しそうにっていうか、思いを込めて買ってるのが伝わりましたよね。

岡　本の雑誌も売れてね。

浜　なかなかそういう機会はないですからね。

向　いい一日だったね。

杉　逆に嫌だったのは何がなんだって自著。

浜　自著と本の雑誌のバックナンバーね。

杉　これまで散々スッキリ隊でバックナンバーを整理してきたじゃん。そういうレベルじゃないんだもん。

浜　送ってくれと言われたから送ったのに開けてもいない。

杉　ダンボールのまんま。しかも他社から送られてきた自著の献本もまんまだし。手紙も入ったままだったりする。あの虚しさね。

岡　それも一番出しそうもない押入れの奥のダンボールに入ったまま置かれてる。

杉　奥にいいものがあるかもと思ったら、また本の雑誌かよ（笑）。

岡　押入れの前をかき分けて浜本さんが見に行って、さあなんだろうって開けた時の…。

杉　すごく嫌そうな顔して帰ってくる（笑）。最後の日に自著とバックナンバーを積んできたじゃないですか。結局それでハイエースがいっぱいになっちゃった。紙で包まれたまま三十冊とかあるんだよ自著。同じのが。

岡　一度、どけとこうって、時代小説の部屋に置いといたら、どんどんダンボールが増えてきて、整理してない本なのかと思ったら、それもやっぱり自著。

杉　何回も開けちゃうの。

浜　これなんだろうなって開けるんだよな。

岡　全員が人伝にしか聞いてないから、毎回みんなが開けて、それは自著だからって誰かに言われて終わる（笑）。

杉　あれは嫌だったな。エネルギーを吸い取られた。

岡　本以外のものもすごい量だった。最初に行った時、浜本さんの車が本以外のもので満載になったからね。

杉　自宅からマスクとか傘とか帽子とかを救出してきて。

岡　本は一冊も載ってないのにぱんぱんで。不審車両だよね、完全に。夜逃げみたいな車になっちゃってた。

杉　逆に言えば、入れたきりで何もしてないからこそ「めぐろジャーナル」みたいな、ああいう資料が出てきた。

向　押入れの奥のダンボールから出てきたんですよね。みんな途中から押入れはさわらなくなったから（笑）。

岡　最初に平積みの本の中から、本の雑誌の創刊号が出てきたでしょ。一冊だけ。

浜　そうそう。貴重ですよ！　大事にしないとか言ってたら、その後いっぱい出てきて（笑）。

杉　また創刊号！　束で出てきました！　二号も出てきました！　ありがたみがなくなる。

向　そこら辺の本の山に置きっぱなしになってて。なんだろうと思ったら十号ぐらいまでの束。ああいう貴重なものが一ヶ所に集まってないのが、すごいじゃないですか。ドラクエみたいにだんだん見つかっていくみたいな。最後に見つかった最初の納品に行った時の日記とか、全然関係ない本が入ってるダンボールの中にポンと入ってて。

杉　われわれじゃなければ貴重なものが全部なくなってましたよね。それは声を大にして言いたい。

向　あれはすごいよ。十字屋書店の納品書。それこそもう伝説の剣みたいなものでしょう。それが残ってることもすごいし、最後の最後の時に出てきたのもすごい。文房具の納品書なんて普通捨てちゃうよね。

杉　なんか不思議な宝探し感がありましたよね。こっちが興奮してる一方で、岡島さんと向井さんは黙々と縛ってる。

向　古い本の中にああいうのが混じってるならわかるけど、そんなに前じゃない、十年くらい前のどうでもいいところに入ってたりしてたから。わざと隠したんじゃないかってくらい。

杉　もうないかなと思ったら、これもあったこれもあったって。捨てない人だったってことですよね。

浜　なんでも残ってる。小学校の通知表から日記まで全部。

向　馬券は思ったよりなかったですよね。

杉　あれは見つかったらまずいと思ったんじゃない。

向　でもお父さんのことを書いた本の資料だけは別になってきっちりまとめてありましたね。

杉　あれは不思議でしたよね。

向　他は全くそういう気配がなかったもんな。この本用とか。

杉　そういえば、雑誌があんまりなかったですよね。

浜　そうだね。ミステリマガジンはあったけど。Gallopと

カツカレー特盛を前に歓喜の笑みの中村カメラマン。あっという間に完食した

かあったんでしたっけ？

岡　なかったなかった。

向　競馬四季報はいっぱいあった。重くてね。順番間違えて、最後積むのが大変だったね。

杉　雑誌があったら大変でしたね。

向　あのレベルで雑誌があると、たぶん雑誌だけでもう一回行かなきゃいけない。

杉　結局、われわれスッキリ隊が三回整理して、その後岡島さんが大スッキリ隊を呼んで、もう一度スッキリ隊が残務整理と、都合五回行ったわけですけど、回数的には大体予想通りですか。

岡　一回目で全体を見て、この量を自分たちだけでやったら、それこそ夏ぐらいまでかかっちゃうから、市場の人にトラックを出してもらって、人手も借りて一気に運んで市場にそのまま出そうってことにしたんですよね。お金もかかるんだけど、向井さんは要らなくなるし、もう全然いけると。

向　俺たちなら縛って積んで持ってくのを、大スッキリ隊は縛らないでカーゴにそのまま積んで一気に運ぶ。ひたすら運び出しをやるハードな作業になるので、縛り担当の俺は邪魔になるだけだからってリストラ宣告された（笑）。だから二回目は僕はそのための場所空けをやったんですよ。作業をしやすくするために。

岡　向井さんが道を作ってくれたおかげでだいぶ楽になった。クビだけど（笑）。

杉　すごかったですよ。四人のプロフェッショナル古本屋とトラックの人が来て。カーゴにどんどん積んで。もう全然作業スピードが違います！　外資系みたいな人たちが来ましたって向井さんに速攻連絡しましたからね。

岡　見事だった。途中で一度、古書会館まで運んで、戻ってきてもう一度っていうね。タイムスケジュール的にはちょっと早かったぐらい。そういう意味では浜本さんにも見てもらったほうが面白かったかもしれないですね。こういう作業があるっていうのをね。

杉　浜本さんも来ればよかったのに。俺だって緊張したもん。流れ作業の中に入って。

岡　杉江さんは判断ができるから。動けるからじゃなくて、判断もちゃんとしてくれるから。

向　邪魔にならないんですよ。それってすごいことで。浜本さんがいたら、なんだあの人邪魔だなって（笑）。喋ってないでくださいとか言われちゃったような気がする。でもまあ、俺と岡島さんが同じタイプだったらスッキリ隊が成り立たないのと同じで、浜本さんのように、売ってくれる方とコミュニケーションをとる人がいて面白くやれるからスッキリ隊なんですよね。

岡　朝から昼飯はここにしましょうとか送ってきたり（笑）。

杉　今回、昼に毎回行ってたトンカツ屋、朱鞠にもう行けなくなったのが寂しいですよね。わざわざ営業中に玉川学園前で降りようかなと思うくらい。駅からならすぐだし。

浜　あそこはいい店でしたね。

杉　一回目はカメラマンの中村さんもいて。カツカレー。

岡　あれはすごかったね。出てきた瞬間のわーっていう興奮が。

浜　向井さんもカツカレーを食べたわけでしょう。

向　下のサイズだったから。

浜　中盛りでしたっけ。

向　カメラマンの中村さんは特盛り。二ランク上のやつ。それを何の躊躇もなく頼んだら、なんか向こうからすごいのが。

杉　洗面器みたいな。

向　優勝したんですか、横綱みたいな。すり鉢のようだったよね。

岡　俺はどっちかというと粛々と食べてる姿がすごいと思った。

杉　これは！とかも言わないで淡々と食べていた。びっくりしたなあ。

向　一回目だったから出て行く時に、みんな次何食おうか話して。

杉　実は向井さん、トンカツ食べてないんだよ。カツカレーと生姜焼き。リストラされたから三回目は行ってない。

岡　そういう意味ではクビはかわいそうだったね（笑）。

向　本の雑誌っていい会社だなって思ったのは、目黒さんっていうのは先代社主ではあるけど、もっと生々しい、父親みたいな存在でしょう、会社的にも。行く前は「俺もう泣くかも泣くかも」ってずっと言ってたのに、始まったらふたりとも文句ばっかり言ってて。なんだよこれ！とか罵声しか聞こえてこないから。

岡　浜本さんと杉江さんはずっと怒ってた。

向　整理しながら見てて、仲いいんだな本当に、すごいなと思って。

岡　家族感がありましたね。

浜　いや、僕はこんなものが出てくるなんてって感動してたじゃないですか。

杉　「杉江またあるよ、バカだねえ、こんなにボールペン持っててどうすんの」とか（笑）。

向　そういうのが、しんみりするんじゃなくて面白いっていうか。ああいう場であっても社風と同じ、みんなが思ってる本の雑誌社のあり方がちゃんとあるんだなっていうのを見て、やっぱりすごいなって。俺たちからしたら思ったよね。

岡　真面目にやってるんだけど、どことなく伊丹十三の「お葬式」的な、リアルな家族のコメディ味のようなものが蔵書整理全体にあるって感じね。

浜　そう言っていただけると、われわれも家に帰ってから泣いたかいがあります（笑）。

カーゴに積まれたまま本がどんどんトラックに積み込まれていく

整理が終わったノンフィクションの部屋。空になった本棚が切ない

追悼のことば

さようなら、目黒考二

☆友人・知人、仕事仲間が目黒考二を偲ぶ追悼コメント集

目黒なくして

木村晋介

目黒なくして椎名なし、椎名なくして目黒なし。誰もがそう思うし、これは動かしようもないが、そういう間柄になると、お互いあまり褒めたりはしない。かえってけなし合ったりする。巧妙なけなし、それが最高の敬意の表し方なのだ。目黒の急逝を知って本誌2月号を手に取る。北上次郎が書いていた。「歴史小説を読んでいるといつも思うのだが、大事な人はみな早死にし、ろくでもない連中ばかりが生き残っている」と。背筋で何かがざわめいた。あわてて浜本さんに電話をかける。

「浜本さん！これは絶筆か！」「絶筆です」「目黒は、病を知ってこれ書いたか！」「いいえ、知る前に書きました」

偶然だった。まったくの偶然で、その絶筆が最愛の友人に対する絶妙の「けなし」になっていたのだ。

「ろくでもない連中」の連中にも、偶然とはいえ何かを感じさせるものがある。

四人座談会があるために、目黒はいつも我ら三人（椎、沢、木）とグルとみられてきた。あるパーティーで、参加者の質問タイムがあった。質問者が「四人組の皆さんは」と発言した。目黒はすっと挙手をしてその質問を遮り、「四人組というのはいませんよ。あくまでも三人組と……………一人ですから」

そう声を張った。そういわれてみれば確かにそう、いつも我々三馬鹿トリオの背中を冷ややかに眺めている目黒の視線があった。我々三人が逝ったあと、その冷ややかな敬意を込めた追悼文を目黒が書いてくれるはずだった。なんという逆縁だろうか。本当に切ない。本当に悲しい。本当にさみしい。

インポテンツの行動派

菊池仁

目黒の訃報を聞いて書評という文字が頭から離れない。思えば彼との五十年に及ぶ付き合いには、必ずといっていいほど本と書評が介在していた。それが不可能になった喪失感にすっと入り込んできた言葉がある。二月十四日に放映された北川悦吏子脚本の「夕暮れに、手をつなぐ」の冒頭で、画家の響子が高価なドレスをデザイナー志望の空豆に分解、解体された時に言うセリフである。

「四時間、五時間ぶっつけであれを解体し続けたあんたの情熱に興奮した。私の若い時を思い出した。あたしの時間は絵

を描くためだけにある」

目黒が同じような趣旨の話をしていたことがある。

「感動した本をより深く理解するためには、本を章ごとにばらばらに解体して、じっくり読むと作者の意図がよくわかる」

目黒も本のためだけに暮らしたい奴だった。

そんな目黒の書評の中で、何が好きかと問われたら、躊躇なく『感情の法則』と答える。

目黒の書評の特性が遺憾なく発揮されているからだ。場面と科白の良さに触発され、そこに極私的な身辺雑事にまつわる感慨をまぶす私小説的エッセイ的書評である。書評というとっつきにくいジャンルに、読者が感情移入しやすい仕掛けを開発したのである。

同書の中に「学生時代」に「いつも難解な映画評論を書く先輩がいた。何度読んでもその意味がまったくわからず、とうとう本人を呼んで勉強会を開いたことがある」という一文がある。激賞されたので告白するが僕のことである。一途な目黒はリスペクトする先輩の難解な文章をお手本に研鑽を重ねた。その成果がどんなものであったかを紹介しよう。

「今は抵抗する時代ではない。インポテンツ行動派としての戦術を身に着ける間は、松原智恵子に化粧させ、スケこましの幸一を生かし続けるべきである。それを自覚しない限り、我々は何時までも生ぬるいマスから抜け出せないだろう。」

なんのこっちゃ。目黒が書いた初の本格的な映画評論『インポテンツ行動派のちっぽけな抵抗』からの引用である。これだけの引用ではわかりにくいが、題材は園まりの「逢いたくて逢いたくて」（江崎実生監督）を中心に「地獄の野良犬」「カミカゼ野郎」等である。この評論を僕はベタ褒めした。当時のノンセクトの何もできない学生を、自分に引き寄せて解釈していたからである。日活の歌謡映画を大真面目に論ずる奴はいなかった。しかし、よく読み込めばこれが目黒の私小説的書評の原型となっていることに気付く。

目黒はもう一つの通過儀礼に見舞われる。卒論である。指導教官・平野謙に『夏目漱石はフランケンシュタインであった』を提出し、煙に巻いた。平野謙の苦虫を握りつぶしたような表情が目に浮かぶ。大体、彼は純文学、特に日本の名作など手に取ったことがない。加えて、一人の作家を体系的に読むという習慣はなかった。もともと良い意味での自閉症的な凝り性の彼は、半年間家に籠って漱石を読破。三点倒立をし、宇宙のことを考えながら書き上げた結論が、『漱石はフランケンシュタインだった』なのだ。題名を見てぼくには何を言いたいかがすぐ分かった。漱石は近代自我の悲しみを書くことに命を削った。それがフランケンシュタインが持つものと同じというのが目黒の到着地点と理解したのである。さすが目黒と思った。フランケンシュタインに着目したところがすごいのだ。

一人の作家の全作品を読破し、自分の感性に引き寄せて、体系化するという手法はこうして誕生した。この最高傑作が『冒険小説の時代』に収録されている「二人三脚のヒーロー譚」の西村寿行論であり、「十津川警部の不幸」の西村京太郎論だと確信している。もう一冊は、『冒険小説論』の時代小説編である。

この連載に取り掛かる前の目黒から連絡があった。時代小説に縁のなかった目黒が、「読んでおくべき百冊を教えてくれ」というのである。完成した時代小説の章を読んで感動した。時代小説を俯瞰した明確な体系化、勘所を押えた作家の取り上げ方等、そこにはインポテンツの行動派が新な世界の地平を切り拓いていた。

最後に目黒と最も熱く語った本は何だろうということを考えてみた。井上靖『四角な船』をおいてほかにはない。読み終わってすぐさま目黒に電話した。彼も読んでいて一時間以上、佐渡の砂浜に座って置きもののように海を見ている盲目の老婆の場面について語り合った。井上靖は晩年、『星と祭』や『流沙』で、ファンタジーワールドをまぶした作品を書いている。そうだ。井上靖の素晴らしい作品について熱く語り合える友はもういないのだ。『海峡』の哀しくも美しい場面を聴くことはもうない……。

冒険小説の時代
ADVENTURE FICTION NOW
北上次郎

目黒へ

宮本知次

十七歳で高校二年生の君と、留年して再度二年生になった私が巡り逢ったのは五十九年前の春だったね。

その頃、平均的な都立高校で、突然上級生が落第して同級生になったのだから驚いたことでしょう。でも、その時の出逢いが終生続く事になったんだ。その後、進学した大学が同じ街の隣り合わせというのも奇遇だったよ。よく会って遊び回っていた記憶しかない。

その遊び癖は卒業しても治らず、お互い様なのに相手を見ては呆れていた様な気がする。

そんな私達だけども、共通の趣味があった。そう読書だ。あの頃は盛んに古本屋廻りをした。大学のあった街が、全国でも有数の古書街を持つ場所で、授業の空き時間を使って廻れた。その街、神田を廻り飽きたら、早稲田、そして中央線沿線と関東圏には沢山の遊び場があった。二人で廻ったこともあったが、別々が多かった。会って一杯飲りながら、珍しい本という戦利品の自慢話をするのも楽しみの一つだった。

その後、君は椎名誠さんと出逢い「本の雑誌社」を立ち上げ、大変な苦労をして偉業を成していくのであるが、そんな時でも二人で守ってきた暗黙の了解がある。

どんなに忙しくなっても、都合が悪くても、必ず一年に一度は呑もうと決めていた。

その了解がこの三年間コロナ禍の為に果たせなかった。気になっていた。

大晦日に君の携帯電話にかけてみた。呼び出し音が止まるまで待ったが出なかった。家族全員で集まって年越しを迎える準備をしているのだろうと思った。

新年三が日が明け一月四日夕刻、君の奥さんから電話があった。そこで君が癌だと告げられた。

一月十九日の夕刻、君の長男から連絡が入った。「今朝、父が亡くなりました」。

葬儀の日、参列者は家族と君が育てた本の雑誌の仲間たち。君の骨上げをしてきたよ。白く輝くような立派な骨だ。浜本社長以下会社の連中が古参から新人まで皆んな来ていたようだ。この会社は大丈夫だよ。

葬儀の締め挨拶は長男がやっていた。その横に次男がいた。二人とも君の面影がある。

式典が全て終わり解散した直後、奥さんに挨拶しようと近づいて気付いた。葬儀の場で気丈に振るまっていた彼女の眼に大粒の涙のようなものがみえた気がした。

目黒、今生では花の下での一献は叶わなかったが、そんなに先ではないと思う。ここでやる仕事が終わったら、そちらへ行く。それまでの暫しの別れだ…。

目黒さんの教え　太田篤哉

初めて会った頃は若い子いっぱい連れて池林房に来てた。そのうち友達になって麻雀する仲になった。麻雀は強かった。麻雀のときは厳しくて、椎名さんに「先ヅモするな」とか捨て牌を「6つずつきちんと並べろ」とか怒っていたし、「あたり前田のクラッカー」とか「アイダホのポテト」とか叫びながらやっていた。100点棒ちょろまかしたやつがいて、そいつとは二度と麻雀しなかった。勝負事にはすごい厳しかった。それは運動会でも一緒で、綱引きの人数を必死になって数えている姿が忘れられない。遊びを真剣にやってたんだよね。

運動会で二人三脚に挑む目黒考二

昔は池林房の通路で歌を歌っていたこともあったよね。「ひょっこりひょうたん島」の主題歌だったかな。なかなかのもんだったよ。

俺、目黒さんの話で感動したのは、目黒さんが結婚してすぐ奥さんに仕事が忙しいから一週間に一回しか帰れないって宣言したことだよね。そしたら帰らないで済むようになって好きに生きられるって。かっこいいよね。これからも結婚する若いやつらに目黒さんの教えを伝えてくよ。

本の雑誌の二度の危機　坂本克彦

あまりにも突然の訃報に、二ヶ月近く経った今も、別れが信じ難く悲しさ、寂しさで頭が混乱したままだ。果たしてこんな精神状態で追悼文が書けるのか甚だ不安だが、1976年に『本の雑誌』創刊号を手に御茶ノ水の店に現れた目黒考二との足掛け47年の思い出を書くことにする。

目黒が選んだ本620冊を店の一階に並べ、面白本コーナーをつくった。これが目黒との共同企画の始まりであった。その後、この共同企画は、本の雑誌社刊行本のサイン会へと形を変え、椎名誠、沢野ひとし、木村晋介氏などの新刊が出るたびにサイン会を行うようになり、当店の目玉企画となったのだった。ありがとう目黒。

順調に成長してきたように思える本の

雑誌社だが、私の知る限り二度の存続の危機を経験している。一度目は1981年に出版した『もだえ苦しむ活字中毒者地獄の味噌蔵』椎名誠著の好調な売れ行きが原因だった。よく売れた結果として、多額の売上金が入り、目黒は喜びに浸っていたという。ただこの喜びは長くは続かなかった。税務署から高額の納税通知書が届いたのだ。それを見て目黒は「黒字倒産だ！」と唸ったそうだ。当時の目黒は本には強いが、経理にはまるで疎い経営者であった。

　だが通知書を受け取ってからの目黒の行動は素早かった。出版業に強い税理士を紹介して欲しいと、私の父親の元にやって来た。父親は直ぐに当社の税理士を紹介した。目黒の凄さはここからだった。毎日のように税理士に教えを請い、短期間で経理に明るい経営者に変身したのだった。この努力により、納税額の減額に成功して無事倒産の危機を免れたのだった。

　二度目の危機の原因は金銭ではなく、人であった。

「一杯付き合ってくれ」と暗い声の目黒から連絡があり、家の近くに居ると言うので荻窪の静かな店で会った。私が席に着くやいなや「浜やんが辞めちゃうんだよ」と目に涙を溜めて弱々しく言ったのだ。この時何と言って慰めたか覚えていない。目黒は浜やんこと浜本茂に本の雑誌社を譲りたいと常々私に話していたのだから、尋常ではないショックを受けたに違いない。それでも最後に「いつでも戻って来いよ！　席は空けておくから」と言って送り出すよ、と寂しそうに言うと店を出て行った。

　その後、浜やんは辞めはしたが、一年半ほどで戻って来て目黒を大喜びさせた。

　こうして目黒は二度の危機を自身の努力と人望で乗り切ったのだ。

　最後に誰よりも本の雑誌、そして本を愛した目黒考二、お別れだね。

　さようなら。安らかに。

追悼　目黒考二さん

川上賢一（地方・小出版流通センター）

神田駿河台下（明治大学の下）の萬水ビル2階にあった創業間もない「地方・小出版流通センター」の事務所（当時は出荷センターと言っていた）に若き目黒さんが取引の相談にこられたのは1976年の5月15日の午後でした。

　私たちが、日本の出版流通を担うトーハンとか日販という大手取次店と取引の出来ない地方や小規模の出版社発行物の流通を始めて2ケ月も経っていない時期でした。恐らく、当時神田にあった鈴木書店をはじめとする小規模取次店さえも出来たばかりの個人が始めた雑誌社の取引はためらったでしょう。そして、当社は取引契約を交わし、大手取次への流通を担うこととなりました。最初の契約は目黒さん個人名義で住所は自宅だったと思います。

　最初の頃は、ほとんどの都内近郊の書店へは配本部隊による直接取引、地方は、当社から取次→書店という流通ルートでした。不定期刊から始まり、隔月刊、月刊と発行サイクルを速め、その途上の1980年7月1日に株式会社となり契約を更改しています。この時は信濃町のセントラルマンションが住所でした。

　目黒さん達がすごいのは、年末に「本の雑誌」の懇親、忘年会のようなことをやって、書き手、書店さん、メディア等の理解者（仲間）を増やしていったことでしょう。ある時など、本郷の修学旅行生用の旅館を借り切って、泊り込みでやったことを思いだします。また、都内の大型書店チェーンの仕入れのドンだったMさんなどの理解ある店員さんとの交流が直書店ネットワークを広げることになりました。目黒さんの流通の現場の人達の助言には素直に従う姿勢を評価し応援したのだと思います。車や電車利用の配本ルートを作り、配本部隊の青年達を、学生の部活のように指示し束ねていた目黒さんの姿を思いだします。そうそう～アルバイト代を当社に置き忘れていた学生さんがいましたっけ。

時が経ち、雑誌の部数も拡大し、力が付いたと判断されたようで、配本部隊による書店直接取引の中止を残念そうに相談に来られました。体力的・精神的に配本部隊を継続するのは困難になったので、大手取次と口座を開設したいという主旨の相談でした。

これは、書店直接取引時代のことですが、税務署に調べられて税金をとられたハズですが、税務署の中にもシンパがいて、それ以降はいろいろ税務相談にのってもらっていたということでした。

好きで選んだ書評家という道を定着させるために「会社運営」（経営？）にも全力で奮闘し、後進に譲りました。目黒さんの「本の雑誌」が切り拓いた、直販雑誌の世界は、「ブックマン」、「広告批評」、「ニコリ」、「東京おとなクラブ」などの後続誌が続き、80年代のユニークな独立メディアの世界を作り出して行ったように思います。

週刊ブックレビューの思い出　新村勝弘

（株）アズマックス 代表取締役

目黒さんとの出会いは1991年NHKの番組にご出演いただいた時。『（BS）週刊ブックレビュー』である。本をあらゆる形で紹介していく番組で目黒さんにはおもに書評のコーナーでお世話になった。NHKとしては画期的な書評番組で、当時のNHKのプロデューサー（故岡野正次氏）が「『本の雑誌』のような番組を作りたい！」と目黒さんに相談してお付き合いが始まった。そこから2012年の番組終了まで実に21年間も続いた番組にずっとご出演いただいた。

ご自身の推薦本を毎回持ってきていただくのだが、国内外のミステリーから恋愛小説、ノンフィクションまで質量ともに、凄かった！（初年度だけで9回ご出演のハイペース！）そしてみなさんご存じの、あの語り口。本当の本好きで膨大な知識をベースに、いかにその本が素晴らしいかを、これでもかと熱くしゃべり続ける。必ず読みたくなってしまうのである。番組のキーパーソンとして長年支えていただき、感謝してもしきれない。そして番組の控え室で二人の時でも、秘密っぽく教えてくれた本や作家のことなど……本当にありがとうございました。これからも目黒さんが伝えてくれた〝熱い〟読書の喜びを感じ続けたい。

群一郎の小説　関口苑生

目黒さんがいくつかの筆名を使って内容や用途（笑）に応じてかき分けていたというのは広く知られた事実だ。北上次郎、藤代三郎が代表的な例だろうがもちろん本名の目黒考二名義でも書いていた。

ほかにも群一郎、浜本吾郎、榊四郎などがあるが、聞いたところでは車十郎まで用意してあったそうだ。

そんなに数多くの筆名を使った理由は単純に本の雑誌の創刊当時はお金もなく人脈も少なかったからだ。といってひとつの雑誌に同じ名前が並ぶのもひとり芝居のようで様にならない。そこでやむなく筆名を使うようになったというわけだ。

わたしにしても1981年刊の『別冊本の雑誌①ブックカタログ1000』では5つの筆名で17本の原稿を書いている。この時も目黒さんは前記の筆名でいくつか書いていたはずだ。

そんななかでわたしが長い間ずっと気になっている筆名が「群一郎」である。

あれは三十年前だったか、それとも四十年前か。場所も目黒さんの知り合いがやっているという大塚のバーだったか、新宿のおでんや「五十鈴」だったか、いずれにせよ遠い昔の深夜で、二人とも相当酔っていた。

その時に目黒さんが「俺、以前実話系雑誌に小説を書いていたことがあってよ」と話し始めた。「でも何を書いても結局はパニック小説になっちゃって」とも。

そのうちのひとつは、新宿で銀行強盗事件が発生し、ほぼ同時に大ガード下の靖国通りを数千頭もの野犬が駆け抜けるという話だった。

しかし今になって振り返ってみると、本当にそんな会話を交わしたのかなと我ながら疑問に思うことも。大ガード下の野犬の話にしても、これってまんま西村寿行の小説のなかにもありそうな話だし、わたし自身が勝手に目黒さんとの会話にあった話と思い込んでいるのかもしれない。

だがもしも本当にそういう小説があったとしたら読んでみたいのはいうまでもない。

今でも折に触れ、ふっと「そうか、もう目黒さんはいなくなっちゃったんだな」と改めて思う。

合掌。

追伸。わたしももうじきそちらにいきますからね。

紅顔の美青年　香山二三郎

過日の「目黒考二さん、北上次郎さん、藤代三郎さんの思い出を語り合う会」には参加できて本当によかった。日頃会えない方々と会えたし、何よりご子息お二人のお顔も初めて見ることができた。

長男の慎吾さんはお母様似のハンサムガイ、次男の謙二さんはお父さん似のやんちゃな少年という感じでよかったです。

もっとも二次会では、謙二さんがお父さん似であることに不満を洩らしておられた。父親に似ているといわれていい気持ちがしないのは男子の決まり事のようなものかもしれないけれども、本誌五月号（目黒さんの追悼号）のグラビアページには、まさにジャニーズも顔負けの美青年が載っていた。若かりし頃の目黒さんのお姿である。こんな美青年なら、似ているといわれてもいいじゃないですか。

そういえば目黒さん、昔ストアーズ社に勤めていたころ、地下鉄丸ノ内線の車内で痴女に狙われたといっていなかったっけ。それを聞いたときは、またそんなこと言っちゃって、と思ったが、当時の写真を見て納得したもの。

「語り合う会」では形見分けとして様々な小物が配られていた。ミステリー系の書評家は身なりに無頓着な人が多いように思われるが、目黒さんは書評家随一の洒落者でもあったのではないだろうか。

凄腕編集者の依頼　高橋良平

目黒さんに初めてお会いしたのは、わたしが三十路手前の秋。場所は、新宿駅ビル上階の喫茶店プチモンド。亀和田武さんの推薦だとかで電話をいただき、すでに、その冬刊行予定の『別冊本の雑誌①ブックカタログ1000』への執筆依頼は、快諾していた。〈本の雑誌〉は神保町の十字屋書店で見つけて以来、ヒトケタの頃から毎号愛読していたし、目黒考二＝北上次郎なのは知っていたから、お会いするのが楽しみだった。小一時間ほど、担当項目の打ち合わせをしたのだが、目黒さんはややせっかちなのか、まくしたてるように編集意図を語り、こちらの選書の当否を即断即決、さらにその豊富な読書量から代案を提示するなどご教示をうけ、圧倒されっぱなし。編集者として有能で手強い人という印象を受けた。以後、その印象は変わることなく、〈本の雑誌〉本誌の「自在眼鏡」コラムなどの依頼の電話を受けるたびに緊張した。なにが、どう面白いかのポイント追求に厳しい人なのであった。そのくせ会社に連絡してもいつも不在で、電話にでた木原さんから目黒さんの行状をききだし、笑って憂さを晴らした（？）ものだ。

ともあれ、それから幾星霜——コロナ前のここ数年は、年に一度、早川書房のクリスティー賞、SFコンテストの贈賞式パーティでお目にかかるだけになったが、顔を合わせると必ず、「あれはいつ本になるの？」と訊いて励ましてくれるものの進捗酔歩のごとく、自分でももどかしく、言葉を濁すばかりだった。

その企画は本来、「日本SF戦後出版史」として〈本の雑誌〉に一年間連載したのち書き下ろし、本の雑誌社の「活字倶楽部」叢書にまぎれて出してもらえるはずだった……。

凄腕編集者の目黒さんから直接依頼された最後の原稿なので逸早く読んでもらいたかったのに間に合わず、いまもって完成させられぬまま。通院のため遅れて出席した明治記念館のお別れ会で、目黒さん、ほんとにごめんなさい、と遺影にむかって詫びつつ黙禱した。

鮫親分との熱い〈セッション〉　西上心太

私が本の雑誌に連載を始めたのは一九八九年ごろだ。目黒さんとはすでに面識があったはずだが、初対面がいつだったかはまったく記憶にない。この時、打ち合わせのため厚生年金会館ホールの先のビルにあった編集部に行ったことはよく覚えている。この数年後にまた打ち合わせでうかがった時は新宿御苑近くのビルに移っていた。

池林房でときおりご一緒するようになったのはこれ以降のはずだ。何を話したのかよく覚えていない。印象に残るのは飲み会からの麻雀という流れである（とはいっても私が卓を囲んだ数は五指に満たなかったと思う）。茶木則雄さんがいる時は必ず麻雀になった。酒席の目黒さんと茶木さんがそわそわしてくるのが合図みたいなもの。他は大森望さん、角川の宍戸さん、集英社の落合さんという面子だったか。ここだけの話、宍戸、落合の両氏はありがたい面子だ（笑）。目黒、茶木の二人はこのあと麻雀という流れを読むと、とたんに酒を飲まなくなる。もともと飲まない大森さんの三人に対してカパカパ飲んでいる私が加わるのだから、〈あまり上手じゃない方々〉が入ったところで勝てるわけがないのである。強くて上手い奴、強くて下手な奴、弱くて上手い奴、弱くて下手な奴というのが麻雀プレイヤーの分類だが、目黒さんは一番目の人であるから、しらふでも勝てなかっただろうが。麻雀中の目黒さんはたぶん読書中より真剣だったのではないか。

そうだ大沢在昌さんとの新宿鮫をめぐる話があった。目黒さんは新宿鮫シリーズに対して熱き熱き想いを持っていた（文庫解説や『ミステリーの書き方』参照のこと）。ところがシリーズ中のある作品について、目黒さんが疑義を呈したことがあった。疑義の内容については忘れてしまったが、そのことをある授賞式の二次会で作者ご本人に口を滑らしてしまったことがあった。すると鮫親分の鋭い追及が始まった。

誰だそいつは！　いやあちら方面の人です。後日、西上チクるんじゃねえよ、と笑いながら叱られた記憶がある。あちら（笹塚）方面としか言ってないんですが。俺しかいないだろ、ってな会話ももうできないのか。すんませんすんません。

大沢さん絡みのエピソードでは、名物編集者の一人である集英社の江口氏の誕生パーティがある。毎年二月下旬に銀座の某クラブを借り切って開かれるのが恒例だった。この会には必ず大沢さんも出席。さらに滅多に銀座に来ない目黒さんもやってきて、バカ話に興じている皆から離れてカウンターに二人で並び、小一時間にわたってミステリーに関する熱い議論を闘わせていた姿が忘れられない。お二人とも年に一度のこの〈セッション〉を楽しみにしていたのだろう。

さらには推理作家協会賞予選委員会における〈声のでかさ〉。書評の文章と同じように縦横無尽に語るのである。その熱量に押され、即座に反論できることは極めて稀であった。あの声と笑顔が目に浮かんで離れない。ほんとにこの世にいないのかなあ目黒さん……。

目黒さんと目白で　青山 南

『本の雑誌』に初めて原稿を書いたのは1982年12月15日が発行年月日になっている28号である。当時定期的に仕事をしていた『週刊プレイボーイ』で知り合った田原孝司さんが関口苑生さんを紹介してくれて、関口さんの紹介で、書いた。一回かぎりのものだと思っていたが、掲載されたのをみたら、「翻訳うらばなし①」となっている。なんの断りも、相談も、予告もなかったので、びっくり。

そのときのことを、ぼくは『ピーター

とペーターの狭間で』のあとがきでこう記録している。

「社長の目黒考二さんに電話し、「あの①って何ですか」と訊くと、「①の次には②が来ます。よろしく」と言われた。なるほど、これが、このさっぱりしたいいかげんさが『本の雑誌』の気分なのだな、といたく感じ入ったものである。」

それから現在までずっと、看板なしの一時期をふくめて、いまは「南の話」という看板で書かせてもらっている。

「青山さんの、遅いんだよ。で、今回はいよいよ落ちたか、と思うと、ファックスからズズズッと原稿があらわれるんだ」

「毎回、書かなくちゃいけないのはわかってんだから、さっさと書いちゃえばいいのにねえ」

これらは目黒さんの発言。前者はなにかの集まりの場で直接に聞いたような記憶があるが、後者は「社長がそう言ってました」と編集部のだれだったかに言われたものだ。

さしでゆっくり話した記憶はほとんどない。「翻訳うらばなし」を本にまとめましょうと提案しにいらっしゃったとき、目白駅前の喫茶店で話をしたような記憶がぼんやりとある。目黒さん得意の「おもしろいんだよね」の台詞を連発されて乗せられた。

亡くなった後に、神保町の子どもの本の古書店で今江祥智の『子どもの国からの挨拶』（晶文社）を買った。それからまもなくだった。なにで読んだのだったかは忘れたが（『本の雑誌』？）、この本を目黒さんがいたく気に入っていた、と知った。今江のこの本は、今後、目黒さんの本を読むようにして読むことになるだろう。

あのしょっぱい笑顔と とてつもなくやさしい目　中場利一

目黒さんと初めて会ったのはいつだったのだろう。ハッキリとは覚えていない。

覚えているのはやさしい目、とてつもないやさしい目で笑っている顔だ。私のまわりにはあんなやさしい目の年上の人はいなかった。みんな恐くて油断も隙もない目をした連中ばかりだったので貴重な存在の年上の人だった。

とてつもなくやさしい目ってどんな目だ？と聞かれると困ってしまうのだが、たとえて言うとペットとかを見る目に近い。夜店で買って来たミドリ亀に「少し大きくなりまちたネェ♡」と話しかける時の目に近い。

それほど多く会ってはいないが、会うたびにミドリ亀を見る目で笑っていた。

一度本の雑誌社への苦情を言った時もそうだった。

「目黒さん！　なんで御社の連中はあんなに冷たいんですか！」

プンプン怒って私は言った。毎回本の雑誌にＦＡＸを送る時、普通に送ってもクソおもしろくもないのでたまに「雑誌」のところを「雑煮」と書いて送ったりしていた。

なのに誰もなにも言ってくれない。

誰一人として気付いてないのか「ほっとけほっとけ、無視しろよ。また話が長くなるからな」と知っててスルーしているのか。私は目黒さんに怒りのたけをぶつけた。そしたら目黒さんはしょっぱい笑顔で言った。

「そりゃあナカバ、色を変えなきゃ。本の雑煮のとこだけ違う色で書いてごらん。案外気付かないもんだよ」

とてつもなくやさしい目だった。なるほど！　私は膝を打ち、そこだけ色を変えて送った。

ナシのつぶてである。

「バカだなァ、ナカバは♡　カラーコピーじゃないんだから。色を変えても分かんないよォ」

いつものミドリ亀を見る目だった。

そんな目黒さんが一瞬だけ、恐くてするどい目をした時があった。それは私が作家というものになる、と覚悟を決めた時だった。汚いソファに身を沈め、目黒さんは私を射抜くような目をしていた。

「これからキミは大変だと思う。苦しむと思う。でも逃げるなよ。どんなに辛くても毎日机に向かえ。頭をバリバリ掻いて身もだえしようとも書け。毎日書け。そして絶対に手を抜くな」

目黒さんは言った。私はしばらく考え、そして言った。

「手の抜き方なんか知りませんよ、まだ。誰も教えてくれへんし。無茶言わんといて下さい」

目黒さんがしょっぱく笑っていた。

「そりゃそうだな。ま、がんばれよ」

とてつもなくやさしい目をしていた。もう一度、一度でいいからあの目を見たい。

目黒さんの思い出　千脇隆夫

1978年。御茶ノ水駅近くの茗溪堂書店に入ると、SFベスト5というポップが飾ってあり二作品が同じ作家だったことが不思議で茗溪堂の坂本さんに誰の選定か尋ねた。このことがきっかけで、目黒さんにお会いすることになった。当時私は大学3年生で二十二歳、目黒さんは三十二歳だったと思う。名曲喫茶「丘」で待っていると坂本さんと目黒さんが現れた。目黒さんはよくとおる低い声で理路整然と本の雑誌や小説について熱く語った。すごく興味深く配本の手伝いを二つ返事で引き受けた。

追加配本の時は本の雑誌を紙袋に詰め電車で運んだ。新刊の時は車を使い大仕事となった。新刊の配本が終わるとよく飲みに誘ってくれた。「本の雑誌を長く続けたい。だから無理はしない。無理をしたら長く続かないから。出版社は雑誌だけでは儲からない。単行本を出せば何もしなくても後からパラパラお金が入ってくる」私はこれから大海に出て行くようなわくわくぞくぞくした気持ちで話を聞いた。大きな夢とビジョンがあった。なによりかっこよかった。「片岡義男の給料日あれはすごい話だ」初めて片岡義男を読んだ。面白かった。

大学卒業後私は出版業界と無縁の会社に入った。それでも本の雑誌社のイベントにはよく呼んでもらった。うれしかった。目黒さんは「元気か？」といつも声をかけてくれた。

近年は親指シフトキーボードのOASYSワープロで原稿を書いた後、データをパソコンに移し、USBメモリーにデータを保存後iPadに取り込み、メールで各社に送っていた

私が四十歳を超えた頃、パソコンのご相談があればどうぞ、と目黒さんに年賀状を送った。後日パソコンがほしいと目黒さんから連絡が入り、導入を手伝った。目黒さんは五十歳を超えていた。当時、その年で初めてのパソコンはハードルが高かったと思う。しかし難なく目黒さんはクリアした。その後パソコンのトラブルや相談のメールが届くと解決の手伝いをした。時々解説付きの競馬予想を送ってくれた。おかげで高配当の的中馬券も手にした。

昨年六月、定年退職となりメールアドレスの変更依頼を目黒さんに送った。ほどなく返信が届いた。ねぎらいの言葉に癒された。

「千脇さま
そうですか。それはお疲れ様でした。
人生は長いですから、たっぷりと楽しんでください。
ワープロは特に問題ありません。
メグロ」

今読み返すと泣けてきた。

たくさんの思い出がよみがえる。夏は汗をぬぐい冬は身を縮めて運んだ本の雑誌。泊りがけの大忘年会。パソコンを見に行った秋葉原。たくさんの記憶の中で一番輝いていたのは目黒さんの屈託のない満面の笑みだった。

一矢報いる。

澤田康彦

「いいかサワダ、絶対よけいなこと言うんじゃないぞ」と目黒さんは言った。「君はすぐ軽口を叩くからな。チャイムを鳴らしたら『本の雑誌』のバイトの者ですと名乗る。ありがとうございますとお辞儀、原稿は大事に抱えて持って帰るんだぞ……はい練習」

一九八一年。作家の小林信彦さんの原稿取り直前の指導だ。

大丈夫です。私が真顔で応えると、

「……大丈夫かなあ?」と目黒さんは尚も訝しんだ。「サインくださいとかダメだからな!」

小林先生の玉稿は、電車の網棚とかに置き忘れることもなく見事持ち帰ったが、目黒社長はことほどさように学生バイトのサワダの頼りない働きぶりを疑い、危ぶんでいたのだった。

私は一貫して信用を得られなかった。それが証拠に、後に書かれた『本の雑誌風雲録』には抜きんでて「役に立たない」存在として描かれている。そしてそれは真実だった。反応も動作も鈍く、動けば何か失敗。重い荷物の苦手な、気の利かない、自分勝手な若造であった。

目黒考二・椎名誠率いる本の雑誌社という会社は大らかだった。彼らの美徳と言ってよかろうが、年下の者、弱い立場の者に甘く優しかった。ああそうだ、目黒さんは私に原付バイクを譲ってくれたっけ。交通不便だった西新宿の住まいから新宿駅まで「これで通いな」と。

本音はただ本を読んでいたかっただろうに、毎週のようにバイトたちにつきあい、青くさい話に耳を傾け、酒を飲ませてくれた。「サワダくんは飲み会のときだけは元気で、たくさん飲んで、一番働いた人に見えるねえ」と大いに感心してくれたのだ。

悔しいなあ申し訳ないなあ恥ずかしいなあ。振り返れば私はこの後ろめたさを抱えて編集者人生を四〇年やってきたように思う。目黒さん、ほらサワダって意外と「やる」でしょ？「やるねえ！」と彼を驚かせたくて歩んできたことを白状せねばなるまい。一矢報いるのだ！

好きなものに溺れること、絶対手を抜かないこと、文章は真っ直ぐでフェアであらねばならないことも、彼に学んだ。後進に優しくあらねばということも。

例えば、私が椎名誠と作った映画群も、その記録エッセイ『四万十川よれよれ映画旅』も、穂村弘・東直子との『短歌はプロに訊け！』も（この2冊は目黒氏編集）、近年では編集長を務めた『暮しの手帖』も、サワダめの書いた文庫解説どうでしょうとか……仕切りつつ書きつつ編みつつ、常に背後にギラリと光る目黒考二の眼鏡を感じて仕事をしていた（いや彼の側はいちいち私のことなど見ていないわけで、無論私だけの意識の問題だ）。

彼を失くして、それがはっきり分かった。だから私は今うろたえている。今頃だ。遅いよ、私。とうとう一矢も報いることはなかったよ。

いや、しかし！　尚まだ「……大丈夫かなあ？」と疑ってくれていそうな気もするな。

恩師

苅部庸二郎

報道機関に勤めている商売柄、目黒さんの訃報は社内のデータベースの文字列で突然目に飛び込んできた。不意打ちだった。年賀状が来ていなかったじゃないか。なぜ気付かなかったんだ…。書きぶりを真似れば「頭がぐるんぐるん」した。

上京して、いくつかのアルバイトを失敗して辿り着いたのが本の雑誌社だった。当時の私は、真面目に働きはしたものの、傲慢で生意気で人の話を聞かない、いま目の前にいたら真っ先にクビにするような嫌な奴だったはずだ。しかし目黒さんはなぜかそんな私を配本部隊に受け入れ、その後40年を超えるつきあいが始まった。

下宿の立ち退きをくらったときは、当時の小田急相模原にあった自宅の一室を貸してもらった。人との接し方や生活ぶりに苦言をもらったことも再々だ。目黒さんが運転免許を取り損ねたのは、予約した合宿免許へ一緒に行くはずだった私が急病で入院したためで、それはある種の断念も伴っていたはずだが、後に何度も笑い話にしてくれた。

就職してからは競馬。北海道の二場を除いてすべて同行することになった。私の単身赴任中は関西、中京。東京に戻ってからは府中、中山、福島…。小倉にも行った。ありありと思い出すのは早朝から指定席の列に並んで予想を語り合ったこと、そして、レース後に反省会をした飲み屋の数々だ。場内のことは驚くほど覚えていない。私の郷里に近い競馬場への旅打ちでは、今の家人を紹介し、その後、二人で玉川学園のご自宅まで仲人のお願いにうかがい、快諾してもらった。

「外れ馬券」シリーズに私を登場させるに当たり、実名ではまずかろうと「大声の宮部」という二つ名をもらった。後にペンネームがほしいと申し出て、下の名前として「堂郎」もいただいた。筆名のひとつ「車堂郎」からだから、それは嬉しかった。

十五歳という年の差は、兄と言うには年長で、父と言うには若すぎる。先生、恩師がいちばん、ニュアンスが近い。

そういえば、目黒さんは学生時代に教職課程を取っていたという。教員を選ばなかった理由として「教育実習が面白すぎて、本を読む暇がなくなると思った」と話していた。らしいな、と思ったのは「本を読む暇が…」ではなく「教育実習が面白すぎて」の部分だ。教えることが大好きだった。北上さんの書評のありようとも通じていたと、今は感じる。

とにかく感謝しかありません。長い間、ありがとうございました。

目黒さんの思い出　福井 昇

私がはじめて目黒さんに出会ったのは、もう40年以上も前、確か本の雑誌21号（「オレは今年、国民に迷惑をかけるかもしれない」という沢野さんの表紙イラストの号）の「配本助っ人募集」に応募したのがきっかけだった。当時はまだ助っ人の応募も少なかったらしく、私が信濃町の事務所に伺った日の応募は私一人で、事務所の近くの喫茶店で面談をしてもらった。「いつ来てもいつ帰ってもいいい、バイト代は出せない、新刊配本時

イラスト　福井若恵

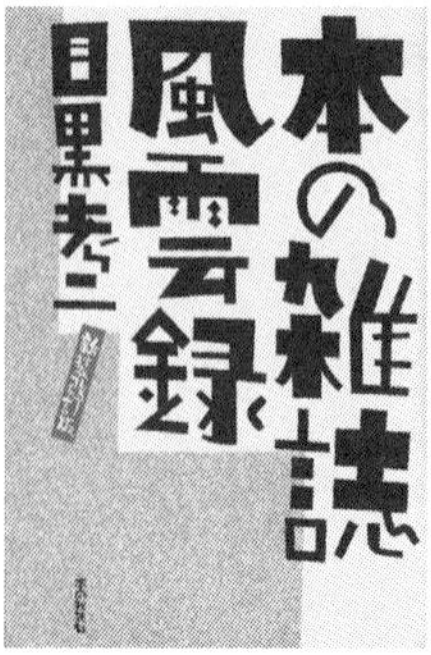

は食事を出す」というたってシンプルな話だったが、学生相手にもかかわらず、敬語で丁寧に応答してくれる目黒さんにとても良い印象を得て、その日から約2年間、本の雑誌に出入りすることとなった。

　本の雑誌では、書店などへの配本以外に、交換広告の版下作成や配達、書名ごとの売上ランキング作成のためのスリップの集計、校了間際の印刷所への出張校正（校正というより、おもにイラストの凸版の折ごとにまとめる作業など）などを行った。いずれの作業についても、目黒さんから、初日の面談とまったく変わらない態度で、いろいろなことを丁寧に教えていただいた。将来は出版社で働こう、という目標が私の中で芽生えたのは、これらの経験があったからである。また、目黒さんには結婚式の仲人もつとめていただいた。就職や結婚という大きな決断の際に、すぐ横にいて優しく導いてくれた目黒さんには、感謝の言葉しかない。

　目黒さんの思い出で一番印象深いのは、目黒さんが「面白い話」が本当に好きで、またその話を人に披露するのが大好き、ということだ。目黒さんがよく話していた「パッカーン事件」や「正直申告事件」（本の雑誌風雲録参照）は、目黒さんの定番の「面白い話」であるが、何度も聞いているのに同じ件で思わず笑ってしまうのは、目黒さんの卓越した話芸によるものだと思う（少し話を盛っているのではないかとの疑いもあったが…）。かくいう私も「ハンバーガーを2個よこせ」というエピソードを提供してしまったが、この話も目黒さんの定番の「面白い話」の一つになっていたとしたら、とてもうれしい。

　目黒さんとの直接的なお付き合いは2年間しかなかったが、この2年間が私の人生にとってどれだけ重要で貴重なものであったか、当時から40年を経た今だからこそ、そのことを深くしみじみと感じている。

　目黒さん、本当にありがとうございました。

昔むかしの12月5日のこと

窪木淳子

　目黒さんには私の結婚披露宴に出席してもらったことがある。

　いつからか目黒さんは、「キミら（吉田伸子と私）が結婚するときは行かなきゃな」と言い始めてたのだ。当初はこちらも20代前半で、「そんなものなのかな」と思っていた。折節に言われて20代も後半にもなると、人生経験も少しは増えている。「なんだかヘン」と思うようになった。だって、学生時代の手伝い先の社長と一アルバイトの関係でしかないのよ。それは叔父が姪を気にかけるみたいなものなのかと解釈して、「その時はお願いしますぅ」なんて返していたものだった。

　結婚が決まったのは30歳過ぎで、報告すると喜んで招待を受けてくれた。結婚相手は同郷のため、会場は福島になる。

それでも「行くよ」とのこと。次に会ったときには日取りを伝えた。「12月の第一日曜です」「えっ、それは完全に決定なの？　大事なGIレースがあるんだけどなぁ」――って、目黒さんの競馬の都合で結婚式場の予約を変更できるわけがないじゃない。

今にして思えば、あんな風にバイト仲間や社長がしょっちゅう居酒屋に集って近況報告している、そのこと自体が異常なのである。そういう場には目黒さんと縁ある人たちが入れ替わり立ち替わり顔を出して、いつも賑やかだった。で、私の披露宴には目黒さんの弟（仮）である茗溪堂の坂本克彦さん、同じく姪（仮）のノブコちゃんほか友人らに東京からご足労いただくことになったのである。そうそ、私は茗溪堂でバイトをしたこともあったの。

迎えた当日。目黒さんに祝辞をいただきながら宴はつつがなく進み、私は立場上離れた位置から会場を見てたんだけども。突然に、本の雑誌関係者テーブルが「わぁーーっ」と沸き立った。近づいていってみたら「メグロの馬券が大当たりしたんだよ」と、坂本さん。「きっとここまで来てくれたから当たったんだね」と私が言ったら、目黒さんは「そりゃオマエ、競馬場で見たかったに決まってんだろ」と言いたげな顔を一瞬しながらそうは言わずに、最高の笑顔になった。

目黒さんはなぜ、とっくに手放してよいはずの縁を手放さずに握り続けてくれたんだろう、とあの頃も思ったし、今も思います。そういう目黒さんだからこそ引き寄せた縁や運も少なくなくて、得たものを惜しみなく分け与えることができたのかもしれない、などと思いもします。いつかあの世で逢えたなら、また姪っ子みたいにお願いします。

目黒さんが羨ましい　内藤澄英

ある日、いつものように本の雑誌社に出社すると「目黒さんと競馬に行く」というイベントの告知紙が置いてあった。「○月○日に中山競馬場で開催される競馬に行こう！　目黒さんによる事前講習あり。なお、当日競馬場で抽選に参加してもらいます」といった内容だったかと思う。

抽選というのは、GIレースの観覧席を確保するためのもので、目黒さんが望む席に座るには抽選で当てないといけないらしい。だから学生を連れて行って、必要数の座席を確保したいというのだ。

普段、目黒さんと助っ人たちの接点はほとんどなかった。少し挨拶をする程度。だから、助っ人たちは、目黒さんと一緒に競馬に行ける！　しかも目黒さんの競馬講座つき！　ついでに抽選という義務を果たせばよいのだ。行こう！　と色めき立った。

競馬講座には各自競馬新聞を用意して集合し、競馬新聞の読み方から予想の立て方まで教えてもらった。講座は、いつもの目黒さんらしく穏やかだけど真剣な語り口に、たまに笑いも交えてとても楽しくわかりやすいものだった。

さて競馬イベント当日。ふわふわした学生たちとは逆に、目黒さんは仕事中のようなピリッとした雰囲気をまとっていた。競馬場に着くと、まずは抽選に向かうように促された。学生がズラリと並んで抽選を行い、終わった人から順に結果を報告していく。目黒さんは抽選に外れた人には「そうか」と悲しそうな表情を見せ、当てた人には「おお！　当てた‼」と笑顔で返していた。

抽選が終わると、目黒さんは競馬に集中しはじめた。もう馬しか目に入っていない様子で、立ち上がり、手を振り上げ、大声で「差せ！　差せ！　差せーー‼」と叫んでいる。

われわれが普段社内で見かける目黒さんは、落ち着いていて、真剣な表情をしているときもあるけれど、基本的にはゆったりとした雰囲気だった。飲み会の席では優しそうに笑うおだやかな人という印象だ。けれど、競馬場での目黒さんはきつい顔をして、大きな声で叫び、ちょっとこわい人だった。

当時まだうぶな学生だった私にとって、いつもと違う様子は驚きの変身に見えたけれど、あの目黒さんの年齢に近くなった今となっては、まっすぐに真剣な目黒さんを思い出すとかわいらしく、羨ましいと思う。目黒さんのようなおとなになりたかったとさえ思うのだ。

『編集稼業の女たち』と目黒忘年会

川田未穂

まだ目黒さんが亡くなったような気がしないのは、ここ数年、コロナ禍で直接お目にかかる機会がなかったからだろうか――初めて会ったのは、たぶん一九九六年秋。馳星周さんのデビュー作『不夜城』のお祝いの会か賞の待ち会か何かで、池林房にて目黒さんにご挨拶したのだと思う。新入社員当時は「週刊文春」の書評コーナーの最下っ端だった私は、その後、スポーツ雑誌「Number」に異動し、「編集稼業の女たち」を書かせてもらった。

そして、このコラムが一冊にまとまった時、なぜ「勝手に」出版パーティーの幹事を申し出たのかは憶えていない。とにかくお洒落な青山のレストランで盛大な会が開かれ、そこに出席していたメンバーが中心になって、年末に忘年会を兼ねた「目黒女子会」が、いつからか恒例行事となった。

最初は女子会だったはずだが、だんだんと普通の忘年会となり、年の瀬に池林房で話題の本について話すのが恒例行事に。澤田瞳子さんの『満つる月の如し』や川越宗一さんの『熱源』を劇推ししたり、大島真寿美さんは現代ものに限ると主張する目黒さんに、『渦　妹背山婦女庭訓』を読むように迫ったり……要するに自分の担当作品をアピールしていただけかもしれない。それでも、目黒さんは「そうか、そうか」。時には「それなら俺も読んでみるよ」と温かく頷いてくれた。

ところがコロナ禍となり、目黒さんは「太っていると重症化リスクが高いらしいから」と、全くリアルでお目にかかることができなくなった。それと同時期に、私は「オール讀物」編集長となり、二十年以上のお付き合いで、初めて（！）仕事をご一緒させていただくことになったのは、遅すぎたのか、せめても間に合ったのかは分からない。大学時代には小説誌を毎月欠かさず読んでいたという目黒さんに、創刊九十周年を記念した「オール讀物」と推理小説の90年というお題で、戸川安宣さんと北村薫さんで鼎談をしていただいた。

「西村京太郎『歪んだ朝』。当時、高校

生でしたが、これは私、リアルタイムで読んだのを覚えていますね。（中略）何か〝新しい小説〟という感じがした。社会派推理ですが生硬なところがなく、エンタメの匂いもしっかりあって、私、しばらくずっと追いかけていました」

　高校時代から目黒さんはずっと変わらず目利きだったのだ。もう西村京太郎さん、目黒さんともに会うことができない。やはりまだ信じられないし、とてもとても寂しいです。

目黒さんとのあの夜　青木大輔

　誘われて飲み会に出たら、みんなが「目黒さん」と呼んでいたので、しぜんと目黒さんと呼ぶようになった。「目黒考二さん」名で登録したメアド。本文に「北上次郎様」と記して仕事のメールを送るのは、ちょっと不思議な気分だった。

　二〇一六年の師走。いつものように忘年会は盛り上がっていた。目黒さんとサシで話しはじめる。そのうち、担当した小説の話になった。気に食わない部分があるんだ。反論が思わず口をつく。

「おまえが書いたわけじゃないだろ」

「深く関わっているので、そういう訳にはいきません」

　目黒さんは年下だからとか編集者だからという理由でこちらの言葉を封じはしない。ずっとそれに甘えていた。やがて口ゲンカめいた様相を呈し、もやもやしたまま解散した。長らくお世話になってきたのに、失礼なことをしてしまった――。二日酔いの頭を抱えながら起床して、そう思った。

　翌年五月、町田市民文学館で行われた「本の雑誌厄よけ展」に顔を出す。講演者の目黒さんとお話しするのが目的だ。終了後、そこに集っていた者で飲もうという流れになった。（そうなるといいなと考えていた。）「すみませんでした」。町田の駅前、ふらりと入った酒場で頭を下げる。苦笑しつつ許してくださった。「おまえ、言い過ぎなんだよ」と添えられたのではなかったっけ。

　陽光が店にさしこみ、麦酒はとびきりうまく、一年で数日しかないくらいに素敵な日だった。高揚した気分のまま、電車に乗った。

　昨年末、最後に頂いたご連絡には、「今年度のオリジナル文庫大賞が、橋本長道『覇王の譜』に決まりましたので、お知らせします。」と生真面目な文章で記されていた。選考に関わった編集者からではなく、座長の目黒さんご自身からであることがうれしかった。酒場で時に議論を挑んできたりする、めんどくさい編集者の担当した本をずっと読んでくださっていたのだ。

　ここ数年はコロナ禍のもと、メールで仕事上のやりとりをしていただけである。疫病の流行が落ち着いたところで、酒場にお誘いしようと思っていた。宍戸健司さんの新たな門出を祝う会で、短く会話を交わすことができたのだけが幸いだった。

　目黒考二さん、本当に、ありがとうご

ざいました。池林房に響きわたる朗らかな声が耳にずっと残っています。

赤い自転車に乗って　足立真穂

目黒さんを囲んでの忘年会を毎年、12月末の仕事納めの日に行うこと20年以上。なぜか私は、その万年幹事であった。にもかかわらず、目黒さんとは一度も仕事をしたことがない。だから、仕事の話をしたことはない。

きっかけは、本の雑誌のリレー連載「編集稼業の女たち」だ。入社2年目という遠い昔に、どこからか紹介されて寄稿したのだ。そして、目黒さんと「女たち」を集めての会を一軒家フレンチレストランで開催、これがめっぽう楽しく、やがて「目黒忘年会」に発展した。

ノンフィクションや人文系の書籍編集者である私は、エンターテインメント小説の分野とは縁がなかったし、競馬にもさほど興味がなかったけれど、「本を読めれば、あとはなんだっていい」と酔っぱらって叫ぶ目黒さんには、大いに共感していた。

ある年、目黒さんは還暦を迎えた。赤いものを贈るという習わしをどう面白がるかの勝負。そこに本の雑誌編集部の松村が「目黒さんは運動不足だ」という情報を持ってきた。「自転車があれば乗るのに」とも語っていたという。それなら「赤い自転車を贈ればよい」と、幹事である私はひらめいた。皆から集金し、折り畳みのおしゃれな自転車を購入し、誕生日さながらにプレゼント。皆でお祝いの歌を歌ったような記憶さえある。

店の前に出て、目黒さんが乗った自転車を何人かで押すと、「昔はもっと俊敏だったんだ」とつぶやきながらゆっくりこぎ出す。皆で追いかけ、また戻って、とお腹がよじれるほどに、という表現が誇張でないくらいに、笑って笑って、止まらなかった。

とはいえ、還暦になっての自転車はあまり役に立たなかったようだ。結局、古希のお祝いの幹事まで務め、目黒忘年会で幾度となくお目にかかっていたものの、赤い自転車に乗ることはついぞなかったらしい。このことに話題が及ぶと「俺に似たハンサムな息子が乗っている」といつもエクスキューズを口にされていた。

本の話が弾み、おまけに悩みを相談すると明快な答えが返ってくるので、目黒さんは、一緒にいてとにかく楽しい人だった。なにしろ「すべては本を読むために」。人生のゴールがはっきりある人間に迷う暇はない。遊ぶときは心から遊べ。遊びの約束をドタキャンするやつは信用するな。それも楽しく本を読む秘訣だと教わった。実は、私は結構、その教えを守っている。

結局のところ、目黒さんは、私にとって本にまつわる守護神のような存在だったのだろう。あんなに闊達に本を読み、語り、書いてきた人はいない。会えば愉快な本の恵比寿様。本を担いだ目黒恵比寿様。『黒と誠』の漫画でそんな姿を描

いてくれないものか。

目黒さん、乗りにくい赤い自転車で、一生懸命に走ってくれて、ありがとう。

忘年会での激推し　村山昌子

　学生時代、ミステリーや冒険小説が好きだった私にとって、北上次郎氏の書評や解説は、本選びの指針でした。入社し、念願の文芸編集者になってから、自分の担当した本で解説をお願いしたいと思いつつ、なかなかその機会を得られずにいました。

　そんなとき、何かのご縁で目黒さんとの忘年会に呼んでいただくようになりました。なんといっても印象深いのは、直木賞作家・澤田瞳子さんについて話題になったときのこと。デビュー作『孤鷹の天』で中山義秀文学賞を受賞、二作目『満つる月の如し』もご好評をいただき「澤田瞳子は面白い」という話になりました。そのとき、澤田さんの作品をお読みになっていないことが判明し、みんなに突っ込まれた目黒さんはいきなり私に「村山、俺に送ってくれた？」。

「もちろん送ってます！」と即座に反論したのはいうまでもありません（笑）。

　年明けにすぐ感想メールをいただき、それからは澤田さんの新刊が出るたび「本の雑誌」をはじめ、さまざまなところでお取り上げいただきました。『満つる月の如し』の文庫解説をお願いしたところ、快くお引き受けいただき、前述のエピソードも含めて、とても素敵な解説をいただきました。その後、何度かお仕事をお願いしたのですがご都合が合わず、これが私がいただいた最後の解説となりました。

「あの小説がいいよ」「あの作家に当たったほうがいい」もう目黒さんの熱いオススメが聞けないことが本当に残念です。

　お世話になりました。ありがとうございました。

〈目黒読書会〉と〈オリジナル文庫大賞〉の出づる処　小塚麻衣子（早川書房編集部）

　それはまだ、いろんなことが飲み会で決まっていた頃の話だ。

　新宿三丁目の池林房から二次会で呑者家に流れ、深夜のカツサンドを齧りながら、目黒さんが「本についてもっとフランクに話がしたいんだ」と言って始まったのが〈目黒読書会〉だった。二〇一一年七月二十三日のことである。

　メンバーは、目黒さんを含む書評家五人に編集者七人の計十二名。目黒さんが司会で毎回課題作を決めて、それぞれ所感を述べて自由に楽しく語り合う。ただし、みんなプロなので、印象批評はなし。ただとくに編集者は、自分ならこの作品をどうより良くするかということも含めて話すこと。課題になるのは、目黒さんがみんなに紹介したい、あるいは意見を聞きたい小説。二〇二〇年春までは隔月、コロナ禍になってからはオンラインに切り替えて毎月、目黒さんが入院する直前の十一月末まで会は続いた。

　目黒さんの意に反して酷評の嵐になることもあれば、みんなが絶賛してるのに当の目黒さんが「俺もう読んだの前だから忘れちゃった」と我々をズッコケさせることもしばしば。でも目黒さんは、どちらかというと賛否分かれる作品をこの会では課題にしようとしていた。「だってそのほうが議論になるだろ」——あれだけ書いていても、まだまだ本について話したいのだ。

　同じメンバーで〈オリジナル文庫大賞〉を創設したのは二〇一二年。これまた読書会打ち上げの池林房で、塩焼きそばとマルゲリータ全部のせをつまみながら目黒さんが「書評や賞の選考からは漏れがちな出版形式であるオリジナル文庫にスポットを当てたい」と提言し、賞を立ち上げることになった。「賞なんて大層なもの勝手にやっていいのかなあ」と不安がる私に、目黒さんは「こういうのはやったもの勝ちなんだよ」と力強く頷いた。第一回の受賞作は白河三兎さんの『私を知らないで』。選考は年に一度で、通常の読書会のうちの一回を目黒さんが挙げる候補作をまとめて読む選考会とし、これも昨年まで続いた。

　思い出すのは、読書会の打ち上げのあとの帰り道だ。方向が同じだったので、しばしば一緒のタクシーに乗せてもらった。当時、ミステリマガジンを編集していた私が「雑誌を潰してしまったらどうしよう」と相談すると、「三年やってみて結果が出なかったら諦めろ」とか「ミニコミ誌にはミニコミ誌の闘い方がある」とか「編集長は、ときには非情になれ」とか、始めは答えてくれるけれど、途中で面倒くさくなって「それよりさあ」と次の課題作や目黒さんが気になってる本の話をされるまでがワンセット。

　昨年あたりから読書会でもオンラインからリアルに戻って打ち上げ飲み会もしようという要望が出ていたがかなわなかった。目黒さんが亡くなった直後に、読書会と忘年会のメンバー（〈目黒忘年会〉というのもあるのだが、これはまた別の話）で緊急追悼飲み会を池林房でしたら、目黒さんキープのいいちこが出てきて、飲み干す度に同じ瓶に酒を入れ直してもらい、みんなが目黒さんの思い出を口真似で語るものだから、まるで目黒さんがいるみたいな賑わいだったけど、やっぱりそこにはいなくて……。

〈目黒読書会〉も〈オリジナル文庫大賞〉も、この先、どうするのか、実はまだ決まっていない。目黒さんのいない今、時世柄もあるし、歳もとって、そもそも下戸の私が飲み会で何かを決めるなんてことはなくなっていくのだろうか。

　目黒さんへ。言葉に尽くせぬ感謝を込めて。あなたは私の、編集者としての青春そのものです。

目黒さんの思い出　佐久間文子

　目黒さんと初めてお会いしたのは池上冬樹さんが山形から上京すると開かれていた飲み会の席で、当時、私は朝日新聞社の読書欄の記者だった。「坪内祐三ロングインタビュー面白かったですね」と話しかけると「面白かったでしょ？『本の話』の吉村昭インタビュー読んでうちでもやりたいと思ったんだよね」と目黒さんはうれしそうだった。坪内の最初の本が出る前で、ほとんどの読者が知らない人物の、マニアックな本についてのロングインタビューを読ませてしまう目黒さんの書き手としての力量がすごいと思った。坪内とはまだ会っておらず、このあと自分が離婚して彼と一緒になるなんて思いもしないときのことだ。

　目黒さんが朝日新聞の書評委員になり、月に一度、来社されるようになると、

私は直接の担当ではなかったけど、委員会の前後にお話しする機会が増えた。当時の目黒さんの担当者について、「書評の分量より多いぐらいたっぷり感想を書いてくれて、ああいうのはうれしいんだよ」と言われたことを覚えている。大切なことをサラっと教えてもらった。

坪内と一緒になってから、目黒さんや浜本さんもまじえて新宿で飲んだとき、坪内が酔いつぶれてしまったことがあった。家の遠い目黒さんが先に帰ることになり、去り際に、「明日、ツボちゃん気にするかもしれないから、そのときは『楽しかった』と伝えといて」と言い残してバーの階段を上がっていった。目黒さんのことが大好きなツボちゃんに向けたさりげないやさしさに感じ入った。

さりげない心遣いで人をジンとさせる一方で、衝撃的に忘れっぽいところもあった。あるとき、飲み会の席で「昔、浜本が『本の雑誌』を辞めたとき、おれは泣いたよ」と言われたのが印象に残って、だいぶだってから、「浜本さんが辞めたとき目黒さん泣いたんですよね」と言ったら、「それ誰に聞いたの?」と詰め寄られた。「いや目黒さんに……」と答えたけど、さらに数年後、まったく同じやりとりをくりかえすことになるとは。

目黒さんの書評がきっかけで手に取った本はたくさんあり、学恩というか読恩を感じている。なかでも足立巻一『虹滅記』の面白さを教えてもらったことは大きかった。だから目黒版『虹滅記』である『昭和残影』の完成をずっと心待ちにしていたし、目黒さんから調べものを頼まれたのに何の成果も得られなかったことが申し訳ない。目黒さんのお母さんが戦前、週刊朝日でアルバイトをしていたそうで、当時の記録が何か残っていないか調べてほしいと言われたけど、手がかりを得られなかったのだ。

『昭和残影』が出て、書評を今はなき「新潮45」に書いた。わざわざお知らせするのも……、と思っていたら、「本の雑誌」のイベントで会った目黒さんから「読んだよ、ありがとう」と言われた。雑誌が出て本当にすぐだったので、「よく気づきましたね」とふしぎがると、「椎名が電話で教えてくれたんだよ」とのことだった。

暑い午後の言葉　高畠伸一

目黒さんには3回、お会いしたことがある。

最初は学生だった１９７０年代末。四谷あたりのマンションだった。「本の雑誌」掲載のアルバイト募集広告を見て出向いたのだが、自動車運転免許もない学生では戦力になれるはずもなかった。目黒さんの「この世界は甘くないよ」というお話を1時間ほど聞いて退散した。群ようこさんの当たりの柔らかさと、椎名誠さんのレスラーのような体格も記憶に残る。

2回目にお目にかかったのは１９９７年9月。北海道新聞書評欄への月イチ連載コラムをお願いすべく、笹塚の商店街を抜けて、当時の社屋へうかがった。「いいよ」とあっという間に引き受けてもらった。連載は2013年まで続くことになる。

3回目、そして最後にお会いしたのは2019年8月。神保町の本の雑誌社にて、同社から出たばかりの「書評稼業四十年」の著者インタビューをお願いした。「本を読んで暮らしたかっただけ」。取材中に、何度も口にしていた。「本当に覇気がなくてね。働く自分、というイメージが描けなかった。働いている時間があるなら、本が読めるって考えちゃう。勤労意識の高い人にとっては、読書って毒なんだ」と断言。あえてその「毒」を味わい尽くしてきた人らしい微苦笑をこぼしていたのが忘れられない。

インタビュー後の雑談の中で、「職業としての書評家に憧れます」と自らの思いを告白してみた。すると「やめた方が良いよ」と即答。「絶対にやめた方が良い、書評家なんて。食えないよ」と繰り返した。「1日1冊ペースで読んでいては間に合わないハードさもある。それなのに、（当時）72歳のボクみたいなロートルに仕事が来ること自体が異常なんだよ」とも。それでも、「日の当たらないものを取り上げなければ書評家の意味はない。『北上次郎』の存在価値はないよ」と力説。「60年近くも本を読み続けてきても、まだ日々、新しい発見があるんだ。すごいよね。ときめき、というか、この本を読んで良かったという喜びさえあれば良いんだ。活字離れだって怖くないよ」

目黒さんの熱い言葉にうなづくしかなかった暑い午後を思い出す。合掌。私も活字離れを恐れません。

全て「お前上手いじゃないか」のおかげ

高柳一郎

僕が本の雑誌に入社したとき、編集仕事の知識はほとんどなく、しばらく何もできなかった。電話応対すらろくにできず、どう仕事を覚えればいいかも分からず、居心地の悪い日々が続いた。

1年近く経って、事務所が新宿5丁目から新宿1丁目のランド・デンに引っ越す前の頃、ある新連載のレイアウトをやってみたら、目黒さんが

「お前レイアウト上手いじゃないか」

絵は得意だったけれどデザインには自信が無かったからびっくり。目黒さんに褒められたのも初めてだった。

一郎、レイアウトやってみろ。ついては昭和30年代の「映画芸術」という雑誌が良いから見てみろと言われ（当時「本の雑誌」は活版印刷だったので古い雑誌を薦めてくれた）、暇を見つけては神保町の矢口書店に通った。

ランド・デン時代になると、どんどんレイアウトの仕事が増えていった。毎月2週目から月末までずっと会社に泊まって、目黒さんと浜本さんに見てもらいながらレイアウトを覚えた。あの頃は深夜3時頃に仕事が終わるとよく3人で飲みに行って、朝8時くらいに会社に戻って寝た。あんなに毎日毎晩一緒にいて、一体さらに何を話すことがあったんだろうかと今でも不思議だ。3人とも体力もあった。話した内容は全く覚えていない。

そんな日々が4～5年続いて、実地で経験を積み、デザインの仕事の引き出しが増えていった。その頃同時に、編集者の才も文才も自分にないことも分かってきた。イラストやデザインの仕事をやろ

うと退社することにした。目黒さんに辞める話をしたとき、割と真剣な顔で「10年は諦めずにやれ」と言われた。

それから約10年後、ようやくフリーになって、最初の仕事が藤代三郎（=目黒考二）著『外れ馬券に春よ来い』の装画・装丁だった。

本ができあがって恐る恐る目黒さんに電話してみると

「お前上手いじゃないか」

なんとなく近所にいた猫を描き入れたら、それがいいと言う。

「猫がいいからこの先もずっと描き入れてね」

いま僕がデザイナーをやっていられるのは全て目黒さんのおかげだ。美術学校出身でもなくデザインもやったことなかった自分が、いまそれを生業にしていられるのは、目黒さんの「お前上手いじゃないか」の言葉があったから。

礼を言っておけばよかった。きっと一生後悔して生きていくんだろうなと思っている。

目黒さんにいただいたもの。　宇佐美智久

ほぼ本を読んだことがない田舎から出てきた二十歳の男が、無謀にも本の雑誌の編集雑務のアルバイトを始めました。主な業務は自社広告のレイアウト作成と原稿取り、配本のお手伝いにコーヒーづくり、そして夜食の買い出しでした。その後、書籍を担当させていただくようになり、身の程も知らず、社会経験さえもない男をゼロから創り上げてくださいました。

ある方の本を担当したときのこと、この厚顔の男は、あまりの修正の多さに目黒さんに言いました。「ちょっとひどい文章ですね。大丈夫ですか？」と。回答は「こちらが書いて欲しいと頼んだのだから、その責任はこちらにある。だから編集者は覚悟をもって依頼しなければならない」でした。

またある本を担当したときに、この無知な男はあまりに無意味な内容に、酔った勢いで言いました。「こんな本を作っていいのですか？」と。回答は「大丈夫。お前もこの本の面白さがいずれわかる」でした。

そしてある本を担当して「あとがき」の原稿を持って行ったときのこと、そこに自分の名前が記されていることが嬉しいだけの能天気な男は上機嫌でした。目黒さんは「いいか。あとがきに名前があったら一回トリなさい。著者校正のときに作家が再度入れてきたら受けなさい。編集者は表に出るものじゃない」でした。

作家さんの原稿を取りに行くときは一つネタを用意しなさい、面白かった本は他人に話したくなるんだよ、グレンフィディックは美味いんだよね……目黒さんからいただいたものは他にも数多くあり、私の90%はそのありがたい教えでできあがっています。目黒さんは東京の父でした。私は今でもあなたの教えを守っています。

師匠

金子哲郎

目黒さんは、これまでの人生唯一の「師匠」です。

私は本の雑誌社の単行本を、多くの場合、目黒さんと二人で作っていました。目黒さんが社長だった九十年代半ばから、退任し、顧問になってしばらくの二〇〇〇年代前半にかけてです。二人で、というのはもちろん社内的な意味です。著者がいて、校閲の市村さんやらデザイナーやら各現場の皆さんの力がなくては本はできません。私が書籍担当編集者、目黒さんの役割は監督でコーチ、最後に決済をするゼネラル・マネージャーでした。

目黒さんにとって、私は「弟子」ではなかったでしょう。自分が社長のとき、たまたま補欠で採用したやる気のない新入社員。入社当初は「始業時間に会社に来い」とか「お前にクリエイティブは期待してないから。おれがやれという仕事だけやって」などと言われたものです。ただし、さらにやる気をなくしました。ただし、目黒さんは「やれという仕事」について詳細に指示しないタイプで、基礎的な知識や技術は社内外の他の方々に教えを乞いました。だから、彼らはみんな「先生」です。

身体に染み込んでいる目黒テクもいくつかはあるのです。原稿やゲラの文字の数え方や、依頼の手紙の書き方（ひらがな多め、「お忙しいところ申し訳ありませんが」「大変申し訳ないですが」を使い分け）、あるいは、刊行が遅れそうな時に泣きつくと、「各所に正直に事情を話し謝ってなんとかしてもらえ」と言われました。なかなかの高等技術です。社会人はそうそう真実を打ち明けません。

ともあれ。最も鍛えられたのは「言葉」にかんする部分でした。初めの二年ほど、私の考えた膨大な書名や宣伝コピーはすべて却下でした。目黒さんは、私案が並んだ紙を一瞥、「しゃらくさいね」「理に落ちすぎ」と言ってポイ！　と突き返しました。どうすれば良くなる、とのヒントなし。それが決まらないと本ができないので、仕方なく自問自答、何日も頭をひねりました。で、最終的には目黒さんや他のひとが考えた文言が使われたのでした。

そんな経験をすれば、言葉に対して、ひいては本そのものの見方がひっくり返るぐらいのことは起こります。そして、あれがなければ本づくりの仕事に三十年近くもかかわってこなかったでしょう。

だから、目黒さんは私の「師匠」なのです。

面接での一言

松本雅明

「ここで三年間働いたらどこへ行っても通用する編集者にしてやる」と目黒さんは言った。本の雑誌社の採用面接の時のことである。

新卒で勤め始めたばかりの外食企業を辞め、まったく異なる業界に飛び込む若者を少しでも安心させたかったのだと思う。目黒さんは優しいのである。

しかし私の心にもっと響いたのは、実は次のセリフであった。

「給料は安いかもしれないが、晩御飯の出前は好きなだけ食べてもいいよ」

まったく目黒さんらしいチャーミング

なセリフである。私はこの一言で、ぜひこの会社で働きたいと思った。晩飯がタダになることなどどうでもよかった。ただ、社長がユーモアを解する人で、従業員を「人的資源」ではなく、同じ釜の飯を食う「仲間」としてとらえている気がしてうれしかったのだ。

運よく採用されてから五年半。目黒さんには編集者としてのイロハを教えてもらった。それが私の仕事人としての〝ものさし〟となり、今にいたるまで仕事をする際の基準となっている。

自慢ではないが、私は物覚えもよくないし、器用でもない。誇れるような仕事をやり遂げたこともない。でも、どうにか五十歳を過ぎるまでやってこられた。それはひとえに、私に仕事を教えてくれた目黒さん（と本の雑誌社の皆さん）のおかげである。

このことを目黒さんに伝えたいが、今となってはそれも叶わない…と思っていたら、編集部の松村さんから、「目黒さんの追悼本が出るので、コメントを書いてください」との連絡があった。目黒さんに伝えるには一番いい形ではないか、そう思うとうれしかった。

目黒さん、そっちで読んでくれていますか？　私は目黒さんのおかげで何とかやっています。直接会ってお礼を言えずにごめんなさい。でも、本当に感謝しています。ありがとうございました。

目黒さんと私

加藤　文

あれは確か1994年の6月。場所は笹塚珈琲館の2階。現れた男性はナスビ型眼鏡に小粋なニットタイ姿。歯切れの良い東京アクセントで早口。

「有給休暇があると思われては困ります。普通の会社だと思われては困るんです。これだけはハッキリさせておきたいので最初に言っておきます」

圧倒され、ただガクガクと頷くだけの私。そんな面接を経て、私は本の雑誌社の経理係になりました。

それからの5年半、目黒さんと私は社長と社員という立場で時空を共有した訳ですが、その頃の目黒さんは（その後もずっとですが…）とてもご多忙で、経理係が口をきけるのは「ゼニカネの話」をする時だけでした。

私としても神聖なる（？）目黒さんの世界を「ゼニカネの話」などで汚したくないという思いがあり、在職中は無意識のうちに距離を置いていたように思います。

当時、通勤電車の中で開く文庫本の巻末で、北上次郎さんの解説にお目にかかる頻度が高かったにもかかわらず、会社での目黒さんは私にとって遠い人でした。

目黒さんと気楽に雑談できるようになったのは、皮肉なことに退職した後のことです。退職後、お目にかかる機会は減ったものの、目黒さんのお話（特に恋愛論！）にすっかり魅了され、沼にズボズボとハマっていったのでした。特に、40周年記念パーティーの二次会で「あ、綺麗どころがあそこにいる！」とニコニコしながら私たちのグループに歩み寄ってくる目黒さんにはすっかり籠絡されました。だって、アラフィフのオバさんグループに向かって「綺麗どころ」ですよ。

先日のお別れ会の会場に展示されていた目黒さんの手書き原稿を見た時、私がよく知る小切手や契約書や決算書に署名された数々の「目黒考二」の文字が頭の中に蘇りました。

　社長をやってる時も、北上次郎さん藤代三郎さんとしてお仕事している時も、いつだって目黒さんは目黒さんだったのだと気づいたら、思わず落涙。目黒さん、今も昔も大好きです。

目黒さんへ　佐野信介

僕はずっと感謝し続けています。

今から約30年前のこと。

当時僕は数社の採用試験を受けていましたが、大学卒業後3年も定職に就かず、資格も取り柄もない僕を採用してくれる会社なんてありませんでした。

　そんなある日、母が本の雑誌社の求人広告が掲載された朝日新聞を握りしめて「あんた、この会社受けてみな！　目黒さんや椎名さんなら、あんたみたいのでも理解してくれるから！」

　何を根拠にそうまで断言出来るのか？

　その時初めて「本の雑誌」の存在を知った僕でした。

で、面接を受けたところ、営業として採用されました。

　入社して何ヶ月か経った頃、営業部の上司達から「実はさあ、全社員が佐野君の採用に反対したんだよぉ。でも目黒さんが、コイツが良い！って強引に決めちゃったの。」と明かされました。恐るべし、母の炯眼！

　僕は本の雑誌社に「採用された」のでは無く、目黒さんに「拾っていただいた」のでした。

　しかしながら僕が目黒さんと言葉を交わす機会は殆ど無く、目黒さんとの会話を僕はほぼ全て記憶している程です。

　会議中、全くギャンブルに興味を示さない僕に「藤代三郎の『戒厳令下のチンチロリン』って読んだことない？」ないです。「そ、そうかぁ、結構面白いぞ！」わかりました、読んでみます。（↑わかってない）

「茶木がお前の事ホメてたぞ！」え？どんなところを？「注文取るとき、レジ前に立たなかったから」…それだけ？

　僕は目黒さんを怒らせた事は多々あったでしょうが、目黒さんに怒られた、という記憶は一切ありません。

　一度だけ会議中に「バカ！」と言われましたが、常軌を逸した提案でしたので仕方ありません。ただ最終的に、そのおバカな意見が通っちゃった辺りが本の雑誌のスゴい所です。

　僕が人生で会社員であった期間は、本の雑誌社での約5年間だけです。

　目黒さん、雇っていただき、本当にありがとうございました。

　この感謝を忘れることはありません。

目黒さんのハズキルーペ　甲元美和子

『黒と誠』が発表された当初、ガース柳下氏が「目黒考二が狂人すぎてすごすぎる」とツイートしておられて笑った。

　私が本の雑誌社に入社した当時、目黒

さんは50歳くらい。十分大人で社長で著名な書評家である50を過ぎてからの目黒さんしか知らない人間にとっても、若かりし目黒さんの数々の「どーかしてる」エピソードは全く違和感がない。目黒さんが真顔で「本が読めないから辞めます」と言い放つ様子は、ありありとイメージできる。

私が実際に「この人変わってるなあ」と感じたのは、目黒さんが「誰にでも同じ態度をとる」ということだった。喋り方や表情や振る舞いを、人によって変えない。相手の年齢とか自分との関係性とかを一切考慮しない感じ。誰にでもフラットでフランクで率直、そして誰に対しても同じように冷たいあの感じ。魅力的だった。

目黒さんの社会生活は「やるべきこと」と「それ以外」にきっぱりと分かれていて、必然的に「それ以外」は全部（誰にも）同じトーンになっていたのだろうかと勝手に想像する。そしてその「やるべきこと」が、ひたすら本を読み、本を愛することだったというのが本当に最高だ。

老眼などとるに足らん言い訳、と言わんばかりに度の異なるハズキルーペを二つ駆使して（ものすごく使い込まれていた）小説と競馬新聞をぐいぐい読んでいた目黒さんはとてもかっこよかった。年を取ると人は読書がしづらくなるなあと実感する今日この頃なのだが、そういうしょぼい気持ちになったとき、目黒さんのハズキルーペを思い出す。情熱があれば、人はいつまでもぐいぐいと本を読めるのだ。

これからも目黒さんのことを思い出しながら、書店に行って本を買います。

中山競馬場の指定席　石山早苗

「上品な紳士だったな」夫が言う。われわれの周りに紳士なんていないので、いつどこで見たのかとたずねると、目黒さんと一緒に中山競馬場に行った時のことだった。

まだ二十世紀だったある年の十二月。その頃、有馬記念開催日の指定席券を購入するためには前々週の同じエリアの指定席券を購入し、抽選で購入権を得なければならなかった。どうしても指定席で有馬記念を観戦したかった目黒さんは、当たる確率を上げるため本の雑誌社の社員とアルバイトに声をかけた。早朝から競馬場の門に並んで指定席券を買ってほしい。席代は出す。抽選に当たった人にはボーナスも出すと。

目黒さんと一緒に指定席で競馬ができて、お小遣いまでもらえるかもしれない大チャンス。パートのわたしも行くしかない。人数が多い方がいいというので競馬好きの夫も誘って行った。

「Tさんが当たったんだよ」Tさんは当日夫が連れてきていた競馬仲間だ。わたしはしまった！　と思った。本の雑誌社のアルバイトに当たればいいのに、藤代三郎も目黒考二も、もちろん北上次郎も知らないおじさんに当たってしまった。目黒さんは身近な若者にお小遣いをあげたかったのではないか……。

「目黒さんが『ありがとうございます』って、いい声で言いながらTさんの席に来たよ。見ていたら、お金の渡し方がすごく上品でスマート。あんな人初めて見た」夫の声は少しふるえていた。そんなに感動している夫を初めて見た。若者たちも何席か当てて、目黒さんはとてもごきげんだったと後で聞いてホッとした。

中山の指定席に行くたびにそのことを思い出し、フフッと笑いがこみ上げるが、これからは同時に涙も出るだろう。

ぶっとんだ人　渡辺慎吾

いやはやすごいぞぶっとぶぞは北上次郎の代名詞ですが、実際には目黒考二こそがぶっとんだ人でした。御存じのとおり、発行人時代の目黒さんは編集部のソファで寝泊まりしていらっしゃいましたが、僕が入社してまず覚えた仕事は、出社後、目黒さんが起きないよう部屋の半分だけ電気をつけることでした。

とにかく職住が一体化されている方でしたので、働いている場所に目黒さんが住んでいるのか、目黒さんが住んでいる場所で働いているのか、混乱する瞬間がたびたびありました。

編集松村女史が冷蔵庫を開け、今日のおやつは草餅かと取り出してみたら目黒さんが入れっぱなしにしてカビだらけになったお稲荷さんだったとか、事務の親方浜田が霜で氷山のようになった冷凍庫を掃除したら、目黒さんが日々買い込んでいたガツン、とみかんが大量に出土されたとか、伝説は枚挙に暇がありません。

僕も、ドーナツ状のお菓子が齧りかけのまま放置してあったので処分したところ、しばらくして帰ってきた目黒さんから、まだ食べるつもりだったと詰め寄られたことがあります。のちにあれがサーターアンダギーという沖縄の銘菓だと知りましたが、いまだ見るたびに目黒さんの据わった目つきが脳裏に浮かび、口に入れても味がしません。

夕食の出前をとるため大吉に電話したものの、目黒さんが大音量で流していたテレビの野球中継の音でなにを食べたいのか聞き取れず、アジフライなのかイカフライなのかで絶叫合戦になったこともありました。仕事では冷静沈着な方でしたが、食い物が絡むと正常な判断力を欠く傾向にあったと言わざるを得ません。

北上次郎に会いたいというミーハー根性だけで本の雑誌社に入社したものの、在籍していた一年あまりのあいだ、畏れ多くて北上次郎には近づくことすらできませんでした。一方で、目黒考二という愛すべきおじさんを身近に知ることができました。日々本を読み、『中年授業』や『活字浪漫』そのままに楽しそうに本について語る姿は、僕にとって憧れでした。

その日暮らしの穀潰しとして生きてきた人間は、あまり過去を懐かしむことをしません。それでも、本の雑誌社にいた当時の記憶はきらきらとした輝きをともなって蘇ってきます。たしかに、僕はあの場に居られただけで楽しかった。すべて、目黒さんと、その薫陶を受けた本の雑誌社の皆さんのおかげです。本当にありがとうございました。

かけがえのない時間　吉田伸子

この世界に、目黒さんがもういないというのは、悲しいという言葉じゃ足りないくらい悲しくて、寂しくて、そして寂しい。きっとこの悲しさ、寂しさは、ずっとそのままなんだろうな、と思う。目黒さんと出会ってから四十年以上。いつかこんな日が来ることはわかっていたはずなのに、まさかこんなに突然だとは思いもしなかった。

　学生時代に助っ人として本の雑誌社に入り浸っていたころ、毎日のように目黒さんは助っ人たちと飲んでくれた。お前らが誘ってくるから、しょうがないだろ、って後になって目黒さんは笑ったけど、あの時の時間は私たちにはかけがえのないものだった。大人になってから、何度もそう思ったし、今でもそう思っている。目黒さんにとっても、ほんの少しでもそうだったのならいいな、と思う。

「本の雑誌」の編集者として、目黒さんの下で働けた時間もまた、私にとってはかけがえのないものだった。原稿と単行本のタイトル、帯コピーを書くことに自分がむいている、と気づかせてくれたのは目黒さんで、後に目黒さんの著書用に考えたタイトル（『感情の法則』と『記憶の放物線』）は、特に気に入ってくれたみたいだった。目黒さんに喜んでもらえたことが嬉しかった。

　目黒さんに喜んでもらえたこと、で思い出したのだけど、私は一時期、目黒さんのスタイリスト（！）みたいなこともしていた。事務所がまだ新宿にあった時のことだ。なにせ、目黒さんは平日は事務所に泊まり込んでいるので（ジャージ姿が常態）、急に仕事で誰かに会わなければいけなくなって、着ていく服を見繕うために、伊勢丹に一緒に買い物に行ったのがきっかけだったと思う。

　その時に買った服を目黒さんが気に入ってくれ、また、誰かに（似合ってるね、と）褒められたこともあり、以後シーズンごとにシャツやら何やらを一緒に伊勢丹に買いに行くようになったのだ。目黒さんに似合う服を選ぶの、楽しかったなぁ。今思えば、自分の父親にはできなかったことを、あの時、私はさせてもらっていたのだと思う。目黒さんにそのことを話していたら、「俺、そんな歳じゃねぇよ」と笑っただろうか。

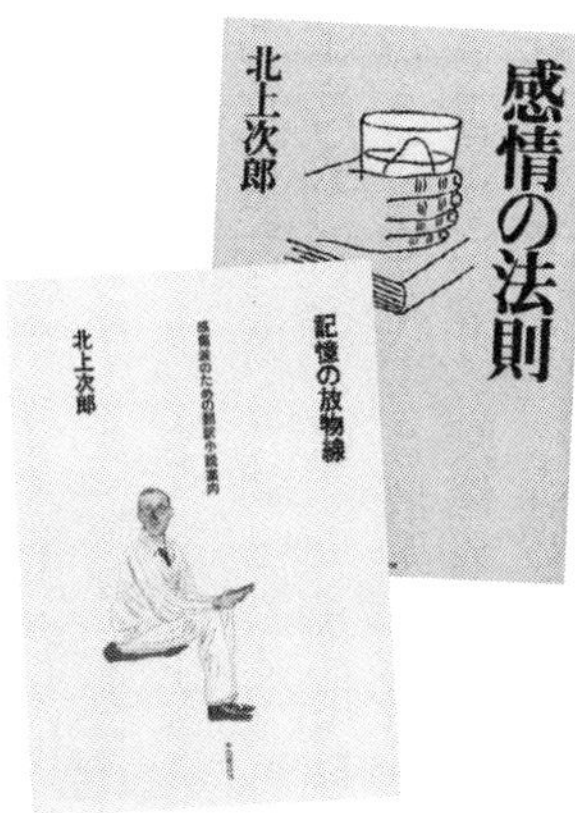

　目黒さんから教わったことは沢山あるけれど、そのうちの一つに、原稿を依頼する時は、最初に原稿料を提示すること、というのがあった。「お金のことって、（向こうからは）聞きづらいんだよ。だから、こっちからちゃんと言わないと」と。もう三十年以上前のことだ。目黒さん自身も書き仕事をしていたからこそ、だと思うが、そういう気配りをするのが目黒さんだった。

　今でも、何か面白い本を読んだ時、目黒さんにＬＩＮＥ送らなきゃ！　と思ってしまう。「じゃぁ、お前、これもう読んだ？」と目黒さんからＬＩＮＥが返ってくることはもうない。もうないことを、実感できないまま、これからも面白い本を沢山読んで、いつか目黒さんに向こうで再会した時に、あれからこんな面白い本が出たんですよ、と話がしたいと思っている。「あぁ、もうそれ以上言うな。読むから！」という目黒さんの声を聞くのが楽しみだ。

「父よ」

目黒慎吾

入院からわずか1ヶ月の出来事だった。ひどい便秘を診てもらうため病院にかかったのが年末。そこで末期ガンが発覚、そのまま即入院となった。夏頃から少し咳き込んではいたものの、普段どおりに本を読み、週末になれば競馬にも出かけていた。傍目からダイエットの成果が見えることはなかったが、自分なりには健康にも気をつけていたようで、毎年の健康診断は欠かさなかった。秋には全身の検査までしていたそうだ。ただ、レントゲンで発見できない種類のガンというのがあるようで、進行も速く、余命幾ばくもないことが入院後すぐ、父を除く家族に告げられた。

本人もまさかの話だろう。何も隠し立てはしてほしくないと言うから、父には正直に言った。「分かった。延命はしないでいいから。もう76だし十分に生きたよ。」とのことだった。口には出さなかったが、「十分なわけがない」と思った。自分に生まれたばかりの娘は、父にとっては初孫である。「五時間の父親」も今なら時間があるだろうと実家近くに引っ越して、これからの日々を楽しみにしていた。週末に実家を訪ねても、父が競馬に出かける日と運悪く重なってしまったりが最近は続いていたが、少なくともあと10年はおじいちゃんをやってもらえるものと思い込んでいた。何もかもあまりに急過ぎて、葬儀を終えても現実感がない。浜本さんから『父よ』のタイトルで今の思いを書いてほしいとご依頼いただいたのはそんな時だった。

『息子たちよ』はもちろん読んでいた。といっても自分は、父が出演するラジオを軽く聴く程度で、日頃から父の全ての刊行物・書評に目を通しているわけではない。しかし、この本については事前に父から連絡があったのだ。

「発売は1月だけど、見本が年内にできるので、年末には送ります。タイトルは『息子たちよ』です。小さいころの写真を本のカバーに使っていいですか」

見るとその写真は自分が太っていた頃のもので、その時期のものでもとりわけ太って見える。正直言って好きではない。むしろ忘れたい。本のカバーに使うなんてとんでもないことだ。とは思ったが、きっとこの写真は父が選んだものなのだろう。幼き日の息子たちの写真を一枚ずつ、ほほえみながら手繰っている父の姿が目に浮かび、自然に「いいよ」と返していた。自分は父に似て、太りやすい。ヘンなところばかり似ちゃっているのだ。

その『息子たちよ』の中で自分は、〝家に帰ってこない薄情な長男〟として書かれている。私の息子たちが実家に帰らないようになっても何も言う資格はない、因果はめぐるのである等と書きながら、結局あれやこれや明らかに言っており、自分としては弁明の機会もないまま、不幸にも今日を迎えてしまった。

父もまた家に帰ってこない父であった。息子が息子なら父も父である。平日は職場、土日は競馬。旅行にでかけてもプールサイドで、ホテルの居室で、本ばかり読んでいる。『酒と家庭は読書の敵だ。』なんて本まで出され、よくよく思えば、自分たちから父を奪う読書を恨んでもいいようなものだ。後年、本の重みで家が傾き、引っ越しせざるをえなくなった際にその恐ろしさを初めて思い知ったものの、目黒家では元来、読書とは素晴らしきものだという共通見解があり、自分としても父を〝求道者〟のように捉えていたのだと思う。だから、自分たち兄弟がグレることも、父に反抗することもなかった。いや、それもこれも母が偉大だったから、あるいは反抗する相手がそもそも帰ってこなかったからかもしれないのだが、父から何にせよ叱られた記憶はなく、日々の生活はおろか将来に関する指導・命令の類は恐らく受けたことがない。唯一あるのは、小学校低学年の頃だろうか、「男の子なんだから女の子にはやさしくするんだぞ」と湯船に浸かりながら言われたくらいのもので、良く言えば自由放任主義の人であった。

『息子たちよ』の中で気になる記載は他にもある。「長男と次男がまだ幼いころ、私が帰るといつもぶつかるように駆けてきた光景は、まだ記憶に鮮やかだ」だったり、「幼子の笑顔がまぶしいのは、それが本質的に永遠ではないからだ。うたかたのように消えてしまうものだからだ。」等と、美しい日々を覚えているのはあたかも自分だけかのように書かれているが、これはフェアではない。家に帰らなかった罪悪感や引け目から、息子たちが忘れてしまっていても仕方がないと勝手に感じていたのだろうが、こちらも忘れてなどいないのだ。

父が帰ってくるのは週末の夜だったが、いつも本や競馬新聞やらが詰まった重そうな紙袋を抱えて帰ってきた。自分たち兄弟に何か土産があるわけでもなかった。ただ、父が帰ってくることでようやく家族が完成するような喜びがあり、玄関が開く前から、アコーディオン式の門扉の音で父の帰宅を感じ取って、玄関にダッシュしていた。愛犬のジャックが家族に加わってからは、玄関口にいるジャックが家へと続く一本道に響く足音を聞いて父の帰宅を真っ先に知らせる係になった。20年住んだ家は本で傾いて今はもうないが、自分が思い出すのは、そのかつての家の景色とともにある家族の風景だ。

1歳8ヶ月を過ぎた娘は最近、あぐらを組む自分の膝の間にやってきて、そこで絵本を読むようになった。そうした瞬間にふと、かつて自分もまたあの家で、絨毯が敷かれたあの寝室で、父の膝の間に収まっていたことを思い出す。怒られた記憶はないが、美しい思い出ばかり鮮やかで、だからこそ今はそれが辛くのしかかる。

父はこのようにも書いていた。

「私が死んだら、長男と次男は、私のことをいつまでも覚えていてくれるだろうか。街を歩いているときにひょっこり思い出す程度でもいい。時折、思い返してくれたら嬉しい。」

「旅行に出かけたことを忘れてもいい。しかし息子たちよ、君たちが幼いとき、家族全員が居間で談笑していた風景は忘れないでほしい。そういう記憶の中に、家族はいるのだ。」

だから安心してほしい。そうした記憶の中に今も家族はいるのだから。

帰ってこない、お父さん

目黒謙二

月曜から金曜日は職場で仕事をして寝る。土曜日は競馬場に行き、職場で寝る。日曜日も競馬場に行き、夕方に家に帰ってきて寝る。月曜日の朝に一緒にご飯を食べて、また会うのが次の日曜日。とにかく家に帰ってこない。一緒にボールで遊んだり身体を動かしたりしたことがない。それが私の父親だった。それが当たり前だと思っていたが、そのようなことが、通常の家庭とは異なるということに気付くのはだいぶ先の話。そんな父親のことを綴ってみようと思う。

「帰ってこない、お父さん」が、兄弟や私の母親に少しでも埋め合わせをしようということでしてくれていたことが、日曜日の外食だった。毎週のように、町田の小田急の9階のレストランフロアや焼肉、ハンバーグ、蕎麦、イタリアンのお店に行っていたことを覚えている。お父さんは誰よりもたくさん食べて、僕たちにもたくさん食べさせてくれた。どんな話をしていたかは覚えていないけど、その日曜日の夜に、家族が集まってご飯を食べられるということがとても嬉しかったたし、幸せだったことだけは覚えている。そんな記憶があるからこそ、町田駅周辺には外食をした思い出の店がありすぎる。亡くなった今、町田に行くと色々なお店で記憶が蘇ってくる。

お父さんは、私たち兄弟がやりたいことに関して、色々なことを許してくれたり認めてくれたりした。「海外に行きたい」「留学したい」「違う学校に転校したい」などたくさんのわがままを聞いてくれた。いつも認めてくれることで嬉しい反面、「本当に僕たちに関心があるのかな」と何も言われないことに疑問も感じていた。しかし、そんな訳ではない。後に気付くことではあるが、お父さんはとても心配性な性格で、そのために色々なことを言われ、嫌な気持ちになることもあったが、「僕のことを見てくれているんだ」と嬉しい気持ちもあった。僕は、自転車を買ってもらったのが、中学1年生だった。学校の誰よりも遅かった。それは、私が自転車に乗って事故に遭うのではないかと心配したからである。政情が不安定な国に海外旅行したいと私が言い出した時は、「行かないでくれ」ととても心配してくれたことを今でもよく覚えている。関わる機会が少なかったが故に、心配してくれたり、自分の気持ちを素直に伝えたりしてくれたことは嬉しかった。

余命宣告されてからのお父さんは、今まで見たことないお父さんだった。コロナウイルス感染対策の為、面会が出来ない日は、ビデオ通話や病院の窓越しに顔を合わせた。その際のお父さんは私たち家族の顔を見るととても嬉しそうだったし、安心していた様子だった。暑がりのお父さんは、病院の中でも「暑いから毛布は要らない」と暑そうにしていたので、寒さで冷え切った私の手をお父さんの頬にくっつけると、「なんて気持ちいいんだ」ととても喜んでくれて、本当に嬉しかった。お父さんのその時の表情は、子どものような無邪気な顔をしていて、「お父さん可愛いな」と初めて感じた。

お父さんが帰ってこない。けれど、昔のようになかなか帰ってこないお父さんになっただけでは、とも思ったりもする。お父さんはずっと私たちの心の中にいるからである。たくさんご飯を食べ、好きなだけ本を読み、競馬を楽しむお父さん。そんなお父さんが大好きです。

本の雑誌社「その日」までの記録

杉江由次

二〇二二年十二月九日(金)

会社にて、編集の松村と事務の浜田の会話に耳をそばだてていると、松村が改めて説明してくれた。

目黒さんと2月号の原稿のやりとりをしていたところ、「今月書いた人」の近況コメントを今は書けないとメールが届いたという。事情がはっきりしたらちゃんと伝えるが、もし書けなかったら「特に書くことなし」にしてくれと。

意味深なやりとりに松村と浜田は首を傾げ、「杉江さん、目黒さんに事情を訊いてください」という。

LINEしてみようかと思ったが、なんだか気が進まずそのままに。

十二月十三日(火)

「つまずく本屋　ホォル」に直納するため、東武東上線に乗って埼玉の霞ケ関駅に向かっていると、光文社の編集者から目黒さんに文庫の解説をお願いしたいのでアドレスを教えてくださいというメールが届く。

これで目黒さんの様子も確認できるかなと思いつつ、メールアドレスを教えていいかLINEする。

ところが既読マークはついたもののなかなか返事が来ない。いつもは即返なのに。嫌な予感がむくむくと湧いてくる。

20分ほどして目黒さんから返信が届く。

「ただいま入院中です。いつ退院できるかわからず、新しい仕事はちょっと無理ですね。直接的には腸の病気ですが。検査したらあちこち悪く、肺がんの可能性まで指摘されました。全身ガタガタだったのです。とにかく腰が痛くて、本が読めません!」

浜田にメールで報告。

十二月十四日(水)

出社すると、浜田が「目黒さん、年末年始も退院できないんですかね。大好きなお餅が食べられなくてかわいそう」と心配している。

僕たちが目黒さんに最後に会ったのは11月17日に新宿浪曼房で行われた角川の宍戸健司さんの定年パーティだ。椎名さんや木村さんとともに発起人になっていた目黒さんは、開会の挨拶を元気よくしたのだった。それは宍戸さんとの鉄板ネタである『不夜城』刊行時の帯コメントの話で、会場を笑いにつつみ、大いに盛り上げてくれた。

咳が出ると言って中座したので、「コロナじゃないといいね」と浜田と心配していたのだが、まさかそこまで体調が悪かったとは。

十二月十七日(土)

朝、目が覚めて、スマホを確認したら、浜田から「目黒さんのことです」と題してメールが届いていた。

そのメール自体が松村からのメールの転送なのだが、「お疲れさまです。目黒さんの容体について、息子さんから浜本さんに電話がありました。浜本さんから『肺がんでステージ4とのことです。骨に転移しているらしい。浜本に来月の締め切りの仕事の対応を頼むということでiPadを預かることになりました』とのことです」

曇り空の中、走りにいく。どんなに走ってもまったく疲れない。どこを走っているのかわからない。

十二月十八日(日)

夕方、風がやんだのでランニングにいくと浜田からメールが届いた。

目黒さんがひとりで静かに過ごしたいので連絡しないで欲しいと

言っているという浜本さんからの伝言。

明日会社に行ったら色紙に寄せ書きを作って送ろうと考えていたけれど控えることに。

十二月十九日(月)

会社では当たり前だが目黒さんの話。思い出話をしているとなんだかすでに目黒さんを亡くなった人のように扱っていて不謹慎に感じ話をやめる、を繰り返して一日が過ぎていく。

十二月二十日(火)

社内にいる浜本さんから社員へ一斉メール。

「みなさま
直接お話したかったんですが、鈴木くん（アルバイト　杉江注）に聞かれたくないので、メールにて連絡いたします。

目黒さんが肺がんで入院しています。

一週間ほど便通がないということで、先週月曜日に病院に行ったところ、その場で入院となり、便が出たところであらためて検査をということで金曜日に検査をした結果、肺がんであることが判明したとのことです。

ステージ4ですでに骨や臓器に転移しており、手術も不能。

現在は緩和ケアというのでしょうか、麻薬（モルヒネか）で痛みを和らげる治療を受けているようです。

余命一ヶ月との診断で、本人も承知しています。

締切りが間際の原稿や連載中の原稿の対応等を浜本と早川書房の山口、吉田伸子が任され、本日13時に長男の慎吾さんが目黒さんのiPadを持ってきてくれることになっています。

椎名さんには電話で伝えましたが、目黒さん本人がなるべく知られたくない、静かにさせてほしい、とのことで、入院していること、病状については他言無用でお願いします。

現在、入院していることを知っているのは我々のほか、集英社江口、早川小塚のふたりだけです。

以上、よろしくお願いいたします。

追記　目黒さんは病室にスマホを持ち込んでいますが、電話、メール、LINEなどで直に連絡するのは現時点では控えてください。本人の意向です。」

丸善お茶の水店、三省堂書店アトレ上野店、ブックファースト新宿店に「本の雑誌」1月号の追加注文分を直納。目黒さんの余命を知った日も僕は直納している。

十二月二十一日(水)

松村から2月号にアンケートハガキを入れないと報告を受ける。昨日、浜本さんにアンケートのテーマを相談したところ、「今は何も考えられない」と言われたらしい。

事務の浜田が「なんでこんなに早く」とか「余命一カ月なんてかわいそう」と嘆いている。

本屋さんに行くたびに、もうここにある本を目黒さんは読めないのか、そもそも目黒さんはもう本屋さんに行けないのかと苦しくなる。生まれて初めて本屋さんに行くのがつらい。

夕方、オレンジ色に空が染まる。焚き火のよう。

十二月二十二日(木)

久しぶりに雨。雨が降るのが怖いと思った。よく、あの日は雨が降っていたよね、涙の雨だったんだね、なんて振り返ることがあるからだ。この雨がそうでないことを祈る。

昨日、その目黒さんからどこかの原稿となる有馬記念の予想が届いたらしい。そのことを浜本さんが椎名さんに報告したら椎名さんの声が少し明るくなったという。

十二月二十三日(金)

余命一カ月と宣告されたのが先週の金曜日であるなら残すところ3週間ということになる。

十二月二十四日(土)

「藤代三郎」でTwitter検索をしてみたら「今週の馬券の真実「毎週元気で馬券を買っている日々こそ、極上の日々なのである。」しみるなぁ」という書き込みを見つける。

「Gallop」の連載は週刊なので、執筆時はここまで酷い状況とわからずに原稿を書いていたのだろうか。1993年の創刊から続いた連載は1504回で終わってしまうのか。

十二月二十五日(日)

有馬記念が終わるまで目黒さんは生きていた。当たったのだろうか。もしや最後の大博打なんてしているのだろうか。

十二月二十六日(月)

何か嫌な予感がして目が覚める。何もなければいいけれど背筋がゾクゾクする。何もないといいのだけれど。

十二月二十八日(水)

仕事納め。浜本さんが、「目黒さんのことだけど、家族がお医者さんと1月16日に面会するらしいからそれまでは大丈夫ってことかな」と。また「来年は早々に試練が待ち受けているかもしれないけれどがんばろう」とも話す。

十二月三十日(金)

あと2週間。余命宣告なんて当たるのだろうか。

二〇二三年一月二日(月)

Twitterで「藤代三郎」を検索すると「Gallop」の連載が休載されたことによる心配のツイートが2つほど挙がっていた。

一月三日(火)

目黒さんの現状を知っている早川書房の山口さんが、以下のツイートをする。

「人生は有限だから、会いたい人にあって、食べたいものを食べて、好きなコンテンツを摂取して生きていこう。やりたくないことはなるべくしない。」

「はずれ馬券は人生だ、っていい言葉だな。」

耐えろ。

一月四日(水)

夜中の2時に目黒さんが亡くなった夢を見てがばりと起きる。鼓動激しく落ち着くまでしばし時間がかかる。正夢になりませんようにと願いながらもう一度眠る、が眠れない。

凶報は届かず一日が終わる。

一月五日(木)

仕事始め。みんな目黒さんのことがあるのですっきりしない様子で出社し、仕事をしている。

本の雑誌社の仕事始めが毎年1月5日なのも、目黒さんが競馬の金杯に行くためだったのだ。

一月七日(土)

あと1週間。毎日連絡がないことにほっとしている。

一月十一日(水)

会社の会議で浜本さんから現状報告。目黒さんは町田胃腸病院というところに入院しているとのこと。連絡を取っている人の話によると痛み止めの影響か意識が混濁しているときもあり、競馬のリンク先など間違ったメールを送られてきているらしい。

一月十二日(木)

夕方、6時前に会社の電話が鳴り、浜田が出ると目黒さんの奥さんからだった。浜本さんと連絡を取りたいらしく、浜本さんの電話番号を伝えて切る。

松村と3人で目黒さんに何かあったんだろうかと心配しているとまた電話が鳴る。

今度は僕が取る。しかしなんの応答もなくしばらく「もしもし」と訊ねたものの無言なので受話器を置く。

間違い電話かスマホの誤操作かと思いつつ、また3人で目黒さんの話をしているとまたまた電話が鳴る。

今度は浜田が出る。

「目黒さん！」と言って絶句。

電話機をいじくり、「これスピーカーホンになりませんかね」とつぶやく。松村と僕にも目黒さんの声を聞かせたいらしい。

しかしスピーカーホンにできず、しばらく話をしていたら応答がなくなったようで、「目黒さーん、目黒さーん」と何度も問いかけた上で受話器を下ろす。

目を赤くして浜田が報告。「僕は今、町田胃腸病院というところに入院していて、そろそろやばくなっている。それとお願いしたいことがあるんだけど、と言ったところで看護師さんに注意されたのか電話が切れちゃいました」

連絡を絶っていた目黒さんが、なぜ今になって本の雑誌社に電話してきたのだろうか。僕らにいったい何を伝えようとしたのだろうか。何をして欲しかったのだろうか。

目黒さんから電話があったことを浜本さんに伝えると、目黒さんの奥さんとのやりとりの報告が届く。

「目黒さん本人からいまの状況を伝えるようにと言われたとのことでしたが、痛みがひどくなっているということと、16日の面談が緩和ケアの専門の病院（町田市民病院）に移るかどうかということを話す面談であるということがわかったくらいです。

毎日10分ほど面会できているそうで、今日は比較的頭がすっきりしているようだったとのことですが、浜田さんへの電話のことを考えると、薬でかなり混濁しているのだろうと思われます。

病院を移るか自宅に戻るかは16日の面談での判断になるそうです。」

本日、古書現世の向井さんと蔵書整理に伺ったお家の方が、競馬好きでたくさんの競馬本が並んでいた。その中に藤代三郎の本が5冊ほどあったので、向井さんに許しを得、いただいてきた。

一月十五日(日)

余命宣告の日。

一月十六日(月)

2日続けて目黒さんの夢を見て目を覚ます。胸騒ぎがしてメールを確かめるが何ら報告もなくほっとする。いやほっとはしない。動悸がずっと激しい感じ。

昨日、YMOの高橋幸宏さんが亡くなったと報じられた。今は人の死を素直に悲しむことができず、参考になるかもと幸宏さんの事務所が発表した文章を保存なぞしている。そして人が悲しんでいるのを見て、もう少ししたらこの中心になるのかと苦しくなる。

僕は出版経験者の中途採用だったから目黒さんから特に何も教わっていないと今日の今日まで思っていた。けれどそれが大きな間違いだったことに気づく。何も教わっていないんじゃなくて、何もかも教わったから教えられていないと勘違いしていたのだ。たとえ直接指導されていなくても、日々のやりとりや数々の著作を通して、僕は目黒さんにたくさんのことを教えられていたのだ。

そして自分の人生を、自分自身で切り拓いてきた気でいたけれど、それもやっぱり間違いだった。25年前、本の雑誌社の面接を受け、そこで目黒さんが僕を採用してくれなければ、まったく異なる人生を送っていただろう。

今、幸せであること。そのほとんどが目黒さんのおかげだ。

目黒さんに会いたい。話をしたい。感謝を伝えたい。

しかしそれは叶わぬのだった。

目黒さんのご家族とお医者さんの面会日。浜本さんから特に報告はなく、じりじりと過ごす。

一月十七日(火)

「さきほど息子さんから連絡ありました。目黒さんは町田市民病院に本日昼ごろ転院したそうです。緩和ケアの専門医の処置方針で痛みをコントロールしていくとのこと。痛みが和らいで、夜、ゆっくり眠れるようになることを願います。」浜本さんより報告あり。

一月十九日(木)

昼過ぎ、早稲田の穴八幡で一陽来復御守を手に入れ、古書現世に行き、向井さんと雑談。

お店を出ると13時半を過ぎており、腹が鳴ったので、通りの向かいにある「えぞ菊」に飛び込む。熱々の味噌ラーメンを啜っていたところ、浜本さんからメッセンジャーの本の雑誌社グループに連絡が入る。

「目黒さんが本日午前10時に亡くなりました。いま息子さんから電話がありました。」（13時54分）

２０２３年1月19日は曇り空。激しい寒波に襲われ、とっても寒い。「週刊朝日」が5月いっぱいで休刊すると発表があり、第１６８回直木賞選考会の日。

社長時代はほとんど知らない人だった！

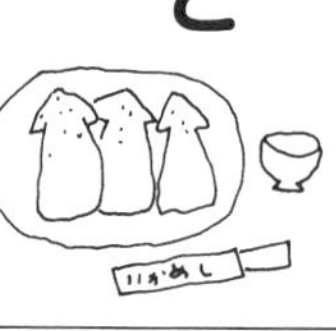

経理 私は目黒さんとはほとんど接点がなかったから。

編A 小林さんもですか。私も社員としてはあまり接点がなかった。浜本さんと入れ替わりくらいの感じで。

営A 僕と浜田と松村は一九九七年の入社で二十六年目なんです。目黒さんは七十六歳で亡くなったから、五十歳くらいの時に入社している。

経理 面接を受けたのは？

営A 目黒さんです。だからわれわれは笹塚時代の五十歳以降の目黒さんしか知らない。しかも松村は編集部で目黒さんと同じ二階にいたけど、僕と浜ちゃんは一階で、当時の本の雑誌社は一階と二階に完全にわかれていてまったく会わない。目黒さんと会話をするのは二か月に一回の新刊の定価と部数を決める会議だけで、あとはほとんど知らない人だった。

営B 知らなかったね。

営A 社長として面倒をみてくれるわけでもないから、何か言われるとかもない。だから僕と浜田に関しては、目黒さんが発行人を退いて四階を仕事場にするまでほとんど接点がなかった。

発人 じゃあ、「この本読んだか」って会話をするようになったのは四階に上がってから？

営A そう。どうしてそんな会話をするようになったかというと、郵便物は全部一階に届くわけですよ。だから編集部と目黒さん宛ての分は昼くらいに当時の経理の人が二階に持って行ってた。それが目黒さんが四階に住みだしてからは目黒さんの分は一階に置いておくというルールになった。それで目黒さんが一階に降りてくるようになって、郵便物を開けながらあの本が面白かったとか話をするようになった。

営B あと笹塚日記を書くためのネタを探してたね。

営A 一階に変な奴がいるんじゃないかとかね。その感じで会話が始まった。それまでは姿かたちもあまり見たことがない。

営B 見たことも会話もしたこともなかった。

編A でも編集部にいても机がパーテーションで囲まれていて近寄れない感じがあったから、私もそんなに会話はしてない。

営B 何時に起きてるとかも知らなかったよね。

編A 朝来ると応接のソファで寝てる人がいるなくらい。

営A 僕らはそれも見てないから。活動時間帯が全然違う。

編A カタギの時間に起きてなかったもんね。十時半とか十一時に会社に着くとどうぐう音がして、ああ目黒さんが寝ていると思ってたんですけど、あの頃は浜本さんも一緒でした？

発人 いたりいなかったりじゃないかな。たぶん一緒に寝てるほうが多かった。

経理　応接のソファに二人で寝てたんですね。

営A　松村は前は普通の出版社にいたわけじゃん。普通の出版社は寝てる人いないでしょ？

編A　いないですね。

営A　なんか変な会社だから辞めようとか思わなかったの？

編A　全然。のびのびとしていいんじゃないかと。

営A　本の雑誌体質が合ったんだ。

編A　杉江さんも浜田さんも水が合ったのでは？

営A　僕は変な会社だなと思ったし、前任者からここは会社じゃなくて部室みたいなところだから早めに辞めたほうがいいよって言われて、そうだよなと思ってた。目黒さんが四階に上がって、読んだ本の話とかするようにならなかったら辞めてたよ。あれが面白かったから続いたんだ。

営B　惹きつけられた。

営A　「杉江、あれ読んだけどヤバイぞ！」って。あれを生で聞けたことで自分の読書の幅も広がったし。

営B　楽しかったですよね。だからといって仕事のことを話すわけじゃないから。

営A　仕事のことなんてまったく話したことない。昔の営業の野口さんのように書店に行ったらこうしろとか教わったこともない。四階に上がってからは半分浮世離れしていたので、営業のことなんて考えてもなかったよね。

営B　昔の助っ人とかも教わってるわけでしょ。私たちは社員だけど何も教わってない。

発人　君たちは他の会社でちゃんと仕事を学んできてるから、あえて教える必要はないと思ったんじゃない？

営A　松村は編集で電話のとり方とか言われなかった？

編A　電話で依頼する時は用件から先に言えと。まず「原稿のお願いです」と言ってからこういう企画をやるとか、「座談会のお願いです」と言ってから内容を説明するとか、先に用件から言いなさいというのは習った。

発人　それくらい？

編A　わからない（笑）。浜本さんと目黒さんは応接で二人でゲラ読んでうーんとかやってるイメージ。私がそこにタッチすることはない。

営A　ないよね。本誌なんて出来上がってくるまで何をやってるか全然わからなかった。目黒さんと浜本さんの二人で作ってるものを手伝っているという感じだった。それだけ目黒さんは自分で作りたかったんじゃないの。単行本担当の金子さんがいろいろやろうとしても、お前はよけいなことをするな、俺に言われた通りやればいいだけだからって返されたっていうからさ。だから目黒さんって最終的にはすごい話を聞いてくれる人だけど、仕事に関しては意外とワンマン。

発人　自分勝手だから。

営A　自分が面白いと思うものを作りたいだけだった。だって企画会議なんてなかったじゃん。四階に行ってから近所のおじさんみたいになって付き合えるようになった感じ。

営B　だからといって仕事ぶりをほめられたり、あれよかったねとか、そういうことは言わない。私たちの仕事のことには一切関係ないただのおじさんがうろうろしてるって感じかな。

営A　自分で採用しといて四、五年間俺たちがどんなやつなのか全然わかってない。

営B　名前も知らないんじゃないかなと思ってた。外で挨拶しても気づかないんじゃないかなってくらいの距離感。

営A　『本の雑誌風雲録』を読むと親身に助っ人と付き合ってて、なんで俺たちにはなんにも口を聞いてくれないんだろうって感じてたよね。

営B　ギャップがすごいある。

営A　自分に必要ないことには興味ないじゃん。面倒くさかったんだよ。

編A　その代わり自分のテリトリーに入った人にはものすごく親身。だから浜田さんとかも積み重ねで仲良くなって、「浜ちゃん!」ってなるとすごく親身。杉江が言うならこの本読んでみようとか、中に入るとすごい親しい。

営B　いっぱいくだらない話、本の話を積み重ねてきて、失恋した時に話を聞いてもらえるくらいになった。そこまでの積み重ねに相当時間がかかってるよね。

経理　自分でお食事を作るようになってから、変わってきたんじゃないですか。

営A　栗ごはん作ったからみなさん食べてくださいとかね。

経理　どこで何を買ったらいい?とかいろいろなことを言ってましたよね。

営B　その頃になって、その格好で外を歩くんじゃないと言えるようになったわけですよ。

営A　百八十度変わったよね。浜田さんの扱いは。口もきいてもらえなくて遠くから眺めてた人が一番厳しくなった。「その首タオル取ってください」とかって(笑)。

営B　「その格好で甲州街道を渡るんじゃない」って(笑)。

経理　紀伊國屋書店に行ってはいけないのね。

営B　それが今では私が首にタオル巻いて神保町を闊歩してるんだから(笑)。

営A　生粋の目黒流を継承している(笑)。

営B　だんだんその年齢に近づいて、首にタオルを巻く気持ちよさが理解できてきたから(笑)。

営A　一番頭に来たのはあれだよね。四階を出ていった後。ゴミから何から置いていった部屋を掃除させられた。

発人　四階には出ていく前にもけっこう行ってたんでしょ?

営A　行ってないです。降りてきたら話をするけど、こっちからアクションすることはなかった。だから中があんな状態だなんて全然知らなくて。

営B　私はよく行ってたな。お風呂とトイレが汚くて…あれゴキブリのフンなのかな。いっぱい落ちてましたよね。

営A　目黒さんが住み着くまではあそこは椎名さんの仕事場で、すごく素敵な空間だったよね。天窓があって、「ああ、俺もこういう部屋いつか持ちたい!」って思ったもん。それが目黒さんが出ていった後はゴミ屋敷(笑)。

営B　あそこで寝てたっていうのがすごいよね。

経理　ねえ。ぞっとする。ゴキブリが壁を這ってたりしてたかもしれないのに。

営A　まあでも、自宅も半分占領してたくらいだしね。奥さん大変だったろうなと思いますよ。

編A　ベッドルームも半分くらい本に埋もれてたらしいか

ら、目黒さん、そういうことは気にしないんですよ。

営A　本しか見えてない(笑)。

営B　そういう人じゃないとこういうことにはならないってことですね（笑）。

編A　そこまで極めたからこそですよ。

営A　いやでも、あれは本の雑誌社の人間が甘やかしたからだと思うよ。普通は会社の人が洗濯してあげるとかないだろうって（笑）。

発人　いつからああいう習慣になったんだろうね。

営B　どうしてそうなったんだろうねえ。パジャマみたいなものも洗ってたから。

営A　吉田伸子さんを筆頭にそれまでの対応があのモンスターを育てたんだよ（笑）。

営B　浜本さんもそうだったんじゃないんですか（笑）。

発人　いやいや、僕は何もしてない。一緒にご飯食べるところを探しに行ったりとか、そういうことしかしてないから。

営B　毎晩一緒にね。

編A　そう考えると浜本さんと浜田さんが一番付き合いが濃い気が。

営A　生活を支えた感があるよね。

発人　いや、僕は生活を共にしてたけど、支えてはいないよ（笑）。

営A　浜田さんは生活を支えていたからこそハマゾンと呼ばれてアマゾンの注文を頼まれるほどに。

営B　ただ単に便利に使われてただけじゃないかな（笑）。

営A　社長を退いた後、四階じゃなくて町田の自宅に行ってたら僕たちは目黒さんのことを何も知らないまま終わってただろうね。

編A　四階があってよかったですね。

営A　よかったのかな？（笑）

編A　よかったと思う。いきなり町田に帰ったら目黒さんも大変だったろうし。

経理　奥さんが出ていっちゃってたかもね（笑）。

編A　会社での目黒さんの思い出がなかなか出てこないね。別に飲み会やったとかもなかったし。

営A　松村と浜田は目黒さんと編集者の飲み会に行ってるじゃない。僕はそれも行ってないから、目黒さんと飲んだ記憶ってほとんどないんだよね。梅田の蔦屋書店でトークイベントをやってその打ち上げで飲んだくらいで、目黒さんと飲んだことはほとんどないと思う。

営B　社員の人の送別会ぐらいだよね。それは目黒さん必ず来てたと思うけど。

営A　「今日ちょっと飲みに行くか」とかはなかったよね。

発人　そもそも生活時間帯が全然違ってたから。

営B　生活時間帯って（笑）。

発人　目黒さんのタイミングで飲みに行くかって言われてもね。

営B　明け方の四時とかになっちゃう（笑）。

編A　あと覚えているのはにんにくレンチン事件とか。

一同　何、それ？

編A　「風邪を引いた時にはにんにくがいいんだ！」とか言って、にんにくを二階の編集部にあった電子レンジでチンして、すごくにんにく臭くなった（笑）。

営A　そうなの？

発人　俺も知らないよ（笑）。

編A　その後、校正の市村さんに「風邪引いたらにんにくチンして食べるといいらしいですよ」と言ったら「風邪の時にそんな胃が荒れるようなことしないよ」って（笑）。
営B　身も蓋もない。
編A　じゃあ、稲荷寿司草餅事件は？
営A　それも知らない。
営B　どんな事件？
編A　冷蔵庫の中に草餅のような何か緑のフカフカしたものが…。
経理　ひゃー、や、や、や…。
編A　何だろうと思ったら、目黒さんが入れておいた稲荷寿司がそのままになってて。
経理　繁殖して。
編A　カビが生えて草餅のように…。
発人　まあ、そういうことはあったんだよ、ほかにもね。
営A　蓄積がね。地層のようにゴミが集まってて。
発人　信濃町セントラルマンションを出る時、目黒さんの机の前、椅子があったところの畳が腐ってたって。
編A　それはそこで寝てたの？
営A　寝汗で？
発人　そうそう。床で寝てたから。
営A　笹塚だって床でも寝てなかった？
発人　床でも寝てたよ、応接がいっぱいの時とか。机の隙間に寝袋で。
営A　だからさ、硬いところで寝るのは気にならないんだ。
編A　きっとすごく忙しかったんだね。
営A　そうだよね。バリバリの頃に会ってみたかったな。
営B　そうだねえ。野口さんのように壁に足かけて怒られたかった。
編A　がっつり怒られたこともないよねえ。
営A　浜田さんたちは競馬場で怒鳴られたでしょ。
営B　怒鳴られた。走れって言われた。
編A　遅い！って。
営B　あれはびっくりした。何、何が起こったの？　遊びに来てるのになんで怒られるの!?みたいな。でも、それくらいしかないですよ、怒られたのは。
営A　浜ちゃんが逆に怒ってるのはよく見たけど。
営B　ほめられたこともないけど。
営A　僕はけっこうメールのやりとりとかしてたでしょう。亡くなってからメールを検索してたら、「炎の営業日誌」のなんかの回を読んで「君は天才だ」「重松清を超えている」って。
発人　泣かせの天才ってこと？
営A　「君はこれを一回八枚とか十枚で書けるようになれば、書き手としてやっていける。その気があるなら僕が編集者を紹介してやる」ってメールが来ていた。そんなのすっかり忘れてたけど、目黒さんは僕に対してはほめてくれることのほうが多かった。そういう意味ではかわいがってもらった一人っていうか、ずいぶん世話になったっていうか。ま、こっちもかわいがったんだけどね（笑）、北上ラジオとかやってさ。
編A　相思相愛じゃないですか。
営A　目黒さん、新聞の書評委員をやってたでしょう。僕は書店に行ってるからさ、「北上さんが朝日で取り上げた本がすごく売れたのよ」とか「日経で書いたのが売れたのよ！」とか言われるのがすごく嬉しかったわけ。目黒さんが書評委員とか退いていくと、そういうことがなくなるじゃん。悔しいっていうか、もったいないっていう気持ちがあって。どうにかしたいと思ったから、北上ラジオを始めたんですよ。そういう意味では目黒さんからしてみれば、利用しやすいっていうか、「こいつは俺のことどうにかしようとしてくれてるのかな」って思ってくれていたかもしれない。

営B　北上ラジオは何回やった？

営A　五十何回じゃないかな。もうちょっと録れればよかったんだけど、忙しくて。年間でやってる北上次郎のベスト10を録ろうって言ってるうちに病気になっちゃった。もうちょっと早くやっておけばよかったなっていう後悔はある。目黒さんの役に立ちたいっていう気持ちはずーっとあったんだよ。書店さんが面白かったって言ってる本のプルーフが、意外と書評家に送られていなくて、そういうのをしょっちゅう連絡してたしね。「目黒さん、これ面白いみたいですよ」って。そうすると目黒さん、出版社に頼むと書かなきゃいけなくなるからなんとなく手に入れてくれないか、みたいな。僕がもらって送ったことがけっこうあった。不思議なもんだよね、会社で世話になったことはないんだけど、この人の役に立ちたいとは思っていた気はする。

発人　浜田さんだって、断ればいいのに代わりにアマゾンに本の注文したりね。

営A　あれも面倒くさいよ。絶版で、ＵＳＥＤのやつとかさ、終いにはメルカリで買ってくれとか。ユニクロのシャツ買ってくれ、みたいなのもあったよね。

営B　あった。あと24時間テレビのTシャツがどうしてもほしいって。近くのスーパーにサイズがないから。

営A　ＸＸＬ。

営B　そうそう。24時間テレビのTシャツを見るたびに目黒さんを思い出す（笑）。

編A　「そんなの無理じゃん！」ってキレてたのに、えらいなーと思った。

営B　別にお駄賃もらってないですよ。

営A　僕たち、目黒さんの息子たちと一緒で、初めに疎遠だったから、必死で振り返ってもらおうと思ったのかもしれないね。日曜日に帰ってきたお父さんを「わーっ」て迎えに出たりさ。

営B　玄関に出迎えてね。

営A　そうそう。社長時代はあんまり相手にされなかったから、四階で振り向いてくれたと。

営B　そうね、その反動があったかもしれない。

営A　不思議な人だよね。あれだけ人の話聞かなくてさ、嫌われてもおかしくないのに（笑）。

編A　まあでも、正直だし、裏表もない人ですから。

営B　なんか愛嬌って人間として大切なんだなって。

営A　でも、それは目黒さんがいつも言ってたことなんだよね。成功する人間に必要なのは愛嬌だって。椎名さんとニコリの鍛冶さんは愛嬌がある、そう言ってたけど、実は一番愛嬌があったのは目黒さんなんだよね。

編A　愛されキャラです。

笹塚日記（最終回）

目黒考二

☆2007年1月末、目黒考二は本の雑誌社4階の仕事場をたたみ町田に帰る。その日々を綴った笹塚日記最終回（2007年3月号掲載）を再録するぞ！（登場人物の所属等は当時のもの）

2007年1月9日（火）

今月末で笹塚のこの仕事場をたたむことになった。実は自宅の近くにも仕事場があるのだ。5年前に発行人の座を降りたときに用意したもので、もう一台パソコンも買い、コピー&ファックス機も設置し、そこで仕事が出来るようにしたのだが、いざ引っ越しという段になったら、「このビルの最上階が空いているから、お前、そこに住めよ」と椎名に言われ、だったらそのほうがいいかと、ずるずる5年間を笹塚で過ごしてしまった。本の雑誌の現場から離れがたいという気持ちもあったのだろう。つまりこの5年は、私の未練の5年だったといってもいい。現実的には、いまの本の雑誌は浜本が仕切っていて、私は何の力にもなっていないけれど、その近くにいるほうが落ちつくのである。それに原稿書きにつまって話し相手が欲しいなあというときに1階に降りると、みなさんが暇なときは相手をしてくれるから、気持ちもなごんでまた働く意欲も湧いてくる。電話も知人にしか教えていないから、ヘンな営業電話もかかってこないし、テレビもないから仕事するしかない。とても静かなのだ。理想的な環境といっていい。しかし私ももう還暦だし、もうそろそろこういう生活（ようするに、ソファで寝袋で寝る生活だ）を終わりにしてもいいだろう。そこで2月からは自宅近くのその仕事場に戻ることにした。昨年秋から少しずつ本以外のものを（これがまた多い）運んでいたのだが、これまでに相当運んだはずなのに、この部屋の状況はまったく変わっていない。いったい、どれだけの荷物がこの部屋に入っていたのか。しかしフリーの人はエライものだと痛感する。これまでは、誰かと話したいなあと思ったときは1階に降りればよかったのだが、これからはずっと一人なのである。出来るかなあオレに。暮れから正月にかけて、自宅近くの仕事場でずっと原稿書きをしていたのだが、本来は9日から笹塚に来るつもりだったのに、とうとう我慢できずに5日に来てしまった。本の雑誌社は5日が仕事始めで、今日はみんなが出社しているなあと思ったら、ついふらふらと電車に乗ってしまったのである。たとえ笹塚に来たところで特別に社員諸君と話し込んだわけではない。新年の挨拶をしたあとは、いつもの4階にあがって、ずっと仕事をしただけだ。でも、1階にみんながいるなあと思いながら仕事をしたほうが、はかどるのである。大丈夫かなあ町田に引っ込んで。笹塚日記を今回で最終回にするというのも、昨秋に決まっていた。最初は「町田日記にすればいいじゃないですか」という声もあったのだが、それではただのフリー人間の日記にすぎない。5年前に発行人の座を降りたときにやめるべきだったと思う。雑誌を作りながら、ずっと会社に泊まる生活をしているから面白いのだ、とずいぶん以前に業界の人に言われたことがある。ならば、町田に戻れば、自宅（の近くの仕事場）で仕事をするだけだから、もうそういう意味もない。そもそも、この笹塚日記は穴埋めで始まったページである。ある号に穴があき、当時デスクだった浜本から「日記かなにか書きませんか」と言われ、そう言われると責任者の私が埋めるしかなく、せっせと書いた日記を渡したら、台割り担当者の浜本がそれを冒頭に、しかも適当にカットして使ってくれと言ったのにまるまる8ページで掲載し、それを読んだ椎名が「あれ、面白いから連載にしろ」と言いだして始まった企画である。ずっと心外だったのは、これがまた披見率の高いページで、業界の人に会うたびに「日記、読んでますよ」と言われたことだ。私がこれまで書いてきた原稿の中で、いちばん披見率の高い原稿だったと思う。まとめた本は売れなかったけど。不本意なのは、この日記を書くために何も苦労していないからである。あったことを書くだけだから、そこには原稿を書くための工夫も努力も何もない。それ以外に私はさまざまな原稿を書いていて、それが全部すごいとはとても言えないにしても、それなりに工夫も努力もしているつもりなのである。それなのに、そういうものよりも披見率が高いのはなんだかなあ、という思いがある。しかしこの日記を書くだけで発散しているものもあったりするから、なくなるのは私も淋しい。自宅近くの仕事場にずっと一人でいると、誰かと話したくなるのは目に見えているから、何かを書きたい。ネットで日記を書くか、ミクシィに入るかはただいま思案中。というわけで年が明け、そろそろ笹塚での生活も終わりだというのに、なんだかまだ実感がなく、しかしそろそろ本格的な整理に入らないとこの部屋も片づかない。どうするんだお前。まずその前に原稿だとギャロップの原稿書き。駅前の軽印刷屋に、寒中見舞いを兼ねた仕事場移転のお知らせハガキを注文して戻ると、TBSラジオのH氏から電話。今週のテキスト決め。年賀状を整理して名簿作りをしながら、本探し。暮れに間違いなくあった本が見当たらないのだ。1階に降りると、ゲラが2本届いている。そうか。読む約束をしたんだ。ふーん。4階に戻って名簿作りの続き。ジャイブのN君より電話。晩飯の時間になったので再度1階に降りると、杉江とチカラは不在。「カキフライ、おごろうと思ったのにな」と言うと、「女子部だけでもいいですよ」と松村。以前から引っ越す前にカキフライをおごれと浜田に言われていたのだ。1月にならないとカキフライはふっくらしないから年が明けてからだなと言っていたのを思い出したわけだが、しかし杉江とチカラもいないのでは。そうか、学生諸君も誘おう。というわけで会社を出て、十号通り商店街にさしかかると「目黒さん、なんだかわたし、不吉な予感がする。今日は火曜でしたよね」と浜田。途端に私、立ち止まってしまった。江戸家は火曜定休なのだ。案の定、江戸家の電気は消えていて、「またの機会にしましょう」と浜田。期待させちゃってすまないと学生に詫びる。その足でQUEEN'S ISETANへ。たまったポイントを昨年暮れに交換したら、なんと8500円分の金券が出てきたのだが、その金券も買い物しているうちにそろそろなくなってきた。ためるのは大変でも使うのはあっという間だ。パンを買ってから帰途。仕事場に戻って、パンで簡単に晩飯をとっていると、集英社のE氏より電話。年内に書き上げていた原稿を読み返すと、行数を間違えていたことが判明。あわてて書き直す。3本に手を入れてから送稿。正月休みに書いた解説原稿も手直し。そんなことをしていたら、あっという間に夜の12時。今夜中に読む約束をしていたプルーフを読み始める。ジェフリー・ディーヴァー『死の開幕』(講談社文庫)を今日中に読む予定だったのだが、それはとても無理だ。ま、なんとかなるだろとプルーフを読み続ける。

1月10日(水)

昼に起きて、パンで昼食。1階に降りると、「また今年も駅弁大会が始まりますよ」と浜田からチラシを渡される。ほお、もうそんな季節なのか。新宿京王百貨店の

「元祖有名駅弁と全国うまいもの大会」は今年で42回だ。小倉駅のふくめしが美味しそう（あちらではふぐではなく、ふく）。買いに行きたいなあ。食してみたい駅弁は他にもいくつかあるが、しかし今年はダイエットするとみんなに宣言しちゃったし、食べたいものも我慢だ。チラシを見ながら、そう呟いていると松村が「あの自転車で近所を走ればいいじゃないですか。運動をしたほうがいいんじゃないですか」。実は昨年の暮れ、忘年会で自転車を貰ったのである。池林房の座敷で飲んでいたら、新潮社の足立真穂が突然「みなさん、一度外に出てください。目黒さんはここで待っていてくださいね」と言いだして、みんながぞろぞろ店の外に出ていく。しばらくして「目黒さん、もういいですよ。外に来てください」と言うので出てみると、じゃーんと自転車が店の前に置かれていた。還暦のお祝いを用意してくれていたようだ。みなさんの前で初乗り。それにしても不思議な飲み会だ。もう10年は続いているだろうか。最初のきっかけは、「編集稼業の女たち」というページが連載されていたときに、執筆者たちが集まって開いたパーティだったと思う。そのときはイギリス・ダービーを観に行っていて私は不在だったのだが、出席者の女性軍団がこういう機会をもっとつくろうと盛り上がり、次は目黒を呼ぼうということになったようで、池林房に出かけていくと、業界の美女軍団が30余名。なんと男は私だけという飲み会だった。横に座った柴口育子さん（本誌で連載中）が「どうして目黒さん、緊張してないのかなあ。そうか。男は下心がないと緊張しないんだ」と言ったことを思い出す。その翌年からはそのときの有志十数人の忘年会に私が呼ばれるようになり、その最初のころは一次会に呼ばれる男は私一人で、香山二三郎とか大森望とか新潮社の竹内とか、その他もろもろ男性陣は二次会から合流していたのに、いつからか男性軍も最初から来るようになって、ある年などは「目黒さんとの忘年会」という名称なのに（そういう件名のメールがまわってくるのだ）、私の知らない人が半分くらいいた。ま、それはいいんだけど。不思議なのは、同じ業界にいるとはいっても、その忘年会の幹事をずっとつとめている文藝春秋の川田未穂、新潮社の足立真穂、それに実業之日本社の辻美紀子らと、私は一度も仕事をしたことがないのだ。彼女たちは文芸以外の担当であることが多く、そもそも仕事上の接点がないためもあるが、それでも毎年幹事をつとめてくれて、飲み会を開いてくれるのは嬉しい。この飲み会が始まったときは20代だった彼女たちも、もう30歳を超えている。私が還暦を迎えるのだから、それも当然だ。今年もいろいろな人が来て、いろいろな話をして、楽しかった。でもそのときに貰った自転車は自宅に宅配便で送ってしまったので笹塚にはないのだ。近所を走れって言われても。パンで昼食をとったあと、ジェフリー・ディーヴァー『死の開幕』を読み始める。本日中に翻訳ミステリーを3冊読む予定なのだが、すでに予定は大幅に遅れている。1階で貰ってきた本誌2月号をぱらぱら読んでいると、2月号恒例の年間刊行予告があり、そこに鏡明『アメリカの夢の機械』が載っている。「初告知から二十年！」とあるのでびっくり。もう20年もたったのか。鏡さんと新宿通りを歩いた夜をまだ覚えている。第2スカイビルに事務所があったころ、そこで座談会をやった帰り、池林房にでも向かう途中だったのだろう。鏡さんの本を作らせてもらえないかと歩きながら言うと、快く了承してくれた。あれから20年か。私はもう制作にタッチしていないけれど、読者として読みたいので、こうなったら私が生きている間に出してくれ。未練や心残りはいまだに数々あるが、最大の心残りはこの本なのだ。そうだ、思い出した。本の雑誌とは直接関係のない話だが、エンタクシーに連載中の立川談春のエッセイというか自伝というか青春記というか、あのページが早く単行本にならないだろうか。あらゆる雑誌の中でいまいちばん面白い。もちろんすべての雑誌に目を通しているわけではないから、私が読んでいる雑誌にかぎっての話だが。『死の開幕』を読了してから支度して駅前へ出ると、10年ほど前に本の雑誌社に在籍していたMさんとばったり。いまでは小学2年生と5歳の子を持つお母さんだ。まったく年のたつのは速い。みんな、元気でやっているか、と途端に昔在籍していた社員たちのことを思い出す。立ち話でわかれ、新宿へ。翻訳ミステリーの玉がないのだ。紀伊國屋書店新宿南店で、レジナルド・ヒル『異人館』（ハヤカワ・ミステリ）と、クリストファー・ゴールデン『闇に棲む少女』（ランダムハウス講談社文庫）を購入。サザンテラスのドーナツショップの前に行列が出来ていて、思わず立ち止まる。何なんだこれ。水道道路沿いの「おむす人」でおにぎりを買って帰途。社に戻ると1階に灯がついている。覗いてみると7時半だというのに社長以外の全員が在席。働き者の社員だこと。2月号の刊行告知に『笹塚日記ご隠居ひなたぼっこ篇』が載っていたことを思い出し、一冊分の分量があるのとチカラに尋ねると、2年分あるんだという。笹塚日記はその最終巻で4冊目になるが、これまででいちばん厚い本になるとのこと。「じゃあさ、4冊セットの箱入りを作ってくれない？　限定100セット。手作りの箱に入れて、絶対に当たらない交通安全の外れ馬券つき」。誰も相手をしてくれないので、ドーナツショップの話をすると、「それ、有名なんです」と浜田。じゃあ、明日TBSの帰りに寄ってみるよ、誰も並んでいなかったら買ってくる、朝早ければ行列もないんじゃないかなあと言うと、「ええと、朝の7時から営業していますね」と浜田。いまではネットで何でも調べられるようだ。これまで世話になったみなさんが喜んでくれるなら、ドーナツくらい買ってこよう。集英社のKさんから電話。ゲラを読む約束。新しいパソコンの買い付けを頼んでいる千脇君より電話。搬入の打ち合わせ。おにぎりの晩飯のあとは、レジナルド・ヒル『異人館』。しかし昨日の睡眠時間が足りなかったようで、夜12時に一度ダウン。ところがすぐに目が覚めて、仕方なく起きだし、結局朝まで読書。そのまま赤坂のTBSへ。

1月11日（木）

TBSラジオの出演を終えて新宿へ。ドーナツショップに行列が出来ていたら、京王百貨店の駅弁大会のほうに行くつもりだったが、やっぱり朝は空いていて、7〜8人待ち。昨日の行列を考えれば、ガラ空きだ。驚いたのはその列の後ろにつくと、奥から店員がすぐにやってきて、「どうぞ召し上がってください」とドーナツをサービスしてくれたこと。えっ、ただなの？　これでコーヒーをサービスしてくれたら、それだけで十分に堪能しちゃうからそのまま帰りたいくらい。しかしおいしいことは事実だが、私には甘すぎる。12個パックを買ってから、京王クラウン街のルパで、ぱりぱりチーズドーナツも購入。ただいま私がはまっているドーナツだ。夕方に行くと売れ切れているくらいのルパの人気商品で、こっちに行列が出来ても不思議ではない。社員諸君にこっちも食べてもらいたくなって購入。というわけで社に戻ると、浜田と小林が出社していて、12個パックとぱりぱりチーズドーナツを進呈。これまでさんざん世話になってきたので、今月はサービス月間だ。ところが、笹塚のぱりぱりチーズドーナツは新宿ドーナツのおまけだから2個しか買ってきていない。それでも半分に切れば4人分になるよなと思っていたのに、「杉ぴょんはチーズ嫌いだから、小林さん、二人で1個ずつ食べましょう」と浜田。えっ、チカラも浜本もこれから出社してくるんだけど。そんなことはおかまいなしに、「えーっ、これもおいしい」と浜田。ま、喜んでいただけるならいいんだけど。ところでこの笹塚に引っ越してきたのは14年前になるが、浜本と二人でしばらく自転車で探索したのを思い出す。ご近所に何があるか、さっそく調べてみようと思ったのである。甲州街道沿いの定食屋布美よしを発見したのもそのときだ。幡ケ谷あたりはもちろんのこと、下北沢まで行ったこともある。当時は会社のすぐ裏に銭湯があり、浜本と夜遅く、よくその銭湯に行った。風呂上がりに飲んだいちご牛乳のおいしかったこと。まだ浜本が独身のころで、毎週月曜日に出社するとき、彼が海外旅行に行くときに使うような大きなハードケースに1週間分の着替えやら本やらを持ってきたことを思い出す。月曜から金曜まで二人で会社に泊まって、土曜の朝に一緒に競馬場に行って、晩飯を食うとまた社に戻ってきて、ああでもないこうでもないと翌日のレース検討。私が12Rの検討をしていると、「同じレースを検討しましょうよ」と浜本が言いだし、「じゃあ、何レースだよ」「ぼく、8レース」「わかったよ」とかなんとか、深夜まで検討を続け、日曜の朝はまた競馬場に直行し、夕方に

ようやく「じゃあな」と別れるのである。ようするに、浜本と一緒に過ごさないのは日曜の夕方から月曜の昼までで、それ以外はいつも一緒だった。いつだったか、ドイツのランドという馬が勝ったジャパンカップの日、その日は浜本の仕事が終わらず、私だけで競馬場に行ったのだが、うなだれて府中本町の駅まで来ると、浜本が大きなハードケースを横に駅前に座っていたことがある。私の顔を見ると駆け寄ってきて、「10万買いました?」といきなり言ったことを思い出す。私が首を振ると「じゃあ、5万?」。まだ首を振ると、「えぇーっ、買わなかったんですか!」。実はその年のジャパンカップは、私の予想通りの1~2着で、その馬複が30倍。前日予想の通りに買っていれば300万になっていたのに、土壇場で予想を変えてしまったのである。私、ホントに勝負弱い。あのとき、浜本も一緒にうなだれていたが、なんで

府中本町で待っていたのかなあ。あいつ、帰りの方向も違うのに。どんどん思い出してくる。まだ新宿五丁目の第2スカイビルにいたとき、このビルは夜8時になるとエレベーターが止まるというビルで、遅いスタートの座談会のときは8階まで階段を昇ってこなければならないから、出席者のみなさんには大変申し訳なかったが、月末にバイト諸君に薄謝を出す日はそのオフィスでいつもポーカーやらチンチロリンなどの場が立った。もう時効だろうから書いてもいいか。一応念のために断っておこう。これはフィクションですからね、本気にしないでくださいね。大きな作業机がいつもサイコロやらトランプの台になったが、興奮すると浜本がその上に乗っちゃうのである。で、えいっとサイコロを振るのだ。普段は冷静な表情をしているが、あいつ、結構アツクなるタイプである。そうか、そういう性格だから、オレとも付き合ってきたのか。そういえば浜本とは函館、札幌、福島、阪神、京都と各地の競馬場に行った。い

まとなっては懐かしい。で、ポーカーの話に戻るけれど、いまでも覚えているのは、チイアベ(こういうあだ名の学生がいたのだ)がパンクしたはずなのに、黙って見ているのに忍びなくなったのだろう、定期入れの中から四つに折った札を取り出して、「これも使っちゃう」と言ったときだ。まだあったのか、と驚いた記憶が残っている。ちょうど別冊宝島で『裏ギャンブル読本』というムックが刊行されたころで、そこに手本引き(昔の大映映画で江波杏子が入りますとやっていたやつだ)のやり方が載っていて、賭け方が8通り掲載されていた。本来はもっと複雑な賭け方らしいのだが、素人さんならこの8通りでいいとのことのようだった。その一式が東京ではただ1カ所、水道橋の奥野かるた店で売っているとの情報も載っていたから、すぐ学生に買いに走らせ、しばらく手本引きで遊んだこともある。『裏ギャンブル読本』の当該ページをコピーし、それを傍らに置いて、ええと、この賭け方でいいんだよなとかなんとか言

いながら遊んだのである。そのとき買った手本引きセットはいまでも社内のどこかにあるはずだ。断るまでもなく、これは素人の遊びですよ。賭けたのはチョコレートですよ。そのころの写真が残っていて、みんなでポーカーした翌朝、新宿通りを歩いているところが写っている。土曜の夜から徹夜で戦い、日曜の朝、人通りの少ない新宿通りをまだ若かった私たちが歩いている。競馬を中断していたころだから、日曜も競馬場に行かず、そうして週末は遊んでいた。そうか。当時は土曜も出社だった。しかも土曜の始業開始は昼の12時。授業のない日が土曜しかないという学生が当時はかなりいたので、じゃあ学生諸君が来やすいようにしようと昼から夕方までの営業としたのだった。週休2日制になったのはこの笹塚に来てからだ。浜本も吉田伸子もその写真の中で笑っている。後年、本の雑誌社の社員となって10年間勤めることになる吉田伸子がまだ大学生だったころのことだ。彼女の息子ももう小学3年生になる。あれから20年もたてば、どんどん変わっていく。もちろん仕事もしていたのだが、そういうふうに彼らといつも遊んでいた記憶だけが残っている。そのころの学生たちはみんな40代になり、何人かは昨秋の還暦パーティに来てくれた。その日、都合が悪くて来られなかった群ようこさんは翌月、ドンペリを持って社まで訪ねてくれた。彼女は昔から座談の名手で、スカイビルの前、信濃町に事務所があったころ、朝自宅を出て、会社に来るまでの間のことを、面白おかしく話しだし、昼休みにそれを学生たちが笑いころげて聞いていたことを思い出す。その日見かけた猫の話とか、どうってことのない話なのに、彼女が話すとてつもなくおかしいのだ。こうして思い出していくときりがない。信濃町時代のことは『本の雑誌風雲録』に書いたので、ここでは繰り返さない。なんだか遺書を書いているような気がしてきた。笹塚の仕事場をたたむだけで、町田に戻っても、まだ私は本の雑誌の顧問を続けるし、原稿も書いていくつもりだから、もちろんこれは遺書ではない。でも、私のすべてであった本の雑誌から距離的に離れるのは事実で、少しばかり感傷的になっている。本の雑誌を作り、一緒に過ごした日々はもう終わりなのである。あの日々はもう帰らない。午後まで寝て、あとはレジナルド・ヒル『異人館』の続き。小倉の知人に「ふくめし」についてメールをすると、京王百貨店の駅弁大会に出品されるふくめしは、新宿でしか食べることの出来ない特製バージョンとのこと。この大会のために特別に開発されたものらしい。向こうの知人がびっくりしているので何だと思ったら、その開発部長氏の顔写真がネットに載っていて、それが知人の父親氏（元教師）の教え子だというのである。あちらでは私のメールがきっかけでそのことに気づき、盛り上がったようだ。そこまで話題になると食べたくなるが、一日限定700食だから、今日の分はもう売り切れているだろう。思わず新宿まで行っちゃおうかとも思ったが、明日にしようと断念。それに、ただでさえスケジュールが押しているから、そんなことをしている場合ではないのだ。夕方になったので1階に降りると、「カキフライは来週にします。そのほうがみんなの都合がいいんで」と浜田。じゃあ、今週は一人で行っちゃおうかな。「浜本さんがぼくにもおごってくれるのかなあ、と言ってました」と杉江。もちろんだ。晩飯はカレーセットを食べるつもりでUCCカフェに行くと、カレーはランチメニューで夜はやってないとのこと。そうだったっけ。カキフライは来週まで我慢したほうが喜びも増すと思ったのだが、仕方なく斜め前の江戸家へ。1月のカキはホントに大きい。ところで最近めっきり自炊しなくなってしまったのは、なんだかなあという気がしているからだ。料理実践エッセイ本を出してくれた版元が倒産し、印税を貰えなかったことが（こんなことは私、初めてだ）尾を引いているのか、料理への情熱がすっかり薄れてしまった。別にショックを受けたつもりはない。小さな版元の倒産は珍しいわけでもなく、その事情は知らないが、いくら当事者が努力しても不可抗力ということもある。同じように小さな版元の経営者であった私にはけっして他人事ではない。しかし、ほぼ同じころに料理に対する情熱を失ったところをみると、それを否定されたような気がしたのかなあ。いや料理というほどのものではなく、私の場合は自炊と言ったほうがいいけど。それもまた笹塚時代の思い出だ。このビルの最上階に来なければ、そしてこの部屋に台所がついていなければ自炊するという発想も出てこなかったろう。ダンボール2箱分の料理本も少し前に処分してしまった。仕事場に戻って、ウィリアム・K・クルーガー『煉獄の丘』（講談社文庫）。ひたすら読み続ける。

1月12日（金）

京王百貨店の駅弁大会に行きたいのだが、予定が押しまくって、新宿まで行っている時間がもったいない。本日中に小説推理の連載書評と、プレジデントファミリーの原稿7枚、それに競馬雑誌の原稿を書かなければならない。いくらなんでも無理だ。この部屋の片づけも全然進んでいないし。駅前のQUEEN'S　ISETANに行くのが精一杯。パンとコーヒーで昼食。あとはひたすら仕事。それにしても最近、十号通り商店街にポスターがたくさん張られ、55才からの挑戦、という文字が躍っているが、どこかで見たような顔なのに、どこで見たのかがわからない。次の選挙に出る人のようだが、そういう知り合いがいるわけもなく、どこで見たんだろうとしばらく不思議だった。私は人の顔や名前を覚えるのが昔から苦手で、机の中から同じ人の名刺が何枚も出てくることがある。こいつ、オレのこと忘れてるなと察して、名刺を差し出してくれたのだろう。1度や2度会ったくらいではわからないのだ。もともとパーティにほとんど出ないので業界の人と会う機会も少なく、その少ない機会に名刺をいただいても、その次にパーティに出るのは数年後だからとても覚えていられない。だから、その55才からの挑戦氏も、なんだか漠としていて、ずっと気になっていた。つい先日、十号通り商店街の突き当たりにあるお茶屋さんで煙草を買っていると、奥に55才からの挑戦氏がいて、びっくり。そうか、お茶屋のご主人だったのか。十号坂商店街の真ん中にあったモスバーガーは24時間営業だったので、明け方よく行った。そんな時間に食うから太るんだよな。いまでは居酒屋になっている。クリーニングふかのの奥から「目黒さん、シャツまだなんだわ、悪いね」と声をかけられてびっくりしたこともある。なんでオレの名前、知ってるの？　そのクリーニング屋の前で早朝、犬が座っているのを目撃したのはつい最近のことだ。土曜の朝、競馬場に出かけるときによく見かける。道の真ん中に座っているのだ。中年女性が横にいる。最初は何をしているのかわからなかったが、何度も遭遇しているうちに、その犬はいつも通りかかるサラリーマン氏を待っているのだとわかった。そのサラリーマン氏が何か犬にあげるようで、それを楽しみに待っているらしかった。ところが土曜はサラリーマン氏が休みで、飼い主がいくら言っても犬は諦めず、仕方なく飼い主も付き合って待っていたようだ。ほら、今日は来ないのよと飼い主が言っているところに通りかかってようやく判明した次第。犬といえば、肉屋のゴンタを最近は見かけない。女子高生が声をかけると途端に尻尾を振るくせに、私が声をかけても知らん顔する犬だ。どうしたんだろうか。笹塚は普通の街で、普通の商店街だ。特に変わったところはない。しかし10年以上暮らしているとそれなりに愛着も生まれるもので、この街を離れるのかと思うとやはり一抹の淋しさは感じざるを得ない。若いころは引っ越しが好きだった。本が増えると引っ越した。新しい街に移るときは、近くに小学校があること、おいしいパン屋さんと喫茶店があること。この三つが選択の基準だった。どこへ行っても起きるのは昼ごろだったから、小学校の校庭で子供たちが遊び興じる声を聞きながら起きるのが好きだったのである。引っ越すたびに街を探索し、ほお、こんなところに喫茶店があるのかと感心し、そういうのが好きだった。しかしこの年になると、新しい街などにはもう行きたくない。新しい店もいらないし、新しい友もいらない。これまでの街で、これまでの店で、これまでの友だけで十分だ。今日は昨日の続きでいいし、明日は今日の続きでいい。変化などいらないのである。いや、自宅に戻るのだから新しい街ではないのだが、その自宅で過ごした時間よりも笹塚で過ごした年月のほうが長いから、なんだか新しい街に行くような気がしている。なにしろ自宅滞在時間が日曜の夕方から月曜の昼までしかないという生活を、これまでずっと続けてきたのだ。それなのに、これからはずっとそこにいなければならないのだ。いなければならない、という言い方はおかしいけれど、出来るんだろうかオレに。だから、少し不安である。四谷三丁目、信濃町、新宿、笹塚と、本の雑誌はこれまで四つの街で過ごしてきた。そうして25年。顧問になってから5年。合わせて30年。いろいろな思い出がある。長かったようでもあり、短かったようでもある。昨年の暮れにこの部屋を整理していたら昔の写真がどっと出てきて、思わず手が止まってしまった。黒部渓谷に行ったときと北京に行ったとき、その2回の社員旅行のときの写真が出てきたのだ。黒部に行ったときは超過密スケジュールで、目的地に着いても、30分ほどの滞在ですぐ次の目的地に移動しなければならないから、慌ただしいことこのうえもない。おい出発だぞ、もう行くんですかと言い合っていた。往路の途中で松本で降り、市内のそば屋で昼食をとったときの写真があり、そこでみんなが笑っている。北京のときは天安門の前の記念写真だ。ずっと後年、紆余曲折の末に結婚することになるU君とNさん、その二人がその後の運命も知らずに写真の中で笑っている。黒部の前にも伊豆などに数回旅行に行ったが、その北京旅行を最後に社員旅行は行っていない。あのころは暇だったんだろうか。社員旅行ごっこがしたかったんだと思う。この笹塚に来てからは、ビルから締め出されたこと（それも2回！）、夜突然腹痛が起きて、浜本の車で救急病院に運んでもらったこと。明け方まで読んだ本に興奮して、杉江が出社するなりつかまえて、「ホントにすごいぜ。泣くなんてもんじゃないんだよ。嗚咽だよ嗚咽」とかなんとか話したこと。いつも松村がさけ弁当を買っていたこと。たくさんの思い出がある。そうか、松村も昨年暮れに結婚したんだ。これでわが社の独身社員は浜田とチカラだけ。大丈夫、君たちにも輝く未来が待っている。オレは遠くに行ってしまうけれど、結婚するときには声をかけてくれ。必ず駆けつける。本当にあっという間の30年だった。『本の雑誌風雲録』の冒頭にも書いたけれど、山手通りに面した池袋のハタスポーツプラザの前に止めたワゴンの前に椎名が待っていて、出来たぜと本の雑誌の創刊号を差し出してきた夕方の風景はまだ忘れない。あの瞬間から私のすべてが始まった。私の人生がこれで終わりになるわけでもないが（100万馬券を取るまでは生きていたい）、しかし気持ち的にはなんだか終わりのような気もしている。もういいかなという気がしないでもない。実はまだまだ書き足りない。忘れていることがありそうで、あとから思い出すことがたくさんあるような気がしている。この笹塚日記をやめてしまえば、思い出してももう書く場がなく、あれも書いておけばよかったとあとから後悔するのではないか。そんな気がする。けれども、きりがないので、もう幕としたい。社員諸君が、いや本の雑誌をこれまで売ってきてくれた人、読んできてくれた人、すべての人が幸せであるように。さよなら笹塚。

【目黒考二傑作選】

酒と家庭は読書の敵だ！

目黒考二

陸奥宗光の顔

絵心、というものが私にはない。小学生のとき校庭で周囲の風景をスケッチしていると、教師が近寄ってきて「屋根の色は本当にこの色かな」と言った。そう言われてみると、モデルとなった建物の屋根はえんじ色なのに、私の画用紙では赤になっている。しかし私のクレヨンにはえんじ色がないのだ。したがって、その色にもっとも近いと思われる赤を塗るのは私にしてみれば当然の選択と言っていい。たしかに赤ではないんだけど、えんじ色がないんだから仕方ないよな。

教師はそう言っただけで離れてしまったので、私にはどうしたらいいのかわからない。そこで近くの級友の画用紙を覗き込んでみた。すると、なんとびっくり。その子は赤の上に黒のクレヨンを重ねて塗っているのだ。そのほうがたしかにえんじ色に近くなる。おお、こいつは頭がいい！　私はすっかり感心してしまった。

ようするに私には絵心というものが欠けているのである。したがって幼いころは写生の時間が苦痛だった。もっとも音楽の時間も習字の時間も苦痛だったけど。沢野ひとしに対して、私がひそかに敬意を表しているのはそのためである。沢野ひとしは常識というものを著しく逸脱したとんでもない男ではあるけれど、それでも彼は絵を描くことが出来る。これは私にとって尊敬に値することなのである。自分に出来ないことを軽々とやってしまう人間を尊敬する癖が私にはあったりする。口に出して言ったことはないが、沢野はすごいなあといつも思っているのである。

そんな私が一度だけ自らの意思でスケッチしたことがある。中学一年のときだ。どうして父の顔を描こうと思ったのか今となっては何ひとつ思い出せないが、とにかくある日私は鉛筆で父親の上半身の肖像画を描き、我ながら上出来なので得意満面になって父のもとに持っていった。すると父はそのスケッチを見て、しばらくしてから「陸奥宗光に似ているな」とぽつんと言う。それは何者なのか、という私の問いに「明治の

萩原延壽
陸奥宗光
朝日新聞社

政治家だ」と答えが返ってきた。ふーんと机に戻って、そのスケッチの下のほうに私は「陸奥宗光」と書いた。父親の肖像を描いたつもりだったが、陸奥宗光という人に似ているならそっちにしようと思ったのである。

それから四〇年近くたった今になって考えると、「陸奥宗光に似ているな」と言ったのは父親の照れだと思われる。中学生の息子が自分の肖像画を描いたのだ。親にすれば何ともくすぐったい思いがしたに違いない。嬉しくないはずがない。しかし私の父は、そういうときに素直に嬉しいという感情を表現できない人だった。たとえ「陸奥宗光に似ているな」と思っても、嬉しいのなら「ありがとう」と言えばいいのに、その「似ているな」という本音のほうがつい口をついて出てしまうのである。今になってみれば、父の子である私にはその心理がよく理解できる。

それに、いくら父から「陸奥宗光に似ているな」と言われたところで、完成したスケッチに「陸奥宗光」と書いてしまう息子のほうにも問題がある。そのスケッチは机の上に置いたままだったから、その後おそらく何かの折りに父親も見たに違いないが、自分の肖像画がいつの間にか「陸奥宗光の肖像画」になっていることに気づいたとき、父はどう感じただろうか。私が同じ立場に置かれたら、ちくんと胸が痛くなっただろう。子供というのは残酷だなと思う。そのときの父親の複雑な感情を思い浮かべるだけで、私はいたたまれない気持ちになる。

今年の夏、書店の新刊コーナーで、萩原延壽『陸奥宗光』（朝日新聞社）を見た途端、四〇年前のその記憶が蘇ってきた。実は私、陸奥宗光がいかなる人物なのか、その後も詳しいことを知らないまま過ごしてきたのだ。すぐ買い求め、急いで読む。

この本は、「現代日本思想大系10」（筑摩書房／一九六五年刊）所載の「陸奥宗光」と、毎日新聞一九六七年六月一二日〜六八年一二月二八日掲載の「日本人の記録　陸奥宗光」と、「日本の名著35」所載の「陸奥宗光紀行」を、それぞれ本書のI〜IIIとし、「陸奥宗光小論」「『蹇蹇録』以前」「陸奥再会」と改題して、さらに訂正と加筆をほどこして一冊にしたものだ。三〇年前の旧稿にまだ手を入れる情熱にまず驚く。

とはいっても、分量的には「陸奥宗光の前半生」という副題のついたII章の「『蹇蹇録』以前」がその大半を占め、プロローグとしての「陸奥宗光小論」と、エピローグの「陸奥再会」が前後につく体裁である。

これがなかなか読ませて飽きさせない。勝海舟は『氷川清話』の中で陸奥宗光について手厳しい評価を下しているが、いろいろ毀誉褒貶の著しい人物であったらしい。それにはいろいろ理由があって、薩摩長州土佐肥前、つまり明治政府の中心となった薩長土肥の出身ではなく、彼が和歌山藩の出身であったこと。最大の理解者である坂本龍馬を途中で失ったこと。そして現実主義者であったことなどがあげられる。いささか狷介な性格の持ち主であったこともその理由の一つとしてあげられるかもしれない。紀州脱藩の志士として坂本龍馬の海援隊に所属した幕末から、藩閥政府を批判して野に下り、西南戦争の際には土佐立志社系の人々の陰謀に加担して獄につながれ、のちに「転向」して政府の中枢に入るこの男の数奇な生涯を、著者の萩原延壽は活写していく。明治二一年七月、駐米大使となった陸奥宗光が、当時アメリカに亡命していた馬場辰猪と会う緊迫した冒頭の挿話を読み始めると、もう一気読み。途中でやめることが出来ない。

ところで本書を書店の新刊コーナーで見た瞬間に、もう一つ思い出したことがある。著者の萩原延壽についてだ。途端に、この著者の『遠い崖Ⅰ』という本をまだ買っていないことを思い出したのだ。高田馬場の芳林堂書店の新刊コーナーで『遠い崖Ⅰ』を見たのは、一九八〇年の暮れのことだが、そのときようやく単行本になったのかと驚いたのは、これが朝日新聞に連載されているときから単行本になったら買い求めようと思っていたのに、なかなか本にならなかったからである。

いま資料を調べてみると、アーネスト・サトウ日記抄と副題のついたこの連載が朝日新聞の夕刊で始まったのは一九七六年一〇月一二日で、『遠い崖Ⅰ』が刊行されるまで四年かかっている。この新聞連載はそれから何度か休載をはさんで、一九九〇年一二月二五日まで続いている。なんと一九四七回も続いた長大な連載なのである。高田馬場の芳林堂書店で『遠い崖Ⅰ』を見たときに、ようやく出たのかと思いながらもこの本を購入しなかったのは、それがまだⅠ巻だけであったからで、数巻出てから買えばいいかとつい思ってしまったからだ。まさか新聞連載が延々一五年間も続くとは思っていなかったし、単行本がそれ以後出ないとも知らなかった。

今回、この原稿を書くために図書館から『遠い崖Ⅰ』（朝日新聞社）を借りてきた。いやはや、こちらも群を抜く面白さだ。アーネスト・サトウがその回顧録『一外交官の見た明治維新』（岩波文庫）で知られるイギリスの外交官であることはここに改めて書くまでもない。『遠い崖Ⅰ』はそのサトウが初めて日本に旅立った日から亡くなる二年半ほど前までの六五年にわたって書き続けられた四五冊にのぼる膨大な日記をもとに、手紙を調べ、公文書を調べ、とにかく気の遠くなるような時間と大変な手間をかけて、サトウの生涯をダイナミックに描き出したものだ。友人の話や息子の話など、どんどん横道にそれながらまた元に戻り、多角的に描いていくのである。かくてイギリス側から見た幕末の日本の様相が実に巧みに浮かび上がってくる。歴史読み物が好きな読者にはこれまた興味の尽きない書と言っていい。

私はアーネスト・サトウについての知識がなかったので、ドイツにサトウという地名があり、そこに住んでいたサトウ一族がイギリスに渡ったのがアーネスト・サトウ家の歴史らしいことを本書で初めて知った（日本によくある名前だが、日本とはまったく関係がない）。そういう発見が他にも幾つもある。

単行本の『遠い崖Ⅰ』は新聞掲載されたものに大幅な加筆訂正をし、さらに連載後に許可のおりた史料をふんだんに使っているという。単行本になるまで時間がかかったのは、常に完璧を目指すそういう筆者の「補修作業」のためと思われるが、その後も第Ⅱ巻以降が出てこないのは惜しまれる。もっとも、この『遠い崖Ⅰ』は、連載第一回から九一回までをまとめたもので、ということは一九四七回全部をまとめるとなると、単行本が二一巻以上になる。まとまったら壮大な書になるが、はたしていつの日なのか。『陸奥宗光』をまとめるまで三〇年かかった著者であるから、新聞連載が終了してからまだ七年では早すぎるのかもしれない。この『遠い崖』も三〇年待たなくてはいけないのだろうか。ちなみに、萩原延壽は在野の歴史家で、『馬場辰猪』で吉野作造賞を受賞している。

話を『陸奥宗光』に戻すと、この上巻の冒頭にグラビアがあり、そこに陸奥宗光を写したさまざまな写真が掲載されている。坂本龍馬や海援隊幹部と一緒に写っている若き日の写真。出獄時の緊張した写真。ドイツで撮った凛々しい肖像写真。縁側に座る晩年の写真。八ページにわたって、いろいろな陸奥宗光がいる。このグラビアを見るまで、私は陸奥宗光の顔すら知らなかった。初めての対面である。しかし、残念ながらそのどれもが私の父に似ていない。いちばん初めに掲載されている壮年の写真が辛うじて似ていると言えなくもないが、それも人間を無理やり三つぐらいのタイプに分ければ似ていないこともないという類のことにすぎない。

中学一年のときに描いたスケッチが残っていないので、真実はもはやわからないのだが、私の父と陸奥宗光が似ているということではないのかもしれない。私の描いたスケッチがたまたま陸奥宗光に似ていたのだ。そうも考えられる。幼い私は「陸奥宗光に似ているな」と言われて、父とその人が似ていると思い込んでしまったのだが、そうではないのかもしれない。

しかし、と私は思い返す。藩閥政府を批判して野に下り、政府転覆運動に加担して獄につながれ、のちに「転向」した陸奥宗光の生涯に、父は自分の一生を重ねていたのかもしれない、という気もしているのである。狷介な性格の持ち主であったことも共通しているような気がするが、父は六年前に何も語らずに亡くなったので今となってはわからない。

（174号／1997年12月号）

恵が結婚する日

　恵が十歳のとき、警察官に補導されたことがある。池袋の繁華街の真裏にある小さな公園で、一人でブランコに乗っていたらしい。夕方の六時頃だったというから、もうあたりが薄暗くなっているころだ。そんな時刻に幼い少女が一人でブランコに乗っていたら、警察官でなくても不審に思うだろう。

　恵の母親は自宅から自転車に乗って池袋駅まで行き、そこから電車で通勤していた。当時は池袋北口駅前に自転車置場があり、そこにいつも母親が自転車をとめていたことを恵は知っていたのである。つまり、そこに行けば、母親と会えると恵は思っていたのだ。母親と約束していたわけではない。恵が勝手に会えると思っていただけで、当然ながらそこまで行っても母親の姿はなく、仕方なく、地下道を通って東口に出て、そして公園に迷い込んだというわけである。

　自宅には祖父母がいたが、幼い少女は母が恋しくなって我慢できなかったのだろう。学校から帰って、一人ぽつねんとしていたときに、その寂しさが募って、ふらふらと家を出た。自宅から池袋北口までは大人の足で二十分。少女の足なら三十分はかかったろうか。その道を恵は母を恋うて歩いたのである。公園で補導されるまで、幼い少女が何を思っていたのか、本当のところはわからない。後日その話を聞いたとき、胸がきゅんとなったことだけを私は覚えている。

　私が恵に初めて会ったのは羽田空港だ。彼女が二歳のときだった。母親の胸に抱かれて二歳の恵は愛らしく笑っていた。長旅の疲れもなく、父と別れたこともまだ知らず、迎えにきた叔父の私に笑顔を見せた。母の横には五歳になったばかりの兄がいて、親子三人の上京だった。それからしばらくして父親がおいかけてきて、ふたたび一家が川崎の家に落ちついたころ、遊びに行ったことがある。そのときも恵は屈託のない笑顔を浮かべていた。三回目に会ったのは、一家が朝霞のアパートに移ったあとで、私が呼ばれたのは、そのアパートを出て板橋に移る引っ越しを手伝うためだった。引っ越しといっても親子三人の荷物は極端に少なく、私と友人が二人でトラックに運ぶと、あっという間に終わってしまう。こんなに簡単でいいんだろうかという思いがどこかにあったが、私はただの手伝いなので、口をはさむわけにもいかない。父親との再度の別れを意識した六歳の甥は助手席で緊張していたが、そのときも恵は屈託なく笑うだけだった。

次に引っ越した板橋のアパートを私が訪れたのはそれから半年後だが、親子三人が三畳一間に住むという息苦しさも幼い子は感じないのか、「大きくなったら叔父さんのお嫁さんになる」と恵は笑っていた。そのとき私は三十二歳。本の雑誌を創刊して三年目。まだどうなるのか何もわからず、この子が大きくなったときに何をしているのか見当もつかず、ただ一緒に笑った。

実家が東京池袋にあるのに板橋のアパートに当時住んでいたのは女手ひとつで子供を育てようとした姉の意地と思われるが、現実問題としてはやはり大変だったようで、それから数年後、実家に戻って、それ以降この親子三人は祖父母と一緒に住むようになった。私もとうの昔に家を出ていたから、空いている部屋はあり、そのほうがそろそろ老いはじめていた祖父母にとっても都合がよかったのだろう。

それからは実家に帰るたびに恵に会った。もっとも、目の前の仕事に追われて実家に帰ることがだんだん少なくなるにつれて、彼女と会うこともなくなり、その成長を姉から電話で聞くだけになる。池袋の公園で補導された話も電話で聞いた。両親が離婚した子は恵だけではなく、全国にたくさんいて、その子らがすべて不幸であるわけがない。そういうことと人の幸不幸はまた別のことだ。そうはわかっていても、母が恋しくてふらふらと夕方の街に出かけていく姪が不憫に思える。

この子はどんな人生を歩んでいくのだろうか。兄に比べて勉強も得意ではないようで、そうなると中学に入るとぐれたりしないだろうか。容姿は可愛らしいのでちやほやしてくる悪い男友達がすぐに出来たりして、結局は不純異性交遊なんかで補導されたりしないだろうか。少女の将来を思うと心は千々に乱れていくのである。

ところが現実というものは面白いもので、夕方の公園で補導されてから十数年たつと、私のそういう勝手なセンチメンタリズムを笑うように、想像も出来なかった人生を歩むのである。恵は現在二十三歳になるが、看護学校を卒業すると、そちらの仕事を自ら積極的に見つけ、なんとばりばり働いているのだ。ぐれたりしなかったのである。

数年前、南の地に住む父親が癌になったとき、先方から連絡が来て、恵は会いに行ってきた。その話を飲み屋で会ったときに聞いたのは一年前のことだ。就職祝いをかねて飲もうということになったのである。羽田空港で母親に抱かれていた二歳の姪と飲むようになるとは思ってもいなかった。あの板橋の狭い部屋で「叔父さんのお嫁さんになる」と笑った少女と飲み屋で会う日がくるとは、いささかの感慨がある。で、そのときの話だが、父親としては三歳のときに別れたままの娘である。その子がびっくりするほど大きくなって現れるのだから感激するのは当然で、歓待が少々大げさになるのも止むを得ない。同じ世代の私としてはその心理が理解できる。ところが恵にとってはそれが少々うっとうしかったようだ。「特別の感慨はなかったのか」と尋ねても「全然」と言うのである。

父親に会いに行かなかった甥のほうが、あるいは感傷的な気分になっているのかもしれない。だから、会いに行かなかったのかもしれない。ところが恵は、「でも行ってよかったよ」と言うだけで、あとは笑うだけなのである。「付き合っている人はいるのか」という質問には「いるよ」と即答。ところが「その人と結婚は?」と聞いても「全然」とそっけない。結婚はもっとずっとあとのこととして考えているらしい。いまの仕事がとにかく面白いようだ。公園でブランコに乗っていた寂しげな少女の顔はもうどこにもなく、全身に力が漲っているのが見ていても清々しい。

自分がこのくらいの年齢のときに何をしていたかを思い出すと、ちょっと辛い。大学は出たものの、勤めては辞め、勤めては辞めの繰り返しで、将来の目標もなく、夢もなく、私はひたすら本を読んでいるだけの怠惰な青年だった。それに比べて、なんと逞しいことか。この子が十歳のときに将来を案じたことが、まったく恥ずかしくなる。

姉に聞くと、付き合っている人というのは「親からすると、これ以上の人はないというほど真面目で性格のいい人なのよ。ちょっと覇気がないところはあるけど」ということだが、中学時代の先輩で近所に住んでいる青年らしい。遅くなったときなどは電話一本でどこにでも迎えに来てくれるのだという。どうやら恵が主導権を取っているものと思われる。母親が安心するような青年なのだから、どうか嫌われないで欲しいと、叔父としては思うのだが、父親に会いに行ったときはその青年も一緒だったという。勝気な恵も、いざ父親に会いに行くとなると一人では心細かったのだろうか。まだ一度も会ったことのない青年なので、これは私の想像にすぎないが、おそらく彼は恵のわがままな提案を承知して黙ってついていったに違いない。その話を聞いてから、寡黙で穏やかな青年に、私はひそかに好意を寄せている。

数ヵ月前、姉から電話が掛かってきた。恵から電話がいった?という。「いや、ないよ。なにかあったの?」「じゃあ、恵が結婚する話も聞いてなかったの?」「えっ、結婚? あの青年と?」「違うのよ」おやおや、と思った。

なんでも職場の先輩と突然結婚すると言いだして姉も大慌てだったらしい。いかにも恵らしく唐突な選択だが、「それがね、あたしはどうも好きになれなかったのよ」「でも、恵の選んだ人なんだから仕方ないだろ」私としてはあの青年のことがあったので残念だとは思ったが、まあ人生にはいろいろある。「あちらの両親ともどうも合わないし」「しかしそんなこと言ったって、結婚するのは恵なんだから」「その恵があちらの母親と合わないのよ」「まあ、そんなに心配することないよ」「違うのよ。先週突然、結婚をやめるって言いだしたのよ」おやおや。

まあよくある話にすぎないが、式はどうするだの、同居してくれだの、いざ結婚が決まると先方の母親がいろいろ言ってきて、それが全部約束と違うのに、婚約者は母親の言いなりになっていて、それが恵には面白くなかったらしい。で、結局、婚約を白紙に戻してしまったというのだ。結婚話も唐突だが、白紙に戻ったのも唐突で、姉にしてみればまるで台風のような騒ぎであったという。

これで、あの青年と結婚すると決まったわけではないが、とりあえずの危機は回避されたわけで、まあよかったかなと思っている。しかし、恵もいつか結婚するだろう。その相手が近所に住む寡黙で穏やかな青年になるのか、それともまったく未知の男になるのかは皆目わからないが、その日が来るのが楽しみなような、怖いような複雑な気持ちがある。

最近、私の周囲には離婚話が多い。夫婦の間は外部にはうかがいしれないものがあるので、その原因はわからないし、また別れないほうが絶対にいいとは言い切れない。結婚するのも選択なら、その結婚を取り止めるのも本人たちの選択だから、他人はなにも言うことは出来ない。

ただ、出来れば恵には幸せな結婚をしてもらいたいと思う。絵に描いたような幸せなどはどこにもなく、オースン・スコット・カードが『消えた少年たち』で描いたように、結婚生活には幾多の困難が待っていて、そういう現実と格闘せざるを得ないだろうが、恵よ、その荒波をきみの力で乗り越えてほしい。満足に自宅にも帰らず、読書と博打に明け暮れている男の言うことではないのだけれど。

(181号/1998年7月号)

犬は家族の記憶である

ジャックは、夜見ると、こちらを向いているのかどうかわからないほど、真っ黒な牡犬である。顔が闇に溶け、目だけが光っているので、知らない人には結構怖がられるが、実は臆病な犬だ。それに、散歩の途中に猫を見かけると、すぐ嬉しそうに近づき、顔を引っ掻かれてあわてて戻ってくるほど、疑うことを知らない。つまり、あまり賢くない。

ある時、家族全員が外から帰ってきて、犬小屋を覗くと、その奥のほうに体を寄せるようにして、震えているジャックがいた。隣家の人の話によると、家に誰もいない時は、ジャックは滅多に吠えないおとなしい犬だという。きっと心細くて震えているのだろう。吠えるのは家に誰かがいる時だけ。お前、それでは番犬にならないじゃないの。

生後すぐ、踏切の側に捨てられていたジャックを最初に拾ったのは長男の同級生で、その日のうちに小学四年生の長男がその級友から貰ってきた。ジャックは、小学校に入ったばかりの次男に対して、あるいはライバルと思っているのではないかというふしがある。長男に対してはよくなついている。長男も暇さえあればジャックとよく遊んでいる。ボールを投げたり、取ってきたり、犬を飼っている家ならどこでも繰りひろげられている光景だろうが、見ていると私はなんだか胸が痛くなってくる。

その風景を見ながら、私はいつも自分が幼かった頃のことを思い出すのだ。

私の家にクロがやってきたのは、私が小学五年生の時だ。高校生の姉が友達の家から貰ってきた犬だった。もっとも子犬の時は黒かったので「クロ」と名付けたのに、徐々に茶色くなり、最後はほとんど白に近い。それでも本人は「クロ」と呼ばれているので、今さら「シロ」と呼んでも駆け寄ってこない。級友

が来るたびに、私は恥ずかしかった。なにしろ「クロ」と呼ぶと、白い犬が尾を振って飛んでくるのだ。

このクロもあまり賢くなかった。中学に入って、一週間キャンプに出かけて帰ってきた時、クロは大きいリュックを背負った私がわからず、吠えかかったのである。犬は視力はよくないというが嗅覚はいいはずである。どうして私のことを忘れてしまったのか。

自転車通学していた私を追いかけて、ある朝、クロが飛び出したことがある。なぜその朝、繋いでいなかったのか記憶にないが、自転車を止め、もう帰れと何度言っても聞かず、中学の始業時間が気になる私は、まあいいやとそのまま学校に向かってしまった。ところが、夕方学校から帰るとクロが朝からいないと言う。私を追いかけたはいいものの、帰り道がわからなくなったのだ。通学路をもう一度探しに行った雨降る夜の記憶が、今でも鮮やかだ。

それから十日後、家からずいぶん離れた交番の横に繋がれているクロを父親が発見して無事に帰ってきたものの、あんなバカ犬、見たことない。大きな犬にじゃれて飛びかかり、反対に噛まれてキャンキャン泣き、その傷が治るまでずいぶん時間がかかったこともある。賢くはないにしても、気のいい犬だったのだろう。

そのクロが死んだのは大学二年の時だ。その頃はほとんど家にも帰らず、先輩の下宿を泊まり歩いていたので、最後の姿を私は見ていない。ある日帰ってきたら、クロの姿がなかった。犬小屋のうしろが空き地になっていて、その陽だまりの中で静かに息を引き取っていたという。九歳だったから、当時の犬としては長生きしたほうなのかもしれない。

クロと親しんでいたのは私が小学生、中学生の頃までで、高校に入ってからは散歩に連れて行った記憶もない。大学に入ってからはなおさらだ。私がいま懐かしく思い出すのは、そのクロと親しんだ記憶ではない。クロがいた頃の家族の風景だ。

まだ若かった父と母がいた。高校に入ったばかりの姉と、中学生の兄がいた。日本全体が貧しい頃で、今のように高価な玩具もなく、旅行へも行かず、それでもことさら不満はなく、それが当たり前の家庭だった。その真ん中にクロがいた。

突然思い出した。クロはカレーが好きな犬だった。ドッグフードなどまだない時代で、犬の食事は家族の余り物をあげるのが普通だったが、御飯にカレーをかけてあげるといつも尾を振って喜ぶ犬だった。ヘンな犬だねえ、と父が言い、みんなが笑った。

その当たり前の風景が今懐かしいものとして迫ってくるのは、両親はすでになく、兄弟も別々の所帯を営み、その風景が失われてしまったからだ。犬は家族の記憶である。

成人した子供たちと親がずっと一緒に住む家にも犬はいるだろうが、そしてそれが本当の犬好きの家庭なのかもしれないが、私のまわりには、子供らが幼い頃にせがまれて犬を飼うケースが少なくない。

子供たちが幼い時はそれでいい。犬は、若い親と幼い子らの中心にいて、談笑を呼ぶ友である。ところが子供らが大きくなるにつれて、そういう家の犬は中心からズレ始める。私の家がそうであったように。


子供らが中学、高校に入って、自分の生活を持ち始め、家の外で過ごすほうが多くなり、犬をかまわなくなる頃には、犬も年老いて、昔の元気をなくしている。家族がばらばらになっていくのに、不思議にそれは歩調を合わせている。元気な犬は、まだ若い家族の象徴であるかのようだ。

今、ジャックと長男が遊んでいる風景が私にとって哀しいものに映るのは、この至福の時は一瞬だけのものだ、という思いがするためだ。ジャックが年老いる頃には、長男は自分のことを考えるのに忙しく、家族とのこの蜜月を忘れているだろう。私もそうしてきたのだから、それが悪いと言うわけではない。私はただ、センチメンタルな気分になっているだけだ。

犬が少年の友であるのは、多くの書物に書かれている。たとえば、二葉亭四迷『平凡』には有名なポチの挿話が出てくる。作者が十二歳の時に飼っていたポチの話だ。これが実に可愛い。誰にでも尻尾を振って飛びつき、「品性の下劣な」犬がポチの食器に首を突っ込んでも怒らない。自分も食べようと首を突っ込もうとして吠えられると、不思議そうに小首を傾げてその犬を黙って見ている。

この犬について作者はこう書いている。「私に取つては、ポチは犬だが……犬以上だ。犬以上で、一寸まあ、弟……でもない、弟以上だ。何と言つたものか？……さうだ、命だ。第二の命だ。恥を言はねば理が聞こえぬといふから、私は理を聞かせる為に敢て恥を言ふが、ポチは全く私の第二の命であつた」

『平凡』は、明治四十二年、四十六歳で死んだ二葉亭四迷がその二年前に書いた最後の小説である。四十歳を過ぎて、なおこう回想するところがすごい。

大佛次郎の海洋冒険小説『ゆうれい船』に出てくる白という犬も、主人公の少年を助ける頼もしい友ない。

で、父親を探す冒険行の重要な脇役になっている。これは昭和三十一年から翌年にかけて書かれた長編だが、今読んでも生彩を失っていないのは見事。

これは少年小説の研究家に聞かなくてはわからないが、あるいは少年小説には犬が重要なキャラクターになっているのではないか、と思われるほど、少年と犬の結びつきを描くこの手のパターンは少なくない。

もちろん、犬は少年の友であるだけではない。たとえば、J・C・ポロック『樹海戦線』（沢川進訳）の主人公スレイターは愛犬が病気で死ぬと、子供時代以来はじめて泣いてしまう。元グリーンベレー隊員のタフ男が泣くのである。よく訓練された信頼できる個人用護衛犬を提供するのが彼の仕事だから、普通の男よりは犬好きなのだろうが、それにしても犬は彼にとって大切な友人なのだ。もっとも、彼は闘犬として改良されたアメリカン・スタッフォードシャー・テリアのアーニーという犬をすぐ飼うことになる。このアーニーがすごい。ずんぐりした体にまずい面で、しかもビール好きとくるから、可愛い。

そういえば「すごくまずい面をしてるから、かえってかわいいんだよ」と言う場面があるあの『平凡』の少年も、まるで狐のようで、みっともよくないポチに対して、こんな犬はどこに行ったって可愛がられやしないから、家で可愛がってやるんだと言っていたが、犬の飼い主にとっては、姿や形は関係ないのである。

アイリス・マードック『網のなか』（鈴木寧訳）には、巨大なアルサス犬が登場するが、こちらは元映画スターの名犬だけあって、「死んだ真似をしろ」と命令すると、ぐたっと横になったりするから、ここに出てきた犬の中ではもっとも賢い。ただし名犬を誘拐する主人公の計画は、もう年老いた犬なのでどうぞ持っていってくれと言われて、破綻してしまうけれど。犬が賢い時は、人間が賢くなかったりして。

息子たちが大人になり、所帯を持って子が生まれ、また犬を飼うようになった時、はたしてジャックのことを思い出すだろうか。臆病で気のいい真っ黒な犬の向こうに、まだ若い両親がいて、幼い自分たちがいて、家族がいつも一緒にいた頃の風景を思い出すだろうか。

また犬を飼うようになれば、きっと思い出す、と信じたい。家族の記憶は、そうやって犬とともに順送りに伝えられていくのだ。

（132号／1994年6月号）

読書計画は修正こそが愉しい

読書計画のポイントは予備日を作ることである。計画をぎっしり組むと必ず破綻する。だから予備日を設定しておく。計画通り進むと、予備日はそのまま残るから、その日は本を置いて酒を飲みに行くことが出来る。ただし、計画が狂うとその予備日を使うことになる（現実には毎月、予備日を使っても予定が消化しきれず、次の月の計画にずれ込んでくることが多い）。

次のポイントは、自分を追い込むこと。たとえば1ヶ月に20冊の本を読む場合、平均すれば3日に2冊読めばいい計算になるが、そういうふうに最初は均等にわけないほうがいい。1カ月の間に平均して読むのではなく、最初の1週間で集中して読むという決意を持つのだ。1カ月なんかいらないッ、1日3冊ずつで1週間で20冊読み切るぞ、という計画を立てるのである。もちろんその場合、何百ページまでは読める、という机上の計算を先にしなければならない。いくら自分を追い込むと言っても、まったく読破が不可能な冊数を予定しても意味はないのだ。

予備日を作りながら、自分を追い込む計画を立てる、というのは矛盾するようだが、この場合の追い込むということは、本を読むこと以外は計算しないということである。そういう甘い考えはこの際すっぱり捨てる。どこにも行かずに読書以外のことは何もせず、部屋でとにかくひたすら読みふけるという机上の計算だ。ところが実際には食事したり、トイレに行ったり、お布団で横になったり、回覧板を隣りに届けたり、生活には読書以外の時間が必要なもので、なかにはぼんやりする時間も必要かもしれない。したがって、なかなか机上の計算通りにいかない。

したがって、最初の日からその計画は狂い出す。まず1日3冊は読めない。そうすると初日の夜にたちまち最初の計画の変更を強いられる。しかし、実はこの計画の変更が愉しいのである。私は一年中、毎日自分の読書計画を書き換えている。また狂ったなあ、この1冊が次の日にはみ出したなあうふふふ、とか言って書き直すのだ。それが結構愉しいから困ったものだ。たとえば本年6月の私の読書計画表をここに写してみると、

1〜4日　吉川英治12冊読破
5日　マキャモン『奴らは渇いている』
6日　ピータースン『傷痕のある男』『幻

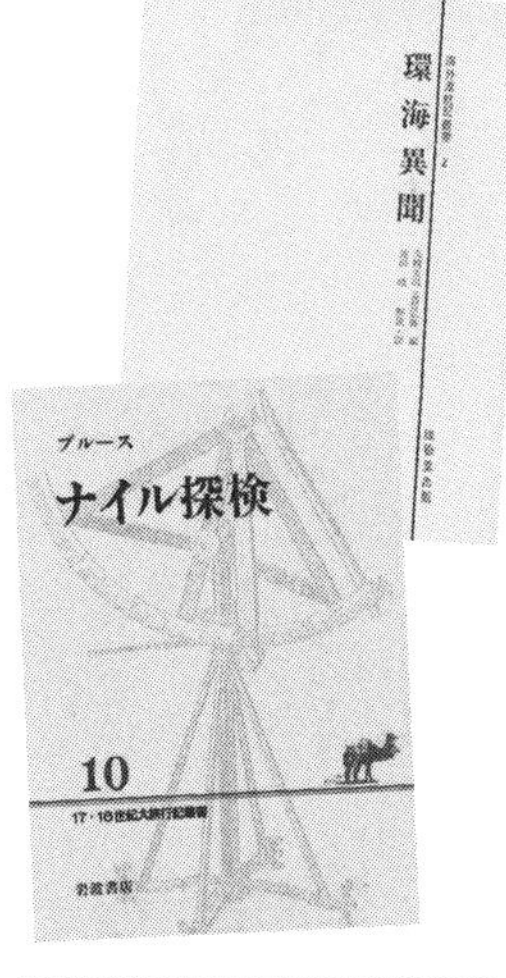

の終わり』
7日　予備日
8～11日　翻訳ミステリー8冊
12～16日　小説＆ノンフィクション12冊
17～19日　恋愛小説中心に5冊
20～22日　ギャンブル＆純文学など4冊
23日　予備日
24～25日　翻訳ミステリー4冊
26～30日　五味康祐10～12冊

となっている。どうしてこの予定になっているかについてはコメントをつけない。とにかく1カ月のうち7～10日間は旧刊（これは自分の宿題だ）を読み、あとは新刊をおいかけるというのが私の毎月の読書生活なのだ。ちなみに毎月私が用意する予備日は2日。

前半のマキャモンとピータースンだけ書名が具体的に決まっていて、後半がジャンル名と冊数の予定だけになっているのは、この原稿を書いている段階ではまだ読むべき新刊本が出ていないからだ。具体的な書名は新刊が出てみないとわからない。送られてくる本を別にすると毎月購入する新刊が120冊で、実際にはその中から選んでいくことになる。

私の手帳にはまず最初の読書計画が書きこまれているが、その上から何度も書き直し、最後には書き切れなくなって別紙を手帳に挟み込む。その別紙も1枚で済まず、だいたい3枚になることが多い。しかし、何事も最初の計画通りにいったらつまらない。思ったようにいかず、あっちに行ったりこっちに行ったり、ふらふらと変更するから面白いのだ。

で、夏休み読書計画だが、私の場合は、正月休みだろうが、ゴールデン・ウィークだろうが、この状態が一年中続いているので、夏休みだからといって特別なスケジュールはない。とはいっても、昼間の仕事が休みになるぶん、いつもよりは時間があるので、例月より多く本が読める（はずだ）。

そこで、今年の夏休みは、雄松堂出版の〈海外渡航記叢書〉から『シルクロード紀行Ⅰ』『北槎聞略』『環海異聞』の3冊、岩波書店の〈17・18世紀大旅行記叢書〉から『世界周航記』『ナイル探検』『シャム旅行記』の3冊を（ふたつの叢書とも現在この3巻づつしか刊行されていない）読みたいと只今はひそかに計画している。

考えるだけで胸が躍るものがあるが、実は私がそのために使う夏休みは3日しかない。1日に2冊づつ読めば軽くこなせる冊数ではあるものの、これらの本の内容を考えると、とても1日2冊のペースで進むとは思えない。おそらく初日から挫折して、今年の夏は〈海外渡航記叢書〉3冊を読めばいいか、となる可能性が高い。あるいは2日目の夜に3冊は無理だから2冊でいいか、と計画を変更する可能性も少なくない。いやいや、3日目になったら、1冊読み切れば充分だよ、と自分に言い聞かすことだって、かなりの確率であり得るだろう。

待てよ、現実には夏休み前の読書予定が押してきて、そのしわ寄せが夏休みにくい込んでくる可能性だってある。そういえば、せっかく夏休みの読書計画を立てたのに、予定がずれ込んできて、愉しみにしていた夏休みがなくなることも最近は多い。しわ寄せを消化するだけで、あっという間に夏休みが終わった時の淋しさは何にたとえればいいのか。たぶん今年もそうなのだ。そして、夏休みが過ぎ去ったあとで、私は9月の読書計画表をむなしく作り始めるのである。

（98号／1991年8月号）

もう社員旅行なんか行かない

昨年の秋、社員旅行に行った。四年ぶりである。

最初の社員旅行は七年前で、編集長が突然「おい、みんなで社員旅行に行こうぜ」と言い出して伊豆に行った。日頃から会社の宴会を嫌っている椎名にしては珍しいが、おそらく〈社員旅行ごっこ〉がしたかったのだろう。ところが当時は社員が三人しかいなかったので、私と椎名と沢野が参加しても総勢六人である。これでは社員旅行として淋しい。そこで社外の知人を五人誘った。もっとも伊豆の温泉宿でひと晩飲んで散会するだけだから、新宿で飲んでいるのと大差はない。

翌年は熱海に行った。この年も社員は三人。椎名は不参加なので、私と沢野を入れても五人。これではやっぱり淋しいと外部の知人三人を呼んで、総勢八人。これもひと晩飲んで帰ってきただけ。

このあたりから旅行に対する社員の熱が冷めて、伊豆とか熱海とかはもう嫌だと口々に言い出した。もっと遠くに行きたいと言うのだ。ところが北海道にしようかと提案しても函館生まれの奴が反対し、南の方は九州生まれが反対。そのあげくに社員旅行に行くくらいなら、休みが欲しいとか、そのぶんだけ金をくれとか、まあ好きなことを言う。

翌々年はそれでも黒部渓谷二泊三日の強行軍という社員旅行を決行したが（この年は社員三人に知人二人、そして私の総勢六人だったが、最初の年の十一人から、二年目八人、三年目六人と、だんだん減ってきているのがおわかりだろうか。増えていくなら景気のいい話だが、なんだか落ち目の会社みたい）、これで評判を落として翌年から社員旅行の声も上がらなくなった。私も旅行が好きなほうではないので、社員の要求がなければ、無理に行く気はない。

ところが一年もすると、積立て貯金をしようという声が社員の間から上がってきた。もう伊豆とか熱海とか近場の旅行ではなく、海外に行きたいと社員

たちは言うのである。しかし会社が全額負担してくれるわけはないから自分たちで積立てするのだと決めたらしい。で、その時は会社が少しは援助して下さいね、と言うのだ。ふーん、まあいつのことになるのかわからないからいいやと、聞き流していたら、塵も積もれば山となる、三年分の積立てが貯まったから行きますよ、と報告にきたのが昨年の夏。ふーん、どこに行くの。なんと北京三泊四日の旅だという。まあ自分たちで積立てしたのだから文句を言う筋合いではないが、私も行かなくちゃいけないのだろうか。

旅が嫌いなのは落ち着いて本が読めないからだ。私の手帳には空白の日がほとんどない。読書の予定でびっしり埋まっている。それを消化するためには風邪もひけないという過密スケジュールで、いつからこんなことになったのか後悔しても遅すぎる。とにかく、ヘンなところに連れていかれるのはかなわない（北京がヘンなところというのではないが）。しかし社員旅行というからには責任者が一応は同行しなければまずいだろうなとバッグに七冊本をつめこんで飛行機に乗ったのが昨年の秋である。前置きが長くてすみません。ここからがやっと本題。

飛行機に四時間も乗っているのだから、これは行きの機中でも相当読めると思ったのが大間違い。というのは、さて読むぞと取り出したケラーマン『サイレント・パートナー』（新潮文庫）を開こうとしたら、全九人（この年は社員八人に私。おっとさすがに五年もたつと社員が増えている）のうち、私を入れて八人が同じ本を開いたのだ！

たまたま出発数日前に発売になったピカピカの新刊文庫本とはいえ、何も同じ本を持ってくることはない。もちろん相談したわけでもない。偶然である。本に関する趣味が似ているということかもしれないが、それにしてもほぼ全員が同じ本を持ってくるとは！　ケラーマンに興味がなかったのは、なんと一人だけなのだ。

ほぼ全員が同じ本を飛行機に乗ると同時に読み始めたから、気になること気になること。自分が百ページ読んだところで右隣を覗くとそいつは八十ページ。ははは勝ったなあと思って左隣を覗くと百二十ページ。あいや、負けてしまった、となんだか競争しているみたいなのである。私だけではない。社員たちも「お前、何ページいった？」と他人のペースが気になるようで、時々左右を覗いている。濡れ場にさしかかると（この小説は濡れ場がまた多い！）みんなで同じところを読んでいると思うだけで、なんだか恥ずかしい。これでは集中できないッ。

初日は東京↓北京の移動だけ。空港などの待ち時間が結構あったわりに読書がすすまなかったのは、このように集中できなかったからで、じゃ七冊持っていったのだから違う本を読めばいいのに、とお思いでしょうか。しかし、その間に社員たちが『サイレント・パートナー』を先に読んでしまい、面白かったのつまらなかったの、と評判を聞くのもしゃらくさい。みんなより先に読んで、すました顔でいたい。

その日は北京市内のホテルに着くなり、夜の読書だと張り切ったものの、朝早い出発だったから本を開くと睡魔が襲ってくる。結局この日朝から読み始めた『サイレント・パートナー』上巻は半分もすすまず。

翌日は一応みんなと市内観光しなくちゃならないが、観光から帰ればあとは自由行動だ。若い社員連中は京劇を観に行ったり女子社員は買い物に行ったりしたが、私は部屋の中で読書の続き。ところがいつの間にか眠っていたようで、電話で起こされると晩飯の時間。さらに食後にちょいと酒を飲むとまた眠くなってくる。普段から日本全国はおろかシベリア、グレートバリアリーフ、パタゴニアと旅している椎名はこんなことはないのだろうが、旅馴れていない私は飛行機に乗っただけで体がびっくりしているのである。一晩寝たくらいでは疲れがなかなか抜けないので油断するとすぐ眠くなってしまう。

翌朝も早い時間に叩き起こされる。この日は万里の長城。これくらいは見て帰ろうと同行したが、市内に帰ると長時間バスに乗った疲労でまた部屋でうとうと、こうなったらエーイッ、飲んでしまえと酒盛りをして就寝。

次の日はもう帰国の日で、帰りの機内でも行きと同様であったことは言うまでもない。結局、三泊四日で『サイレント・パートナー』上巻を読み終えただけ。しかも飛び飛びに読んでいるので、その上巻で何が起きたのかよくわからない。

四日間に七冊読む予定が大幅に狂ったので帰ってからが大変だった。そのしわ寄せ分を消化するのに、なんと三週間もかかってしまったのだ。私の予定はもうメチャメチャである。酒と家庭は読書の敵だ、というのが私の標語だが、旅行も読書には向かないのではないか。この特集のコンセプトを全部ひっくり返して大変申し訳ないが、それが私の実感である。

社員たちは「今度はバリ島がいいわねえ」とか「来年は香港マカオ博打ツアーに行きませんか」と好きなことを言っているが（しかし香港マカオ博打ツアーには惹かれるものがある）、最近は聞こえないふりをしている私である。それとも、帰ってきてから「どうして僕を誘ってくれなかったの」と沢野がしつこく言ってきたので（なんと声をかけるのをわすれてしまった）、次回は沢野に引率してもらい、私は部屋の中で読書していようか。もう社員旅行なんか行きたくない。

（105号／1992年3月号）

島田一男『魔道九妖星』を探せ！

私の探している本はいつも見つけにくい。とは言っても、珍しい本を探しているわけではない。たとえ古本屋の棚にあったとしても百円くらいの値段しか付かない本だ。

古本屋でいちばん探しにくい本は、こういう本である。結局、足を棒にして歩きまわることになる。

実は隆慶一郎以来、時代小説に突如目覚め、過去の作品を読みあさっている。未知のジャンルなので、どんな作品を読んでいいものやらわからず、時代小説に詳しい友人に聞きまわって、まず読むべき作品のリストを作った。

手帳の間にそのリストをはさみ、暇が出来るたびに古本屋を歩いて探しているのだが、こんなにたくさんの未知の小説があるとは嬉しい。リストを見ているだけで頬がゆるんでくる。

そのリストの中に島田一男の時代伝奇小説『魔道九妖星』という作品があった。これがこの話の始まり。「面白かったよ」と友人は言うのだ。よし、それならぜひ読みたい。ところが十年くらい前に出た本だ、ということしかわからない。たぶん桃源社だったというのだが、いつもあやふやなことを言う友人なので、それが正しいのかどうかも判然としない。菊池仁っていう先輩なんですけど。こんな本をどうやって探せばいいというのだ。本の形態も表紙の色も、まったくわからないのだ。

これが戦前の作品であったなら、たとえば国枝史郎クラスの本ならば、古書価も高いので古本市場に出てきやすい。財布の中身が淋しくなるという欠点はあるが、少なくても探しにくいということはない。

古本屋で探しやすいパターン①をこの古書価格の高いものとすると②のパターンは全集に収録されているもの。たとえば、講談社の「キング」に創刊号から連載され、吉川英治『剣難女難』と人気を二分したと言われる下村悦夫の出世作「悲願千人斬」は、昭和4年刊の「現代大衆文学全集」（平凡社）の第16巻に入っているから、古本屋で比較的容易に入手できる。この全集（いわゆる円本）は大ベストセラーになったので、刊行後半世紀以上たっているというのに、まだ古本屋にゴロゴロしている。中には高い巻もあるが、だいたいは五百円～千円も出せば入手できる。ものによっては百円の店頭本で見つけることも可能だろう。もっとも読むだけなら、昭和40年代の半ばに出た講談社の大衆文学大系第13巻に入っているので図書館でも読める。

（同じ著者の幻の伝奇小説と言われる「人語鳥大秘記」は、昭和47年に実業之日本社から出た復刻版がある。こちらは見つけにくいが、古書価格が高いので古本市場に出てくる可能性はある。すなわち、①のパターン）

別のところでも書いたが、昭和4年に改造社から刊行された大佛次郎の『ごろつき船』は筑摩書房「昭和国民文学全集」に収録されているし、同じ著者の「ゆうれい船」は番町書房「カラー版・日本伝奇名作全集」に入っている。両方とも端本を見つけるのは大変だが、なに、ここまでわかっていればどうにかなる。これも②のパターン。

ところが、島田一男『魔道九妖星』は、この①②のどちらのパターンでもない。これが鉄道公安官シリーズなら春陽文庫をあたればいいが、いや、春陽文庫には島田一男の時代小説も入っているな、とすぐ目録を調べたが、残念ながら春陽文庫の目録には『魔道九妖星』はない。

で、結局、古本屋を歩いてまわることになる。しかし、こんなものが本当に見つかるのだろうか。だが、歩いていると目当てのものではなく、思ってもいなかったものにぶつかるから面白い。

まず、昭和37年刊『長編小説全集・村上元三集／八幡船』（講談社）という本があった。瀬戸内の海賊・村上水軍の歴史を背景にした「スリルとサスペンスに富む海洋文学」だという。面白そうじゃないの。知らないジャンルなのですべてが新鮮である。早速、購入しました。ところが作品紹介に「山岡荘八の『八幡船』とは異なる、独自の長編」とあるのだ。山岡荘八が海洋ロマンを書いているとはうかつなことに知らなかった。徳川家康だけの作家じゃなかったのですね。ややや、それならこちらも探して読まねばならない。調べてみると、そちらの『八幡船』は山岡荘八全集の第40巻に入っている。あわてて古本屋を駆けまわり、しめしめと端本を購入した。全集の揃いではなく、目当ての巻だけを見事に見つけた時は嬉しい。ところが、同じ版元の山岡荘八歴史文庫にも収録されていることがのちに判明。そっちのほうが安いではないか。哀しい。

角田喜久雄の『半九郎闇日記』は春陽文庫版でも日本伝奇名作全集版でも持っていたが、昭和36年の光文社版を見つけたので購入。これが元版のはずである。ところが巻末の既刊本広告を見ていたら、そこに南條範夫『海賊商人』という書名がある。「太閤秀吉何者ぞ。…その海外雄飛の不屈の闘志と勇気にみちた一代記」という紹介文を読んだら、ぜひともこれを入手したくなる。このように一冊の古本が次の本を呼ぶ、というかたちはよくあって、だから古本屋歩きは面白い。

しかし、日本伝奇名作全集、河出書房「国民の文学」、どちらの南條範夫集にもこの作品は入っていない。あとは「南條範夫残酷全集」というのがあったなあ、と思い出したが、内容からいってそれに入っているとも思えない。時代小説を積極的に収録している春陽文庫や徳間文庫、富士見時代小説文庫などもあたったが、残念ながらどの文庫にも収録されていない。うーむ、うーむと唸って自分の本棚を見ていたら、あやや、そこに『海賊商人』があるではないか。なんなの、これ？　なんと、昨年の三月に光文社文庫に入っていたのだ。しかも自分の本棚にある！　時代小説はここ数年、徳間文庫を始め各社が文庫に入れ出したので、思わぬ作品を容易に読むことが可能になったが、まさかすでに持っているとは思わなかった。

で、そんなことをしているうちに、とうとう荻窪の古本屋で島田一男『魔道九妖星』を見つけたのである。その日は中央線沿線の古本屋をまわっている時で、その店もめぼしいものがなく、外に出ようとしたら目の隅に何かがひっかかる。なんだろうと思って足をとめると、夢にまで見た『魔道九妖星』が積み上げられた本の上にひょこんとあるではないか。そうか、お前はこんなところにいたのか！

あわてて手に取ると、なんと百円。よしよし。昭和50年刊の桃源社ポピュラー・ブックスである。友人の記憶はだいたい合っていた。疑ってすまなかったと思う。ところが、どっこい、これで話は終わらない。その本には、なんと「地の巻」とあったのである！

あややや、ということは「天の巻」があるということではないか。もしかすると「人の巻」なんてものまであるかもしれない。天、地、人とくれば、風、林、火、山ときたっておかしくはないぞ。いったい『魔道九妖星』の全巻に出会える日はいつのことなのか。

しかし、本の形態も表紙の色もわかったから、これで探しやすい。ここまでわかればなんとかなるだろう。と思って購入し、電車の中でぱらぱらめくっていると、あややややや、目次裏に「本書は、地方新聞数紙に連載された『風姫八天狗』を改題したものである」と書いてあるからまた驚いた。

というのは、『風姫八天狗』なら春陽文庫に入っているし、私はすでに持っているのだ！　家に帰ってからあわてて調べると、たしかに内容は同じだった。そんなバカな！　それでは私が『魔道九妖星』を探して歩きまわった日々はなんだったというのだ！

そういえば、島田一男には苦い経験があたことを思い出した。徳間文庫の『月姫八賢伝』を買ってきて部屋で開いたら、「この作品は1958年11月東京文芸社から刊行された『競艶八犬伝』を改題しました」とあり、嫌な予感がして、春陽文庫『競艶八剣伝』を書棚から引っ張り出した。「犬」と「剣」の違いはあるが、こんなに類似した書名もない。案の定、これは同じ本で、まあ、東京文芸社版の『競艶八犬伝』まで買い、三冊になったわけではないと慰めたが、うーむ。

しかし、せっかく「地の巻」を見つけたのだから「天の巻」も探して『魔道九妖星』を揃えるぞ、ええいッ、くやしい。

（96号／1991年6月号）

全集の端本探しが愉しい

一〇年ほど前必要に迫られて突如ユゴー、デュマ、ディケンズなどの小説を読むことになった。どうして必要に迫られたのかは説明すると長くなるのでここでは省くが、私の本棚にはこれらの名作群がないので読む前にテキストを購入しなければならない。ところが大半は絶版で、こうなると古本屋で探すことになる。多くは何度も文庫になっているが、品切れ文庫を当たるよりも、こういう古典的名作はだいたい各社の全集に入っているから、各種の全集の端本を探すほうが手っ取り早い。

学生時代は熱心に古本屋を歩いたが、その後「この本が欲しい!」という熱烈な目標を失っていたので真面目に探索歩きをするのは久しぶりである。いやあ、面白いのなんの。

興味のないときはまったく目に入らなかったが、古本屋には全集の端本がごろごろしている。しかも極端に珍しいものでないかぎり、圧倒的に安い。

ディケンズの『ディヴィッド・コパーフィールド』と、デュマの『モンテ・クリスト伯』は、黄色い箱の新潮社・世界文学全集(昭和35年スタート/以下同)にそれぞれ全三巻と全二巻で入っていて、ユゴーの『レ・ミゼラブル』は河出書房のグリーン版世界文学全集(昭和34年)に全三巻で入っている。それらがだいたい一冊あたり一〇〇円〜二〇〇円。もうしわけないような価格である。

もっとも、中には探すのに苦労するものもあり、ユゴー『ノートル・ダム・ド・パリ』は講談社の世界文学全集の端本がなかなか見つからないので、目標を青い箱の河出書房世界文学全集(昭和24年)に変更。こちらを五〇〇円で捜し出すまで時間がかかったが、のちに講談社版を三〇〇〇円で見つけて、えいッと購入。自分が探すのに苦労したやつはのちに見かけると、違う版でも同じ版でもまた買ってしまう(持っているのに!)という困った性格なのである。

しかし、こういう世界文学全集の端本は探しやすいものの、もう少し特殊なものになると見つけるのが面倒である。たとえば講談社の世界名作全集(昭和25年)だ。これは中年世代ならお馴染みの子供向けの抄訳本全集で、今から見ると珍しいものが結構入っている。児童向けの抄訳とはいえ、珍しいものは探したくなる。ところがこの端本が四〇年もたつとさすがに見つけにくい。

アメリカ文学の父、フェニモア・クーパーの『モヒカン族の最後』はこの講談社・世界名作全集だけにとどまらず、その後偕成社の〈少年少女世界の名作〉を始め、何度も各社の児童向け抄訳全集に入っているのでこの版でなくてもいいが、同じ作者の『開拓者バンボー』の訳出は、この講談社・世界名作全集だけであるはずだ。こういうのはぜひとも探し出したい。だが、ごろごろしているものも当然あるが、ないものはまったくない。バランタイン『さんご島の三少年』など、珍しいものを探してこの全集の端本を五〇数冊買い求めたが、一六五巻のキップリング『ゆうかんな船長』を始めとして、いまだに見つからないものが数冊ある。

それでも講談社・世界名作全集はまだいい。おそらく部数が多かったのだろう、四〇年たった今でも古本屋で端本を見つけることがよくあるからだ。ところが、もうちょいと特殊なものは絶望的。たとえば、講談社・世界名作全集と同じ頃に、文芸社というところから刊行された〈新選世界名作集〉はめったにお目にかからない。

これを探していたのは、この中にフレデリック・マリアットの『無人島の少年』が入っていたからだ。題名から、デフォー『ロビンソン・クルーソー』の影響で世界的に流行った無人島漂着もの（前記のバランタイン『さんご島の三少年』や、ヴェルヌ『二年間の休暇』、ウィース『スイスのロビンソン』など）の系譜の一冊と考えられる。マリアットといえば、岩波文庫『ピーター・シムプル』の作者で、海の小説を書かせたらうまい。となると読みたいではないか。ところが、この〈新選世界名作集〉自体がなかなか見つからない。ようやく探し当てたのは数年後。ところが、そのまえがきに、『小さい野蛮人』という原題の本を児童向けに抄訳したが大人の読みものとして中村経一氏が紹介したものが別にある、と書いてある。あやや、そちらが完訳かどうかは書いていないが、大人向けのものがあるなら、ぜひそちらも読みたい。

本探しは、もう終わりのない旅みたいなもので、こういうふうにきりがない。次から次に探す本が出てくるのである。それから数年後、町田の古本屋で、東京出版センターから昭和41年に出たマリアット『小さな野蛮人』を見つけたが、この大人向きのおそらく完訳本の訳者は倉田豊茂とあり、中村経一本ではない。うーむ、これとは別にもう一冊（かどうか、他にもあるかもしれないのでわからないが、少なくとも一冊は別に）『小さな野蛮人』があるのだ。そんなのに巡り会う日は来るのだろうか。

もちろん、こういう端本集めには失敗がつきもので、朝日新聞社から出た全一六巻の長谷川伸全集（昭和46年）を買ったあとで、東方社・新編現代日本文学全集（昭和32年）の、別の作家の端本を購入すると、この二九巻長谷川伸集に「飛黄大船主」という作品が入っていることが判明。題名から推察すると海洋小説っぽい。よし、その「飛黄大船主」を探せ！

歩けば見つかるもので、その二九巻「飛黄大船主」も無事購入。私のうかつなことは購入してから、まてよと気が付いたことだ。全集なのにそういう作品が入っていないことがあるだろうか。中には全集とうたっても全作品を収録しないこともあるから断言できないが、不吉な予感がする。あわてて長谷川伸全集を調べると、なんとこれは朝日版全集第六巻に収録の「国姓爺」と同じ作品であることがわかった。長谷川伸に国姓爺合戦を描いた作品があることは知っていたが、それと「飛黄大船主」が一致しなかったのだ。全集の解題を読まないからこういう間違いをする。それによると「国姓爺」に「飛黄大船主」の傍題がついたのは戦後の再版の時で、東方社版はそちらを題名にしたのだった。もっとも、飛黄というのが鄭成功の父・芝竜の号であることを知っていればこういう間違いは起こらない。私の無知が招いた間違いである。

しかし間違いからではなく、知っているのに同じ本を購入することもあるから、自分の性格がわからない。たとえば、大佛次郎の本を集めていた時のことだ。『ごろつき船』は筑摩書房・昭和国民文学全集（昭和48年）の大佛次郎集に入っていて、これを探したのだが、無事購入してからも古本屋で同じ本を見かけるたびに、えいっとつい買ってしまうのである。だいたい三〇〇円〜五〇〇円だから高くはないにしても、どうして同じ本を買うんでしょう。この昭和国民文学全集は肌ざわりがよく、他にも「角田喜久雄・国枝史郎集」とか、他の版で中身が読めるものも思わず買ってしまうから（そういえば、吉川英治『鳴門秘帖』も他の版を持っているのにこの全集の端本を買ってしまった）、私と相性がいいとしか思えない。同じ作者の『ゆうれい船』は番町書房・カラー版日本伝奇名作全集（昭和44年）の第二巻に入っているが、この端本を購入してから、番町書房がのちに焼き直した時代名作ロマン文庫の第二巻を購入し、さらに大佛次郎少年少女のための作品集（昭和45年）の第五巻にも入っているのでこちらも購入。外側は違うとはいえ、中身はもちろん同じである。どうして三冊も買ってしまったのか、自分にも理解できない。

子母沢寛の『八州鬼双六』もなんだかそんなふうになりそうな予感がする。私は中央公論社の子母沢寛全集（昭和37年）全一〇巻を揃いで買ってしまったので、この長編が入っていない。講談社版（昭和48年）全二五巻を購入すればよかったが、この長編が河出書房・新編大衆文学全集の第一五巻（昭和31年）に入っていることがわかったので、こちらを探すことにした。ところが、その端本が見つかる前に、昭和27年に文芸図書出版社から刊行された単行本があったのでそちらを購入。これで用は足りる。だが、新編大衆文学全集の端本を見かけたら、私は絶対に手が伸びてしまうような気がする。困ったことにそういう確信がある。もう何がなんだか自分でもわからなくなっているのである！

（106号／1992年4月号）

戦後エンターテインメント・ベスト10

無茶な企画である。

昭和50年代のベスト10、というだけでもむずかしいのに、戦後のベスト10とは！

しかも翻訳エンターテインメントも戦後に翻訳された作品ならすべて対象にするという。ふーん、誰が選ぶのかなあ、と思っていたら、

「お前が選べ」

いきなり編集長がいう。

こういう企画ならアンケート特集とか（これ編集者サイドからすれば簡単なのですよ、ハガキを送ればいいんだから）、あるいは豊富な読書体験を持つ識者に集まってもらって座談会とか（人選が大変だけど、製作者側からすればテープを起こすだけでいいんだから、これも楽です）、そういう逃げの方法がいくつかあるのに、よりにもよって発行人に選ばせるとは、無茶かつ乱暴、そして大胆な編集長もいるものである。

「何か面白いやつ、あるか」

「これ、どう」

という会話が、昔から私と編集長の間にあるわけだけど、うちの編集長はこの企画もその延長線上に考えているのだ。もっとも考えてみれば、本の雑誌はもともとそういうところからスタートしたのだから、50号の特集としては、あるいはふさわしいのかもしれない。私は大変だけど。

何が大変かというと、これまでに感銘を受けた本や面白かった本はたくさんあるが、エンターテインメントに限って、しかも10冊にしぼるなんて無理なのである。えいっと選ぶことは出来るけれど、必ず名作傑作がこぼれ落ちる。そうするとどうしてあの名作が入っていないのだバカめ、などという奴が必ず出てくるのだ。目に見えてるしなあ。どうも気が重い。

そこでまず最初に、本誌に執筆している身近な人たちに、戦後エンターテインメントから1冊選ぶとしたら何を挙げるか尋ねてみた。そのうちに心の準備も出来るだろう。

田家秀樹氏

五木寛之『海を見ていたジョニー』

「こういう作品がエンターテインメントなんだなと思った最初の例です。音楽をちゃんとかける小説家だと思います」

大塚英志氏

梶原一騎の一連の作品
「もともとはキライだったんですが、その存在自体が否定できないというか、批評家的感覚、編集者的感覚で見た時、消去法でどうしても残ってしまう。梶原一騎の存在自体が作品なのではないかと思う」

高橋良平氏
アルフレッド・ベスター『虎よ、虎よ!』
「十六歳の夏に出会い、私を変えた華麗なスーパーフィクション」

三橋アキラ氏
アントニイ・バークリー『毒入りチョコレート事件』
「古典だからといってみくびらないで欲しい。これぞ本格ミステリーのお手本」

亀和田武氏
筒井康隆『東海道戦争』
「この20年間の日本のエンターテインメント・シーンにもっとも大きくかつ深刻な影響を与え続けた作家の第一短篇集で、疑似イベント時代の到来を見事に予測している」

菊池仁氏
柴田錬三郎『運命峠』
「エンターテインメントとして貴種流離譚の典型的なスタイルを持ち、戦後の時代を反映させた虚無的な風貌のヒーローをあざやかに描いている」

なるほどね。いろいろ挙がってくるものです。結局、個人的な体験や好みで選ぶしかないのだ。よし、だんだん自信がついてきた。

最初に選ぶ基準というか制約をつけてしまおう。国産翻訳ごちゃまぜにして、戦後のエンターテインメント・ベスト10を選べ、というのが編集長の指令だが、それ以外の条件をいくつかつける。

①個人的趣味に徹する

たとえば松本清張だ。初期短篇群や、『ゼロの焦点』『眼の壁』などの初期長篇は、完成度も高く、日本の戦後ミステリーにとっても分岐点になった重要な作品群であり、私自身も愛読してきたが、個人的愛着度という観点に立てば、落とさざるを得ない。初期作品のうまさは認めても、それ以外に愛着の強い作品がありすぎるからだ。

迷うのは司馬遼太郎。名作『竜馬がゆく』『坂の上の雲』の2大長篇と、特に愛着の深い『峠』は、わが青春の書であり、戦後のベスト10には欠かせないが、こういう作品を並べていくと、当たり前すぎて面白くない。源氏鶏太を含めて、国民作家は思いきってすべて落とす。手塚治虫『火の鳥』を外すのも同じ理由だ。

②通俗娯楽小説に限定する

個人的ベスト10なら安岡章太郎「陰気な愉しみ」をぜひとも入れるところだが、エンターテインメントじゃないだろうし、平岡正明をエンターテインメントとして読んだとの気分はあっても小説ではない。児童文学からは個人的なベスト1、斎藤惇夫『冒険者たち』をリストアップしたいところだが、通俗娯楽小説となると入らなくなる。では通俗娯楽小説とは何か、という問題になるが、ここではいわゆる大衆小説と思って下さい(これも曖昧か)。まあ、大体のニュアンスは伝わるでしょう。従って、立原正秋、吉村昭、三浦哲郎、小林信彦、野坂昭如、赤江瀑、という好きな作家たちもことごとく落ちる。

③ここ10年以内の作品は外す

これは深い理由はない。条件というか制約を一つでも多く付けないと10冊にしぼり切れないのである。それに最近作より、発表後10年以上たつのにまだ選ばれる作品のほうが〝吟味〟されているというニュアンスがあるではないか。北方謙三『檻』や、船戸与一『山猫の夏』を始め、昭和50年代に書かれた傑作は数多いが、この項目に引っかかり（というより引っかけて）すべてアウト。

という三つの制約を付けただけで、ずいぶん選びやすくなる。よし、行くぞ。

まず、藤原審爾から。

「選べ」と言われて、まっさきに浮かんだのが実はこの人だ。娯楽小説のうまさではピカ一。特に小悪党を描かせたらニクイほどうまい。人情話、ユーモア小説、野球小説、スパイ小説、警察小説、軽ハードボイルド、動物小説、任侠小説、と幅広い作品を残しているが、一作を選ぶなら『昭和水滸伝』だろう。

すこぶるイイ男とイイ女が出てきて、悪党たちの配置もよく、何よりも文体のリズムがいい。独特の藤原節だ。

やくざ小説だが、同傾向の『総長への道』よりもこちらのほうがロマンの香りが強い。藤原審爾は昭和27年に直木賞を受賞した作家で、もちろんその作品も評価は高いが、読書人でも意外に読んでない人が多い。派手さがないので目立ちにくいのだろうか。読んだことないという人に会うたびに、この『昭和水滸伝』をすすめているが、感謝されても恨まれたことはない。名作中の名作である。

続いて阿佐田哲也『麻雀放浪記』を挙げると、なんだオーソドックスな10冊じゃないのと言う人もいるかもしれないが、これは仕方がない。司馬遼は外せても、阿佐田哲也は外せないのだ。麻雀を素材にするというユニークさだけでなく、日本には珍しいタイプのピカレスク小説なのである。短篇なら、ぜひとも「シュウシャインの周坊」を挙げたいが、長篇ならこの大傑作に落ちつくのも仕方あるまい。これはあまりに有名な作品なので、これ以上のコメントはつけない。

大藪春彦は、衝撃のデビュー作『野獣死すべし』、永遠の青春小説『汚れた英雄』、あるいは、とファンによってベスト1が異なるが、これまたピカレスク『蘇える金狼』にしようか。『ウィンチェスターM70』を実はひそかに愛しているのだが、これはひっそりとしまっておく。『蘇える金狼』は野望を秘めた青年の二重生活ぶりがまずショッキングだし、すさまじい破壊のエネルギーが実に痛快である。

大藪春彦とくれば、梶山季之を挙げないわけにはいかない。表通りで語られることが少なくても、この2人は無言の読者たちに紙上の夢を与え続けた作家なのだ。

梶山季之は何といっても『赤いダイヤ』。単行本化は『黒の試走車』のほうが先だが実質的にはこちらがマスコミへのデビュー作である。相場の世界を舞台に描く、作者お得意の〝ど根性〟サクセス・ストーリーだ。

梶山季之は作品によってかなりバラつきがあるが、この処女作には作者の最良の部分が集約されている。発表当時、実に新鮮だったのをまだ覚えている。

と、この4作は娯楽小説の見本のような作品ばかりだ。ここまでのリストアップにおそらく異論はないと思う（早くもあったりして）。問題は次の2作だ。

まず、井上靖。

『敦煌』『蒼き狼』などの歴史小説、あるいは『月の光』などの母もののイメージが強すぎると、通俗娯楽小説になぜ入るのだと疑問に思うかもしれないが、昭和30年代に新聞に連載された恋愛小説は実にすぐれた風俗小説なのである。その絶妙な心理描写は、片岡義男が登場してきたときに「あ、井上靖だ」と思ったほどだ。これはもちろん、うまさの類似であって、井上靖と片岡義男の作風が似ているわけではない。

作品としては『夏草冬濤』がいちばん好きなのだが、これは『しろばんば』の続篇で、のちに『北の海』につながっていく作品であり、どうも通俗娯楽小説とは言いがたい。となると、二番目に好きな『四角な船』になるが、ここは典型的な新聞連載恋愛小説の名作『あした来る人』を挙げておいたほうがいいかもしれない。『海峡』も捨てがたいんだけどね。現代の恋愛小説から失われた良質のロマンが濃厚にあるのだ。井上靖の面白さを知り、全作品を買い集め、読む本がこんなにある、と積み上げていた日々がなつかしい。

もう1冊は、戸川昌子『蒼い蛇』。

これは知る人ぞ知る傑作である。戸川昌子はもともと幻想味の強い作品を書く作家で、初期短篇の質の高さは現在でも色あせていないが、『夢魔』あたりから始まり、『透明女』『赤い爪痕』『赤い暈』と続く異色路線の集大成であるこの長篇は、日本の小説には珍しい、類のない小説だ。レスビアン・カップルが名前を変え、顔を変え、徐々に別人になっていく幻想行を描いているが、官能小説という枠には到底おさまりきれないほどのあざやかな色彩感に満ちている。手法的にはＳＦと風俗小説の接点を模索していた時期の作品で、その路線上に生まれた異色中の異色作。こういう小説があとにも先にもなく、埋もれてしまったところに戸川昌子の不幸と栄光がある。徳間文庫さん、早く文庫化して下さい。

となると次の2作は、ミステリーとＳＦから一作ずつ選ばなければならない。どちらも数が多く、しかも国産と翻訳合わせて、その中から一作ずつなんて、まったくもって無理。両方とも愛着のある作品が多すぎるのだ。こういうところにさしかかると投げ出したくなるが、そうも言っていられないので、思いきってミステリーは中井英夫『虚無への供物』。もちろん名作中の名作だが、はたしてこれ通俗娯楽小説に入るのか、ちょいと自信がない。

しかし、埴谷雄高が朝日新聞の埋もれた名著というコラムでこの作品を取り上げる数ヵ月前、本郷の古本屋でなぜか気になって買い求め、読了したときの衝撃は今も忘れることが出来ない。ペダントリーに満ちたこの手のミステリーはその後も生まれていないが、だからこそ戸川昌子同様、リストアップしておきたいと思う。

ＳＦは、本来なら筒井康隆と小松左京の初期短篇集を挙げるべきかもしれない。日本ＳＦの萌芽時代、誰もがこの2人の作品にショックを受けた、といっても過言ではないのだ。こういう小説があるのか、という当時のショックと驚きは同世代の人ならわかってもらえるだろう。

だが、ここはハル・クレメント『重力の使命』にしておく。個人的にはブラッドベリの「霜と炎」がＳＦ開眼作なのだが、これではあまりに個人的すぎるでしょう。もっとも全部、個人的な選択なのだけれど。『重力の使命』はファースト・コンタクト・テーマのハードＳＦで、メスクリンを舞台にした思考実験的要素がいかにもＳＦっぽく、一時期クレメント中毒にかかったほどである。

うーん、気になる作品がずいぶん落ちちゃったなあ。残りスペースも少なくなってきたので、書き切れるかどうか。

最後の2冊が、いちばん迷った。山本周五郎も山口瞳も質の高い作品を残しているし、愛着の深い阿部牧郎もいる。それに時代小説を1冊もリストアップしなくていいのかどうか。しかし、どうせ個人的なベスト10なのだ。あれこれ考えても仕方がない。ついでなので最後の2冊は、より趣味に徹する。

まず、黒岩重吾。『背徳のメス』とか『脂のしたたり』を挙げるなら、こんな心配もいらないだろうが、私が挙げるのは『西成山王ホテル』なのである。連作短篇集で、決して質の低い作品集ではないが、黒岩重吾の代表作となると正直ためらってしまう。しかし、収録の「雲の香り」という短篇に、20歳の頃いたくしびれてしまったのだ。仕方ないではないか。最後の生島治郎『黄土の奔流』も名作ではあっても、作品としては『死者だけが血を流す』のほうが上位だと思う（大胆な発言かなあ）。この2作を挙げるのは、個人的な体験、私の感情なのだ。

というところで10冊の表を見ると、阿佐田哲也『麻雀放浪記』のような、誰もが認める戦後大衆小説の収穫から、戸川昌子の作品のように埋もれたもの、あるいは黒岩重吾の作品のように一般的な代表作でないものまで一緒に並ぶという珍妙な結果になる。

しかし、これがまぎれもなく、戦後大衆小説の私のベスト10なのだ。片寄っていたり、何かが欠けているのは、私自身がそうだからだろう。何と言われても仕方がない。

10作中、現在手に入らないのは『蒼い蛇』のみ。あとは入手しやすいので、まだお読みでない方は手にとってみて下さい。これ以外の名作傑作が数多くても、少なくともこの10作が面白いことにはひそかな自信はある。

（50号／1986年10月）

『昭和水滸伝』（全三冊）藤原審爾／角川書店
『麻雀放浪記』（全四冊）阿佐田哲也／双葉社、角川書店
『蘇える金狼』（全二冊）大藪春彦／徳間書店、角川書店
『赤いダイヤ』（全二冊）梶山季之／角川書店
『あした来る人』井上靖／新潮社　※1
『蒼い蛇』（全二冊）戸川昌子／徳間書店
『虚無への供物』中井英夫／講談社
『重力の使命』ハル・クレメント、浅倉久志訳／早川書房　※2
『西成山王ホテル』黒岩重吾／角川書店
『黄土の奔流』生島治郎／講談社、中央公論社

※1井上靖全集7　※2重力への挑戦（井上勇訳）東京創元社

今月のお買いもの

【手袋】

毎年冬の始めに手袋を買う。この5〜6年はいつもそうだ。100円ショップの手袋。これがまことに使い心地がいい。

フリースなので暖かく、薄いので手にフィットするのがいい。一冬の間、ずっとこれを使い、冬の終わりに捨てる。いや、捨てるつもりはないのだが、冬が終わるといつの間にかどこかに消えている。だからまた次の冬になると、100円ショップに飛び込んで、同じ手袋を買うことになる。

手袋がないわけではない。100円より高い他の手袋も引き出しの中にたくさん入っている。中には買ったまま一度も使ってないものもある。いくら100円とはいえ、それらを使えば、わざわざ買うこともないのだが、なにしろ100円ですからね。これならどこかでなくしても心配はない。

実は10年ほど前、東京競馬場でマフラーを落としたのだ。指定席の背もたれのところにかけていたら、それがするっと滑ったんでしょうね。帰りにまったく気がつかず、そうか、落としたのは競馬場だとあとで気がついたが、紛失物係のところに後日行っても届いていなかった。最終レース終了までいて、周囲の客があらかた帰ってから席を立ったのである。そのときまわりには、つまり人がいなかったのだ。

しかも指定席の椅子の下に落ちたと思われるので（これは推測だけど）、通常なら目につかない場所である。清掃係の人以外、誰が気がつくというのか。だから間違いなく届いていると思っていた。それでも届いていないことにショック。そのマフラー、2万円もしたのである。すごく気にいっていたマフラーだったのになあ。

もう一度、高いマフラーをなくしたことがあるが、そのときはタクシーだった。これも問い合わせたが出てこなかった。

ということがあったので、100円ショップで手袋を見たとき、これだとひらめいたのだが、この100円手袋、どこかでなくしてもいいからと買ったのに、毎年春がやってくるまで全然なくならない。私と一緒に毎年、健気に冬を過ごしているのである。

（297号／2008年3月号）

【タイツ】

編集者との打ち合わせのため駅前の喫茶店に向かう途中、そうだタイツを買おうと思い出し、時間に余裕があったので駅の上にあるスーパーで1510円のタイツを買った。ズボンの下に履くタイツですね。昔なら、股引きというところだが、最近はスパッツというらしい。昨年までは平気だったのだが、今年の寒さは厳しくてもう我慢できない。

日本の大半の競馬場はガラス張りになっていて、夏は涼しく冬は暖かい。ところが東京競馬場は臨場感を大切にしていて（たぶんそうだ）、ガラス無しの吹きさらしなのである。ようするに野外の席にいるわけだから、一般席に座っていても、あるいは指定席に座っていても、この時期は凍えるほどに寒い。

スタンドの中に入れば暖かいが、せっかく指定席に入ったのに、スタンドの中で立ってモニターを見るのもなんだか現実から逃げているようで弱気すぎる。やはり席に座って臨場感あふれるレースを観戦したい。競馬場では攻めの姿勢が必要なのだ。

そこでタイツ着用というアイディアが浮上する。これなら万全だ。タイツを履くなんて、なんだかジジくさいよなとは思うものの、もうそんなことも言っていられない。で、タイツを履いて競馬場に行ったのだが、時間があったのでその前に府中本町前の喫茶店に入った。そこでコーヒーを飲みながら少し検討していくつもりだったのだが、喫茶店の店内は暖かく、しかもこちらはタイツ人間だから、ぽーっと全身が暖かい。それでつい、うとうと。タイツは野外には向いていても室内には向かないことを発見する。

しかし野外には最適だ。東京競馬場の指定席に朝から夕方まで座っていても、もう全然大丈夫なのである。馬券に集中できるのである。一緒に行った翻訳家のT口T樹に、オレ、タイツ履いてるから暖かいんだぜと自慢すると、おれも履いてるよとT口T樹。なんだみんなそうだったのか。タイツは冬競馬の必需品である！

（298号／2008年4月号）

【文庫本ノート】

町田のリブロは、西友が入っているビルの最上階にある。そこで片岡義男『一九六〇年、青年と拳銃』（毎日新聞社）を買ってからエスカレーターを降りていったら、無印良品があったので、久しぶりに覗いてみた。特に買いたいものがあったわけではない。暇なわけでもない。まっすぐに帰宅すればいいのだ。しかし、こういうふうに寄り道したい気分というのはあるものだ。

この日はコーヒーが飲みたかった。喫茶店で読む本も持っている。だからそのまま喫茶店に向かえばいいのだが、もう少し買い物気分を味わいたかった。

で、無印良品の奥の文具コーナーまで行き、あれこれ見ているうちに、「文庫本ノート」というのを購入。その名の通り、文庫本形のノートである。それがなければ困る、と思ったわけではない。なんとなく便利そう、と思っただけだ。本体価格が140円だから、驚くほど安い。

私の机の引き出しの中や、本棚のあちこちに、こういうふうに買ったものがたくさん置いてある。サインペンやボールペン、鉛筆に消しゴム、ノート類と、山のようにある。高いものはない。安い文具ばかりだ。三色ボールペンなんて何本あるだろうか。買うときは、あれば便利だろうなと思

うのである。しかし三色ボールペンなんて実際に使うことはほとんどないぞ。
いま目の前の筆立てにも、封を切っていない「名前ペン」「名前書きマーカー」「ノックスボール」「ペイントマーカー」「シャープ&ボールペン」「名前書き用ツイン式」と似たようなものがたくさん入っている。封を切っているものが隣の筆立てに入っているから、こちらはこのまま封を切らずに終わる可能性が高い。
おそらくこの「文庫本ノート」も実際には使わないだろう。わかっているのになぜ買うのだ！

（299号／2008年5月号）

【USBメモリー】

USBメモリーがいっぱいになったので、パソコンの師匠千脇君にメールすると、今度はDVDにしましょうかと言う。ふーん、DVDに原稿が保存できるの？ そこで、郊外のショップに買いにいくと、パソコンの型番によって使えるものと使えないものがあるので、おたくのは何？ と冷たい対応。そんな質問をされるとは予想外である。しかしその言い方が、そんなことも知らないで来たのかよと言いたげなので、少し傷つく。まあ、こちらが無知なのがいけないのだが、あまりにテンションの低い対応にうなだれて退去。その旨を千脇君にメールすると、ヘンだなあ関係ないはずなんだけどなあと、それから紆余曲折があって、結局、DVD作戦は中止し、最終的にUSBメモリーを買い換えることになった。2ギガくらいのUSBメモリーを買えば十分でしょうと言う。現在のは100メガバイトくらいで（よくわからないけど、たしかそのくらい）、それに20年間の原稿が入っているのだ。ということは、2ギガもあれば、人生を10回繰り返してもまだ大丈夫ということになる。

しかし、また冷たい対応されたらいやだな、今度は違う店にいこう。で、町田駅前のパソコンショップにいくことにした。するととても親切な店員氏が出てきて、素人の私を見下すことなく、あれこれ持ってきてくれるのである。せっかくあれこれ持ってきてくれるんだから、なんでもいいような気もしたけど、千脇君の指示は、「I・O DATA」の2ギガのUSBメモリーを購入のこと、というものだったので、それを告げると、なんだお客さんそれをわかっているなら早く言ってくださいよほらここにありますよ、と言いたげな顔ですぐに目的のものが私の前に差し出される。しかしふと隣を見ると、4ギガのやつがあるのだ。2ギガで人生を10回繰り返せるから、4ギガなら人生を20回繰り返すことが出来る。そんなの必要ないよなあと思いながら、魅力的なのでその4ギガを購入。3980円だ。で、帰ってから保存すると、革命的に速度が早い。あっという間に保存が終わってしまうのである。どんどん保存したいぞ。

（300号／2008年6月号）

【赤のサインペン】

赤のサインペンは競馬ファンにとって必

需品である。競馬新聞を読みながら、重要なデータのところを囲んだり、線を引いたりするのに、赤のサインペンがいいのだ。新聞活字は黒であるから、黒のサインペンでは見にくい。

　それではピンクでも緑でも茶色でもいいだろと言われかねないが、そうやって何色ものサインペンを使って、競馬新聞を綺麗に塗っている人も実際にいる。ようするに、データ別に色を変えるんですね。持ちタイムは茶色、コース成績は緑、着順はピンクとか、そうやって塗り分けるから、カラフルな競馬新聞が出来上がる。

　私はそこまでマニアックでもないので、赤のサインペンだけでいい。ところが、どんなサインペンでもいい、というわけではない。愛用のサインペンがあるのだ。それが、ぺんてるのサインペン（水性）だ。

　私の愛読している競馬新聞の紙質にぴったりということが大きい。油性のサインペンは濃すぎて裏にまでしみ通ってしまうからダメなのだが、その点、このぺんてるのサインペン（赤／水性）は、もう理想的なのである。旅競馬に出るときは必ず新しいサインペンをおろすことにしているのだが、その封を切るときはちょっと胸が躍ります。

　競馬を始めた1970年代半ばから、30年以上もこのサインペンを愛用しているのだが、最近は私の行動範囲に置いてある店が少なくて、見かけるたびにまとめて買いだめすることにしている。

　つい先日、わが町のコンビニとスーパーの隅に発見したときは、おお、お前はこんなところにいたのか、と感動してしまったが（写真のものは、駅前スーパーの2階で買ったもの）、このぺんてるの水性サインペンはゲラをチェックするときも便利なので（裏写りせず、書き味もいい）、競馬人以外でも出版業界人にぜひおすすめしたいと思う。

（301号／2008年7月号）

【携帯用折り畳み目覚まし時計】

　携帯用の目覚まし時計が見当たらなくなったので買いに行った。これから夏競馬が始まると各地に出かけるので、目覚まし時計が必要になるのだ。安いんですね、1000円もしない。だから探せばあるんだろうが、買いに行ったほうが早い。

　以前持っていたセイコーの携帯用折り畳み目覚まし時計が近所のスーパーの時計売り場になかったので、最初はデジタル式のやつを買ってきたが、これがよくわからない。目覚ましをどうやってセットすればいいのかわからないのだ。やっぱりいつものやつがいいよなと買い直すことにした。で、違う店に行って、「SEIKO」だけど、「made in Thailand」とあるやつを買ってきた。アナログ式だから、なんだか安心。オンとオフもわかりやすい。

　ビジネスホテルにはたいていの場合、目

覚まし時計が付いているので持っていく必要はないのだが、万が一ということがある。携帯電話に目覚まし機能が付いているらしいが、よくわからないので、携帯用折り畳み目覚まし時計は旅競馬の必需品なのである。

　で、仕事場に新聞雑誌等がたまったので整理していたら、携帯用折り畳み目覚まし時計が出てきた。もっとよく探せばよかったんですね。これで三つになってしまったが、そんなに使わないぞ。

　ただいま探しているのは、昨年買った近眼鏡で、これがどこにも見当たらない。5月の連休までは間違いなくあったのだが、どこに行ってしまったのか。携帯用折り畳み目覚まし時計とは違って、こちらは高いからすぐに買いに行くのはためらう。

　老眼鏡と違って、近眼鏡は使うことが少ないので、なくても日常生活には困らないが、しかしずっとないのはやはり不便。やっぱり買いに行くべきかなあ。そのうちに出てくるかなあ。

（302号／2008年8月号）

【近眼鏡】

近眼鏡を使うことはほとんどない。0・3くらいなので近眼鏡がなくても日常生活に困らないのだ。遠くの人の顔を見るときには必要だが、そんなのは見なければいいんだし。パーティなどに出るときには使うけれど、これがまたほとんど出ないから使うことが少ない。そういうふうに、近眼鏡は必要なときしか使わないので、置いた場所を普段は意識することが少ない。

　老眼鏡をどこに置いたかはいつも意識している。外出するときも車中の読書のために持参する必要があるし、これはもう生活の必需品といっていい。それに対して近眼鏡は、扱いが我ながら雑である。

　前回に近眼鏡を使ったのは、神田三省堂のイベントのときだ。つまり5月初旬だ。それから使っていない。でもどこかにはあるはずだから、そのときに探せばいいと思っていた。で、知り合いの会社が創業25周年を迎えることになり、そのパーティに出席することになった。こういうときには近眼鏡が必要だ。遠くから挨拶されたのに知らん顔しては失礼である。ところが、ないんである。いくら探しても出てこない。

　で、仕方ないので新宿の伊勢丹に買いに行った。去年の2月にここで作ったばかりなのである。まったく同じものを作ろうと思ったが、フレームがなく、ま、他のでもいいやと購入。フレームとレンズで8万円。思わぬ出費だが、致し方ない。

　問題はその翌日に、近眼鏡が出てきたことだ。こんなところには絶対にないと思っていたところからひょっこり出てきたのだ。いくらなんでも、翌日はないだろ。せめて1か月後にしてほしかった。ただいま、うなだれているところである。

（303号／2008年9月号）

【さらさらかき氷　雪細工】

かき氷が好きだ。夏にローカル競馬場に

行くと、かき氷の売店をまっさきに探す。無糖のアイスコーヒーを売っている店を探すのも重要だが、夏はかき氷の重要度が倍増する。去年の夏、札幌競馬場に行ったときはここが北海道なのと思うくらい暑く、日曜の午後2時に場内のかき氷はすべて売り切れになってしまい、とても淋しかった。

競馬場に行かず、自宅にいるときは、ただいま、メイトーの「さらさらかき氷　雪細工」というやつにはまっている。「ブルーハワイ」と「いちご味」の2種しかまだ見かけたことがないが、甘すぎず、かき氷の感触が舌に残り、絶品。あとで調べたら、抹茶味もあったが、こちらはまだ見かけたことがない。どこにあるんだ？　他のメーカーの「ふんわりかき氷」というやつも食したが、私にはこの「さらさらかき氷　雪細工」のほうがいい。問題は、自宅の近所でこのかき氷を売っている店がないことだ。

駅周辺の二つのスーパー、四軒のコンビニのどこにも、この「さらさらかき氷　雪細工」は置いてない。いちばん近いのは、歩いて三十分以上はかかるスーパーだ。仕方ないのでそこまで自転車で行く。

とはいっても、自宅周辺は坂ばっかりで、自転車を漕いでいくのは大変である。上ったり下ったりが繰り返されるので、ただでさえ疲れるのにこの暑さでは汗びっしょり。少しでも平坦に近い道はないものかといろいろルートを試したが、どの道を行っても坂が待ち構えていて、だめだった。

で、先日、いつものように坂を上ったり下ったりしてそのスーパーに到着したら、いつもの場所に、「さらさらかき氷　雪細工」は影も形もない。えーっ、どうしたんだよお。汗だくでここまで来たんだぜ。

売り切れたということなのか、その商品を置くことをもうやめてしまったのか、とそのときはがっかりして帰宅したが、後日ふたたび行ってみると今度はあったから安心。たまたま売り切れていただけなんですね。この夏は、「さらさらかき氷　雪細工」とともに乗り切りたい。

（304号／2008年10月号）

【ショルダーバッグ】

和田竜『忍びの国』について原稿を書くことになり、そうなると前作『のぼうの城』に触れるのも当然だが、幾つか確認したい箇所がある。ところが書棚をいくら探しても見つからない。つい最近の本なのに、おまけに三〜四冊はあったのに、全然見当たらない。しようがねえなあと町田へ。小田急デパート8階の久美堂に行くと切れていて、西友7階のリブロへ。無事に入手したが、問題はここのエスカレーターだ。

2階まで降りてくると、ちょうど正面が鞄売り場なのである。それをじっと見ながらエスカレーターで降りていくのだ。いちばん奥にショルダーバッグがあるのも、だから目に入ってくる。ショルダーバッグといっても、大きなものではない。ポシェットを縦にして肩に下げる感じ。実は私、同じものを幾つも持っている。最近使っていないのは、肩凝りのひどい私に、この手の

ものは向いてないと知ったためだ。

だったら買わなければいいのに、その売り場に近づいて、思わず手に取るのだ。中国製のアディダスだ。４０９５円の2割引き。なんだか買わないと損だという気になってくる。お前は先週、競馬でいくら負けたんだ。こんなもの、どうってことないだろ、とかなんとか言い聞かせて、レジに持っていく自分にびっくり。買うのか！

（３０５号／２００８年11月号）

【五徳ナイフ】

東急ハンズにナイフを買いに行った。ダイエットを始めたからである。

これだけでは何のことかわからないと思われるので、もう少し説明する。詳しい経緯は省くけれど、朝食はリンゴのみというダイエットを始めたのである。それで、どうしてナイフが必要になったかというと、競馬場にいくときのことを考えたからだ。朝早く競馬場に駆けつけるときに、リンゴはどうやってむいて食べればいいのか。そうか、ナイフは必需品だな。

というわけで、新宿の東急ハンズに買いに行ったのだが、カッコいいナイフがショーケースの中に並んでいる。で、店員さんを呼んで、ナイフがついていて、フォークもスプーンもついているやつはないですかと尋ねた。切ったリンゴを食べるときにフォークは必要だし、スプーンもなければ困るというものではないが、ついていれば便利だろう。

すると店員さんは、「それなら五徳ナイフですね」と言う。違う売り場に案内するのだ。ショーケースの中には外国製のカッコいいナイフが並んでいたのだが、そこをスルーするのである。えっ、違う売り場に行っちゃうの？　このカッコいいやつがいいんだけど。

で、その五徳ナイフというやつを買ってきたのだが、十徳ナイフに十の機能が付いているのに比べ、その名前の通り、五徳ナイフには五つの機能つき。ナイフ、スプーン、フォーク、あとは何だっけなあ。

問題は、買ったもののまだ一度も競馬場に持って行っていないこと。だって家を出る前にリンゴをむいて食べてから外出すればいいんだもの。競馬場で使うことなんてありません。買う前に気が付け！

（３１１号／２００９年5月号）

二十歳で読んだブラッドベリの短編

●私の偏愛短編

①「霜と炎」ブラッドベリ
②「その夜の雪」北原亞以子
③「夏の終わりに」志水辰夫

①は私が初めて買ったSFマガジン（1967年8月号）に載っていた短編で、つまり初めて読んだSFということになる。人が8日間しか生きられない惑星の話で、こんな小説が世の中にあるのか、とびっくりした。私が二十歳のときである。

海外SFが「新しい波」としてSFマガジンで紹介されたとき、それがあまりにも難解なのでSFから離れた、と私はこれまで何度も書いてきたが、その〈新しい波〉特集」は1969年10月号なので、ブラッドベリでSFと出会ってからその間2年しかない。そんな短い期間に、数々の名作を読めるわけがないから、「ニューウェーブ騒動」がきっかけになったとしても、それですぐに読むのをやめたわけではないとこの際訂正をしておきたい。ちなみに、雑誌掲載時の邦題は「火と霜」で、のちに『ウは宇宙船のウ』（創元SF文庫）に収録の際に「霜と炎」に改題された。

②は、森口慶次郎シリーズの記念すべき第1話。とはいっても、この短編を書いた時点ではシリーズにする意図はなかったものと思われる。というのは、これを表題作にして、その他のシリーズ外の短編と一緒の作品集が出ているからだ。のちに森口慶次郎シリーズの第1巻として出し直されたが、その経緯からシリーズ化はあとから決まったと類推している。あの穏やかなシリーズが、男たちの激しい感情のドラマから始まったことは記憶されていい。森口慶次郎シリーズは全部で十七巻書かれていて、それをいまから全部読むのは大変だろうが、『似たものどうし　慶次郎縁側日記傑作選』が新潮文庫から出ているのでこれをすすめたい。この「その夜の雪」と、私の好きなもう一編「似たものどうし」が収録されている。

③は小説新潮に載った短編で、のちに『いまひとたびの』（新潮文庫）に収録された。一晩だけ夫の故郷で過ごす夫婦の一日を、淡々と描く短編だが、東京に帰る妻を見送りにいく場面で、二人の感情が噴出するラストがいい。夫が妻を抱き寄せる場面で、思わずシミタツ節が滲み出るのが今となっては懐かしいが、この作家の一つの頂点といっていい。志水辰夫は生涯で3回直木賞の候補になったが最後がこれ。そのとき票を入れたのは、黒岩重吾、山口瞳、井上ひさしの3人のみであった。票を入れなかった5人の名前を私は忘れていない。

（433号／2019年7月号）

血統の王様についていくぞ！

●おすすめ競馬実用書はこれだ！

私が競馬を始めたのは、タケホープとハイセイコーが死闘を演じた一九七三年の菊花賞からだから、そろそろ四〇年になる。その間、たくさんの競馬実用書を読んできた。結果的には本棚三つ分の量がたまったが、現在の家に引っ越すときに、いくらなんでももう必要ないだろうと処分してしまった。それが五年前のことである。

競馬の実用書について書け、と編集部からお題をいただいたときに、あれらの本を処分しなければ今となっては珍しい本をあれこれ紹介できたのにな、と思ったが、もう遅いのである。そこで現在使用している実用書を紹介したい。

究極の競馬実用書とは、種牡馬辞典である。競馬とは馬が走るものであり、その場合、血統は無視できない。しかもこの血統というやつが、いろいろと偏りがあるから面白い。雨降りが好きな血統もあれば、休養を十分に取らないと実力が発揮できない血統もある。強い相手には弱いくせに格下相手になると途端に威張っちゃうやつもいたりするから、ホントに面白い。

それを整理して紹介するのが種牡馬辞典だが、各社からいろいろな辞典が出ている。私が愛用しているのは、『田端到・加藤栄の種牡馬事典』（東邦出版）だ。これは一昨年まで、『パーフェクト種牡馬辞典』と題して自由国民社から刊行されていたが、昨年から版元が変わり、書名も変わったので要注意。

一九九二年から毎年出ているのは、それだけ愛用者が多いということで、これがなによりも素晴らしい。馬は生き物であるから年を取ると、産駒に伝える性格が微妙に変化していく。長距離血統は徐々に短距離にシフトしていくし、疲労に強かった血統も弱くなっていったりする。そういう変化があるので、

毎年出してくれないとその変化に対応できないから困るのだが、田端到とその一党の作る事典は版を重ねるのでありがたい。

もう一つは、大胆な仮説、予測を織り込むのも特徴だ。たとえば毎年新しい種牡馬がデビューするのである。そのたびに産駒の特色を予想して書くのだが、産駒がデビューしてみるとその予測が外れるケースもある。すると翌年版で、すまなかったと訂正するのだ。

つまり事典といっても無味乾燥なものではなく、すこぶる感情的なのである。毎年春に年度版が刊行されるので、今年もあとしばらくすると今年度版が上梓されるだろう。競馬の実用書ということなら、この『種牡馬事典』は基本中の基本。

もう一冊、いつも競馬場に持っていっているのは、『王様・田端到の血統が〝当たる〟のはやはり常識です。』（東邦出版）。王様というのは、競馬雑誌サラブレ誌上に「血統金満王国」というのがあり（結果を検証することで将来の予想に備えるという座談会企画で、サンデーサイレンスとトニービンの相対性理論という伝説的な発見を始めとして数々のヒットを飛ばしている）、田端到はその王国の王様という設定なのである。

前記の『種牡馬事典』に対して、この『王様・田端到の血統が〝当たる〟のはやはり常識です。』はコース事典だ。つまり、その産駒の特徴を血統的に調べるのが前者なら、後者はコースごとに得意とする血統を調べるときに使うもの。東京競馬場の芝１６００ｍはどの産駒が得意としているのか、などというときに使用するものである。

このコース事典も各社からさまざまな本が出ているが、私が近年愛用しているのはこれ。『種牡馬事典』の著者田端到が書いている、というのが大きい。競馬の予想と同じように、結局は信頼できる人の本を買っているということだろう。私、サラブレの「血統金満王国」のファンでもあるから、王様に対する信頼は絶大なのである。

『血統ビーム　種牡馬ファイル』（白夜書房）の著者亀谷敬正、『月替わりに読む馬券の絶対ルール』（競馬ベスト新書）の著者水上学、この二人の本は出たら必ず買うのも同じ意味だ。

こういう実用書を読みながら翌日の競馬を予想しているときがいちばん楽しい。もちろん馬券が当たるのがいちばんだが、それは贅沢というものだ。

（３４９号／２０１２年７月号）

書店員はタフでなければつとまらない

●一日書店員体験記

◇まず買い出しからスタート

40号で「書店を愉しむ」という特集をやろうと決めたのは昨年の秋だった。その頭を書店員体験記で始めることも同時に決まったがライターが決まらない。那波かおりも香山二三郎も他の取材で動いていたし、困ったなと思っていたら、編集長が「お前、やれよ」と言う。うーむ、そうなるのではないかとおそれていたのだ。

仕方なく、お茶の水・茗溪堂の坂本克彦に相談した。彼とは本誌創刊以来の付き合いである。社長の了承をとってくれた。

年が明けると入稿で忙しくなるので決行日は11月16日金曜日と決まった。自慢じゃないが学校を出てから運動らしい運動をしたことがない。10時半の開店から夜8時半の閉店まで10時間立ちっ放しとは大丈夫だろうかと不安のまま、前夜は夜中の2時まで飲んでしまった。

開店は10時半だが、コミックを神田村に仕入れに行くので8時半に店に行かなくてはならない。茗溪堂では取次から配本される量では足りないので月に何度か神田村に買い出しに行くのである。間が悪いことに、その日が買い出し日に当たっていた。

二日酔いと眠い目をこすりながら、御茶ノ水駅に降りる。2分遅刻だ。休む間もなく神田村に向う。すずらん通りからその裏通り3本分くらいの間に中小取次店が集まっていてその一帯を俗に神田村という。茗溪堂からは歩いて5分なので便利だが、遠い書店がここまで買いにくるのは大変だ。交通費かけて手間かけて、それでも買いにくるのはそうしなければ客の需要に応えられないからである。書店は楽な商売ではないのだ。

まだ時間が早かったので開いてない取次もあった。坂本克彦の後にくっついて一帯を3周する。どこから買いに来たのだろうか、やはり書店の人らしき客が何人も神田村を歩いていた。

9時40分、牛丼屋で朝定食250円を食べる。これで帰れるならいい経験だが、そうもいかない。店に戻ると10時。地下売り場で買ってきたコミックをビニール袋に入れる。これが意外に目が痛くなる。チカチカするのだ。開店10分前に朝礼。1階売り場で足立店長より新刊の紹介を受ける。これを聞いておかないと、お客さんに尋ねられた時答えられなくなるので「そうかそうか」と耳を傾ける。

さあ開店だ。

午前中は地下のコミック売り場に立つ。予備校生が開店と同時にドドッと10数人、地下に降りてくる。なんだなんだ、と思ったら、その日は売れ筋コミックの発売日であったのだ。ファンはちゃんと知っているのである。前日、レジの打ち方を教えてもらったのだが何度か打ち間違えるとレジがピーッと大きな音を発したことだ。機械もバカにはできない。

◇いろいろな客が……

ところでコミック売り場にやってくる客は暗いねえ。女性客はまだいいが、若い男はみな肌青白く、眼付きが暗い。コミック新書をなめるように撫でながら選ぶのである。

1時間半、何も買わずにジーッとコミック売り場にいる男もいた。この男、特別の目的はなく、棚から棚へ移動しながら、買う本を選ぶというよりコミック売り場の雰囲気を味わっている感じである。外に出ていきたくない、このままずっといたい、というような感じなのだ。1時間半たって、やっと出ていったと思ったら、今度は1階にあがる階段の途中で壁に寄りかかり、ポスターをじっと見るのである。階段を駆けのぼろうとしたらぶつかりそうになり、ぎょっとしたよ。

外に行きゃいいじゃないか。こんなところにいて何が面白いのか、不健康だわい、と思ったが、考えてみたらぼくも普段はコミック売り場ではないけれど、彼と同じように書店の中にジーッとしているのが好きなのである。うむ、こちらも暗いのだった。

なかなか昼休みがこない。そのうち脚が痛くなってきた。1時間も立っていたら、ふくらはぎが痛くなり、どうして坐っちゃいけないのか、と鋭い疑問が湧いてきたが、立っていなくちゃいけないらしい。

痛さのせいか客が憎たらしく思えてきた。本を手に取り、そのままレジにくりゃいいのに、手に持ったままズズーっと棚を一周する客が多いのである。地下売り場は9坪だからレジから一目で見渡せる。あいつ、早くこないかな、今なら空いているのに、と思って見ているときはまずほとんどレジに本を持ってこない。そのくせ、他の客がたてこんで列を作り始めると、本を手にした店内の客がみんな集まってくるのである。忙しいではないか。お金を受け取り、包装して、釣り銭を差し出す。あわてるとカバーがまがってしまう。並んでる客の視線がこちらの手もとに集中しているようで、余計あせってしまう。

レジが混んでいる時は書棚をながめて待ち空いている瞬間を狙って購入する——これがいちばんよろしいのではないかと思う。

ようやく昼休み。

昼食を食べながら「もうだいたいわかったから、いいか」と冗談に言うと「お前なあ」と坂本克彦はあきれた表情を見せた。冗談の中にこめられた真実の気持を見抜かれたようで、ちょいとぎくっとする。

仕方がない。最後までやるか。

午後は取次から送られてきたダンボールを開けて2階で検品。続いて返品だ。ダンボールを何箱も作り、運ぶ。腰が重い。

◇疲れたけれど愉しかった

夕方、1階のレジに立つ。1階は新刊と雑誌売り場なのでフリー客が多い。ぴあの発売日ということもあり、どんどん売れる。1階のレジには1時間しかいなかったが、その間本の雑誌を手にした客は4人。うちだって発売日ならもっとすごいんだぞ、と言いたいが忙しいので坂本克彦は口もきいてくれない。嬉しいことに本の雑誌のバックナンバーを買ってくれたお客さんが一人いた。サラリーマンふう三十年配の男性である。公私混同してはならぬと心の中で礼をする。

書店には本を買わない冷やかし客が多いんだな、と痛感した。茗溪堂は駅前ということもあり、よそよりも多いのかもしれないが、30分もアンアンを立ち読みし、そのまま買わずに出ていく客や、明らかに待ち合わせと思われる客もいた。

夕方になると脚の痛みは嘘のようになくなった。慣れてくるものらしい。それでも夕方の休憩時間はグダッと横になって過ごす。

最後はまた地下売り場に戻った。閉店が待ち遠しいが、この時間がいちばん忙しいのである。機械的にレジを打ち、カバーをかけ、次々にこなしていく。もう客を観察する余裕もない。閉店5分前に「時計をとめて」が店内BGMとしてかかる。毎日、これは同じなのである。「あと5分だ」と心が軽くなる。2分前に「螢の光」が流れてくる。

レジをしめて売り上げ金と売り上げスリップを事務所に持っていく。これで終了だ。

たった1日の体験だから、実は何もわからないままに終った。残ったのは脚の疲労と精神的なストレスである。肉体の疲労は覚悟していたから驚かなかったが、精神的ストレスは意外だった。客商売に共通することなのかもしれないが、1日中頭を下げているのは疲れるのである。

本誌38号で四谷文鳥堂の木戸さんが「本屋のおじさんはいつもムッツリしている」と書いていたが、わかるような気がした。ニコニコ笑ってなんかいられるか。今号のインタビューで渋谷西武の田口さんも、書店員は肉体労働であり知的労働でもあると語っておられるが、なおかつストレスにも耐えなければならないとは、ひ弱な身にはつとまらない。

新刊の注文、棚の補充、客注品の整理、売れ行き良好書の手配、など、まだまだ書店員の仕事は多い。ぼくがこの日体験したのはそのごく一部である。それでこんなに疲れるのである。1年中、この仕事をやる自信は、正直ない。

だが、愉しいことも書かなければ不公平だ。客の表情を見るのが面白かった。あいつあんな本、買っていった、つまらないのになあ。あっ、あいつデキる！　自分の仕入れた本が動くと嬉しい、とよく言われるが、わかるような気がした。

本が生きているように客もまた生きている。日々、動いている。本はここで読者とつながっているんだ、と思うと、なぜか心が弾んできた。

そうか、この弾みがあるから書店員はたとえ仕事がハードでも耐えられるのだろう。もしもう一度、機会があったら、ぼくはまたやると思う。

（40号／1985年2月）

カツ丼12コの衝撃

●椎名誠のベスト10

「椎名誠旅する文学館」でやっている椎名インタビューでも指摘したのだが、『本の雑誌血風録』には大きな間違いが8カ所ある。事実と異なる細かなことは無数にあるが、大きくは8カ所。朝日文庫版の解説で私はその間違いを指摘しているのだが、その最大の間違いは、終わり間近に出てくるチンチロリンのルール説明で、親が4の目を出すと親の総取り、との箇所。そんなバカなことはない。これは6の目の間違い。ルールであるから、4の目で親の総取りというルールでやっている人たちがいるかもしれない。絶対にいないとは断言できない。しかしこんなルール、聞いたことがない。ルールの説明は前後の文章から類推するかぎり、藤代三郎『戒厳令下のチンチロリン』からの引用だと思うが、それを資料として椎名に渡すときにゼンジが間違えたか、椎名が写し間違えたか、そのどちらかだ。調べてみると、朝日新聞社から出た元版ものちの新潮文庫版もすべて間違ったまま。朝日新聞社の校正担当者も、新潮社の校閲部も見事にスルーしてしまった。これはチンチロリンがマイナーなギャンブルであることの証左であり、とても哀しい。

ずいぶん昔、椎名が札幌で講演することになり、そのあと小樽のホテルで麻雀がしたいと言いだしたことがある。角川の宍戸とトクちゃんが来るから、お前が来れば出来るんだよと言われてOKしたら、その日にちがでたらめで、なんとダービー当日。後日にそれが判明したので、そんなときに東京を離れることは出来ないといったら、もう飛行機のチケットを手配しちゃったからだめ、とトクちゃんに言われて泣く泣くダービーを断念したことがある。ジャングルポケットがダービーを勝った年だから、あれは2001年だ。

もっと前、まだ怪しい探検隊に私が参加していたころ、館山駅前の食堂で昼飯を食うことになった。さあ、何を食おうかなと思っていたら、椎名が突然「カツ丼12コ！」と注文。あのときはホント、驚いた。椎名がのちにエッセイに書いているが、みんながばらばらに注文すると、出てくるまで時間がかかると。同じものにしたほうが早いと。それはいいとしよう。しかしなぜカツ丼なのか。同じもののほうがいいのなら、天丼でも親子丼でもいいではないか。せめてその三択にしてほしい。カツ丼、親子丼、天丼のどれかに決めると、希望のものに挙手せよと。希望者の多いものに決めるとなれば、全員が納得する。そう思ったのだが、当時の椎名は暴力的で怖いので誰も逆らえず、黙ってうつむいたままカツ丼を食べたのであった。

とにかく当時は暴力的で、よく喧嘩をした。油断できないのはタクシーに乗ったときで、いつ喧嘩するのかとどきどきものであった。当時、子供たちからもお父さんとタクシーに乗りたくないと言われたらしい。その椎名のエッセイには、それは子供たちを守ろうという親の意識が働いたからだとあったが、私と一緒にタクシーに乗ったときもよく喧嘩していたから、絶対に父親の意識ではない。単に喧嘩早かっただけだ。それも最近はようやく落ちついたようでほっと安心である。

それでも今でもヒンズースクワットを毎日600回もやっているからびっくりだ。お前は1日30回でいいよと、椎名に言われてやってみたが、運動不足の私は、その30回が出来なかった。すごいよなあ600回は。いまでも痩せているのは、その運動量とあとは飯を食わないことにある。年を取るともうあまり食わないよな、と椎名は言うのだが、私、黙ってうつむいている。

前記の椎名インタビューを始めたのは5年前で、そろそろ終わりに近づいているが、昔の椎名作品を読むと、どうしてこんなものが超面白かったのだろうと思うものが少なくない。その感想は、前記の「椎名誠旅する文学館」にすべて載っているので興味のある方はご覧いただきたい。しかし中にはいまでも面白いものもあり、初期作品ではダントツで『わしらは怪しい探検隊』だ。つまりこのシリーズの第1作である。これだけはいまだに古びていない。このシリーズで次に面白いのは、『あやしい探検隊　済州島乱入』だ。これはこの10年の椎名本のベスト1といってもいい。

今後の活動についての個人的な希望は、犬の写真集を出してほしいことと、タイムトラベル小説を書いてほしいことだ。どちらも傑作の予感がある。

ベスト10と言いながら、あまり褒めていないような気もするので（ウンコを漏らした話を赤マントで書いたときはホント、驚いた）、最後に最大の賛辞を書く。ある作家が、成功する男の条件として3つのことを並べたことがある。すなわち、運があること、才能があること、愛嬌があること。この三つだ。運のあるやつはいる。才能のあるやつもいる。その両方を持つ人も少なくない。だが、愛嬌のあるやつは極端に少ない。私、そろそろ古希だが、これまで2人しか会ったことがない。一人はもちろん、椎名誠だが、もう一人はパズル雑誌ニコリの社長鍜治真起だ。そうか、こいつもいいかげんな男だった。

（400号／2016年10月号）

椎名誠のベスト10！

①細かなことは気にしない
②平気で日にちを間違える
③カツ丼を勝手に頼む
④喧嘩人生が終わってホッと安心
⑤ヒンズースクワット600回
⑥わしらは怪しい探検隊は傑作だ
⑦犬の写真集を出せ
⑧タイムトラベル小説を書いてほしい
⑨ウンコ漏らした話を書いたときには驚愕
⑩愛嬌がある

魚焼きロースターへの道

●中年自炊生活者コレクション

蜂谷涼『ちぎり屋』（講談社）に、とてもおいしそうな料理が出てくる。料理名は出てこない。手順だけが書かれている。それはこんなふうにして作られる。

「熱した油ににんにくを一片。そこに擦り下ろした生姜を加えて、茹でた菜の花を刻んだものと浅蜊をさっと炒め、鍋の縁から醤油を回し入れる」

簡単でありながら、実においしそうだ。この『ちぎり屋』には、「薄切りにした北寄貝と柿に、ゆるめに練った胡桃味噌がかかったもの」「大根と柚子と鷹の爪をつけ込んだもの」「牛蒡の葛煮」「醤油で煮上げた蛸を長芋で包んで胡麻油で揚げた蛸の衣かけ」など、他にも美味しそうなものが頻出する。その全部が酒の肴で、おかずにはなりそうもないのは、これが小料理屋を舞台にした小説だからである。

『ちぎり屋』は明治時代の小樽を舞台にした連作集で、駆け落ちしてきたものの、夫に死なれ、一人で小料理屋を営むおもんを主人公にしたものだ。亭主に死なれて、たった一人になってしまったから、おもんはたとえようもなく淋しい。客をもてなす料理も作らず、飲んだくれる日々で、店はたちまち閑散とする。そこに白髪頭の男がやってきて、「板場、借りるぜ」とあっという間に料理を作る。その白髪頭は毎日のように現れて、一品ずつ作っていく。そのうちに、おもんが徐々に立ち直っていくという小説だ。菜の花と浅蜊の炒めものは、そうして立ち直ったおもんが作ったものだ。

数年前なら何気なく読み飛ばしてしまう箇所だが、自炊生活を始めると、こういう料理の箇所が出てくるだけでふと立ち止まってしまう。まず、自分に作れるかどうか。これが最大のポイントだ。やたらと手間がかかる料理はまず無理だから、興味も湧かないが、これならオレにも作れそうと思えるものが出てくると、もう読書は中断である。で、自分が作る光景を想像し、でもやっぱり面倒だなとか、いつか作ってみようとか、

思いはさまざまな方向にひろがっていくのである。これまで読んできた小説の中にも、たくさん料理を作る箇所があったのだろうなと考えるだけで悔しいが、いまさらすべての書物を読み返すわけにはいかないし、そのときは興味がなかったのだから、これはかりは致し方ない。これからは全部、要チェックだ。

自炊生活を始めて1年4カ月になる。この間に購入した料理本はダンボール1箱。書店の料理本コーナーに行くのが楽しい。料理本にまったく興味がなかったから知らなかったが、新刊がいっぱい出ているんですね。まったく油断できない。そういう新刊を見かけると、まず手に取る。いや私の場合、知らない本ばかりなので、新刊既刊にかかわらず、初めて目にする料理本はすべて手に取る。で、その中に自分でも作れそうだなと思えるレシピが二つ以上載っていると、買ってくる。一つの場合は、大変申し訳ないが、その材料のところを暗記してすませる。そうやって料理本を買っていたら、ダンボール1箱になってしまったわけだ。

私が自炊生活を始めた直後に刊行されたのが、集英社の『クッキング基本大百科』。基本百科であるから、私のような初心者には大変便利だ。だいたいのことはこれに出ている。難点は、分厚い書なので片手で持てないこと。料理しながら、ええと、この次に何を入れるんだっけ、とわからなくなったとき、この本を持てないのだ。料理本は軽いほうがいい。その次に重宝したのは、ブックマン社から出ている「村上祥子のらくらくシリーズ」で、特に、『村上祥子の1人分でもおいしい電子レンジらくらくクッキング』は、「1人分」「電子レンジ」というのが実用的かつ簡単でいい。肉豆腐は何度やってもうまくいかなかったのだが、電子レンジで作ってみたら簡単で美味。そういう発見が随所にあって、驚くのである。鯵の開きを電子レンジで焼くのも、村上祥子さんの本で学んだ。村上祥子さんは講談社から『電子レンジと手早い工夫の時代です。』という本も出していて、これもすぐに買ってきた。私にとっては電子レンジの魔法使いである。

なにしろ私、知らないことばかりなのだ。しばらく前に週刊文春を読んでいたら、阿川佐和子対談だったと記憶しているが、皿を洗うとき、1枚ずつ洗剤をつけて水洗いしていたという男性ゲストの発言に「笑」とあったので驚いた。ということは、全部まとめて洗剤で洗ってから水で流すということだ。常識的にはそうなのに、違うことをしていたから「笑」なのだ。たぶん、そういうことだろう。そのくだりを読んで、えっと驚いたのがつい昨日のことのようだ。仕事場の流し場が極端に狭いこともあり、洗剤をつけて置いておく場所などなく、私も1枚ずつ洗っていたのである。全部洗剤につけてから、まとめて全部水洗いするなんて誰も教えてくれなかったぞ。

ズッキーニがどういうものであるかも知らなかった

のだ。高いんですねズッキーニ。その値段を知ってからは、ズッキーニなしで作ってしまう。ベイリーフは思ったよりも安かったけど、そうそう昆布も高かった。レシピに○○を入れろと書いてあり、それを買いに行っても、それが何ジャンルに属するかも知らないから、どの棚を探していいものかわからないのは大変に困る。そのたびに、QUEEN'S ISETANの店員さんに聞くことにしているが、野菜だと思って買いに行ったら調味料売り場に案内されたなんてことはざらにある。

自炊生活を始めて驚いたのは、自分で作るというのは結構高くつくことだ。外食したほうが絶対に安い。時間のかかるのは覚悟していたが、出費がふえるとは思わなかった。昨年の暮れに、笹塚のQUEEN'S ISETANで、百人に一人の確率でその場で買ったものが全部タダになるというサービスをしたことがあり、それに当たってしまったことは笹塚日記に書いたかどうか、もう記憶にないが、とにかく当たったのである。レジを打っていたおばちゃんがいきなり、「おめでとうございます」と言うので何だと思ったら、そのとき買ったものが全部タダ。そういうときに限って、いつもの半分しか買っていないのは皮肉である。まとめて5000円くらい買っておけばよかった。会社に戻ってからそのことを話すと、営業の杉江から「安い買い物だから当たったんですよ」と言われたが、そうなのかQUEEN'S ISETAN！　ええと、何の話だ。料理本の話だ。何度も使ったものが幾つかある。『体にやさしい和風のおかず』（成美堂出版）、『ヘルシーチョイス④滋味自在　卵と豆腐のおかず』（女子栄養大学出版部）、『おうちでイタリアン』（講談社）、『基本のイタリアン』（オレンジページ）など、大変に重宝した。材料が4人分というレシピが多いのだが、中にはきちんと1人分のレシピもあるから（ダンボールを探してもすぐには出てこないので、ここに書名を書くことは出来ないが、あることはある）、そういう面では困らない。

料理でいちばん大変なのは、メニューを決めることだというのがこの間の実感である。メニューさえ決まれば、それに使うものを冷蔵庫から探し出し、足りないものを買いに行けばいいから、簡単だ。あとは手順通りに作ればいい。ところが、そのメニューを考えるのが面倒なのである。主婦の苦労が身にしみる今日このごろだ。

実は昨年の秋、通販生活に載っていた魚焼きロースターを買った。ところがそれから半年、その魚焼きロースターは箱から出したこともなく、部屋の片隅に置かれている。私の仕事部屋は本の山に埋もれていて、魚焼きロースターを置く場所がないのだ！　今年の秋までに、私は焼き魚を食べることが出来るのだろうか。

（237号／2003年3月号）

島崎藤村全集を読みたい!

読めない理由、黄金の4パターンについて

読みたい本は山ほどある。読めない本も数えきれないほどある。私の書棚には二万冊の本があるが、その大半は読んでいない本だ。

買った本であるから、出来れば読みたいのである。自分の書棚の本は、当然であるけれど、読みたい本ばかりなのである。ところが、実際には半分も読んでいない。したがって「読みたいのに読めない本」とは、自分の本棚にある未読の本のことをいう。なぜ読めないのか。その理由もちゃんとある。それを説明する前に、「読みたいのに読めない本」の具体的な書名を思いつくまま挙げてみると、まず次の4点がすぐ浮かんでくる。

①『藤村全集』(筑摩書房)
②『17・18世紀大旅行記叢書』(岩波書店)
③五味康祐『色の道教えます』(新潮社)
④『国枝史郎伝奇全集　補巻』(未知谷)

浮かんできてから気がついたのだが、「読みたいのに読めない本」の黄金の4パターンがすべてこの4点の中にあると思う。では、そのパターンとはなにか。

まず①は、昭和四十年代に刊行された全十七巻(別巻一)の全集で、この全集を私が読めないのは、学生時代に買ったものの、その後生活に困った時に売り払い、現在では手元にないのである。持っていないものは読みようがない。バカバカしい理由かもしれないが、これが「読みたいのに読めない理由」の①だ。意外にこういう例は少なくない。一度売った本だから、また買うのもなんだかなあという気がして、図書館からでも借りてくれば読めるのに、なんとなく意地になって読まずにいたりする。とにかく、一度持っていたものの、売り払ったために読めないという理由が①。最初に、「読みたいのに読めない本」とは、自分の本棚にある未読の本のことをいう、と定義したのに、いきなり例外から始めて申し訳ないが、この心理は読書人ならわかっていただけると思う。

②は資料本の類。『17・18世紀大旅行記叢書』はその叢書名の通り、ダンピア『最新世界周航記』から、ブルース『ナイル探検』まで、17～18世紀の旅行記・探検記をまとめた全十巻の叢書で、たった今書棚を調べたら、ありゃりゃ、十巻全部がある。知らないうちに完結していたとはね。この手のものでは、雄松堂出版の「海外渡航記叢書」もあり、こちらはまだ完結していないよな。

旅行探検ノンフィクションにとどまらず、この手の資料類は、知り合いの書店に注文して、連絡が来ると取りに行くというシステムで買っているので、特に何巻にも及ぶ叢書類はいったいいつ完結したのやら、気がつかない場合が多い。私の場合には、ということだけど。

したがって、完結したことを知らないぐらいだから、当然中身を読むことは少ない。この手の資料類は、いつの日か読むであろうと思って買っているわけで、もともとすぐ読むつもりで買っているわけではないから、すぐ読めないのも仕方がないとは言えるけど、この手の本が自分の書棚にたまっていくと、妙に気になるもので、三一書房「近代庶民生活誌」はなんとまだ一度も中を開いたことがない。この第二期配本は完結したんだろうか。最近では馬事文化財団発行の「馬の文化叢書」全十巻を愉しみにしているが、これもいつになったら中を開くのか、我ながらわからない。ま、資料本の宿命だろうから、仕方ないか。必要になったら読むからね。とにかく「読みたいのに読めない理由」の②は、資料本に見られるように、「いつか読もうと思って買うだけで、結局読めないまま書棚に埋もれる」という例だ。

③の前に④を先に説明すると、これは全六巻で完結したはずの『国枝史郎伝奇全集』の補巻。なんとなんと、新聞に連載したまま単行本になっていなかった新発見の長編小説二本が丸々収録されているから驚く。しかも七百枚の時代伝奇小説と、一千枚の現代冒険小説だよ。今になってこういう発掘があるとは信じられない。大衆小説の書誌がいかに遅れているか、その見本のような例だが、しかし遅くなっても読めるなら実にありがたい。研究者の努力に敬服。これはぴかぴかの新刊である。ところが、読むべき新刊はこの他にもたくさんあるので、長さに気後れしているうちに、未読になってしまった。つまり、④のパターンは、新刊時に読み切れなかった本。私は書評を生業としているので、新刊時に紹介できないと、よほどのことがないかぎり、その本を読むチャンスを逸してしまうのである。だって翌月になるとまたその月の新刊がどっと出てきて、そちらを読まなければならないのだ。気になる新刊本は出来るかぎり、その月のうちに読むつもりでいるのだが、どしてもこぼれてしまうものがあると、こういうことになる。「読みたいのに読めない理由」の④は、そういう悔しい理由。

で、前に戻って③。これはちょっと説明が必要になる。この本は昭和三十六年に新潮社から刊行された時代連作集。私の手元にあるのは翌年刊行の六刷だが、立派な箱入り本で当時の定価は三百八十円。なぜ、これが「読みたいのに読めない本」なのか。実はこれ、最近神田の古本屋で買ってきた本だが、装丁がいいのである。情緒漂う本で、思わず買ってしまった。私にはそういう癖がある。先日は西荻窪の古本屋で、今東光『悪名』初版があったのでこれも買ってしまったが、こちらも撫で摩りたい箱入り本。『悪名』は今でも古本屋で文庫が手に入るから、この箱入り本を買う必要はないし、しかも私は『悪名』を読んでいるのだ。それでも思わず手が伸びてしまったのは、本の持つ風情がよかったからだ。昭和三十年代に出た大衆小説の中にはこの手の情緒たっぷりの本が少なくない。私は、こういう本をみかけるたびに、つい買い求めてしまうのである。

したがって、これはもともと読むつもりで買った本ではない。眺めるつもりで買った本だ。だから中身を読まなくてもいい。しかし、自分の書棚にあると気になるもので、心理的には「機会があったら読む本」に入っているのである。つまり、「読みたいのに読めない理由」の③は、ちょっとヘンな理由の③。

というところが、私の「読めない理由」の黄金の4パターンで、大半はこの4種に分類されるが、もちろん、このパターンの変種や、パターン外のものも山ほどある。新人物往来社の「日本見聞記シリーズ」など明治期に日本を訪れた外国人の記録、明治期日本人の伝記、同素材のノンフィクション、さらに自然科学系の読み物、等々、この手の単発もの未読本が私の書棚には山ほどある。これらはすべてが資料本とは言い切れず、すぐ読むつもりで買っているのに、結局は読めずに溜まっていく。もうひとつは、新刊が出るたびにすべての著作を買い求めている作家が、草森紳一を始めとして私には二十数人いて、これらの本は買っただけで安心してしまうので、読むのはどうしても後回しになる。安心すると言えば、ディケンズ『マーティン・チャズルウィット』（ちくま文庫）などは、文庫化されただけで嬉しくて、すぐ買い求め書棚にしまって、よおしよおしと安心してしまった。こういう本も山ほどある。

しかし、よく考えてみると、読む時間さえあれば、読みたい本は読めるのである。「読みたいのに読めない」のは、その時間がないからだ。では、なぜ時間がないのか。

それは人によって事情も異なるだろうが、私の場合は自分が自由になる時間の大半を使って新刊を読んでいるからだ。毎月洪水のように出てくる新刊の中から面白そうな本を選んで毎日せっせと読んでいるから、新刊以外の本を読む時間がなくなるのである。すべてがそこに行き着く。

ということは新刊が出てこなければ、「読みたいのに読めない本」の存在はなくなって、すべての気になる本は読めるのである。これも私の場合には、ということだけど。でもそれは淋しいでしょ。新刊のない日々は基本的に虚しい。だから、「読みたいのに読めない本」があってもいいのである。いつも気になる本があるから、こんなことしていられないと、我々はせっせと本を読むのである。

（145号／1995年7月号）

〈極私的〉恋愛小説全集のすすめ

　思いつくまま印象に残っている本を並べてみたのが次ページの表だ。まだ、たくさんあるような気もするが、記憶力に自信のない私にはこれだけ思い出すのが精一杯。

　この十冊の共通項はただひとつ。すべて中年あるいは初老男を主人公にしていること。したがって描かれているのは、そういう黄昏の男たちの恋である。四十の半ばを過ぎてしまった最近の私はこういうシチュエーションにしびれる。歳を取ることの淋しさと断念と諦観に共感するのである。したがって一般性のない恋愛小説全集とも言えるのだが、しかし中身の面白さは保証つき。

　順不同に説明すると、まずは典型的なパターンを持つ『薔薇ぐるい』から。妻に先立たれた初老の大学教授が女子大生と恋に落ちるという話で、おお、そういう老後があってもいいではないか。もっともこの恋が成就するかどうかは読んでのお愉しみだが。

　しかし結果はどうであれ、主人公が三十代後半（たしかそうだよな）の『しらぬひ』より『薔薇ぐるい』のほうがいいのは、その作品の差ではなく、中年という設定よりも初老のほうが今の私にとってリアリティがあるためだ。『しらぬひ』は、男がなぜキツイ目をした女性に惹かれていくのか、ということをテーマにした興味深い長編で捨てがたく、あるいは作品としてはこちらのほうを個人的にはベストとするものの、初老には勝てないのである。

　『ウォッチャーズ』も主人公は中年だが、こちらはアインシュタイン（この小説に登場する可愛い犬だ！）に免じて、許そう。ハーレクインすれすれの通俗恋愛小説で、読んでいると恥ずかしくなるものの、これは現代のおとぎ話なのだから仕方がない。

　『裁きの街』も、新聞記者ジョン・ウェルズは四十六歳だから立派な中年だが、思いを寄せる部下のランシングといったいどうなるのか、今後の展開が気になるので、とりあえずマークしておきたい。

　ここで鋭い読者は、『愛しい女』の主人公は十七歳じゃないかと疑問を持たれるかもしれないが、しかし『愛しい女』はその若き日の燃えるような恋を初老男が回想するという構成なのである。つまり若き日の恋をストレートに描いた小説ではなく、あの輝く恋は自分にもう二度と訪れないという断念のもとに描かれていることに注意する必要がある。だからこそ、あの恋が切実なものとして迫ってくる。すなわち、『愛しい女』は青春の恋を語りながらも、実は初老男の小説なのだ。

　もっとも、主人公の年齢で区分けするよりシチュエーションで区分けしたほうがいいと思えるのは、『行きずりの街』『流転の海』『オータム・タイガー』の三作。主人公はすべて中年以上だが、こまかく年齢を見ていくと、順に三十代、五十歳、五十九歳とばらばら。しかしこの三作は夫婦小説という共通項で見たほうがいい。

❶巻『**しらぬひ**』田久保英夫／福武書店
❷巻『**行きずりの街**』志水辰夫／新潮社
❸巻『**馭者の秋**』三木卓／集英社文庫
❹巻『**薔薇ぐるい**』清岡卓行／日本文芸社
❺巻『**流転の海**』宮本輝／新潮文庫
❻巻『**愛しい女**』P・ハミル（高見浩訳）／河出文庫
❼巻『**ウォッチャーズ**』D・R・クーンツ（松本剛史訳）／文春文庫
❽巻『**裁きの街**』K・ピータースン（芹澤恵訳）／創元推理文庫
❾巻『**立証責任**』S・トゥロー（上田公子訳）／文藝春秋
❿巻『**オータム・タイガー**』B・ラングレー（東江一紀訳）／創元推理文庫

まず、私の大好きな『行きずりの街』は、夫婦再会小説の傑作。別れた夫婦が十二年ぶりに再会し、一夜をともにする場面の感動はまだ記憶に新しい。ストーリーはややぎくしゃくしているものの、この場面ひとつですべてを許したい。絶妙の志水節が冴え渡っている。実は、志水辰夫は夫婦小説の名手で、雑誌に掲載したきりまだ単行本に収録されていない傑作短編「夏の終わりに」も絶品。

大河小説の第1部『流転の海』は、回想で語られる父親と母親の長い恋愛話がいい！　この父親が男としての魅力にあふれ、また母親も溜め息の出るような女性だから、そこに展開する恋愛は夫婦出会い小説の極致となっている。夫婦出会い小説というジャンルの秀作としては他に曽野綾子『無名碑』という傑作があるが、あちらは残念ながら主人公が若すぎる。こちらは中年になってから妻となる女性と知り合うので、深みが違う。勝手に決めていますが。

再会と出会いの次は、夫婦が連れ添って生きる営みを隠しテーマにした『オータム・タイガー』。ストーリーは第二次大戦秘話を描いた冒険小説だが、その隠しテーマにしびれる。五十九歳だからこそ、そういう心境に到達するのである。こればかりは若い主人公ではつとまらない。

というところで、残ったのは二冊。まず、『立証責任』は五十三歳の主人公が出張から帰ると妻が自殺していたという幕開けから始まる長編で、つまり初老男の喪失感を描いた小説である。ストーリー的には別の事件が表面で進行するものの、この喪失感が最後まで物語の底を流れていく。感じ入ったのは、妻が死んでからこの男のモテること。何人もの女性が次々に近寄ってくるのだ。しかし彼は妻に自殺された身なので（これが最大のミステリーだ）どんな女性と知り合っても燃えるものがない。すなわち、初老男の苦い恋である。ただいまの私にとってはなかなかリアリティのある設定といえる。

最後の一冊、『馭者の秋』がまだ残っているが、これはえーと、ちょいと説明しづらい。初老男が息子の婚約者に恋をするという話なのだ。こういう書に惹かれる感情の動きについてはあまり語りたくない。やばいです、これは。しかし読み終えてから何年たっても残り続けている小説だから、えいっとここに挙げてしまうのも仕方がないのである。

（126号／1993年12月号）

友よ、私の声が聞こえるか

●友人と喧嘩別れした時に読む本

友人と喧嘩別れした夜は、たとえばジェイムズ・リー・バーク『天国の囚人』（角川文庫）を読めばいい。インテリで、しかも絶世の美女と一緒に暮らしているというのに、この主人公は嬉しそうな顔もせず、むしろ迷惑そうな風情があったりする。それは彼がどこかで死を考えているからで、そういう心境の時には恋人すらいらないのである。究極的には独りで生きる生物であることの哀しさが、行間からざわざわと立ちのぼってきて、やがて、どっちみち独りなのだ、友人と喧嘩したこともたいしたことじゃあないぜ、という気にさせられる。死を考えれば、愛だろうが友情だろうが、そんなもの、二次的なものにすぎない、という気になってくるのだ。そう思ったら、次は大藪春彦。作品はなんでもいいが、とりあえず、『蘇える金狼』（角川文庫）にしておこうか。野望を抱いた青年がたった独りでのし上がっていく過程をハードに描いた長編で、おお、ここにも独りで闘っている男がいると共感。大藪春彦の作品にはこの手のものが多いので、そのままこの作家の作品を何冊か読んでいると、矢でも鉄砲でも持ってこい、とむくむく元気が出てくる。友人なんか、なんぼのもんじゃい、とパワー全開の気分になるのだ。

しかし、そのうち、喧嘩別れした友を思い出して、あの時あんなことを言わなければよかったなあとか、あいつもヘンなこと言うからだよな、とか、考え出すのだ。最初は喧嘩したことを忘れようとしても、そして忘れさせてくれる本があっても、感情が一巡すると、なんであの時喧嘩してしまったのかなあとふたたび後悔の念が素直に込み上げてくる。それが人情というものだろう。

そういう時に、ケン・グリムウッド『リプレイ』（新潮文庫）を読むのだ。四十三歳の主人公が二十五年前の自分にタイムスリップしてもう一度人生を生き直すという御存じの傑作だ。普段読んでも、中年世代ならくらくらしてくる小説だが、友人と喧嘩別れした夜に読むと、おお、もう一度人生がやり直せるなら、あの喧嘩の直前に戻りたい、と思ってしまう。もし、もう一度あの直前にタイムスリップしたら、今度はこう言ってみよう。あいつの言葉にはこう答えよう。そう考えていくと、なあんだ、たいしたことじゃないや、との気になってくる。

喧嘩したことが取り返しのつかないことだと思うから落ち込むのであって、まだやり直せるのだと思えばいいのである。『リプレイ』の主人公は過去にタイムスリップしても失敗したりするけれど、おれなら次の機会はきちんとするぜと思うのである。そうか。喧嘩別れした友にも、この『リプレイ』を送るのはどうか。友へのメッセージだ。

（136号／1994年10月号）

『ふたりのロッテ』と草森紳一

「一生、本を読まないってこと、出来る？」喫茶店でそう彼女に言われて、何も言えなかったことを思い出す。私が二十六歳の時である。

現在なら、「出来るさ」と笑って相手の顔を見るだろう。たかが本ではないか。好きな相手と結婚できるなら、本くらい断念する。しかし当時の私は、会社に勤めてはいたものの、仕事熱心とはいいがたく、本を読む生活ができればあとはどうでもいい、というひたすら後ろ向きの青年だった。

本を読む生活はイメージ出来ても、本を読まない生活など考えたことがなかった。たいした本を読んでいたわけではないが、本に囲まれた生活がとにかく気にいっていて、このまま一生が過ぎていけばいいと思っていた時期である。

いや、嘘だな。どこかに不安があった。確固としたものが欲しかった。一生本を読んでいく強さが欲しかった。自分には強いものが何ひとつない。それが嫌だった。

彼女は都内に何軒ものレストランを持つ経営者の一人娘で、自分の結婚相手にその会社の跡取りになってもらうという人生の計画を持っていたようだ。当時二十一歳。まだ大学に通っていた。

知り合ったのはインド。その年、椎名と約束していた北アフリカ旅行が椎名の都合で中止になり、ぽっかり空いた正月休みを利用して、深い考えもなく行ったインドで彼女と知り合った。帰国してから何度も会い、そのうちに彼女が大学を卒業したら、と私は勝手に結婚を考え始めていた。

「一生、本を読まないってこと、出来る？」と聞かれて私が何も言えなかったのは、その三週間前のことをそのとき思い出していたからでもある。彼女が一冊の本を貸してくれたのだ。エーリヒ・ケストナー『ふたりのロッテ』。

ケストナー少年文学全集に入っていて、現在も版を重ねているので、児童文学の名作なのだろう。彼女の一番好きな本だという。

私はその後、書評を生業として、読み間違いや読み落としな

どは結構あったものの、一度として心にもないことを書いたり言ったりしたことはない。しかし、『ふたりのロッテ』の感想を彼女に求められた時、そのとき一度だけ嘘をついたことは今でも覚えている。

というのは、私には『ふたりのロッテ』がなんだかよくわからなかったのである。現在読めば、また感想も異なるのだろうが、そのときの私には無縁の書に思えた。でも彼女に向かって、そんな感想はとても言えなかった。具体的にどんな言葉を使ったのかは記憶にないが、あ、自分はいま嘘をついていると思ったことは鮮やかに覚えている。

あるいは私の性格を彼女が見抜いていて、なんだか最近妙に接近してくる青年を拒否するために、冒頭の言葉を言ったのかもしれない。若いわりにはかしこい娘だったのでそれも考えられる。

しかし私は、好きな人が大切にしている本が自分にはわからないというほうがショックだった。百人いれば百の読み方があるのが当たり前なのだが、当時はそんなことを思ってもいない頃で、それがそのまま二人の違いにも思え、ショックを受けたのだろう。

問題はおそらく私の弱さにある、と漠然と気がついていた。本を読む生活がありありとイメージできれば、どんなことが起きても対処できる。ところが二十六歳の私には曖昧なイメージしかなく、その弱さがすべての原因なのだと考えた。本を読んで気儘に文章を書く生活をしたい、と自分の将来について考えていても、何を書いていいものやら皆目見当もつかないのだ。

彼女はそういう私の弱さを見抜いていたのだという気がした。

ちょうどその頃に書店の新刊台で、草森紳一『底のない舟』を見た。こちらは名付けようのない雑文集で、そのあとがきに、仕事の大部分が雑文の山でありながら大作家の列に加えられている魯迅を、若い頃理解できなかったと書いてから、著者は次のように記している。

「そのころ、私には、ジャンルの病があった。小説は小説、評論は評論であった。つまり作品主義であったわけで、そういう色眼鏡で見る私の魯迅観では、ものたりなさを覚えても当然であったのだが、いまにして、なぜ魯迅が、雑文を多産したのか、わかってきたのである。あの雑文群の総体こそが、魯迅の悲惨な栄光であったのである」

この最後のくだり、「あの雑文群の総体こそが、魯迅の悲惨な栄光であったのである」というフレーズに、二十六歳の私はいたく感じ入ってしまった。

自分はたぶん作家にはなれないだろう。評論家にもなれないだろう。その現実を認めるのは若い私には辛いことだったが、かといって何者になるのか、その目標もない。そういう苛立ちを、この「雑文」という力強いひびきが救ってくれた。

一生、本を読む人間でいい。

一生、雑文を書く人間でいい。

もちろん、それは著者の意図とは無縁の、私の誤読かもしれないのだが、『底のない舟』をそう読んだのは事実で、この本の向こうに何かが見えたような気がした。

椎名と「本の雑誌」を創刊する2年半前のことである。

(123号/1993年9月号)

さらば、友よ！

追悼・北上次郎

書評家・北上次郎を語る座談会なのだ!

書評界の長嶋茂雄だった⁉

池上冬樹/大森 望/霜月 蒼

――「書評家としての北上次郎」を語ってもらうということなので、まず最初に出会った書評とその時に受けた印象とか、そのあたりからお話をしていただけますか。大森さんは最初に読んだ時はどんな印象でした?

大森　最初に出会った書評……それは難しい。SFの書評だったら、最初に読んだのを覚えてるかもしれないんですけど、基本的には専門外のジャンルだったので。よその山でワーワー言ってる大将っていう感じだったかな。年も十五くらい上だし。だから気がついた時には北上次郎は北上次郎だったっていう感じでしたね。たしかよしだまさしさんがどこかで言ってたけど、「北上次郎は書評界の長嶋茂雄である」っていう。

――すばらしい。最高の褒め言葉じゃないですか。

大　気づいた時には長嶋茂雄だったんですよ。ファンもいっぱいいて。書評にアイドル力がめちゃめちゃあるでしょう。でも僕自身はそこまで積極的な関心はなかった。「長嶋かあ」って。

池上　大衆的なヒーローであり、突出した才能があるってことでしょうね。誰もが魅せられて、誰にもわかりやすい才能。なかなか上手いネーミングだと思いますよ。

霜月　僕はお二人より世代が一つ下なので、北上次郎に出会ったのは小学校五〜六年の時でした。当時、西村寿行を読んでいて、一九八〇年刊の角川文庫版『往きてまた還らず』の下巻に入ってる北上さんの解説を読んだんです。相前後して、同じ寿行の『闇に潜みし は誰ぞ』というのが集英社文庫から出て、これの解説も読んだ記憶がある。『闇に〜』は寿行の独特のユーモアが出てきたころの作品なんですが、そのユーモラスな感じを、北上さんは新しい要素なのではないかと指摘していた。つまり僕はこの時初めて、「この著者の第一期は社会派の小説で、第二期は冒険小説になって、その途中から動物小説の要素が入ってきて」みたいなことを書いている解説を発見したんです。小説の読み方とか、小説のありようを論理的に理屈立てる仕事があるんだって、その時知った。解説というもの、あるいは解説をする人、書評家というものを意識的に見た最初の人が北上次郎さんなんですね。「こういうことをやる人がいるんだ!」

って。その後、中学生になると北上さんの主導した冒険小説ブームが始まって、それも僕はもろにかぶった。とはいえそのころは僕も、世の中にはどういうジャンルがあるか、みたいなことは知っていましたので、その前段階、僕にとって初めての書評家が北上次郎だったのは間違いないです。

――小学生にして北上次郎の洗礼を受けた。

大　長じてその本人からライバルと呼ばれ、「最も意識している書評家」と名指されるまでになったと。

霜　そんなことになろうとは小学生の時は思ってませんでしたねえ（笑）。僕、北上さんといつどういう経緯で親しくなったか全然覚えてないんですよ。ただ初めての文庫解説が『新刊めったくたガイド大全』で、これは恐らく北上さんのご指名だったと思うんです。そういう意味でも僕は北上チルドレンの一人なんですよ。

大　僕も最初は新潮社にいる時に北上さんが「本の雑誌の目黒です」って電話してきて。これは北上次郎って人が電話してきてる！って、それで高田馬場の喫茶店で会ったんだけど、その時の話が池上さんの話と完全にすり替わってるんですよ（笑）。池上冬樹と最初に会う時に、自分では行かずに、こういう生意気なやつは絶対「どうして僕なんですか？とか言うに決まってるから」って、吉田伸子に…。

池　そうそう、吉田さんに電話させて。

大　「必ずこういうふうな理屈をこねて、斜に構えたようなポーズを取るに違いないから、その場合はこうしろ」とか言ったという話を自分で書いてるんだけど、その話が、大森望は喫茶店で会ったら「どうして僕なんすか？」とふんぞりかえって言ったって（笑）。完全に置き換えられてる。最初から生意気な態度だったって。で、大森望は自分に対しては最初からずっとタメ口だったとかいって。タメ口の例とか書いてあるんだけど、その例が全部ですます調なんですよ。タメ口じゃないじゃん！（笑）ですます調で「そんなことないですよ！」とかって言うのが、目黒さんの頭の中では「そんなわけねーよ」みたいに聞こえてる（笑）。目黒さんのそういう思い込みはずっと直らない。まあ、池上冬樹もずっと生意気だと思われてると（笑）。

霜　北上さんが「池上冬樹を発見したのはクラムリーの『さらば甘き口づけ』の解説だった」っておっしゃってて、僕もあの解説はすごく印象に残ってるんです。たぶん大森さんにも池上さんにも、北上さんは編集者的な気持ちで「発見」したんだと思うんです。新しい才能を探すのが好きだったんだろうなと。

池　それはありますね。前からいつも言われてたのが、「本の雑誌社は僕の知り合いか友人しか頼まなかった。知り合いでもなんでもない人間に頼んだのは池上が初めてだ」って。

霜　なるほどなるほど。

池　飲みかわすたびに必ずそう言われた。僕は七四年に大学に入って、日本文学科の学生だから文芸時評みたいなのを読んでいたし、書評、評論っていうのはそういうもんだと思っていたわけです。そういう人間が「本の雑誌」の北上さんの文章を見て「こういう書き方があるし、こんなふうに書いてもいいんだ」って。これが一番の驚きですよね。文語じゃなくて口語で「ぶっ飛ぶぞ」とか「すごいぞ、すごいぞ」とか、こんなのは評論じゃやっちゃいけなかったんですよ。やっちゃいけないっていうか、やった人間がいなかった。映画評論では七〇年代の初めあたりから蓮實重彦の表象文化的でありながら同時に煽動的な映画評論が注目されたんですけど、本を読む人間に書店に足を運ばせるアジテーションとしての動き、これが「本の雑誌」、特に目黒さんにはあったんですよね。それまではその作品をどう位置づけするのかという点を評論する側は見ていて、読む側も作品というのは外側にあって鑑賞するものだと思ってたんだけど、北上さんの書評は自由自在で、作品を自分の中に取り込んで味わって、楽しんでいいんだと。それをきちっと文章で教えてくれたっていうのが驚きですよね。しかも北上さんの場合は単におすすめ本じゃなくて、本当に内側から褒めまくっていた。それは文体ですよね。文体の力は圧倒的だった。

自由自在な新刊ガイドの数々

霜　そうですね。僕の文章も北上次郎のパクリですからね。ああ、ここ北上次郎だなとか、自分で自分の文章読んでてわかります。意識的に北上節を突っ込んでゆくこともあって、霜月蒼の文章は八割五分くらい北上次郎でできてます。

池　あともう一点は文芸時評は自分の話をしちゃいけないんですよ。日本文学とか世界の文学史は今こういうふうになってるっていうことを書く場合、自分のことは抑えて縦の歴史と横の歴史から入らなきゃいけないんだけど、北上次郎は自分から入るんですよ。この新しさね。「自分から入っていいんだ、自分の話をしていいんだ」って、これもまた驚きでしたよね。

大　「文体の力」っていうか、さんざん他の人が真似するぐらいのキメ台詞やスタイルを目黒さんはどこまで意識して作っていたのか。わりと天然でやっていたのかなという気もして。いろいろ使い分けるじゃないですか。泣かせの時とか、あるいは藤代三郎の時とか。本以外の話を書く時、家族の話を書く時。

池　『感情の法則』のような読書エッセイね。読書エッセイは北上次郎＝目黒考二の一番の功績じゃないですかね。普通は本を通して人生を語る場合、どっちかというと人生のほうにいくんだけど、本も読んでみたくなるし、人生にもうなずいてしまう、普遍的な話になってるんですよね。あれは本当に面白い。翻訳家の田口俊樹さんから「目黒さんは自分の話を友人の話にしてる」という裏話を聞きましたけどね。自分の経験した話を友人の話にしたり、差しさわりのない友人の話を自分の話にしてると。デフォルメとか、ああいう読書エッセイをきちっとした作品として完成させるっていうのは、これはやっぱり編集者ですよね。どういうふうにまとめてどういうふうに作ってとか、そういった編集者の視点っていうのかな、長年の経験が、優れたエッセイとして結実したんでしょうね。

大　そう。『書評稼業四十年』で書評以外の書評家の仕事で、座談会や対談のまとめとかインタビューの話を書いてますけど、目黒さんは座談会のまとめをめちゃくちゃ面白くするっていうか、上手かったですよ。収録段階から効率的で、もう尺が足りたとなると「もうこれで大丈夫だから」って、すぐ終わりにする。まとまった状態を計算しながら、座談会を進行していて、もっとしゃべりたい時でも容赦なく「もういいだろう」みたいに終わる（笑）。完成した姿が見えてるんですね。

霜　あれはワープロ以前の編集者の才能ですよ。頭の中で組み立てながら座談会をやってる。僕は評論家北上次郎も本質は編集者だった気がするんですよね。目黒考二という編集者の才能を持つ人が、気になるものを見つけて、面白そうにパッケージして人に読ませるっていうのが一番根底にある動機。だからこそ池上さんをハヤカワ文庫の解説で見つければ接触していくし、そういう感じで才能の発掘に最大の軸足があったがゆえに、それが作家と作品に向くとアジテーションになる。しかも面白いのが、だんだん書評していく作品が変わっていったこと。ある時期からミステリーとかエンタメよりも、たとえば「本の雑誌」の新刊めったくたガイドでいうと、本屋大賞でいけそうな感じの女性作家の作品だったりとか、いつの間にか書評の対象を移していっている。その関心が世の中の流れとあまりずれなかった。一分野をすごくほじくっていく研究者、批評家ではなく、なにか面白いことを見つけたくて、見つけたら人に伝えたいという意味で、書評家・北上次郎の本体は編集者・目黒考二だったんだろうなとしばしば思うんです。

大　だから目黒さんって作家が直木賞獲るとわりと興味がなくなるんです。直木賞獲るともう上がりで、獲る前の作家に興味がある。未公開株を集めてるみたいなね。上場したらもういいみたいな。売れるまでの人に興味がある。「このミス」一位と自分の一位が一致しないことを一生懸命強調して、逆に自分が一位にしたのが一位になるとがっかりするところがあった。

池　大沢在昌さんが直木賞獲ったら北上さんが取り上げてくれなくなったって言ってましたよね。北上さんがどう読むか期待してたのに、全然取り上げてくれなくなったんでさみしいですよ、賞を獲るまではあんなに一生懸命フォローしてくれたのに獲ったらパタッと取り上げなくなっちゃったって。それは作家たちはみんな思ってますよね。直木賞獲ってしまうとあとはおまかせって感じ。

霜　もう大丈夫でしょってことですよね。

大　『新宿鮫シリーズ』にはこだわりがあって読んでいたと思いますけどね。『新宿鮫』だけは著者よりも俺のほうがわかっているという。だって大沢さんに向かって「『新宿鮫』はそういうシリーズじゃないんですよ」ってこんこんと説教していた。『風化水脈』がいかに間違っているかって話をインタビューなのに延々とし始めて、大沢さんが困惑する(笑)。

池　それも編集者的な素養なのかもしれませんね。今まで発掘されてこなかった「ダメ男」というジャンルに光を当てたでしょう。ダメ男の視点から文学をとらえるなんて新しいアプローチだし、そこが他の人と違うことがやりたいっていうところ。その着眼点はすばらしいと思いますね。『情痴小説の研究』も純文とエンタメを関係なくやっていた。ここらへんは編集者の素養があるかもしれませんね。あと評論家って自分の守備範囲が決まってるんだけど、目黒さんはどこもかしこも読んでるから圧倒的に広い。なんでそんなに読んでるの?と思いますよね。二〇〇四年から三年間、書評委員の仕事で隔週上京していたのだが、数日前に飲み会に誘うと「飲み会の誘いは二週間前にくれ」って言うんです。

ミステリーの書き方

大沢在昌インタビューが収録されている

——どういう意味ですか。

池　ご存じのように読む本の予定をきちっと決めてるんですよね。計画立ててるから二週間前なら調整できるけど、一週間前とか三日前に連絡よこすんじゃないって怒られた。そこまで計画立てて読む書評家っていませんよね。

大　あんなの目黒さんだけですよ。カレンダーに今日はなにを読むっていうのを一か月前から全部書き込んでる。そのカレンダーを作ってる時が一番楽しくて、読まなくて済むならもっといいのにみたいな(笑)。競馬があるから土日は読まなくて、何曜日になにを読むかっていうのが決まってたから、こんな途中で予定を入れられないとか、よく言われましたよ。そのくせ吉田伸子が推薦するとすぐ読むとかあるんですよ。

霜　たしかに。

大　なんでこんなの読んでるんだろうって思うと、吉田伸子にすすめられたとかね。去年も青崎有吾の「恋澤姉妹」って短編一本だけで本の雑誌の一ページを使って紹介してた。

池　普通はありえないよね。

大　「これ読んだら絶対気に入るから、この短編しか読まなくていいから」って吉田さんに言われて、本当にそれしか読まないで一ページ書くっていうのがすごい。自由だなあと思う。

池　形にこだわらないところが目黒さんのすごいところですよね。アンソロジー一編だけで書評一ページ書くなんてできない。一応礼儀として、書評家魂として最低でも二編三編は取り上げるもんですよね。あと、大きな長所はけなさなかったことね。苦言はあっても批判はしない。そこはえらいと思いますね。

大　けなすような本は取り上げることもない。いやなものは言及しない。

池　苦言じゃないけど留保をつけるとか、注文をつけるとかそういった言い方もしてて る。しばらく見てみようとかね。目黒さんを読んでると本当に書評って自由でいいんだなとわかりましたね。

大　でも『読むのが怖い!』

ではめちゃめちゃ悪口言ってましたから。自分で選んで書評する以外の本には厳しい。悪口言うのはまだいいけど、途中までしか読まないとか、なにも覚えてないとか。褒めるのでもなにも覚えてないっていうのはあるよね。

池　それでいったらジェイムズ・エルロイの『ホワイト・ジャズ』は、俺は読めないってはっきり言ってた。書評家が読めないっていうのはさ、やっぱり負けなんだけど、本当に読めないからいいやって感じで文章に書いてしまってる。すごいなって思った。

霜　あれ面白いですよ、読んだほうがいいですよと言うと、「でも君さあ、あれは文学だろう」って読んでくれないことがしばしばありました。これは別に文学を馬鹿にしてるとか敬遠してるわけじゃなくて、そっちは俺の範囲じゃないよってことなんですよね。

大　逆に文学でも面白かったらエンターテインメントだって。俺が面白いものがエンターテインメント。

霜　ユーザー目線でいうとはっきりしてたほうが指針にできるんです。読んでいいか迷ってる時、北上次郎が褒めてるなら読もう、あるいは人によっては、けなしてるんだったら読もうもありうると思うんです。基準がはっきりしてるなら。

大　でも基準ははっきりしてるけど、この作品がその基準に照らしてどうなのかは全然わからない。だから僕が家族小説好きでしょってすすめると、全然。「君は家族小説をわかってない！　家族を書けばいいってもんじゃないんだよ！」って怒る。

霜　大森さんと北上さんっていろんな意味で対極なんですけど、いい塩梅で続いてるのが面白いなって前々から思ってました。目黒さんは大森さんの書くものについてリスペクトしてましたもんね。あんなに趣味合わないのに。

大　本当に合わない（笑）。でもすごいなと思ったのは目黒さんが霜月蒼の書評を読んでいて、「大変だ！こんなことをしていられない、すぐに買いに行かねば」って立ち上がった話。

霜　マンガ十巻くらい買ったんですよね。

大　「ぱっと立ち上がった」っていうのはよく書くけど、「がたっと立ち上がった」っていうのは北上次郎から来てるんじゃないかと。「いてもたってもいられなくなる。本屋に走る」、それでちゃんと読むのがすごい。ただ、実際に読んで本当にすごく面白かった、までいくのがあまりないという。

霜　その本は広江礼威の『BLACK LAGOON』なんですけど、あれは面白かったとおっしゃっていた気がするなあ。ただ、コマを縦か横かどっち方向に読めばいいのかわからなくて困ったとは言ってました（笑）。今どきのマンガなんでコマが斜めになってたりするんで。

大　立ち上がって買いに行かせる書評は少なくともいい書評であるから、結果が外れでも怒らない。

池　帯の推薦文を単独で書かないのは珍しいというか、目黒さんだけですよね。唯一『不夜城』の帯を書いてますけど、ほかは必ずどこかの文章の引用という形にしていた。ものによっては単行本が出た二週間後に雑誌が出るとかね。それでも雑誌の引用にしてくれって、そこはずっとこだわってましたよね。金でそういっ

た推薦文は書きたくない。厳格な書評家なのかもしれませんね。だからかな、僕は目黒さんに二回、本気で怒られたことがあるんですよ。お前は本当にこの書評でいいと思うか、こんな路線でお前はいくのか、とかね。思いっ切り叱られた。で、目が覚めました。やっぱり売れてくると少しね、あちこちやろうと思うんですよ。ちょっと甘くなるし。そこで「俺はあんな甘い文章求めてないし、読みたくもないし」って言われてね。

一同　へぇー。

池　それを聞いて僕は目が覚めました。ほんとにありがたかった。自分が書いたものを見ると手を出しすぎて文章も粗くなってるなと思ったから。なかなか叱ってくれる人いないんですよ。

大　あと目黒さんは締切を異常に守る。

池　そうそうそう、自慢でしたもんね。

霜　早く原稿来すぎちゃったから、編集が気づかなかったことがありましたよね。いつまで経ってもゲラが来ないので、おかしいなと思ったら、締切よりもふた月ぐらい早く送ってて、紛れたまんまになってたんで、担当者が探して「あ、たしかにありました！」みたいな（笑）。

大　自分が編集者だったから、締切は守らないと編集者には迷惑だと思うからって言ってましたけど。僕や日下三蔵だって元編集者なんですよ。だからその理屈は成立しない（笑）。だいたいね、編集者だった人ほど、ギリギリがわかっている（笑）。

霜　そうそうそう。

大　校了日はいつ？とか聞いて逆算する。それなのに目黒さんは死ぬまで変わらなかったから、すごいですよ。

池　目黒さんて原稿速かったんですかね？　本の雑誌の二ページの原稿だとどれくらいかかるんだろう？　二時間、三時間くらい？

――二、三時間では書くんじゃないですかね。

池　やっぱり速いんですね。文章見てるとわかるんだよね、ほんとに一気に書いたんだなって感じがしますからね。

大　目黒さんは、昔は他の人の原稿が全部入るの待ってから、他の人がやってないやつを選ぶみたいなことをしていたので、選んで、読んでからは速い。それもあって、普通読まないようなのを取り上げていたのかもしれないけど。

霜　なるほど。かぶらないように。

大　そうそう。みんながミステリーで一番に取り上げるようなものとかじゃなくて。

――でもけっこうわがままを発揮することもありましたよ。「これは僕がやるから！」みたいな。

大　「大森に言っておいて！」みたいなやつでしょ。「ＳＦだけど」って。まあ、でも絶対目黒さんにやってもらったほうがいいから、書評される側からいうと。

霜　大人ですね、大森さん。

大　だってそこまでやりたいって言う作品はすごく気に入ってるわけだから。そうじゃないと越境しないじゃないですか。それに、目黒さんが書いたほうがＳＦ外の人が読む。読者が増える可能性が高い。

池　北上次郎に褒められたい

って、作家もみんな言いますからね。「新刊を取り上げてくれませんでした」とか、作家の恨み節をけっこう聞きますからね。やっぱり取り上げられたい、自分は読んでもらえる作家なんだなって思いたいんですよ。それはもう作家にとっては、北上次郎というのは本当に高いブランドで、みんな注目してる。で、いずれは褒められたい、そういう作家になりたいと。

霜　僕らは実像を知っているからあれですけど、若い編集者と話してると、もう北上次郎さんってすごい上のほうにいる大重鎮みたいな感じですよ。「ええっ！　あの方とお親しいんですか？」みたいな。

大　ツイッターとかでも、十何年も前に北上次郎に五行ぐらい褒められたみたいなことを生涯の記念です、みたいに書いてる作家がいる。長嶋茂雄に握手してもらったのを忘れないみたいな（笑）。

霜　でも作家と会わないっていう方針はずっと貫いてらっしゃいましたもんね。

大　書評のお礼を言われるのとかが嫌なんだよね。解説書いた著者に何か言われるのはしょうがないけど、書評は媒体と読者のために書いてるので、あなたのために書いてるわけじゃない、というのはありますね。あと、意外と書評界のゴシップとかを気にして、「この作家は嫌なやつだね」みたいなのとか。そう思うともう読まない（笑）。

池　よく聞きましたよね。作品が良ければいいじゃないと思うんだけど。人間的にだめなやつは読みたくないんだって感じで。知り合いの編集者が苦労をさせられたりしてると、それだけで嫌になってましたよね。

——それは書評家としては正しいことなんですかね。

霜　正しくはないよなぁと思いますけどね（笑）。たとえばAという本の解説のはずなのに、その前の作品の話を延々として、そっちのほうが字数が多いなんて他にはありえないし、「前にこれこれこういうことを書いたけれどももう覚えていない」なんて書いてたり、それって書評なの!?みたいな部分があるじゃないですか。だけどそれが妙にかっこいいというか、あれはもうブルースマンですよ。リズムも変だし拍も毎回変わるんだけど成立していて、そこがかっこよく感じるという。その手癖のカッコよさというか、北上次郎の文体の魅力というのは絶対あると思います。真似ができないものが。

大　「十二国記」も「銀河英雄伝説」もそうだけど、今さら昔の本にハマったというのはかっこ悪いから、少しずつハマったフリをしようとか、そういう計算がない。自分がハマった瞬間から作品が存在し始める、みたいな。

池　すごく正直ですよね。書評家というのはそこはかっこつけて、実は自分もずっとフォローしていたみたいな素振りをしたがるんだけど、初めて読んだということを正直に書く。それは書くものの信用に関わるものですけど、逆に一切嘘をついていないというのがわかる（笑）。

——たしかに「覚えていない」とか真似できないですよね。

霜　できないというか、そんなこと言えない（笑）。一応覚えてるフリはしますよね。

大　最初から書評家として正しいかどうかというのとは違うところにいるので。

——長嶋茂雄だから（笑）。

北上次郎に学べ

杉江松恋

北上次郎とは小説の好みがまったく合わなかった。

でも書評家として高く尊敬していた。本をおもしろそうに紹介するのが抜群に巧かった。

北上書評ファンが皆言及するのはその熱量だ。物真似をするとき、だいたいの人は体を震わせ、唾を飛ばさんばかりにして熱弁する御大を演じる。そう、それは間違っていない。

だが、そこだけではない。北上次郎は内容紹介こそが素晴らしい。

下手な書評はあらすじを見ればわかる。だらだらとしていて、ちっともおもしろそうに見えないのである。また、ミステリー書評にはネタばらしを避けるという不文律がある。制約を守りつつ、いかに全体をおもしろそうに伝えるか、というのが腕の見せ所である。

出だしから読者の興味を引くような小説なら、冒頭の展開をてきぱきと書き、ちょうどいいところで切り上げて、後は読んでのお楽しみ、とやればいい。では、スロースターターであったり、おもしろい箇所がいくつもあって絞り切れない場合はどうしたらいいか。

最初からこの人は上手かった、という証明にもなるので、『冒険小説の時代』（一九八三年。集英社文庫）からいくつか例を挙げておこう。北上は一九七八年一月号から亡くなる直前まで一回も休まずに「小説推理」に書評連載を持っていた。主戦場の一つである。最終的には翻訳ミステリーを二ページで書評していたが、最初の題名である「ミステリー・レーダー」の頃は内外すべての作品を四ページで担当していた。『冒険小説の時代』は一九七八年から八二年までの連載をまとめた本である。

一九七八年に北上はエレストン・トレーバー『飛べ！　フェニックス』（酣燈社）を取り上げている。砂漠に双胴機で不時着した男たちが、その部品を使って一から脱出用の飛行機を作ろうとする話である。この作品で北上が紹介するのは、あらすじではなく要素だ。

──頼みの水が底をついたり、救助隊を呼びに行った男が禿鷹に襲われたり、発狂する者が出たり、次々に起こる障害がサスペンスを盛りあげるのはオーソドックスなパターンだが、脱出用飛行機製作の指揮にあたった設計士が実は本物の航空機を設計したことがなく、航空機玩具の設計士だったと判明するシーンは愉快。

冒頭の展開を一切省略して、途中に起きる物事だけを書いている。しかも「オーソドックスなパターンだが」と要素を総括した後に、いちばんおもしろいと思ったエピソードだけを抜粋してきて「愉快」と結んでいるあたりが見事だ。要素紹介型の白眉と言えよう。

もう一つ。今度は胡桃沢耕史『ぼくの小さな祖国』（サンケイ出版）だ。「ストーリーの紹介はしない」と断言した北上は「ただ構成にだけ触れておこう」と言う。

──全体は三部構成で、第一章と第三章は革命成就に向けて三人の冒険行がそれぞれの視点から綴られる。間の第二章は、三人の生い立ちを作者が聞いたかたちで読者に説明される。この間にはさまれた彼らの苛酷な過去が、前後の現実を重厚ふうな物語にするのではなく、むしろ現実の軽さをそのまま凝縮しているところに、この作者のうまさとこの作品の成功の因があるようだ。

見事にどちらの作品もおもしろそうに見える。こういう内容紹介技巧を北上は引き出しにたくさん持っていた。『冒険小説の時代』解説で新保博久が書いているように、その祖は小林信彦『地獄の読書録』（ちくま文庫他）だと思う。ネタばらしにならないよう、程よく内容を明かしながら、そのエッセンスだけは間違いなく読者に伝わるようにさせる。その技術をミステリー書評家は磨いてきた。間違いなく北上は名人の一人だ。

もう一つだけ例を引く。特に北上が長けていることに、共感の技術があった。自分がその小説のページをめくっているときの感覚を、読者にも共有させてしまうのだ。たとえばジョン・ゴーディ『ザ・スネーク』（講談社文庫）を取り上げた回で北上はパニック小説を論じている。パニックの状況をごたごた書いても意味がなく、そこに直面した人間が何を感じるのかを書くべきだ、と持論を述べた後でこう紹介する。

——まずいいのは、安易な恐怖に寄りかからない点で、カンバース青年の設定にそれが見られる。警官たちが蛇を殺そうとするのに比して、彼は生け捕りにしようとする。毒蛇に罪はないからだ。防衛本能から牙をたてるだけで、ことさら人間を襲う気のない蛇をなぜ殺すのだ、とカンバースは思う。よし、ここからだ。

「よし、ここからだ」でぐっと心を摑む。この呼吸なのである。北上書評の魅力は無闇に力こぶを作って見せることではない。北上は本を読んでいるときの心をそのままさらけ出し、そこに読者の賛同が得られるか否かで勝負をする書評家だった。

『冒険小説の時代』は少しでも多くの読者に冒険小説を読んでもらいたいと考える北上が、応援演説として始めた連載でもあった。ところが開始当初から北上は悩みまくりで、冒険小説という用語は自分の考えているものにふさわしくないのではないかと疑問を呈し始める。それが後に、肉体への回帰、活劇小説という用語の発見につながったのである。これだけではなく北上は常に悩み、考え、自分はまだ答えを見つけられていないのだということをあからさまにする書き手だった。読者がそれを共に考えたからこそ、多くの支持を集めたのだ。

亡くなる前の十数年間、北上は〈翻訳ミステリー大賞シンジケート〉の「書評七福神」に評者として参加していた。その間ずっと考え続けたのが、マーク・グリーニーの小説世界のことだった。最後の「書評七福神」となった二〇二二年十二月八日の原稿で北上は、グリーニー『暗殺者の回想』（ハヤカワ文庫NV）を取り上げた。実は前月もこの作品について書いており、連載初の二ヶ月連続グリーニーだった。原稿はこう結ばれる。

——マーク・グリーニーは本当にそっちに向かい出したのか。結論は、まだない。

最後まで北上次郎は北上次郎だった。答えを探していると思うので、いずれあちらに行ったときに伝えたいと思う。北上さん、もう少しだけ待っていてください。

インフラとコンテンツ

新保博久

本来の意味を失って独り歩きしている言葉の一つに「二足の草鞋を履く」がある。単に兼業という代りに現在では遣われるようだが、もともとは江戸時代、博徒と捕吏のように相反する立場を一人で兼ねることをいったらしい。本来の用法に従うなら、現代では書評家と編集者こそ適例ではないか。そのつもりがなくとも作家を敵に回してしまいかねない書評家と、自身の嗜好は隠してでも八方美人であるべき編集者。ほかのジャンルは知らず、戦後エンタテインメント読書界においてこの二足の草鞋を履いたのは都筑道夫と小林信彦、そして北上次郎しか思いつかない。また都筑・小林両氏はそれぞれ、編集者時代と書評家時代を微妙に時期をたがえ、結局は小説家が本業になった。書評家兼編集者を同時進行で生涯を貫いたのは北上次郎が唯一無二ではあるまいか。

批評眼の鋭さ、新しい潮流を見きわめる感性（それには伝統への認識がなければならない）というだけなら、北上氏以外にも見出せるだろう（たとえば私……とは言わないが）。氏が他の追随を許さないのは、書評（コンテンツ）を載せる発表媒体（インフラ）を抱えて登場し、最後までそうであったことだ。現在ならブログというような形でそれも難しくはないのだが、氏は紙に手書きで書いてコピーし、それを郵送なり手渡しなりで配布する（よりなかったのだが）ところから始めて書評家として地位を確立し、それからずーーーーと、その延長でやり通した。スタートについて詳しくは、目黒考二名義の『本の雑誌風雲録』、あるいは同書などからカミムラ晋作がコミック化した『黒と誠』とかを見られたい。

『本の雑誌』の創刊が一九七六年。氏が商業媒体に進出したのは一九七八年である（『本の雑誌』はまだ商業誌ではなかった）。七八年『小説推理』で連載時評「ミステリー・レーダー」がスタートし、生島治郎『殺しの前に口笛を』（集英社文庫）を皮切りに文庫解説に手を染めている。「ミステリー・レーダー」も毎月四頁を費やして、氏が存分に腕を揮う機会が与えられたものだ（連載終了直後の八三年『冒険小説の時代』として初の単行本となった。初著書ならそれより早く、八二年に藤代三郎名義の『戒厳令下のチンチロリン』があるが）。しかし、ライフワークということなら『冒険小説の時代』でも、日本推理作家協会賞を受賞した『冒険小説論　近代ヒーロー像一〇〇年の変遷』でもなく、氏が執筆した文庫解説の総体ではないかと思われるのだ。文庫解説は四百字詰原稿用紙換算で十枚がデフォルト。この枚数が北上氏には長すぎず短すぎず、いちばん書きやすい分量だったのではないだろうか。

一九七一年の角川文庫『八つ墓村』のヒットをきっかけに、それまで現代エンタテインメントを収録していたのは春陽文庫（無解説）ぐらいしかなかったところ、既存の大手文庫が追随し始めて、文庫には解説がつくのが固定観念だった当時たちまち解説者が払底し、無名の書き手たちにもチャンスがめぐってきた。北上氏もこの波に乗った一人と言えるだろう（周回遅れで私もだが）。

解説の人選は基本的に編集者の仕事で、著者の意向に忖度することもあるのだが、作家はふつう、誰に頼んでいいかよく分らないから編集者に任せるという場合が多い。解説者側からこれを解説したいと思っても、著者と懇意なら直訴する機会もないではないが、基本的に宛てがい扶持である。なかには、その作家については書きたいけれども、指定された作品ではないほうがありがたい場合もある――というより、駆出し解説者に回ってくる本はほとんどそれだ。北上氏とて初期には御同様。そこで氏が案出したのは、解説を宛てがわれたのが何であろうと、同じ著者のなら自分の書きたい作品の解説にしてしまうという鬼手である。与えられたインフラを自分好みに魔改造してしまう。

『冒険小説論』（連載時は「活劇小説論」）のあと『ミステリマガジン』には、九〇年代後半に「感情の法則」、二十一世紀への変り目を挟んで「記憶の放物線」を連載したが、これは同誌の名物だった青木雨彦の、『夜間飛行』『課外授業』から『偽証転々』まで六冊、八〇年代を中心に足掛け十三年続いた新刊翻訳ミステリ・エッセイというより、新刊翻訳ミステリを肴に、自身の過去や現在進行中の体験を含めて「男女の機微というか怪しい関係を軽妙洒脱に描くエッセイ」（北上次郎『書評稼業四十年』に於ける形容）を継ごうとしたものだ。「青木雨彦が亡くなったあと、同様のエッセイを書く人が現れないかなと思っていたが、なかなか現れず、だったら自分で書いてしまえ、と思って始めた」ものの、「青木雨彦の軽妙洒脱さとは遠く、比べようもない」（前掲書）かどうかはともかく、青木氏のようにライフワークになることはなかった。

しかし、この〝ないのなら自分で作ろうホトトギス〟精神は、「勝手に文庫解説」でさらに発展した。二〇一二年にスタート、（翻訳篇）を含めて三十回（途中で掲載誌が月刊から隔月刊になった）に二篇を書下して集英社文庫で『勝手に！文庫解説』と改題刊行されたあと、四年強をおいて二〇年からパート2として再開、没後発売の二三年三月号掲載の第二十回が最終回となったのは結果的にでなく、図ったかのように見える。とうに文庫化されて別人が解説しようと、単行本最新刊であろうとお構いなく、自分が解説したい本について依頼されたつもりで、勝手に書いてしまうという暴挙である。呑み友達に唆された由ながら、きっと、そういうのやりたい電波を北上氏当人が発していたのが呑み会で受信されたのだと私は信じている。

北上次郎あのことこのこと

夢枕 獏

北上次郎の名前をはじめて眼にしたのは、四十七年前、昭和五十一年（一九七六）のことだ。『本の雑誌』という不思議な雑誌の創刊号を買って読んだらその名前があった。ぼくは、二十五歳。その翌年にぼくは商業誌デビューをして、さらにその二年後の二十八歳の時に、最初の本『ねこひきのオルオラネ』を集英社のコバルトシリーズから出させていただいたのである。

この中に「山を生んだ男」という山岳ファンタジーの短編が収録されていて、それを北上次郎が読んで、

「山岳小説の新しい書き手が現われた」

と言って、

「この作家に山の話を書かせたらおもしろいよ」

と、双葉社のある編集者に話をした。

そこで、双葉社から、山の話で本を一冊書いてみませんか、という注文が来たのである。

「いったいどうして、ぼくのところに山の話の注文が来たのですか」

「北上次郎という人がたいへんおもしろいと推薦してくれたからです」

どうもそういうことらしい。

この時、ぼくの頭の中には『神々の山嶺』の構想はあったものの、まだ、ヒマラヤ取材がすんでいなかった。そこで、前々から考えていた、仏陀――つまり、ゴータマ・シッダールタが、ヒマラヤと同じ高さの巨大な樹の頂になる涅槃の果実をとりにゆく物語――『幻獣変化』一冊（一九八一年）を書くことになったのである。まあ、変形の山岳小説である。これは、後に『涅槃の王』という長大な物語の一巻目となった。そんなわけで、ぼくの最初の長編の責任者は北上さんなのである。そういうことがあって、十五年後、平成八年（一九九六）にこの物語が完成して本になった時、

「北上さん、責任をとってくださいね」

とお願いをして、単行本の最終巻に解説を書いていただいたのである。

それが、もう、二十七年前のことなんだねえ。

北上さんが、ある時、大藪春彦にインタビューした記事を読んだ。

「雪の平原で馬を走らせていると、雪の下にある石に蹄鉄があたって、火花が散るんだよ。おれは、小説を書く時にはそこまで描写するんだよ」

北上さんが、大藪春彦から引き出した言葉だ。ぼくはここにしびれてしまい、原稿を書く時には、よくこの言葉を思い出した。なもんだから、ある時ぼくは、

「いつか、自分の書く小説で北上次郎をうならせてみたい」

と、あとがきに書いた。

後に、北上さんと会った時に、

「あれを読んだよ」

そう言った。

ほぼ、無名に近い者どうしで、ラブコールをしあっていたことになる。

「おれは、興味を覚えたどんなに才能ある新人でも、その作家が有名になると、自然に読まなくなっちゃうんだけど、獏ちゃんのは、なんだかんだで、ずっと読んでるんだよなあ」

こんなことも言ってくれたのである。

十年ほど前から、お会いすると、

「キマイラはいつ終るの？」

と、訊かれるようになった。

「キマイラ論をやりたいんだ。でも、終らないと書けないからなあ」

二〇二一年と、二〇二二年の夏にも、そういう話をいただいた。

この時期、ぼくは、ガンやら心臓病やら何やらで、リハビリのまっさい中だった。

ついにぼくも覚悟を決めて、北上さんに言った。

「キマイラ、いつ終るかわかりません。だから、もう書き出しちゃって下さい。ラストの構想から何から、みんなお話します。ぼく、いつ死んじゃうかわかんないので、もう書いちゃっていいです」

「おれだって、いつ死ぬかわかんないよ」

こんな話を夏にしたあげくに、北上さんに、自宅に来ていただいたのは、昨年（二〇二二）の十一月二十八日のことだ。

そこで、ぼくは、北上さんに、ぼくが持っているキマイラ関係の、思いつく限りの資料をお渡ししたのである。昔のエッセイやら、インタビューやら、ほとんど世間に出ていないキマイラの番外編やらで、手元にひとつしかないものについては、コピーをした。

「好きなように書いてください。誤読を含めて、悪口であれ何であれ、思うままに書いてください」

両方で、おりに触れてのラブコールがあって、それがついに最初のキマイラが出てから四十二年目に、ついに、本一冊ラブレターを書いていただくことになったのである。

終ってない物語についての『論』だよ。

こんなものが本になったら、なんともおもしろいんじゃないの。

これまで、ぼくの本について、まるまる一冊、論を展開してくださった方は、もちろんおりません。

その最初で、たぶん最後の方が北上次郎――おお、なんという幸運。なんという幸せ。ここまで生きて、物語を書いてきてよかった。

作家冥利につきるというのは、このことですよ。

そう思っていたら、突然の訃報でありました。

うーん。

なんともなんとも、書きようがない。

どうしたらよいのか。

こうなったら、もう少し、もうちょっと生き抜いて、なんとしてもなんとしても、キマイラの物語に決着をつけてみせねばならなくなってしまった。

どれほどしんどくても、これで、キマイラを書き続けるという選択しかなくなってしまったではないか。

もちろん、やりますよ。

もはや、使命として、キマイラについては、踏んばり続けること、ここに誓います。

二〇二三年春　小田原にて

夢枕獏

キマイラ初回のタイトル原稿と天野喜孝さんの絵の前で
（2022年11月28日小田原にて）

追悼のことば

さようなら、北上次郎

☆友人・知人、仕事仲間が北上次郎を偲ぶ追悼コメント集

さらば、わが友　北方謙三

北上次郎さんに、最後に会ったのがいつだったのか、時期についての記憶はない。ただ、話したことはよく憶えている。トイレに入っている時に、頭をハンマーで殴られたような衝撃があった、という話だった。実際には傷も瘤もなく、それでも心配で病院に行った。脳出血かなにかの症状だと言われ、検査を受けたが、何事も起きていなかった。

その衝撃がなんだったのかという話にはならず、ガツンと来た時気絶していたら、眼を醒せば、濡れ衣を着せられた犯人ということになり、まあ単純な構造のハードボイルドにしかならない、というオチになった。

会えば、いつもそんな感じだった。

なにしろ、作家の出発点から、北上次郎はそばにいてくれたのだ。自分の作品が、書評に取りあげられるのは夢だと思っていたころ、北上次郎は次々にさまざまな媒体で論じてくれた。それがどれほど力になったかは、言葉に尽せない。

八十年代から九十年代にかけて、ハードボイルド、冒険小説の大きなムーブメントがあり、その批評的な背景には、いつも北上次郎がいた。呼応し合ういい関係が、八十年代前半にかたち作られ、それが続いたのである。私の意識では、それはいままで続いていた。当時の作家たちは、それなりの存在となり、自分だけの行為として本を出し続けたが、北上次郎はその一冊一冊に眼を配り、昔と同じような批評を加えた。エールを交換し合うという感じが、私などにはあった。

訃報はショックであったが、仕方ないという気分も、どこかにあった。お互いに、エンターテインメントの波の上を長年泳いできたのだ。そしてお互いに、こういうことがあっても不思議ではない年齢に達していた。

あの、八十年代を思い出す。ある意味、坩堝であった。そこから抜け出して自分の場に立つと、そこにも北上次郎はいた。作家同士が戦友というのはないだろうが、北上次郎は、あの当時の作家、ひとりひとりの戦友だったのだと思う。

本の虫だったよな、目黒さん。あなたがいないこの世、ちょっと寂しいよ。でも、あっちでも、俺たちの本を読んでくれるよね。

もっとほめられたかった　大沢在昌

突然のことで驚いている。北上さんの書評に初めてとりあげていただいたのは、二冊めとなる「ダブル・トラップ」で、一九八一年の、まだ不定期刊だった頃の本の雑誌上でのことだ。

初めて書評というものにとりあげられ、しかも好意的な内容だったことに私は舞い上がった。掲載誌を手もとにおき、たった数行のその部分を何度も何度も読み返したものだ。

当時、冒険小説やハードボイルド小説が書評の対象になることは珍しく、ましてや二十代の新人の作品など、存在すらしないかのような扱いだった。

が、北方謙三さんやロバート・B・パーカーのブームとともに「冒険小説の時代」が訪れ、冒険作家クラブの立ち上げの会で、私は北上次郎さんにお会いした。

「本の雑誌」22号(1981年4月)新刊めったくたガイド

うつむき気味に早口で喋るその姿は、想像していた「北上次郎」とはまるでちがうような、しかし想像通りでもあるような、何とも不思議な印象だった。

それから四十年以上がたった。北上さんの書評には何度もとりあげていただいたが、あるときからそれが減った。

御本人にその理由を訊ねたところ、大きな賞をとった人の作品はもう紹介する必要を感じないからだと答えられ、議論になった。

たとえベテランの作品でもいいものならば紹介すべきだと私は主張した。小説家はどれほど長くやっていようが、どんな文学賞を受賞しようが、信頼する評論家にほめてもらいたいのだ、と。議論をふっかけられるほど、北上さんと親しくなっていたのだ。それが嬉しかった。

またある時期、好きになる小説のタイプが似通っていて、北上さんが未読の新人作家をお教えしたところ、すぐに気に入って書評にとりあげたりしていた。そのことは北上さんも書かれているが、私の秘かな自慢である。

北上さんにほめてもらえるようなものを書く力が自分にまだあるかどうかはわからない。

が、書けたとしても北上さんはもういない。

それが寂しい。

本の蟲から本の紙魚へ

逢坂剛

〈本の雑誌〉を読み始めたのは、まだ博報堂に勤務していた１９７０年代後半か、80年代初頭のことだろう。そのころ、季刊だったか隔月刊だったかは忘れたが、最初に買ったのが〈第7号〉だったことだけは、よく覚えている。書評本の選択や独特の視点、語り口が驚くほど新鮮で、すぐに愛読者になった。

わたしは、それからほどなく短編の新人賞を受賞して、作家デビューを果たした。初めての長編、公安警察を描いた『裏切りの日日』は、１９８１年に出たものの話題にもならず、初版で絶版という憂き目を見た。ただ、好意的な書評が二つだけ出た。その一つが、目黒考二氏による〈本の雑誌〉の書評だった。別に、ほめ言葉が並んでいたわけではないが、うれしかったのは「この作家はいずれ、ハードボイルドものを書くだろう」と書かれたくだりだ。その当時、警察小説とハードボイルドは別物、と考えられていたらしい。しかしわたしの中では、ウィリアム・P・マッギヴァーンの警察小説はハードボイルド、という認識があったから、目黒氏の指摘はうれしかったし、大いに励みにもなった。

その後、すくなくとも80年代までは、わたしもアメリカのハードボイルド、サスペンス小説をよく読んでおり、そのときの指標は目黒氏の書評だった。それからしだいに、読むよりも書く方が忙しくなり、それとともに読書量が減っていった。そのころから、なぜか〈本の雑誌〉からお声がかかるようになり、目黒氏の司会による鼎談や座談会にも、しばしば引っ張り出された。

やがて、目黒氏が〈本の雑誌〉からさらに手を広げ、書評家として一本立ちしてから、相対的に顔を合わせる機会が少なくなった。とはいえ、彼の書評は目につくかぎり読んだし、それだけで本編を読んだような気になったものだ。顔を合わさなくなっても、いつも本を通して挨拶を交わしているような、不思議なお付き合いだった。自分より、年若の知人が亡くなるのはさびしいが、これだけ年をとると（今年の秋で傘寿）、また近いうちに会えそうな気がして、さして落ち込むことがない。この2年で、次兄と長兄を立て続けに失ったが、やはり同じ心境でいる。目黒氏には、もう少し長生きしてもらいたかったが、これも天命とすればしかたあるまい。彼はただ、本の蟲（虫ではない）から紙魚となって、本の中に住みついただけなのだ。紙魚ならば、もう二度と亡くなることはあるまい。それにどうせ近い将来、再会することになる。

とはいえ、ここは型どおり、ご冥福をお祈りすることにしておこう。合掌。

追悼　横山秀夫

人がひとりでは人になれないように、本もひとりでは本になれません。誰かに読まれて初めて本になる。そう気づかせてくれたのは、やはり北上次郎さんだったと思うのです。

北上さんを偲ぶ会場の展示コーナーで、拙著『64』のプルーフを見つけました。夥しい数のふせんと鉛筆の跡。私と編集者しか知らない物語が、外の世界に触れたことのない活字の羅列が、北上さんという練達の読み手を得て本になっていく。その静かで幸福な移り行きを目の当たりにした気がして、しばし時間が止まりました。

付箋だらけの『64』のプルーフコピー

思いがけないことでしたが、北上さんにはデビュー当時から書評で背中を押していただきました。作家が自分の作品理解を深める指摘もたくさん。「横山秀夫の警察小説は、『管理部門小説』といっていい」。そうなんだ。じゃあ、もっと突き詰めてみようかな。

直接お会いしたのは一度だけでした。小説の話はどこへやら、雑談は脱線に次ぐ脱線で、最後に二人が漂着したのは「山口百恵は不滅だ」。

北上次郎さん、あなたも不滅です。背中を押された数知れぬ作家たちが、原稿を書きつつ、ふと、北上さんはどう読むだろうか、と思うに違いないからです。

ありがとうございました　宮部みゆき

私は今、『三島屋変調百物語』という江戸怪談のシリーズもので、一人で百物語を完遂しようと試みているところなのですが、このシリーズの新刊を上梓すると、北上さんがよく「三島屋をもう少しテンポアップしてくれないと、先にこちらの寿命が尽きてしまう」と書いてくださいました。それは大変だ、早く次を出さなくては——と慌てながらも、もちろんそんなのは冗談だ、北上さんは百歳までぴんぴんして「本の雑誌」で新刊評を書いているに決まってる、百物語が完成した暁には、きっとまとまった書評をもらえるはずだと思い込んでいました。

現実は、そんなに甘くありませんでした。北上さんは亡くなってしまいました。私の百物語は、ようやく折り返し地点が見えてきたところで、もう続きを読んでもらえなくなってしまいました。

三十数年前、どこの馬の骨ともわからない新人の私が出てきたとき、北上さんがいち早く書評でエールを贈ってくださったこと、そのときの喜びと勇気凜々の想いを、今も忘れることができません。訃報に接して以来、これまでのことをいろいろ思い返しては、感謝の念を新たにしています。

でも、一度きっちりお礼とお別れを申し上げたら、北上さんが亡くなったことは、いったん忘れようと思います。まだ続きを読んでもらっているのだと、いっそう気を引き締めて百物語を続けて、いつか書き上げられるその日まで、「さようなら」はとっておくことにしようと思います。

誄（るい）にかえて　浅田次郎

あなたは恩人です。今はもう知る人も少いでしょうが、無名の小説家であった私の作品をしばしば推して下さり、のみならず三冊もの文庫解説を書いて下さいました。拙文を寄せるにあたり、その三冊——集英社文庫「鉄道員（ぽっぽや）」講談社文庫「日輪の遺産」朝日文庫「椿山課長の七日間」——の解説を読み返してみましたが、まるでそれからの二十五年を知っているかのような筆致に驚かされました。

あなたは予見していたのでしょうか。それとも私が励まされたのでしょうか。

いずれにせよあなたは恩人です。

週末は競馬場のスタンドで大声を張り上げましたっけ。そんなときの私たちは、文学などくそくらえの馬券おやじでした。

まだしばらくは、あなたにほめていただける小説を書き続けます。そして週末には、あなたのいない競馬場に通います。

ごめんなさい、北上さん。

捧げる誄は知りません。

読書の海の灯台　澤田瞳子

小さい頃から書籍だけは潤沢な家に育ったので、読む本に困ることはなかった。ただ惜しむらくは蔵書のジャンルにかなりの偏りがあり、小説でもミステリーやハードボイルド、はたまたホラーなど、特定の分野の作品はほとんど書棚になかった。

時は昭和の終わり、平成の始め。多くのミステリー・ハードボイルド作家が輩出され、書店の棚は百花繚乱の有様だった。そんな中で、さてまったく未踏のジャンルの本にどこから手を付ければと迷子になっていた私を最初に導いてくれたのが、当時、「週刊文春」に掲載されていた北上次郎さんの評論だった。

確か最初に読んだのは、船戸与一さんの『夜のオデッセイア』をご紹介していらした書評と記憶している。文字が時空を超えたあらゆる出来事を記録し得ることは、当然承知していた。だが当時、自分の半径数キロの範囲のみを己の社会と認識していた小学生の私には、はるか遠い異国を駆け巡るアウトローたちの活躍が文字で描き得るという事実が、ひどく不思議なものと映った。すぐに書店に走り、からりと明るく、それでいて乾いた悲哀に満ちた物語の虜となり——そして、わたしのハードボイルドとミステリーへの旅が始まった。

未知の国へと踏み出す時、なにより大切なのは正しい地図だ。無論、何の先入観もなしに旅をすることも悪くはない。だが物語の世界はあまりに奥が深く、下手をすればその魅力に気づく前に疲労困憊し、その国を離れてしまう者も出るかもしれない。

その点でいえば、北上次郎さんは間違いなく、旅人たちの確実な導き手でいらっしゃった。

まだインターネットが存在せず、個々人が手探りで本を選び、買っていた時代において、北上さんは読書という広大な海を照らす灯台でいらっしゃった。

時が経ち、私自身が小説家になった後、北上さんは書評家としてまだ新人の私にありがたい光を注いでくださった。だが、それはもしかしたら他の方が記されるかもしれないエピソードなので、ここでは割愛する。それに何より私は小説家である以前に一人の本好きであり、北上さんに導かれた豊かな読書体験がなかったならば、今こうして文章を生業とはしていなかった。その事実と北上さんに与えられた読書の海の豊饒さを嚙み締めながら、心よりご冥福をお祈りしたい。

心からの感謝を　森 絵都

北上次郎さんは恩人。出版界にはそんな思いを抱いている方がたくさんいると思います。私もその一人です。恩人どころか、私は二十余年間、心の中で北上さんを「紫のバラの人」と呼び続けてきました（『ガラスの仮面』を知らない方、ごめんなさい）。

デビュー後、長く児童文学の畑にいた私にとって、北上さんは広い世界への扉を開いてくれた方でした。「本の雑誌」で自著を取りあげてもらったおかげで、読者の層がぐんと膨らんだ。児童書の棚とは縁遠い大人たちからも目を向けてもらえるようになった。私はそれが嬉しくて、北上さんにずっと感謝してきた。そう思っていました。

けれど、突然の訃報に愕然として以来、北上さんのことを考えるにつれ、それだけではなかったのだと気がつきました。大人向けの本も子ども向けの本も区別せず、対等に面白がってくれる北上さんのボーダーレスな包容力に、自分はずっと救われてきたのだと。

ボーダーは存在するのです。子どもの本は大人の本よりも下。そう見ている人も少なくありません。インタビューで新刊について問われたとき、絵本や童話のタイトルを返すと、そこで話が終わってしまうことも多々あります。

北上さんは違いました。たとえどんなジャンルでも、ツボにはまった本はとことん面白がり、誰もがすぐさま書店へ飛んでいきたくなるくらいの勢いで紹介してくれた。誰が読んでも面白い本は面白いのだと、その熱量をもってして証明してくれた。そのことにどれほど力づけられてきたかわかりません。

約七年前、久しぶりの対談のあとで北上さんが「森さんは、大人の本も子どもの本も両方書き続けているのがいいね」となにげなく口にされたとき、ああ、やっぱりこの人は子どもの本のことも大切に思ってくれているのだと確信し、本当に嬉しかったです。

誰がなんと言おうと、北上次郎さんはこれからもずっと私の紫のバラの人です。あの世とこの世のボーダーを超えて「面白い！」と言ってもらえるような物語をめざして、これからも精進して参ります。

本当にありがとうございました。

読者として感謝　角田光代

私は目黒考二さんと北上次郎さんが同一人物だと長らく知らなかったくらい、氏とはご縁がなかった。もちろん書評家としてのお名前は（二人とも）存じてい

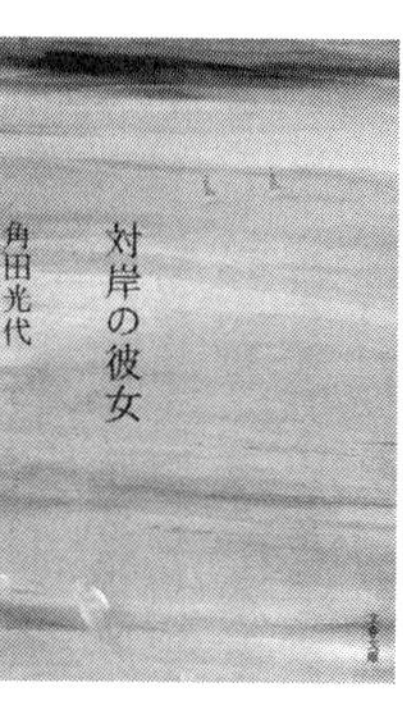

た。小説の悪い点をあげつらったりしない書評が多い印象があって、目黒さん、あるいは北上さんが絶賛している小説があれば、その絶賛の言葉をしみじみと読み、とかく厳しい書評をいただくことの多かった私は、いいなあ、私もいつか絶賛されたいと夢見るように思っていた。もちろん、両氏の書かれた書評は、ただうらやんだだけではなくて、きちんと読書の参考にした。だから、編集者と作家、あるいは書評家と作家という関係ではなく、あくまでも書評家と、一方的な読者の関係である。

　こんなに縁がないのに、追悼の会に呼んでいただき、いってもいいものか悩みつつ、でもいい本をたくさん教えてくださってありがとうございますという気持ちで、参加させていただいた。驚くくらい大量の日記やメモや原稿に、はじめてそのお仕事の全貌の一端を見た思いだった。そして何より、おつきあいの長い編集者、作家のかたが、これもまた驚くくらい大勢いらしていて、そのつながりの強さとゆたかさを、いいなあと、またしても純粋にうらやましく思った。

BIGBOXの喫茶店

三橋アキラ

　悲しい知らせから暫く経った春の日のこと。遺影が神保町の編集部にあると聞いて、本の雑誌社を訪ねた。打ち上げの居酒屋では定番だった麦焼酎を供え、在りし日の北上さんに手を合わせると、傍らに積まれたアルバム数冊が目にとまった。仕事場にあったものらしい。

　編集長に勧められるまま手にとった中には、腕白そうな少年がいた。頁をめくる毎に彼は大人になっていくが、途中の剝がされた跡に何が写っていたのだろうと、アルバムを囲む面々と盛り上がる。友人と思しき一緒に写った中には女子も多く、賑やかな中に甘酸っぱさもあった主人公の学生時代が彷彿とされた。

　北上さんと初めて会ったのは、おそらくその最後のページから程なくだったに違いない。当時、北上さんと頻繁に会っていたのは、「本の雑誌」に拙い書評のようなものを書いていたからで、高田馬場のBIGBOX二階にある喫茶店でよく打ち合わせをした。その頃の様子は、とても克明に覚えている。なぜ「とても克明」かというと、実は理由がある。

　半世紀近くの間には、お酒の席をご一緒させてもらう機会もあったが、そんな時決まってからかうように口にするのが、私との初対面の時の話だった。そこに登場する私は、世間知らずの青二歳で、生意気この上ない人物なのである。

　当初、話が出るたび顔を赤くしていたが、繰り返し聞くうちに、未熟な若造だ

目黒考二の学生時代のアルバム

った自分の滑稽さを客観視できるに至ったのだろう、いつの間にか同席の人々と一緒に笑えるまでになった。立川談志が、落語は人間の業の肯定、と言っているのを知ったのは後年のことだが、北上さんには名人の噺家に通じる話術の旨さがあったと思う。

私にとっての北上次郎は、イコール「本の雑誌」の目黒考二で、一度だけ本誌の校了のお手伝いをしたこともある。印刷所の一室に詰め、夜半まで椎名・北上のご両人とゲラのチェックをしたのを憶えている。

本の雑誌社の社員にならないかと北上さんに誘われたのは、その少し後のことだ。就職氷河期のさ中で有難い話だったが、迷った挙句に別の道を選んだ。もしあの時話に乗っていたら、どんな現在があっただろう。

数えきれぬほどお世話になったが、たった一つ恩返しができたとすれば、なかなか出版社が見つからなかった『極私的ミステリー年代記（クロニクル）』で仲介役を果したことだ。その打上げで麦焼酎を呑みながら、「三橋も本を出せ。援助するから」と、叱咤してくれた。タイトルをどうするかで盛り上がり、帯を書いてもらう約束までした。

人生に別れは付きものだ。本はいまだ予定すらないが、もし実現したら故人との繋がりが薄れてしまうようにも思え、寂しい。今はその時が来てほしいような、ほしくないような、複雑な気持ちだけがある。

高校3年の出会いから　東えりか

千葉市の高校3年の私が「本の雑誌2号」を見つけたのは市内最大の書店「多田屋」。この本屋に通い詰めていた時代、出会いは衝撃的だった。書き手は一人も知らないのにみんな熱く熱く本を語っている。北上次郎氏が強く薦めていた西村寿行を読んだ。描写がきわどくてドキドキした。なのに何号か後に「さらば愛しきわが西村寿行」という記事で呆気にとられたのもよく覚えている。

1号は結局手に入らず、仕方なく次号の予約をした。翌年私は遠く信州で大学生になり、しばらくは誰かに送ってもらっていたと思う。

本をたくさん読むことが普通のことじゃない、と気づいたのはちょうど「本の雑誌」に出会ったころだ。いつもカバンに本が入っていないと不安になる人は周りを見ても他に居なかった。だからこの雑誌の中で書いている人は勝手に仲間だと思った。

特に毎号20冊近い新刊を薦めてくれる「北上次郎」という人はすごいと崇めていた。隔月刊になったころは月に一回、松本まで車を走らせ「鶴林堂」で一万円分の本を買うのが唯一の贅沢だった。40年以上前の大学生にとっては大金だ。細々とでバイト代を貯め、のちに夫となる当時の恋人と一緒に通っていた。

第2巻から全巻揃っていたのを結婚と同時に処分したのは新居が狭かったからだ。本誌は買い続けたが普通の勤め人だったので月に5冊読めればいいと思っていた。まさかその1年後に小説家・北方謙三氏の秘書となるとは思わなかったし。

当時「冒険小説」が脚光を浴び、ハードボイルドの旗手と呼ばれた北方氏と冒険小説激押しの北上さんの対談に同席した私はそこで「本の雑誌」に対する思い入れを熱く語ったのだと思う。

多分そのことを記憶していた北上さんから「本誌に書いてみないか」と誘われたときは舞い上がった。当時の原稿を読み返すと恐ろしいほど気負っている。少しずつ打ち解けて話をするようになっても、私にとって「北上次郎」は憧れの人だった。

訃報を聞いても現実感がなかった。同じ時期、夫も先の見えない闘病中だったのでショックは大きかった。

だが本当の衝撃は本誌のめったくたガイドに北上次郎の名前がなかったときだ。あの熱いオススメを二度と読めないとわかったときの喪失感はとてつもなく大きかった。

サイン入り
復刻版

実はこの原稿を書くため創刊40周年記念の1号から10号までの完全復刻版をネットで手に入れた。「書き込みあり」で格安だったが、届いた本の外箱には椎名さん、木村晋介さん、沢野ひとしさん、そして「めぐろこおじ」とサインがあったのだ。どんな神様の采配なのか。

松本に一緒に通い、本を選んだ夫もこの春に亡くなった。それでも私は本を読んでいく。北上さんが教えてくれた読書の世界はなくならないのだから。

北上次郎門下生　日下三蔵

一九八〇年代の前半から国産エンターテインメントを読み始めた私にとって、北上次郎と新保博久の両氏の解説が読書の羅針盤であった。読めば分かるあらすじを羅列してあるだけで、作品の発表年すら書かれていない解説が多いなかで、お二人の解説はジャンルの中でのその作家の位置、その作家の中でのその作品の位置付けが明快に書かれた立体的なもので、多くの知識をそこから教わった。自分の解説もそういうものにしたいと思っているが、なかなか難しく、先達の背中の遠さを痛感するばかりだ。

北上次郎の評論で忘れられないのは、「別冊新評　都筑道夫の世界」に載った「都筑道夫のアクション小説」だ。国産活劇小説の系譜と、その中での都筑作品の位置付けが明快に論じられていた。後にエッセイ集『気分は活劇』にも収められている。本の雑誌社で《都筑道夫少年小説コレクション》を出させてもらった時には、アクションものを収めた第6巻『拳銃天使』に、この評論を踏まえた解説をいただけて、本当にうれしかった。

初めてお目にかかったのは、まだ出版社に勤めていた91年か92年のことだと思う。北上さんが「本の雑誌」に、島田一男の時代伝奇小説『魔道九妖星』を買ったが「地の巻」だった……という原稿を書かれていたので、何かの折に編集部を訪ねた際、たまたまダブっていた「天の巻」を進呈して喜ばれた。

それから「本の雑誌」に原稿を書かせてもらったり、何度も座談会に呼んでもらった。第一印象が時代ものだったためか、時代小説についての座談会が多く、楽しい仕事ばかりだった。

人伝てに「目黒さんが日下さんのことをえらく誉めてましたよ」と聞かされたことは二度や三度ではなく、その度に恐縮した。陰で人の悪口を言う人は珍しくないが、陰であんなに誉めてくれたのは目黒さんくらいのものだろう。とても感謝している。

2000年ごろ、目黒さんと考えた《日本ハードボイルド全集》は、当初は全24巻の大企画だったが、後に杉江松恋さんにも加わってもらい、全7巻という常識的なセンに落ち着いて、ようやく2021年に刊行がスタートした。アンソロジー巻の刊行を前に目黒さんがいなくなってしまって呆然としているが、実は目黒さんからは最終巻の解説を既にいただいているのだ。ベストな形で完結を迎えられるよう、引き続き全力を尽くします。

こんなことをいうと、目黒さんには「よせやい」と笑われそうだが、自分ではずっと北上次郎の門下生のつもりでいる。自分のことより作品のこと、自分が好きな作品を一人でも多くの人に読んでほしい、語り合いたい。北上次郎が書評家として信頼され、愛されたのは、この姿勢が一貫していたからだと思う。これからも目黒さんを見習って、その背中を追いかけていきます。

さらば、北上次郎　山田裕樹

あれは、昭和56年の夏だったか。

私はまだ27歳。

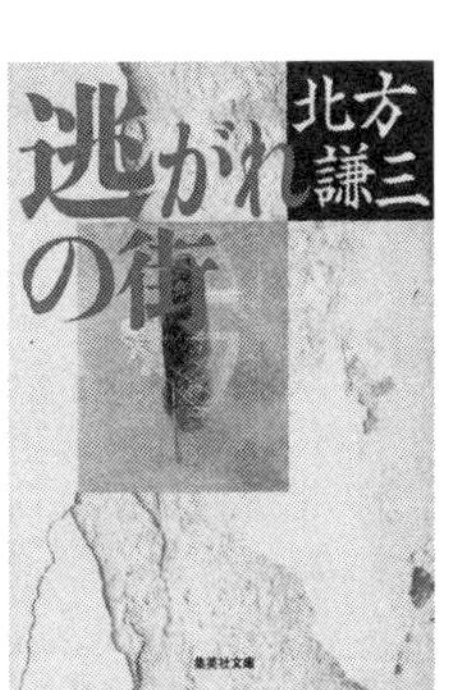

私は、一通の長編小説のゲラを持って北上次郎氏を訪ねた。まだ誰も知らない北方謙三さんの「弔鐘はるかなり」のゲラだった。

ハードボイルドのデビュー作だと言ったとたんに北上氏は喋り始めた。

なになにハードボイルド新人のデビュー？　それならすごいのが9月に出る。志水辰夫という人だ。これはすごい。どこがすごいのかというと。ともかくすごいのだ。

私の話など聞いてもらえず、なぜか12月に出すという「別冊本の雑誌」の原稿を頼まれてしまい、とぼとぼと帰社したのだった。

そこまでいうのなら、と志水長編を発売と同時に読んで、考えこんでしまった。

今回は、北方謙三は志水辰夫には、かなわん。しかし、次もかなわんのは困る。考えろ。何か志水辰夫の足をすくう方法を。

当時、私は北方長編の生原稿を4本持っていた。そして、「弔鐘」の次に連打するつもりの北方第二作を変更した。範疇になかった作品を徹底的に改稿して出版する、という奇策にたどりつき、北方さんを強引に説得して翌春に刊行した。「逃がれの街」である。

今度は、北上氏は絶賛してくれた。

１９８２年は、この作品を読めただけで意味がある、とまで。

こんなことから付き合いが始まり、北上次郎名義の第一作「冒険小説の時代」は私が造らせてもらうことになる。

あれから、長い時が経った。

握手をした。ののしり合った。ハイタッチもした。否定し合ったこともある。

しかし、面白い小説の希求、という目的地が同じなら最終的な決裂にはならない。

それが世の常である。

ゲラを持ってトボトボと帰社してから、24年後。北方さんの「水滸伝」が完結した。担当した私にとっても、最高の自信作のひとつであった。

日本の大衆小説85年の歴史は、この長編を生み出すためにあった、と言っても過言ではない。

北上さんから北方「水滸」についてこのような過言な賛辞をいただいた。

さらに時が流れ、私は引退し、北上氏の突然の訃報を聞くことになった。

年上が先に逝く。それが世の常、であっても、哀しいことは哀しいのである。

仮名入力の罠　井垣真理

古希をお祝いしたのが、ついこのあいだのことのようですのに……。

私が東京創元社に入社してしばらくして、「本の雑誌」が創刊され、編集部内で頻繁に話題に上るようになりました。本が好きで好きでたまらない人々が集まって本への愛を雑誌という形にしているという夢のような話でしたから、そんな人たちが実在する世界に私も生きているのだと、幸福な感慨を抱いたものでした。椎名さん、木村さん、沢野さんそして目黒さんのお名前と「活字中毒」という言葉が脳内にすり込まれました。近年テレビの街頭取材で月に活字をどのくらい読みますか?という質問を受けた青年が「カツジ?……ってなんですか?」と真顔で聞き返したのには愕然としたものです。

その後、目黒さんが北上さんとなり、北上さんといえば冒険小説という認識になっていったのは、翻訳ミステリー大賞シンジケートの冒険小説読者養成講座とでもいうべき「冒険小説にはラムネがよく似合う」という素敵な企画の力が大きいかもしれません。そのエリート教育を受けた小社のラムネ好き編集者Sの追悼文を是非お読みください。

私自身が作った一冊がその講座の課題図書になっていたのは、とてつもなく光栄で嬉しいことでした。

あるとき担当本に絶賛書評をいただき、帯やPOPに御高評からの引用をお願いした時のことです。メールの行ったり来たりがあったのですが、私は、実は仮名入力の人間で、仮名入力の場合、句点(マル)と「る」が同じキーなのです。句点はShiftを押しながら「る」を押すのですが、シフトを押さえる力が弱いと「る」が出てしまう、それによって何が起きるかというと「あります。」が「ありまする」に、「お願い致します。」が「お願い致しまする」という、なんとも古風な(?)口調になってしまうのです。

お送りしたメールを読み返すと、「あ

りまする」「お願い致しまする」があるではないですか！　送信する前によく見直せ！ですよね、まったく。

あわてて、ヘンテコなメールで失礼致しました、というお詫びをお送りしたところ、いただいたお返事はこうでした。

「こういう口調の方なのかと思っていました！」

ち・ち・ちがいます、北上さん！

あまり表情を変えずに、ほんのちょっとだけおかしそうに、そう仰ったような気がしました。お顔は見えないのに……。

本が好きで好きでたまらない人間のひとりとして、もうほんの少しだけ本づくりを続けていたいと思っております。どうぞのんびりと、地上の本を遠メガネでお読みください！

北上さんの笑顔　菅原朝也

「北上次郎」の名前を初めて意識したのは鏡明さんがきっかけだった。九七年のことだ。その日、生まれて初めて作った小説の本を持って汐留のオフィスを訪ねた。鏡さんに本を渡すと、いきなり帯のコピーにダメ出しをされた。そして、刊行されたばかりの夢枕獏さんの単行本『神々の山嶺（いただき）』の帯に記された北上さんの言葉を見せてくださった。いわく「ついに、夢枕獏がやってくれた。まったく新しい山岳小説の誕生である。こういう小説が読みたかったのだ。」人に響くのは、迫真の○○とか、衝撃の○○とかではなくて、この言葉のようなストレートな肉声なのだと、鏡さんは教えてくれた。そしてその日から、北上次郎の名前が特別なものになった。

小説の仕事を始めた頃、ぼくらは文壇のアウトサイダーだった。雑誌と漫画がメインの会社の片隅で勝手に始めたから人脈などなかったし、初めて文学賞のパーティーに顔を出したとき、自分以外みんな顔見知りのようで、完全なアウェー気分を味わった。とても心細かった。

九九年、飯嶋和一さんの『始祖鳥記』の刊行を準備していたとき、会社のPR誌に掲載する書評を北上さんにお願いしようと思い立った。それが現実の北上さんに出会った最初だった。それから池林房でご一緒するまでに、そう時間はかからなかったと思う。北上さんは初めてお目にかかったときから、あの人懐こい笑顔で「お前いい本出したなあ」って笑いかけてくださった。あの笑顔で、ぼくはやっていけると自信が持てた。それからも相変わらず文壇アウェー感はあったものの、出した本を北上さんにほめてもらえると、これでいいんだ、大丈夫なんだと思えた。いつも北上さんに支えてもらっていた。

二〇〇三年の暮れに、飯嶋さんの新作『黄金旅風』のゲラを北上さんに送った。事前に書評を書いていただくためだ。年が明けて、原稿が送られてきた。見るなり興奮した。それは「いやはや、すごい。読み始めたらやめられない。」と始まっていた。うれしくて堪らなかっ

た。本の帯にはこの書評から、許可をいただいてこう引用した。「小説を読むことの醍醐味、そして喜びが、ここにはぎっしりとつまっている。——北上次郎」

あれから二〇年、まさかこんな文章を書くことになるとは想像もしていなかった。小説の仕事を始めてからずっと北上さんに育ててもらったようなものなのだ。でも、感謝をちゃんと伝えてこなかった。ずっとそれが心残りになっている。北上さんのあの笑顔が恋しい。

あの夏の褒め言葉　江口　洋

あれは三十年近く昔のことです。休みの日の昼下がり。笹塚の本屋さんで買った本を読みに入った喫茶店を出たところでありました。ばったり遭遇したのです。〈新刊めったくたガイド〉に取り上げていただいたお礼をしたところ、北上さんはすかさず「あれはメチャクチャ良かったよ」と、握った両拳を盛大に揺らし、目を細めてその本を褒めまくってくださいました。炎天下の立ち話三十分、先ほど出てきた喫茶店に戻って二時間余り。ずっと二人で話し込みました。話題は本の話ばかり。その折、私の話のどこがお気に召したのか、「キミは天才だよ」と連呼されました。それ以来、飲み会や読書会に誘っていただくようになりました。解説や書評をたくさん書いていただきました。そのころ出す本出す本が重版になるようになりました。ひょっとすると、北上次郎さんは私にとって幸運の女神だったのかもしれません。

元来図に乗る男であった私は、調子に乗って毎年、誕生会を催すようになります。「出版界広しといえど自分の誕生会を開く編集者は珍しいな」と欠かさず参加してくださいました。作家の大沢在昌さんも「北上さんとゆっくり話せる会だから」と手料理持参でいつも駆けつけてくださいました。お二人の熱いトークをもうそばで聞けないと思うと無性にさみしくてなりません。

お亡くなりになるちょっと前に携帯にお電話をいただきました。そういう話はしなかったのですが、あれはきっとシャイな北上さんなりのお別れの電話だったのだと思っております。

北上次郎さんは「面白がりの褒め上手」というのが私の見立てです。私もそちらに行ったら、あの夏の日と同じように、「キミは天才だよ」とまた褒めてくださいね。そう言ってもらえるよう、もう少し仕事を頑張ってみますので。

目黒さんとの電話　根本　篤

ご存じのように、目黒さんは、北上次郎名義で四百二十本以上の文庫解説をお書きになりました。そのうち八本は、私が関わった作品の解説です。最初が二〇〇七年刊の文庫なので、少なくはないと思います。藤谷治さん『船に乗れ！』、坂井希久子さん『ウィメンズマラソン』、榎本憲男さん『巡査長 真行寺弘道』、石井睦美さん『愛しいひとにさよならを言う』など、どの小説も、巻末から力強い言葉で読者の方へプッシュしてくださいました。

出会いは、一九九五年です。角川書店の小説誌「野性時代」で〝日本全国ギャンブル場巡り〟なる企画を藤代三郎名義で連載していただくことになり、雑誌担当として、目黒さんと角川の宍戸先輩にくっついてギャンブル場を巡りました。三人とも自腹で負け続けはしたものの。競輪の回は、作家デビュー前の馳星周さんがレクチャーしてくださったりと、楽しい企画でした。泊まりがけの取材では夕食をご一緒させていただきましたが、読書と執筆の時間を確保するため、必ず一軒だけでホテルに戻られたのが印象的でした（確か馳さんと私は、二軒目に流れました……）。

　その後、ごぶさたの数年間を挟み、二〇〇五年に再会します。青春小説系の文庫レーベルを立ち上げることになり、当時笹塚の本の雑誌社にご挨拶に伺いました。笑顔で迎えてくださった目黒さん、青春小説でおすすめの作家について、熱く語ってくださいました。

　文庫書き下ろしなど、未読作の解説をお願いする場合、まずはお電話を差し上げます。締切まで余裕がないことも多く、「その時期は〇〇（ほぼ競馬の開催地）に行ってるから時間ないんだよ」などと仰りつつも、最後には「いつまでに返事すればいい？」と。もちろん、読後に「ごめんなさい」とシンプルながらご丁寧なお断りメールをいただいたことも数知れず（ある短編集は「二編は傑作だけどそれ以外はそこまでではないから」と断られました。ジャッジは厳正でした）。ですが、どんなにお忙しい時期でも、読むのを断られた記憶はありません。根っからの読書家でした。

　目黒さんへのお電話といえば、最初、お出になる声が低音でかっこよかったです。ややもするとぶっきらぼうにも聞こえる「目黒です」。こちらが名乗ると、あのにこーっという笑顔が思い浮かぶような声に変わり「おぉ、キミ、あれ読んだか!?」と続きます。書評以外でも、ご自分が最近読んだ面白い本を、人にすすめたくて仕方がない方でした。まるで本好きの少年のように嬉々として小説について語る目黒さんとの会話が、大好きでした。

　目黒さん、私がいつかそちらへ行ったら、また面白い小説を教えてください。長らくお世話になりました。ありがとうございました。

愛しいひとにさよならを言う
石井睦美
中公文庫

キュートな正直さ　大城武

　目黒考二、北上次郎、藤代三郎……。ご本人の弁では、ペンネームは十まで用意があるらしいが、僕の中で最も馴染みがあって、実際に面と向かってお呼びしていたのは、「北上さん」だった。小説推理で約二十年間、海外ミステリーの書評を頂戴していたからというのもあるが、一番は、その名を覚えたのが中高生の頃で、帯や書評でやたら見かける熱いコメントに嘘がなかったからだ。生意気盛りの僕は、誰だか知らんけど、そこまで言うなら読んでやるわいと手に取り、『女王陛下のユリシーズ号』や『新宿鮫』を知り、熱狂し、大人になったらこのような面白い小説を作る仕事がしたいと憧れた。

だから、出版社に入って念願の小説の部署に配属になったとき、一も二もなく北上次郎の担当をさせてくれと手を挙げた。作家と会うとカチンコチンだったが、北上さんだけは緊張しなかった。面白いと思う小説を格好つけずに自分の言葉で語ることが何より大切なのだと教えてもらっていたから。

実際にお目にかかっても北上さんは実に正直な人であった。ニコニコしながら「ああそう」を連呼していても、ちっとも聞いていなかったり、眉間に皺を寄せて考えこんでいるなと思ったら、「それは違うぞ」と食ってかかってきたりと、表情がくるくる変わった。そして最後は、腕をぶんぶん振り回して熱弁。いい大人なのに「胸がキュンとした」とか、書評家なのに「俺、ブンガク嫌いなんだよ」とか言っちゃうところもキュートだった。いつでもどこでも誰に対してでも変わらない、そんな北上さんが僕は好きでした。

訃報に際し、様々な方が明かす、在りし日の姿や知られざるエピソード、胸に秘めていた感謝を知るにつけ、その偉大さを改めて感じます。もっと色々な話を聞いておけばよかった。本の話をしておけばよかった。そして何より、これから刊行されるだろうたくさんの面白い本を、もう北上さんは読むことができないのだと思うと、それがたまらなく哀しい。

最初で最後の嘘

大庭大作

嘘をつくのが苦手なんだろうな、とずっと思っていました。

初めてメールをお送りしたのは2010年11月のことでした。東北出張から東京に戻ってくる新幹線の中で、里見蘭さんの『さよなら、ベイビー』の巨大ネット書店の売り上げランキングが急上昇しているの発見し、いったい何が！と調べた結果、北上次郎さんが「森本毅郎・スタンバイ！」というラジオ番組で紹介してくださったからだ、ということが判りました。

御礼のメールをお送りすると、「『さよなら、ベイビー』を読んだら、（里見さんの）デビュー作『彼女の知らない彼女』が猛烈に読みたくなりました。しかし、今日も紀伊國屋、ジュンク堂と探したのだけれど、見つかりません。御礼のお言葉につけこむようで本当に申し訳ないのですが、ぼろぼろのものでも構わないので、お送りいただけませんか?」（大庭要約）という旨の（嘘がひとつも混じっていない）お返事が届きました（ぼろぼろではなく、きれいな本をお送りしました）。

その後、とてつもないご縁の渦に（幸運にも）巻き込まれ、読書会にお誘いい

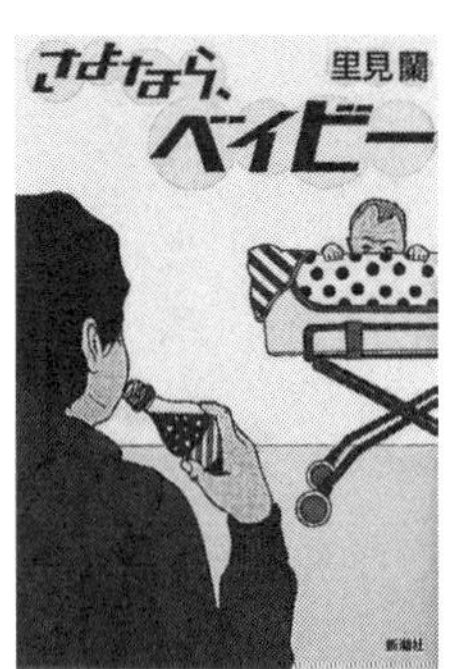

ただきました。2014年のことです。2020年の途中までは（当時はそんな言葉はなかったですが）リアルで、そこから2022年の秋まではリモートで、たくさんの新しい小説家の方を教えていただくことになりました。

どこが好きか嫌いか、こうしたらもっと良いものになると（自分は）思っている、この作品の一番素晴らしいところはここだ！

と（数多の書評や解説と同じように）、嘘ひとつない、愛のある熱い言葉が、読書会では毎回、こぼれ落ちます。他の誰かが褒めていようがそうでなかろうが関係ありません。

（この馬券が当たる！ということに関する嘘以外は）嘘をつくのが、得意じゃないのだろうなあ、と、お目にかかるたびにいつも思っていました。

2023年1月14日。読書会の幹事の方から、メールが届きました。

次回の読書会は、目黒さんがご家庭の事情で立て込んでいて、延期することになりました、新しい日程が決まったら、また連絡します。

（得意でない）嘘を、つかなければならなかった目黒さん（や幹事の方や、歯をくいしばってその日が来るまで平静を装わなければならなかった「本の雑誌」の方々など）の心の中を（勝手に）想像すると、胸が痛くなるのでやめます。

目黒さんに（面と向かって「目黒さん」と呼びかけたのはたぶん1回だけで、常に「北上さん」と言っていたのですが）にお伝えしたい言葉は、最終的にはこのふたつしか思い浮かびませんでした（嘘ではありません）。

寂しいです。

ありがとうございました。

冒険小説の先生　佐々木日向子

「正直に白状したいと思います。恥ずかしながら、会社に入るまでマクリーンを知りませんでした！（すみません！　石を投げないで下さい！）」

これは、わたしが翻訳ミステリー大賞シンジケートのサイトで連載していた〈冒険小説にはラムネがよく似合う〉第一回に書いた文章です。

連載開始の二〇〇九年は、わたしが東京創元社編集部に新卒で入社した年であり、同時に翻訳ミステリー大賞および運営元の翻訳ミステリー大賞シンジケートが創設された年でもありました。その発足に関わる打ち合わせの席では、翻訳者さんや書評家さんたちのあいだでさまざまなミステリの話題が出ており、わたしはようやく会話に加わったものの、「アリステア・マクリーンって誰ですか？」と不用意に発言してしまったのです。

この出来事がきっかけで、「冒険小説の初心者が北上次郎先生ご推薦の冒険小説を読んで感想を書く」という連載に挑戦することになり、二〇一八年の第三十回まで続きました。

マクリーンにはじまり、ラングレー『北壁の死闘』、ヒギンズ『鷲は舞い降りた［完全版］』、フォーサイス『ジャッカルの日』、トーマス『狼殺し』、バー＝ゾウハー『エニグマ奇襲指令』、デミル＆ブロック『超音速漂流』、トレヴェニアン『アイガー・サンクション』、クライトン『アンドロメダ病原体』……。北上先生ご推薦の冒険小説は、初心者が楽しく読めるものであり、かつ名作揃いでした。大自然の厳しい描写に夢中になり、激しいアクションに時間を忘れ、登場人物たちのひたむきさに胸を打たれました。素晴らしい作品ばかりを読ませていただきました。

　この連載のわたしの文章は、言文一致体というか……「もうこれ、ほんっっっとおもしろかった！」というような、読書時の興奮を率直に伝えるものでした。そんなノリにもかかわらず、北上先生はいつも冷静かつ丁寧に、推薦した作品に関する「ひとこと」を書いてくださっていました。

　第一回の「『ナヴァロンの要塞』の巻」がサイトに掲載され、「冒険小説という特殊なジャンルを、広義のミステリー的要素で支えている。その意味で初心者には入りやすいのではないか。」という「ひとこと」を読んだときに、北上先生のご配慮と優しさが伝わってきたことを覚えています。

　この連載を通してさまざまな作品の魅力を教えていただいたことは、間違いなく編集者としての糧となりました。ほんとうにありがとうございました。

北上さんは、もういない

岩田晋弘（元文芸編集者）

　知り合ってから二十数年、北上さんと一番頻繁に話した時期は二〇一〇年以降の十年ほどだ。コロナ禍になると「Zoomを通じて」や「メールのやり取り」の方が多かった。話の内容は九十％以上が本の話で、最後のやり取りも、「今入院していて本を読めないから、退院したらその本を読むよ。ありがとう」という内容だった。

　ある時期以降、北上さんは単行本を経ずに刊行される「オリジナル文庫」作品に興味を抱き始めた。明確なきっかけはわからない。とにかく〝新しい小説〟を読みたかったことや単行本の読者層とは違う文庫の読者層に未来を見ていたこと等いくつもの要素が働いたのだと思うが、〝編集者・北上次郎〟の血が騒いでいたのではないか。文句なしに面白い小説を読むのも好きだったが、「この作品はまだ通過点でこの先きっと傑作を書く作家」がとにかく北上さんは好きだった。そういう本の話をする時は、「編集者」の目・語り口になっていた。

　最初は「こういう面白いオリジナル文庫がある」という北上さんのオススメを素直に聞いていた。ただ、色々話をするうちに、「北上さんが見落としているオリジナル文庫作品があるなら、その作品にとって不幸かもしれない」と余計なことを考えるようになった。いや、それは言い訳で、ただ本を話題に北上さんと話をしたかっただけだという気もする。

　オリジナル文庫の小説作品は年間二千点以上刊行されている。私が読むのは年に二百五十前後。北上さんにオススメを伝えるのだが、これが難しい。まず、北上さんと私の小説の好みがあまり重ならない。また忙しい北上さんにとって本を読む時間を作るのが難しいので、「全て読んでほしい」とは言えない。「この本はとにかく良い！」「この本は私は面白かったが、こういう理由であまり好みに合わないかもしれない」「何か引っかかるところがある」など場合分けをしてメールして、そのうち、一つか二つに触れてもらったら嬉しかった。

本を夢中になって読み終わってから、「この本は北上さんも面白いというだろうか」ということを考えるのがとにかく楽しかった。今となっては本当に贅沢な時間を過ごさせてもらっていた。ただ、きっと「メールが来てうるさい」とご迷惑になっていたこともあると思う。北上さん、その節は申し訳ございませんでした、そしてありがとうございました。北上さんを相手にするように本の話をする相手はもういません。

北上書評の力

桂 星子（日本経済新聞）

新聞の書評はおおむね、読者に薦めたい本を好意的に取り上げる。褒めるばかりが評でないのはもちろんだが、限られた紙幅だからこそ「選りすぐり」を扱いたい。そして評者の読み解きや文章にいざなわれて、読者がその本を手に取ってくれたら最高だ。

北上次郎さんには日本経済新聞夕刊の書評欄「目利きが選ぶ3冊」に2022年末までおよそ20年間、エンタメ文芸の書評を執筆いただいた。その書きぶりはまさしく、今すぐ書店に走り、本を買い求め、ページを開きたい衝動を掻き立てるものだった。

「絶品である。6編をおさめた作品集だが、才能の見本市の感がある」（21年5月6日、一穂ミチ著『スモールワールズ』）。「気持ちのいい文章だ。どこまでも滑らかで、どこか甘く、さらに懐かしさを秘めている」（14年10月22日、早瀬耕著『未必のマクベス』）。こんな書きだしで評される本を、読まずにいられようか。

窪美澄の作品集『ふがいない僕は空を見た』では文学賞の受賞作ではない書き下ろしに着目したり、年間のベスト3を振り返る回顧コーナーをあえてデビュー数年の作家に絞って展開したりと、膨大な読書量がなければ不可能な光の当て方で、作家と作品を照らし出してくれた。

そして北上書評が照らし出したのは、一冊の本にとどまらない。北上さんの書評は、わたしたちが生きる世界そのものを明るく照らしていた。こんなにすばらしい小説が存在する世界は大丈夫だ。きっといい場所にちがいないし、もっといい場所になれる。そんな無防備な信頼を、書評を読むたびに感じた。今後NASAが地球外生命体に向けてメッセージを発する時は、ぜひとも北上書評を搭載してほしい。地球人が知的で友好的で文化的で希望を持った生き物だと間違いなく伝わるだろう。

書店に行くとあの本もこの本も、北上さんに読まれたがっているように見えてならない。長い間、本当にありがとうございました。

北上次郎ならこれ推すね

★胸に〝小さな北上次郎〟を抱えた書評家が、北上次郎が推しそうな本を紹介するぞ！

冒険活劇、極地、動物だ！——吉野 仁

久賀美緒訳

北上次郎さんは、なによりも冒険小説を愛していた。

この『**メーデー　極北のクライシス**』（グレーテ・ビョー／二見文庫）は、ノルウェー国境近くを飛行中のNATOの戦闘機が、ロシア軍戦闘機からの威嚇によってロシア領内に墜落してしまうという軍事活劇ものだ。墜落直前に機から脱出した男女のパイロットは、きびしい極北の地のなか、自力のみで国境まで逃げのびるべく決死の冒険行を繰りひろげていく。単なる戦争ゲーム小説ではなく、物語の重心はもっぱら極地サバイバルにある。ならば間違いなく北上印の冒険小説ではないか。

北上さんがこだわったのは、「弱さを抱えた生身の主人公が、死を避けられない過酷な状況にありながら、自らの知恵と体力で脱出し生きのびて強大な敵と戦う物語」だと思うのだ。

さらに本作は、後半、とある動物が登場し、興奮せずにはいられないアクション展開を見せていく。冒険活劇、極地、動物と北上さんの大好物がこれだけそろっていれば、小説としての粗さがあっても評価するだろう。しかも、かつてグレン・ミード『雪の狼』という傑作を出したことのある二見文庫から、ひさびさに海外本格冒険ものが登場したのである。まちがいなく北上次郎大推薦の一作だ。

心がほぐれてゆく物語——吉田伸子

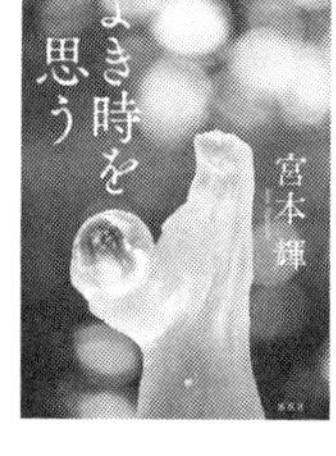

宮本輝『**よき時を思う**』（集英社）の冒頭に登場するのは、東小金井に暮らす三沢兵馬だ。三歳の時に父親が建てた四合院造りの家に住んでいる兵馬は、時おり近くにある小さな欅の森の木々たちの〝声〟に耳を傾ける。ある夜、いつものように欅の森の前に佇んでいると、四合院の一棟に暮らす金井綾乃が通りかかる。ここから物語は、ほぼ金井家の物語になっていく。

物語の中心にあるのは、この綾乃の祖母・徳子が、九十歳の記念に、と自ら主催する晩餐会。贅を尽くしたその晩餐会も素晴らしいのだが、それ以上に素晴らしいのは、徳子の造形で、読むものの心を捉えて離さない。徳子だけではない。金井家の面々をはじめ、登場する人々全てが、みなたまらなくチャーミングなのだ。読んでいて、心がどんどんほぐれていく。

ほぼ金井家の物語、と書いたのは、冒頭に登場する兵馬の家族の物語も描かれているからだが、この三沢家の物語で本書の幕が降りるのもたまらなくいい。金井家と三沢家、両方の物語があってこそ、「よき時」が、「かつての栄光ではなく、光あふれる未来のこと」であることが胸に沁みていくのだ。読んでいる間、幸せな気持ちになる一冊だ。

良すぎない「いい人小説」――藤田香織

初めて「本の雑誌」を読んだ11歳のときから北上次郎は私の読書界における（一方的な）師であり最推しだった。そんな「推しの推し」を勝手に選ぶだなんて神をも恐れぬ企画じゃないか。楽しい。もっとやって！

というわけで、当初はこの三ヵ月の間にデビューした新人作家のなかから選出するつもりでいたのだけれど、どうしても気になったのが『**君に光射す**』（双葉社）だ。

小野寺史宜を推す北上次郎を何度も見てきた。書評だけでなく「北上ラジオ」でも、なんなら直接「いいよなぁ」と話を聞いたこともある。新刊はきっと気になっているだろう。

で、読んだらこれが良かったのだ。いや基本的に「いい人小説」のイメージがある作風だけど、本書は良すぎないところが良かった。元小学校教師で、今は商業施設の警備員をしている主人公の現在と過去が交互に描かれていく物語だ。巡回中、施設内で小学生の女の子が置引をしようとしているところを目撃した際の判断。苦労して就いた教職を辞すに至ったときの判断。人と人との距離と関係性の問題をじっくりと読ませていく。

「ひと」は「良いひと」でばかりはいられない。でも、だけど。あと北上さん、「渋川果子がいい」って言う。うん、きっと。

200ページから読め！――大森 望

〈SIGHT〉で連載書評対談「読むのが怖い！」をやってた2001年からの15年は、毎回自分が選んだ3〜5冊を目黒さんに読ませては玉砕する日々だった。単行本になってない最後の回で薦めたのはアンディ・ウィアー『火星の人』で、これなら鉄板だと誰しも思うでしょうが、「テンポが遅い、ユーモアがうるさい、だから全然ダメ」と一刀両断。心の片隅にいる小さな北上次郎と常に対話しつつ新刊を読んでたこの時期でさえそうなんだから、10年近い空白のあと、目黒さんが推しそうな本などわかるわけがない！

長考の末、えいやっと選んだのは、デビューから22年以上経つのに一度も北上次郎に書評されたことがない（推定）望月諒子の書き下ろし長編『**野火の夜**』（新潮社）。今ちょっとだけ話題になってる《木部美智子》シリーズの第六弾で、話のつくりはミステリですが、一度も言葉を発しない登場人物（安治じいさん）が残した手記がとにかくすごいんですよ目黒さん。奉天で終戦を迎えた安治青年は、愛媛村の満蒙開拓団にいる同郷の男に会うため、北に向かってひたすら歩きつづけるんです。もうね、騙されたと思って、いきなりここ、200ページから読んでください。ほら、いますぐ！

北上次郎文庫解説リスト

☆一九七八年から二〇二三年まで、書評家北上次郎が解説を書いた文庫は現在判明している範囲で四百三十五点。本当に面白い本しかおすすめしない書評家のお墨付き作品をその解説とともにぜひ楽しんでほしい。

年	書名	著者名	文庫レーベル名
1978	殺しの前に口笛を	生島治郎	集英社文庫
	同名異人の四人が死んだ	佐野洋	講談社文庫
	D機関情報	西村京太郎	講談社文庫
1979	悪人専用	生島治郎	集英社文庫
	夢なきものの掟	生島治郎	講談社文庫
1980	結婚関係	笹沢左保	集英社文庫
	往きてまた還らず（下）	西村寿行	角川文庫
	闇に潜みしは誰ぞ	西村寿行	集英社文庫
	喜望峰	谷恒生	集英社文庫
	蜃気楼の帯	戸川昌子	講談社文庫
	味噌汁は朝のブルース	片岡義男	角川文庫
	傭兵たちの挽歌 後編	大藪春彦	角川文庫
	ダブル・トラップ	大沢在昌	SUNノベルス
	ベートーベンよ、たからかに鯱を呼べ	斎藤栄	集英社文庫
1981	灼熱の水平線	田中光二	角川文庫
	蒼茫の大地、滅ぶ（下）	西村寿行	講談社文庫
	南十字戦線	田中光二	講談社文庫
	三十三時間	伴野朗	講談社文庫
	夢魔	戸川昌子	徳間文庫
1982	血の翳り	西村寿行	角川文庫
	わしらは怪しい探検隊	椎名誠	角川文庫
	社長室直属遊撃課	かんべむさし	講談社文庫
	鴉五千羽夕陽に向う	藤原審爾	角川文庫
	トラブル・シューター 揉め事解決屋	大藪春彦	徳間文庫
	修羅の峠	西村寿行	徳間文庫
1983	呑舟の魚	西村寿行	新潮文庫
	悪への招待	西村京太郎	講談社文庫
	飢えて狼	志水辰夫	講談社文庫
	落日に男は生きた	笹沢左保	角川文庫
1984	処刑戦士	大藪春彦	徳間文庫
	薄倖の街	生島治郎	集英社文庫
	結婚案内ミステリー風	赤川次郎	角川文庫
	銃撃の宴	船戸与一	徳間文庫
	三毛猫ホームズの追跡	赤川次郎	光文社文庫
	マフィアへの挑戦〈17〉水曜日：謀略のシナリオ	D・ペンドルトン	創元推理文庫
1985	逃がれの街	北方謙三	集英社文庫
	ミステリー列車が消えた	西村京太郎	新潮文庫
	標的野郎	藤本義一	光文社文庫
	ザ・刑事	大藪春彦	徳間文庫
	ランターン組織網	オールビュリー	創元推理文庫

年	書名	著者	文庫
1985	利腕	D・フランシス	ハヤカワ・ミステリ文庫
	処刑のライセンス	勝目梓	光文社文庫
	失投	R・B・パーカー	ハヤカワ・ミステリ文庫
1986	東京大戦争	生田直親	徳間文庫
	けもの道に罠を張れ	勝目梓	徳間文庫
	ビッグボートα（下）	赤川次郎	光文社文庫
1987	檻	北方謙三	集英社文庫
	幻戯（めくらまし）	西村寿行	光文社文庫
	危険度は4	赤羽堯	光文社文庫
	暴力株式会社	福本和也	光文社文庫
	雨がやんだら	椎名誠	新潮文庫
	ソ連侵略198X年（下）	生田直親	徳間文庫
	闇狩り師 ミスター仙人・九十九乱蔵	夢枕獏	徳間文庫
1988	失われた球譜	阿部牧郎	文春文庫
	餓狼伝 I	夢枕獏	双葉文庫
	どんなに上手に隠れても	岡嶋二人	徳間文庫
	蒼き火焔樹	谷克二	徳間文庫
1989	遠い渚	西村寿行	光文社文庫
	返品のない月曜日	井狩春男	ちくま文庫
	地獄の読書録	小林信彦	ちくま文庫
	1963年のルイジアナ・ママ	亀和田武	徳間文庫
	カディスの赤い星（下）	逢坂剛	講談社文庫
	記録された殺人	岡嶋二人	講談社文庫
	フグと低気圧	椎名誠	講談社文庫
	ウィスパーズ（下）	D・R・クーンツ	ハヤカワ文庫NV
	天山を越えて	胡桃沢耕史	徳間文庫

年	書名	著者	文庫
89	燃える波濤 1	森詠	徳間文庫
1990	俺の血は俺が拭く	大藪春彦	ケイブンシャ文庫
	拳銃を持つヴィーナス	G・ライアル	ハヤカワ・ミステリ文庫
	ウィンターホーク	C・トーマス	扶桑社ミステリー
	トワイライト・アイズ（下）	D・R・クーンツ	角川文庫
	傷痕の街	生島治郎	集英社文庫
	愛！	日本冒険作家クラブ編	徳間文庫
	針路はディキシーランド	樋口修吉	集英社文庫
	ヤバ市ヤバ町雀鬼伝 2	阿佐田哲也	講談社文庫
91	ファイアフォックス・ダウン（下）	C・トーマス	ハヤカワ文庫NV
1992	新版古書街を歩く	紀田順一郎	福武文庫
	冬の翼	森詠	講談社文庫
	雪原の炎	A・マクリーン	ハヤカワ文庫NV
1993	海を渡った日本人	北上次郎選、日本ペンクラブ編	福武文庫
	ちくま日本文学全集48 海音寺潮五郎		ちくま文庫
	魔術はささやく	宮部みゆき	新潮文庫
	獅子の門 3 青竜編	夢枕獏	光文社文庫
	甲賀忍法帖	山田風太郎	富士見時代小説文庫
	愛を乞うひと	下田治美	角川文庫
	アドリア海の復讐（下）	J・ヴェルヌ	集英社文庫
	殺意の海へ	B・コーンウェル	ハヤカワ文庫NV
1994	行きずりの街	志水辰夫	新潮文庫
	雨鱒の川	川上健一	集英社文庫
	過去からの追跡者	土居良一	講談社文庫
	銀座のカラス（下）	椎名誠	新潮文庫

年	書名	著者	文庫
94	ブラックノディが棲む樹	髙樹のぶ子	文春文庫
1995	シコふんじゃった。	周防正行	集英社文庫
	夜勤刑事	M・Z・リューイン	ハヤカワ・ミステリ文庫
	涼州賦	藤水名子	集英社文庫
	立証責任（下）	S・トゥロー	文春文庫
	影帳 半次捕物控	佐藤雅美	講談社文庫
	山猫の夏	船戸与一	講談社文庫
	とり残されて	宮部みゆき	文春文庫
	パイナップルの彼方	山本文緒	角川文庫
1996	地の星 流転の海 第二部	宮本輝	新潮文庫
	文政十一年のスパイ合戦	秦新二	文春文庫
	野を駈ける光	虫明亜呂無	ちくま文庫
	上院議員（下）	R・バウカー	創元推理文庫
	紺青の鈴	髙橋治	角川文庫
	ラスト・コヨーテ（下）	M・コナリー	扶桑社ミステリー
	女王陛下の騎手	D・フランシス	ハヤカワ・ミステリ文庫
	眠り猫	花村萬月	徳間文庫
1997	アド・バード	椎名誠	集英社文庫
	カロライナの殺人者	D・スタウト	ミステリアス・プレス文庫
	蛇のみちは	団鬼六	幻冬舎アウトロー文庫
	日輪の遺産	浅田次郎	講談社文庫
	いまひとたびの	志水辰夫	新潮文庫
	流星たちの宴	白川道	新潮文庫
	新宿鮫	大沢在昌	光文社文庫
	本は寝ころんで	小林信彦	文春文庫
1998	不夜城	馳星周	角川文庫
	黒い薔薇	P・マーゴリン	ハヤカワ文庫NV
	事件記者2	大谷昭宏	幻冬舎アウトロー文庫
	梟の拳	香納諒一	講談社文庫
	春が来た！	油来亀造	角川文庫
	七回死んだ男	西澤保彦	講談社文庫
	長い雨	P・ガドル	ミステリアス・プレス文庫
	素人包丁記 ごはんの力	嵐山光三郎	講談社文庫
	黒い家	貴志祐介	角川ホラー文庫
1999	富士に立つ影7 運命篇	白井喬二	ちくま文庫
	モスクワ、2015年（下）	D・ジェイムズ	扶桑社ミステリー
	少女達がいた街	柴田よしき	角川文庫
	花弁を光に透かして	髙樹のぶ子	朝日文庫
	厩舎物語	大月隆寛	ちくま文庫
	Shall we ダンス？	周防正行	幻冬舎文庫
	マタレーズ暗殺集団（下）	R・ラドラム	角川文庫
	お言葉ですが…	高島俊男	文春文庫
	東京駅物語	北原亞以子	新潮文庫
2000	奇跡の人	真保裕一	新潮文庫
	ルチャリブレがゆく	黒田信一	講談社文庫
	霧の橋	乙川優三郎	講談社文庫
	鉄道員（ぽっぽや）	浅田次郎	集英社文庫
	もだえ苦しむ活字中毒者地獄の味噌蔵	椎名誠	角川文庫
	しゃべれどもしゃべれども	佐藤多佳子	新潮文庫

年	書名	著者	文庫
2000	本の雑誌血風録	椎名誠	朝日文庫
2000	神々の山嶺（いただき）（下）	夢枕獏	集英社文庫
2000	刑事たちの夏（下）	久間十義	幻冬舎文庫
2000	金沢城嵐の間	安部龍太郎	文春文庫
2000	さらば、カタロニア戦線（下）	S・ハンター	扶桑社ミステリー
2000	競馬どんぶり	浅田次郎	幻冬舎アウトロー文庫
2001	傷 慶次郎縁側日記	北原亞以子	新潮文庫
2001	青嵐の馬	宮本昌孝	文春文庫
2001	双頭の鷲（下）	佐藤賢一	新潮文庫
2001	取り扱い注意	佐藤正午	角川文庫
2001	銀の雨 堪忍旦那為後勘八郎	宇江佐真理	幻冬舎文庫
2001	陰の季節	横山秀夫	文春文庫
2001	峠越え	羽太雄平	角川文庫
2001	サグラダ・ファミリア［聖家族］	中山可穂	新潮文庫
2002	エリコ（下）	谷甲州	ハヤカワ文庫JA
2002	過ぐる川 烟る橋	鷺沢萠	新潮文庫
2002	パイド・パイパー	N・シュート	創元推理文庫
2002	お父さんは時代小説が大好き	吉野朔実	角川文庫
2002	無境界の人	森巣博	集英社文庫
2002	ウィニング・ラン	H・コーベン	ハヤカワ・ミステリ文庫
2002	少年計数機	石田衣良	文春文庫
2002	バンドーに訊け！	馳星周	文春文庫
2002	日曜日の夕刊	重松清	新潮文庫
2002	海峡 幼年篇	伊集院静	新潮文庫
2002	春雷 海峡 少年篇	伊集院静	新潮文庫
2002	シュガー・ハウス	L・リップマン	ハヤカワ・ミステリ文庫
2002	岬へ 海峡 青春篇	伊集院静	新潮文庫
2002	火怨 北の燿星アテルイ（下）	高橋克彦	講談社文庫
2002	葡萄と郷愁	宮本輝	光文社文庫
2002	始祖鳥記	飯嶋和一	小学館文庫
2003	あとがき大全	夢枕獏	文春文庫
2003	高麗秘帖	荒山徹	祥伝社文庫
2003	デルフィニア戦記1	茅田砂胡	中公文庫
2003	奴の小万と呼ばれた女	松井今朝子	講談社文庫
2003	損料屋喜八郎始末控え	山本一力	文春文庫
2003	消えた少年たち（下）	O・S・カード	ハヤカワ文庫SF
2003	もう君を探さない	新野剛志	講談社文庫
2004	OKAGE	梶尾真治	新潮文庫
2004	雷桜	宇江佐真理	角川文庫
2004	すべての雲は銀の…（下）	村山由佳	講談社文庫
2004	ぼんくら（下）	宮部みゆき	講談社文庫
2004	ため息の時間	唯川恵	新潮文庫
2004	青列車の秘密	A・クリスティー	クリスティー文庫
2004	源にふれろ	K・ナン	ハヤカワ・ミステリ文庫
2004	老博奕打ち 物書同心居眠り紋蔵	佐藤雅美	講談社文庫
2004	反乱のボヤージュ	野沢尚	集英社文庫
2004	病葉流れて	白川道	幻冬舎文庫
2004	サウダージ	盛田隆二	角川文庫
2004	小樽ビヤホール	蜂谷涼	講談社文庫

年	書名	著者	出版社
2005	シービスケット	L・ヒレンブランド	ヴィレッジブックス
	ジョッキー	松樹剛史	集英社文庫
	素晴らしい一日	平安寿子	文春文庫
	耽溺者（ジャンキー）	G・ルッカ	講談社文庫
	流砂	藤田宜永	講談社文庫
	大川わたり	山本一力	祥伝社文庫
	さいはての二人	鷺沢萠	角川文庫
	非国民（下）	森巣博	幻冬舎文庫
	花狂い	広谷鏡子	ハルキ文庫
	楽園のつくりかた	笹生陽子	角川文庫
	コンビニ・ララバイ	池永陽	集英社文庫
	ファイティング寿限無	立川談四楼	ちくま文庫
	熱帯遊戯	三枝洋	集英社文庫
	絶壁の死角	C・マッキンジー	新潮文庫
	椿山課長の七日間	浅田次郎	朝日文庫
	十兵衛両断	荒山徹	新潮文庫
	唇のあとに続くすべてのこと	永井するみ	光文社文庫
	著者略歴	J・コラピント	ハヤカワミステリ文庫
	真剣	海道龍一朗	新潮文庫
2006	離愁	多島斗志之	角川文庫
	アナン（下）	飯田譲治・梓河人	講談社文庫
	帰りたくない！	茶木則雄	知恵の森文庫
	青空の卵	坂木司	創元推理文庫
	永遠の出口	森絵都	集英社文庫
	魔岩伝説	荒山徹	祥伝社文庫
	夏化粧	池上永一	文春文庫
	殺人の門	東野圭吾	角川文庫
	重力ピエロ	伊坂幸太郎	新潮文庫
	宇宙でいちばんあかるい屋根	野中ともそ	角川文庫
	三都物語	船戸与一	新潮文庫
	太陽がイッパイいっぱい	三羽省吾	文春文庫
	レインレイン・ボウ	加納朋子	集英社文庫
	水滸伝1 曙光の章	北方謙三	集英社文庫
	真夜中のマーチ	奥田英朗	集英社文庫
	シリウスの道	藤原伊織	文春文庫
2007	押し出せ青春	須藤靖貴	小学館文庫
	キューバ・コネクション	A・コレア	文春文庫
	14歳の本棚 部活学園編	北上次郎編	新潮文庫
	14歳の本棚 初恋友情編	北上次郎編	新潮文庫
	14歳の本棚 家族兄弟編	北上次郎編	新潮文庫
	約束	石田衣良	角川文庫
	岳飛伝 一 青雲篇	田中芳樹	講談社文庫
	雪の夜話	浅倉卓弥	中公文庫
	最後の願い	光原百合	光文社文庫
	セカンドウィンドⅠ	川西蘭	ピュアフル文庫
	戦慄（下）	C・マクファディン	ヴィレッジブックス
	裸者と裸者（下）	打海文三	角川文庫
2008	隠蔽捜査	今野敏	新潮文庫
	しゃぼん玉	乃南アサ	新潮文庫

年	書名	著者	文庫
2008	四十八歳の抵抗	石川達三	新潮文庫
	戦国連歌師	岩井三四二	講談社文庫
	桃夭記	井上裕美子	中公文庫
	さよならバースディ	荻原浩	集英社文庫
	銀河英雄伝説10 落日篇	田中芳樹	創元SF文庫
	ゴーリキー・パーク(下)	M・C・スミス	ハヤカワ文庫NV
	雀鬼くずれ	阿佐田哲也	角川文庫
	万年東一(下)	宮崎学	角川文庫
	雨にも負けず粗茶一服(下)	松村栄子	ポプラ文庫
2009	虹色天気雨	大島真寿美	小学館文庫
	Op.ローズダスト(上)	福井晴敏	文春文庫
	川は静かに流れ	J・ハート	ハヤカワ・ミステリ文庫
	いつもの朝に(下)	今邑彩	集英社文庫
	さしむかいラブソング 片岡義男コレクション2	片岡義男	ハヤカワ文庫JA
	竜巻ガール	垣谷美雨	双葉文庫
	Run! Run! Run!	桂望実	文春文庫
	獣の奏者 II 王獣編	上橋菜穂子	講談社文庫
	風魔(下)	宮本昌孝	祥伝社文庫
	グラーグ57(下)	T・R・スミス	新潮文庫
	四度目の氷河期	荻原浩	新潮文庫
	夜想	貫井徳郎	文春文庫
	スコーレNo.4	宮下奈都	光文社文庫
	フランバーズ屋敷の人びと3	K・M・ペイトン	岩波少年文庫
	渾身	川上健一	集英社文庫
2010	ごろつき船(下)	大佛次郎	小学館文庫

年	書名	著者	文庫
2010	ボックス!	百田尚樹	太田出版
	私の男	桜庭一樹	文春文庫
	大番(下)	獅子文六	小学館文庫
	半九郎闇日記(下)	角田喜久雄	小学館文庫
	昭和水滸伝(下)	藤原審爾	小学館文庫
	そこに日本人がいた!	熊田忠雄	新潮文庫
	しずかな日々	椰月美智子	講談社文庫
	捜神鬼	西村寿行	小学館文庫
	五番目の女(下)	H・マンケル	創元推理文庫
	音もなく少女は	B・テラン	文春文庫
	回帰者	G・ルッカ	講談社文庫
	平成大家族	中島京子	集英社文庫
	ワニのあくびだなめんなよ	椎名誠	文春文庫
	あぽやん	新野剛志	文春文庫
2011	煉獄の鬼王 新・将門伝説	三雲岳斗	双葉文庫
	船に乗れ! III 合奏協奏曲	藤谷治	ポプラ文庫
	楊令伝2 辺烽の章	北方謙三	集英社文庫
	慶応三年生まれ七人の旋毛曲り	坪内祐三	新潮文庫
	タイニー・タイニー・ハッピー	飛鳥井千砂	角川文庫
	ワルツ(下)	花村萬月	角川文庫
	瞳の中の大河	沢村凜	角川文庫
	本日、サービスデー	朱川湊人	光文社文庫
	みのたけの春	志水辰夫	集英社文庫
	ミレニアム2 火と戯れる女(下)	S・ラーソン	ハヤカワ・ミステリ文庫

年	書名	著者	出版社
11	卵をめぐる祖父の戦争	D・ベニオフ	ハヤカワ文庫NV
2012	戦友の恋	大島真寿美	角川文庫
	つばくろ越え 蓬莱屋帳外控	志水辰夫	新潮文庫
	書店ガール	碧野圭	PHP文芸文庫
	武士猿	今野敏	集英社文庫
	英国太平記	小林正典	講談社文庫
	月の影 影の海	小野不由美	新潮文庫
	弩	下川博	講談社文庫
	教室に雨は降らない	伊岡瞬	角川文庫
	オープン・セサミ	久保寺健彦	文春文庫
	完黙	永瀬隼介	実日文庫
	サトリ(下)	D・ウィンズロウ	ハヤカワ文庫NV
2013	爛れた闇	飴村行	角川ホラー文庫
	ストロベリー・ブルー	香坂直	角川文庫
	プールの底に眠る	白河三兎	講談社文庫
	暗殺者の正義	M・グリーニー	ハヤカワ文庫NV
	国道沿いのファミレス	畑野智美	集英社文庫
	嫌な女	桂望実	光文社文庫
	いろあわせ	梶よう子	ハルキ文庫
	炎群のごとく	あさのあつこ	文春文庫
	さよなら、ベイビー	里見蘭	新潮文庫
	競馬漂流記	高橋源一郎	集英社文庫
	鳴くかウグイス	不知火京介	光文社文庫
	天山の巫女ソニン1 黄金の燕	菅野雪虫	講談社文庫

年	書名	著者	出版社
2013	図南の翼	小野不由美	新潮文庫
	東京ロンダリング	原田ひ香	集英社文庫
2014	魔獣狩りI 淫楽編	夢枕獏	新潮文庫
	セブンティーン・ガールズ	北上次郎編	角川文庫
	シフト(下)	H・ハウイー	角川文庫
	ライトニング	D・R・クーンツ	文春文庫
	されど愚か者は行く 道場1	永瀬隼介	角川文庫
	スリーピング・ブッダ	早見和真	角川文庫
	容疑者	R・クレイス	創元推理文庫
	満つる月の如し	澤田瞳子	徳間文庫
	ウィンブルドン	R・ブラッドン	創元推理文庫
	隠れ蓑 北町奉行所朽木組	野口卓	新潮文庫
2015	ワン・モア	桜木紫乃	角川文庫
	キング・メイカー	水原秀策	双葉文庫
	百年法(下)	山田宗樹	角川文庫
	美しき一日の終わり	有吉玉青	講談社文庫
	またやぶけの夕焼け	高野秀行	集英社文庫
	無罪(下)	S・トゥロー	文春文庫
	ギンカムロ	美奈川護	集英社文庫
	泣いたらアカンで通天閣	坂井希久子	祥伝社文庫
	天翔る	村山由佳	講談社文庫
	ラスト・タウン	B・クラウチ	ハヤカワ文庫NV
	花のさくら通り	荻原浩	集英社文庫
	灰色の犬	福澤徹三	光文社文庫

年	書名	著者	文庫
2015	デッドヒート Final	須藤靖貴	ハルキ文庫
	海狼伝	白石一郎	文春文庫
	はじめて好きになった花	はらだみずき	祥伝社文庫
2016	犬の証言	野口卓	文春文庫
	記者の報い	松原耕二	文春文庫
	ウィメンズマラソン	坂井希久子	ハルキ文庫
	刃鉄の人	辻堂魁	角川文庫
	大地の牙 満州国演義六	船戸与一	新潮文庫
	雪の鉄樹	遠田潤子	光文社文庫
	作家の履歴書		角川文庫
	あの日、僕は旅に出た	蔵前仁一	幻冬舎文庫
	手蹟指南「薫風堂」	野口卓	角川文庫
	手のひらの音符	藤岡陽子	新潮文庫
	正義のセ	阿川佐和子	角川文庫
	檜山兄弟（下）	吉川英治	角川文庫
	オーディンの末裔	H・ギルバート	集英社文庫
	感傷コンパス	多島斗志之	角川文庫
	ありふれた祈り	W・K・クルーガー	ハヤカワ・ミステリ文庫
	神の子（下）	薬丸岳	光文社文庫
	超常小説ベストセレクション	椎名誠	角川文庫
2017	私たちの願いは、いつも	尾崎英子	角川文庫
	いろは匂へど	瀧羽麻子	幻冬舎文庫
	女系の総督	藤田宜永	講談社文庫
	ゲームセットにはまだ早い	須賀しのぶ	幻冬舎文庫
	本屋稼業	波多野聖	ハルキ文庫

年	書名	著者	文庫
2017	二千七百の夏と冬（下）	荻原浩	双葉文庫
	競馬の終わり	杉山俊彦	集英社文庫
	未必のマクベス	早瀬耕	ハヤカワ文庫JA
	逢坂の六人	周防柳	集英社文庫
	埠頭三角暗闇市場	椎名誠	講談社文庫
	南国太平記（下）	直木三十五	角川文庫
	ヨイ豊	梶よう子	講談社文庫
	ミッドナイト・ジャーナル	本城雅人	講談社文庫
	蒼天見ゆ	葉室麟	角川文庫
2018	残りの人生で、今日がいちばん若い日	盛田隆二	祥伝社文庫
	鬼煙管	今村翔吾	祥伝社文庫
	岳飛伝 十七 星斗の章	北方謙三	集英社文庫
	巡査長真行寺弘道	榎本憲男	中公文庫
	炎の塔	五十嵐貴久	祥伝社文庫
	クラスメイツ〈前期〉	森絵都	角川文庫
	ムーンリバーズを忘れない	はらだみずき	ハルキ文庫
	罪人のカルマ	K・スローター	ハーパーBOOKS
	国士舘物語	栗山圭介	講談社文庫
	英語屋さん	源氏鶏太	集英社文庫
	今はちょっと、ついてないだけ	伊吹有喜	光文社文庫
	鷹の王	C・J・ボックス	講談社文庫
	よっつ屋根の下	大崎梢	光文社文庫
	サラマンダー殲滅（下）	梶尾真治	徳間文庫
	まさかまさか よろず相談屋繁盛記	野口卓	集英社文庫
2019	悪魔の赤い右手 殺し屋を殺せ2	C・ホルム	ハヤカワ文庫NV

年	書名	著者	出版
2019	疾れ、新蔵	志水辰夫	徳間文庫
	誰がために鐘を鳴らす	山本幸久	角川文庫
	神奈備	馳星周	集英社文庫
	猟犬の國	芝村裕吏	角川文庫
	ブラック&ホワイト	K・スローター	ハーパーBOOKS
	椎名誠[北政府]コレクション	椎名誠/北上次郎編	集英社文庫
	ひりつく夜の音	小野寺史宜	新潮文庫
	愛しいひとにさよならを言う	石井睦美	中公文庫
	影絵の騎士	大沢在昌	角川文庫
	生者と死者に告ぐ	N・ノイハウス	創元推理文庫
	北海タイムス物語	増田俊也	新潮文庫
2020	不屈 山岳小説傑作選	北上次郎選	ヤマケイ文庫
	開かれた瞳孔	K・スローター	ハーパーBOOKS
	いまひとたびの	志水辰夫	新潮文庫
	パラ・スター〈Side宝良〉	阿部暁子	集英社文庫
	球道恋々	木内昇	新潮文庫
	咲ク・ララ・ファミリア	越智月子	幻冬舎文庫
	母のあしおと	神田茜	集英社文庫
	骨を弔う	宇佐美まこと	小学館文庫
	南風吹く	森谷明子	光文社文庫
	ヘルドッグス 地獄の犬たち	深町秋生	角川文庫
2021	騎虎の将 太田道灌	幡大介	徳間文庫
	死者だけが血を流す/淋しがりやのキング 日本ハードボイルド全集1	生島治郎	創元推理文庫
	ブレイン・ドレイン	関俊介	光文社文庫
	女系の教科書	藤田宜永	講談社文庫
	いつかの岸辺に跳ねていく	加納朋子	幻冬舎文庫
	ひかる、汗	川西蘭	集英社文庫
	麻雀放浪記1 青春編	阿佐田哲也	双葉文庫
	カラハリが呼んでいる	M・オーエンズ、D・オーエンズ	ハヤカワ文庫NF
	高天原 厩戸皇子の神話	周防柳	集英社文庫
	月の落とし子	穂波了	ハヤカワ文庫JA
	漫画ひりひり	風カオル	小学館文庫
	麻雀放浪記2 風雲編	阿佐田哲也	双葉文庫
	ゴールデン街コーリング	馳星周	角川文庫
	熟れた月	宇佐美まこと	光文社文庫
	同潤会代官山アパートメント	三上延	新潮文庫
2022	エスケープ・トレイン	熊谷達也	光文社文庫
	隠居すごろく	西條奈加	角川文庫
	帰去来	大沢在昌	朝日文庫
	里奈の物語 疾走の先に	鈴木大介	文春文庫
	とむらい屋颯太 漣のゆくえ	梶よう子	徳間文庫
	暗殺者グレイマン(新版)	M・グリーニー	ハヤカワ文庫NV
	雪と心臓	生馬直樹	集英社文庫
	雲を紡ぐ	伊吹有喜	文春文庫
	それでも俺は、妻としたい	足立紳	新潮文庫
	明日の僕に風が吹く	乾ルカ	角川文庫
	二人の嘘	一雫ライオン	幻冬舎文庫
	淀川八景	藤野恵美	文春文庫
	そのひと皿にめぐりあうとき	福澤徹三	光文社文庫
2023	傑作集 日本ハードボイルド全集7	北上次郎・日下三蔵・杉江松恋編	創元推理文庫

北上さんに解説原稿を頼むとき

山田剛史（KADOKAWA）

浜本さんから本稿の依頼を受けてみたものの、書き始めてはたと困ってしまった。考えてみれば北上さんと親しくはしていたものの、解説原稿を依頼したことが数えるほどしかなかったのだ。

北上さんと初めてお会いしたのは、私がまだ祥伝社にいた十五年ほど前だろうか。本屋大賞の会場で、めったにパーティーに顔を見せない北上さんをお見かけして声をかけた。気さくに対応してくださり、その時依頼された本をお送りしたところ、「あいつはいい奴だ」という認定をされ、その後急逝されるまで、いろいろとお付き合いさせていただいた（北上さんの人への評価は「いい奴」かそうでないか、だった）。

北上さんの本に対する姿勢は真摯そのもので、どれだけ親しくなろうと、評価できないときははっきりおっしゃった。まず作品を読み、受けるかどうかを答える。帯などに使用する際は引用にとどめ、「推薦」や「絶賛」の言葉を使用しない（勝手に使用されたときは怒っていた）。その姿勢が、読者の信頼を得ていたのだと思う。

だからこちらも、よほどの自信作でないと、推すことはばばかられた。また、北上さんのストライクゾーン（家族小説、競馬小説、ダメ男小説は鉄板だったが）は、亡くなられるまではっきりとわからなかった（たまにすごく褒めたりする）こともあり、ホラーやノワール、純文に近い作品は、見本本を送りはするが、あえて声がけすることはなかった。それでも、とにかく面白い小説を探すことには貪欲だったのか、好きなジャンルではなくとも独自にお読みくださり、担当していた『孤狼の血』『粘膜蜥蜴』『ヘルドッグス　地獄の犬たち』などは手放しで褒めていただいた（私の担当作はダークなものが多かった）。

また、新人作家への応援もとにかく熱く、読書量も含めて、誰よりも小説界の明日を考えていた。新人の頃に勇気づけられた作家も多数いらっしゃることと思う。

CD・須田杏菜

最後に解説を依頼したのは、今年二月に文庫化された未上夕二著『お役に立ちます！　二級建築士　楠さくらのハッピーリフォーム』で、未上さんの過去二作も推してくださっており、すぐにお読みいただき、一度は解説を承諾されていた。だが年末に病床につかれていたことから、断りの連絡をいただいた。当初は理由がわからなかったので、再度の依頼までしてしまったが、後日、北上さんが「山田くんに悪いなあ」と話していたのを知り、最後まで貫かれた真摯な姿勢に胸が熱くなった。文庫見本は『本の雑誌』社の北上さんの祭壇にお供えさせていただいた。

北上さんはあの世でも読書三昧の日々を送り、いまだに新人作家を見つけられているのだと思う。ご冥福をお祈りいたします。

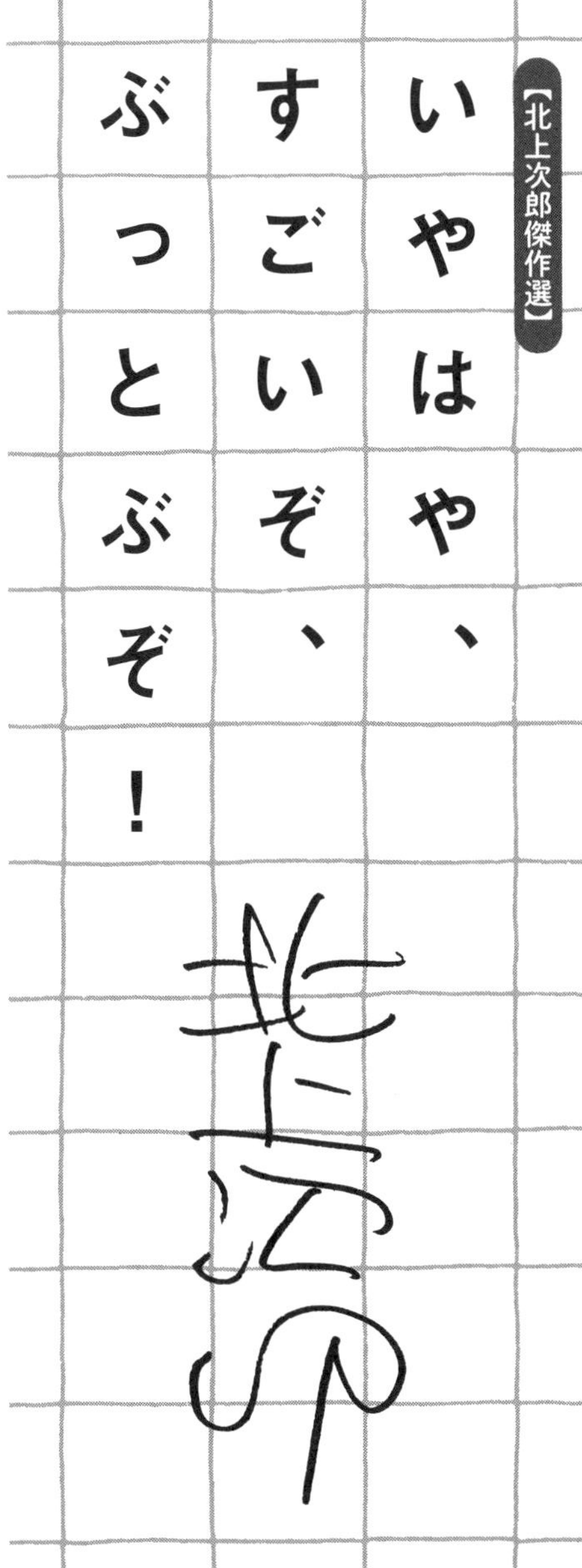
【北上次郎傑作選】
いやはや、
すごいぞ、
ぶっとぶぞ！
北上次郎

日本冒険小説の10年を総括する

谷恒生の転身にみる日本冒険小説の現在

谷恒生に一度だけインタビューしたことがある。彼が『喜望峰』『マラッカ海峡』の2作をひっさげてデビューした直後のことだ。喫茶店に現われた彼は、予想していた一等航海士のイメージとかなり違っていた。それがどういうイメージかと訊かれても困るのだが、とにかくぼくの考えていた船乗りではなかった。「海洋冒険小説と言われると心苦しい」「まだ海が描けていないから、そう言われると詐欺しているような気がする」と終始謙虚な姿勢を崩さない、おだやかな好青年だった。話しているうちに、マクリーンやライアルの話が次々に出てきて、翻訳冒険小説を読んで育った同世代なんだな、と意を強くしたものだ。その嬉しさの底に、新しい時代の作家が登場してきたという確信めいたものもあった。それが昭和52年、ちょうど10年前のことである。

昭和51年が日本の冒険小説における節目の年であったことは、拙著『冒険小説の時代』に書いたので、ここでは繰り返さない。とにかくそれ以前の冒険小説は、戦前戦中の軍事冒険小説を除くと、檀一雄『夕日と拳銃』、生島治郎『黄土の奔流』しかなく、大藪春彦の活劇小説はあったものの、長い冬の時代であった。だからこそ、谷恒生の登場にファンはしびれたのである。昭和51年、西村寿行『化石の荒野』、小林久三『灼熱の遮断線』、伴野朗『五十万年の死角』、三浦浩『さらば静かなる時』、生島治郎『夢なきものの掟』、田中光二『失われたものの伝説』と、冒険小説あるいはそれに近い作品が書かれ、そういう新しい時代の流れに乗って、その翌年谷恒生は登場してきた。それ以前の作品が日本か戦時中の中国大陸を舞台にしていたのにくらべ、日本からアフリカまでスケールをひろげた谷恒生の冒険小説には、イギリス正統派冒険小説のオーソドックスなストーリー展開に日本人を登場させ、さらにそれを翻訳調文体にのせるという新しさがあり、その作品は新時代の始まりを明らかに告げていた。それ以前にも作品はあったとはいえ（実質的な引き金は昭和50年、西村寿行『君よ憤怒の河を渉れ』だった）、日本の冒険小説ムーブメントはここに始まる。

その2年後、田中光二が『南十字戦線』『血と黄金』『黄金の罠』という本格冒険小説3部作を発表した年に、船戸与一が『非合法員』で登場し、そのまた2年後の昭和

56年に、志水辰夫と北方謙三が、『飢えて狼』と『弔鐘はるかなり』でデビューする。谷克二の初長篇『狙撃者』は昭和53年、森詠の本格冒険小説『さらばアフリカの女王』は昭和54年、大沢在昌『ダブル・トラップ』は昭和56年に、それぞれ書かれている。いわば昭和50年代は冒険小説の時代だったともいえるだろう。ここで確認しておきたいが、その始まりが谷恒生だったのだ。

もちろん、谷恒生一人が冒険小説の時代を切り開いたという意味ではない。前記したように、谷恒生の登場する前年、冒険小説っぽい作品が多く発表されていた。機は熟していたのだ。そろそろ英国ふうな正統的冒険小説が望まれていた。いわば谷恒生の登場は、こういう日本冒険小説の新時代の始まりを告げる象徴であったと思う。谷恒生の10年が日本冒険小説の10年を象徴しているのも、個人的な思いはあるにせよ、そうした登場の意味を、彼の作品がまず持っていたからだ。

谷恒生は地名三部作の最終篇『ホーン岬』をデビュー同年に発表すると、翌年平凡パンチに『悪霊を撃て』、報知新聞に『黒いヴァイキング』を連載する。同年、傑作『北の怒濤』を書き下ろしているが、それを除くここまでの5作はストーリー色の濃い海洋冒険小説である。彼の作風がここで早くも行きづまってしまったのは、谷恒生の初期5作がオーソドックスなイギリス正統派の手法によって書かれていたからである。そういう本格的な冒険小説を日本人作家が書くこと自体は新しかったが、本場イギリスの作家たちが軒並み壁にぶつかっていた時期である。面白いストーリーだけでは現代のヒーローを生み出せない、との結論が出るのは時間の問題だった。かくて谷恒生は『一人っきりの戦場』『バンコク楽宮ホテル』と暗中模索で作風を変え始める。

この迷いの時期に、谷恒生は各雑誌にいくつか短篇を発表しているが、これらの短篇がぼくは今でも好きだ。これはのちに2冊の短篇集にまとまっている。一冊が『飛驒一等航海士』で、もう一冊が『錆びた波止場』。前者は外国の港を舞台にし、後者は日本の港を舞台にしている。冒険小説ではない。どちらも船乗りと港に生きる人間たちをスケッチふうに描いた短篇集である。先行した初期5作がストーリー色の濃い冒険小説だっただけに、この静寂に満ちた短篇集はあざやかだったと思う。同時期に海洋冒険小説『黄金の海』を日刊スポーツに連載しているが、これが空まわりしているのもやむを得ない。作者が海洋冒険小説から違うところに変身していく過渡期だったのだ。それが昭和54年から55年にかけての頃だ。

谷恒生がそうして壁にぶつかっていた頃、日本の冒険小説ムーブメントは次々に新しい才能を世に送り出していた。まず筆頭は北方謙三だろう。『弔鐘はるかなり』は、横浜を舞台に麻薬をめぐるギャングの抗争を描くという陣腐なストーリーだったが、男たちの飛び散る汗の匂いが行間から伝わってくる異色作で、来たるべき肉体派の時代を予感させた。その翌年、『逃がれの街』、そして昭和58年の『檻』で北方謙三の〝肉体〟は頂点に達する。

このあたりのことは何度も書いたので詳しくは繰り返さない。明確な敵を設定しにくい現代で、闘う男を活写する小説は書きにくい。冒険のあり得た過去に舞台を求めるか、あるいは目に見えにくい国際謀略を背景に置くか、洋の東西を問わず、冒険小説の作家たちが悪戦苦闘していた時期である。そこに北方謙三は、血の噴出こそがドラマであるという新しいカードを提出した。それは、フランシスが『利腕』で男の恐怖心から肉体の裡に入ることによって活路を見い出したことと、重なり合う。これは実に斬新な方法論だった。

　問題は、北方謙三のその後の展開だろう。『檻』以降これまでに20数冊の長篇を発表しているが、彼もまた壁にぶつかっていくのだ。私小説仕立ての『逆光の女』、女性を主人公にした『ふるえる爪』、サバイバルと格闘のプロを主人公にした『挑戦・冬の狼』と、いくつか実験的な作品もあるものの、総じて『檻』のパターンが拡大再生産されている。『逃がれの街』『眠りなき夜』のパターンもあるが、『檻』のプロットを再使用するケースが、『錆』『烈日』『肉迫』と、多い。それらの作品が『檻』を超えられないのは、主人公の血の噴出がストーリーに溶け込まず、テーマが前面に出すぎて浮き上がっているからである。『檻』が見事だったのは、テーマの太さもさることながら、それが巧みなストーリー展開のなかに溶け込んでいたからで、ラストに「檻」と言わせる絵解きもいらないぐらいだった。『檻』は物語の展開そのものが、主人公・滝野和也の変貌を表現していたからだ。その後の主人公たちは、死んだように生きていることを憂い、あるいは生きるルールを持っていることを何度も吐露することで、読者に立場を伝えようとする。これは作者の誤解だろう。前記したいくつかの実験作は、そういう袋小路に陥っていることを作者自身も知っている例証であるようにも思う。

　森詠もまた『日本封鎖』から『燃える波濤』までの〈情報〉冒険小説から一転、『雨はいつまで降り続く』を頂点とするハードボイルド派への接近を経て、『午後の砲声』『ナグネの海峡』と一作毎にその作風を変えていく。これもまた現代の冒険小説を書こうとする悪戦苦闘の現われだろう。

　この時期、文庫・新書競争という版元側の事情もあって、たくさんのエピゴーネンが輩出し、騒々しいだけのアクション小説が巷にあふれ、あたかも冒険アクション小説の時代が来たかのように錯覚しがちだったが、内実は、明るい展望があったわけではなかった。マスコミが騒ぐほどには、このジャンルは成熟していなかったのだ。

　そういう作家たちの悪戦苦闘を尻目に、谷恒生は金脈を掘りあてる。それが『魍魎伝説』（昭和57年1月刊）だ。その前年から週刊誌に連載を開始したこのオカルト・バイオレンスは、多くの読者を摑んでベストセラーになり、谷恒生は一躍流行作家になっていく。

　その以前から『幻獣変化』という異色作を書き、同年『幻獣少年キマイラ』で本格的に才能を開花し始めた夢枕獏が、昭和59年『魔獣狩り（淫楽編）』を出すに及んで、このオカルト・バイオレンスは不況の出版界で大金脈となる。昭和57年『魔界都市〈新宿〉』でデビューした菊地秀行も、追いかけるように『魔界行（第一次復讐編）』でこのジャンルに加わり、あとは冒険アクションを書いていたエピゴーネンたちが追随し、思わぬブームとなった。

　なぜこういう小説が読まれ出したのかについては、以前も書いているが、重要なポイントなので繰り返す。現代冒険小説が壁にぶつかっていたのは、明確な敵を設定しにくい現代に、闘う男を描くことの困難さにあった。強大な敵がいれば、ヒーローもまた力強い存在になるが、その闘う相手が見えにくければヒーローであることの説得力も弱くなる。そういうことだ。だから、明確な敵が存在し得た第二次大戦という過去に素材を求めるジャック・ヒギンズの方法論も生れてくる。未来に材を求めれば、SFになるだろう。将来、遭遇し得るかもしれない敵を設定したスペース・オペラだ。冒険物語の舞台を過去に設定するのも、未来に求めるのも、闘うべき敵が見えにくい現代を避けるという点では、同じ道筋である。

もう一つの方法が、ディック・フランシスと北方謙三が選んだ肉体である。こちらは過去にも未来にも逃げない。前記したように、闘うべきは脆弱な己れの肉体であるという入口だ。

そして最後のアプローチが伝奇ファンタジーなのである。『魍魎伝説』に代表されるオカルト・バイオレンス小説は、闘うべき敵を、悪霊、妖怪、エイリアン、つまりは〝この世にあらざるもの〟に求めていく。現実の敵を設定できないなら、〝この世にあらざるもの〟を敵にしちゃえばいいのだ、と言わんばかりに。

しかし、たとえオカルト・バイオレンスが現代の冒険物語であったにせよ（作家側には明らかにその意識がある）、やはり認めたくない。根拠はただ一点、ぼくの血が沸き立たないからだ。船戸与一が語っているように（「青春と読書」1987年5月号）敵が見えない時代だからこそ強引に虚構の上でも敵をつくって「その結果、書き手がある日、非和解的な対立は一体どこにあるのかを見つけていくことができれば、実に面白い小説というのができるはずだ」と思うし、そういう作家の意思こそ信じたいと思う。船戸与一の最新作『猛き箱舟』が『山猫の夏』にくらべてバランスの悪い作品でありながらパワーにあふれているのは、現代の冒険物語を構築しようとする作家の強烈な意思が、ストーリーの中にこめられているからだろう。『非合法員』でデビューしてから、この作家は『夜のオデッセイア』『山猫の夏』といくつも頂点を越え、なおとどまることを知らない。稀有な作家がいたものだ。しかしこれは船戸与一が天性の物語作家だからこそで、例外なのである。

あるいは夢枕獏も、違う意味で例外の一人かもしれない。肉体派にもオカルト派にも分類されやすいが、実は夢枕獏はまったく新しいジャンルを生み出そうとしている作家である。前記した理由で『魔獣狩り』は買わないが、「キマイラ」シリーズは見事だし、何よりもまず『餓狼伝』『獅子の門』という格闘小説がすごい。流行作家になると一時期パワーダウンする例が大衆小説の世界では多いが、夢枕獏にまだその兆候は見られず、ますます力を増していく。しかし、ここまでくるともはや冒険小説ではないだろう。

何だか書いているうちに話がどんどん飛んでいく。ここ10年間の日本冒険小説を振り返る、というつもりが、きちんとしたレポートにならない。総括するならば、北方謙三の意味と森詠の悪戦苦闘のディテールにもっと触れるべきだろう。あるいは、最近『地の涯幻の湖』『新ソロモン王の宝窟』

という冒険譚を刊行した田中光二、そして伴野朗や西木正明、そういう作家たちの活動にも筆を及ぼすべきかもしれない。

ここ数年、個々の作品に触れるだけで、日本の冒険小説の流れについて論評してこなかったのは、自分の求める冒険小説がわからなくなっていたからだ。そのために、もう一度冒険物語の歴史をたどってみようと、19世紀のイギリスから振り返っているところである。その宿題がいつになったら終るのやらわからないが、とにかくそれまでは他のことに余裕がもてない。しかしそうしているうちに、日本の冒険小説もどんどん変っていく。この稿を起こしたのは、このあたりで一度メモしておかなくてはと思い返したからなのだが、そのとき頭にあったのは、谷恒生の変遷こそが鍵を握っている、ということだった。従って、他の作家たちについては駆け足になるが誌面に限りがあることだし、やむを得ない。谷恒生の10年をこそ検証したい。そしてそのことが結局は日本冒険小説の10年を結果として総括することにもなるのだと思う。

よし、もう少しだ。

考えてみると、今や冒険小説を書いている作家が意外に少ないことに気付く。個人的に志水辰夫の作品が好きで、特に『背いて故郷』は絶品だと思っているが、これまでの作品を見るかぎり、ハードボイルド派だろうし（少なくてもこの作者に現代の冒険譚を書こうという意思はないと思う。また、すべての作家に冒険物語を書いてもらいたいわけでもないから、それはそれでいい）、大沢在昌は最初からハードボイルドを書き続けている。この間才能のある新人作家が何人かデビューしているが、多島斗志之はまだ謀略小説以外の展開が見えないし、佐々木譲もめざしているのはおそらく冒険物語ではないはずだ。景山民夫『虎口からの脱出』に留保をつけたのは過去に材を求めたからで、この巧妙な手口を認めるなら、森詠の悪戦苦闘は意味のないことになる。現代の冒険物語を読みたいのだ。オカルト・バイオレンス派を評価しないのもそれがバイオレンス・ポルノに近いからではけしてない。そうであるなら、『君よ憤怒の河を渉れ』から『無頼船』までの西村寿行の作品群を、あれほど夢中に読んでこなかっただろう。昨今のオカルト・バイオレンスに否定的なのは、〝この世にあらざるもの〟を敵として設定する安易さになじめないからだ。

うーむ、困ったね。つい先日、日本の冒険小説はこの10年、成熟への道をたどってきた、と書いたばかりなのだ。しかしよく考えてみると、たしかに10年前より作品がふえ、作家もそれなりにこのジャンルで生活できるようになったとはいえ、それはオカルト・バイオレンスであったり、またはハードボイルドであり、冒険小説は船戸与一などの例外を除くと、極端に少ないではないか。つまり、冒険小説の成熟ではなく、オカルト派もハードボイルド派も共存している〝日本冒険小説界〟の成熟であったのだ。

以前ぼくは次のように書いた。

「オカルト・バイオレンスの根にあるのは、眼前の逼塞状況から自らを解き放ちたいという読者の無意識の願望がひとつ。輪郭の定かでない現代で指針まで失われている読者が漠としたものに頼ろうという心理がひとつ。テクノロジー社会に生きていることから生じる近代文明への嫌悪がひとつ。つまり、読者側の不安が根にあるような気がしてならない。時代がこれらの物語を求めていたのだ」
10年前、本格的な冒険小説が求められていたときに、谷恒生が『喜望峰』『マラッカ海峡』で登場してきたことを想起されたい。時代は変り、リアリティから遠く隔たった物語が求められ始めた頃、オカルト・バイオレンス小説は生れた。そして、その尖兵となったのも谷恒生なのである。この10年、谷恒生は日本の冒険物語の変遷を象徴するかのように歩調を合わせてきた。おそらく意識したわけではないだろう。彼自身の壁を越えたら、そこに出てしまったのだ。流行作家になったのは結果にすぎない。そういうふうに、時代の変化を象徴する作家が、時にはいるものだ。

谷恒生と会ったのは最初のインタビュー以後、両手で数えられるほどしかない。その大半は酒場かパーティであり、きちんとした話を交わしたことは少ない。普通に考えれば、業界内の知人にすぎないが、しかしぼくは彼に対して特別の感慨を抱いている。それは、これから新しいジャンルが生れるかもしれないという10年前の、あの昂揚を共有した仲間に寄せる共感なのかもしれない。最後に会ったのは、3年前の熱海だ。日本冒険小説協会の全国大会の夜、酔っぱらったぼくは彼にからんだ。あとで、あんなに辛辣なことを言っていいの、と別の人に言われたが、ぼくは作家に話しているつもりはなかった。10年前の、あの喫茶店で向かい合った瞬間から、ぼくにとって谷恒生は作家ではないのである。

はっきり書くが、菊地秀行の小説を読んで血沸き肉躍らなくても、ぼくにとって何の問題にもならない。しかし谷恒生の作品がそうであっては困るのである。『魍魎伝説』は第一巻こそ目新しく、面白かったものの、その後の展開についていけなかった。これはとても困るのである。冷静に考えれば、たくさんの読者を摑まえている谷恒生の作品を否定する権利は、ぼくにはない。それが不満ならば、違うところに自分の求める冒険譚を探せばいいのだ。つまり、これは言いがかりである。

谷恒生よ、還ってこい、と言うつもりは毛頭ない。彼の選んだ道なのだ。ぼくはただ谷恒生におとしまえをつけてもらいたいだけだ。『戦時標準船荒丸』を完結させる、というかたちで。この膨大なシリーズは、完結すれば、海に訣別する記念碑的な作品となるはずだ。そうすれば、そしてぼくのほうも現在の宿題が終れば、この10年のことを忘れて、冒険小説から足を洗っていけるだろう。

冒険小説という名のもとにすべてが共存できた幸福な蜜月時代は、とうの昔に終っている。逢坂剛も船戸与一も森詠も志水辰夫も、そして多くの作家たちを冒険小説という名でくくるのは、今や無理がある。冒険小説界が成熟するまではそれも意味のあることだったと思うが、もはやそれほどの意味もない。ここ数年そうであったように、この10年の冒険小説ムーブメントを支えてきた幾人かの作家たちは今後冒険小説というジャンルを離れて個別に語られていくだろう。

突然思い出した。8年前、ちょうど船戸与一がデビューして日本の冒険小説が面白くなりはじめた頃、「やがて来たるべき冒険小説の時代がくれば、個別の検討がはじまるだろう」と書いたことを。その意味では、冒険小説の時代は10年間の準備期間を終り、ようやく今はじまったばかりなのかもしれない。

(54号／1987年6月)

冒険小説の新時代を告げる すごい本が出たぞ

胸躍る小説、というのはあるものだ。ページをめくるのがもったいないような、それでいて早く先を読みたいような、そんな気分にしてくれる小説にぶつかると、その一冊にめぐり逢うために九十九冊の駄作を読んできた疲れもふと忘れてしまう。

谷恒生「喜望峰」「マラッカ海峡」(ともにKKベストセラーズ)は久しぶりにそんな気分にしてくれるミステリだ。

新人が書き下ろしで冒険小説をいきなり二冊同時に刊行するとは、いくらサスペンス流行りの昨今でも珍しく、しかもこれが水準以上の出来とくるのだからこたえられない。「マラッカ海峡」は旧サイゴン政府の黒幕ダン・ファン・クワンの財宝とアメリカの陰謀をあばくリストをめぐる男たちの死闘の物語で、横浜からシンガポール、マラッカ海峡と舞台効果も満点。

「喜望峰」は日本貨物船・白雲丸一等航海士稲村雅史を主人公に、南ア黒人解放戦線と南ア国家保安局の凄絶な闘いを喜望峰沿岸の暴風雨の中で描く冒険小説。「マラッカ海峡」は構成に失敗しその分だけ読後印象を弱めているが、「喜望峰」は南ア洋上に吹き荒れる大暴風雨(サイクロン)の真ッ只中を突き進む白雲丸が終始舞台という構成で、この迫力は圧倒的。ふとアリステア・マクリーンの「黄金のランデヴー」を連想したくらいこのあたりの描写はすごい。

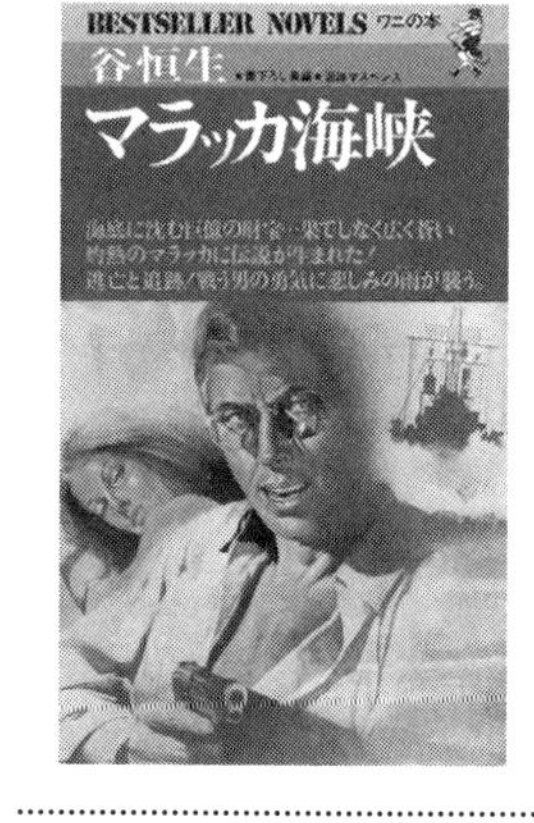

そして、ああそうなのか、と気が付いた。例によって唐突なのだが、あの西村寿行を想ったのである。寿行の冒険小説宣言を半分意地で支持してきたのは、まあエセ本格への恨みも手伝っているのだが、彼はすこぶる日本的な大藪春彦ラインと正統派生島治郎ラインの間隙を狙う作家なのではないか、と半分熱い期待があったからでもある。それが誤解の始まりだった。

生島治郎を正統派としながらも、マクリーンの系譜を違うところに夢想していたぼくは自分から目くらましにあってしまったのだろう。ラインの読み違えの話ではない。

サスペンス戦線を乱暴に整理してしま

えば、大藪春彦―平井和正、生島治郎―三好徹、小林久三―伴野朗、田中光二―山田正紀、この四つのラインがいま見える。面倒くさいので先を急げば、西村寿行は大藪春彦の枝道だったのだ。あるいは延長線上に咲いた仇花だった。

少々荒っぽくても、彼の作品がぼくらをひきつけたのは、おそらく寿行が新時代への引き金だったからではないのか。もっと言う。寿行の登場が谷恒生を生み出したのだ。

素っ気ないタイトル、乾いた文体――「喜望峰」はまるで翻訳ミステリを読んでいる錯覚さえ抱かせる。しかも一級品のだ。そして船と海のたしかな描写が背景を緊迫感とともにしっかりと支えている。

そう四つのラインが牛耳る日本サスペンス戦線のどこにもなかった〝マクリーンの世界〟が、ここには息づいているのだ。これは驚異というか快挙というか、画期的というべきか。

タイトルの素っ気なさは、寿行の著作タイトルに代表されるような、やたらと長い題名の流行っている御時世を逆に意識した版元の計算もあったのかもしれないが、そんなことはどうでもいい。こまかいところで気になるところもあるのだが、それもあえてアラ探しすることもあるまい。

日本サスペンス・パノラマのどこにもなかった新しい可能性を持つ谷恒生がデビューしたこと――そのことを喜ぼう。

今季もサスペンス・ミステリが目につき、西村寿行「悪霊の棲む日々」(徳間書店)、伴野朗「陽はメコンに沈む」(講談社)、小林久三「死の霧の伝説」(桃園書房)、三好徹「悪人への貢物」(光文社)と目白押し。

「悪人への貢物」を除けば、残りの三作は一応それなりに読ませてくれる。受賞作は感心しなかったが、「陽はメコンに沈む」は動乱のラオスを背景にしたサスペンス・ミステリでなかなかよく出来ている。「悪霊の棲む日々」と「死の霧の伝説」は似た雰囲気を持ったミステリで、狂気に支配された罠にまき込まれた男の闘いをサスペンスフルに描いて、どちらも飽きさせない。

だが「陽は…」は主人公の動機づけが弱く「悪霊の…」はラストがひっかかり、「死の…」は相変らず御都合主義が残っている。欲を言えば、どうも一長一短といった感は否めないのだ。

そして、彼ら中堅作家が悪戦苦闘している77年日本サスペンス・パノラマを谷恒生は一気に飛び越えていく――。そう谷恒生の鮮やかな登場によって国産冒険小説はやっと新しい時代に突入したのだ――などと言っては軽卒すぎるか。

刊行された途端、各出版社が谷恒生のもとに殺到したと伝えられているが、できるなら大事に育ててもらいたい。76年が泡坂妻夫のデビューした年として記憶されるなら、77年は谷恒生のデビューした年として記憶されるだろう、と断言できるくらいなのだから。

(6号/1977年7月)

さらば愛しきわが西村寿行

西村寿行『荒涼山河風ありて』（実業之日本社）は、巨大な土石流に民宿ごと妻子を流された気象庁地震課の調査係技官・河北央二と、殺人の汚名をきせられた山形日報記者・寺本徹の復讐行を描くアクション小説だ。

この謎を追う主人公が二人というパターンは西村のいつもの手法で、前作『帰らざる復讐者』の原田と峰岸、さらには初期三作『瀬戸内殺人海流』の狩野と遠野、『安楽死』の鳴海と倉持、『屍海峡』の中岡と松前などに見られるように、複数の目を通して語ることによって、物語に奥行きを持たせる。まれには三人ということもあったり、『白骨樹林』のように好都合な展開を支えるという、効用もあるけれど、そこまで悪意に解釈することもあるまい。一種の〝相棒小説〟といってもいい。だからその点では初期から一貫しているともいえるのだが、実は『荒涼山河風ありて』を読んで、うむむと唸ってしまったのだ。

寿行はもう戻ってこないのではないか、と思ったのである。これには少し説明がいる。

寿行はこれまで十八冊の長篇と三冊の短篇集を出している。そのうち十冊は77年の刊行で、五冊が76年の刊行。つまり21冊の著作のうち十五冊がこの二年間に刊行されているわけだ。現在もいくつかの雑誌や新聞に連載中であり、旺盛な執筆ぶりは目を見張るばかりだが、これまでの著作を整理すれば、ほぼ三期に分類される。

まず第一期は『瀬戸内殺人海流』に始まる初期三作。デビュー作の熊鷹と犬、『安楽死』の海底に棲む巨大なハタ、『屍海峡』の青い水の謎、など動物や自然の描写にこれまでにない新鮮さを盛りこんで社会派ミステリの衣装を借りながらも「推理小説界に新しく発生した熱上昇気流（サーマル）」（各務三郎）として強く読者に印象づけた。この期に『蒼き海の伝説』を加えてもいい。

第二期が、あの〝冒険小説宣言〟をうたった『君よ憤怒の河を渉れ』から、『化石の荒野』『娘よ涯なき地に我を誘え』と続く迷いの三部作。初期三作の完成度とはう

書影は徳間文庫版

って変り寿行はここで悪戦苦闘を始める。異色のパニック小説『滅びの笛』がポツンと出て、第三期は例の『牙城を撃て』から始まり現在まで。乱暴な分類だが、ほぼそう整理できるのではあるまいか。

ぼくが熱烈に寿行を支持してきたのは、初期三作の鮮烈なイメージをたずさえて〝迷いの冒険小説三部作〟を書き始めた寿行に、熱い期待を抱いたからで、第二期の三作が完成度の高い作品だったからではない。

というのはマクリーンの系譜は日本に根づかないのではないかと、谷恒生が登場してくるまで勝手に思い込んでいたのだ。だとするなら、大藪春彦とも違う〝国産〟冒険小説のラインはまだ未成熟でも寿行が築きあげるのではないか——と思ったのだが、このあたりは機会ある度に書いているのでもう書かない。

『牙城を撃て』が曲がり角だったというのがぼくの持論なのだが、それは『牙城を撃て』以降、動物あるいは自然の描写が影をひそめたことがヒントになる。

つまり、初期三作に見られる鮮烈なイメージは本来、短篇小説の持ち味たるべき凝縮されたイメージなのだが、寿行は〝迷いの三部作〟で、それを冒険小説に持ち込もうとした。期待しない方がおかしいではないか。ところがその実験が失敗して寿行は『牙城を撃て』になだれ込んでいく。

ぼくはその過程に、『紅の幻影』『真夜中の意匠』『愛と血の炎』という実験作が失敗してエセ本格になだれ込んでいった斉藤栄の不幸を想いおこす。

寿行はどこへ行くのか——ぼくの興味は一点に絞られたが、あとは御存じの通り。『往きてまた還らず』『悪霊の棲む日々』『汝！怒りもて報いよ』——そこにあるのは狂気に憑かれた人間が騒々しくわめきまわる物語だ。

そしてそれは、何とデビュー作『瀬戸内殺人海流』の中にひめられていた欠点でもあった。狩野と沙絵の描写にすべてのヒントがこめられていた——気がつくのが遅すぎる。だが、初期三作にはまだ救いというか、補なって余りあるものがあった。『瀬戸内——』の遠野刑事、『安楽死』の九嶋市郎、傑作『屍海峡』の漁師良吉とせと、など読後に爽快感を残したものだ。

『牙城を撃て』で狩野と沙絵のかくされた一面が増幅されるや、その爽快感は姿を消す。そのあとに展開するのは、ただ狂気の世界だ。

とんでもないところに行き始めた——それが実感で、大藪春彦と比較すればそれはわかるだろう。大藪の場合、どれほど残酷な復讐行を描いても不思議な透明感があるのだが、寿行にはそれがない。寿行が書こうとしたのは冒険小説ではなかったのか。

そこで冒頭に戻る。『荒涼——』でぼくがうむむと唸ったのは、何とそのまま静けさを帯びてしまったからだ。『魔笛が聞こえる』『帰らざる復讐者』とたしかに最近の作はうまくなっている。特に後者のクライマックスはアイデアもうまく、なかなか読ませるのだがここにも爽快感はない。つまり、叫びがなくなり静かな陰鬱とでもいうのか、居直りを感じさせるのだ。乱暴に言えば、森村誠一ミステリとそれじゃ同じではないか——。一度角をまがった寿行はもう戻ってこないのか。

『荒涼——』の奇妙に静まり返った狂気の風景が、国産冒険小説の不幸を象徴しているようで、谷恒生の次作にまでふと不吉な予感を覚える。

（7号／1977年11月）

懺悔の記

●寿行と動物小説

一九六〇年代後半が、五木寛之、野坂昭如の時代であり、一九七〇年代前半が井上ひさしの時代であったとするなら、一九七〇年代後半は西村寿行の時代であった。いささか乱暴な要約ではあるけれど、日本エンターテインメント史を振り返ったときの、それが私の個人的な結論である。

本題に入る前に、西村寿行に会ったときの話を書いておきたい。マンションのほぼ最上階に仕事場があり、その部屋を編集者と一緒に訪れたのだが、生活感のない暗い部屋であった。寿行は初期、質の高い短編を数多く書いていたのだが、なぜ短編を書かなくなったのかと質問すると、あんなに手間のかかることはもうしたくない、というのがそのときの寿行の返事だった。そのインタビューで覚えているのは、部屋の暗さとその返事だけである。ずっと後年、寿行に一度だけ会った話を酒席でよく話していたので、それを思い出した編集者が雑談の折りに寿行に言うと、「北上次郎さんにはお会いしたことがない」と言ったという。私が書評を書き始めて間もない頃だったから、一度だけインタビューにきたそんな若手ライターのことなど、覚えているわけがない。いや、それだけの話なんですが。

その西村寿行が亡くなったときに書いた追悼文をまずは引く。

北方謙三、大沢在昌、船戸与一、逢坂剛、志水辰夫など、のちに八〇年代をリードしていく作家たちがデビューする直前、日本のエンターテインメント界でもっとも刺激的な作品を書いていたのは西村寿行であった。作品的には『瀬戸内殺人海流』『安楽死』『屍海峡』という初期三作のほうがすぐれていたが、西村寿行が私にとって刺激的な作家になったのは、『君よ憤怒の河を渉れ』からだった。この作品が問題小説に掲載されたときの「長編冒険推理」というコピーは忘れられない。冒険小説が読みたくて、でも作品が少なくて、とにかく飢えていたとい

う事情がある。続く『化石の荒野』のあとがきで、これからは冒険小説を書くと寿行が宣言したときの感激も、冒険小説の時代が本当にやってくるかもしれない、と思ったからにほかならない。それが一九七六年のことである。

厳しく振り返れば、一九七〇年代後半の西村寿行の作品は、「黄金の八〇年代」（日本のエンターテインメントにおいて八〇年代が豊穣な時代であったことはもはや定説といっていい）につなぐ徒花であったと言えるかもしれない。西村寿行がめざした冒険小説も、その後に花開いた冒険小説の時代の諸作品に比べると、違うジャンルの小説だったと言わざるを得ない。『化石の荒野』以降の作品は暴力と性が充満した作品が多く、必ずしも傑作ではなかったことにも触れておく必要がある。しかしそれが厳しい現実であったとしても、一時期、西村寿行に熱中していた事実は消えない。多くの読者の心を捕まえていたという事実は消えない。一九七〇年代後半、西村寿行の小説が私たちの心をとらえたのは、日本の現代エンターテインメントが成熟する直前の熱気とも言うべきものが、そこにあったからだろう。プロットが破綻しているケースが少なくなかったというのに、ひたすら面白く、その意味ではきわめて特異な作家であった。西村寿行の小説におけるパターンの変遷（こういう作家はどんどん変わっていくから面白い）を何度も文庫解説などに書いたことも今となっては懐かしい。

作品的には『咆哮は消えた』が忘れがたい。これは動物小説を集めた作品集だが、この中の一編を長編化した『風は悽愴』は犬小説の傑作といっていい。『荒らぶる魂』や、もっと後年に書かれた『捜神鬼』を含めて、これらは傑作ばかり。いま読んでも十分に鑑賞に耐える作品だと信じている。寿行が書き残した膨大なアクション小説は、あるいは消えていく運命にあるのかもしれないが（それがこの手の作家の宿命だろう）、これらの動物小説は残り続けるのではないかと思う。

そうか、『蒼茫の大地、滅ぶ』というパニック小説の傑作もあった。異色作『蘭菊の狐』もある。どんどん思い出してくる。残念なのは、この項にあげた作品のほとんどが絶版であることだ。読むことが出来ないのは淋しい。

というのが追悼文の全文だが、それでは西村寿行は生涯に動物小説を何作書いたのだろうか。書名に「犬」や「牙」などがついたものが多いので、動物小説を多く書いたような錯覚をしてしまうが、実は意外に少ない。たとえば映画にもなった高倉健主演の『犬笛』だが、鉄という名の日本犬（雑種）の登場シーンは極端に少なく、とても動物小説とは言いがたい。ちなみに、初刊のとき、この長編は『娘よ、涯なき地に我を誘え』というタイトルであったが、それを映画化のときに『犬笛』と改題したものだ。つまり寿行には「犬」を強調する意図は最初なかったことになる。

もっとも『黄金の犬』『旅券のない犬』などの長編の書名に、作者自ら「犬」をつけているから、たしかに紛らわしいことは事実だろう。なぜ紛らわしいかというと、犬が主役ではないからだ。『黄金の犬』は、北海道で飼い主と別れた日本犬のゴロが東京をめざす話で、『旅券のない犬』は飼い主を殺された紀州犬の十兵衛がアフリカのナイロビから日本をめざす話（日本にはたどりつかずヨーロッパで終わっている）。『犬笛』に比べれば犬の登場シーンは極端に多い。しかしこの二作を動物小説と言いにくいのは、ゴロや十兵衛は物語のわき役だからだ。彼らは人間たちのまわりにいる存在にすぎない。『まぼろしの獣』『ここ過ぎて滅びぬ』などの長編や、『幻の白い犬をみた』『妖魔』などの作品集も、同じ事情にある。これらの作品にはさまざまな動物が登場するが、純然たる動物小説とは言いがたい。動物たちがたくさん登場する異色作『蘭菊の狐』も、小説としては面白いものの、動物が主役とは言いがたいので、動物小説には分類できない。

では、寿行が書いた動物小説は何作なのか。ええい、面倒だから結論を先に書く。

『咆哮は消えた』『捜神鬼』という作品集二作、『風は悽愴』『老人と狩りをしない猟犬物語』という長編二作。合わせて四作にすぎない。ただし、迷っている作品がある。それは『荒らぶる魂』だ。

これがどういう話かというと、作家志望の男がペンションを経営しているときに、猪の子を飼うことになり、ゴンタと名付ける。最初は人間に懐かなかったゴンタも、やがて家族と飼い犬のちびに慣れていく。幸せな蜜月の到来だ。そのあと家族がばらばらになり、山に帰したゴンタが荒猪となって暴れまわるという展開になり、男と妻と娘とちびが、もう一度家族になってゴンタを救出に行く、という展開になる。

その間の話もあるのだが、それが全部置き去りにされるので小説としては完成度を弱めているのは止むを得ない。この先はラストを割るので、未読の方は注意。これを割らないとなぜ私がこれを動物小説に分類すべきかどうか迷っていることの説明がつかない。

まず、妻がゴンタの前に立ちふさがるのだ。しかしゴンタは冷酷にも撫で払うのである。そのために妻の腿はざっくりと切り取られる。妻も娘も、あれはゴンタではないと言う。そうか、荒猪はゴンタではなかったのかと読者も思う。しかし諦めないのは犬のちびだ。ちびはゴンタをしつこく追いかけるのである。そのたびにゴンタは牙を剝き出しにして唸りを上げる。おお、この先を本

当に紹介していいのか。

　ちびが草に足をとられて尻をつくのだ。そこに荒猪が襲いかかる。ちびの悲鳴が湧く。ところが荒猪はちびに牙をかけない。寸前で止まっている。ちびが尻尾を振る。荒猪がゆっくりと前に出る。長い鼻面を突き出す。その鼻面をちびが舐める。いいシーンだ。美しいシーンだ。寿行の動物小説には暗い話が多いのだが、珍しくも後味のいい話になっているのもキモ。

　しかし、荒猪とちびだけの話、つまり短編にすればよかったのに、長編にしたために大半は関係のない話で埋めることになり、動物小説に分類するのはためらうのである。

　というわけで、いよいよ本題に入るのだがいまから八年前に「昭和エンターテインメント叢書」というのを小学館文庫で編んだことがある。

大佛次郎『ごろつき船』
獅子文六『大番』
角田喜久雄『半九郎闇日記』
藤原審爾『昭和水滸伝』
西村寿行『捜神鬼』

　昭和の名作を復刊したくて企画した叢書なのだが、この西村寿行の巻をずっと後悔しているのである。
なぜなら、西村寿行を除いて他の作品はすべて上下巻なのに、寿行だけ一巻本なのだ。これだけでもバランスを欠いているのが致命的だ。しかも事情があって一編が落とされたので短編が三編入っているにすぎない。最終ページは二三六ページだ。対して、獅子文六『大番』は各六〇〇ページの上下巻である。なんと分量的には西村寿行の五倍もある。いちばんすごいのは、藤原審爾『昭和水滸伝』で、上巻八二〇ページで、下巻が七〇〇ページ。西村寿行の六倍以上もある。

　これだけの分量が許容されるなら、『捜神鬼』だけでなく、『咆哮は消えた』も『風は凄愴』も、そして『老人と狩りをしない猟犬物語』も、全部収録できたのである。この四作はどれもスタンダードな長さなので、上下巻におさまったと思う。そして書名を『西村寿行　全動物小説集』とするべきであった。藤原審爾『昭和水滸伝』なみの分量が許されるなら、分類に迷っている『荒らぶる魂』も、あるいは収められたかもしれない。寿行の動物小説を編むなんていう機会はもう二度とないだろうと思うと、悔やんでも悔やみ切れない。私は企画者として失格だ。

（421号／2018年7月）

日本ハードボイルド叢書よ、出てこい！

それにしても原尞の長編第二作『私が殺した少女』には驚いた。驚いたのは内容について、ではない、第一長編『そして夜は甦る』をすでに読んでいるのだから、今さらその完成度に驚きはしない。直木賞を受賞する前になんと4万部出ていたというのだ。

うーむ、と唸りましたね。

もうご存じでしょうが、これ、ガチガチのハードボイルドである。そして、誤解をおそれずに言えば、25年前の結城昌治と比べて、格別に新しいわけではない。急いで付け加えるが、それは25年前の結城昌治と同様に完成度が高い、ということだ。もうちょいと念を押す。今から四半世紀前に結城昌治は日本ハードボイルドの頂点を極めてしまった。ここは結城昌治論を展開する場ではないので詳しくは触れないが、とにかく昭和40年前後に一人の作家が頂点を極めたという事実がある。その頂点がどういうものかについては、『公園には誰もいない』『暗い落日』『炎の終り』の私立探偵真木三部作をお読みいただきたい。問題はその後の日本ハードボイルドの行方だ。個個の作家は結果として結城昌治とは違う観点から取り組むことで活路を見出してきた。北方謙三『檻』はそういう違う道を選んだ作家のひとつの頂点だろう。志水辰夫も結城昌治とは異なる入口を探して悪戦苦闘している。

原尞はそこに結城昌治と同じカードで20年ぶりに現れたのだ。そしてそれが圧倒的に受けたのである。どういうことか。

作家の問題ではなく、読者の問題なのだが、読者は今でも《結城昌治》を読みたいのではないか。あの完成された日本ハードボイルドの世界は今でも古びず、充分に力を持ちうるということなのではないか。ただ、作家のほうが違う入口を探しているものだから読者は読めないのである。そこに原尞が出現したのだ。やっぱり誤解されそうなので付け加えるが、それは原尞が結城昌治の真似をしているとか、そういうことではない。入口が同じなのだ。これまで結城昌治と同じ入口から、これだけの

日本ハードボイルド叢書・全20巻

①『他人の城』河野典生
②『炎の終り』結城昌治
③『薔薇の眠り』三浦 浩
④『暁のデッドライン』中田耕治
⑤『汚れた夜』石原慎太郎
⑥『悪との契約』島内 透
⑦『その影を砕け』船山 馨
⑧『遙かなる男』三好 徹
⑨『狼のブルース』五木寛之
⑩『密室の妻』島 久平
⑪『夏の終る日』仁木悦子
⑫『あの墓を掘れ』生島治郎
⑬『探偵事務所23』大藪春彦
⑭『危険な標的』山下愉一
⑮『拳銃の詩』藤原審爾
⑯『恐喝の街』桜田 忍
⑰『飢えた遺産』都筑道夫
⑱『破れても突っ込め』船知 慧
⑲『不確定世界の探偵物語』鏡明
⑳『ハロー・グッドバイ』片岡義男

筆力を持った作家が《結城昌治以降》ハードボイルドに取り組んだことはなかったのである。断定してしまっていいのかどうか不安は残るけど。

昭和51年を節目の年とし、昭和50年代を冒険小説の時代と名付けておきながら、今さらこんなことを言うのも何だけど、実はこの15年はハードボイルドの時代だったのではないか、という気がしてならない。この間に出ためぼしい作品を振りかえるとその共通項はハードボイルドであることがわかる。

私個人は、大人の読み物とされるハードボイルドよりも、子供の読み物とされる冒険小説のほうが今でも好きで、その愛着に変わりはないが、冷静に考えるとこの15年の収穫に冒険小説の数は少なく、その大半がハードボイルド的作品であったことを思えば、読者の関心の向きは冒険小説よりハードボイルドにあったことが見えてくる。その象徴的現象が原尞の出現だったのではないか。

紙枚がないので急いで書くが、ここからは出版の話になる。ならば、ここいらで日本のハードボイルドを振りかえる企画があってもいいのではないか。読者の関心の向きがそこにあるなら、仕掛けを凝らせば商売としても充分に成り立つと思う。というのは、読めない名作が結構多いのである。実は数年前から、日本ハードボイルド叢書が出てこないものかと考えていた。いくら名作とはいっても単発の再刊では弱いので、文庫で叢書にするというのがこの企画のミソ。とりあえず、文庫20巻のライ

ンアップを作ってみた。現在絶版などで入手しにくいものを中心に、手には入るが見逃されがちな作品を選んでみる。

①と②は日本ハードボイルドの名作。結城昌治は『暗い落日』にするかどうか迷ったが、こちらは1月に講談社文庫に入るということなので『炎の終り』にした。私立探偵・真木を主人公にした三部作の最終編である。この①と②が今読めないというのは信じられない。③は三浦浩のデビュー作で、ここまでの三編は正統ハードボイルドである。

④～⑦は、その①～③よりも前、日本ハードボイルドの勃興期である昭和35～38年に書かれた作品群。この中では『汚れた夜』がいちばんハードボイルドしている。⑧の三好徹と⑨の五木寛之は、それぞれ「天使」シリーズ、『裸の町』と差し替えてもいい。⑥～⑧は社会派ハードボイルドでもある。⑩と⑪は、謎解きのほうに力点があり、ハードボイルドとは言いがたいかもしれないが、登場する私立探偵・三影潤と伝法義太郎に敬意を表して。ちょいとこのあたりは苦しい。

⑫から⑯までの五作は、私立探偵を主人公にしたアクション・ハードボイルド。順に『あの墓を掘れ』は、『追いつめる』で同僚を誤射して辞職した志田司郎の上京後最初の事件報告。『探偵事務所23』は射撃の名手・田島英雄が活躍する、いかにも大藪らしい活劇小説。『危険な標的』はスパイ小説の時代に書かれた軽アクション曾根達也事件簿（あるいは無頼帖）の渡米編。これ以外に『危険とのデート』『危険猟区』などもある。

『拳銃の詩』は私立探偵・阿久根を主人公とする軽ハードボイルド中編集。『恐喝の街』は、飲み屋の代金取り立て業を副業としている新宿の私立探偵・月野佳郎を主人公にしたもので、このシリーズには『影絵の女』『闇は死の色』『他殺地帯』『新宿謀殺の街』『野良犬のブルース』『殺人者を葬れ』とある。沢崎や鮫島が登場するまでは、新宿はこの月野佳郎の縄張りだったのだ。今どうしているんだろうか。

⑰～⑳は純然たるハードボイルドではない。⑰は著者があとがきで「ナンセンスな冒険物語」と書いているし、⑱は青春ピカレスク、⑲はSF、⑳は青春小説だ。しかし同時にハードボイルドの匂いを濃厚に持った作品でもある。

というのが20冊のラインアップだが、収録作品はもう少し検討が必要かもしれない。とにかく日本ハードボイルド叢書だ。さあ、どこからでもこい！

（92号／1991年2月号）

へそ曲がり作家の着地点を見届ける!

●志水辰夫の10冊

困ってしまった。

「シミタツ節は誤りだった」という趣旨のエッセイを志水辰夫が書いたことがあるのだが、それがみつからないのだ。それを正確に引用して志水辰夫論を書こうと思ったのに、肝心のエッセイが見つからないのでは困ってしまう。

「シミタツ節は誤りだったと作者自身が懺悔したことはまだ記憶に新しいが」と私が書いたのは本の雑誌2007年4月号だ。ということは、5年以上も前のことを「記憶に新しい」とは書かないだろうから、せいぜいその3年以内の出来事だろう。つまり2004年から2006年の間、その3年間に書いた可能性が高い。そこでその間の新聞、さらには「新刊ニュース」などの雑誌を編集部にあたってもらったが、該当するエッセイはないという。

各社の担当編集者に尋ねても記憶にないと言うから、なんだか自信がなくなってくる。しかし「過剰な修飾」とか「誤り」とか「ごまかし」とか、正確な文章は覚えていないものの、強い語調に驚いた記憶がまだ鮮やかに残っている。あの記憶は何なのだろうか。

編集部から送られてきた「全国書店ネットワークe-hon」の「著者との60分」というインタビュー（聞き手大島一洋氏）には、「志水節」と呼ばれた文体をここ数年で意図的に消してきましたよねというインタビュアーの質問に対して、志水辰夫は次のように答えている。

「やっぱり色眼鏡で見られるのがいやなんですよ。同じパターンでやっていけば楽だし、読者も喜んでくれるかもしれないけど、実作者としては常に前を向いているつもりで、性格的に同じことはやれないんです。新しいことをするために、『志水節』はわざと消してきましたね」

これは『約束の地』（2004年）を上梓したときのインタビューだ。

あるいは、第二長編『裂けて海峡』（1983年）の有名なラスト3行、つまり、

天に星。
地に憎悪。
南溟。八月。わたしの死。

この3行を新潮文庫版（2004年9月刊）が出たとき、最後の一行を、

南溟。八月。わたしは死んだ。

と変更したことをここに並べ、やはり2004年前後に「シミタツ節」からの脱却という大きな流れがあったのではないかという推理も出来るかもしれない。もっと

も、公式ホームページ「志水辰夫めもらんだむ」でこの変更について触れた作者は、以前からそうしたかったので「この際初心に忠実なかたちへ戻そうとした」だけだと書いているから、これは関係がないのかも。

ちなみに、それではシミタツ節とはどういうものを指すのか。

前掲の『裂けて海峡』のラスト3行が象徴的だが、『背いて故郷』（1985年）の次のくだりも強い印象を残した。

「言葉を返せなかった。笑みすら戻してやれない。ひきつらせた顔で頭を下げるのみ。うつむき、会釈、身震いをして、背を曲げ、逃げ出す。行くあてもない独り影。冬の巡礼、道、その果ての旅。」

「わたしを許すな。絶対に許すな。罪を今生償わさせてなお許すな。無限の苦しみを課さんがため、永劫わたしを生かしめよ。生きて地獄、果ててなお地獄。貶め、裁き、死してさらにその死骸を笞打て。」

こういう詩的文体、あるいは感情の高まりを畳みかけるように描写したり、時には文語調で謳いあげる文体を、一般には「シミタツ節」という。

たとえば私の好きな短編「夏の終わりに」（『いまひとたびの』1994年）から次の一節を引いておこう。

高子は豊かで、無限で、官能的で、しかもその歓喜に果てがなかった。いつでもわたしの欲情の対象でありつづけ、安息と希望と回復の源だった。彼女の乳房に顔を埋め、わたしは揺れ、さまよいつづける。背中に回されている彼女の腕は優しさの象徴であり、寛容と、温かさと、滑らかさの極致にほかならない。高子は妻として完璧で、つつましくて、淫らで、わたしのすべてだった。

いいなあ。いまでもいいと思う。問題は、2001年『きのうの空』から、『生きいそぎ』『男坂』、そして2005年『うしろ姿』まで、そのシミタツ節が姿を消していったことだ。その『きのうの空』評で、あのシミタツ節はもうどこにもない、と書いたあと、私は次のように付けくわえた。

「志水辰夫のここ数年の悪戦苦闘は、自らが生み出して、多くの読者の心を摑んだ『シミタツ節』から脱却するために必要な期間だったことも見えてくる。この希代の頑固作家は、シミタツ節という完成された文体を、おそらくは呪縛と感じていたに違いない。そうでなければ、この間の悪戦苦闘の意味が解けない」

ここで、おやっと思う。「シミタツ節からの脱却」というキーワードを私が使っているところを見ると、あるいは「シミタツ節は誤りだった」というあの幻のエッセイは2004年以降に書いたのではなく、2001年以前に書いていたのかも。著者が懺悔したからこそ、私が「シミタツ節からの脱却」というフレーズをここで使ったのではないか。いや私も詳しい経緯は忘れているので全部類推だけど。つまり、もっと範囲をひろげて調べるべきだったのか。

それはともかく、2001年から2005年まで姿を消していたシミタツ節は、2007年に復活する。時代小説第一作『青に候』を見られたい。

「ときがたち、思い出が遠ざかって、いまはすべてをありのままに受け入れようという気持ちになっている。なにもかもが夢だった。過ぎ去った夢。見果てぬ夢。消えることのない未練。」

そのとき私は、「ここにはシミタツ節が

志水辰夫の10冊

『背いて故郷』	〝国家〟に立ち向かう冒険スパイ小説にしてダメ男の切ない恋愛小説	新潮文庫
『いまひとたびの』	死を前にした人間の人生の光芒を描く短編集。「夏の終わりに」は夫婦小説の傑作	新潮文庫
『行きずりの街』	失踪した教え子を捜す元教師が出会った意外な事実とは…。夫婦再会小説の名品	新潮文庫
『飢えて狼』	元クライマーが択捉島に潜入する冒険活劇小説。黄金の80年代を拓いたデビュー作	新潮文庫
『きのうの空』	少年期から壮年期までを10のアングルから切り取った短編集	新潮文庫
『尋ねて雪か』	雪の札幌を舞台に、過去の愛と憎悪が錯綜する長編ハードボイルド	徳間文庫
『生きいそぎ』	老いに向かう人生の「秋」を叙情豊かに綴る短編小説集	集英社文庫
『みのたけの春』	激動の時代、大志よりも日常を選んだ若者の姿を描く時代小説	集英社
『つばくろ越え』	幕末、中継抜きで列島を単独横断する「通し飛脚」たちの物語	新潮社
『引かれ者でござい』	飛脚問屋・蓬莱屋の「通し飛脚」が百里四方に展開するサバイバル3編	新潮社

内包していた心地よいリズムと情感がある」と新刊評に書いたが、ようするに私、昔からずっと、そしていまでもシミタツ節が好きなのである。作者自身は控えているようだが（誤りだったというエッセイは見つからないが、その使用を作者が控えているのは前掲のインタビューなどからも明らかだろう）、それでも過去の作品も含めて、好きなのである。

その『青に候』を最後に、シミタツ節はまた姿を消してしまったが、またいつか噴出してくるのではないかと思っている。深い理由はないけれど、この予言、なんだか当たるような気がしてならない。

ところで、志水辰夫は1981年の『飢えて狼』から2010年の『引かれ者でござい』まで、30年間に37冊の本を刊行している。エッセイ集とジュブナイル翻案ものを除けば35作で、その内訳は短編集11冊、長編24冊である。その中から10作を選べ、というのが今回のテーマで、前置きが長くてすみません。シミタツ節を抜きにしては志水辰夫を語れない、ということでご勘弁いただきたい。

数年前に本誌増刊号で私は志水辰夫のベスト5を選んでいる。

そのときは順位をつけてしまった。

①『背いて故郷』
②『いまひとたびの』
③『行きずりの街』
④『飢えて狼』
⑤『きのうの空』

①は、表面上は冒険スパイ小説だが、ダメ男の恋愛小説であり、切なく愛しい小説として私には永遠のベスト1といっていい。②は死を描く作品集。志水辰夫はついにこういう小説を書くにいたったのかと思うと実に感慨深かったが、このヘソ曲がり作家は結果的にこの地点にもとどまらなかった。

③はミステリーのベスト1になった作品であり、ずいぶん後年になってからベストセラーになった長編だが、実は夫婦再会小説の名作だ。その再会のシーンを引用したい誘惑にかられるが、今回は我慢。④はデビュー長編で、冒険スパイ小説の傑作。ここからあの「黄金の80年代」は始まったのだ、と思うと感慨深い。⑤は無冠の帝王（とはいっても日本推理作家協会賞は受賞していたが）志水辰夫が柴田錬三郎賞を受賞した記念碑的作品だ。『いまひとたびの』以降に書かれた普通小説の傑作でもある。シミタツ節がまったく姿が消しているのはすでに書いた通りである。

この5作を変更するつもりはないから、ここに5作足せばベスト10になる。足すならばセンチメンタル・ハードボイルド『尋ねて雪か』、作品集『生きいそぎ』。あとは時代小説から『みのたけの春』『つばくろ越え』『引かれ者でござい』の3作を取りたい。もっとも『尋ねて雪か』はトクマ・ノベルズ版ではなく、全面的に手を入れてきりりと引き締まった徳間文庫版にしたい。

つまり、80年代前半から3作、90年代前半から2作、ゼロ年代から5作という内訳になる。その順位はつけないでおく。

最後に、時代小説について書いておけば、『みのたけの春』にあった主人公の独白が、『つばくろ越え』『引かれ者でござい』の蓬莱屋シリーズで姿を消していることがこの作家のこれからを示唆している。シミタツ節を捨て、独白すらも描かないということは、感情の襞に入り込むことの拒否、という地点にいま志水辰夫はいるということだ。いつまでこの地点にとどまっているかどうか。こうなったら最後まで見届けたい。

（331号／2011年1月号）

屈折こそがキーワードだ！

●大人の恋

すっかり読み違えていた。父親が息子の婚約者に惹かれていく話、と思っていたのだ。三木卓『駅者の秋』（集英社文庫）だ。この長編が「すばる」誌上に載ったのは一九八三年〜一九八四年。集英社から元版が刊行されたのが、一九八五年。つまり、私がこの長編を読んだのはもう十年以上前のことである。細部を忘れても仕方はないが、しかし、婚約者かどうかは重要なポイントではないか。どうして記憶の中で違っちゃったんでしょうか。今回改めて読み返してみると、それ以外の細部も忘れていたことに気がついた。まったく、いいかげんだこと。

息子の淳は、一つ年下の竹田みどりという婚約者がいながら、江口多恵という女性に心を寄せていくのである。四十九歳の主人公久能が惹かれていくのは、その多恵である。まあ、息子の恋人に心が傾くということに変わりはないから、それほど読み違えじゃないか。しかし、なぜ久能が江口多恵に引き寄せられるのかというと、彼女が久能の初恋の人由起子に似ているからなんだって。おお、そうだったのか。すっかり忘れていた。

というわけで、大人の恋、である。若者の恋と大人の恋はいろいろな面で異なっているが、ここでは屈折というキーワードで一線を引いてみたい。若者の恋はまっすぐだが、大の恋は面倒なことに屈折しているのである。いや、屈折していたほうがいいのである。まっすぐな恋では今さら気恥ずかしいのである。もちろん、その屈折の仕方にもいろいろあって、この『駅者の秋』はその一つのパターンだ。息子の恋人に惹かれていくんだから、それだけでねじれている。たとえば、物語の途中で、多恵を自分の家に泊める久能の心理は次のように語られる。

「今やひとつ屋根の下に多恵がいる、という満足感は大きかった」

息子のために多恵を泊めるという体裁をとりながら、実は自分のためなのである。なんというやつか。しかし、正直に書くと私、この男と同年齢だから、この気持ちが実によくわかるのである。本嫌いの息子が本好きの女性と結婚して、その嫁と本の話をする老後がいい、と以前書いたことがあるが、息子の恋人を家に泊める心理は、その夢みる老後にかぎりなく近い。五十歳を目前にした男というのは、そういう困った存在なのである。老年を迎えることの戸惑いとおそれ。このまま自分の人生がなにごともなく終わっていくのかという焦り。そういう感情が渦巻いていて、屈折していくのである。もちろん、屈折せずに渡辺淳一するパターンもあるが、私、そっちのパターンは好みではない。

いい台詞を一つご紹介。多恵から理想の女性像を聞かれて、「危険感がある女性です」と答える久能は、なおも「その方のことを理解できなくてもいいんですか」と尋ねられると、こう答える。

「理解はむしろ有害じゃないでしょうか。だれかに惹かれるということは、理解なんかじゃありません。理解というのは、この日常をだらだらと生きて死んでいくときに必要なものです。劇をはらんだ大事なものは感じるだけで充分です。一目ぼれってとても意味をはらんでいることなんだと思う。そうじゃありませんか」

だらだらと生きている人間に、この台詞はぐさっとくるが、これ以上はヤバくなるので次なるパターンにいこう。二番目の屈折は、マイクル・Z・リューイン『刑事の誇り』（ハヤカワ・ミステリ）。こちらの主人公パウダーは、気難しい中年男で、素直じゃないことおびただしい。なにしろ、気があるくせに一言も口説きの文句を言わないのだ。むしろ当たり散らすだけ。女性刑事から「中にはいってわたしと寝るか、このろくでもない豆を持って帰るか、どっちかにしてよ」と言われ、そのときにいたって、おお、こいつはこのヒロインに気があったのか、とこちらは気がつくありさま。そのくらい、リューインは徹底して主人公の中年男をぶっきらぼうに描いている。いちいち口説いてなんていられるか、というこの中年男の心理がスーッと胸にしみていくのは、ほぼ同年齢のときにこの小説を読んだからだろう。これも実によくわかるのである。

ぶっきらぼうなのは、ヒロインに惹かれるものはあっても、実はどうでもいいからだ。それが最大の関心事なのではないのだ。成就しないのなら、別にそれでもかまわないのである。少なくても、そう身構えている。この身構えこそが、若者と中年をわける一本の線である。

となると、最後のパターンはこれ。佐江衆一『花下遊楽』（文藝春秋）だ。ガンに侵された五十七歳の男がふらふらと佃大橋にやってきて、そこで同じようにガンに侵された中年女性と出会う。それが本書の冒頭である。彼には妻も子供もいるのだが、なぜか家に帰ろうとせず、その中年女性と一緒に束の間の生活を始めていくという話だ。

普通に考えるなら、これは勝手な男の行状記にすぎない。妻も子供も心配しているだろうに、死の恐怖にとらわれているからといって、それはないだろお前、と言いたくもなってくる。しかし、そのときの述懐を見よ。彼はこう考えるのだ。

「死の淵に立たされて、これまでの五十七年間の人生を、切れぎれに反芻している。だが子供の頃の思い出のほかは、他人の人生のように思える。わずかに、妻と出会った青春の日々と、結婚して海の見える土地にマイホームを建てて住んでからの、長男と長女の誕生と幼かった二人を海へ連れて行った頃の一刻一刻が、ただ懐かしく思いうかぶ。しかしそれとて、遠い昔に他人が見た夢の中の出来事のようだ」

彼が家に帰らないのは、その家というものが「遠い昔に他人が見た夢の中の出来事」にすぎないからなのである。で、夢よりも目の前の現実を選びとるのである。それがたった三ヶ月の恋だ。つまり、ここにおける恋は死のために屈折する。

この小説の中のもっとも美しいシーンは、二人が公園を散歩する場面。健康な人々の笑い声と話し声がきらめく光のなかに弾むシーンだ。そのとき、彼らは光がまぶしすぎると感じるのである。光から遮断された人間の悲しみを凝縮したシーンといっていい。

というわけで、正統的なものを避け、ヘンなものばかり並べてしまった。息子の恋人に惹かれたり、素直に口説かなかったり、死を目前にして見知らぬ女性と暮らし始めたり、そういう困った男たちの恋を、「大人の恋」と名付けるのに抵抗がないではないが、「大人」＝「成熟」と解さなければ、別段不思議でもない。この場合の「大人の恋」とは「若者ではない者の恋」と解されたい。そう考えれば、これらの恋がどれほどみっともないものであったとしても、彼らにとって切実なものであることも見えてくるのである。

（159号／1996年9月号）

初恋小説が切ない！

切ない恋といえば、リチャード・バウカー『上院議員』（創元推理文庫）の中に、死んだ愛人を思い出して主人公が泣くシーンがある。再選の選挙を間近に控えている身で、しかも愛人の存在が明らかになったために家庭も崩壊し、泣いている場合ではないのだが、しかし彼は涙を抑えきれない。

相手がいないこと、これ以上切ないものはない。生きてさえいれば誤解は解けるし、事態も変化し得る。だが、相手が死んでしまっては、もう無理だ。何をしても、もうどうにもならない。この恋はもう二度と成就しないのである。その喪失感を彼はずっとかかえていかなくてはならないのだ。だから、泣く主人公と一緒になって、胸キュンとなる。

切ない恋、というタイトルを貰ったとき、たちまちこの小説のことが頭に浮かんできたが、おお、そうか、スコット・トゥローにも似た設定の小説があったな。中年男の切ない恋、というテーマで出来るな、と一瞬考えたのも無理はない。しかし、と考え直した。初恋だって切ないぞと。大人の恋ならばまだ諦められる。生きてきた経験があるぶんだけ思慮分別があるわけだし、そりゃあ少しは泣くかもしれないが、理性でその感情の噴出を抑えることが不可能ではない。ところが初恋は多くの場合当事者が若いために、その理性というやつが感情の噴出を抑えきれず、そのぶんだけ振りまわされる。これは結構切ない。たとえば、川上健一『雨鱒の川』（集英社文庫）だ。これは心平と小百合の初恋を描く長編で、自然を背景に展開する初恋小説の名作といっていい。二部構成で、第一部では幼い二人の触れ合いが淡々と描かれ、第二部では青年になった心平が現実の壁にぶつかる姿を描いている。川に潜って魚を取ることと、絵を描くことしか興味のない少年心平を主人公にする第一部もなかなかいいが、この第一部は少年小説の名作といっていい)、白眉は第二部。

二人の間に障害として登場する英蔵がいいのだ。心平より少し年上の少年だが、彼もまた小百合を好きなのである。小百合が絵を好きだと聞くと町の絵画教室に通って、一等賞を取るものの、心平のほうが絵がうまいと知るや、その絵を断念し、第二部の青年篇では大学を卒業したあと、小百合の父が経営する酒問屋に就職する。あくまでも小百合の側にいたいからだ。心平もまた同じ酒問屋に就職するのだが、青年になっても川に潜ることと絵を描くことしか興味を示さず、仕事の面では役に立たない。ところが英蔵は小百合の父親に信頼され、次代の後継者と指名されるほど仕事は有能。これでは小百合との結婚話が出てくるのも時間の問題といっていい。つまり、心平と小百合にとっては、二人の恋を邪魔する存在なのである。

実は私、昔この『雨鱒の川』を読んだときには、心平と小百合の小説として読んでいた。涙がぐっとこみ上げてくるクライマックスまで、この二人の初恋の行方に気を揉んで、英蔵の存在など、邪魔なやつだなと思うだけでさして気にかけなかった。ところが再読してみると、なんと英蔵の側に立って読んでいるのでびっくり。

だって、英蔵はどこも悪くはないのだ。結構いいやつなのだ。ただ、小百合に求められていないだけなのである。これがもし、経験を積んだ大人なら、少しは足掻くかもしれないが、求められていないことの断念をそれなりに英蔵も引き受けるだろう。それが現実というものだ。だが、彼はまだ挫折を知らない若者なのである。好きな相手に求められていないということをどうして自分に言い聞かせられるのか。そんなに残酷なことを納得できるわけがない。

クライマックスで英蔵が何度も「オオオオオ——!」と叫ぶのは、その辛さにほかならない。英蔵と一緒になって私が泣いてしまうのも、その切なさに胸がキュンとなってしまうからだ。『雨鱒の川』の主人公は、実に英蔵だったのである。

初恋小説ということなら、もう一作、佐々木丸美の名作『雪の断章』(講談社文庫)もある。こちらは七歳のヒロインが雪の舞う札幌で社会人になったばかりの青年と知り合い、なんと一緒に暮らしはじめる長編だが、この二人の間に恋が芽生えるという意表をつく展開がミソ。切ない小説というわけでもないのに、ここに並べたのは初恋小説の傑作をもう一作紹介したかっただけで他意はない。中年小説も切ないが、初恋小説もまた切ない、ということをとにかくここでは強調しておきたい。

(193号/1999年7月号)

重松清と森絵都について

重松清『エイジ』（朝日新聞社）と、森絵都『カラフル』（理論社）の違いについて考えている。このことについては、つい先日、児童文学の専門誌に書いたばかりなのだが、ここではもう少し掘り下げて考えてみたい。全然掘り下げられなかったりして。

この二作とも、中学生を主人公にした小説だ。いじめと暴力、受験戦争と無気力、そういう現代の学園を背景にした小説だ。二作ともに傑作といっていい。現代の少年小説のレベルの高さを証明する作品である。したがって拍手ぱちぱちぱちとしてしまえば話は終わりなのだが、この二作の違いが私には気になるのだ。

話の行きがかり上、この二作について少し説明が必要になる。まず、『エイジ』から。少年小説の傑作として名高い作品集『ナイフ』ではなく、長編『エイジ』をここでテキストにするのは、どちらがいいとの話ではなく、この作品が少年の視点をずらさずに書き切った作品だからだ。『ナイフ』にも少年の視点で書いた作品はあるが、全部がそうではない。『ナイフ』のケレンから一転して、『エイジ』をストレートに描いたのは作者の自信の現れと解釈できるが、それは同時に少年小説にケレンは似合わないからでもある。

一方の『カラフル』は、前作『つきのふね』で野間児童文芸賞を受賞し、ただいま児童文学界のホープと期待されている森絵都の昨年度の傑作で、メッセージを巧みな物語の背後に隠しているのが斬新な作品であった。この作者はもともとストーリー作りに秀でているが、だからこそ「人生はホームステイだ」という力強いひびきが読みおえてもずしんと残り続けるのである。では、この二作の違いとは何なのか。何が気になるのか。

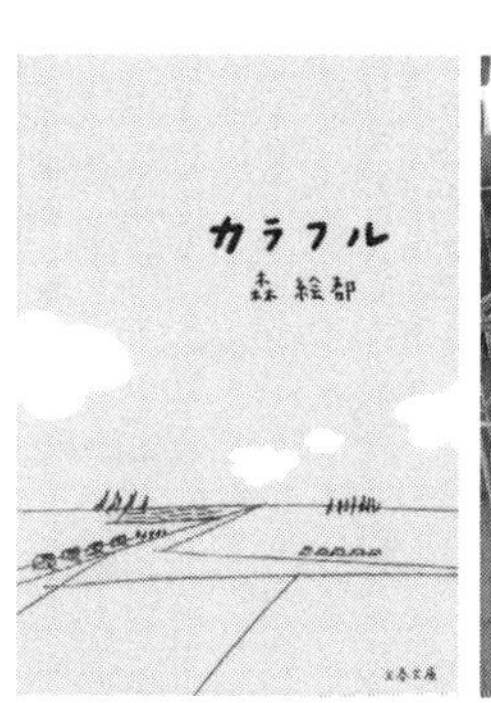

書影は文春文庫版

書影は新潮文庫版

重松清『エイジ』が一般書として売られ、森絵都『カラフル』が児童書として売られていることが気になるのである。誤解されるかもしれないので急いで付け加える。森絵都『カラフル』は、魚住直子『非・バランス』『超・ハーモニー』がそうであったように、装丁は一般書の体裁をとっている。魚住直子も児童文学の人で、しかし大人の読者にもぜひ手にとってもらいたいという版元の判断で、一般書の装いをしていたものだが、森絵都『カラフル』は明らかにその路線を踏襲している。この版元の判断を私は支持する。魚住直子『非・バランス』『超・ハーモニー』がそうであったように、森絵都『カラフル』も年少読者だけに読ませておくのはもったいない作品だからだ。大人の読者にも十分感銘を与え得る作品だからだ。もっと最近の例でいえば、本誌1月号の新刊ガイドで私が紹介した角田光代『キッドナップ・ツアー』(理論社)もこの路線上の作品といえる。ちなみに私は、森絵都『カラフル』を昨年度のエンターテインメント・ベスト10(小説すばる誌上)の2位に選んでいる。しかも、年末に山本文緒『恋愛中毒』が出てくるまでは1位にしようと考えていた。ちなみに、このベスト10の第3位は篠田節子『弥勒』で、第4位は北原亞以子『傷』、第10位は宮城谷昌光『太公望』だ。そういう現代エンターテインメントに伍して、森絵都『カラフル』を2位に選んだのである。

そういう力をこの長編が持っているとの判断からだが、しかし、残念なことに、いくら装丁を一般書の体裁にしても、読者の先入観はなかなかなくならない。話はどんどん飛んでいくが、その好例が、小野不由美の「十二国記」シリーズだ。この傑作ファンタジー・シリーズは、ファンタジー嫌いの私がめろめろになってしまった奇蹟的な大傑作だが(どうして新刊が出てこないんだ!)、本誌で大々的に取り上げたので、年配の読者にもその面白さが幾分は伝わったようではある。新刊が出たら必ず本誌で教えてほしいという読者のハガキが山のように来たことはまだ記憶に新しい。つまり、いつ出るかわからないので、書店に行くたびにそのコーナーに行くのは恥ずかしい。新刊が出たとわかれば、さっと行って、さっとレジに持っていくというのである。たしかに年配の読者には行きづらいコーナーだから(なにしろ、講談社X文庫ホワイトハートだ)、その気持ちはよくわかる。

ところが、私の周囲にいる読書人の中には「でもジュブナイルだろ」「やっぱり大人向けの小説を書いてほしい」「それだったら読むよ」と言う人が少なからずいたりする。あれだけ絶賛しても手に取ってもらえないのである。それが小説好きの読書人の間に少なからずいることに根強い壁を感じてしまう。そちらの世界では累計で百万部を超えた人気シリーズらしいから、そういう人には読んでもらわなくて結構という考え方もできるけれど、ここはそういう話ではない。

つまり、ジャンルの壁はいろいろあるけれど、いちばん垣根の高いジャンルの壁は、純文学と大衆小説の間にある壁ではなく、一般小説と児童文学の間にある壁なのではないか、と私は考えているのである。残念ながらそれが本を取り巻く現状なのではないか、という気がしてならない。

すべての児童文学、あるいはジュブナイルと、一般小説の間にある壁をなくせ、という話ではない。もうずいぶん前のことになるが（一九七〇年前後か）、ヤングアダルトという名称が流布したことがある。わが国では大和書房の「夢の王国」シリーズがそのはしりだったような記憶があるが（間違っていたらごめん）、「大人が読む児童文学」に対して付けられた名称であったと思う。その空気を敏感に反映したものであったけれど、あれから三〇年近くたってみると、児童文学と一般小説の間にある壁はまた元通りになってしまったという印象が強い。

ここ数年の、魚住直子や森絵都や角田光代の一連の作品は、その七〇年前後のムーブメントを想起させる。強固な壁を壊す、あるいは飛び越える動きといってもいい。

問題は、児童文学の側にあるのではなく、一般小説の側にあるということにも触れておかなければならない。山周賞の候補になった重松清『ナイフ』が第14回の坪田譲治文学賞を受賞したことを例に出せばいい。ここにはジャンルの垣根などないように見えるが、しかし小野不由美の「十二国記」シリーズに直木賞は与えられないのだ。その価値は十分にあると私は考えているが、一般小説の側は自己の範疇に入ってこないと認めようとしないのである。

書影は新潮文庫版

話が飛びすぎてしまった。重松清『エイジ』と、森絵都『カラフル』はたしかに手法が異なる小説ではあるけれど、きわめて近接した読後感を与えてくれる小説といっていい。それなのに、「違った小説」と受け取られていることに私は違和感を覚えているのである。少年小説という器は、一般小説と児童文学という二つのジャンルのちょうど境目にある。両者間の強固な壁の存在をよく象徴しているのはそのためだ。いわば少年小説に現在の小説界が孕む矛盾が吹き出ているのである。この違和感はいつまで続くのだろうか。

（192号／1999年6月号）

家族小説ベスト20はこれだ!

本当は、足立巻一『虹滅記』(朝日文庫)を真先にリストに入れたかった。これは幼いころに父親と死に別れ、祖父に連れられて全国を旅して歩いた著者の伝記だが、長崎に旅するくだりでタコ揚げの歴史が延々と挿入されたりするなど、行く先々で話が脱線していくところが何よりも快感。自由奔放な書であるのだ。祖父、父、自分という三代にわたる男たちの伝記でありながら、著者が見聞した街の歴史を語る書でもあり、さまざまな読み方の出来る書なのである。

ところが、言うまでもなく、これは伝記であり、家族小説の枠内に押し込めるにはいささか無理がある。日本エッセイスト・クラブ賞よりも大宅荘一ノンフィクション賞のほうがこの作品にはふさわしかったと今でも私は考えているが、ここはそういう話ではない。とにかく、残念ながら断念せざるを得ない。もう一作、何十年にもわたる母と息子のつながりを活写したラッセル・ベイカー『グローイング・アップ』(中央公論社)も、心穏やかに読めない書であるのだが、こちらも自伝ということで、同様に断念。家族を描いたものなら小説でなくてもいいぞという方は、この二作をぜひ手に取られたい。

というわけで選んだのが、左の表にある二十作だ。すべて、この二十年間に刊行された書である。

まず、派手なドラマが何ひとつとしてないのにたっぷりと読ませる代表が、『港湾ニュース(シッピング)』と『ノーバディーズ・フール』。前者は父親と娘が北の島に渡って始める生活を淡々と描く小説で、個性豊かな登場人物、巧みな台詞、などなど読みどころがたくさんあって、辺境の島における彼らの生活が活写される。でぶで無器用な主人公が港町の新聞社に入ってコラムニストとして成長していく過程と、一家が島に根づいていく過程が、ユーモラスに、時には深刻に描かれるのである。劇的なドラマはなにもないが、小説を読むことの喜びを与えてくれる書といっていい。ちなみにこれは、本誌の1996年のベスト5位に選ばれた作品でもある。

家族小説ベスト20

『港湾ニュース』（シッピングニュース）E・A・プルー（上岡信雄訳）／集英社
『ノーバディーズ・フール』R・ルッソ（宮脇孝雄・裕子訳）／ベネッセコーポレーション
『上院議員』R・バウカー（高田恵子訳）／創元推理文庫
『草の根』S・ウッズ（矢野浩三郎訳）／文藝春秋
『わが故郷に殺人鬼』D・ウィルツ（汀一弘訳）／サンケイ文庫
『沈黙のあと』J・キャロル（浅羽英子訳）／東京創元社
『流転の海』宮本 輝／新潮文庫
『シングル・マザー』M・モリス（斎藤英治訳）／文藝春秋
『愛を乞うひと』下田治美／角川文庫
『青い湖水に黄色い筏』M・ドリス（村松潔訳）／文藝春秋
『虹の交響』高樹のぶ子／講談社文庫
『娘の受験期』和田はつ子／三一書房
『コンダクト・オブ・ザ・ゲーム』J・ハブ・ジュニア（大久保寛訳）／集英社
『異人たちとの夏』山田太一／新潮文庫
『ヴィーナスのえくぼ』加賀乙彦／中公文庫
『クルー』石和 鷹／ベネッセコーポレーション
『空の華』田久保英夫／文藝春秋
『海峡』伊集院静／新潮社
『幻夏祭』皆川博子／読売新聞社
『笑う山崎』花村萬月／祥伝社

後者は、毎日酒場で飲み、当たらない馬券を買い、日雇い労働で得た収入をどんどん使ってしまって先のことなど考えないその日暮らしの六十歳の男を主人公にした長編だが、絶妙な会話にひきこまれているうちに、四代にわたる血の深さと哀しみが胸にしみてくるという傑作小説だ。

反対に、中身が派手でも軽薄にならず、超面白小説となっているのが、『上院議員』と『草の根』。前者は、選挙運動中に愛人が殺された上院議員を主人公に、その真相探しと家族の絆を描く小説で、後者は同様に選挙運動を中心に、こちらは古き良きアメリカの家族を描いていくが、野望と涙、愛と性、アクションまで盛り沢山。リチャード・バウカーとスチュアート・ウッズの作品だから、面白いのは当たり前だけど。

私が個人的にいちばん弱いのが、父と息子の関係を描くもので、この手のものの代表としてここでは『わが故郷に殺人鬼』と『沈黙のあと』を挙げておきたい。前者は小説としての完成度はいまいちでも、その交情に胸を打たれる。この路線にはもう一作『流転の海』もあるが、前号で詳しく触れているのでここでは内容紹介を割愛。

逆に、母親と娘を描くのが、『シングル・マザー』と『愛を乞うひと』。前者は未婚の母となったヒロインの孤独を描き、後者は娘を折檻する母親像が圧巻。前者が静かな傑作なら、後者はド肝を抜かれる傑作小説である。なんだか傑作ばかり連発しているようで気がひけるが、そういうベスト小説を選んだのだから仕方がない。

女三代にわたる絆を、視点の転換で多角的に描くのが『青い湖水に黄色い筏』で、これは誰もが感服する「うまい小説」の見本。この三代目にあたる人間が男になると『虹の交響』になる。高樹のぶ子初の新聞小説だが、これは描写力のある作家がエンターテインメントを書くと傑作が生まれるという好例だ。

家族の強い絆を描くのが、『コンダクト・オブ・ザ・ゲーム』と『異人たちとの夏』。前者は兄弟小説としても傑作で、後者は過去にタイムスリップして家族と再会するという山田太一ファンタジーの記念すべき第一作。こういう小説を読んでいると、なんだかむくむくと力が湧いてくる。「父と子もの」も親子の強い絆を描いているが、それとの違いはこちらは父と子だけでなく、兄弟や母親などを含めて家族の絆を描くというもの。すなわち家族小説の王道をいく作品といっていい。

逆に家族の崩壊を描くのが、『ヴィーナスのえくぼ』と『クルー』と『空の華』の三作。家族小説を読んでいていちばん辛いのがこの手のもので、にもかかわらず、書店で新刊を見るたびにふらふらとつい手が伸びてしまうのはどうしてなんでしょう。三作ともに不倫が背景となっているが、一片の救いもない『ヴィーナスのえくぼ』が中でもいちばん辛い。この長編を読んだときの衝撃はまだ忘れない。最後に残った三作は、家族を少年の目から描いたり（『幻夏祭』）、主婦の側から描いたり（『海峡』）、あるいは疑似家族を描くもの（『笑う山崎』）だったりする。おっと、忘れてた。『娘の受験期』は巧みなキャラクター造形で描く夫婦小説&家族小説だ。

スペースの関係で駆け足の紹介になってしまったが、家族小説を読むたびに、私は六年前に死んだ両親のことを思い出す。特に、私がまだ小学生のころ、家族が居間に揃っていたときの風景を思い出す。日本でいちばん長い川は何だ、と高校生の姉が問題を出し、中学生の兄がそれに答え、それを父と母が笑って見ていた風景だ。両親もまだ若々しく、私たちは幼かった。その生活が永遠に続くと思っていた。その団欒の風景が家族小説の背後から立ち上がってきて、私はいつも落ちつかなくなる。家族はけっして永遠ではない。永遠にあり続けるのは本の中の風景だけだ。だから私は、たぶん今日も、家族小説を読むのである。

（173号／1997年11月号）

永遠のベスト1が変わる時

●タイムトラベル小説ベスト10

　昨年の暮れ、新刊書店の文庫コーナーを歩いていたら、「名著復活」という大きな文字が目に飛び込んできた。なんだなんだと近づくと、「東京創元社復刊フェア2014」と書いた帯が文庫に巻かれていて、手に取ったのがクリストファー・プリースト『スペース・マシン』（創元SF文庫）。表4の粗筋を読むと、どうやらタイムマシン小説らしい。タイムトラベル小説を十冊選ぶ原稿を頼まれたばかりだから、ちょうどいい。これを読んで面白ければ十冊の中に入れよう、と思ってレジに持っていこうと思った途端、待てよ、クリストファー・プリーストって、おれが何度も挫折したやつじゃないか、と気がついた。『奇術師』とか『双生児』とか、数冊手に取ったもののいつも途中で挫折するのでその後は近づかなくなった作家である。

　帰宅してから、時間SF傑作選と題した大森望編『ここがウィネトカなら、きみはジュディ』を読むと、クリストファー・プリーストの項に、「『魔法』から主流文学寄りの作風にシフト」とあった。その『魔法』は84年、『スペース・マシン』は76年の作品であるから、なんだい主流文学寄りの作風にシフトする前の作品だったのか。仕方ねえなあとまた翌日書店に出かけて買ってきたが、ホントにすらすらと読みやすい。とても『奇術師』『双生児』の作者とは思えない。しかしその分、深みのないことも事実で（勝手なことを言ってますが）、ラストもやや物足りない。せっかく読んだのに表に入れられないのは悔しいが、致し方ない。

　タイムトラベル小説を選ぶなら、普通は次の十冊になるだろう。①『リプレイ』グリムウッド　②『マイナス・ゼロ』広瀬正　③『蒲生邸事件』宮部みゆき　④『夏への扉』ハインライン　⑤『11／22／63』スティーヴン・キング　⑥『美亜へ贈る真珠』梶尾真治　⑦『たんぽぽ娘』ヤング　⑧『時間線を遡って』シルヴァーバーグ　⑨『ふりだしに戻る』ジャック・フィニイ　⑩『時をかける少女』筒井康隆。

　順序は人によって異なるかもしれないが（シルヴァーバーグは私の好みだ）、こういう名作が並ぶだろう。もちろん、東野圭吾『時生』など、まだまだ名作は数多い。しかし名作ばかりを並べるのは面白くないので表の十作を選んでみた。こっちの十作にも名作は入っているだろ、と言われたら返す言葉もない。クーンツ『ライトニング』

とか、乾くるみ『リピート』とか、ジェリー・ユルスマン『エリアンダー・Mの犯罪』とか、こちらに入れたい作品もあるが、きりがないのでこの十冊にする。

で、永遠のベスト1、『リプレイ』からこの項をはじめたいが、実は永遠のベスト1ではなくなってしまった、という話をしたい。これを書きたくて今回の原稿を引き受けたのだ。

ご存じのように『リプレイ』は四十三歳の男が十八歳の自分にタイムスリップする話である。ポイントは二十五年生きてきた知識と記憶を全部持ったまま十八歳の自分にタイムスリップすることだ。つまり、これからの二十五年間に何が起きるかを彼はすべて知っていることになる。さあ、きみはどういう人生を生き直しますか、という小説だ。

私はこの長編を、主人公と同じく四十三歳のときに読んだ。もう大変である。もう一度生き直すことが出来るなんて考えたこともなかったが、どうするお前？　考え出したらぐるんぐるんしてきて、落ちつかない。私は高校一年の春から小説を読み始めたが、あんな体験は初めてだった。

四十三歳というのはまだ仕事も家庭も何もかも、すべてがふわふわしていて明確ではなく、後悔しているわけではないが、他にもオレの人生があったのではないかと考えるころで（普通の人はもっとしっかりしているか）、だから余計にキナキナっとなってしまうのである。

しかし、今だから思うのだが、人生をやり直したいと思うのは、まだ活力があるからだ。四十になっても、五十になっても、六十になっても、人生をやり直したいとどこかで思っている人は、まだ若いのである。エネルギーがあるからそう思うのである。年を取るとそういう気持ちがなくなっていく。もう一度生き直すなんて、そんな

タイムトラベル小説ベスト10

① **「商人と錬金術師の門」**
テッド・チャン、大森望訳／ハヤカワ文庫SF『ここがウィネトカなら、きみはジュディ』所収

② **『リプレイ』**
ケン・グリムウッド、杉山高之訳／新潮文庫

③ **『流星ワゴン』**
重松清／講談社文庫

④ **『地下鉄（メトロ）に乗って』**
浅田次郎／講談社文庫、徳間文庫

⑤ **『きみがぼくを見つけた日』**
オードリー・ニッフェネガー、羽田詩津子訳／ランダムハウス講談社文庫

⑥ **「時が新しかったころ」**
ロバート・F・ヤング、市田泉訳／創元SF文庫『時の娘』所収

⑦ **『500年のトンネル』**
スーザン・プライス、金原瑞人、中村浩美訳／創元推理文庫

⑧ **『未来の息子』**
椰月美智子／双葉文庫

⑨ **『13時間前の未来』**
リチャード・ドイッチ、佐藤耕士訳／新潮文庫

⑩ **『七回死んだ男』**
西澤保彦／講談社文庫

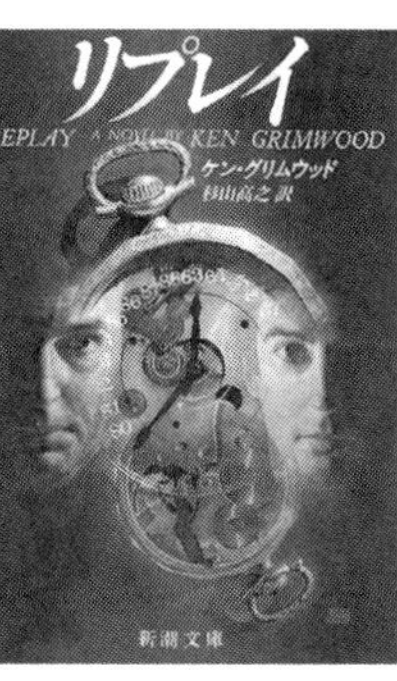

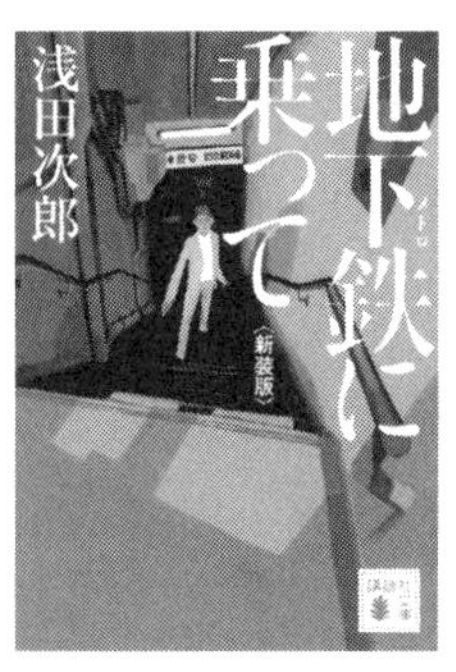

面倒なことはしたくない。そんなエネルギーはもうどこにも残っていないのだ。

そういう心境になると、人生をやり直す『リプレイ』はなんだか他人事のような気がしてくる。もういいじゃんそんなことしなくても、という気になるのだ。そういうときに、俄然クローズアップされてくるのが、テッド・チャン「商人と錬金術師の門」なのである。

これは、タイムトラベルしても過去は変えることは出来ない、というのがモチーフの小説だ。つまり、人生をやり直すことは出来ない。では、にもかかわらず、なぜタイムトラベルするのか。この先が、素晴らしい。

人生をやり直すことは出来ないが、深く理解することは出来る——。目からウロコが落ちるとはこのことだ。

あのとき彼に裏切られたけれど、本当にそうだったのか。見方を変えれば、そこには違う意味もあったのではないか。あのときAはあんなことを言ったけれど、そこには違うニュアンスがあったのかもしれない——もう一度過去にタイムトラベルすることで、そういう「もう一つの真実」と出会い、それによって私たちの人生の意味と深みを知るのだ。

この短編は、大森望編『ここがウィネトカなら、きみはジュディ』で初めて知ったが、ロマンティック時間SF傑作選と題した中村融編『時の娘』と並んでこの二冊はタイムトラベル小説が好きな方は必読。今回は前者から「商人と錬金術師の門」、後者から「時が新しかったころ」を取った。

3位の『流星ワゴン』も、4位の『地下鉄に乗って』も、人生やり直し型（のように見えるけれど）ではなく、「深く理解する型」（ちょっと微妙だけど）だ。だからあれほど、私の胸を揺さぶったのだ。この二作については今さらであろうから、内容の紹介はしない。二作ともに群を抜くキャラクター造形と、複雑な構成で読ませる傑作なので、未読の方はぜひお読みいただきたいが、単なるやり直し型だったらあれほどの感銘は与えていないだろう。

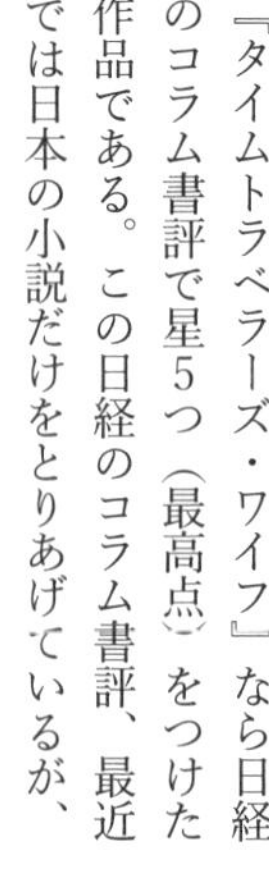

と言いながらも、タイムトラベル小説の永遠の定番であるロマンス型も欠かすわけにはいかない。長編で『きみがぼくを見つけた日』、短編で「時が新しかったころ」を取ったが、前者は最初なんのことだかわからなかった。タイムトラベル小説について調べると多くの人がこの長編を上げているのだ。私には未読の本が多いので別に驚かないけれど、そんな話題作をどうして読んでこなかったのだろう。と思っていたら、なんとこれ、『タイムトラベラーズ・ワイフ』ではないか。文庫化のときに改題していたとは知らなかった。

『タイムトラベラーズ・ワイフ』なら日経のコラム書評で星5つ（最高点）をつけた作品である。この日経のコラム書評、最近では日本の小説だけをとりあげているが、ちょっと前は翻訳も紹介していた。ちなみに星5つという採点は、私の場合、年に一度か二度しかつけない。2014年の例で言うと、星5つは、角田光代『笹の舟で海をわたる』、森絵都『クラスメイツ』、辻村深月『家族シアター』の三例だけだ。おやおや、例年より多い。

そのときの新刊評の末尾を引く。

「しかしこの小説が真にスリリングなのは、ついに未来に飛ぶラスト近くの展開といっていい。時を飛ぶのは彼だけではないのである。／美しい小説だ。哀しい小説だ。読み終えると、時は問題ではないのだ、という語調の強さが残り続ける」

いやあ、再読したいなあ。

短編の「時が新しかったころ」は、よくある展開といっていいが、ラストがいいのでやはり挙げておきたい。

キングの『11／22／63』のラストと似たようなもので、こうなるよなとわかっていても、その展開を読むと嬉しいのだ。

7位から10位までは変わり種を集めてみた。まず、『500年のトンネル』は、大企業が十六世紀に向けてタイムトンネル・プロジェクトを始めるというのが基本設定。海や川は汚染されてないので新鮮な魚がいる。有機肥料で育てられた動物がいくらでもいる。炭鉱も掘れるし、油田も掘れる。そこは無限の資源の提供地なのだ。大企業がタイムマシンを開発するのは当然だ。

もっとも大企業が開発した十六世紀の現地には、とんでもない一族が住んでいて、平気で調査団を襲撃するし、他民族とも抗争を繰り返しているから、会社の都合通りには開発がなかなか進まない。そこで、女性人類学者を十六世紀に送り込み、彼らと生活をともにさせることで事態の打開をはかるのだが、このアンドリア、太めの大女で、二十一世紀ではモテないものの、美の基準が異なる十六世紀ではモテモテ。一族の跡取り息子から求愛までされちゃって、事態はますます複雑になっていく。

あの『ハリー・ポッターと秘密の部屋』を制して、イギリス児童文学界の大タイトル、ガーディアン賞を受賞した作品だが、恋あり戦闘ありの波瀾万丈物語だ。

『未来の息子』は、未来からやってきた息子がなんと親指大。しかもお腹がぽっこりしたハゲおやじ。それがあんたの息子だと言うから、十四歳の理子はびっくり。椰月美智子の珍品だ。

『13時間前の未来』と『七回死んだ男』は似たような設定の話で、どちらも殺された人間を助けるために奮闘する人間の話。前者の妻を助けるチャンスは十二回、後者の祖父を助けるチャンスは七回。その間に真実を探さなければならないという異色のミステリーだ。タイムトラベル（タイムスリップといったほうがいいか）を使うと、ここまでスリリングになるのかという見本のような小説である。

（381号／2015年3月号）

このシリーズを読め！

ダメ男小説の傑作シリーズだ

——ええと、ダメ男小説ですか。

北上　うん。ぼくはダメ男小説が好きなんだよ。その中でもこれは傑作だね。

——三浦朱門の『犠牲』四部作ですね。

北上　そう。第一部の『犠牲』が一九七二年、第二部『楕円』が七三年、第三部『人妻』が七九年、第四部『再会』が八三年。なんと、一二年間にわたって書き継がれたシリーズだね。

——このシリーズはどういう話なんですか。

北上　主人公は片野明という男でのちに自分で出版社をおこして社長になるんだけど、第一部の冒頭では中学二年生だね。

——え、なんですか、それ？

北上　だから、大河小説なのさ。従妹の雪子と土いじりをして遊ぶ場面が冒頭なの。この雪子は従妹といっても叔父と再婚した人の連れ子だから、明と血のつながりはないという設定なんだ。このとき雪子は小学六年生だね。

——ふーん。で？

北上　叔父夫婦が離婚して、明は雪子と会わなくなるんだけど、明が高校二年のときに会いに行くんだ。で、中学生の雪子の家庭教師になる。

——長い話になりそうですね。

北上　いや、このあたりは急いで語られる。雪子が大学に入って好きな男が出来て、札幌に駆け落ちして半年足らずで帰ってくる経過も駆け足だし、本当の物語が始まるのは、明が出版社に入ってアパートを借りて自活するようになるところからだね。

——ほお。

北上　明は京子という女性と見合いするんだけど、結局雪子と結婚するのさ。それが第一部。

——どこがダメなんですか。

北上　だんだんダメになっていくんだよ。たとえば、第二部『楕円』で京子と再会して、その夜に妻の雪子を抱こうとするんだけど、不能になるのね。するとこの男は妻に不満を持つわけだよ。で、浮気することを考える。このときの論理がすごいんだ。ちょっと長くなるけど、引用していい？

——はい。

北上「雪子が明にとって母親になる時、彼はほかの女と交わることに良心の痛みを感じないですむのだった。子供だった明は、外で友達にいじめられた口惜しさを、家に帰ってきて、自分の本当の母親に当ることでまぎらしてきたではないか。喧嘩は家の外で、子供同士で争われるべきものであった。同様に性は家庭の外で、男と女の間で燃え上るべきものであった。すくなくとも、そう考える時、明は自分の行動を正当化することができた」

——すごいですねえ。

北上　こういう自分勝手な理屈をいつも持ち出す男なんだよ。

——妻の雪子はそんなに厭な女性なんですか。

北上　とんでもない。魅力的な女性ですよ。明と京子が付き合うようになっても愚痴はこぼさないし、夫婦喧嘩して実家に帰っても、綺麗にしないと逃げられちゃうわよと母親に怒られるとすぐ戻ってきて素直に謝るし、明が会社をやめて独立するときにはその資金を作るために実家のビルを担保にすることまで提案するの。洋装店を切り盛りするバイタリティにあふれているし、編集者仲間から口説かれるほど魅力的な女性なんだよ。つまり、明の不満はどの家庭にもあるようなちょっとしたことなんだね。

――ちょっとしたこと？

北上　食事の味つけが甘い（笑）で、不満があるなら言えばいいのに、この男は言わないんですよ。

――なるほど。

北上　あのね、ダメ男の条件というものがあって、単なる女好きというだけでは資格に欠けるんだ。

――条件？

北上　そう。まず、主体性に欠けてること。次に、優柔不断であること。そして、反省癖があって、自己弁護がうまいこと。最後は、何事にも夢中にならないこと。これがダメ男の五大条件だね（笑）。

――ほお。

北上　この片野明という男は、完璧にその五つの条件を満たしているんだよ（笑）。

――そうみたいですね。

北上　京子とは第二部の『楕円』で結局、関係を持つようになるんだけど、そのときもこの男から手を出すんじゃなくて、彼女のほうからだし、責任を取るつもりなんかこの男にないんだ。

――おやおや。

北上　そのくせ、あれこれ反省しては、自己弁護するんだな。

――このシリーズは、ずっとその京子という女性と、妻の雪子をめぐって展開していくんですか。

北上　いや、京子が登場するのは第二部まで。

――ということは？

北上　第三部からは新しいヒロインが登場してくる。人妻の流子だね。この段階で明は自分の出版社をおこして社長になっているんだけど、そこの雑誌にヒロインが劇画を投稿してきて知り合うんだ。

――また、うだうだと男女の関係が始まるんですか。

北上　始まるなあ。この後半は前半よりもすごいよ。

――どうすごい？

北上　優柔不断と主体性の欠如と反省癖と自己弁護と、ええと、最後は熱中しない性格か、とにかくその五大条件に、ますます磨きがかかってくる（笑）。

――もしかして、このシリーズはダメ男の成長小説ですか（笑）。

北上　そうとも言えるかもしれない（笑）。第四部は、秘書の則子を愛人にしているところから始まるんだけど、第三部の終わりで別れた流子と再会するのさ。すると、秘書の則子とこんな関係にならなければよかったとすぐ後悔するし。

――とんでもない男ですね。

北上　だろ。完璧だよ（笑）。

――どうして、ダメ男小説が好きなんですか。

北上　きわめて個人的な話なんだけど、ぼくにとってダメ男小説は冒険小説と裏表なんだよ。

――ほお。

北上　冒険小説というのは、ヒーローの物語だよね。超人的ヒーローでも等身大なヒーローでも、結局はヒーローに変わりはない。だから、最終的にはどんなヒーローでもヒーローであるかぎりカッコいいんだよ。小説の中にそういう姿を読みたいという気持ちはもちろんあるんだけど、ただ、そういうヒーロー小説ばかり読んでいると、どこかに嘘くさいなという感じが出てくる。そんなときに、ダメ男小説を読むとホッとするんだ。自分と同じようなダメ男の姿を見るのって、慰められるじゃないか。だから、主人公はダメであればあるほどいい。この片野明という男は、その意味で理想形といっていいね（笑）。

（156号／1996年6月号）

秋場秋介が輝くダメ男五冠王である！

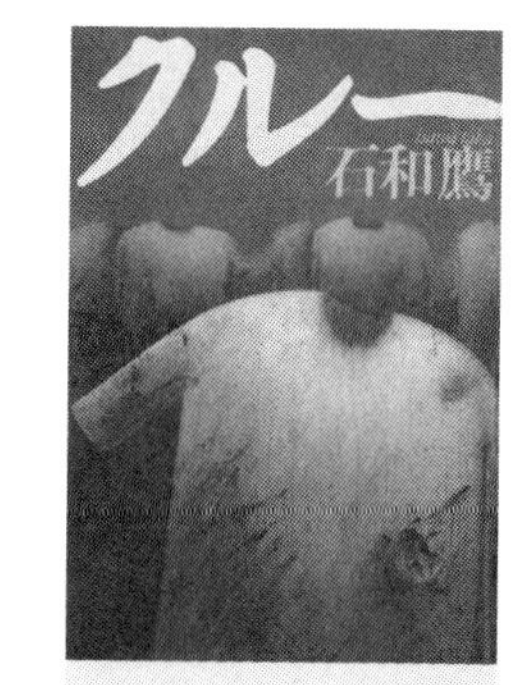

拙著『情痴小説の研究』の中で、情痴小説の主人公の特徴として、次の五つの条件をあげたことがある。それは次の五つだ。

①主体性に欠けること
②優柔不断であること
③反省癖があること
④自己弁護がうまいこと
⑤何事にも熱中しないこと

これはそのまま、ダメ男の特徴でもある。この五つをすべて兼ね備えていないと、ダメ男にはならない、ということではない。一つでもあれば、もうダメ男だ。二つあったら大変で、三つは救いがたく、四つはもう言語道断、五つ揃ったらもう人間ではない（いや、人間なんだけどね）。五条件では多すぎるから三条件にしろと言われるなら、その条件は①泣き虫で②身勝手で③流されていく男、ということになる。条件を三つにしても五つにしても、意味するところは同じである。

そんなダメ男の三冠王&五冠王はいないだろうと思ってはいけない。いるんですね。それが石和鷹『クルー』の主人公秋場秋介だ。機会あるたびに紹介している小説なので、繰り返しになってしまうが、ダメ男小説なら『クルー』は絶対に外せないので仕方がない。

なにしろ、妻が入院している病院のロビーで知り合った人妻をバーに誘って、戯れに耳たぶなんかを噛んでしまうんだから、すごい。余命いくばくもない妻を見舞いに行った病院のロビーだよ。いくら女好きでも、そんなときくらいは行動を控えるのが普通だろうと思うのだが、そういう常識はこの男に通用しないのである。

しかし、この男のダメぶりは、妻の死後に一緒に暮らすことになる弥生（病院の人妻とは別の女性で、こちらが長年の愛人）の目を通して、もっと克明に語られる。家庭における秋介は何ひとつ自分で選び取らず決断せず、すべてのことに曖昧な態度だから子供は勝手し放題なのだ。さらに、弥生が家計簿を見ると、無理な借金を重ねてローンを組んだことが一目瞭然。ようするに、基本的に経済観念の薄い家でありながら、そのことに誰も気がついていないのである。

で、弥生が家庭再建に乗り出すのだが、この後半の展開がいちばん面白い。秋介は何もしないのである。新しい生活を始めることの決意と覚悟が何もない。子供たちにも何も言わないから、子供らは弥生に反抗して新しい家庭はぐちゃぐちゃになる。

「弥生の言う通り、この自分は、広い地球上の人間の、誰ひとりとして幸福になし得なかったダメな男にちがいない」

と最後のほうで述懐するけれど、これは典型的なダメ男の「反省癖」であり、本当に反省しているかどうかは、おそらく本人にもわかっていない。ダメ男というのは、そういう始末が悪い人間なのだ。

この秋場秋介がダメ男の五冠王なら、四冠王が、ガブリエル・コーエン『贖いの地』（北澤和彦訳／新潮文庫）の主人公ジャック・ライトナー。どうして一つ足りないかというと、この男には自己弁護だけがないからだ。それを逆に言えば、そういう積極性がまったく欠けている男でもある。ひたすら後ろ向きの男なのだ。

職業は刑事。だからこれは警察小説でもあるのだが、それはどうでもいい。ここではダメ男小説として堪能されたい。すごくいいぞ。ダメ男小説ファンなら絶対のおすすめ。

五十歳である。十五年前に妻と別れ、セックスフレンドはいるものの、まだ妻のことを忘れられないでいる。時々、無性に妻に電話かけたくなるから困った男だ。初めて妻の体をさわったときの感触をじっと思い出したりもする。ようするに、センチメンタルな男である。映像作家をめざしている息子とは時々会う関係だが、会っても会話がぎこちない。「ステーキを食べにいこう」と誘って、「肉は食べない」と息子に言われると「食べないのか」と驚いたりするが、息子にしてみれば、ずっと前から言ってるだろと、自分の話を聞いてない父親が面白くない。そういうぎくしゃくした関係にある。

友人が心配して、女性を紹介してくれるのだが、それがすごくいい女性で、うまくいきそうになっても、約束した電話も忘れてしまうから、相手は当然ながら怒りだす。つまり、他人との関係をこの男はうまく出来ないのだ。で、過ぎ去ったことばかり考えている。

この男がひたすら後ろ向きに生きているのは、父親に愛されなかった記憶と、幼いときに弟を死なせてしまった自責の念にいまでも囚われているからである。その幼い日々の回想が物語の随所に挿入されていて、それがいい。体の弱いジャックがいつも横暴な父親におびえていたこと。父親に愛されていた弟が、そんな兄を時にはかばってくれもしたこと。それらの光景が切ない。

つまり、この男は自分に自信が持てないのだ。だから、大人になっても、幾つになっても、目の前の現実を受け入れられないのである。「いつだって仕事で忙しいじゃないか。自分のやるべきことが、ほかのなによりもはるかに重要なんだ」と息子から批判されたりするけれど、けっしてワーカホリックなのではない。それがポイント。ミステリーとして読むと若干弱いけれど、ダメ男小説としては傑作といっていい。

実は『クルー』も、『贖いの地』も、そういうダメ男が変わっていくことをラストで暗示している。物語的にはダメ男のままで終わらないという救いがちらっと顔を出している。しかし、本当にお前たちは変われるのか、という疑いは禁じえない。いや、変わって欲しくないのだ。お前たちが変わってしまったら、オレの立場はどうなるんだという思いがあるのだ。これがいちばん始末が悪い。

（244号／2003年10月号）

この10年で一番面白かった本

全国民必読の大河小説だ

北上　あのね、いい話があるんだよ。

――なんですか。

北上　知り合いの編集者に聞いた話なんだけど、彼のお母さんは普段本を読まない人なんだね。

――はあ。

北上　ところが、彼の本棚にあった宮本輝の『流転の海』をある日取り出して読み出したらしいんだな。そしたら、とまらなくなっちゃったんだって。

――へーっ。

北上　つまり、この大河小説は、本を日常的に読んだことのない人をも引きつける力に満ちているということだね。

――それはいいんですけど、この小説について少し説明してくれませんか。

北上　これはすごいよ。もう黙って読んでほしい。本の雑誌なんか読んでいる場合じゃないと思う。すぐ書店に走って、この三作を買ってきてほしい。第一部の『流転の海』と第二部の『地の星』は新潮文庫に入っていて、第三部もまあいずれは文庫に入るんだろうけど、それまで待つのはもったいないというくらいの傑作だね。

――ですから、内容紹介を。

北上　大河小説です。

――それはわかりますよ（笑）。

北上　第一部の『流転の海』は、終戦直後の大阪の焼け跡から始まるんだね。松坂熊吾という五十歳の男が大阪駅に降り立つのが冒頭シーンなんです。

――なるほど。終戦直後から物語は始まるんだ。

北上　この男がすごいの。

――どうすごいんですか。

北上　山師だね（笑）。次々に事業を興していくの。そういう才覚は発達している。ところが獰猛な男で、やくざもおそれないんだけど、涙もろくて、すすんで人に騙されたりする。で、女に手が早い（笑）。しかも、自分が女遊びしているくせに、妻の房江がよその男にちょっと親切にするだけで怒りだすほど嫉妬深い。

――とんでもない男じゃないですか（笑）。

北上　ところが、学校教育を満足に受けていないのに万巻の書を読んでいて、事あるたびに深淵なことを言ったりする。つまり、知的で真摯で、実に魅力的な男でもあるわけ。この強烈な個性にはとにかく圧倒されるよ。

――ほお。

北上　で、この男に子供が生まれるんですね。五十歳にして初めて子を持ったから、とにかくその息子、伸仁というんだけど、可愛がるわけだ。お前が二十歳になるまでわしは絶対に死なんけんのおって。この第一部には「大阪・焼跡闇市編」という副題がついているんだけど、つまりは子を持った松坂熊吾の奮闘編だね。

――なるほど。

北上　この熊吾が妻の房江と知り合うくだりが回想で挿入されていて、これだけでも一篇の恋愛小説として読める。そのへんの恋愛小説がみんなまとめてぶっ飛ぶよ。この房江がまたきわめつけのいい女でね。

――美女と野獣の恋（笑）。

北上　と言われたら熊吾が可哀相だなあ。とにかく、その熊吾と房江を中心に、いろんな人物が登場して、それがまた宮本輝だからうまいの。悪いやつには悪いやつの理屈があったりするし、友情と裏切りと恋。そういうドラマがみんなある。

——第二部はどうなるんですか。

北上　第二部の『地の星』には「郷里・南宇和編」という副題がついている。

——舞台が変わるんですね。

北上　伸仁は体の弱い子で、暖かいところで育てたほうがいい、ということで、熊吾が事業をたたんで家族を連れて郷里の愛媛県南宇和に帰ってくるわけ。実は、この第二部が刊行されるまで、ぼくは第一部の『流転の海』を未読だったのね。で、まとめて読もうと思って、第一部を本棚から引っ張りだして読んだんですよ。いやあ、第一部を新刊のときに読んだ人はよく我慢できたよね。

——どういうことですか。

北上　第一部の『流転の海』が一九八四年に出たんだよ。で、この第二部『地の星』の刊行が一九九二年。つまり、第二部が出たのは第一部が出てから八年後ですよ。よく八年も我慢できたと思って感心する。

——それだけ、第一部『流転の海』がすごかったから？

北上　もちろん。

——そのパワーは第二部の『地の星』になっても落ちない？

北上　それがすごいよね。この『地の星』にも運のいいやつ悪いやつ、偽善者に悪党などいろんなやつが登場して、実にさまざまなことが起こるんだけど、読み始めたらやめられなくなる。四歳の伸仁が野壺に落ちる場面にはおかしさが漂っているし、房江が川で鮎を手摑みする場面には官能の香りが立ちこめるし、熊吾が牛を射殺するシーンは迫力満点。そういう幾つものシーンが読み終えても残り続けるんだよ。

——なるほど。で、第三部はどうなっていくんですか。

北上　第三部の『血脈の火』が刊行されたのが一九九六年。今度はあまり待たされなかった。伸仁が小学校にあがるんで、また家族で大阪に戻ってくるの。

——このあたりから、伸仁がだんだん主人公になっていくみたいだね。

——読みたくなりますね。

北上　でしょ。この伸仁がまたいいんだよ。彼が小学校にあがる日、心配で母親があとをつけていくんだけど、あ、そうだ、このエピソードを宮本輝さんは別の短編でも書いているね。つまり、そういう意味でもこの大河小説は宮本輝の集大成なんだよ。

——なるほど。で、伸仁がいいって話ですけど。

北上　算数が出来ない（笑）。足し算なのに引き算したりする。注意力が散漫なんだね。ところが麻雀の点数計算は正確だし、同年齢の子が知らない漢字を知っていたりする。

——ちょっと待ってください。麻雀って何ですか。

北上　雀荘に行っちゃうんだよ。で、大人のしかもやくざと卓を囲んだりする。

——えっ？

北上　連れ帰るつもりで探しにきた父親の熊吾も、息子を勝たそうとして通しのサインを送るから、まあ似た者親子と言えるかもしれない。なにしろ父親の熊吾はキャバレーにもストリップ小屋にも、それに競馬場にも息子を連れていくからね。で、この男は気にいらないことがあると突然タクシー運転手の首を絞めたりする。伸仁はその息子だからね。

——で、第四部はどうなっていくんですか。

北上　さあ。

——えっ？

北上　第三部までしか刊行されていないから。

——まだ未完なんですか。

北上　全五部の予定らしいから、完結するまであと五〜六年はかかるだろうね。でも、この大河小説は完結したら日本の国民文学になると思う。小説のあらゆる要素が全部つまっているんだ。とにかくすごいよ。

（172号／1997年10月号）

いま、霜月蒼がすごい！

霜月蒼という男がいる。慶応ミステリー研のOBで、39歳のミステリー評論家である。

いま、この男がとんでもないことになっている。その筆が冴え渡っているのだ。

たとえば、彼のmixiだ。こういう場合は誰にでも読めるものを例に挙げなければいけないのかもしれないが、私がぶっ飛んだ実例なのでここは許されたい。

霜月蒼はさまざまな媒体で（文庫解説など）書いているので、どの文章をとりあげてもよく、ここに引用するのは一つの例にすぎない。それでは２００９年10月20日の日記を左に全文引用する。

これを読んで、「これは大変だ」と、すぐに私は立ち上がった。

音楽には無知なのでどういう意味なのかまったくわからないが、そこを飛ばしても「これは大変だ」と思うのである。仕事をしていたのだが、そんなことをしている場合ではない。クレイグ・トーマスとスティーヴン・ハンターの最良の作品に匹敵するのだぞ。クレイグ・トーマス『狼殺し』、あるいは『闇の奥へ』だぞ。

私のオールタイム・ベスト1が実はその『狼殺し』なのである。だから、こんなことを書かれたら、おとなしく座っていられない。隣町の書店に急ぎ、『ブラック・ラグーン』の既刊9冊をすべて買い求めたのである。

こういうふうに書評を読んですぐに立ち上がることは滅多にない。

忘れずにメモして数日後に買いに行くことはある。坪内祐三『人声天語』（文春新書）の「今もっとも優れたイスラム研究者である。言葉の真の意味の専門家である。そして、論壇人としても三十年に一人の逸材である」というくだりを読んで、池内恵『現代アラブの社会思想』（講談社現代新書）を買いに行ったし（まだ読んでないけど）、川出正樹のmixiを読んで、ケイト・モートン『リヴァトン館』（栗原百代訳／ランダムハウス講談社）を買いに行った。

すぐれた書評は、こういうふうに読者に行動を起こさせる。面白そうだという感慨で終わらせず、直接的な行動を起こさせるものだ。その点で評論と異なる。書評にはそういう熱が必要なのだ。

霜月蒼の書評が素晴らしいのは、その熱の量がケタ外れだからだ。これは大変だ、とすぐさま立ち上がってしまうのは、彼の書評から立ち上がるエネルギーにふらふらになってしまうからにほかならない。すごいな霜月蒼。

以前から霜月蒼は「褒めさせたら日本一」の評論家で、その実例としては私の文庫本の解説を繙いていただければいい。『新刊めったくたガイド大全』(角川文庫)と、『記憶の放物線』(幻冬舎文庫)の解説だ。前者は霜月節(ようするに彼は、煽りの名人だ)満載の解説だが、後者はいつもとトーンを変えて、しみじみとした味がよかった。霜月蒼はそういうエッセイを書くこともできる男であることをこの解説は証明している。二作ともに絶版と思われるが、古本屋で見かけたら解説だけでも立ち読みしてみてください。いや、霜月蒼はいろいろなところでさまざまな原稿を書いているので、別にこれでなくてもいいのだが。

そうか、一つだけ訂正をしておかなければならない。一気に読んだ『ブラック・ラグーン』が面白く、そのときたまたまスティーヴン・ハンターの2008年の作品『黄昏の狙撃手』に昔日の面影がなかったので、こんなんでは『ブラック・ラグーン』に勝てないぞ、と小説推理に書いたとき、虚淵玄・広江礼威『ブラック・ラグーン』と書いてしまった。これではノベライズ(というか外伝的な小説)のほうを指すことになる。私がぶっ飛んだのは、コミックのほうだから、広江礼威『ブラック・ラグーン』と書かなければいけなかった。他誌に書いたものの訂正をここでしても仕方がないのだが、いきがかり上この場を借りて訂正をしておきたい。

慶応ミステリー研のOBには他に、杉江松恋、川出正樹、村上貴史がいるが、評論家の資質ばりばりの松恋と、天才的な書評家霜月蒼を両端に置けば、その間にいる川出正樹と村上貴史は、川出がやや松恋寄りで、村上がやや霜月寄り。これが私の見立てである。とにかく、いま霜月蒼はすごいと申し上げたいのである。

(321号2010年3月号)

霜月蒼の書評

『ブラック・ラグーン』9巻(広江礼威/サンデーGXコミックス)をいま読了した。《死の舞踏》編を一気に読むために第6巻後半から4時間かけて読んだ。

脳がスの入った豆腐のようになった感じがする。

この熱量は何だ。スティーヴン・ハンターの最良の作品を、クレイグ・トーマスの最良の作品を連想する。

そこらへんのミステリや冒険小説なぞ一個大隊を編成してやってきても骨片ひとつ残さずに殲滅しちまうだろう。それくらい強力だ。

いま呆然としているので、これに勝てるのはクレイグ・トーマスの『狼殺し』ぐらいのもんじゃねえかとすら思う。あるいは『闇の奥へ』か。要するにオールタイム・ベスト級だってことだ。

これから読むひとはCCRの“Run Through the Jungle”の音源を用意してからかかると良い。

230ページからの、最後の最後のクライマックスはレーナード・スキナードの“Free Bird”を聴きながら読んだ。

銃撃と活劇を好むすべての読者に、これを読めとおれは命じる。

一六歳の大田君を応援する！

●瀬尾まいこの10冊

瀬尾まいこのベスト1を選べ――と言われたら誰もが頭をかかえるだろう。傑作が多いので、とても一作には絞りきれないのだ。

六作なら簡単に選べる。デビュー作の『卵の緒』、本屋大賞を受賞した『そして、バトンは渡された』、中学の駅伝大会を描く『あと少し、もう少し』と、その続編とも言うべき『君が夏を走らせる』、吉川英治文学新人賞を受賞した『幸福な食卓』、そして父と息子の不思議な同居生活を描く『傑作はまだ』。この六作がすぐに浮かんでくる。誰もが認める傑作ばかりだから、簡単だ。

問題はこの先で、この六作から一作を選ぶのが難しい。それはもう無理というものだ。全部面白いのだ。全部胸に残るのだ。だから、あとは好みで選ぶしかない。

というわけで、私が選んだ瀬尾まいこのベスト1は、『君が夏を走らせる』。実は今回の原稿を書くために瀬尾まいこの全作品を読み返したのだが、やっぱりこの長編がいい。

主人公は、大田君だが、この作品を語るためにはその前の『あと少し、もう少し』から語らなければならない。先に書いたように、『あと少し、もう少し』は中学の駅伝大会を描く長編だ。陸上部で長距離を走るのが三人しかいないために部長の桝井は三人に声をかけるが、そのうちの一人がバレー部から勧誘してきた大田君である。バレー部とはいっても、この不良少年はほとんど練習にも出ていない。ただ、走る才能だけはあり、そのことを部長の桝井は知っているのだ。

『あと少し、もう少し』は、六人のメンバーのドラマを一人づつリレー方式で描いていくので、大田君が主役というわけではないが、強く印象に残る少年といっていい。

ラストには涙が何度もあふれ出るスポーツ青春小説の傑作だが（作者自身は、運動が嫌いで、スポーツ根性がゼロだと、エッセイ集『ありがとう、さようなら』〈角川文庫〉で書いている）、まさかその五年後に大田君と再会するとは思ってもいなかった。『君が夏を走らせる』で、この少年はふたたび登場する。とはいっても、また駅伝小説が始まるわけではない。スポーツ小説ではない。

大田君は白羽ヶ丘高校に進学している。不良を引き受けるだけの何の魅力もない高校で、半数が卒業までにやめていく。それでも最初は制服を着て登校し、陸上部にも入ったが、部員が揃うわけでもなく、大田君は入学三カ月で、クラブをやめ、私服で昼前に登校するようになる。勉強なんてもちろんする気もなく、何一つ楽しいこともない。

そして高校二年の夏休み。中学の先輩からアルバイトを持ちかけられる。三歳年上の先輩は、高校を一年で中退し、その後しばらくはふらふらしていたものの、いまは建築資材を扱う会社で働いている。奥さんが切迫早産で入院することになり、先輩も昼間は仕事に出るので、朝から夕方まで先輩が不在の間、一歳一〇カ月の長女の面倒を誰かが見なければならない。先輩夫婦には頼る人がいないので、その役目が大田君にまわってくるのだ。というわけで、幼子と過ごす夏休みが始まるのである。

なにしろ、相手は一歳一〇カ月だ。言うことは聞かないし、すぐに泣きだすし、「ぶんぶー」「でったー」「ジュージュー」と何を言っているのかわからないし、悪戦苦闘の一カ月が始まっていく。

この長編を読みながら、『温室デイズ』に出てくる伊佐君のことを想起していたことも少しだけ書いておく。『温室デイズ』は、中学校の学級崩壊、いじめの問題を正面から描くシリアスな作品で、瀬尾まいこの作品系列では異色の部類だが、この路線の作品も幾つかあることも触

瀬尾まいこの10冊

- **『卵の緒』**　血の繋がっていない小四の育生と母の物語「卵の緒」ほか、新しい家族のあり方を描く作品集　新潮文庫
- **『天国はまだ遠く』**　自殺を企てた山奥の民宿で思いがけず生き残った千鶴は、自然に囲まれ充足した日々の中変わっていく　新潮文庫
- **『幸福な食卓』**　父を辞めると宣言した父、家出中なのに料理を届けに来る母…。ちょっとヘンな家族と佐和子の物語　講談社文庫
- **『優しい音楽』**　不倫相手の子供を預かった深雪(「タイムラグ」)など、おかしな出会いが生みだす交流を描く短編集　双葉文庫
- **『温室デイズ』**　みちると優子が通う宮前中学校は荒れていた。三年生の二人はそれぞれ学校を元に戻そうとするが　角川文庫
- **『僕の明日を照らして』**　中二の隼太に新しい父が出来た。優しい父はしかしDVする父でもあった。隼太の闘いと成長を描く　ちくま文庫
- **『あと少し、もう少し』**　頼りない顧問のもと、寄せ集めのメンバーがぶつかり合いながら挑む中学最後の駅伝大会の行方は…　新潮文庫
- **『君が夏を走らせる』**　ろくに高校に行かず日々を過ごす大田は、先輩から一歳の娘の子守をしてほしいという頼みを受ける　新潮文庫
- **『そして、バトンは渡された』**　何度も親が替わり、今は二〇歳差の〝父〟と暮らす優子。家族皆から愛情を注がれた彼女が伴侶を持つ時　文春文庫
- **『傑作はまだ』**　引きこもりの作家・加賀野の元へ、生まれてから一度も会ったことのない二五歳の息子・智が訪ねてきた　ソニー・ミュージックエンタテインメント

れておきたい。もっとも、虐待をテーマにした『僕の明日を照らして』のように、一味違っていることも急いで書いておかなければいけないが。『温室デイズ』に登場する伊佐君は、母親が弟と妹を連れて家を出て、やくざの父親と二人で残される。

「カッとすると、いつだって勝手に身体が動いてるんだ。気づいたら殴ってる。頭より先に手が動いてる」

　母に捨てられたこと、自分が父親に似ていること、不安でたまらないことを告白する伊佐君を、思い出したのは、大田くんもまた不安に襲われているからだ。彼の場合は、母親に捨てられたわけではないが、学校の勉強についていけず、楽しいことも一つもなく、宙ぶらりんの気持ちを持て余していることでは伊佐君と同じなのである。二人ともに将来の展望がないのだ。しかし大田君は、一歳一〇カ月の鈴香の世話をすることで何かが少しずつ変わっていく。

　本来なら、瀬尾まいこの代表作としては、デビュー作『卵の緒』を採るべきかもしれない。デビュー作の中にすべてがある、と言われるが瀬尾まいこの場合も例外ではない。「僕は捨て子だ」という一文から始まるこの長編は、血の繋がっていない母と子を描いた長編で、こういう絆の強さと美しさを、この作家はずっと描いている。その意味で、『卵の緒』は、瀬尾まいこの出発点であり、原点だ。母さんの好きな「朝ちゃん」もいいし、人物造形が絶品である。

　あるいは、「父さんは今日で父さんを辞めようと思う」という発言から始まる『幸福な食卓』も素晴らしい。母は家を出ているのに食事を作っては持ってくるし、佐和子の家族はちょっとヘンだ。しかしこれもまた家族なのだ。家族だからといって、一つの決まったかたちでなくてもいいのだ。その真実をこの長編は、巧みなストーリーとともに絶妙に描いている。

「私には父親が三人、母親が二人いる。家族の形態は、十七年間で七回も変わった」という『そして、バトンは渡された』も、瀬尾まいこでなければ書き得なかった傑作といっていい。それでも全然不幸ではないというテーマこそ、瀬尾まいこを屹立させている主題なのである。『傑作はまだ』を忘れてはいけない。これはある日突然、一度も会ったことのない二五歳の息子が訪ねてきて、同居生活が始まるというもので、裏返しの家族小説といっていいが、温かなものがこみ上げてくるラストがいい。

　だから、瀬尾まいこのベスト1が、『君が夏を走らせる』以外の作品であっても全然不思議ではない。むしろ、家族をテーマにした『卵の緒』『幸福な食卓』『そして、バトンは渡された』『傑作はまだ』という諸作のほうが、瀬尾まいこらしくていい。『君が夏を走らせる』（その前編としての『あと少し、もう少し』を含めて）は、どちらかといえばこの作家の本線ではない。

　にもかかわらず、『君が夏を走らせる』を忘れがたいのは、なぜか。その話の前に、ベスト10作のなかでまだ触れていない作品についても少しだけ書いておく。

　『天国はまだ遠く』は、仕事がうまくいかずに自殺するつもりで遠くにやって来た千鶴が民宿で過ごした二一日間を描いたもので、これも本線からはズレる作品だが、田村さん三〇歳の飄々とした感じがとてもいい。こういう人物像が瀬尾まいこは天才的にうまい。そうか、『幸福な食卓』に出てくるヨシコも絶妙だ。こういう例はまだまだある。

『優しい音楽』は中編集だが、ここに収録されている「タイムラグ」がいい。愛人の子を預かるというとんでもない話なのに、優しい気持ちになるから不思議。結婚記念日に奥さんと旅行に出掛けるので、その八歳の娘を一晩預かってほしいと愛人が言って、ヒロインの美雪もそれを引き受けるから、ヘンな関係である。さらにヘンなのは、愛人の両親が二人の結婚を認めるよう、説得しに行くこと。いくら八歳の佐菜ちゃんに頼まれたとはいえ、そこまでするか普通。

で、『君が夏を走らせる』がずっと気になるという話である。

「やってもできない」それが表に出てしまうことを、俺はずっと避けてきた。できそうにない問題にぶつかると、できないと証明される前に投げ出した。そのうち投げ出すことに慣れてきて、ちょっとしたハードルでも俺は手を出そうとしなくなった。そして、その分、できないことも増えていった」

これは『あと少し、もう少し』に出てくる大田君の述懐だが、そしてはっと気がつくと、不良たちの白羽ヶ丘高校で呆然としているのだ。俺の人生はどうなるんだろうと。

この少年がすごく気になる。ずっと気になっている。しかし大丈夫だ。先輩が一歳一〇カ月の幼子を大田君に預けるのは、彼を信頼しているからだ。

「先輩たちがたいへんなのはわかるんすけど。だけど、俺に子どもを預けるなんて、危なすぎますよ。俺よりましな知り合い、いくらでもいるでしょう」

と君は言うが、誰でもいいわけではない。一六歳の君は、そういうふうに信頼される少年なのである。ならば、君の将来も大丈夫だ。いまは不安でいっぱいかもしれないが、案じることはない。

一〇年たって、二六歳になった大田君が、一二歳の鈴香と再会するシーンを、私は夢想する。そのとき、大田君の横にいるのが、和音（かずね）だったらいいなと思っている。

白羽ヶ丘高校は、「不良でばかなやつ」と「不登校で出席日数が足りなくて他の高校に行けなかったやつ」が混在しているが、和音は後者。制服のカッターシャツのボタンを一番上まで留めているから、見ているほうが息苦しくなる。長い前髪が顎まで伸びているので顔もよく見えず、声もこもって聞こえにくい。クラスの連中は「キモお化け」と呼んでいる。彼女はたった一人の吹奏学部でサックスを吹いていて、商店街のお祭りで演奏するところを大田君がタコ焼きを手に持って見るくだりもある。

恋愛感情どころか、この段階で二人の間にはまともな会話すらないが、なあに、この先どうなるかはわからない。たとえば、植木職人になった大田君が（これは私の願望だ）どこかで和音と再会し、お祭りなどでふたたびタコ焼きを食べるような関係になるかもしれない。次はその大田君の恋物語を読みたい。

（457号／2021年7月号）

「玉井喜作伝」よ、早く出てこい！

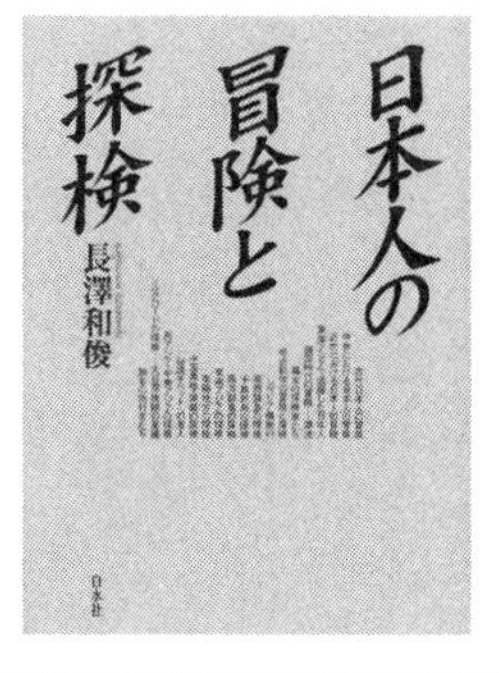

玉井喜作の名前を初めて知ったのは、長沢和俊『日本人の冒険と探検』（白水社）を読んだときだ。この本は、古代から20世紀前半までさまざまな理由で海外に渡った日本人の足跡を克明に記録したもので、この中ほどに、明治26年ウラジオストックからベルリンまで酷寒のシベリアを横断した男として、玉井喜作の名前があげられ、その足跡が紹介されている。

シベリア大陸横断そのものは決して珍しいわけではない。明治11年にロシア駐在公使・榎本武揚がペテルブルグからウラジオストックまで横断して帰国しているし（『西比利亜日記』）、明治14年には山本清賢少佐がやはりペテルブルグ駐在武官の任を終えて帰国するにあたり、陸路ウラル山脈を越え、イルクーツク、張家口、北京を経由、外蒙を縦断している。黒田清隆は明治19年カラフトからシベリアを横断してヨーロッパに向っているし、もっとさかのぼれば１７８３年、アムチトカ島に漂着した大黒屋光太夫の一行がペテルブルグまで往復している。明治期にこの例が多いのは、島田謹二『ロシヤにおける広瀬武夫』（朝日新聞社）に、「今まで八代中佐をはじめ海軍の連中が日本に帰る時は、たいてい夏を選んでシベリアを通過した」とあるように（広瀬武夫は明治35年の冬に横断している）、当時の日本にとって大国ロシアはいずれ衝突するであろう仮想敵国であり、その地理・内情を視察しておく必要があったからだ。

克明な手記四部作（中公文庫）で知られる当時の軍事密偵・石光真清も、シベリア鉄道開通直前のバイカル湖付近にまで潜入しているし、シベリアに入り込んで生還しなかった密偵の数も少なくない。

シベリア横断のもっとも有名な例は、明治25年に単騎横断した福島安正だろう。ベルリンからウラジオストックまで

1万4千キロを488日かかって単騎横断した福島中佐の〝冒険〟は、明治陸軍最初の諜報活動と言われているが、この〝壮挙〟は世界的大ニュースになったという。

従って、玉井喜作の〝冒険〟が空前絶後というわけではない。ではなぜ、この男にひかれるのか。

福島中佐と同時期に逆のコースをたどった玉井喜作のシベリア横断は、他の日本人の横断とはまったく異なっていたのだ。大黒屋光太夫の横断が官憲によって護送されたのはもちろんだが、黒田清隆は馬車、汽車、軍艦という「気楽な旅」（長沢和俊・前記書）であり、榎本武揚も優雅な馬車旅行である。福島中佐も単騎とはいえ、開戦前であるから要所はコサック兵の送り迎え付き。彼らが酷寒の大地で多くの困難を伴った旅をしたことは事実だが、ロシアの庇護と援助があったことも見逃せない。長沢和俊は前記書の中で次のように書いている。

「榎本公使の馬車旅行にくらべれば、福島中佐の騎馬旅行は、たしかに多くの困難を伴った壮挙であった。しかし当時の彼は新興の日本帝国陸軍少佐であり、正式のパスポートをもち、国家的保護の下に旅行したのである。これにくらべると玉井は、たんなる市井の無名人であり、しかもチャンスを待ってシベリアのキャラバンにまぎれこんだ密入国者であり、なんの庇護も援助もなく、シベリア横断の一人旅を敢行したのであった」

記録に残されているかぎりでは、このような単独シベリア横断をはたした男は玉井喜作以外にいない。

さらにすごいのは、シベリア横断に対する明確な目的が、この男にはないことだ。軍人たちには敵国の地理・内情を知るためという目的があり、大黒屋光太夫にしても帰国の許可を貰いに行くとの明確な目的がある。ところが、玉井喜作には、貿易の本場であるヨーロッパ（特にベルリン）に向うという目的はあるものの、なぜインド経由やアメリカ経由の平凡な道をとらず、もっとも困難なシベリア横断を選んだのかがはっきりしない。いわば自分にあえて困難を強いるという〝無目的な冒険〟なのだ。そう判断するしかない。

玉井喜作という無名の冒険者に関心を抱いたのは、この無目的な冒険との一点による。この男は何を想って酷寒のシベリアを横断したのか。

よし、この男を調べてみよう、と思ったのが6年前のことだ。双葉社発行の「小説推理」にミステリー時評を書き始めて今年で1年目に入るが、ちょうどその頃、冒険小説がわからなくなり、そもそも冒険とは何なのかという宿題をかかえていた時期で、長沢和俊の前記書を読んだのもそのためだ。冒険記や探検記の中にそのヒントを探そうとしていた。そして玉井喜作を知ったというわけである。この男のなかにこそ、明確な目的を持った冒険ではわかりにくい〝冒険〟の本質がひそんでいる、彼の胸にうずまいていたものを知ることが出来れば、何らかのきっかけになるのではないかと考えたのだ。

玉井喜作は1866年、山口県光市に生れ札幌農学校のドイツ語教師を務めたあと、シベリアを横断してドイツに渡り、日刊新聞社に勤めて後に独立、日本人によるヨーロッパで最初の横文字雑誌「東亜」を発刊する。彼のことがあまり知られていないのは、その旅行記「西比利亜征槎紀行」が明治31年、ベルリンの出版社から独文で刊行され、その8年後にわずか41歳で病死してしまったからだろう。

この旅行記は、19世紀末のシベリア隊商交易の実態を記録した貴重な資料として、ドイツ地理学協会紀行文庫に収録されたらしいが6年前の段階ではこの翻訳がどこから出ているのかもわからなかった。やがて、筑摩書房世界ノンフィクション全集（全50巻で刊行された最初の版）47巻に「シベリア隊商紀行」として収録されていることが判明。1963年に出たこの全集版が日本への初紹介だろうと推理したのは、1984年刊の汲古書院・岩倉規夫『讀書清興』（この本のことは日外アソシエーツの『海を越えた日本人名事典』で玉井喜作の項をひいて知った）に、昭和初期、著者が縁日の露店でこの本の独文原書を買う話が出てきたからだ。久生十蘭もこの原書を読んで興味を感じた話につながっていくのだが（久生十蘭のその文章がどこに発表され、どの本に収録されたのかはいまだ不明）、1961年に書かれたとのエッセイのどこにも翻訳本の話は出てこないのである。従って、1963年刊の筑摩版ノンフィクション全集が初紹介だろうと推理したのだが、のちに当たっていたことが判明する。

「シベリア隊商紀行」は、シベリア横断の中でいちばん困難でいちばん面白かったというイルクーツク―トムスク間1800キロを、茶を運ぶ隊商とともに踏破した30日間の記録である。この隊商の群れはわずかの休息を取るだけで、零下40度、時には50度という酷寒のシベリア中央部を走破していく。眠るのもそりに乗りながらなのだ。振り落とされても待ってはくれず、その度に何キロも這って次の休息地まで追いかけなければならない。休息時にうとうと眠ってしまうと置き去りにされ、途中盗賊に会い、コサック兵に殴られ、満足な食事も取らず、ひたすら走り続ける。榎本武揚や福島中佐の旅とはまったく違う壮絶な横断行だ。この翻訳が絶版のままであるのは惜しまれる。

しかし、いくら調べても資料はこれしかない。宮岡謙二『旅芸人始末書』（中公文庫）に明治33年、パリ万博に出かけた烏森芸妓の一行が旅費に困る件りで「ベルリンの私設領事とまで評判をとっていた玉井喜作の義侠に、すがることができた」という数行の記述が出てくるが、私設領事と言われるほどだから、他にも異国で困っている日本人を助けたことが多かったのだろう。シベリアを踏破し、ドイツで雑誌を発刊しながら訪ねてくる日本人の面倒をみた明治の男、玉井喜作。こいつは一体どういう男だったのか。ますます謎は深まるばかりだ。

本人のことはこれ以上わからないので、彼が通った国、隣接国が当時どういう状況だったのか、周辺から調べることにした。となると、政治・経済・風俗・地理にまたがるので膨大な量になる。さらに玉井喜作のように明治期に海外に渡った日本人の記録も調べなければならない。ぼくはひそかなるライフワークのつもりでいた。ここまでくるとそういう感じになり、愉しくなる。この時点では、一生に一度小説を書くことがあるなら、この男をモデルにして書きたいという助平心も当然ある。現実にはそんな小説など書きはしないだろう。そういうふうに考えていること自体が愉しいのだ。関連書を目につくたびに購入し、時折パラパラと読んで、玉井喜作に想いを馳せる、というのが仕事に関係のない愉しみになった。6年間に集めたそういう資料が約600冊。しかも毎月ふえ続ける。これらを全部読んでいたら、小説を書く暇などない。だからひそかなライフワークなのだ。しかし少しは現実的な野心もあって、「小説推理」のミステリー時評を1983年に『冒険小説の時代』と題してまとめた時、玉井喜作を紹介した回を意識的に外してしまった。この男の存在を知られたくない、というせこい考えなのである。

2年前にマガジンハウスの「ターザン」から原稿を依頼された際、「酷寒のシベリアを横断した明治の無目的な冒険者・玉井喜作」と題して紹介文を書いてしまったのは、だからたぶん魔がさしてしまったのでしょう。誰も読みはしないだろうという気持と、読んだところで興味を感じる人などいるわけがないとの気持があった。何年もたつと警戒心もうすれてくる。案の定なんの反応もなく、ぼくは相変らず関連書が出るたびに購入し、パラパラ見ては書棚に入れる（ぼくの書棚の歴史コーナーは玉井喜作コーナーだ）生活に戻り、そんな原稿を書いたことなど、すっかり忘れていた。

ところが今年の初め、「ターザン」編集部から電話がかかってきた。これが今回のドラマの幕開きである。前置きが長くてすみません。編集部のSさんは、その電話口でこう言ったのである。

「一年半前のスクラップを持って、玉井喜作の孫だという人が訪ねてきたんですけど、お会いになりますか」

これには、ひゃあーッと驚いた。明治39年に41歳の若さでベルリンで病死した人であるから、身内はいないという先入観をもっていたのである。『日本人の冒険と探検』にも『シベリア隊商紀行』にも、玉井喜作が結婚していて、彼の死後、遺品とともに妻子が日本に帰国したことは書いていなかったのだ。しかし考えられることではあった。

ぼくの頭の中にある〝小説〟では、雨にけむるベルリン市内を見下ろしながら、玉井喜作が幼な子に自らの冒険行を語るというのがプロローグである。その冒険行は、シベリア横断の途中に彼が巻き込まれるもので、ペテルブルグに密書を運ぶモンゴル独立運動の志士とそれを追う清朝密偵を中心に、ロシアの反政府活動家とツアー密偵、それにドイツ帝国の諜報員と三国分割されているポーランド地下活動が絡んでくる壮大な歴史活劇。幼な子にヒロインのその後を尋ねられた主人公が「お前のママだよ」と言うのがエピローグ（ここまで考えたら書く気がしません）で小説の中で妻子を登場させているのに、現実に結び付けなかった自分がうかつだった。

その一週間後に、泉巖氏と会った。おだやかな老紳士で、自分たちが生きているうちに玉井喜作のことをまとめておかなければと考え、資料を集めているときにあなたの文章を読み、もし資料をお持ちならと思って御連絡した、と淡々と語った。残念ながら資料を読みたいのはぼくのほうで「ターザン」に書いたこと以外には何の資料もない、と言うと、そうですかと納得され、泉巖氏は玉井喜作について語り出した。

巖氏の父方の祖父が玉井喜作の兄で、いわば大叔父にあたるとのこと。さらに巖氏の奥様である明子さんは、玉井喜作の四女、喜代子の娘という関係である。

泉巖氏の話は、ぼくにとって驚くべきことの連続で、すっかり舞い上がった。その驚きをここに伝えることが出来るかどうか。

玉井喜作の遺品は妻子とともに日本に帰り長らく蔵の中に未整理のままましまってあったという。その中にはシベリアを横断した時の元のメモもある。それらを巖氏をはじめとする親族が「祖先の遺徳をしのび顕彰することも老後のつとめと考えて」地元・光市の文化センターに寄託したのが１９８５年。翌年2月には同センターにて「玉井喜作展」が開かれている。ぼくが「ターザン」誌上に彼のことを書いたのは同年の7月。長沢和俊、岩倉規夫、小林健祐氏（『シベリア隊商紀行』の訳者）らの一次紹介以降、長い空白を置いて、期せずして東と西で〝玉井喜作再評価〟が起こったのだ。それまではシベリアを横断したという話は知っていても、遺品そのものが未整理だから、ベルリンでどういう生活をしていたのか、その具体的な内容については身内の人も知らなかったという。玉井喜作が日本で無名であったのも、ぼくが資料を集められなかったのも無理はない。

そして、この遺品整理で出てきたのが寄せ書き帳だ。明治33年から39年まで、ベルリンの玉井喜作の家は私設領事と言われるほど当時の在留邦人のサロンとなっていて、そうやって訪れた日本人が折にふれて勝手気ままに書き綴った寄せ書き帳が、80年後の日本にひょっこりと出てきたのである。ここに並んだ署名がすごい。巖谷小波をはじめとして、川上貞奴、川上音二郎、美濃部達吉、後藤新平など、そうそうたるメンバーだ。

さらに泉巖氏が取り出したのが、サンデー毎日、昭和17年10月18日号のスクラップ。ここに「〝私設公使〟玉井喜作を憶ふ」と題する3ページものが載っているのだ。

これを読んで、またまた驚いた。なんと明石元二郎がベルリンに来るたびに玉井喜作を訪れ、そのたびに彼は友人を使ったり、あるいは自ら奔走してロシアの国情調査に協力していたというのだ。当時まだ存命中の悦子未亡人（当時73歳）の「日露戦争がはじまり明石さんが来られてからはいつ帰ったのか、いつ出て行ったのか判りませんでした。ただ時々鍋に米を炊いたあとがあるのを見て昨夜はお帰りだったのだと知るのみでした」という貴重な証言まで載っているのである。

明石元二郎まで出てくるなら、もう何が出てきてもこわくないと思っていると、最後に泉巖氏は包みの中から400枚はあろうかという原稿の山を取り出した。

なんとなんと玉井喜作伝なのだった。泉さんが資料を提供して、同郷の作家・湯郷将和氏に依頼したものだという。その原稿の山を見た途端、ぼくの頭の中にある〝小説〟は600冊とともにガラガラと崩れ落ちた。

主人公のモデルが無名であるのがミソだったのだ。こういう本が出てしまっては、その興趣が半減する。ひそかなライフワークが完全に息の根を止められたようで、しばし呆然となった。

その玉井喜作伝は少なくてもぼくのイメージしているものではなかったことも正直に書いておこう。ぼくはもしあるとするなら室謙二『踊る地平線』や、最近の例で言えば三神真彦『わがままいっぱい名取洋之助』のような〝伝記〟をイメージしていたのだ。ところ湯郷将和氏の作品は小説仕立てのノンフィクションだった。しかし、それはぼくの勝手な思い込みであって、玉井喜作を知らない読者にとっては、シベリアを横断し、のちに日独親善に貢献する、この明治男の数奇な生涯は十分に興味ひかれるものがあるにちがいない。

泉巖氏は最終的には「東亜」を復刻するのが夢で（バックナンバーが東大総合図書館に揃っている）今度の伝記はそのきっかけになれば嬉しいと言う。

ぼくの小説はこれで完全に幻になってしまうけれど（もともと考えるのが愉しいだけで本気で書く気があったかどうかは疑わしいけれど）この玉井喜作伝の出版を契機に、冒険とは何なのか、もう一度考えるきっかけになればいいと思う。〝小説〟は断念するがおそらくこの本が世に出ても、今世紀初頭前後の各国の政治・経済・地理・風俗を描いた関連書をぼくは購入し続けるだろうし、玉井喜作の〝冒険〟は何だったのかを、ぼくなりに考え続けるだろう。しかし泉さんの出現は本当にショッキングな出来事だった。

この玉井喜作伝は「キサク・タマイの冒険」と題して、新人物往来社より、たぶん年内には刊行されるだろう。こうなったらせこい考えは捨てて（どうせならもっと早く捨てればよかった。グチになるけど）、広く読まれてほしいと思う。えいッ、早く出てこい！

（63号／1988年9月号）

「海を渡った日本人」ブックガイド

海を渡った日本人に関するブックガイド、というのがこの特集で私に与えられた命題だが、今から四年前、つまり一九九三年一月に、日本ペンクラブ編『海を渡った日本人』（福武文庫）というアンソロジーを編んだことがある。その後の四年間の変化はあるとはいえ、このアンソロジーに選んだ書目をここで外すわけにはいかない。そこで、その『海を渡った日本人』を中心にしながら、ブックガイドといきたい。左ページの表中、①から⑫までが、そのときに選んだ書だ。

福武文庫版『海を渡った日本人』にはもう一編、吉国恒雄「アフリカに渡った日本人」という文章が収録されているが、これは毎日新聞一九八三年四月二六日〜二七日に掲載されたもので、単行本未収録のため、この表では割愛している。この記事は、ジンバブエの首都ハラレの文書館で、一八九七年の人口調査記録を調べた著者が、園芸師の名前のなかに日本人らしき人物を発見するもので、ここから一六世紀末の安土・桃山期、具体的に言えば一五九三年、南アフリカの沖合で遭難したポルトガル船に日本人奴隷がいたことをつきとめるところまで、遡っていく。このときの奴隷がアフリカに渡った最初の日本人であろうと著者は書くのである。

日本人が奴隷として海外に売られた記録は古くからあり、前記の文章のなかにも、天正遣欧使節が渡欧の道中で、日本人の「多くの男女、童男・童女がさまざまな地方へ安値でさらわれ、売られ、みじめな賤業に就いている」のを知った、という記述が出てくる。アフリカ沖合で遭難した「ポルトガル記録にある日本人奴隷は、このころ東南アジアへ、アフリカへと流出した日本人の一人であった」と吉国恒雄氏はその文を結んでいるが、これはなかなか貴重な資料と思えるので、興味のある方はぜひ『海を渡った日本人』をお読みください。

そのアンソロジーの序文にも書いたことだが、私が「海を渡った日本人」に興味を持った最初のきっかけは、長沢和俊『日本人の冒険と探検』を読んだことで、このなかに、ウラジオストックからベルリンまで冬のシベリア大陸を横断した明治期の日本人のことが出てくる。それが、この特集で大島氏が書いている無名の冒険者・玉井喜作で、この男に興味を持ったのがきっかけだった。

①『にっぽん音吉漂流記』春名　徹／晶文社
②『日本人漂流記』川合彦充／現代教養文庫
③『シベリア隊商紀行』（世界ノンフィクション全集47所収）玉井喜作／筑摩書房
④『異国遍路　旅芸人始末書』宮岡謙二／中公文庫
⑤『朱印船時代の日本人』小倉貞男／中公新書
⑥『メドヴェージ村の日本人墓標』才神時雄／中公新書
⑦『出ニッポン記』上野英信／現代教養文庫
⑧『明治海外ニッポン人』伊藤一男／PMC出版
⑨『行こかメリケン、帰ろかジャパン』牛島秀彦／サイマル出版会
⑩『サントス第十四埠頭』藤崎康夫／中央公論社
⑪『ザンジバルの娘子軍（からゆきさん）』白石顕二／現代教養文庫
⑫『カナダ遊妓楼に降る雪は』工藤美代子／集英社文庫
⑬『日本人の冒険と探検』長沢和俊／白水社
⑭『ローマへの遠い旅』高橋由貴彦／講談社
⑮『我ら見しままに』マサオ ミヨシ／平凡社
⑯『風の馬』村上　護／佼成出版社
⑰『涙のアディオス』東出誓一著、小山起功編／彩流社
⑱『娼婦　海外流浪記』宮岡謙二／三一新書
⑲『世界無銭旅行者』浅田晃彦／筑摩書房
⑳『ジャパニーズ・ロビンソン・クルーソー』小谷部全一郎／皆美社
㉑『明治バンカラ快人伝』横田順彌／ちくま文庫

アンソロジー『海を渡った日本人』の序文に、私は次のように書いている。

「現代と違って情報網の発達していない時代に海を渡るというのは、それだけで気の遠くなるような冒険である。江戸時代や明治期に見知らぬ異国の地に赴くということは、風の匂いから空の色にいたるまで見るものすべてが驚きと発見の日々であっただろう。国を遠く離れて未知の世界に旅立った彼らがそこで何を見て、何を考えたのか。想像を絶する困難を彼らはどう克服したのか。それを考えるだけで私は眩暈に似たものを覚えてしまう」

そのときに関心があったのは、「海を渡ってそのまま帰って来なかった日本人」であった。したがって、⑲『世界無銭旅行者』⑳『ジャパニーズ・ロビンソン・クルーソー』㉑『明治バンカラ快人伝』の三冊は残念ながら省いてしまった。明治男の冒険を描くこの三冊はすこぶる面白い。⑲は、アジアを横断し、アフリカと南北アメリカを縦断する計画を立てたものの、中国からチベットに入ったところでダライ・ラマ一三世の親衛隊長になると、世界旅行の計画を簡単に放棄してしまうし、⑳も目的地がア

メリカだというのに、ロシア、琉球、中国と放浪して、なかなかアメリカに向かわないし、この男たちはみんな、いいかげんなのだ。しかし㉑の中村春吉を含めて、この三人は無事帰国しているので、「海を渡ってそのまま帰って来なかった日本人」ではない。

アンソロジーを編んだときのもうひとつの選択軸は、目的のない旅のほうがいいというもの。それは明確な目的があれば、異国の地に赴くことの覚悟があるというもので、それよりも仕方なく流れていった日本人のほうに私の興味があった。そのほうが驚きのドラマが濃いと思ったのだ。したがって、慶長使節・支倉常長の足跡を描く『ローマへの遠い旅』と、万延元年の遣米使節の旅路を追う『我ら見しままに』は、その基準から外れるので、このときは省いてしまった。

そういう基準を満たしながらも、スペースの都合で収録を断念したのが、⑯『風の馬』⑰『涙のアディオス』⑱『娼婦　海外流浪記』の三冊。⑯は、仏教を学ぶためにチベットに入った河口慧海と能海寛の生涯を描いたもので、著名な河口慧海はともかく、入蔵したまま帰らぬ人となった能海寛の記録は珍しいのでぜひとも収録したかった。もっともその後、山と溪谷社から能海寛の記録が出ていることを知ったが、それ以上はまだ確認していないので、詳しいことはわからない。⑰は、昭和初期に南米ペルーに渡った移民の波瀾に富んだ生涯を描くもの。第二次大戦期に南米からアメリカに強制収容された日本人の実情はあまり知られていないので、これも貴重な記録と言えるだろう。⑱は、明治大正の海外旅行文献類を四〇〇〇冊も集め、そのなかから通りすがりの旅人が書きとめた海外日本人売春婦の実態を浮き彫りにする壮大な記録。すべてが書物からの引用なので、ここに出てくる数字がどこまで信用できるのかわからないところが疵の奇書。宮岡謙二については、『異国遍路　旅芸人始末書』を取ったので、『娼婦　海外流浪記』を省いてしまったが、よく考えてみると、『娼婦　海外流浪記』は文庫にも入っていないので、こちらのほうが入手が困難だった。現在なら、明治三五年に日本を出て、ヨーロッパのサーカス団の看板スターとなった沢田豊の生涯を描く大島幹雄『海を渡ったサーカス芸人』(一九九三年八月刊/平凡社)を取るだろう。

そういえば、明治の軍事密偵・石光真清の手記『曠野の花』にも、シベリア鉄道工事のために日本人がバイカル湖付近にまで入り込んでいた挿話が出てくる。海を渡った日本人の尖兵は、娼婦や労働者や芸人であったのだ。この石光真清の手記四部作(他に『城下の人』『望郷の歌』『誰のために』)はあまりに有名なので、ここでは割愛してある。

というわけで、残ったのが一二篇。③~⑥を除くと、①②が漂流記、⑦~⑩が移民、⑪⑫が娼婦という内訳だ。

最初に⑤と⑥を説明すると、まず⑤は一七世紀初頭に東南アジアに進出した日本人の足跡を追う記録。こういう海外の日本人街が滅んでしまったのは、鎖国政策のためにその後、流入する日本人がいなくなったためだ。⑥は日露戦争で捕虜となった日本人の足跡を追うもので、貴重な資料として読まれたい。

移民を描く⑦〜⑩に関しては、どれも読みごたえのあるものばかりだが、ここでは⑧『明治海外ニッポン人』を紹介しておきたい。これは「日本人海外発展史叢書」の一篇で、この叢書は本書以外に、『紐育日本人発展史』全二巻、『在米日本人史』全三巻、『北米百年桜』全四巻、『日本人海外発展論の系譜』の全一一巻で構成されている。ちなみに『海を越えた日本人名事典』（日外アソシエーツ）という便利なものもあるので、興味のある方はどうぞ。それはともかく、『明治海外ニッポン人』は、デンバー、ペルー、ボリビア、ブラジルなどの日本人移民の足跡を追った労作で、移民会社が政治家と結託してこの世の地獄に移民を送りこんだ構造を告発している。

娼婦として海外に売られた日本人女性の記録としては、森崎和江『からゆきさん』や、山崎朋子『サンダカン八番娼館』が著名だが、ここでは、今世紀初頭に東アフリカの小島に娼婦として売られた日本人女性のケースを追う『ザンジバルの娘子軍（からゆきさん）』と、明治期のカナダにおける日本人娼婦の実態を探った『カナダ遊妓楼に降る雪は』を取った。

順序が逆になったが、①と②が漂流記。①は、一八三二年、一四歳のときに遠州灘で遭難してアメリカに漂着、ロンドン、マカオを経て、モリソン号で日本に接近しながらもついに帰国を許されなかった尾張宝順丸の船員音吉の生涯を描く傑作ノンフィクション。②は題名通り、日本人の漂流史を概観するものだ。

というのが、アンソロジー『海を渡った日本人』の全容で、四年たってもこの収録作品を変更するつもりはない（変更するなら、前記の理由で『旅芸人始末書』のみ）。もちろん、ここに挙げた作品以外にも、海を渡った日本人に関する書は多く、ここに挙げた作品だけがすぐれているわけではない。私の興味に従うとこの選択になるという話だ。

ということで最後に残されたのが、玉井喜作『シベリア隊商紀行』。

実はこの記録を復刊したいために考えたのが、四年前のアンソロジー『海を渡った日本人』だったのである。ここでは詳細に触れないが、スペースの都合でアンソロジー『海を渡った日本人』に全体の3分の1しか収録出来なかったのが、今でも残念である。

出来れば、この記録を完全復刻したいというのが今でも私の夢だ。この玉井喜作を主人公にした幻の小説まで考えていたのである。ある新人作家が、この玉井喜作の孫であることを知ってから、彼がいつかは書くだろうと私は断念してしまったが、○○さん、早く書いてください。

長沢和俊『日本人の冒険と探検』を読んだために、この手の記録収集にとんだ深入りをしてしまったが、アンソロジー『海を渡った日本人』を編んだあとも、開拓時代のアメリカに渡った写真家松浦（まつら）栄の生涯を描く栗原達男『フランクと呼ばれた男』（情報センター出版局）など、この手の記録の刊行は続いている。私の本棚はもうあふれんばかりだ。ええい、もうどうなってしまうのだ！

（158号／1996年8月号）

綱淵謙錠『乱』とブリュネのこと

それにしても、綱淵謙錠『乱』（中央公論社／一九九六年刊）はすごかった。今さらこの大作の凄さを強調するまでもないけれど、歴史小説が苦手な私がこれほど夢中になったのは、作者の筆致の冴えに圧倒されたからである。文久三年、フランス軍士官が攘夷派の浪人によって惨殺された横浜の事件から、箱館五稜郭の戦いまでを描くこの歴史小説で、著者はさまざまな資料を繙き、文献を駆使し、日付の食い違い、地名の誤りなどの矛盾を克明に指摘して、本当はこうであったのではないかという仮説や解釈を大胆に披露していくのだ。これがなによりも白眉。

その末尾近くに「ブリュネのスケッチを追う」という章がある。ブリュネというのは、五稜郭の戦いに参加したフランス軍士官だ。この軍人は驚くべき絵の才能を持っていて、当時の日本の風俗や風景、庶民の姿などを克明にスケッチしていたのだが（その絵は『乱』にも幾つか紹介されている）、なんと綱淵謙錠はそのスケッチからも大胆な推理を展開していくのである。一級のミステリーを読むような興奮といえばいいか。まったく、すごい小説だったと思う。

で、その『乱』の話かと思うと、そうではない。ブリュネの残したスケッチの話である。もともと私は、外国人の書いた日本報告を読むのが好きなのである。特に、それが明治期に日本にやってきた外国人であればもっといい。本誌で以前、アーネスト・サトウ日記抄と副題のついた萩原延壽『遠い崖』の群を抜く面白さについて書いたことがあるが（一九九七年一二月号）、こういう書をいつも読んでいたいと思っているのだ。明治期に海を渡った日本人の記録への興味がそもそもの始まりで、同時期に日本にやってきた外国人の日本報告は、そのあとに芽生えた副産物的な興味であったけれど、今ではごっちゃになって、どっちでもよくなっているから、我ながらいいかげんといっていい。つまり、明治期を背景にしている歴史読み物なら、海を渡ろうと、海を渡ってこようと、どちらも好きなのである。

したがって、R・リンダウ『スイス領事の見た幕末日本』、A・B・ミットフォード『英国外交官の見た幕末維新』、H・B・シュワルツ『薩摩国滞在記』、M・V・ブラント『ドイツ公使の見た明治維新』など、新人物往来社の日本見聞記シリーズは実に嬉しかった。

函館の幕末・維新
フランス士官ブリュネのスケッチ100枚

で、何の話かというと、ブリュネのスケッチがとてもいいのである。このフランス軍人は、義のために榎本武揚、土方歳三らのもとに残り、「箱館戦争」をともに戦ったフランス軍事顧問団のリーダーなのだが（彼らの信頼に応えることは、ひいては陛下にお仕えすることにもつながると私は信じたのであります。心ならずも軍規に違反した私をお許し下さいますように、という手紙を彼はナポレオン三世にあてて書いている）、軍人にしておくのが惜しいほど、素晴らしいスケッチをたくさん残しているのだ。

たとえば『乱』に収録されている「江戸近郊・王子の茶屋」を描いたスケッチがある。一八六七年八月二五日という日付が入っている。川では裸の子供たちが水遊びに興じ、のどかな日本の風景が的確に描かれた一枚といっていい。絵心のない私にも、これが優れた絵であることはわかる。この他にも「お茶の水」の風景であるとか、『乱』を開くと今はな古き良き日本の風景が立ち上がってくる。

幕末から明治にかけて日本にやってきた外国人が、当時の日本の風俗を描いたものは、当然ながらブリュネのスケッチだけでなく、他にも少なからずある。『ワーグマン日本素描集』（岩波文庫）や、『ビゴー素描コレクション』（岩波書店全三巻）などを開けば、当時の日本を描いたスケッチを他に幾つも見ることは出来る。しかし私が断言するのも何だけれど、これらのスケッチに比べても、資料的価値はもちろんのこと、美術的にもブリュネのスケッチは優れていたと思う。いや、私がブリュネの絵に懐かしいものを感じるだけで、ワーグマンやビゴーを貶めるつもりはない。それに、風刺画家ビゴーの絵と、ブリュネのスケッチを同次元では比較できないだろう。

折よく、『函館の幕末・維新フランス士官ブリュネのスケッチ１００枚』（中央公論社／一九八八年）が入手できたので、これを開くと、日本に来る前、メキシコに従軍したときのスケッチも見ることが出来る。これもまったく、うまい。この本の編者も「ブリュネの絵は非常に繊細で、正確で、あたかも写真の役割を果たしている。したがって、これらのスケッチは、たくさんの事実を物語っている。芸術作品でありながら、史料性も高いそれがブリュネ・スケッチの特徴であり、すばらしさである」と書いている。

この本に収録されているC・ポラックの文章を読むと、「写真機のない当時、情景を正確に素描する能力は、陸軍士官にとって必須のものだった」という。なるほどね、そういうことなんですか。もっとも砲兵学校の成績表には「頭脳明晰にして才気煥発、品行方正にして画技に秀でる。騎馬術、砲術にも優れている。前途有望なる士官」と書かれていたというから、軍人の中でもやっぱり優れたほうであったと見える。

ブリュネのスケッチの魅力を語りたくて、この項を書き始めたのだが、それが時代小説特集とどう関係があるのか、と疑問を持たれるかもしれないので、最後に一言。この特集では歴史小説を外しているようなので、歴史小説の中にはこういう愉しみもあるのだということなのである。

（１８４号／１９９８年10月号）

異色の歴史小説『乱』を読むべし！

☆30周年記念ベスト第2回は大森望氏緊急入院のため北上次郎が代打登場。家族小説から日本ギャンブル小説の最高峰まで至福の読書が待っているのだ！

必要があって調べたら、綱淵謙錠『乱』が品切れ。あの名作が入手できないのは残念だ。

文久三年、フランス軍士官が攘夷派の浪人によって惨殺された横浜の事件から、箱館五稜郭の戦いまでを描いた歴史小説である。史実そのものに歴史を語らせる綱淵謙錠の手法は徹底していて、ここでも膨大な資料や文献が次々に紹介され、その引用が延々と続いていく。ところが無味乾燥な記述にならず、躍動感に富んでいるから驚く。日付の食い違い、地名の誤りなどの矛盾を克明に指摘して、本当はこうであったのではないかという著者の仮説、解釈を大胆にぶつけて物語を進めていくからだ。

白眉は、五稜郭の戦いに参加したフランス軍士官ブリュネに関するくだり。敗戦後、仮監獄に送致された榎本武揚が訊問に対する口書の中で、五稜郭に同行する報酬としてブリュネが八万両を請求したと証言していることに、この著者は敢然と反論するのだ。義に殉じたブリュネがそんな大金を要求するはずがないと主張するのである。その熱い感情の噴出がこの長編を屹立させている。滅びゆくものに対する哀惜の念が強い芯となって物語の底を流れる傑作といっていい。

『乱』の魅力を大きく二つにわければ、それが一つ。もう一つが、ブリュネのスケッチだ。この小説の末尾近くに、「ブリュネのスケッチを追う」という項があり、ブリュネの描いたスケッチが幾つも掲載されている。この軍人は驚くべき絵の才能を持っていて（写真機のない当時、情景を正確に素描する能力は陸軍士官にとって必須のものだったらしいが）、たとえば本書に収録の「王子の茶屋」にはのどかな日本の風景が鮮やかに描かれている。つまり、幕末から維新にかける日本が、視覚的にも蘇るのである。『函館の幕末・維新　フランス士官ブリュネのスケッチ100枚』（中央公論社）という本には、日本に来る前、メキシコに従軍したときのスケッチも収録されているが、本職ではないかと思われるほど、うまい。

古本屋を歩けば、まだ『乱』は比較的容易に入手できるので、この異色の歴史小説に興味を持たれた方はぜひとも手に取られたい。30冊を紹介する項なのに、たった1冊でここまで来てしまった。これでは全冊を紹介できない。スペースがなくなったらごめん、ということで先に進みたい。

実は私、こういう企画のとき、頭に浮かんだ書名からピックアップしていく。だから選ぶたびに書名が異なってしまう。今回、リストを見て、隆慶一郎『影武者徳川家康』（新潮文庫）が落ちていることにいま気がついた。歴史小説から1冊選ぶなら『乱』で、時代小説から1冊選ぶなら『影武者徳川家康』なのである。それが抜けているからショック。選ぶときに忘れたんでしょうね。すみません。これでは他にも抜けているものがありそうだ。しかしこれ以外に傑作があったとしても、この30冊がまぎれもなく傑作揃いであることもたしかだ。ということで許されたい。

　高橋克彦の陸奥三部作についてはこれまでに何度も書いてきた。『火怨』『炎立つ』『天を衝く』の三作は、ホント、すごい。

ぶっ飛びものの傑作である。血わき肉躍る物語であり、壮大な小説でもある。文庫本で全9冊。未読の方は正月休みなどの長い休日のときに一気に読まれたい。至福の読書があなたを待っているはずだ。

　時代小説はあと2作。まず飯嶋和一は、近作『黄金旅風』（小学館）を入れるべきだが、この作家の真価に遅まきながら気がついた思い出の『雷電本紀』にした。荒山徹もデビュー作の『高麗秘帖』（祥伝社文庫）にするべきだろうが、2作目の『魔風海峡』にしたのは、私が初めて読んだ荒山作品だからである。すごい作家が出てきたものだと、あわててデビュー作に遡ったのである。1作目から絶賛したかったなあ。後悔するのはそれだけだ。

　最近のSFにはさっぱりついていけないが、古き良き時代のSFの香り漂う作品、あるいはSF的シチュエーションを使った作品はいまでも好きで、時代小説の次はこのジャンル。しかし『リプレイ』は今さら紹介するまでもない。タイムスリップものが私はいちばん好きなのだが、これはその理想形。43歳の主人公が25年前の自分にタイムスリップしてしまう話だ。私、これを43歳のときに読んだ。25年間の知識と記憶を全部持ったまま、もう一度自分の人生を生きなおすなんて、まったく罪な小説である。いま43歳の人に絶対のおすすめ。

　『フィーヴァードリーム』も愛着のある小説だ。吸血鬼と人間の間に友情は成立するかというテーマが群を抜いている。しかもディテールが素晴らしい。ジョージ・R・R・マーティンの名はこれ1作で忘れられない作家となり、〈氷と炎の歌〉という大河小説まで読み始めている。

　人間との共存を選ぶ吸血鬼がいるなら、人間との共存を選ぶ恐竜がいても不思議ではない（?）。というわけで、エリック・ガルシアの恐竜ハードボイルド・シリーズ。アメリカにおける人間の衣装をつけた恐竜は全人口の5％。政界、警察、大学とどこでも恐竜はまぎれこんでいて、ナポレオンもジュリア・ロバーツも恐竜なんだって。というコミカルな設定ながら中身はオーソドックスなハードボイルドで、なかなか読ませる。シリーズ中では第1作の『さらば、愛しき鉤爪』がベスト。

　『戦慄のシャドウファイア』だけは、なんでそんな作品を選ぶんだよとクーンツ・ファンからお叱りを受けるかもしれないが、実は私、クーンツ作品の中でこの長編をもっとも愛している。その後の成熟したクーンツを読むたびに、でたらめであってもパワフルなそのころを懐かしく思い出すのだ。美点も欠点もすべて含んで、クーンツのすべてがこの長編にはある。

　高橋克彦の陸奥三部作を例外として、一

作家一作品で選んだはずなのに、志水辰夫が2作入っている。他人事のようで申し訳ないが、これもいま気がついた。初期作品でもっとも好きな『背いて故郷』は、センチメンタル・ハードボイルドの傑作。個人的には永遠にこの路線の作品でもよかったが、希代のヘソ曲がり作家はご存じのようにどんどん変貌を遂げていて、その過程に書かれたのが作品集『いまひとたびの』。ここに収録されている短編「夏の終わりに」は雑誌掲載時に読んで、いたくしびれてしまった作品である。この作家は夫婦小説を書くと筆が冴え渡るのだが(それ以前の『行きずりの街』を見よ)、この「夏の終わりに」も夫婦小説の名作といっていい。ところが志水辰夫はこの地点にも立ち止まらないから困ってしまう。いったいどこまで行くんだろう。

翻訳ミステリーは、『刑事の誇り』『ミスティック・リバー』『依頼なき弁護』の3作がランクイン。まだ他にもたくさんあったような気がしないでもないが、このときはこの3作しか浮かんでこなかったんでしょうね。いちばん思い出深いのは『刑事の誇り』。これを読んだ途端に「気難しい余計者」というフレーズが浮かんできたことを懐かしく思い出す。エンターテインメントは時代の空気を敏感に映し出すもので、気難しくなければ生きにくかった80年代をこの長編は鮮やかに描いている。ちなみにその前を「ラブ・コールの時代」という。これは何だっけ、トマス・チャスティンの『ダイヤル911』(ハヤカワ・ミステリ文庫)を読んだ途端に浮かんできたフレーズだ。

家族小説は5作。『消えた少年たち』『愛を乞うひと』『母恋旅烏』『グッドラックららばい』『流星ワゴン』。SF的シチュエーションを使ったものからコメディまで、内容はバラエティに富んでいる。最後の最後にどかんという感動が待っている『消えた少年たち』、頭がくらくらする『愛を乞うひと』、楽しい『母恋旅烏』、切ない『流星ワゴン』とどれもがおすすめだが、ここでは『グッドラックららばい』をとりあげておく。母親が20年間家出しちゃう家族の話である。通常なら家族がばらばらになってしまうところ

①	**『虹滅記』**	足立巻一	朝日文芸文庫
②	**『シッピング・ニュース』**	E・アニー・プルー 上岡伸雄訳	集英社文庫
③	**『ドサ健ばくち地獄』**	阿佐田哲也	角川文庫
④	**『妊娠小説』**	斎藤美奈子	ちくま文庫
⑤	**『消えた少年たち』**	O・S・カード 小尾芙佐訳	ハヤカワ文庫SF
⑥	**『いまひとたびの』**	志水辰夫	新潮文庫
⑦	**『乱』**	綱淵謙錠	中公文庫
⑧	**『刑事の誇り』**	マイクル・Z・リューイン 田口俊樹訳	ハヤカワ・ミステリ文庫
⑨	**『愛を乞うひと』**	下田治美	角川文庫
⑩	**『雷電本紀』**	飯嶋和一	小学館文庫
⑪	**『さよならは言わないで』**	R・ゴダード 奥村章子訳	扶桑社ミステリー

⑫『母恋旅烏』　荻原浩　双葉文庫
⑬『魔風海峡』　荒山徹　祥伝社文庫
⑭『第三の時効』　横山秀夫　集英社
⑮『新編 クロノス・ジョウンターの伝説』　梶尾真治　朝日ソノラマ
⑯『リプレイ』　K・グリムウッド　杉山高之訳　新潮文庫
⑰『ジャンプ』　佐藤正午　光文社文庫
⑱『火怨』『炎立つ』『天を衝く』　高橋克彦　講談社文庫
⑲『フィーヴァードリーム』　G・R・R・マーティン　増田まもる訳　創元ノヴェルズ
⑳『グッドラックららばい』　平安寿子　講談社文庫
㉑『ミスティック・リバー』　D・ルヘイン　加賀山卓朗訳　ハヤカワ・ミステリ文庫
㉒『さらば、愛しき鉤爪』　E・ガルシア　酒井昭伸訳　ヴィレッジブックス
㉓『背いて故郷』　志水辰夫　新潮文庫
㉔『マルドゥック・スクランブル』　冲方丁　ハヤカワ文庫JA
㉕『永遠の出口』　森絵都　集英社
㉖『シービスケット』　L・ヒレンブランド　奥田祐士訳　ヴィレッジブックス
㉗『蒼穹の昴』　浅田次郎　講談社文庫
㉘『戦慄のシャドウファイア』　ディーン・R・クーンツ　白石朗訳　扶桑社ミステリー
㉙『依頼なき弁護』　S・マルティニ　菊谷匡祐訳　集英社文庫
㉚『流星ワゴン』　重松清　講談社文庫

だが、それでも崩壊しないというのが平安寿子だ。実に新鮮な、現代の家族小説の傑作で、どうしてこの長編が直木賞か山周賞を受賞しなかったのか、不思議で仕方がない。

もう紙枚がないので、最後は日本ギャンブル小説の最高峰を紹介して終わりにしたい。阿佐田哲也『ドサ健ばくち地獄』だ。『麻雀放浪記』（角川文庫ほか）のほうが有名だが、ギャンブル小説ということなら断然こちらを取る。ここで扱われる種目は手本引き。昔の大映映画で江波杏子が「入ります」とやってたやつである。1から6までの数字のなかから親がひとつ選び、それを子が当てるだけのゲームだが、単純であればあるほど奥が深いというギャンブルの真理通り、世界最高の種目といっていい。つまり、親と子の心理の読み比べになるわけだが、阿佐田哲也の麻雀小説がその心理の読み比べを核としていたことからわかるように、著者にとっても手本引きは最適の素材なのである。かくて息づまるような密室の心理戦が行われることになる。その迫力と興奮は他に類を見ない。これ以上のギャンブル小説が書かれることは、今後もおそらくないだろう。それくらいの大傑作である。

（270号／2005年12月号）

『滅びの笛』から『永い言い訳』までの四〇年

●エンターテインメント40年の40冊

四〇年間のエンターテインメントを四〇冊選べ、ということだが、しばりを付けないととても四〇冊に絞れない。たとえば、日本推理作家協会賞（評論その他の部門）を受賞した秦新二『文政十一年のスパイ合戦』はミステリーを読むかのようにスリリングな歴史ノンフィクションで捨てがたいし、日本エッセイスト・クラブ賞を受賞した足立巻一『虹滅記』もきわめて個人的な愛着がある。時代小説では、隆慶一郎『影武者徳川家康』、北方謙三『水滸伝』。翻訳小説なら、セイント『透明人間の告白』、グリムウッド『リプレイ』、ピート・ハミル『愛しい女』、グレン・サヴァン『ぼくの美しい人だから』。ダメ男小説の永遠のベスト1である石和鷹『クルー』。異世界伝奇小説の大傑作、小野不由美『図南の翼』。おお、きりがないぞ。ミステリーでは、宮部みゆき『火車』、大沢在昌『新宿鮫』など、四〇年間で強烈な印象を残した本は数多く、それをたった四〇作に絞るのは困難だ。そこで、好きなものならジャンルは問わないと編集部は言うけれど、ノンフィクション、エッセイ、翻訳小説、時代小説、SF、ミステリーなどはすべて対象外とした。こういうしばりを付けないと、いくらなんでも無理だ。それでもまだ傑作がこぼれ落ちるのである。

　というわけで、強引に選んだ四〇作がこれ。いちばん初めの『滅びの笛』からいく。西村寿行なら、動物小説から一冊選ぶのが筋であることはわかっている。本来なら長編『風は悽愴』か、埋もれた傑作『老人と狩りをしない猟犬物語』のどちらかを選ぶべきだろう。しかし本の雑誌が創刊された一九七六年の作品から一作選びたかった。そこでこれ。大傑作とは言えないが、パニック小説の傑作として読まれたい。

　この一九七六年の『滅びの笛』と、二〇一五年の『千日のマリア』『永い言い訳』にはさまれた中に、私の四〇年はある。そう言ってもいい。

　西村寿行の次からは刊行年度とは関係なく、モチーフ別にまとめてみた。まずは家族小説から。『流星ワゴン』は二〇〇二年のエンターテインメントの一位に推した長編である。実はこの年、ベスト10の原稿を書く直前まで、ベスト1は平安寿子『グッドラックららばい』にするつもりでいた。編集部のベスト1が『流星ワゴン』と聞いていたので、なにも同じ作品にすることはない。私は『グッドラックららばい』でいく。そう決めていた。ところが原稿を書き出すと、私の手は勝手に『流星ワゴン』と

打っているのだ。えっ、こっちが一位なのかよと、自分でも驚いたことがいまも記憶に鮮明である。つまり、頭では『グッドラックららばい』にしようと思っていたのに私の感情が『流星ワゴン』を選んだのである。重松清の最高傑作はこの長編だといまも信じている。

　もちろん、『グッドラックららばい』も素晴らしい。平安寿子の早すぎた代表作だ。主婦が家出しても家庭が崩壊しないという結構もいいが、家出して何をしていたのかという回想が途中で挿入されると、これまた素晴らしいのだ。

　順序を戻して、『地下鉄（メトロ）に乗って』はタイムスリップ家族小説。『流星ワゴン』もそうだが、タイムスリップは家族小説によく似合う。『地下鉄に乗って』は戦後の闇市で主人公が出会う青年アムールの造形がいい。『ウェルカム・ホーム！』は二編の中編を収録した作品集で、「渡辺毅のウェルカム・ホーム」もいいが、「児島律子のウェルカム・ホーム」が絶品。あふれでる涙を抑えきれない。

　このペースでいくと全部を紹介できないことにいま気がついたので、あとは急いでいく。『ツ、イ、ラ、ク』から五作は恋愛小説で、川上健一『雨鱒の川』は初恋小説の傑作である。

『百瀬、こっちを向いて。』と『さしむかいラブソング』は、新旧の青春小説の対決。後者は、二〇〇九年にハヤカワ文庫で私が編んだ「片岡義男恋愛小説アンソロジー」の表題作でもある。心象風景をまったく描かないという手法なので、どんどん引き込まれていく。この作品集に収めた「箱根ターンパイクおいてけぼり」もいい。こちらは男子高校生と、女性英語教師の微妙な関係を描く短編で、ラストがカッコいい。

『ＤＩＶＥ!!』『バッテリー』『一瞬の風になれ』『監督』はスポーツ小説の四大傑作。それぞれにコメントをつけていきたいが、紙枚がないので今回は我慢。名作ばかりなので、もう細かな紹介は不要かも。

『対岸の彼女』『肩ごしの恋人』『戦友の恋』は、ヒロイン友情小説の三大傑作。前二作が直木賞を受賞しているのに『戦友の恋』は候補にもならなかった。だから私はこちらの肩を持つ。未読の方はぜひ読まれたい。文庫の解説は私が書いています。いや三作ともに素晴らしいのだが。

『スコーレＮｏ.４』『男ともだち』『女たちのジハード』は、ヒロイン小説の傑作。恋愛も描かれるけれど、そのことよりもヒロインの生き方に焦点が合っているので、恋愛小説とはわけてみた。特に『女たちのジハード』は、前記したゼロ年代のヒロイン友情小説を生むにいたった下地を作ったという点で、記憶されるべき長編である。ここは語り出すと長くなるので、別の機会にしたい。

『ドサ健ばくち地獄』と『競馬の終わり』は博打小説の傑作。特に後者は埋もれてしまったようで残念である。日本ＳＦ大賞の新人賞を受賞した長編だが、こんなに素晴らしい競馬小説を私は読んだことがない。ここには現行競馬に対する優れた批評がある。前者は誰も知る大傑作。名作『麻雀放浪記』ももちろんいいが、博打小説とい

書名	著者	出版社	コメント
滅びの笛	西村寿行	光文社	1976年のパニック小説
流星ワゴン	重松清	講談社文庫	現代の家族小説
地下鉄（メトロ）に乗って	浅田次郎	講談社文庫	闇市のパートがいい
ウェルカム・ホーム！	鷺沢萠	新潮文庫	感涙必至の中編集
グッドラックららばい	平安寿子	講談社文庫	早すぎた代表作
愛しいひとにさよならを言う	石井睦美	角川春樹事務所	女性同士の友情と母娘の絆を描く
ツ、イ、ラ、ク	姫野カオルコ	角川文庫	禁じられた恋を鮮やかに描く
恋愛中毒	山本文緒	角川文庫	これは沢野か
私の男	桜庭一樹	文春文庫	男の造形が絶品
一瞬の光	白石一文	角川文庫	ダメ男小説、永遠の第2位だ
雨鱒の川	川上健一	集英社文庫	究極の初恋小説
百瀬、こっちを向いて。	中田永一	祥伝社文庫	このセンスにしびれる
さしむかいラブソング	片岡義男	ハヤカワ文庫JA	表題作がサイコー
DIVE!!	森絵都	角川文庫	この作者の美点が全開
バッテリー	あさのあつこ	角川文庫	少年たちの野球
一瞬の風になれ	佐藤多佳子	講談社文庫	陸上競技に賭ける青春
監督	海老沢泰久	文春文庫	もう一人の広岡
対岸の彼女	角田光代	文春文庫	ヒロイン友情小説の傑作
肩ごしの恋人	唯川恵	集英社文庫	その2
戦友の恋	大島真寿美	角川文庫	その3
スコーレNo.4	宮下奈都	光文社文庫	ヒロインの成長を鮮やかに描く

うジャンルに限れば、こちらのほうが上位。『麻雀放浪記』には博打小説という枠を飛び出すものがある。だから素晴らしい、との違いがある。

　作品集『いまひとたびの』と、長編『花狂い』は方向こそ異なるものの、ともに老人小説の傑作。前者は収録されている「夏の終わりに」という短編がいい。こちらは初老小説だが（夫婦小説でもある）、絶品だ。そうか、この「夏の終わりに」のように、幾つかのモチーフが重なった作品も少なくない。たとえば、『愛しいひとにさよならを言う』は、家族小説であると同時に友情小説だし、『DIVE!!』はスポーツ小説であると同時に青春小説だ。

　白河三兎、原田ひ香、胡桃沢耕史、乙一は「ヘンな小説」を並べてみた。こういうものが私は好きなのである。『天山を越えて』は七一歳の元仕立て職人の数奇な運命をめぐって波瀾万丈、奇想天外な物語が展開するぶっ飛びものの傑作。このころの胡桃沢耕史は素晴らしかった。直木賞を受賞した『黒パン俘虜記』よりもこちらのほう

書名	著者	出版社	寸評
男ともだち	千早茜	文藝春秋	性を超えた絆
女たちのジハード	篠田節子	集英社文庫	ヒロイン小説
ドサ健ばくち地獄	阿佐田哲也	角川文庫	ギャンブル小説の最高峰
競馬の終わり	杉山俊彦	徳間書店	これは素晴らしい
いまひとたびの	志水辰夫	新潮文庫	中年夫婦を描く「夏の終わりに」が絶品
花狂い	広谷鏡子	ハルキ文庫	老人小説の傑作
私を知らないで	白河三兎	集英社文庫	オリジナル文庫大賞の受賞作
母親ウエスタン	原田ひ香	光文社文庫	ヘンな小説だ
天山を越えて	胡桃沢耕史	徳間文庫	この奇妙な味は捨てがたい
ZOO	乙一	集英社文庫	なんだこれは！
神去なあなあ日常	三浦しをん	徳間文庫	林業に従事する青春
君を見上げて	山田太一	新潮文庫	斬新な恋愛小説
双頭の鷲	佐藤賢一	新潮文庫	躍動感に富む中世騎士小説
神々の山嶺（いただき）	夢枕獏	角川文庫 集英社文庫	驚異の山岳小説
ありふれた魔法	盛田隆二	光文社文庫	あまりにもリアルに描かれる不倫
ジャンプ	佐藤正午	光文社文庫	君は「ジャンプ」したか
間宮兄弟	江國香織	小学館文庫	兄弟小説！
千日のマリア	小池真理子	講談社	2015年のベスト1をこの2作が激しく争う！
永い言い訳	西川美和	文藝春秋	

が十倍以上素晴らしい。

盛田隆二は初期の傑作『サウダージ』、主婦の居場所探しを描く『おいしい水』、さらには『二人静』もいいが、ここでは『ありふれた魔法』にしておく。これは不倫小説だが、例によってひたすらリアルに描かれる。傑作の多い作家は、このように作品選択に悩むもので、森絵都も『永遠の出口』にするか最後まで迷った。白河三兎も、最初に読んで驚いた『角のないケシゴムは嘘を消せない』にするべきだったか。三浦しをんも『舟を編む』だったかなあ。でも私、この林業小説が好きなのである。佐藤正午もたくさん傑作があるから悩むところだが、短編なら迷わず「傘を探す」だ。

というところで、二〇一五年の二作で打ち止め。『千日のマリア』と『永い言い訳』は先月号の本誌ガイドで紹介したばかりなので、ここでは詳しく触れないことにする。ただいま私の中では、この二作が今年度のベスト1を激しく争っている。どちらが一位になるかは年末までの宿題だ。

（384号／2015年6月号）

さらば、友よ！

追悼・藤代三郎

ギャンブラー・藤代三郎を語る座談会なのだ!

四十六年間負け続けていた!

田口俊樹（たそがれのトシキ）
山口晶（アキラ）
浜本茂（本誌）

浜本　藤代三郎さんのギャンブル魂について語っていただこうということで週刊Gallopの「馬券の真実」の登場人物でもあるアキラさんと、たそがれのトシキさんに来てもらいました。

山口　浜本さんも昔、一緒に行ってたんですよね。

浜　そうですね。九五年から数年間、毎週土日は朝から一緒に競馬場に行ってました。

田口　そういえば、浜本さんの奥さんが妊娠してる時すごい馬券を当てたっていう話を俺はもう十回以上聞いたよ。

浜　いや、それは目黒さん自身の体験ですよ。今まで一番ギャンブルでツイてたのは、かみさんが妊娠してた時だって。私生活がよくない時は当たるんだよってよく言っていた。

田　よくないって（笑）。これからお金がかかって大変な時には、神様がちゃんとお金をくれるんだっていうのが、彼の説だったんだよね。

浜　お二人が最後一緒に競馬に行ったのはいつなんですか。

田　十一月の府中が最後だね。

山　僕はジャパンカップに行きましたね。

田　俺は第二週だったかな。翻訳者の鈴木恵と山口と四人で行ったね。

山　十一月までは、本当に元気だったんですよ。オールカマー、毎日王冠、天皇賞、アルゼンチン共和国杯、ジャパンカップと行ってましたからね。秋の開催で。

田　毎週じゃん。ある意味最後に行けたっていうのはよかったな。

浜　馬券は当たってたんですか。

山　いや、去年はダメだったと思います。一昨年は史上初めてプラスになったんですよね。

浜　年間トータルで?

山　そうなんですよ。『戒厳令下のチンチロリン』を読み直したら、昭和四十八年、ハイセイコーブームの中で競馬を始めたと書いてありました。つまり五十年前からなんですけど。

田　でも、途中でちょっと抜けてるって言ってたよ。社長業が忙しくてやってない期間があったって。

山　そうそう。だから、一昨年は四十六年競馬をやって初めてだって言い方をしてました。

浜　四十六年間ずっと負け続けていた。

山　よく心が折れなかったですよね。でも、「競馬がプラスになるわけがない」って信じてて、田口さんのお友達で競馬でマンションを買った人の話をすると怒るんですよ。「そんなわけがない!」って。

田　目黒さんの偏屈なところはみなさんよくご存じだと思うけど、ここまで偏屈になることはないだろうって思ったよ。「絶対嘘だ!!」って言うわけ。俺の友達にさ。

山　何回でも、その話が出る度に怒る。競馬でプラスが出るかって。

田　そいつは目黒さんの大ファンだったんだよ。会ったこともあるの。そしたらもうそっぽ向いちゃって。ほんとに。

山　「あいつ競馬やるんだって？　連れてきてよ」って言われて知人を連れていくと話しかけなかったりすることがある。呼んだのになんで？　興味はあるんでしょうけどね。

田　人の好き嫌い激しかったよね。僕はちょうど五十歳になる時に競馬を始めたんですよ。それで目黒さんと知り合って、ロサンゼルスに一緒に行ったことがあるんです。一昨年死んじゃったニコリの鍜治さんなんかと。その時たまたま目黒さんと二人部屋だったのね。あの人、時差ボケで夜中に起きだしてごそごそやり始めちゃったわけ。寝ようと思ってたのに俺も起きちゃって、しょうがないから二人で明け方までずっと飲んで喋ってたんだよ。やたら盛り上がっちゃって、それが急に親しくなったきっかけだね。

山　ロス行きも、ギャンブル目的なんですよね。

田　もちろん。せっかくロサンゼルスに来たんだからラスベガスまで行きましょうって企画を立てたんですよ。「いいね」って鍜治さんは言うだろ。でも目黒さんだけが「俺は嫌だ」って。ベガスなんて行ったら絶対ハマっちゃうからって言うわけ。ハマるのはお前の勝手だろうと（笑）。みんなで行こう行こうって言ってるんだから。それで結局ベガス行きはなしになって、西海岸の三か所くらい競馬場を回る旅になった。

浜　勝ったんですか

田　勝ってないと思うよ。俺が覚えてるのは、あの人が「百ドル貸してくれないか」って、最終レースだったと思うけど、貸したんだよ。それで長男の誕生日に賭けて、当たったんだよね。その時、買い目を教えてくれって言ったのに「いや、それはちょっと言えない」って、教えてくれなかったの。それを俺はいまだに根に持ってる（笑）。

山　言うとツキが落ちるみたいな時と、とても言いたい時とあるんですよね。予想もそう。訊いても「ん？」っていう時と朝から言い続けてる時がある。あと、こっそり買って当たってても黙っていたり（笑）。

浜　でも予想してるのと、実際に買ってるのが違うじゃないですか。さっきまでいろいろ新聞の印見せて、これは絶対堅いって言っておいて、窓口行ったら全然違うのに変えたりとか、しょっちゅうでしたよね。

田　絵に描いたような予想上手の馬券下手ですよね。

山　すごく真面目にやってるんですよ。僕とか田口さんはどっちかというと指数とか、違う派閥の買い方なんですけど、目黒さんは最後の最後まで、ちゃんとパドックも返し馬も見る。競馬の正統派ですよね。だから突然、自分が思ってもいない馬がピカピカに見えたりするんですよ。でもそれがくる時はくるんですよね。

田　三年か四年に一回、二回くらいね（笑）。

山　だから、それで変えちゃっても、目黒さんの買い方だと当然なんですよね。

田　欲をかくんだよ、あの人は。「これだったらもっとつくんじゃないか」って妄想が広がっちゃうって、本人も言ってたし、俺もどう考えてもそうだと思う。事前の予想通り買ってりゃいいじゃん、みたいなことは何回もあったよ。

山　この何年かは、三連単とか三連複とか買う時も、点数いっぱい選んで、百倍以下をカットするんですよ。馬連とか他のは違うんですけど。ようは万馬券しか買わないってことですよね。だからかなりリスクの高い買い方で、しかも何をカットしたかわからないし、百倍前後だと当たったかどうかもよくわからない。「やった！」って言ったと思ったら「あっ、買ってない」とか。すごく点数が多いと二百倍以下カットとかもやってた。すごいギャンブル的な買い方ですよね。

田　返し馬見たりいろいろ情報を集めて、でも最後はギャンブルで買うから、全部意味ねえじゃんって思うことが多かった。

浜　その時々によって買い方を変えてるじゃないですか。返し馬で買ってる時とか、複勝転がしやってる時とか、ワイド作戦とかもやってたでしょう。

山　いろいろやってました。でもすぐ変えちゃうんですよね。

浜　どう買えばいいかについて研究熱心でしたよね。

田　研究熱心だった。

山　新聞も何紙も買ってましたね。日刊ゲンダイとか、競馬エイトは買ってたし、サンスポの「電脳大作戦」も好きだったし。

田　俺があの人に教わって一番よかったなって思うのは「田口ね、堅い単勝にドカンといくのが一番危ないんだから。百円をバラバラ買うのがいいんだよ」って。そうだと思うよ。「これは堅い」とかになるとさ、一・五倍とかに千円じゃつまらないから、一万円とか十万円とかになっちゃうじゃん、どうしても。傷がでかくなる。

浜　それはそうなんだけど、本人は……。

田　昔はドカンといってたんでしょう。

浜　菊花賞でとても言えない金額を買っていました。

山　すごいですよね。でも「そういうことはしちゃいけない」ってずっと言っていて、最近はいかにお金を使わないかっていう方向になってた。二人で競馬場に行って、いかに賭けないかと、とりあえず散歩に行ったりするんですよ。

浜　散歩？

山　遠征で地方に行くと、競馬場って外に出られたりするんで、ちょっと遠めのところにランチを食べに行ったりとか、何か見に行ったりとか。昼の時間は混むから、十一時前に競馬場をゆっくり出て、その間は見なかったことにするとか。小倉競馬場でも、わざわざモノレールに乗って市内まで「資（すけ）さんうどん」を食べに行ったり。そうすると一時半とか二時半くらいになる。最近は目黒さんも僕も全レースは買わないようにしてたんですけど、競馬場にいると買わないともったいないじゃないですか。目の前で馬が走ってるし。どんどんどんどん負けが込んでくると、二人でずっと無言になっちゃうので、なるべく減らそうっていう努力はしてたんです。

田 それがさ、黙って行くんだよ。指定席をとって四人とかで座ってるじゃない。ハッと見ると二人がいないわけ。普通はひと声かけていくでしょ。

浜 あ、この二人?

田 そう。山口は戻ってきて、ちょっと行ってきましたとか、一応弁解するんだけど、目黒さんはなんにも言わないんですよ。みんなで一緒に来てんのに二人だけポッと行って。これがまた気分悪いんだ(笑)。

浜 一緒に行ってよかったなと思ったことはありませんか。

田 ジャパンカップ。これも初めてぐらいの時にね。朝、彼が熱弁してた馬がきたわけ。一着二着当たったんだよ。俺、それを素直に買ってたんで、馬連で十万ぐらいになったのかな。終わってすぐ目黒さんのところに行って、ありがとう、ありがとう!って言ったら、きょとんとしてるんだよ。忘れてるわけ。朝、何を言ったか(笑)。

山 まあ、大体そうでしたよね。

絶交の危機もあった(!)
たそがれのトシキ

田 直前じゃない予想が当たることは多かったよね。

山 朝の予想が一番。前日とか。そのまま買ってれば大変なことになってるっていうケースがいっぱいありますよね。

田 予想ではすごい馬券を当てたのに買ってなかったってこともあったよね。

山 二〇一八年の皐月賞だ。

田 拳を振り上げてたんだけど、「あれ? ひょっとして…」と思ったら買ってなかったっていう。予想が届いてたから「どうなりました?」って送ったのに、その後の連絡がなかったんだよね。

山 僕はいくら連絡しても返事がないから心臓発作で死んじゃったんじゃないかって思って、めちゃめちゃ電話をかけました(笑)。三連単三十七万馬券ですよね。

浜 千円買ってても大変だ。

山 そう。それで、あらゆる人から連絡がいって、次の日の夕方ぐらいにようやくみんなに返事がきた。「とれなかった」一言だけが(笑)。

田 やっぱり、みたいな(笑)。

浜 その時は現場にいたんでしょう?

山 そう。一人で行ってたみたい。本人いわく、「よしよしよし」と叫びながら三回拳を突き上げたって。で買ってなかったと…。

田 途中で気づいたみたい(笑)。しょうがないんだろうね、欲に目がくらむから。もっともっといけるんじゃないかって思っちゃうんだね。あれは最後まで治らなかった。

山 やっぱりギャンブルなんですよね。「好きな馬を持っちゃいけない」て言ってましたから。GIでも手拍子しない。みんなやるじゃないですか。そういうことは一切しない。「スポーツじゃないんだ」って。あくまでギャンブルなんだってことにはこだわってましたね。

浜　騎手とかは？

山　なんかちょっと好きな人いるんだけど、騎手では選ばない。馬券は買わないっていう。

浜　昔、小島太が好きで、サクラチトセオーで秋の天皇賞を勝ったんですよね。その次の有馬記念がチトセオーの引退レースだったのかな。中山の二千五百はチトセオーには向かないコースだとわかっているのに単勝をわんさか買ってましたね。小島太が好きでサクラの馬も好きだったので。

山　結果は？

浜　三着（笑）。

山　そういうのを経て、好き嫌いで買うのはやめようって思ったんでしょうね。

浜　本のことはほとんど人の言うことを聞かないじゃないですか。これが面白いですよとか言っても。競馬ではほかの人の意見を聞くんですか。

田　聞かない聞かない。絶交しようかと思ったことがあるもん（笑）。ファンタジージョッキーって、一月に騎手を選ぶんですよ、一人一人。選んだ騎手の年間の成績を競い合うみたいな。そんな遊びやってたのね。それで毎年、正月に全員そろって今年のルールを決めるわけ。たとえば武豊には敬意を表して○・五倍にするとか。一人マメなやつがいて、そいつが全部計算してくれるんだけど、その騎手の成績をどうやって割り出すか。馬連できたり単勝できたりとかいろんなパターンがあるわけで、毎年どんなふうに算出するかというルールを決める。それがまた面白かったんだけど、ある年、目黒さんが今年はこれでいこうってかなり自信のある提案をしたんですよ。ところがけっこう反対があって多数決になったわけ。それで否決されちゃったんだよ（笑）。本人はこれですぐ決まると思ったんだろうね。急に機嫌が悪くなっちゃって、俺、もうやめるとかって言い始めちゃった。それはねえだろう！って、多数決までとっておいて！（笑）さすがにこれは黙ってちゃいかんと思って言ったわけ。「あんたね、その自分の気持ちで皆の気持ちを悪くしちゃって、それは一番遊びでやっちゃいけないことだとお前が言ってたろう」って俺も激して言ったの。どう考えたってこっちが正論じゃん。納得はしてくれたんだけど（笑）。そんなことがあって、本当、もう子どもか！っていう感じで。

山　競馬おじさんたちは喧嘩するんです。揉めごとが絶えない（笑）。いろんな小さな火種があって、あいつとは行かないっていうのが目黒さんにもあった。夜はバーに行きたい人もいるのに目黒さんは予想したりとか、まったく合わないです。

田　付き合わない。鍛治さんも大好きで、クラブとか必ず行くんだけど、目黒さんは最初の飲み会だけで、ホテルに

「僕はカレーをお代わりしていません」と語るアキラ

帰っちゃう。一度も付き合わなかったね。

山　競馬だけしたいんですよ。だから、競馬じゃない話をする人を連れていくとあんまり喜ばない。

浜　アキラさんは一緒に競馬に行って楽しかったんですか。

山　楽しいですよ。目黒さんは最初は食べ物に興味なかったんですけど、だんだん興味をもつようになった。昔は遠征に行ってもチェーンの「はなの舞」とか行ってましたよね。これはやばいと思って。せっかく遠征に行ったら土地の名物とか食べたいじゃないですか。少しずつ名物を食べさせてたらだんだん興味をもちだして、西船橋には小松菜ハイボールがあるらしいとか、すごくうまいのり弁があるらしいとか、自分で調べてくるんですよ。朝もわざわざ新宿に出ていいお弁当とか買ってきたり、本当に楽しんでましたね。中山競馬場の時はファミレスのビッグボーイが横にあって、めっちゃでかい肉を食べて、カレーを二回ぐらいお代わり。食べ放題だから。

浜　えー、それ最近の話？

山　十月でもそうでしたね。

田　さすがに十一月の東京では食欲が減ってた。あれ、年相応になったのかな？と思ったのは覚えてるんですよ。

浜　田口さんもよく食うなとは思ってたんですね。

田　よく食うやつだと最初に思ったもん。本当に。

山　飲み会で、もうひと通り頼み終わったなっていう時点で「焼きそば食べようぜ」とかさらに頼みだす。

田　健啖だったよね。

浜　競馬に行く時に藤井セーネンに弁当作ってたことがありましたよね。

田　あのころ料理に凝ってたよね。でも三人で行ってたんだよ。それなのに藤井セーネンだけに作ってきて、俺にはなかったわけ。普通、怒るだろ!?「ゆでたまご食う？」って言われたのは覚えてる（笑）。

山　たぶん若い人を連れていくことに対して多少引け目があるんですよ。だから僕もけっこう気をつかってもらいましたよ。あんこバターパンとか買ってきてくれたり。

田　あいつ同世代に気をつかわないから友達いないんだよ。

杉　競馬が終わったら飲みに行ってたんですか。

山　府中は中華料理屋ですね。

田　ずっと同じ店だったんですよ。それがなにかの折にね、混んでて入れなかったことがあって、その時のおばさんの対応が悪かったんですよ。もうあそこは行かないとか。そういうとこあるじゃないですか。

浜　わりとありますよね。すぐ怒るからね。

山　小松菜ハイボールの店も、途中まではよく行ってたのに。オサムさんと入ろうとしたら、すごく待たされて感じ悪かったから、もう行かない！と。

浜　新潟でもありましたよね。

田　そう。俺と二人で読書会をやることになって、どうせならって競馬の開催に合わせたの。読書会を主催してる側は来てくれる人はもてなさなきゃいけないってことで、飲み会をセッティングしてくれたんだけど、人数がギリギリだったわけ。で、ちょうどになってよかったねって言ってたんだけど、なぜか全員入れなくなったって。え？って言ったら、来る予定のなかった二人、サンスポの柴田さんとこの山口を勝手に連れてくるわけよ。

浜　目黒さんが？

田　そう。結局、幹事の二人が気を利かせて出ていった。しかもだよ、ずっとみんなを相手してるんじゃなくて、柴田さんと話し込んじゃってるんですよ。来てくれた人は彼に会いたいと喜んで来てるんだから、もうちょっと気つかえよと思うじゃん。しかもちょっといただけで、山口と二人、連れて出ていっちゃうわけよ。なんだこの野郎と。翌日さすがにあれなんだって怒った。

浜　田口さんだけだったんじゃないですか。目黒さんにちゃんと注意した人って。

田　そうだよな、注意だよ。俺のほうが絶対まともだよ。

浜　よく目黒さんが全治何か月とか書いてる、あれは競馬用語としてもともとあったんですか。

田　十万円が一か月ね。言わないよ。目黒さんが教えてくれたんで、そうかそれだけ負けたんかって思ったり、こっちも使ったりしてるけど。

山　一日二日ですぐ全治数か月になっちゃいますからね。「馬券の真実」を読んで初めてあの日あれだけ負けたんだってわかる。

浜　麻雀とか他の賭け事は一緒にやらなかったんですか。

田　麻雀はやったな。最初に地方に行った時は飯食って雀荘に行ってた。麻雀でも腹の立つことばっかり思い出すんだけど、精算する時に百円玉がなくて五十円玉ふたつになっちゃったら「なんで五十円玉なんだよ」って怒りだしちゃってさ。普通「え？」ってならない？　十円玉なら悪いかなと思うけど、五十円だよ。「なんで百円玉がねえんだよ」「ないから出してんだろ！」ってなっちゃってさ。その時、目黒さん負けたんですよ。

山　『戒厳令下のチンチロリン』には「麻雀に負けて機嫌が悪くなるやつは許せない」って書いてありますよ。そういうやつとは絶対やりたくないって（笑）。

田　だいたい自分ができないことを人に言ってる。でも間違ってないですよ。

浜　麻雀だけですか。

田　最初のころはチンチロリンとかね。あと手本引きもやった。トランプを使ってね。

浜　目黒さんは「オットーと呼ばれた日本人」って叫びませんでした？　意外な札がきたときとか。

田　オットーとおっとをかけてるのか。

浜　ポーカーやってる時にダイヤがくると「赤いダイヤ！」。

杉　かけ声好きだから。

浜　競馬もチトセオーの秋天の時はびっくりしましたからね。四コーナー回ってからずーっと「差せ！差せ！差せ！差せ！」って叫んでた。四角最後方だったから、叫び甲斐もあったと思うけど、あれはすごかった。隣にいて感動したもん（笑）。

山　叫ぶのが好きなんですよね。

田　好きだよね。ルール決めてたじゃん。十倍以下は叫んじゃいけないとかなんとかね。俺なんかも最初にそれを教わったもんだから毎回左右を見て、様子を確認してから叫ぶ（笑）。

山　人気薄のほうが差してきたら、そっちを言わないといけないとかね。頭が一番人気でも、そっちは絶対叫んじゃいけない。しかも声が大きいんですよ。みんなが見てる。

田　恥ずかしいこともけっこうあるよ。自分じゃ声出すなって言ってるところで声出したり。こんなところででかい声出すなよ（笑）。

山　だいたい最後「ああ〜」で終わる（笑）。「差せ！差せ！」って言ったあとに「ああ〜」って、そこまでがセットで、周りの人があいつ負けたなってホッとする。

田　よくあった。

山　しかも穴馬に乗ってる騎手の名前を叫んでるから、あの人あんなの買ってるの？ってみんなハッと見る。

田　なんでそんなことを気にするのかって訊いたら、「だってウケるじゃん」って。

山　そうそう注目を集めようとして。

浜　周りには気づいてる人もいるんじゃないですか。あの人、藤代三郎だって。

山　たまにいましたね。去年は「はずれ馬券委員会」っていうテレビに出てたんで、サインくださいみたいな人も一人二人いました。でも見た目が競馬場にいるとテレビみたいにしゅっとしてないから（笑）。声でわかりましたっていう女性がいました。中山でね。

浜　府中で門が開くのを待ってる時に後ろのほうで並んでる若者グループが「それじゃ藤代だよ、お前」って言ったことがあって。その時はすごく恥ずかしそうだったけどな（笑）。たぶん外れ馬券の話をしてたんだと思うんだけど。

田　代名詞ですね。外れ馬券の代名詞。

山　ジャポニカ学習帳に全部つけてるんですよ。競馬場に行く前に予想が全部書いてあって、結果もそこに書き込んで、あと収支もそれで計算してました。

田　外れ馬券をずっと持ってたよね？

浜　貯めてましたよね。ティッシュペーパーの箱に入れて。

田　一年でだいたい一杯になるんだよとか言って。

浜　外れ馬券が好きだった（笑）。

藤代三郎から2022年12月21日に届いた最後の有馬記念予想

シャフリヤールが一回も中山を使ったことがないとは知らなかった。では、前走は本当に勝負だったんだ。２００万ドルの賞金もあったし。

そういうわけで、有馬記念である。勝つのは誰が見てもイクイノックス。疑う余地がない。

2着争いは、ボルドグフーシュ、タイトルホルダー、ジャパンCの勝ち馬。これで決着がつく。ジャパンCの勝ち馬はムーアがいなければ力半分。一番怖いのが、タイトルホルダー。遠征帰りの疲労が残っていなければこの馬だ。普通はこれだけ間を空けれれば大丈夫だが。

なんの心配もないのが、ボルドグフーシュ。大一番に強い血統を信じる！

イクイノックスの単、ボルドグフーシュへの馬単。この2点だ。

有馬を当ててささやかにビールでも飲んでくれ。

追悼のことば

さようなら、藤代三郎

☆友人・知人、仕事仲間が藤代三郎を偲ぶ追悼コメント集

無念　馳星周

六年ほど前から、夫婦で競馬にはまった。それまでは土日休日関係なく、毎日なにかしらの書き仕事をしていたのだが、ここ数年、土日はもっぱら競馬だ。

馬産地の出身なのに競馬にはまったく興味のなかった男が五十も半ばになってはまってしまうのだから人生は面白い。

昨年から、競馬専門の衛星放送チャンネルで目黒さんが藤代三郎の名義で司会を務める番組がはじまった。

おお目黒さんだ。そういえば競馬が大好きだったよなあ。元気そうでなにより。

妻とふたり、毎週この番組を見るのが楽しみになった。

目黒さんとは小説の話をしたことは多々あれど、競馬の話は一度もしたことがなかったなあ。コロナ禍が明けたら、久々に東京に出て目黒さんと飲みたいなあ、競馬の話を思う存分したいなあ。

そう思っていた矢先の訃報だった。

ある競馬関係者から、目黒さんもわたしが競馬にはまっているのを知ってそのうち飲みたいと言っていたと聞かされた。

無念極まりない。

そういえば、どこかで目黒さんがわたしの藤原氏シリーズを気に入って、最終作である第三部を読むまでは死ねないと語っているのを読んだ。

よおし、目黒さんが元気な内に書き上げるぞと自分にハッパをかけて書きはじめたのを覚えている。その三部作は、再来月辺りに連載が終わって年内には単行本になるのではないか。

しかし、目黒さんに読んでもらうことはかなわなくなった。

間に合わなかったのだ。

無念だよ、目黒さん。競馬の話をしたかったよ。藤原仲麻呂の物語を読んでもらいたかったよ。

悔しくて、寂しい。

件の競馬の番組は、目黒さんが天に還った後も、生存中に収録したものを編集して放映を続けている。楽しそうに外れた馬券の話をする目黒さんを見て、溜息をつく今日この頃だ。

さらば、わが友　井崎脩五郎

目黒考二さんに単勝馬券をプレゼントしたことがある。「もし当たったら、帰りにビール飲みましょう」と言って。

２０２０年5月31日。日本ダービーが終わったあとの最終レース、目黒記念の馬券である。

このレースに、キングオブコージという馬が出走してきたのだ。

「目黒」記念の、キングオブ「コージ」。合わせて目黒コージである。

そうしたら、この馬が勝っちゃってなあ。最終コーナーを回るときは後ろのほうにいたのに、内をついてグイグイ伸びてきて差し切り勝ち。「井崎さん、ありがとう。いい記念になった」と喜んでくれて、駅前の居酒屋で大笑いしながら乾杯した。

それからちょうど1年後、2021年5月30日の目黒記念。今度は目黒考二さんが馬券をプレゼントしてくれた。枠連の②③と③④。

「これ、どっちの馬券にも、馬名欄にイ・サ・キの3文字が揃ってんですよ。もし当たったら、帰りにビール飲みましょう」

なんと、これも当たってしまったのである。

3枠のウ㋑ン㋖ートスが1着。

4枠の㋚トノルークスの同枠にいたヒートオンビートが2着。いわゆる代用で枠連③④が的中。またしても駅前で乾杯を繰り返し、忘れられない日になった。

これからも、目黒記念というと、目黒考二さんのあの温顔を思い出すんだろうなあと思う。

目黒さん、ありがとうございます。ご恩は、忘れません。

好きな競馬と本で生きていく秘訣　亀谷敬正

藤代三郎さん（目黒考二さん）とは、20年以上競馬を一緒に楽しむ仲間です。

ある日、藤代さんから「古希の祝い」にもご招待を受けました。そしてなぜか?!亀谷もスピーチをしてほしいと藤代さん直々に拝命されました。

古希の祝いでは、錚々たる皆様が壇上に上がりスピーチをされています。そして僕に順番が回ってきました。

「（誰？）」

出席者からの好奇の視線を感じます。

藤代さんの「本を売る秘訣はウケを狙うことだ！」という言葉を思い出し、壇上でこう切り出しました。

「僕は競馬を分析することを20年以上続けています。

今まで就職もしたことがありません。僕のスタッフも、競馬を分析するだけで豊かに生活できています」

聞いたこともない職業に、参列されている一部の皆さんが興味を示してくださいました。つかみはまずまず。そしてこう続けました。

「そんな我々の競馬の研究方法を藤代さんにも教える企画を本で始めました。しかし、藤代さんは全然勝てません。こんなに下手な人を今まで見たことがありません！」

場内からは笑いが巻き起こります。藤代さんの教え通り、ウケを取ることに成功しました。

「でも、藤代さんは『本を楽しむ』職業と会社を作り、馬券で負け続けられるお金を稼いでいます。素晴らしいことだと尊敬しています」

ウケも取り、締めには藤代さんへの尊敬の念も伝えて締めることができた。そう思っていたのですが…後日、藤代さんは「藤代さんほど下手な人を見たことはない！」とウケたことは覚えているが、その後の話なんて一切覚えていない。というではないですか！（涙）

「藤代さんほど下手な人はいない」がウケ過ぎたのでしょうか。そのせいで「好きなことを仕事にする秘訣」を教えてくださることへの尊敬、感謝の気持ちがまったく伝わらなかったのは大変残念な古希の祝いの思い出です（笑）。

　藤代さんの現世の最後の予想は週刊ギャロップに掲載された有馬記念でした。

　本命のイクイノックスが1着。対抗ボルドグフーシュが2着。

　完璧な予想でした。ついに競馬予想に開眼されたのですね。本を楽しみ、競馬を楽しみ続けられた現世に改めて敬意を表します。藤代さんの「競馬を楽しむ」意伝子（ミーム）を引き継ぎ、今後も藤代さんにウケる競馬本を作り続ける所存です。

2016年の古希の祝いで贈られた「そのまま！」Tシャツ

急がない旅

吉田 靖（オサム@「馬券の真実」）

「急ぐ旅じゃありませんから」

　遠征先で目黒さんによく言われていた言葉です。数ある目黒考二名言集の中でも、ボクは、特にこの言葉が大好きです。

　目黒さんとはＪＲＡの全ての競馬場に行きました。そしてどの競馬場にも目黒さんとの思い出があります。

「勝つ前に奢る作戦」や「んの法則」など、楽しい思い出が多すぎて、書き出すと１００回を超えるくらいの連載となってしまいそうなので、ここではやめておきますが、週刊Gallopの馬券の真実にもよく登場させていただき、ボクは誇らしくもあり、毎週どんな風に書いてあるのか楽しみに読んでいました。阪神競馬場指定席11人横一列事件では競馬場で競馬を楽しむ一ファンとして熱い一石を投じたと印象的なものでした。

　目黒さんと初めて出会ったのは２００６年８月の北九州記念の週でした。土曜の夜に行った居酒屋でのＧⅠ着順当てクイズで全問正解し、おもしろいヤツだなぁとかわいがっていただけるきっかけとなりました。翌年から夏の小倉開催でご一緒するようになりました。オルフェーヴルが三冠を取った２０１１年の菊花賞からは毎年菊花賞にも遠征するようになり、２０１３年からは全国の競馬場へ一緒に遠征するようになっていました。

　目黒さんとの出会いのきっかけを作ってくれた唐鎌さん・河野さん・濱田さんにはとても感謝しています。目黒さんを通して、田口さん・唐沢さん・松井さん・鍛治さん・山口さん・藤井さんなど多くの仲間たちとの出会いがありました。年代も職種も文化も違う方々たちとこんなに仲良くなれたのも目黒さんのおかげです。皆様との出会いはボクの一生の宝物です。

　２０１９年までは年間10回以上は一緒に遠征に行っていましたが、コロナ禍以降は遠征に行けない時期が続いていました。そんな中、コロナが落ち着いてきたこともあり、２０２２年の宝塚記念の日に東京競馬場に一緒に行きました。その時はこれが最後になるとは夢にも思っていませんでしたが、帰りに府中本町駅での「またな」といういつもの独特の軽い挨拶がいまでも忘れられません。

　目黒さん、急ぐ旅じゃありませんよ。そんなに急がなくてもよかったのに。葬儀にも参列させていただきましたが、いまでも全然実感がありません。競馬場に行ったら目黒さんが待ってる気がします。また一緒に競馬しましょう。ありがとうございました。

本物のギャンブラー　茶木則雄

　目黒さんとの出会いは、私が書店でアルバイトをしていた二十代半ばのときだ。もう四十年も昔の話になる。

　大学のミステリー研究会在籍中から北上次郎氏の大ファンで、当時、氏の書評を指針に、冒険小説やハードボイルドを貪るように読んでいた。私の読書領域はほぼ、目黒さんのお薦め本で展開されていたようなものだ。

　ミステリー専門書店「深夜プラス1」が成功したのも、書評家として曲がりなりにも食っていけたのも、半ば目黒さんのお陰と言っていい。

　目黒さんの人品や功績については他の寄稿者に任せるとして、ここではあまり語られることがないであろうもうひとつのペンネーム、藤代三郎氏の思い出を綴ってみたい。

　藤代さんは——と書いてふと思ったのだが、本人を前にそう呼んだことがないので違和感がある。ここはやはり、目黒さんで統一する——目黒さんは、本物のギャンブラーだった。手強く、ときに峻烈で、とことん勝負にこだわる、正真正銘のギャンブラーであった。

　点棒計算システムがまだ装備されていない自動麻雀卓の時代、目黒さんは暗算で各自の点棒を把握していた。半荘二、三回ならまだわかる。徹夜で消耗しきった明け方でも、目黒さんは卓上の端で、算盤を弾くように指を動かし、逆転するための点棒差を計算していた。オーラスでこれをやられ、気合に満ちた「リーチ！」の発声を聞くと、私なんぞは蛇に睨まれたカエルのようにすくんだものだ。成就すれば必ずと言っていいほど、順位転落の憂き目にあうからである。頭脳の明晰さは言うまでもないが、下駄を履くまで決して諦めないその執念が、凄まじかった。

外れ馬券は永遠に
藤代三郎

　「目黒さんから依頼された本の雑誌の原稿料は、私の口座を経由してすぐ本人に還流される」と以前、冗談めかしてどこかに書いた覚えがあるが、本当は真逆である。私があまりに負けるので可哀想になり、その補塡の意味で、目黒さんは仕事を回してくれていたのだと思う。

　優しい人だった。表にはあまり出さないけど、本当に、優しい人だった。

　徹マン明けの朝、大敗を喫し、意気消沈して駅へ向かう私の肩越しに掛けられた言葉は、いまでも忘れられない。残りの面子であった居酒屋チェーンの経営者や、午後から出社しても問題ないベテラン編集者へ向けて、こう言ってくれたのだ。「俺たちはこれから寝られるけど、こいつはそのまま仕事だからな。大変だよ」

その一言で、疲れ果て荒んだ私の心は、ずいぶんと癒された。


藤代三郎の「外れ馬券」シリーズはギャンブラー必読の名著である。

私にとって大恩ある目黒さんは、紛うことなき「当り馬券」であった。

シリーズ・タイトルのひとつ『外れ馬券は永遠に』に擬え、追悼の言葉を締めくくりたい。


当り馬券よ、永遠に――

嘘だろっ、藤代さん

大島昭夫（ミデアム出版社）

毎年3月、私は藤代さんに「例年通り、今年も週刊Gallop連載の「馬券の真実」の1年分を単行本として出版させてください」と連絡し、折り返し「ありがとうございます。よろしくお願いします」とご返事をいただいていた。

途切れることなく年1冊、27冊出版した「外れ馬券シリーズ」の第1作は、1995年発行の「外れ馬券に雨が降る」、以下、風、雪、日、月、星、雲、空と続き、9冊目は藤代さんと私の男と男の話し合いがあり「馬券党宣言」というタイトルで出版した。10冊目は再度の話し合いで「外れ馬券は永遠に」として出版し、以下、「外れ馬券」をタイトル枕に、喝采、春、口笛、微笑み、夕映え、祝福、人生、友、20年、多すぎる、終わらない、乾杯!、撃ち破れ、挨拶、約束、さよなら、そして2021年に出版した「外れ馬券に帆を上げて」が27冊目で最終巻となってしまった。ちなみに「帆を上げて」は、2020年の「馬券の真実」をまとめたものだ。

2022年3月、藤代さんに「体力も資金力も尽き果てました。外れ馬券シリーズの出版ができなくなりました。申し訳ありません」と連絡したら、折り返し「長い間ありがとうございました。27冊ですか、感慨深いです。團伊玖磨のエッセイ集『パイプのけむり』と同着ですね」で始まる、心あたたまるご返事をいただいた。

今年の1月19日に亡くなったという訃報をいただいたとき「嘘だろっ、年末競馬の馬券を買っていたじゃないか」と、しばし茫然としてしまった。

藤代三郎さんと北上次郎さん

石倉笑（宝島社書籍局文芸統括編集長）

私が目黒さんに初めて原稿をお願いしたのは、一九八八年三月発刊の別冊宝島『競馬コーフン読本』でした。馬券本じゃない競馬本を作ろうと、『戒厳令下のチンチロリン』を拝読し藤代三郎さん（馬券用ペンネーム）への原稿依頼でした。

八〇年代前半にはミスターシービー、シンボリルドルフと三冠馬が連続して生まれ、八七年には武豊がデビューし新人ながら大活躍。八八年一月にはあのオグリキャップが中央競馬へやってきて連勝街道をスタートさせます。そんな大ブームの予兆のなか、

「お書きになりたいテーマは何ですか」

と私。

「複勝転がし大作戦」。きっぱりと藤代さん。渋い。頂いた原稿は、もちろん、

馬券本じゃなくて読み物でした。おちゃめな目黒さん……。

　これに味を占めて、『このミステリーがすごい！'88』に「私のベスト6」の原稿を北上次郎さん（書評用ペンネーム）へ依頼しました。『このミス』最初の一冊でしたが、年末の風物詩として、その後、長く続くこととなります。

　この時のベスト6は、1『異邦の騎士』島田荘司、2『そして扉が閉ざされた』岡嶋二人、3『伝説なき地』船戸与一、4『餓狼伝Ⅲ』夢枕獏、5『そして夜は甦る』原尞、6『黄昏のベルリン』連城三紀彦、とこちらは本格的。冒険小説ブームとミステリー文芸を牽引された評論家としての目黒さん……。

　目黒さんから学んだエンタメ精神を編集者人生の指針とし、私は出版界の荒波をなんとかかんとか乗り越えてきました。目黒さん、ありがとうございました、そしてさようなら。

『活字競馬』と『虹の断片』

鈴木 学

　学生時代、その人は椎名誠の著書に出てくる活字の中の人だった。その人が社長を務める「本の雑誌」に親友が入社して親しみが生まれ、僕が競馬記者になると血の通った人として目の前に現れた。「その人」はもちろん、目黒考二さん。1993年秋、藤代三郎のペンネームで同時進行馬券エッセー「馬券の真実」の連載を、週刊Gallopの創刊号で開始した。そこに僕は少なからず関わっている。親友が「本の雑誌」で働いていることを知る、のちのGallop編集長が「連載を書いてほしいから目黒さんと連絡を取りたい」と言ってきたのだ。親友に伝えると、すぐに快諾の返事が来たと記憶している。連載は、毎号休むことなく目黒さんが入院する直前に出稿した2022年有馬記念号まで1504回も続いた。「馬券の真実」の連載開始当初に登場する、目黒さんの競馬仲間である一郎セーネンが僕の親友。それもあって1994年の夏には、僕が札幌出張中に目黒さんと一郎セーネンが旅打ちでやってきたとき、車で新千歳空港まで迎えに行き、その後すすきので一緒に飲み食いした。いい思い出だ。

　目黒さんは、厭わずいろいろと相談に乗ってくれた（場所はいつも新宿の池林房だった）。Gallopで連載小説を始めたいと伝えたときは数人の作家を挙げて「スポーツ青春小説なら」と推奨してくれたのが、3作品を連載することになる須藤靖貴さんだった。同い年の須藤さんとは今でも友人として親しく付き合っており、目黒さんが引き合わせてくれたことに感謝している。

　Gallopで連載した島田明宏さんの競馬歴史小説「虹の断片（かけら）」に、北上次郎著「活字競馬」に触発されたものがある。

〈島田明宏『消えた天才騎手』（白夜書房）が刊行されたときはドキリとした。それは、鈴木しづ子の戦死した恋人とは、この前田長吉だったのではないかという気が一瞬したからである。〉

その一文が気になっていた僕は、斉藤すみ、函館孫作、前田長吉を縦軸に据えた小説の構想を島田さんと練っている際、「目黒さんがこんなことを書いています。小説なら書けるのでは」と一文を伝えた。島田さんは興味を示し、小説で俳人鈴木しづ子を前田長吉の恋人に設定してくれた。

僕と島田さんから目黒さんへのアンサーだった。僕らのアンサーに対する目黒さんの感想を聞くのを失念したのが悔やまれる。

初めての書籍企画　三宅貴久

目黒さんに初めてお会いしたのは、1997年の秋だったと思います。上司と2人、笹塚の本の雑誌社に向かいました。当時、私は営業からカッパ・ブックス編集部に異動して半年ほどが経ち、先輩の書籍企画を手伝うなかで、初めて自分の企画としてOKが出たのが、目黒さんの企画だったのです。

当然の作法として、まずはお手紙で執筆を依頼したわけですが、それが目黒さん宛の企画だったのか、北上さん宛だったのか、藤代さん宛だったのか、今では記憶が曖昧です。ただ、本の雑誌社にうかがい、いろいろお話をするなかで、ご提案いただいたのが『競馬作法入門』でした。カッパ・ブックスといえば「○○入門」、そして山口瞳さんの名著『礼儀作法入門』に引っかけてのご提案です。一種のパロディですね。そもそも、競馬の最後の直線で、どういう掛け声をかけるのが正解かを様々なシチュエーション別に解説するというのが内容の中心でしたから。

編集者として初の独自企画ということで、私は気合が入りまくっていました。今考えればそこまでする必要はないのですが、レース写真をJRAから借りたり、馬柱をホースニュース馬社から借りたり、細かい図版を作ったり、通常のカッパ・ブックスと違う紙を使ったり、競馬場にカメラマンを連れていって撮影したり……。後ろ姿の著者近影は中山競馬場のパドックで撮影したものです。

編集者としての経験がまだ浅いですから、こいつ大丈夫かと思われていたはずです。ところが、嫌な顔ひとつせず、やや引き気味でしたが、こちらの提案をすべて受け入れてくれました。

結局、社内の会議でタイトルは『鉄火場の競馬作法』に決まり（『競馬作法入門』にならなかったことを、目黒さんは残念がっていました）、カバーデザイン長友啓典＋K2で、1998年の秋のG1シリーズの前に発売されました。ちなみに、この年は競馬史上に残るすごい年で、サイレンススズカ、エルコンドルパサー、グラスワンダーの3強がそろった伝説の毎日王冠がありました（サイレンススズカは、この年の秋の天皇賞で非業の死を遂げます）。

本書の打ち上げが池林房であり、その帰りしな、目黒さんは地下鉄に乗る気配がありません。「どこか行かれるのですか？」とお聞きすると、近くに部屋を借りているとのこと。ちょっとびっくりしていたら「小さい会社の社長なんてそんなもんですよ」と言い、別れました。目黒さんの影響力の大きさと、それを支える仕事の大変さと責任の重さを思い、まだ二十代だった私は圧倒された記憶があります。

　あれから25年、私はまだ書籍を作り続けています。目黒さんから始まった書籍編集者人生は、まだもう少しだけ続きそうです。

競馬場通いの日々　柴田章利

　本の雑誌の編集部にはたった1年しかいなかった。その後、毎週末の競馬場通いを続けたのが2年。だから目黒さんと濃い付き合いをしたのは１９９７年から99年までの3年間だけということになる。しかもそのうちの3分の2は競馬場だ。

　目黒さんは競馬場で本の話はほとんどしなかった。早朝から指定席券を取るために並んでいても、ずっとスポーツ紙や専門紙を広げて予想に明け暮れている。前日の夜に予想は済ませているはずなのに、何か見落としたデータはないか、気付かなかったことはなかったかと紙面に見入って、「へー、こんなことがあるんだ」とか「おい、すごいデータ見つけちゃったよ」とうれしそうに教えてくれた。だから自分も負けじと「目黒さん、こんなデータがあるの知ってました？」とか「母の父がダート馬だから、この馬も初ダートでもやれるんじゃないですか」と、対抗意識を燃やして知識をひけらかしたり、ただ列に並んでるだけでも飽きることがなかった。その何時間後かには「データなんてちっともあてになんねえじゃねえか」と、2人とも打ちひしがれて競馬場を後にするんだけど。

　それにしても98、99年の2年間はほんとうによく2人で競馬場に行った。自分の記憶違いでなければ、行かなかったのは目黒さんが年に一度の家族旅行のときと、僕の資金が尽きた99年のオークス。だから2年間で１０４週ある競馬開催のうち3週だけだ。夏の福島にも新潟にも行った。目黒さんの自宅の本の引っ越しを手伝ったときにもらったバイト代は、一緒に行った福島競馬場の券売機にその日のうちに全部吸い込まれてしまったこともあったっけ。

真剣な検討のあとが！

　あの頃の僕は週末の競馬場に行くために、平日はアルバイトに明け暮れていた。あれだけ目的をもって働いたことは、なかった気がする。サンケイスポーツで競馬記者になって20年以上。あのときほど競馬を楽しんでいるかというと疑問だ。仕事になったから楽しいことだけじゃない。でも、くさりそうなときほど、あの楽しかった週末を思い出して、続けてきた気がする。

　目黒さんが亡くなったと聞いて、真っ先に思い出したのは「10年後も同じメンツで競馬場に行きたいよな。まだ競馬をやってるってことは、10年間本人が健康で仕事もうまくいっているってことだから」という言葉だ。目黒さん、僕はもう何年か競馬と関わる週末を過ごせそうです。本当にありがとうございました。

150 4回の〝偉大なるマンネリ〟

利根川弘生

昨年12月13日火曜日の朝。編集部に目黒考二さん（以後、藤代三郎さんと呼称する）から一通のメールが届いた。「緊急入院しました。二回ほど休載させてもらいますが、1月9日に送る分の原稿からは復帰したいと思います」とあった。ぼんやりした私はそのことをさほど深刻に捉えず、創刊から29年2カ月途絶えることがなかった人気コラム「馬券の真実」が初めての休載か、と思うのみだった。藤代さん本人が「二回」とおっしゃっているのだから復帰されるのを待てばいいと単純に受け止め、PCの画面を閉じた。ところが年が明け約束の1月9日が過ぎても原稿が来ず、次に知らせがきたのはまさかの訃報だった。改めて考えてみれば創刊から1504回、いちども休載がなかった人が自ら休むと言ったことこそ、深刻なことだと気づくべきだった。後悔は消えず、別れを受け入れられないまま、今日まで時が過ぎた。

私は創刊から何号か過ぎてから異動の辞令を受け、サンケイスポーツが発行する『週刊Gallop』編集部に携わるようになった。それ以降、アメリカ留学や他部署勤務の合間に飛び飛びで勤務し、現在また、古巣に戻っている。この雑誌に対する愛着はひとかたならぬものがあると自認している。そもそも『Gallop』は初代編集長・芹澤邦雄さん（故人）が明確なビジョンと強いこだわりを持って立ち上げた競馬雑誌で、「わかりやすく言えば、競馬における週刊文春を作りたい」とのポリシーを掲げていた。その構想のなかの肝となっていたのが最終カラーページを飾る藤代さんの「馬券の真実」だった。〝毎週馬券を買っていて、おもしろい原稿を書ける人〟という条件でコラムニストを探していた創刊準備期間、芹澤さんとその相談相手であったミデアム出版社の大島昭夫社長双方のリストに入っていたのが藤代さんだった。『戒厳令下のチンチロリン』を二人とも読んでいて、その確かな筆致を素晴らしいと思った、という。読者アンケートでは常に上位、芹澤さんの放ったスマッシュヒットのひとつだった。

約30年前のそのころ、原稿は手書きでFAXを使って送られてきていた。雑誌の発行日で私たちの休日である月曜の夜、誰もいない編集部のFAXが藤代さんの原稿を受信した。私は当時、雑誌の進行を担っていたのだが、火曜に出勤して最初の仕事は必ず藤代さんの原稿に目を通すことだった。それはひとつの儀式のようで、「さあ、今週もはじまるぞ」と毎回思わせてもらった。藤代さんのその週の競馬の戦績を読んでクスリとし、締めの言葉選びのセンスに感嘆する。締め切りと字数を寸分たがえることなく、修正や赤字のないのは当たり前。週刊誌の締め切りは厳しく、藤代さんの連載の性格上、書き溜めることも不可能だったのに、原稿の完成度は常に完璧だった。連載の意図を『飽きられないマンネリ』を目指しているんですよ」と打ち明けてくれたのはお会いして何度目のときだったか。

確かに原稿はひたすらその週に買った馬券の話で、ブレブレの馬券術や大負けに負けてその痛手を「全治○か月」と表現するのもお決まりだった。馬券下手の私含め、多くが読んでいてホッとするものだった。その一方で、馬券を買う側からの不便や気づいた点を連載内で指摘して、実際に競馬会の改善につながったことも幾つかあった。指定席の販売方法や席順の並びがそれである。「飽きられないマンネリ」をはじめとして「より良い競馬会への提言」など、目的的に連載を続けられていたに違いない。読者は気づかず楽しんでいたけれど、そのような隠し味を意図的にちりばめていたのだろう。

　それが確信に変わった出来事があった。「Gallopエッセー大賞」の審査員をお願いしたときだった。競馬が好きな一般の人たちに競馬についてのエッセーを募った。いわば競馬好きが高じての自己表現の場であり、今思えば私たち編集部員は生ぬるい目でそれらを読んでいたような気がする。最終審査の席で、藤代さんは厳しい指摘を繰り返し、プロの文筆家と相対するような姿勢を崩さなかった。「自分の経験をそのまま書くのはエッセーではない」「文章は他人が読むことを計算しながら書くもの」「誰かが死んだり病気になるのは感動的であっても、プラスアルファが欲しい」など、文を書く者にとっては珠玉のアドバイスの数々であった。「書評家・北上次郎」さんの真骨頂を目の当たりにした。いつも優柔不断に馬券を買っている藤代さんと同一人物なのか、とかなり混乱したのを憶えている。主催する側として文章を書く人間として、藤代さんの厳しさは審査員として、応募作品に最大限の敬意を払っていると感じられた。毎週、こともなげに送られてくる原稿はそのように紡ぎだされているのだ、と頭が下がる思いだった。

　最終回になってしまった藤代さんの原稿にあった文言を長くなるが引用したい。

「年を取ると、しょっちゅう昔のことを思い出す。楽しいことはすべて過去にあるのだ。今回しみじみと感じたのは、健康がいちばんということだ。当たりまえのことだが、普段はそのことを忘れている。健康であれば、それだけでいいのだ。それ以上はなにも求めない。普段は馬券が当たらないことに文句を言ったりしているが、とんでもないことである。毎週元気で馬券を買っている日々こそ、極上の日々なのである。ふらふらになりながらいま、そう思うのである」。藤代さんははっきりとここで「マンネリ」の終わりを宣言していて、その悔しさをも表明している。こんなにも長くその目的のいちばん近くにいたのに。私にはその「さよなら」をくみ取ることが出来なかった。藤代さんは理想的に「偉大なるマンネリ」を1504回の連載で成し遂げ、華麗にランディングさせた。これからの『Gallop』に藤代さんがいないことを耐えがたく思う。さみしくてとても悲しい。

合掌。

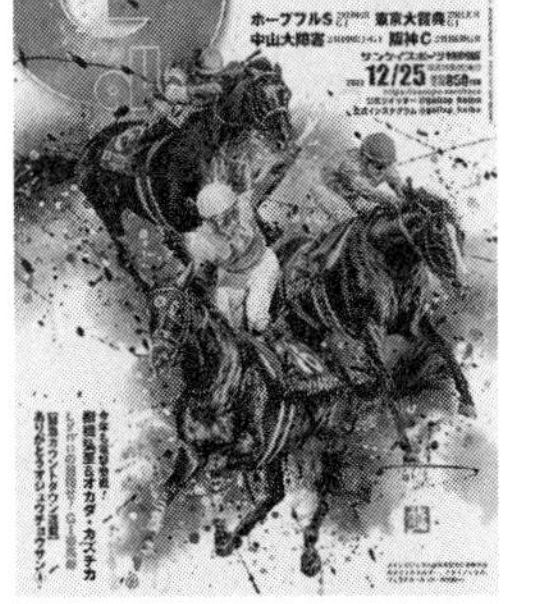

「馬券の真実」1504回が掲載された「週刊Gallop」2022年12月25日号

はずれ馬券を楽しみ尽くした人

須田鷹雄

藤代三郎さんの原稿は長年読んできたが、実はお会いしたことは数回しかない。お仕事でご一緒させていただいたことは、一回しかない。しかしその唯一の機会は、忘れがたいものとなった。

競馬に詳しくない読者の方も多いと思うので、専門的な話は避ける。最初に考えていただきたいのが、普通のスポーツと競馬をはじめとする公営競技とでは何が違うか、ということだ。

もちろん答えは賭けが介在するということなのだが、ただそれだけではない。

普通のスポーツなら、ファンはプレイヤーを応援するだけである。金銭的に痛手を負うとか、反対に大金が手に入るとか、自分の生活に競技が影響を及ぼしてくることはない。また、応援する対象は基本的に一定だ。日によって贔屓の選手やチームがころころ変わるということはないだろう。

しかし競馬は違う。自分で考えて金を賭け、結果は自分に跳ね返ってくる。馬券という意味で応援する馬や騎手は、レースによって変わる。選択はファンの数だけあり、さらにそれぞれが参加するレースの数だけある。

その結果としてなにが生まれるか。競技そのものを行うプレイヤーの世界とは別に、「ファンの世界」が出来上がるのだ。あなたにとっての競馬はあなただけのものであり、その世界を支配する価値観も、あなた独自のものである。

藤代さんは、「はずれ馬券を語る」ということをライフワークにしておられた。馬券というのはファンそれぞれが自分を投影したものであり、一方でなかなかうまくはいかないものでもある。しかし、はずれてしまったらその馬券が無意味・無価値なものだったかというと、そういうわけではない。その買い目に至った自分の思考、その思考に影響した過去の経験、レースを待つ間や結果が出る瞬間の感情……はずれ馬券は自分自身なのだ。馬券という紙そのものをゴミ箱に捨てたとしても、自分自身を捨て去れるものではない。

そのように、いわば真剣にはずれ馬券を買っている競馬ファンたちは、長年競馬と付き合える。またファンどうし相互に理解できるし、「自分の競馬」も「他人の競馬」も尊重することができるはずだ。

そんなことを再確認させてもらったのが、藤代さんと唯一お仕事でご一緒できた、競馬専門チャンネル・グリーンチャンネルの「全日本はずれ馬券委員会」という番組だった。

競馬メディアで仕事をしている面々や視聴者が自分のはずれ馬券エピソードを披露し、それを藤代さんが論評して「はずれ馬券としての価値・完成度」を認定するという番組である。週刊Gallopという競馬週刊誌で藤代さんが創刊以来30年近く続けてこられた随筆をもとに企画された番組だが、収録するまでは共演者として正直自信がなかった。一九九〇年代の競馬ブーム期とはファンの気質が変わっているからだ。

自分で価値を見出すのではなく、騎手や調教師といった関係者が発信する情報をそのまま呑み込むファンが増えた。一方では、ネットの匿名性をよいことにひたすらヘイトを撒き散らすファンも増えた。両極端が目立ち、どちらでもないファンの姿が見えにくい時代なのである。

そんな時代において、「自分で考え、健全に好き勝手なことを言い、はずれ馬券を楽しむ」などという、伊達や酔狂の極み、それでいてそれなりの思考・発想・解釈ができないと始まらない遊びが受け容れられるものだろうか。その点が番組開始にあたり不安だった。

しかし放送が始まると反響は大きく、投稿もかなりの数に上った。SNSの世界では姿が見えづらいタイプの競馬ファンが救いを求める場になったのかもしれない。昔と同様に「自分の競馬」を楽しむことができる競馬ファンが、まだそれなりの規模で残っている。それが分かったのは大きな救いでもあった。

番組で我々が「委員長」とお呼びした藤代さんは、長年競馬誌に連載を持ちながら狭義の競馬界には不用意に踏み込まず、「客」としての立場を堅持しておられた。関係者に変な忖度をする必要もなく、自分の責任で馬券を買い、自分の感情を楽しむ。揺らがないその姿勢を、正直羨ましいと思った。筆者のように下手に競馬産業に関わってしまうとなかなか容易ではないが、せめて死ぬ直前には純度一〇〇%の客に戻って死にたい。そんなことも考えさせられた。

収録の合間にお話ししたことも思い出される。馬券を買うマークカードが普及する前の時代に購入票（買い目と金額を書いて窓口で見せる、専用のメモ用紙）というものがあったのだが、藤代さんは使った記憶がないという。スマホで画像を見せると、興味深そうに見ていらした。紙一枚に夢中になるその姿は、「客の世界」をすべて知り尽くさないと気が済まない、といった様子だった。

競馬推理小説で知られるディック・フランシスが来日したとき（一九八八年）には講演会のスタッフとして関わられたそうなのだが、「あのときサイン貰っておけばよかった」と悔やんでおられた。出版の世界でも競馬が絡むと一ファンになる様子は、後輩が言っては失礼かもしれないが可愛らしく、微笑ましいものだった。

いまとなっては藤代さんに購入票の実物をお見せすることもできないのかと思うと、本当に悲しい。しかし最後に番組を作れたこと、競馬ファンに藤代さんの記憶を残せたことは本当によかった。

例えば馬といえばディープインパクト、騎手といえば武豊がスターであるように、藤代三郎さんは競馬ファンのスター、だったのではないかと思う。目黒考二、北上次郎しか知らなかった皆さんにも、そのことを知っていただければ幸いである。

3人とのこと

宍戸健司

僕が初めて目黒考二さんと出会ったのは、「活字三昧」というタイトルのエッセイ集を担当することになったころだと記憶している。1992年くらいではなかったか。そのころ目黒さんはまだ40代半ばで、僕は30代初めだった。お互い若くて、僕は大した用事もないのに本の雑誌の編集部や新宿の酒場など目黒さんのところに出かけて行っては、いろいろな話をした。そのほとんどは小説の話だったが、僕が好きだと話した小説のほぼ100%を目黒さんも面白いと言ってくれた。それが僕には大変心地よく、編集者としての自信にもつながった。目黒さんが、本を読む時間がないと言って会社をすぐに辞めてしまうのは有名な話なのでここでは割愛するが、辞書マニアの父と古書店が実家の母から生まれた人だけあって、目黒さんの読書量は本当に凄まじく、また読むスピードは恐ろしいほど速かった。大体一晩で3〜5冊くらい読んでいたのではないか。確か年間1000冊読破は結構きついと言っていたのを覚えている。当時、土日は競馬場から自宅へ帰るのでほとんど読書はしていないはずであったから、週5日で年間1000冊である。髙村薫の「マークスの山」が出たときに、目黒さんが「この本は長くて参った。一晩でこれとあと1冊しか読めなかったよ」という話を聞いて、僕はまだまだだと、しょんぼりしたのを思い出す。ぼくは「マークスの山」を読破するのに4日もかかってしまったのだから。その後も「中年授業」や「活字浪漫」などの書籍を担当編集として、長くご一緒させていただいた。

目黒さんとの思い出の中で特に印象に残っているのは、僕が30代半ばで今度結婚することになりましたと話しに行ったときに目黒さんからアドバイスをいただいた時のことだ。「宍戸よ、結婚しても浮かれて毎日早く家に帰るようなことは絶対するなよ。最低でも週1回は、用事がなくても外泊するのだ。浮気をしろとか言っているのではない。そういう風にしておけば、奥さんも次第に少しの外泊では心配しなくなるからだ。そうすると自分の時間が作れるので、本もたっぷり読めるし、徹マンだってできるからな」僕は、なるほどと妙に納得し、この教えを頑なに守り続けた。そのせいかどうかわからないけれど、僕は数年後に離婚した。

僕が初めて北上次郎さんに感銘を受けたのは、当時、人気もあり売れてもいたが、エログロ・バイオレンスだと言われ、あまり評価されていなかった西村寿行の評論を読んだことに始まる。北上さんはその膨大な作品群を読破し、第1期から第5期まで分類したうえで、実に鮮やかで的確な論を展開していた。もちろん、阿佐田哲也やハメットやロス・マクや数多の名作冒険・ハードボイルド小説の解説や評論も見事ではあるが、あえて「日本の冒険小説は西村寿行の『化石の荒野』から始まった」と言い切ってしまうところが、北上さんの凄いところだと今でも思っている。これらは膨大な読書量に裏打ちされていることなので、誰も文句が付けられないのである。北上さんには本当に編集者としていろいろなところでお世話になった。その中でも特にうれしかったのが、馳星周の「不夜城」を編集していた時のことだ。その当時、北上さんの元には、すさまじい量で各出版社から解説の依頼や書評の依頼が日々届いていて、それに加えて本の雑誌の編集業務もこなさなければならず、毎日多忙を極めていた。なので、北上さんに帯用のコメントを依頼しても、解説や書評などから引用してほしいと言われてしまい、帯専用のコメントはもらえないことになっていて、これは文芸編集者の中では常識となっていた。そんなことを知りつつも、僕は「この作品、めちゃくちゃ面白いんです」と「不夜城」のゲラを渡しながら帯文をお願いしてみたのだ。その時は、北上さんからいいともだめだとも言われなかったのだが、おそらくダメだろうなぁと半分はあきらめて帰ってきた。もちろん作者の本名は、先入観を持たれたくなかったので伏せたままであった。そして後日、電話があり「例のやつは、いつまでに書けばいいんだ。帯用のコメントは初めて書くんだぞ」と言ってくれたのである。これは、本当にうれしかった。もちろん作品に力があったからではあるが、名前も知らない全くの新人の作品を北上さんが認めてくれたのである。このことから考えても、北上次郎という評論家は、ベテランも新人も分け隔てなく同じ立ち位置で向き合うという、とても懐が深い小説読みだったといえよう。

　藤代三郎さんと初めて卓を囲んだのは、新宿3丁目の古びたビルの2階にある雀荘だったと思う。いつものように新宿の酒場で飲んでいるとき、「お前、麻雀やるんだっけ」と言われたので、「好きです」と答えると、すぐにその雀荘に連れていかれたのだ。僕と藤代さんと、あとの二人は急遽呼び出された酒場のオーナーとあまり売れていない舞台女優だったと思う。その日を境に、僕らは月に2回くらいのペースで卓を囲むようになった。藤代さんは、麻雀の時は一切酒を飲まず、黙々と打って、常に勝って帰って行った。負けて悔しがっている姿は見た記憶がない。僕の中での藤代さんとの一番の思い出は、何といっても角川書店の文芸誌「野性時代」で〝日本全国ギャンブル場巡り〟という訳の分からない企画を作り、毎月、どこかの公営ギャンブル場へ旅打ちに行ったことである。藤代さんも僕も麻雀や競馬やチンチロリンはよくやっていたが、競輪や競艇、ましてやオートレースなど、新聞の見方すらわからない、ずぶの素人である。そこで毎回、その道の達人に同行していただき、教えを請いながら勝負をするわけだ。藤代さんは毎回の収支を記事の最後に書く約束になっていたのだが、読者が引くといけないということで、負けの総額をかなり過少申告していたのが懐かしい。その企画は１９９５年の10月号からスタートして、翌１９９６年の4月号まで続けたのであるが、この企画のせいかどうかわからないが、この4月号をもって「野性時代」は休刊になってしまったのだ。今思うと、休刊しなければ、一冊の本になるくらいまでは連載は続いたわけで、そうなると藤代三郎の名著「戒厳令下のチンチロリン」を超える名作になったのは間違いないところだが、その前に藤代さんと僕がパンクをする確率の方が数倍高かったのは言うまでもない。毎月この企画の取材で、負けに負けて螻蛄（おけら）になって、とぼとぼと歩きながら毎回毎回「どこかに２０００万円、落ちてないですかねぇ」という僕に、「お前はほんとに、馬鹿だなぁ」と優しい目をしてほほ笑んでいる藤代さんの姿を、今でも忘れることができない。

野口道也・浜本茂、藤代師匠のリベンジ競馬に行く！

外れ馬券の神様・藤代三郎はその生涯で日本中央競馬会に○×△万円を寄付したという。本人としては寄付したつもりではなく、いつかは利息を添えて返してもらう予定だったのだと思うが、いまとなってはそれもかなわぬ夢。さぞや無念に違いない。

というわけで、藤代三郎から直に必勝複勝転がし理論を伝授された野口道也（五十二ページ参照）と藤代三郎が京都競馬場で菊花賞に一点三桁万円を賭けたのを目撃したバブル弟子の本誌浜本茂が、師匠の無念を晴らすべく、いざ、リベンジと東京競馬場へと出陣したのである！

時は二〇二三年六月十日土曜日。三回東京三日は一週前に安田記念も終わり東京競馬場のGI連戦も一段落。メインレースが三勝クラスのハンデ戦という地味な日で、待ち合わせ場所の東門前は朝八時でも人出はまばら。まずは門の前で記念撮影をして指定席へ向かう。

いざ、出陣！

本日確保した席はフジビュースタンド六階のB指定。ゴールまで百数十メートル手前で「差せ差せ！」とも「そのまま！」とも叫びやすい絶好のポジション。馬券発売機に近く立って叫んでも後ろの人の迷惑にならない最後列だ。

着席してまずは「競馬エイト」をテーブルに広げる。藤代師匠が愛用していた競馬新聞だ。ほかに野口は必勝本と言いながら『血統&ジョッキー偏差値　2023-2024』を取り出した。競馬場にいろんな資料を持ってきていた藤代師匠を思い出す。

本日はリベンジ競馬ということで、野口は直伝の複勝転がし、浜本はバブリーな三連複一点買いでJRAにチャレンジ。どちらも生前の師匠が試しては敗れた馬券必勝法のひとつである。

そうこうしているうちに、一レースの出走馬がパドックに登場。さあ、リベンジ開始だ！

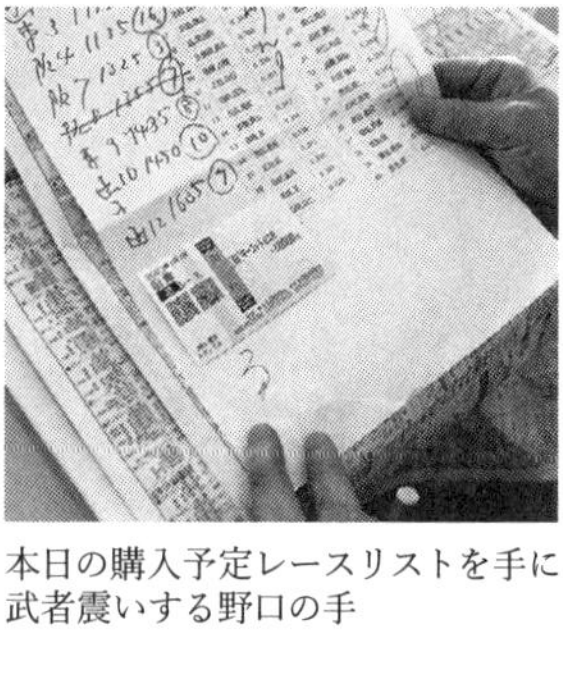

と思ったら、野口が「僕はケンです」と言うではないか。なんでも障害、ハンデ戦、十頭以下の小頭数、短距離戦、未勝利戦で初出走が二頭以上のレースは複勝転がしでは買わない、というのが藤代師匠の教えらしい。東京一レースは障害なのだ。

浜　じゃあ、買えるレースは何レースあるの？

野　三場合わせて七レースですね。

本日は東京のほか函館、阪神と三競馬場で開催されていて都

本日の購入予定レースリストを手に武者震いする野口の手

合三十六レースあるのだが、そのうち七レースしか買えるレースがないという。

野　藤代理論を証明するためですから。今日は七レース複勝転がしを続けて一万円を十万円にするのが目標です。

　というわけで、野口は函館の二レースから転がし開始。ちなみに浜本も障害は買わない主義なので一レースはケンだ。本日のレースの予想を語り合っていると、東京一レースがスタート。ふたりとも馬券は買っていないが、目の前で馬が走っているのを観るとわくわくする。

　一番人気の圧勝を確認して野口は函館二レースの出走馬の馬体重をチェック。「よし、プラス六キロだ。決まり！」。声を上げて馬券発売機へ。

野　買ってきました。武豊マーゴットミニモ。

浜　一番人気じゃん。

野　人気です。一万円が一万一千円にしかならないレースですが、景気づけです。

　藤代複勝転がしはオッズの下限があったはずなのだが（一・五倍以上とか）、「それをやったら当たらないですよ」とのことで本日は一・一倍でも買っていく覚悟だという。「藤代さんを裏切っても当てにいく（笑）。当たり続けるのが今日のテーマです」。ギャンブラーなのである。

　一方、三連複一点買いの浜本は東京二レースの2－7－10を千円購入。

野　ほんとに一点しか買わないんですか。当たらないですよ。三点くらい買ったほうが。

浜　だって『外れ馬券を撃ち破れ』に書いてあったんだもん。しかし2－7－10で十五倍しかつかないのか。三連複って儲からないんじゃ？

野　十分じゃないですか。ただ座っているだけで一万五千円になるんですよ。銀行に預けるよっぽどいい。欲張りだなあ。

　とかなんとか言っているうちに函館二レースがスタート。テーブルのモニターを見つめて拳を握り締めていた野口がやった！と大喜び。逃げたマーゴットミニモがそのまま一着でゴールしたのである。

当たり馬券を手に小躍りする

野　幸先いいなあ。これで調子に乗って転がしていきますよ。

　配当は百十円だが、なにを隠そう野口が複勝を当てたのはこれが初。以前、藤代師匠に「こんなにすごいことが起きるんだぜ」と複勝転がしを諭されて、ボーナスが出た翌日にチャレンジした際は一回も当たらなかったらしい。三着までに入れば当たり！の複勝を一度も当てられないというのもどうかと思うが、百十円とはいえ転がしていけるのは、まさに僥倖。「次は東京三レース、バルフォアテソーロ。血統偏差値五十点。複勝回収率百二十パーセント。鞍上が菅原明良で万全ですよ！」と意気軒高なのである。

　そうこうしている間に東京二レースもスタート。あれあれ、どこだ、と言っているうちにゴールとなって、2－7－8の順で決着。おいおい10番はどこを走っていたのか。

野　惜しい！　二頭合ってるだけでもすごいことですよ。

浜　固かったのにな。やっぱり一点は難しい。三点くらい買わないとダメかなあ。

野口は東京三レースの複勝もゲット！　配当はまたまた百十円だが、一万円→一万一千円→一万二千百円と転がって、いよいよ三回目の転がしに挑戦。挑むのは阪神四レースだ。八戦二着五回の銀メダルコレクター・サクセスハチハチの複勝を「鉄板ですよ！」と一万二千百円購入。ところが一番人気のハチハチは四コーナーを先頭で回ってきたものの、野口の「松山ああああ！」という叫びむなしく直線垂れて無念の四着。

浜　あらら、惜しかった……

野　転がし終了しちゃいました（涙）。

藤代理論では阪神七レースまで野口はケンなのだが、三連複がかすりもしない浜本とともに心機一転、パドックに出走馬を見に行くと、ギャンブル魂に火がついたのか、この男は予定外の東京五レース（買ってはいけない新馬戦）に手を出し、七番の複勝を「ここからやり直し」と言いながら一万円購入。師匠の教えを破った男に天罰は下り、三番人気のミッキーアプローズは見せ場なく七着と敗れたが、続く東京六レースも購入すると、三着ベルウッドムサシの一・八倍をゲット！　再び複勝転がしを開始と、阪神七レースの四番人気スピリットワールドに一万八千円を投入するも、逃げたスピリットワールドは野口の「そのままそのまま」の叫びに応えることもなく直線差されて人気通り四着。またまたゼロからスタートだあ、と東京八レースの六番人気フラミニアの複勝を買うと、やっぱり人気通り六着でパー。

「取り返せない世界に入っちゃったんで、複勝転がしやめていいですか」と涙目の野口が隣の浜本に目をやると、あらら、ふふふとほくそ笑んでいる。なんと東京八レース4－5－11の三連複が当たっている！

野　すごい。当たるんだ！

浜　一点買いですよ。配当は六百円だけど（笑）。

しかも浜本はなんとなんという東京九レースの三連複二千百八十円も的中！　一方複勝転がしを断念し三連単に変更した野口は阪神十レースの三連単二万三千九十円を五頭ボックス六十点買いでゲット。いやあ、競馬って楽しいねえ、と言いながら最終レースまでふたりとも外しまくりリベンジ競馬は終了。師匠にならって、府中駅前の中華料理店に行き、生ビールを手に本日の結果を藤代三郎さんに報告したのである。リベンジならずも楽しかった。ありがとう、藤代さん。献杯！

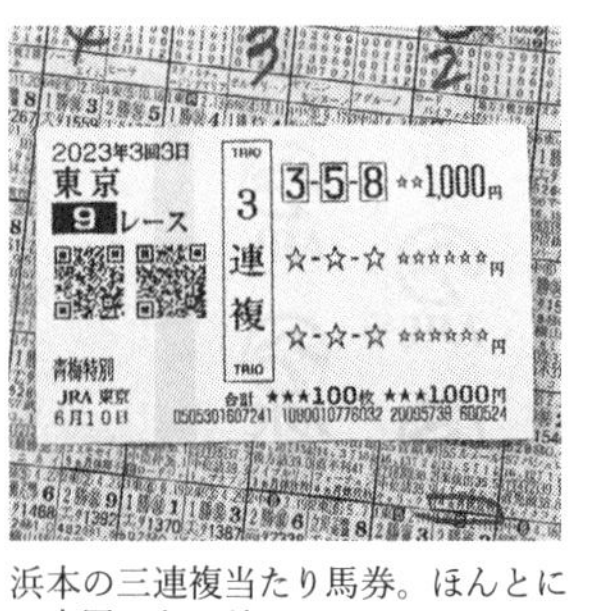

浜本の三連複当たり馬券。ほんとに一点買いなのだ

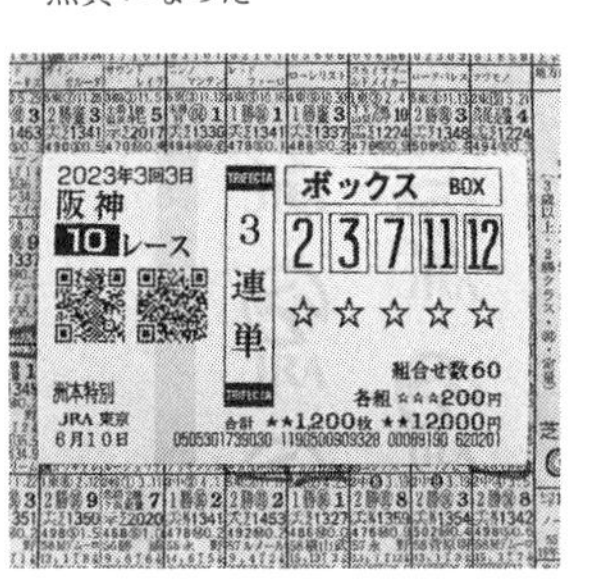

野口の三連単当たり馬券。五頭ボックス六十点買い

【藤代三郎傑作選】

外れ馬券が人生だ！

藤代三郎

なぜチンチロリン小説がないのか!!

紀三井寺競馬場を知っておられるだろうか。

日本全国に十数個所ある公営競馬場のなかで、入場人員売り上げともに下から数えて二番目か三番目、つまり何とものどかな草の香りのする競馬場である。

クライムカイザーがダービーを勝った年だから今から四年前、おいらはその紀三井寺競馬場を訪れた。当時勤めていた会社の社員旅行で南紀に行きその帰途に立ち寄ったのである。まったく気ちがいじみた会社だった。よくもまあギャンブル好きがこれだけ集まったものだと感心するぐらい、競馬、競輪、麻雀、花札、ポーカー、チンチロリン、手を出さないものはないというギャンブル狂いばかりの会社だった。とにかく朝社に顔を出すと同僚と誘いあって喫茶店に行き、前回の競馬の反省やら翌週の穴馬検討。昼に社に戻ると、「お、もう昼めしの時間か」と今度は昼食に外出。ついでに食後のコーヒーを飲んでデスクに戻ると午後二時か三時。「ちょっと軽くつまむか。今から始めりゃ早く帰れるしな」と誘い合って雀荘に急ぎ、なに早く帰るなんて気はありゃしない。いつも終電までだ。いつだったか、そのまま徹夜になり、翌朝社に顔を出してもどうせここにくるんだからと、坐りっ放しで再び夜まで打ち続けたことがある。丸二日間、四人そろって会社に行かなかったわけだ。「これは徹夜になるな」と前の日覗いていた同僚は翌朝出勤前に雀荘に寄り、おいらたちがまだ打っているのを見て、「やっぱり徹夜になったの、好きだねえキミら」とニヤついていたが、夕方仕事帰りに再び寄り、まだ打ち続けているのを見ると、さすがに呆れて何も言わなかった。いったいあの頃はいつ仕事していたんだろう。

誤解されると困るので断わっておくが、おいらたちは遊び人ではない。普通のサラリーマンだった。ただ人よりもちょいとギャンブルに目がなく、目の前に機会があれば仕事よりも女よりもそちらを選ぶというだけのことである。よく「勝っているときにやめればいいのに」と女こどもは言うが、勝っているときにやめられるような奴はハナからギャンブルなどしないものだ。負けてもやめられない勝ってもやめられない、そんな熱い感覚のなかで頭がボワーンとして、終ってから「しまった」とホゾを噛む繰り返しなのである。その頃の同僚

書影は文芸社文庫版

に、N君がいた。おいらは彼のことがいつも気になっていたが、かといって特別な性癖の持ち主だからじゃない。本誌12号野球小説の項を書いた時に紹介したおいらの兄貴に、N君がそっくりだったからだ。知らない人のために説明すると、おいらの兄貴は時代離れした感覚を持っている男で、小学生の頃に当時全盛だった東映時代劇を見に行き、丘さとみ、桜町弘子のマドンナに目もくれず、年増長谷川裕見子にうっとり見入ったくらい、想像を絶した感覚の持ち主なのである。こういのはやはりどこかに欠陥があるのでしょう、成人しても凡人とはケタ違いの生活を営むもので、おふくろが言わなけりゃ一ヵ月間下着も替えず風呂にも入らず、破れた靴下のまんま。外出すると必ずどこで間違えるのか他人の靴をはいて帰ってくる。いつだったか、他人の、しかも左右別々の靴をはいて帰宅した時など、おふくろは絶句したものだ。こんな子がまともに生きていけるのだろうかと母親がその小さな胸を痛めたことなど当の兄貴はまるで知らない。もっとも世の中はうまく出来ていて、そんな兄貴も今じゃ家庭を持って、それになんと高校の教師になっているのだからわからないものだ。

N君は風貌も兄貴に似ていたが、まず服装がそっくりだった。いつも同じものを着ているのである。靴もドタ靴一足で、ジャンパー姿が多かった。着ているものが同じだろうと汚れていようと人間の本質には関係ないとばかりに超然としていた。たまにピカピカのジャケットを着てくると、たいてい穴馬券を適中した余禄で、尋ねられると嬉しそうに話し始める姿をまだ覚えている。話はどんどん飛んでいくが、ペーパー馬主ゲームというのがある。仲間たちで馬を数頭ずつ持ちあい、競うもので、ギャンブル好きの多い会社では流行っているらしい。おいらたちも数年間やったことがある。その二年目だったか、N君の選んだ馬のなかにグリーングラスがいた。トウショウボーイ、テンポイントと組んでのちに史上最強の五歳馬トリオと言われた昭和48年生まれのサラブレッドである。実はおいらとN君の因縁にはこのグリーングラスがかかわっている。グリーングラス四歳の春、正確に言うと、昭和51年4月4日、二回中山四日目三〇〇万下ダート一八〇〇mに一番人気で出走してきたグリーングラスは、直線不利があり四着に沈んだ。このとき、外によれてグラスの進路妨害をした馬はプリンスウインといった。何をかくそうこの馬は、ペーパー馬主ゲームでおいらの持ち馬だった。馬主ゲームはダービーで終りなので、N君はグリーングラスでそれほどいい思いを味わってはいない。

だが一度自分の持ち馬になると走ってるかぎりは応援するものである。その年の秋、菊花賞で大穴をあけたグラスを買ったのも、彼の持ち馬だったからだろう。翌年1月のAJC杯も彼は取り、グリーングラスはN君に十五万円近くの金を恩返ししたのである。その二ヵ月間、N君は靴を買い、シャツを買い、嬉しそうにしていた。

N君が死んだのはその年の春である。月曜日出社せず、火曜も欠勤、心配した同僚が水曜に大家に電話を入れ、部屋を開けると布団の中で死んでいた。ポックリ病というのか、くわしい名前は知らない。死んだのは土曜の深夜だという。枕もとには競馬新聞と赤鉛筆が転がっていた。こう言っては何だが、酒とギャンブルに明け暮れたN君らしい最期だった。その一ヵ月前においらは会社をやめ新しい仕事に入っていたので、スケジュールがとれず故郷の葬式には出られなかった。あとで電話をかけてきた友人は、みんなで車中酒を飲みながらにぎやかに出かけたという。「いい花見酒だったよ」と彼は言ったものだ。その頃の友人たちが好きなのはともにきちがいのようにギャンブルに明け暮れたという記憶もあるけれど、だがギャンブルさえやれれば仲間が誰でもいいわけではない。やはり気の合った仲だったのだろう。その年の春の天皇賞はもめた。N君の弔い合戦だからグリーングラスが勝つと言う派と、ツキが落ちたんだからグラスは勝てないと言う派がわかれた。おいらはひそかにグリーングラスの単勝を一万円買った。結果は四着であった。

紀三井寺競馬場に行ったのはまだみんな健在の頃で、十数人大挙して訪れた。行きのカーフェリーでせっかく一等船室を取っているものの、船底の娯楽室とは名ばかりのゴザ敷きの部屋で徹夜で麻雀、翌日はバスの中で寝ているだけで夜の宴会はドンチャン騒ぎ、そして明けた三日目のことである。温泉地に社員旅行に出かけ一度も温泉に入らず麻雀を打ち続けて帰ってくることなどざらだから、いったい何しに行くものやら。紀三井寺競馬場は厩舎が道路を隔てた向う側にあって、ビュンビュン飛ばすトラックの群れを左右に見ながら出走馬は競馬場にやってくる。広場の隅に数頭いるので何かと思うとそれがパドック。

その日、最終レースを取ったおいらは友人二人と一緒に和歌山から大阪まで足をのばしその翌日阪神競馬場に行った。タイホーヒーローが鳴尾記念を勝った日のことだ。あの頃はギャンブルのない人生など考えられなかったものだ。競馬に関する想い出を書いていくとキリがない。これに麻雀がくわわると、もう収拾がつかなくなってしまう。そろそろ本の話に入ろう。

これまで書かれたもっとも最高のギャンブル小説は阿佐田哲也の『麻雀放浪記』だろう。これは今さら言うまでもない。本誌7号に〈阿佐田哲也のギャンブル小説10冊プラス1〉と題して書いているので繰り返さないが、とにかく圧倒的な迫力をもつ小説でちょいと他に類をみない。競馬ならD・フランシスの競馬スリラーシリーズ、麻雀小説なら阿佐田哲也のこれ、と大方の評価も定まっているが、そうした有名な作品をここで紹介してもしようがないので、ここでは意外に見逃がされがちなギャンブル小説を挙げてみたい。

まず最大の大穴は、塩崎利雄『極道記者』(東京スポーツ新聞社出版局)だ。〝賭博小説〟のサブタイトルがついている。ホンビキ、麻雀なども出てくるが、競馬小説としてこれは一級の出来である。やくざな競馬記者が賭博にのめり込む生活を軸に、多彩な登場人物が入り乱れ、異様な迫力で読ませてくれる。主人公のやや深刻癖をひめた甘さがなければ『麻雀放浪記』に匹敵するピカレスクといっていい。見落とされている感があるだけに残念、なぜ評判にならないのか、そのほうが不思議なくらいの快作なのである。

これが競馬小説の本格派なら、こちらは異色中の異色、橋田俊三『走れドトウ』(二見書房)も見逃がされがちな小説だ。これはなんと馬が主人公、〝長編サラブレッド小説〟と銘打たれている。牧場で生まれてからダービー、有馬記念を経てサラ系の宿命を負ったドトウが死ぬまでの一生を描いた異色作だ。作者は関西の調教師だが、D・フランシスの例もあるのだ、バカにしちゃいけない。この小説、なかなかの出来な

のである。特にラストシーンは泣かせる。

手がたいところでは阿部牧郎、新橋遊吉の諸作品がある。阿部牧郎は短篇集『菊花賞を撃て』（立風書房）、『天皇賞への走路』（同）、長篇『競馬野郎』（双葉社）など、野球小説と同様、素材の競馬そのものよりもそこに群がる人間像、その悲哀を描いて読ませる。新橋遊吉はこの道一筋、いったい何冊書いているのやら、『競馬狂い』（三一書房）、『競馬無宿』（同）、『競馬部落』（報知新聞社）、『競馬放浪記』（双葉社）などがおすすめ。阿部牧郎よりちょいと軽いが、そこがまたいい。

このあたりがオーソドックスな競馬小説なら、石川喬司『走れホース紳士』（祥伝社）、『競馬聖書』（グリーンアロー出版社）は何と言うべきなのか、奇想天外な競馬小説でファンにはおすすめだ。

こういった競馬小説群にくらべると、麻雀小説はやや少ない。阿佐田哲也をのぞくと、異彩を放つのは五味康祐ぐらいだろうか。『雨の日の二筒』『麻雀一刀斎』（いずれもグリーンアロー出版社）など、独自のスタイルで魅了してくれる。いま手に入るのかどうかわからないが、見かけたら読んで下さい。

他には、カジノ小説『復讐のカンツォーネ』山口浩（グリーンアロー出版社）、パチンコ小説『釘師放浪記』牛次郎（桃園書房）、賭碁小説『懸賞打ち』江崎誠致（双葉社）、など異色ギャンブル小説も結構あるものだ。

ところで今回はギャンブル小説の話が本筋ではない。実用書というのか、理論書の話をしたい。といって、必勝法の類ではない。おいらはあらゆるギャンブルの理論書を求めているのだ。エッセイなら数多い。競馬は寺山修司、鵜飼正英、古山高麗雄など数多く、麻雀は福地泡介が群を抜いている。たしかに面白いのだが、やはりそれらはエッセイであって理論書ではない。競馬理論書としては血統論があるいは最適なのかもしれず、山野浩一の名著『名馬の血統』あたりがその栄誉にふさわしいのかもしれない。だがショッキングな点で言えば、武智鉄二『野平祐二は正義の騎手か』（都市出版社）が最高だった。これは必勝法と誤解されるかもしれないが、理論書なのである。だいぶ以前に書かれたものなので今は通用しなくなっているかもしれないが、当時はビックリしたものだ。版元がなくなっているので、この本がいま手に入るかどうか。古本屋で見かけたらお買い求め下さい。

麻雀理論書としては何といっても、阿佐田哲也以下小島武夫、古川凱章らの著作だろう。特に阿佐田哲也の「麻雀は運のやりとりゲームである」とする説はすごい。技術論を超え、核たるべき理論となっている。場に流れがあるなんて、二十年近く麻雀をやりながらまったく知らなかった。おいらはただ漠然と打っていただけなのだ。

「競馬が人生の比喩なのではなく、人生が競馬の比喩なのだ」と言ったのは、たしか寺山修司だったと思うがその伝で言えば、「麻雀が人生の比喩なのではなく、人生が麻雀の比喩なのだ」という気がしてくる。競馬でも麻雀でも必勝法の類が多いが、たとえば小島武夫『ギャンブル打法』（KKベストセラーズ）のように、そのなかに理論がある書は何事かをおいらに教えてくれる。競馬や麻雀だけじゃない。パチンコだって、田山幸憲『パチプロ告白記』（三恵書房）がある。どんなギャンブルでも、それにのめり込んだ男たちがいる限り、その修羅場のなかから理論が生まれてくる。それは世界を体系化したいという欲求なのだろうか。

　ところで、おいらは最近チンチロリンに凝っている。ほとんど毎晩サイコロを振る。最低四、五時間、長いと八時間ぐらい振り続ける。おいらだって遊んでいるわけではない。仕事を持っているのだ。ところがサイコロを手にもつともういけません。勝ってもやめられない、負けてもやめられない、チンチロ地獄である。麻雀なら半荘毎に区切りがあり、競馬もレース毎に区切りがあるが、チンチロリンにはそういった区切りがない。終りというのがないのである。これがいけない。

　チンチロリンを知らない人のために説明をすると、これはサイコロを三つ振ってするギャンブルで、何人いようと親と子の勝負である。三つのサイコロを振り、⚄⚄⚁と出た場合、⚁がその人の目となる。それは⚂⚂⚁でも同じだ。二つ同じ目が出た時、残りの一つがその人の持ち目になるわけだ。

　⚀から⚄まで多い方が勝ちで親と競うもので、目が出るまで三回振る権利がある。⚃⚄⚅が二倍役で⚀⚁⚂が二倍づけのマイナス役、⚁⚁⚁のように同じ数字が三つ出るとゾロの三倍役、⚀⚀⚀のピンゾロは特別に五倍役である。

　これは競馬や麻雀、ポーカーやパチンコ、その他のあらゆるギャンブルとちがって、技術はまるで関係がない。だってただサイコロを振るだけだもの。ツキが関係するのは他のギャンブルと同じだが、そのツキの正体が判然としない。まるで絵に書いたような目が出ることがある。ツイてない奴が親になると、⚄の目でも子方に⚅の目やゾロ目を出され総叩かれ、二度目に⚀の目で親落ちならまだ被害は少ないが、気合をこめて丼に落としても⚁の目でまた総づけ。そんな目が数回続くと最後は絵に書いたように⚀⚁⚂の倍づけで落ちとなるのだ。

　逆についている奴は、⚂の目ぐらいからスタートして取ったり取られたり、「よし勝負！」と子方が賭け金を上げてくると、待っていたように⚅の目でカキ。熱くなって子方がまた上限を張るとゾロ、そうなるともう子方もとまらない。そこで親は⚃⚄⚅を続けて三回ついでにピンゾロの決定打とくるから、まるで台本のある芝居のようなものだ。

　ところがツイてない奴は最後までツイてないかというと、そうでもない。八時間ぐらいやっていると、一度はツクときがある。それもそれまでの負け分をほんの十分で取り戻すぐらいの勢いが突如やってくる。あいつはツイてない親だからと突っ込むと、えらい目に遭ってしまう。つまり奥の深いギャンブルなのである。

　これまでチンチロリンについて書かれたものは、数少ない。唯一、異彩を放つのは阿佐田哲也『麻雀放浪記』だろう。その青春編、つまり第一巻の冒頭〈チンチロ部落〉がそれである。終戦直後、上野のバタ屋部落に坊や哲が現われ、チンチロリンに首を突っ込むシーンだ。ここには「ツイた胴のあとは張れ」「胴が五ピン（強い目五を出しながら子方に負ける）の場合、次回には弱い目が多い」「胴が子方に対して四勝一敗でもその一敗が大張りの所で足を出すような時、次回はやはり胴が悪い」など鋭い考察が書かれてある。

この『麻雀放浪記』では三個同数のゾロ目は普通の勝ちで、五ゾロだけが倍づけ、さらに目が出るまで五回振るとおいらたちのルールとは違っている。おいらたちはいい加減で目が出るまで三回も振るなんてかったるいから二度振りにしようと一時期二度振りでしたこともあるくらいで、正しいチンチロリンのあり方とは無縁だから、あるいは五度振りのほうが正統派なのかもしれない。

この『麻雀放浪記』第一章を除くと、チンチロリン考察は皆無といっていい。あらゆる雑誌週刊誌に、競馬や麻雀などの記事コラムがあり、競輪、パチンコなどのコラムもある。

最近じゃインベーダーゲームの本まで出る御時世だというのに、なぜチンチロリン評論家が出てこないのか。理論が生まれにくいということはないと思う。競馬だって麻雀だって、先駆者が突如出現してくるまでは混沌としていたのだ。阿佐田哲也が登場してから、「あ、なるほど」ということになったのだから、チンチロリンだってまだ真に理解をきわめた先駆者が登場していないだけで、いつかきっと現われてくるにちがいない。

そうかもしれないが、いま先駆者がいないとの事実は、あらゆるギャンブル理論書を求めているおいらとしては淋しく、不満なのである。チンチロリンについてのいわれなき蔑視を感じる。競馬や麻雀のように〝健全な娯楽〟にならなければ、その手の理論書は出版されないのだろうか。

おいらがハウツー出版物が嫌いなのは、そういう安易なずるさがいやだからだ。競馬ブームがくるとそれっとばかりに競馬関連書ばかり、インベーダーゲームがはやると、それッ。全国三万人（このぐらいはいると思う）のチンチロリンファンを何と思っているのか。

やはり、いまチンチロリンに凝っている若い友人が先日横須賀線で出勤途中うとうとと眠った時のエピソードを想い出した。夢の中でチンチロとサイコロを丼に落とす音が聞こえ彼はあわてて目をさました。いつも夕方から深夜まで会社でサイコロを振っているから、もう会社についたのかとあわてたわけだ。目を開けると、横で労務者ふうの三人連れがサイコロを振っていたというのだが、周囲の乗客は彼らを白い眼で見ていたという。これがいわゆる蔑視でなくて何だッ。おいらは声を大にして叫びたい。

ボウリングブームの頃、理論書がなくて困ったことがあった。どのピンを狙えとか技術論はあっても、理論書がないので、単に点数のいい悪いというゲームでしかなかった。一過性のブームで終った裏にはそういうこともあったのではないか。あれはギャンブルじゃないけどね。競馬と麻雀がこれだけ大衆レジャーの王者として君臨したのは、実は理論書が生まれ、それによって各々が味わいを深めることが出来たからだと思う。チンチロリンが大衆レジャーの王者にならなくてもかまわないが、やはり味わいを深めるために一冊の理論書が欲しい。全国三万人のファンがいるかぎり、その本は競って買われるだろう。どこの出版社で在野の理論家を発掘し、出版してくれないものだろうか。いま、チンチロリンほど謎を秘め、奥の深い、神秘的なゲームはないのだ。

（15号／1979年11月）

ギャンブル小説第2番

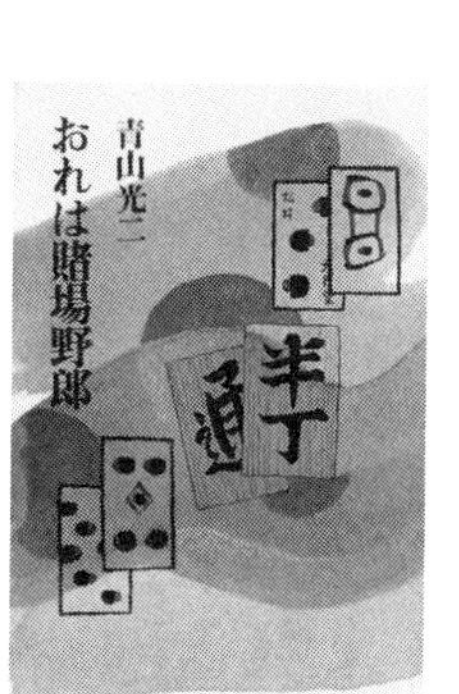

ふたたびチンチロリンの話を書く。まず最近おいらたちの間にすっかり定着した新ルールを紹介しよう。⚃⚄⚅が二倍役で、⚀⚁⚂がマイナスの二倍役であることは本誌十五号で書いた。最近定着したルールは、さらに⚁⚅を二倍役、⚀⚂⚄を二倍づけのマイナス役に採用し、つまり⚃⚅が出るとあとの一つが⚁でも⚄でも二倍、そのかわり⚀と⚂が出ちゃうと残りの一つが⚁でも⚄でも二倍づけのマイナス、スリルがあるのなんの。好評なのである。

まあインフレ・ルールかもしれないが、⚁と⚅は裏表なわけだから、理にかなっているような、いないような。……それで二度振りも定着しちまったので荒っぽいことこの上もない。しかし、それでこそチンチロリンなのだ。この新ルールが全国三万人のチンチロリン・ファンの間に、どこまで浸透するか、愉しみである。

ところでおいらの仲間うちにI君がいる。市川に住んでいて、母親が教育者であり、三十前で髪の毛がうすくなっていることなど、知っている人が読むとすぐバレてまずいのでここではハッキリと書かないが、こいつが実は夜中になると踊り出す。彼には薄幸の美女といった感じの嫁さんがいるのだが、「仕事で今夜は帰りません」と電話して、夜毎サイコロを振っているわけだ。そして、深夜1時をすぎると何と踊り出しちゃうのである。

なぜ踊り出しちゃうかというと、深夜1時ごろにはたいてい負けがこんで熱くなっているからだ。負けがこんだ奴の反応はいろいろあって、ムッと黙り込んじゃう奴とか、トリスを飲んだように顔をポッと赤くする奴とかまあ面白いもんなんだが、彼の場合はサイコロを手に灰皿のまわりを踊り出しちゃうのである。それも何やらブツブツ歌いながらなのだ。よく聞いてみると「〽ピンゾロが出～るかな　出したいな　出してみよ」とか言っている。おまけに、東京音頭そっくりの手足の振りまで付けるのである。

いくら負けてもムッとしないのは立派で、育ちの良さが現われているが、それにしても踊り出すとはどういう性格なのか、人の心はわからない。もっとも見ているほうも「〽ピンゾロなんて出るわけない　一二三が出～る～ぞ　ホイ」なんて一緒に灰皿のまわりを踊ってまわってるから、どっちもどっちか。

知らない人が見たら、いったい何をしているのやら、ギャンブルの最中だとはよもや思わないだろう。おいらたちは決してふざけているわけではない。真剣に念波を発し合いながら闘っているのだ。はたから見れば決してそうは見えないだろうけどね。歌い、踊り、振り、念じ続けるので、八時間、十時間の長丁場を闘い終るとぐったり。ノドは枯れ、手はだるく、膝はガクガク、重労働なのである。徹夜などしようものなら、体の消耗度は激しく、まずすぐには寝つけない。サイコロがちらついて、頭から消えないのだ。いつだったか、徹夜でサイコロを振ったあと、ラーメン屋に入り、ビールとシューマイを頼んだことがあった。頭がボワーンとしている。ビールが体に気持いい。皿の上に五つあったシューマイを二つ食べ、しばらくすると、目を開けているのに、ボーッとして、ふっとシューマイの皿に手をのばしてしまった。はしを持たずに、右手で三つ残ったシューマイをつかもうとしたのである。なんでシューマイがサイコロに見えたのか、今でもわからないが他人に見られなくてよかった。

　というところで、小説の話である。ちょいと変ったギャンブル小説が二冊出ているので紹介しておきたい。まず一冊目は、青山光二「おれは賭場野郎」（光風社出版）だ。これは手本引き小説なのである。手本引きに関しては、阿佐田哲也のギャンブル小説にも出てきたが、本格的な小説ははじめてなのではあるまいか。若き天才胴師・島岡辰治を主人公に、色恋模様を織りまぜながら博徒の世界が興味深く描かれている。

　ただ、手本引きを知らないおいらにはまだルールがのみこめず、そのあたりをもっと書いてくれれば、より興味は倍加したのではないかと思う。手本引きの解説書じゃないんだから、そんなことは関係ないのかもしれないが、ちょいと物足りなかった。

　もう一冊は富島健夫「女とギャンブル」（青樹社）。こちらは競艇小説である。あいまいな記憶なのだが、たしか阿部牧郎の短篇に競艇選手を描いたものがあったような気がするが、本格競艇長篇小説となると、おそらく初めてではなかろうか。他にあったら教えて下さい。

　おいらは自慢じゃないが、競艇は一度しか行ったことがない。本誌十五号でキチガイ会社のことを書いたが、その恒例のギャンブル旅行でホテル紅葉（！）――広くて迷子になっちゃったよ。翌朝バスの集合時間に遅れたI君は、大浴場のすべり台に熱中してたことが後に判明した。当時二十五才、いったいどんな性格なのか今でもわかりません――に泊まった際、琵琶湖競艇に寄ったわけだ。仲間うちに一人でも競艇に詳しい奴がいれば面白かったんだろうが、誰も知らない。デタラメに買い、騒いでるうちに終っちまった。富島健夫の「女とギャンブル」は競艇のコーチ屋を主人公にしたもので、これを読むと展示航走がいかに重要かがわかる。タイムを測り、エンジンの音を聞き、推理の要素とするわけである。なるほどね、そうであったのか。

　富島健夫といえば、官能小説の書き手というイメージで見られやすいが、その昔「恋と少年」をはじめ、青春小説の佳作を何篇か書いている作家だ。未婚の母を描いた「すみません」以降、読まなくなっちまったが、久しぶりに読んで面白かったよ。競艇という世界への興味が手伝ったんだろうけど、今後、競艇作家として新展開を見せてくれればありがたい。

　ところで、チンチロリンの実用書――といってもパフなんだが――を見かけたという情報が入っている。まだ確認していないが、もし本当なら画期的な出版だ。判明次第お伝えします。「おれは賭場野郎」「女とギャンブル」の二冊のように、競馬麻雀以外のギャンブルに目が向けられてきたことは大変いい兆候である。早く、チンチロリン小説も出てこい！

（17号／1980年3月）

おすすめギャンブル本はこれだ

初心者向けギャンブル本

①阿佐田哲也『麻雀放浪記』全4冊（角川文庫）
②D・フランシス『大穴』（ハヤカワ・ミステリ文庫）
③寺山修司『馬敗れて草原あり』（新書館）
④山野浩一『新しい名馬のヴィジョン』（中央競馬ピーアール・センター）
⑤増川宏一『賭博』全3巻（法政大学出版局）

まずは、ギャンブル初心者向けのおすすめ本だ。ギャンブルなど一度もやったことがないという人、あるいは二、三度やったことはあるがあまり興味がないという人、そういう人向けの本である。

阿佐田哲也とディック・フランシスの作品は、ギャンブル小説の名著とされているが、ともにギャンブルを離れても充分に読みごたえのある小説で、麻雀や競馬を知らなくても面白いことは保証できる。いや、むしろギャンブル小説ということだけで、手に取らなかったとしたら大変もったいないほどの傑作揃いである。阿佐田哲也は短編「シュウシャインの周坊」が個人的ベスト1ではあるものの、やはりこの『麻雀放浪記』を挙げるべきだろう。フランシスは『興奮』『度胸』でもいい。

寺山修司の競馬エッセイも名著中の名著で、彼のエッセイを読んで競馬を始めた人も少なくない。そういう魔力を秘めた本だ。「競馬が人生の比喩なのではなく、人生が競馬の比喩なのだ」という名言は忘れがたい。この系譜が鵜飼正英（『競馬紳士録』『競馬千一夜』『競馬探偵団』）以来、途絶えているのは惜しい。

山野浩一の『新しい名馬のヴィジョン』は、実は競馬に託して語られる日本文化論となっているのがミソ。

増川宏一『賭博』は、賭博の起源から解き起こし、その歴史・文化を論じる名著。尾佐竹猛『賭博と掏摸の研究』、宮武外骨『賭博史』というわが国の賭博を概説した名著もあるが、世界の賭博史を視野に入れたその壮大さに敬意を表してこちらにしておく。

この五点はどれもギャンブルに関する本としては名著であり、対象となるギャンブルに熟練しようとどうしようとまったく関係がない。それぞれピカレスクであったり、冒険小説であったり、日本論であったり、文化史であったりするから、ギャンブルそのものに関心がなくても充分に愉しめる。その点で、初心者向けなのである。

中級者向けギャンブル本

①岩川隆『競馬人間学』（文春文庫）
②田村光昭『麻雀ブルース』（角川文庫・品切）
③青山光二『札（ふだし）師』（光風社出版）
④阿佐田哲也 編著『競輪痛快丸かじり』（徳間書店）
⑤石川喬司・結城信孝 編『ギャンブル小説傑作集1〜3』（カッパ・ノベルス・絶版）
1「黄金の指」2「華麗なる賭け」3「女は一回勝負する」

次にギャンブル中級者向けの五点。

中級者とは、ギャンブルをやっていて、しかも結構好きだけど、デートがあればギャンブルよりもデートを選ぶという人。すなわち初心者ではないが、決して上級者（何よりもギャンブルを優先させる）ではない段階。

この中級者向けの選択にいちばん頭を痛めた。本の種類が多すぎるのだ。ええいっと選ぶしかない。まず、岩川隆『競馬人間学』。これは競馬に関係する人間ノンフィクションなので、初心者向けの本にするか最後まで迷った。この種ののが少ない状況を考えると稀な傑作。田村光昭『麻雀ブルース』は近代麻雀の昭和52年10月号別冊として刊行された麻雀青春放浪記で、なかなか読ませる。のちに角川文庫に入った。麻雀プロには金子正輝（阿佐田哲也なきあと、この人に期待するところが大きい。本格的な麻雀小説を一日も早く書いてもらえないものだろうか）など、作家的な才能を持った人が多いが、これもそういう一冊。青山光二『札（ふだし）師』は手本引き小説。この作家はやくざ小説の第一人者だけあって、他にも博打場面が出てくる作品が多い。『競輪痛快丸かじり』はエッセイあり、必勝法あり、コミックありの競輪バラエティ・ブック。競輪はギャンブルの帝王だという編者の宣言が気持ちいい。

阿部牧郎『菊花賞を撃て』、石川喬司『走れホース紳士』、新橋遊吉『八百長』、黒岩重吾『場外の王者』、富島健夫『女とギャンブル』、五味康祐『雨の日の二筒』などのギャンブル小説を挙げていくときりがないので、これらについてはカッパ・ノベルス『ギャンブル小説傑作集』を代表としておこう。これはアンソロジーなので長編収録は無理だが、阿佐田哲也「シュウシャインの周坊」、五味康祐「雨の日の二筒」を始めとして、手本引き、丁半博打、競輪、競艇など、多種目に渡るギャンブル短編を収めている。この種のアンソロジーでは読みごたえ抜群。

本来なら、福地泡介や畑正憲のギャンブル・エッセイも欠かすことは出来ないのだが、そんなことを言い出したらページがいくらあっても終わらない。

実はこの中級者向けの本は、初心者向けと上級者向け、そのどちらにも入らない本という基準なのでいちばん該当書が多い。大半のギャンブル本がここに入ってしまうのである。

したがって、ええいっ、この五点にする。

上級者向けギャンブル本

①高本公夫『競馬で勝って歓喜する本』（KKベストセラーズ）
②松本勝則『外れ馬券が止まらない』（弘文出版）
③蛭子能収『気弱なギャンブラー』（太田出版）
④松野杜夫『麻雀を打つ剣豪』（講談社文庫・品切）
⑤狩野洋一『平成ダービー殺人事件』（大陸ノベルス）

ということで、いよいよギャンブル上級者向けのおすすめ本だ。

ここからはすごい。初心者が読んでもその本の愉しさがわかりにくい本、ギャンブルに熟練していたほうが愉しい本がずらりと並ぶ。中にはヘンな本も入っているからご用心。

ギャンブルの上級者で、しかも本好きということは、阿佐田哲也の小説から賭博の歴史書まで、ありとあらゆるギャンブル本を読んできている（とする）。となるともはや読むものがない。さらに並大抵のギャンブル本では満足しない。こういう上級者はいったい何を読めばいいのか。本の選択も大変むずかしい。

しかし、そういう人向けの本もきちんとあるから世の中まだ捨てたものではない。まず上級者向けの筆頭は御存じ、高本公夫の馬券本だ。暗号を探せという方式自体は、「演出か、八百長か、作戦か」と副題の付いた武智鉄二『競馬』（カッパ・ブックス／昭和34年）以来綿々とあり、さして珍しいわけではないが、次々と繰り出す高本公夫の暗号解読法が受けたのは昨今のファンが馬券本を読み物として愉しむ大人になっているからだろう。井崎脩五郎の〈高本ごっこ〉に見られるように、これほどバカバカしく愉しい〈遊び〉はないのだ。『競馬で勝って歓喜する本』には、現在の高本方式はまだ現れていないが、これはデビュー本ではないにしても著者の記念すべき馬券本。しかし、本として読むなら松本勝則『外れ馬券が止まらない』のほうがあるいはいいかもしれない。大方の馬券本がいかにして馬券を的中させたかを語っているのに対し、これはいかにして外れたかに徹底している。まさに馬券本の革命である。ユーモア漂う文章とともに次代のエースとしてこの著者をマークしておきたい。

蛭子能収『気弱なギャンブラー』も、いかに負け続けているかを語るギャンブル・エッセイ。吉行淳之介を始め、福地泡介、畑正憲などギャンブル・エッセイの名手が昔ほど抱腹絶倒、軽妙洒脱なエッセイを書かなくなっている昨今、次の世代の奮起に期待したいが、蛭子能収はそのエースになる可能性が高い。最近の好著である。しかし、この人、本当にこんなに弱いのか。想像を絶している。

松野杜夫『麻雀を打つ剣豪』は、珍品中の珍品。剣豪が輩出した16世紀のわが国になんと麻雀が伝えられていた、との設定で始まる時代小説である。平手造酒は麻雀を覚えて人生が狂ってしまうし、柳生十兵衛が隻眼になったのは、対局中に怒った家光の投げた牌が目に当たったから、というすごさだ。剣豪たちが麻雀に託して剣の極意を語るのもおかしい。ふんだんに登場する牌譜も愉しいが、牌譜付きの時代小説とは空前絶後だろう。

そう、問題はその牌譜なのだ。ほとんど病気に近い上級者は小説の中に牌譜を見るだけでとても幸福な気分になる。ところが最近は牌譜を小説の中に見ること自体が少ないから、上級者の渇きは癒されない。牌活字を最初に使用したのは五味康祐だというのが定説になっているが、阿佐田哲也の新作が読めなくなると、牌譜を見ることがめっきり減って、なんとも淋しいのである。

ということを頭に置くと、『平成ダービー殺人事件』を書店の新刊コーナーで見た時の喜びがわかっていただけるかもしれない。この著者が狩野洋一であることに気付くと上級者は思わず手が延びる。この著者は麻雀プロ日本一（第6期最高位）になった人である。そういう略歴の人が書いた小説であるならば、これは牌譜が出てきても不思議はない。おお、そうか、よしよしと手が伸びるわけである。結果的には、たった二カ所しか牌譜は出てこなかったが、いやあ嬉しかったこと。ミステリーとして弱いとかそういうことはどうでもいい。牌譜さえ出てくればいい、というヘソ曲がりの上級者へおすすめする極めつけのギャンブル本である。

ということで計15点。中には品切れで入手できない本もあるが、古本屋を歩いても引き合うことは保証したい。もっともこれらの本を読んでいるとギャンブルをする時間もなくなってしまうが……。

（95号／1991年5月号）

下手くそ馬券師が読む二冊の穴馬券戦術本

ターザン山本『穴馬券一本勝負』（ポケットブック社発行／ごま書房発売）を読んでいたら、ライスシャワーに関するくだりで手がとまった。

御存じのように平成四年のダービーでミホノブルボンの二着に突っ込み、29580円の大穴をあけた馬で、その年の菊花賞と翌年春の天皇賞をその後勝っているから、それはもう強い実力馬ではあるのだが、ダービーの段階では18頭立ての16番人気。まったく人気がなかった。その馬を、この筆者はダービー前の皐月賞でもNHK杯でも買っていたというのだ。ところが、皐月賞8着、NHK杯8着とふがいない負け方をしたので、ダービーでは見限ってしまい、あの大穴馬券を取り逃がしたというのである。

その年の皐月賞とNHK杯で自分がどの馬を狙ったのか、私はもうすっかり忘れているが、その段階からライスシャワーを狙っていた人がいたなんて、いやあすごいねえと驚いてしまった。それでダービーを取り逃がしたのなら悔しいだろうな。私は全然悔しくなかったけど。

自分が狙った馬は最後まで追いかけろ、という教訓を、ターザン山本は語っているのだが、このくだりで途端に思い出した。

今年の春競馬最終週の土曜日のこと、つまり六月十一日、何レースであったのかもう忘れてしまったが、一緒に競馬場に行っていた友人がレース前に「何を買ったの?」と尋ねてきたので馬券を見せると、「あれ、ホッカイリアルを買わなかったの?」とヘンなことを言う。なんなの、その馬は?

友人によると、ホッカイリアルという馬は、その前に出走してきた時に私が買った馬なんだそうだ。えっ、本当？　どうして私が忘れているのに、あんたが覚えているの？　まったく困ったものだがそう言われてみると、かすかな記憶がたしかにある。あやや、どうしよう。このレースでそのホッカイリアルが来るかどうか保証のかぎりではないにしても、一度狙った馬がもし来ちゃったらとても悔しい。たとえ、このレースで惨敗しようとも、万が一ということがあるから、馬券だけは買っておきたい。ところが、そう言われた時にはスタート直前で、それから窓口に馬券を買いに走るんでは間に合わない。おお、このレースで来るんじゃないぞ。この次はちゃんと覚えていて、買ってあげるからね。私の祈りが通じたのか、ホッカイリアルは幸いにも（?）連に絡まず、次に出てきたのが、話の都合であっという間に2回新潟2日目の8R。よおし、今度は覚えているぞ。

ホッカイリアルは4番人気で単勝が8倍。なんだか今度は勝ちそうな予感がする。相手に1番人気のメジロビゼンと2番人気のキャピタルスルーを選んで、これで万全。馬連はそれぞれ、13倍と17倍だ。ところが、キャピタルスルーは2着に来たものの、肝心のホッカイリアルは後方ままの11着。つまり思い出さない方がよかったのである。

その時、勝ったのはホッカイリアルと同枠のヤスコシンザンという馬で、枠連にすれば的中していたが、後の祭り。ヤスコシンザンが10番人気だったので、その馬連が１１３００円。ふーん万馬券ねえ、よし、次は9レースだと何の感慨もなく、忘れてしまったが、それで話が終わればここにこんなことを書いているわけがない。

それから数日後、部屋でぼんやりしながら以前の競馬新聞を見ていたのだ。すると五月七日の新聞が出てきて、その日の６Ｒの未勝利戦に、おお、ヤスコシンザンが出ているではないか。おまけに私はそのヤスコシンザンの単勝を３０００円買っていて、馬連馬券もそこから3点買い。その時は６着に負けているけど、ええっ、この馬を買ったことがあったのか、とびっくり。単勝を３０００円も買うというのは、私の場合、よほど自信がある時に限られている。その時に何があったのかまったく覚えていないが、それほど強い自信があって一度は買った馬をすっかり忘れているなんて！　ということは、2回新潟2日目の８Ｒは、ホッカイリアルとヤスコシンザンという私が狙ったことのある馬が、たまたま同枠に入った珍しいレースであったのだ。それを覚えていたらな、と私が深く後悔したのは言うまでもない。

ようするに私、記憶力が悪いのである。狙った馬はとことん追いかけろというターザン山本の教訓は実によくわかるけど、狙った馬そのものを忘れてしまう人はどうしたらいいんでしょうか。それに、のちに菊花賞と天皇賞を制したライスシャワーをダービー前に狙っていたんだよ、とは競馬を知らない人にも話がしやすいだろうが、ホッカイリアルとヤスコシンザンは四歳の夏競馬で未勝利戦に出ている馬だから、ちょっと他人に説明しづらいのも困る。

ところで、ターザン山本のこの本は、穴馬券を取るには予想するな、ということを徹底して語っているのだが、この真理は、競馬主義編集部編『万馬券二季報』（自由国民社）でも語られている。こちらの本は、実際に万馬券を取った人の、その馬券の実物写真とコメントを並べた本で、なんとまあバカな企画を考えるの面白いけど。

その中に穴馬券を取るコツとして「深く考えないこと」という項目があるのだ。いろいろ予想していくと人気通りの結論になるのは当然で、となると穴馬券は取れない。穴馬券というのは、みんなの予想を裏切るから穴になるわけで、その馬券を的中するには深く考えないほうがいいのである。なるほど、おっしゃる通り。問題は、ああでもないこうでもないと予想するのが競馬の面白さで、「深く考えないこと」を実践するとその愉しみがなくなってしまうことだ。

しかし「10頭立てのレースは8枠から買う」とか「4頭以上牝馬が出たら5番人気から買う」とか、この本の中で万馬券を的中した人たちは、正統的な予想をせずにまったくヘンな理由で馬券を買っている人ばかり。きわめつけは、「次のレースの予想と人気を見て、その目を買う」というもので、つまり次のレースで5番の馬が人気だとするなら、その前のレースで無印の5番の馬を買うというのである。一体なんなの、それ？　これらのバカバカしい馬券戦術を笑うのは自由だが、的中馬券の実物写真の前に私は深く頭を下げるのである。

この二冊は今年の春に刊行された本で、今さら紹介するのは気がひけるけど、こういう本を読みながら、私は静かに秋競馬本番を待っているのである。

（１３５号／１９９４年９月号）

「馬の文化叢書」全10巻がどかーんと完結したぞ！

競馬場に行くと、人間は謙虚になる。だって、どれほど一生懸命に考えたってぜんぜん馬券が当たらないんだもの。どんなに自信満々の人でも、これでは謙虚にならざるを得ない。もともと自信のない人なら、ずっと謙虚になる。先日もぼろぼろに負けて、うなだれて府中駅まで戻り、ふらふらと駅前の書店に入った。もういいんだオレなんて。すると、この本が目に飛び込んできた。小道迷子『馬のように笑う』（ぶんか社）。そういえば、この人の競馬エッセイ集『無印良馬』を以前読んだことあるよなあ、と思い出した。ま、ようするに、馬券を外したファンの弁を、軽妙な文章とマンガで見せてくれる本だが、傷ついた心に妙に染みていくのである。とくに、自分の買った馬がいつも1着3着に泣く「サンドイッチ馬券」の話はホント、他人事ではない。

この本と一緒に買ってきたのが、別冊宝島『競馬名牝読本』（宝島社）。お馴染みの読本シリーズの最新刊で、巻末広告を見ると、これが14冊目らしい。もうそんなに出たんですか。

今回は題名通り、人気馬、名馬を生み出した牝馬たちの話。ギャロップダイナの母アスコットラップから、シスターソノの母ロジータまで、さまざまなドラマが語られる。みなさん、軽妙なエッセイで、うまいうまい。おっと、サンドピアリスの母イエンライトについて書いている安福良直は、以前本誌にも登場した競馬同人誌「歩く馬」の編集長ではないか。安福さん、元気ですか。このエッセイがなかなか面白く、イエンライト一族は京都芝2400mを得意とする、という怪説を紹介しているのだ。詳細は省くけれど、そこで、サンドピアリスの子が京都芝2400mに出てきたら大きく狙うしかないとの結論に達する。それを「二度あることはサンドピアリス」と言うんだって。ははは、バカなこと言っちゃって。しかし、覚えておけば、これは大儲けが出来るかも。問題は、サンドピアリスの子が出てくるまでに、この怪説を忘れちゃいそうだってことだ。

てなことを、ああだこうだと、いつまでも書いていると、

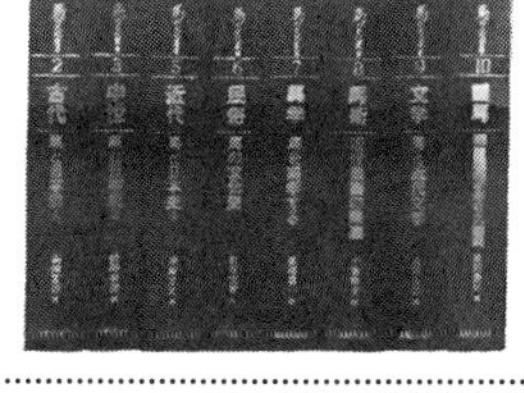

そのうちにスペースがなくなりそうだから、ここらあたりから急いで本題に入っていくが、実はすごい叢書がひそかに進行していたのである。

えい、どうだの全10巻。「馬の文化叢書」である。これは、馬や馬の文化に関する価値ある著作・研究を各ジャンルごとに集成して、それぞれの分野の専門家による解説を付け、全10巻の叢書にしたものだ。その内訳は、第一巻が『埋もれた馬文化』、第二巻から第五巻までが『馬と日本史』1〜4。第六巻『民俗 馬の文化史』、第七巻『馬学 馬を科学する』、第八巻『馬術 近代馬術の発達』、第九巻『文学 馬と近代文学』、第十巻『競馬揺籃期のイギリス競馬』という構成である。

発行元は、財団法人馬事文化財団。監修は、江上波夫、木下順二、児玉幸多の三氏。

巻頭言から拾うと、「平成三年度の競馬法改正に伴って日本中央競馬会に創設された特別振興資金を原資として行なう特別振興事業のうちの馬文化保存事業の一環として刊行」されたとの背景があるらしい。ひらたく言えば、われわれの馬券代がめぐりめぐって、この叢書の刊行資金になっているということだ。

実は、正直に書くと、門外漢にはこの全10巻におさめられた著作や研究が、どこまですぐれたものなのか、皆目わからない。

ようするに専門書だからね。われわれが読んで面白いのは、第九巻『文学』と第十巻『競馬』くらい。

それにも注文がないわけではない。

第九巻『文学』には、円朝から古井由吉まで四十一篇が収録されているが、どうせなら中河与一が新聞に連載したという幻の競馬小説を収録してほしかった。もっとも、勝手に「幻」と決めているだけなんだけど。これは、中河与一のエッセイを古本屋で買ってきて読んでいたら、「いま新聞に書いている競馬小説は」という記述が目にとまり、あわてて高木健夫『新聞小説史』を引っ張りだしてようやく判明したものだが、いったいこの作家がどんな競馬小説を書いたのやら知りたいではないか。連載期間から推察すると中篇と思われるが、もし傑作だったらどうしようと考えるだけで、おお、読みたい。まだ見ぬ中篇なので、読んでみたらがっかりすることも考えられるが、たとえ出来が悪い作品であったとしても、資料としては収録する価値があると思う。

この叢書、昨年の12月に完結して、早くも品切れの巻が幾つもある（一、四、七巻）。もともと書店売りもせず、直接注文だけで販売した本であり、そういう叢書を（つまりは今となっては入手できない特殊な本を）ここに紹介するのもなんだけど、ま、古本屋で見かけたら手に取って見てください。

では、何の話かというと、完結してから書棚を見ると、おやおや、どういうわけか、第一巻と第四巻が欠けているのである。ま、結局は書棚に飾っておくことになっちゃうんだろうけど、せっかくだから全10巻をびしっと揃えたいではないか。一巻と四巻を持っている人がいたら、譲ってくれえ！

（153号／1996年3月号）

野球小説への招待

☆球春たけなわである。ヒイキのチームが早くもコケたファンにとっては暗く長いシーズンだが、なに現実の勝ち負けなど、どうでもよろしい。へん、あんな打球が捕れないでプロか、とうそぶきながら本をめくろうではないか。紙野球ドラマには現実のグラウンドが失くした夢がつまっている。野球小説は汗と根性のドラマではなく悲しい夢の小説なのである。

1981年刊の別冊本の雑誌①「ブックカタログ1000 PART1」に「野球の本10冊」を選んだ時、次の文章で駄文を結んだ。

「栄光のタイガースが蘇えるのはいつの日なのか、まことにイライラする今日このごろなのである」

おかげさまで昨年は生涯に二度とない大変結構なシーズンであり、幸福な一年を過ごしたが、今年は開幕いきなり四連敗。まあ、あんないいことは10年に1度でいいし、今年も優勝するなんて甘い期待は開幕前から持っていなかったけれど、せめてオールスターまでは愉しみたかったよ。この原稿を書いている段階では五割前後をうろちょろしているが、どうも昨年の勢いはなく、タイガースの奇跡よもう一度の思いもあるけれど、四連敗ではっきり言って、今年はあきらめました。

しかし、シーズンは長いしなあ、これからどうやって過ごせばいいのだ。とお困りの読者に、暗く長いシーズンの過ごし方を提案するのがこの稿の目的である。

野球小説を読めばいいのだ。

グラウンドが思い通りにいかないならば、せめて紙野球ゲームを愉しみたい。自慢じゃないが一昨年まではシーズンはオールスターで終り、夏以後は野球本を読んで過ごすのが習慣だった。昨年が特別なのだ。また以前の習慣に戻ればいい。ヤクルト・ファン、南海ファンの皆様にも、このシーズンの過ごし方をおすすめしたい。

「ブックカタログ1000 PART1」で野球の本を紹介しているので、今回は野球小説に話をしぼる。野球ものはノンフィクションにいいものが多く、それらを割愛するのはしのびないが、暇があったら、大和球士『プロ野球三国志12巻』(ベースボール・マガジン社)あたりを入口にして、それらのノンフィクションにも目を通して下さい。

まず、見逃がされがちな野球小説から。トップバッターはこれ、北条誠『風の中の男』。昭和39年に春陽文庫から出た一冊で、現在手に入らないのは惜しい。

とにかく泣けます。恥ずかしいことに私はボロボロ泣いた。野球ゲームそのものがドラマチックだから、野球小説はもともと劇的効果を高めやすいのだが、これはその見本のような小説だ。

名門東京ヤンキースの監督、三島直がソ

連から復員してきた栗原を擁立しようとする球団幹部に追い出され、福岡ペガサスの監督となって、ヤンキースを日本シリーズで倒すまでを描いている。年配の読者なら、このあらすじだけで、この小説が名将三原脩をモデルにしていることがおわかりだろう。栗原はもちろん三原の終生のライバル、水原である。中西太らしき選手と三島直の娘との恋愛話まで出てくるので、ある程度事実を下敷きにしているようだが、決してモデルの興味に寄りかかった小説ではない。ベテラン選手と若手との確執や、そういう寄せ集め集団をまとめていく苦労が過不足なく活写されているからこそいいのだ。特に、トレードで入団してきた孤高のスター選手大前田がだんだん胸襟を開きながらも喀血して倒れるあたりは、常套的であっても涙を誘います。

書影は新潮文庫版

シンプルではあるが、絶対のおすすめ。古本屋で見かけたら迷わず買いです。

次は、紹介の機会があるたびに何度も書いている阿部牧郎『南海・島本講平の詩』（中央公論社）。こちらは昭和46年に出た本だが、現在絶版。文庫刊行せよ、と何度も書いているのに、いまだ埋もれている名著である。

これは短篇集であり、タイトルに実名を冠しているが、実は野球そのものを描いた小説ではなく、野球を観る側のドラマである。下積みの人間が野球に託す暗い思いをあざやかに描き切った青春小説であり、名作「娼婦の町の蜜月」が書かれた年に出た作品集だ。昭和43年に「蛸と精鋭」でデビューした阿部牧郎がいちばんノっていた頃のことで、この器用な作家は昭和49年の『株式会社本願寺』を境に急転回していく。

阿部牧郎には、野村克也を描いた『白い花の強打者』（実業之日本社／53年）や、長嶋茂雄を描いた『もう一つの太陽』（読売新聞社／50年）などの実名小説、新リーグ結成に参加した森徹の夢を描く『ドン・キホーテ軍団』（毎日新聞社／57年）や、野球ミステリー『夕陽の球団』（双葉社／59年）、実名短篇集『90番死なず』（同／56年）、まだあるぞ、『南海・島本講平の詩』と同路線の『ワシントンの陥ちた日』（文藝春秋／50年）など、この分野の作品が多いが、もう一冊選ぶなら、『狼たちが笑う日』（文藝春秋／50年）だろう。

プロ野球界に新球団が誕生するというストーリーは多いが、他チームはすべて実名、新球団の選手のみ仮名とのやり方は、同年刊行された海老沢泰久の大傑作『監督』（新潮社）と同じで、実名の制約を回避する実に巧みな方法論だった。

もっとも新球団の選手にも、江夏や野村をモデルにしたとすぐわかる選手がいるが。

混成の一匹狼集団、というアイデアは珍しいわけではない。最近でも、赤瀬川隼『さすらいのビヤ樽球団』（講談社）、軒上泊『甲子園の戦士』（双葉社）など、野球小説にはよくあるパターンだ。この2作は最近の作品なのでコメントはつけないが、どちらもベスト20を選べば必ず入る作品です、念のため。

野球小説は、内部の裏切者（不満分子）をかかえながら目的地（勝利）に向う冒険小説と同じようにパターン小説の要素がある。『狼たちが笑う日』もそういうパターンにのっとっているが、そうとわかっていても目頭が熱くなってくるのは細部の肉付けがいいせいでしょう。

ミステリーから1冊。

有馬頼義『四万人の目撃者』から岡嶋二人『ビッグゲーム』まで野球を題材にしたミステリーは多い。その中から田島莉茉子『野球殺人事件』を選ぶのは、この作品が戦後すぐのプロ野球に材を得て書いた珍しい作品だからである。書かれたのは昭和23～24年、筆者は当時の覆面作家で、昭和51年深夜叢書社から刊行されている。

グラウンドでの殺人から密室殺人まで、カケ屋が横行していた戦後すぐのプロ野球を舞台に、現在読んでも魅力的な謎解き小説を構築している。作者の田島莉茉子、たしまりまこ。下から読んでみて下さい。大井広介と埴谷雄高の合作と噂されていたが、現在では大井広介の作というのが定説らしい。

犯行動機も納得できるし、戦後プロ野球の猥雑な雰囲気が背景に色濃く流れているのもいい。現在では絶版だが、野球小説ファンなら足で探す価値あり。

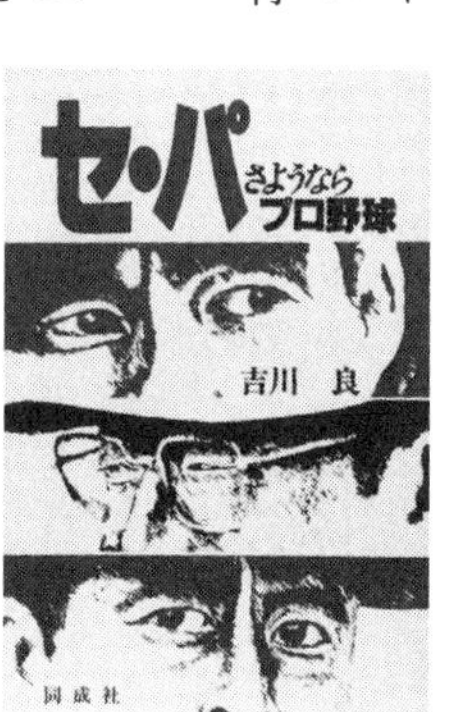

スペースがなくなってきたので、あとは駆け足だ。

野球小説ならこの人を外すわけにはいかないというのが、藤原審爾。リング・ラードナー『おれは駆けだし投手』を下敷きにした傑作『天才投手』は徳間文庫に入って読みやすくなったが、まだあるぞ、『野球賭博』。

元版は他にあるのだろうが、私の持っているのは昭和50年のＫＫワールドフォトプレス版。これは短篇集である。収録の一篇「小さい結婚式」に、野球に惹きつけられるのは、「全力をあげて生きるということへの羨望」だというくだりがあるが、共感します。我々の日常にそういうことが少ないからこそ、グラウンドのドラマに一喜一憂し、叱咤されるのだ。ちみにこの短篇は泣けます。

阿佐田哲也はこの人の影響をかなり受けている、とにらんでいるが、まったく藤原審爾はうまい。小悪党や不良、世間から少しはみ出した人間たちを描かせたら、この作家の右に出る人はいないのではないか。平易な言葉と文章で登場人物をこれほど奥行きのある人間として描けるのは、この作者の観察眼の鋭さなのだ。

今回は、見逃がされがちな野球小説を中心に紹介しているので、名作をごそっと落としている。さりげなく書名だけ挿入してきたがこれまでに名前のあがっていない名作をここでまとめて列記すれば川上健一『跳べ、ジョー！　B・Bの魂が見てるぞ』（講談社）、赤瀬川隼『球は転々宇宙間』（文藝春秋）、高橋三千綱『カムバック』（新潮社）の3作は、まず必読の名書。

赤瀬川隼は他に短篇集『影のプレーヤー』（文藝春秋）があり、川上健一も『タ・オ・ル』（講談社）や『監督と野郎ども』（徳間書店）もあるが、こういう最近の作品はすでに読んでいると仮定して紹介しているので、まだお読みでない読者はぜひとも手にとってみて下さい。損はしません。

ポール・R・ロスワイラー『赤毛のサウ

スポー』（集英社）、『二年目のジンクス』（同）のような名作もここではあえて紹介しない。むしろ芦原公『鳥の竜馬の反抗期』のような小説を紹介したいのだ。昭和52年に立風書房より出た本で現在は絶版になっているが、青春野球小説である。この小説現代新人賞受賞作家、その後どうしているのかなあ。

よし、もうスペースがない。

最後の1冊は、吉川良『セ・パさようならプロ野球』（同成社／58年）にしよう。

これは50年代版〝娼婦の町の蜜月〟である。と書いたって何のことかわからないか。

つまり阿部牧郎の初期の野球小説と同じように、観る側のドラマなのだ。職を捨て、妻子を捨て、ホステスの部屋に転がり込んだ46歳の男の鬱屈を淡々と描いた小説である。

この男、ロッテの記事をスクラップするという設定で、性悪でもないな、どこにでもいそうな中年ホステスとその息子にバカにされながらもヒモ同然の暮しを過ごし、昼間からせっせとスクラップをつくる。

ロッテに肩入れするのは、セ・リーグがヨーロッパならパ・リーグはアジア。セがエリートならパは下積み、という図式があるからで、その中でも観客動員数の少ない球団に味方したくなってしまうのである。

巨人と西武が日本シリーズで闘った昭和58年のシーズンが背景にあり、ズラズラと記事として実名が出てくるが、あくまでスター選手の動向よりもテスト生上がりの選手や失意の選手が中心である。阿部牧郎の時代は幸福だったんだな、と思うのは、この小説に甘さや明るさがいっさいないことだ。やや図式的すぎ、インテリ中年のいやらしさが鼻につかないこともないけれど、脳天気な小説群にかこまれていると、この暗さが逆に新鮮に思えてくる。

野球小説の名作、としてあげるにはためらうけど、見逃がされている変り種の1冊としてあげておきたい。

つい最近、何かの統計で野球が人気スポーツの1位からすべり落ちたという記事を読んだ。サッカーのように試合時間が決まっておらずゲームのテンポも遅いというのが現代っ子に嫌われている原因だという。少年たちに支持されないスポーツは悲しい。それも一時は日本中が熱狂したスポーツでありながら世代交代とともにファンが減っていくのは淋しい。その記事は、このままではプロ野球は時代に取り残されたスポーツになるだろうと結んでいたが、そういう時代だからこそ、デイヴィッド・リッツ『ドジャース、ブルックリンに還る』（小菅正夫訳／角川文庫）のような小説を読んでいたいと思う。

これは西海岸に移ったドジャースを30年ぶりに古巣に戻そうと計画した2人の男の物語で、日本の元野球少年にはわかりにくいところもあるけれど、ライオンズを福岡に戻そうという話に置き変えれば、これがノスタルジックな小説であることが実感できる。洋の東西を問わず、町とプロ野球が密接に結び付いていた時代があったのだ。

もはや野球は過去にしかない、という時代がそこまできているのかもしれない。

野球小説は過ぎ去った昔をふと思い出す中年男のための小説である。自分が全力を出して生きることが出来ると信じていた若き日々の記憶をよみがえらすものが、野球小説には必ずある。

本を開くたびに、まだ力があった時代に、あると信じていた時代に、タイムマシンに乗って還っていくのだ。

（48号／1986年6月）

本棚観賞クラブ設立のすすめ

本棚を見て嬉しくなるときがある。

一人の作家の本がずらっと並んでいることにふっと気が付いたときがそうだ。それもそれほど大文豪というわけでなく、ベストセラー作家というわけでもなく、一年に一冊か二年に三冊ぐらいの刊行ペース、つまりはあまり有名でないマイナー作家たち。

ふと目を上げると、十冊ほど同じ名前が横に続いている。版元がそれぞれ違っているから、その名前が不揃いだ。上下にでこぼこしている。そういうのを見るとぼくは嬉しくなってしまう。その作家がデビューしてから十冊たまるまでの数年の歳月を想うと、がんばってるんだな、と思う。

特に好きな作家だと、ふだんはスペースの関係で二段重ねにしてしまうのだが、あえてその一列は前に他の本を置かず、いつもでこぼこ名前の行列が見えるようにする。

そして仕事に疲れたときなどに顔をあげると、とても元気づけられるのだ。友だちみたいなもんだからね。

反対につまらなかった本や退屈な作家の本は、二段重ねのうしろに並べて名前が見えないようにしちゃう。人それぞれだから、そういう本も仲のいい友だちがいるのかもしれないが、ぼくとは気が合わないのだ。気の合う友だちとだけ付き合っていきたいもの、お前は見えないところにいろ！

ただ悪いなあと思うのは、間違って同じ本を二冊買うことがあって、そのことに気がつくと一冊を恐怖の差別構造じめじめ後列にかくして見えないようにしてしまうことだ。

これはその本にはなんの罪もない。いつも見える前列に置くと、自分の阿呆さかげんを直視しなければならないので、悪い悪いと謝まりながら姿をかくしてもらっている。ちょっぴり良心がとがめるので、そういう本は時に出して外の空気を吸わせることにしてるけど。

ところでぼくの本棚はジャンル別になっている。児童文学の本棚が二つ、文学全集の本棚が三つ、というふうにある程度までは整理してある。ぼくはミステリーが好きだから、持っている本もミステリーが多い。海外冒険小説の本棚とか、日本作家の本棚とかわけるのだけど、困るのは本棚の一段がぴちっとおさまらないことだ。

だいたい普通に並べると、平均的ハードカバーで一段に三十六冊、ぼくの持っているいちばん大きな本棚だと一段に五十二冊が収納できる。この一段を一作家でびしっと綺麗に埋めたい、というのが理想だが、なかなかそういかない。妥協して二人で一段でもいいがそれもうまくいかない。

はみ出るか、足りないか、そのどちらかで、足りない場合、たとえば四冊分いちばん左にスペースが空くとする。すると、まだ四冊しか刊行していない作家で、横の作家に並べても釣り合いのとれる人を探さなくてはいけなくなる。まったく関係ない人が並んだらおかしいでしょう。

そうやって二人プラス一人でなんとか一段ぴしっときまっても、それで終りとならないから忙しい。だってその時点で三人の作家が死んじゃう確率なんて、計算方法を知らないからわからないけど、まあないものだ。つまり本はふえるわけだものね。

そうなると四冊の作家Cをどけて、他の段と微調整しなければならない。すると、最初は作家Bとスクラム組んでいた作家Aが、「もうおれ一人で一段大丈夫だぞお！」なんて事態も起きてくる。あと三冊刊行すればぴったしし、なんてときはドキドキもの。あと二冊、あと一冊……落ちつかないことはなはだしい。そしてついに成し遂げた一段完全征覇!! しばらく本棚の前に坐ってニタニタしちゃうのである。この喜びはぼくしか知らないふふふ。

ところが何たることか、その作家がすぐ続けてもう一冊出してごらん。せっかくぴったりうまったのに、上か下の段に一冊はみ出してしまう。またあらたな二段目征覇の長い道がはじまるわけだ。作家のほうも大変だろうが、こちらも微調整につぐ微調整で休む暇もないのである。

でもいちばん困るのはやっぱり新しく本棚を買ったときだろう。それまでの本棚に収納できなくなって買うわけだが、ぴったり上から下までうまる場合は少ない。たいてい空きが出来る。この空白のスペースほど落ちつかないものはない。そこを早くうめようと、ぼくはいつもあわてて本屋さんに行き、ぴったり十二冊なら十二冊、八冊なら八冊買ってくるのだが、いったい何をしているんでしょう。

本棚に関する困ること、というか頭を痛めることはたくさんあって、本棚ひとつ丸々一ジャンルでうまらない場合も頭を痛める。船の本、なんて一冊ぽつんとあるのもおかしいでしょう。せめて小さな本棚の一段分は欲しい。ノンフィクションが四段分あって、あともう一段三十六冊あれば本棚一個完全征覇できるとなれば、なんとか一日も早くその日を迎えたいと、まあ切に想うわけである。

一ジャンル最低棚ひとつ、というのがぼくの目標だから、その最低規準を満たしていないゴチャマゼ本棚はどうも落ちつかない。本来ならそうした未完成の本棚はあまり見たくないわけで、スペースの余裕さえあれば本棚を二段重ねに配列してうしろの列にかくしたいほどなのである。

書店で、担当者が「この棚は自信がある！ ぜひ見て欲しい！」という棚があるそうだが、ぼくも上から下までわれながら感心する本棚がある。作家の配列といい背表紙の色具合といい、さらに内容の意味まで言外に含ませて、数年にわたる微調整の結果できあがったもので、一人チラチラ見ては「うむ、やるな」とニッと笑っているのだが、哀しいことに誰一人気がついてくれない。

部屋に招待してビールなど出し、何か一言ないものかとさり気なく背のびしてみせても、肝心の本棚を見ずに手近のマンガをパラパラめくったりして。まことにくやしい。

この道はまだはてしなく遠いのである。

（13号／1979年7月）

部屋の中で読書なんてしていられないッ

たまの休日に部屋で本を読んでいても、ピンポーンと宅配便は来るし、新聞の勧誘は来るし、現金書留は来るし（これは嬉しい）、犬はわんわん吠えるし、おまけにリリーンと鳴って、投資の勧誘から間違い電話、ひっきりなしに応対しなければならない。ピンポーン、リリーンと来るたびに読書は中断するから、これでは落ち着いて読書なんてしていられない。

どれほど環境に恵まれた理想の書斎（たとえば適度の音楽と快適な室内温度とゆったりとした空間の部屋）を持っていても、そうやって外部から侵入してくる雑音はどうしようもない。では騒音を遮断する部屋にすればいいのか。しかし、現金書留は留守の場合、郵便局に戻ってしまうし、そうするとわざわざ局まで取りに行かなくてはならなくなる。ハンコ持って行っても、フリーの身分には身分証明書なんかないし、もし疑われたらどうしようとか考えると、足を運ぶのも面倒くさくなる。そんなに書留が頻繁に来るわけじゃないけど。しかし、書留以外にも、大事な用件を持った訪問客の場合だってある。そんなわけで、一応、ピンポーン、リリーンときたら、無視できない。

外部の騒音を遮断するような立派な書斎を持っている人は、秘書かなんかがいて（しっかりものの妻でもいい）、先生が読書に集中できるように、そういう雑音に対しているのだろう。しかし、我々のようなフツウの読書人は、秘書もいないし、おっとその前に立派な書斎そのものがないか。

ようするに、フツウの読書人が理想の書斎を作るという発想そのものが間違っているのである。間違いその①立派な書斎など経済的にも我々には作れっこない、その②たとえ書斎を作れても雑用をしてくれる秘書を雇えないからピンポーン、リリーンのたびに読書が中断されて書斎が充分に機能しない。

それでも理想の書斎を作りたいというのは、そういう空間があればもっと本が読めるに違いないという気休めにすぎない。

では理想の書斎は諦めるのか。いやいや違うのである。家の中に作ろうとするから失敗する。外に出ていけばいいのだ。

私の書斎はもっぱら駅のベンチだ。ここは落ち着く。ピンポーンもリリーンもない。喉が乾いたら自動販売機で缶コーヒーでも買えばいい。ホームのベンチだと、あまり長い時間本を読んでいると、あいつどの電車に乗るんだろうと時々駅員に奇異な目で見られるが、改札口を出た外のベンチである。誰にも文句は言わせない（言ってないって）。

このベンチ読書のポイントは、いかにも待ち合わせふうを装うこと。一時間読んで立ち上がる時、さりげなく時計を見て、あれあいつ来ないのかあ、なんてふりをすれば誰も不思議に思わない。読書のためにベンチに座ったのではなく、待ち合わせのためにベンチに座ったら、おっと本を持っていたな、ではこれを読もうか、というふりから始まって、来ないから帰ろうという演技まで、あくまで人を待っているふうにすることが大事。

そこまで気を使わなくてもいいのかもしれないが、喫茶店で三時間も平気で読書できる人ならいざ知らず、コーヒー一杯で三時間も粘っちゃ悪いよなという人は（私です）、どうしても人の目を気にするので、このくらいの演技は必要なのである。それにもうひとつ、この演技は〈町中の書斎〉で読書することの本質に絡んでくる。これは後述。

しかし、これも一時間も座っていると、尻が痛くなる。本来、読書用に開発されたベンチではないのだから、致し方ない。そこで移動する。そうなのだ。私の言いたいのは、限定された理想の書斎はあり得ない。現代の書斎は常に移動することにある！　駅のベンチで一時間から、電車の中で30分、公園で20分と移動し続けて読書すること。これこそが我々フツウの読書人にとって、理想の書斎なのではないか。そう言いたいわけである。

少し前までは歩きながら本を読んでいた。これは歩きながら読むのが理想なのではなく、ほんの少しの時間も惜しいというだけのこと。とにかく読書以外の無駄な時間をなくしたい、と思って、歩いている時間がもったいないと気が付いたのだ。ところが、これ、いくら地下道で（地上ではさすがに危なくて、こんなことしません）、車が来ない安全なところといってもそれなりに油断しているとゴンゴン人とぶつかるし、落ち着いて読書できる環境とは言いがたい。

そこで最近は、新宿なら紀伊國屋書店の前、つまり待ち合わせのメッカに立つことにした。これは結構、いい。

多くの人が待ち合わせで立っている。すぐ待ち人が来るやつもいれば、30分も待っているのに相手が来ないやつもいる。人生悲喜こもごもだ。

その中にこっそりまじって本を読む。こちらも当然人を待っているふう。相手が来るまで本でも読むかとおもむろに本を開き、時々、腕時計を覗いたりするのは駅のベンチで読書するのと同じ。立ち去る時の演技も同様である。

駅のベンチ読書と、待ち合わせ場所での立ち読みに共通することがふたつある。
①ドアホンも電話も鳴らず、つまり自分あてに話しかけてくる他人がいない環境であること
②しかし、読書が目的とは考えられない環境であること。
この②の意味はこうだ。部屋を一歩でも外に出て本を読むということは、密室の読書ではないから、本を読んでいる姿を他人に見せるということでもある。これは大変恥ずかしい。出来れば、その行為を隠したい。駅のベンチと待ち合わせ場所が優れた読書空間であるのは、他の行動の意味が付くことで（つまりは待ち合わせを偽装することで）、あからさまな読書行為が目立たなくなることにある。前述した演技のポイントはここにもある。喫茶店の読書も図書館における読書も、こうはいかない。いかにも私は読書しています、という姿が露骨すぎて、厭味になる（ような気がする）。

いやいや、これも好みの問題だな。私は読書している姿を他人に見られたくないのである。それは食事している姿や、寝ている姿を見られるのと同様に、大変恥ずかしい。そこで駅のベンチか、待ち合わせ場所の立ち読みに落ち着いたわけだ。

ところで注意しなければいけないポイントがある。それは時間を考慮すること。たとえば、朝っぱらから駅のベンチで本を読んでいたりすると、通勤客にヘンな目で見られかねない。待ち合わせ場所における立ち読みにしても夕方、人が多くなってからでないと、一人ポツンと読書しているのでは目立ちすぎる。読書が目的とはとても考えられない、と油断させるつもりが、あれは読書が目的だ！と鋭く見抜かれてしまっては、一体なんのために偽装したのやらわからなくなるではないか。

ホテルのロビーもいいかもしれない。あるいは、デパートの屋上（妻の買い物を待っているふうを装う）もいいか。要は、読書行為を隠せればいいのだから、待ち合わせ（これは偽装にぴったりだ）に適した場所であればどこでもいいことになる。

かくて、私は今日も待ち合わせの場所を探して、町に出ていくのである。


（104号／1992年2月号）

●心にしみる馬券おじさんの言葉

藤代三郎名言集

いま金網の前にいる人たちを見ると、途端に競馬場の空気を思い出す。競馬はギャンブルだぜ馬券だぜ、と普段は思っているのだが、馬たちのそばにいたいという感情が自分の中にあることに気がつくのである。えーっ、**おれ、馬が好きなのかよ。**

『外れ馬券に帆を上げて』

いくらなんでも前を行く2頭はかわせないが、このましのげば3着だ！「そのままそのまま、しのげしのげ！」と連呼。その段階で前を行く2頭がどの馬とどの馬なのかも知らなかったのだが、**とりあえず叫んでおくにこしたこと**はない。

『外れ馬券は永遠に』

なかなか競馬の話にならないのは、例によって**語るほどのことが何もなかった**からだ。

『外れ馬券に帆を上げて』

今週の教訓。馬券が当たったときはオッズを忘れていることが多いが、だからといって、オッズを忘れているときに**必ずしも馬券が当たるわけではない！**

『外れ馬券は永遠に』

当たったときにはオッズを覚えていないものだが、当たったときはだいたい**レートを下げている**というのも真実だ！

『外れ馬券は永遠に』

困るのは、これだけ負けているのに競馬がイヤにならないことだ。なんだか競馬がすごく面白いのだ。おれって**壊れている**んだろうか。

『外れ馬券にさよならを』

土曜に競馬をやらないと、なんと1週間は6日になるのだ。1日分の余裕ができるのだ。この1日のおかげで、1週間がすごく長く感じられる。これで日曜も競馬をやらなかったら1週間は7日になって、もう大変だ。**何をしていいものやら、さっぱりわからない。**

『外れ馬券は永遠に』

しみじみと考えた。馬単を買う人生は華やかに見えるけれど、派手な生活は実は大変につらい。静かに、おとなしく、馬複を買う人生を私は送りたい。**もういいんだ。**

『外れ馬券は永遠に』

こうしてああでもないこうでもないと反省するのも、無事に競馬が開催できているからだ。それを考えれば、負けたとか、なぜ3連単を買わなかったのかとか、そういうことは瑣末なことだという気がする。来週も**無事に競馬が行われますように、**と祈るのである。

『外れ馬券に帆を上げて』

北上次郎×藤代三郎×他　おすすめ面白本コラム集

●君は燃えつきたいか

いまぼくらに何かを与えてくれるものにノンフィクションが多いのは何故なのだろう。それだけフィクションの力が衰弱しているのだろうか。

沢木耕太郎「敗れざる者たち」（文藝春秋）はそうした中でも特にぼくらを捉えて離さない。これは「勝負の世界に何かを賭け、喪っていった者たち」という主題に沿って書かれたルポタージュである。六篇が収録されているが、「クレイになれなかった男」が群を抜いている。彗星のように現われて消えていった一人のボクサー・カシアス内藤を徹底的に解明することで、ぼくらに何かを伝えてくるのだ。

内藤の生い立ち、周囲の証言、じれったいほど横道にそれ、引用し、本人とのインタビューをはさんでドサまわりに落ちぶれた一人のボクサーの裡に入っていく。そして、彼に欠けていたのは栄光というものへの渇仰だった、とたどりつく。だが、それは決して結論ではない。実は著者のルポはここから始まるのである。

命がかかってんだから簡単にブンブンぶっ飛ぶわけにはいかないんだ、と言う内藤の何の盛り上がりもない試合を見たあと、いつブンブンぶっ飛ぶの？　と著者は尋ねる。

《いつか、そういう試合ができるとき、いつか……》

著者は、人間には燃えつきる人間とそうでない人間と、いつか燃えつきたいと望み続ける人間の、三つのタイプがあるのだと結んで、カシアス内藤のなかにいる無数のぼくらに向ってくる。

今の生活は仮の姿だよ、などという友人を痛ましいと思いながらも、ふと心の中で〝いつか〟と期待している無数のぼくら。なにものかへのこだわり、執着というほどのものではなく、都合のいい〝いつか〟への信仰。かといって、燃えつきる人間でもありえない。ならば……。

結論はもちろんない。完結あるいは結着は自分でつけるしかない。《結着の過剰だ》と書いたのは誰だったろう、すっかり忘れてしまったが、結論ばかりあふれている本が多いなかで、この本は閉じたあともぼくらのなかに入り込み、そして重い。

（藤代智彦）

（3号／1976年10月）

●医学最前線の話は面白い

黒樹五郎『群青列島』（毎日新聞社）は、正直に言うといろいろ注文をつけたい点がある。たとえば、この倍の長さで読ませてほしい――不満のほとんどはそれにつきる。

だがあえて目をつぶろう。欠点を指摘するのはたやすい。それよりも得難い資質に目を向けたいと思う。前作『日蝕海峡』同様、医学を背景に男女の愛の物語が綴られるが、今回は自衛隊側のドラマを対置させる構成である。FF105艦の戦闘シーンに集約される凜とした男たちの描写は、西村寿行の硬質な部分をふと想起させる。荒っぽさはあるが、これは新鮮な驚きだった。というのは、井上靖を頂点にする現代恋愛小説と、西村寿行らの活劇小説の間隙にこうした小説がありうるのかと気が付いたからだ。これは乱暴な言い方だが、黒樹五郎はそうした小説を書き得る数少ない作家なのだろう。

古庭栄司『神の鎖』帚木蓬生『白き夏の墓標』と医学を扱った小説は数少ない。医学小説ファンのためにも、黒樹五郎にはぜひ頑張ってもらわねばならない。

（藤代三郎）

（16号／1980年1月）

●冒険小説最強トリオが出揃ったぞ

七十九年の年末に、森詠『さらばアフリカの女王』（徳間書店）が刊行された。

『日本封鎖』より一転、期待通り正統硬派冒険小説である。いや一転したと見えるのは表面だけで、森詠が書き続けてきた中篇に現われていたように、この路線こそ彼の本領なのだ。あとがきでそのことを確認できて嬉しい。

ストーリーの紹介などはしない。全篇に登場する双発のプロペラ機DC－3がギャビン・ライアルばりの正統硬派ムードをうまくかもし出し、主人公トリオ、脇役にいたるまでどれも個性的――まったくゾクゾクしてくる。そう、この作で、谷恒生、船戸与一に続く第三の男――森詠がついに本格的にわが戦線に参加してきたのだ。伴野朗を別格において、80年代はこの最強トリオがリードしていくと書いておく。

（北上次郎）

（16号／1980年1月）

●面白本／じっくり迫る男っぽい小説なのだ

『狼殺し』（クレイグ・トーマス・竹内泰之訳・パシフィカ）。あの大傑作『ファイアフォックス』の作者クレイグ・トーマスである。邦訳第二作だ。期待するな、というほうが無理というもの。しかし正確に読まねばならない。

『ファイアフォックス』のようなずばぬけた新鮮さはない。これは言っておいたほうがいいだろう。前作は特別だったのだ。

もっともこんな書き方をすると「じゃあ今度はつまらないのか」なんてお調子者が現われかねない。急いで付け加えよう。『狼殺し』はオーソドックスな活劇小説なのである。この場合〈オーソドックス〉というのは最大限のホメ言葉だ。というのも一方にジェフリイ・ジェンキンズを始め、イアン・フィンレイ『アザニア秘密指令』、J・コルトレーン『雲の死角』などに見られるようにちょいと頼りないアンチ・ヒーロー・ブームがある。フリーマントル『消されかけた男』はたまた『ホップスコッチ』までさかのぼってもいい。ニューハードバイルドの探偵たちと同じように、冒険小説の分野でも、しょぼくれ男が流行りなのである。今じゃ昔ながらの凛とした男たちとは滅多に会えない。

ところがこの『狼殺し』、嬉しいことに流行りに背を向け、主人公はあくまでストイックに寡黙に、復讐の道筋をたどっていくのだ。

主人公は元レジスタンスの闘士、裏切りに遭いゲシュタポにつかまった過去をもっている。その彼が二十年後、美しい妻や子と一緒に、陽光にきらめく波を浜辺で眺めているシーンから幕が開く。

まったく偶然に昔の裏切り者と出会うことで彼のすべてを捨てた

復讐行が始まるのだがこの『狼殺し』がすぐれているのは、そうした昔ながらの雄々しい戦士の復権ストーリーをもっとも現代的な諜報戦争の舞台で展開させている点なのである。

したがって単調な復讐行のように見えても背景はいりくみ、どんでん返しまで用意されている。さらに嬉しいのは、そうした今風の背景はあるものの主人公が冒険者普遍の肖像を最後まで崩さないことだ。これがいちばん嬉しかったよ。つまり男っぽい小説なのだ。『ファイアフォックス』がただ奇を衒っただけの作品ではなく、クレイグ・トーマスが冒険小説の心を知っている作家だったことを確認できたことは力強い。

（北上次郎）
（14号／1979年9月）

●面白本／次の直木賞は片岡義男で決まり！

いま片岡義男が最高にすごい。読んでいるとこっちの体が脈打ってくる。

『人生は野菜スープ』でビックリしたものだが、今度の『ママレードの朝』はそれをも超えてベスト作品集といっていい。

いったいどこまでいくのやら、すごい作家がいるものだ。片岡義男の小説にはいろんな人間が登場する。それはホステスであったり、トルコ嬢であったり、会社員であったりする。どの人物も特別の存在ではない。だが片岡義男の筆にかかると、彼らはぼくらの知らなかった存在になる。すなわちページをめくると、いつも新鮮な驚きにぶつかることになる。

会話が多い。地の文での心理描写はめったにない。ただ行動を描くだけだ。それもしつこいぐらいだ。

たとえば煙草を喫う女の描写ではその行動を克明に描く。この手法は全篇に共通している。それが異和感なく、登場人物をあざやかに浮き彫りにする結果となって実を結ぶのだ。これは驚異というしかない。

この作品集では特に「マーマレードの朝」と「さしむかいラブソング」がいい。そこいらのつまらぬ小説が裸足で逃げ出すほど群を抜いている。

恋愛小説、青春小説、風俗小説——なんと呼んでもいいが、この手の小説を書かせたら、いま片岡義男が最高なんじゃあるまいか。

『愛してるなんてとても言えない』はジュヴナイル小説集だが、『ハローグッドバイ』でわかるようにただのジュヴナイルじゃない。表題作と、「まっ赤に燃えるゴリラ」がいいが、読んでいて何だかとても嬉しくなってしまう。こういう小説はめったにないぞ。

本誌前号で橋岡修一氏は「直木賞なんて関係ない」と書いていたが、貰えるものは貰っておいたほうがいい。文壇表通りに認知されたぐらいでコケるほど、片岡義男はヤワじゃない。かなりのしたたかさを秘めているからこそ、これほど透明な小説が書けるのだ。

（藤代三郎）
（15号／1979年11月）

●五木寛之『重箱の隅』（文藝春秋）

この本は山藤章二のすごさをあらためて再認識させてくれる。いろいろな読み方があるだろうが、見開きに一点ずつ入っている山藤章二のイラストを先にずっと眺めていただきたい。この百点のイラストはそれを見るだけでも充分愉しい。最後のページまでいったら今度は最初に戻って五木寛之の文章を読みはじめる。夕刊フジに連載したこのエッセイはもちろん文章だけでも軽妙でかつ面白い。

そして文章を読んでからもう一度イラストを見てみると、山藤章二の天地一二〇ミリ左右十五ミリ空間にふんだんにアイデアがつまっていることに驚かされる。つまり二度愉しめて一度ビックリの本なのだ。この七八〇円はタダ同然！

それにしても最近の山藤章二は乗りまくっている。いい仕事をしている、と思う。そのうらの苦心を想うと自分のいいかげんさがふっとイヤになる。そんなふうに感じさせるほど迫力があるのだ。そう、いい仕事には迫力がある！

（藤代三郎）

（13号／1979年7月）

●スポーツと恋愛と

虫明亜呂無『ロマンチック街道』（話の特集）

まるで映画を観ているように一シーンの情景があざやかに浮かんでくる。

たとえば、第十一回冬季オリンピック札幌大会直前の深夜、真駒内の選手村付近でソ連の女子選手たちが黙々とスキーの練習をするシーン。女子スポーツ選手が自己の活発なエネルギーをいかに発散するか、というエピソードだが、それに続いて著者はスキー選手の控室の情景を描く。

五キロ、十キロの距離競技を終えた女子選手たちは控室にもどると、アノラックその他全身にまとったものすべてを脱ぎすてるが、全裸の肉体から濛々と蒸気が噴きあげ、たちまちガラス窓はくもってしまう。

このシーンがたとえようもなく美しくかつ哀しいのは、女子スポーツ選手の強烈な生命力の噴出が、ある種の危うさを秘めているからだろう。

ジャンプ競技に材をとった「もっと簡単に」をはじめ10篇のエッセイ、ドキュメント等を収めたこの書は、そうしたスポーツ界を描くことで秀逸な女性論にもなっているからスゴイ。近来稀な好著といえるだろう。ぜひ一読をおすすめしたい。

（藤代三郎）

（13号／1979年7月）

●国産冒険小説戦線にどえらい新人が現われた

船戸与一『非合法員』（講談社）

「これから本格的に、今まで以上にもっとスリリングに国産冒険小説戦線は展開していくだろう」と前号に書いたが、その通りになってきた。こいつはゾクゾクするほど嬉しい。

新人である。デビュー作である。ストーリーの紹介はしない。メキシコを舞台にCIAの日本人非合法員が謎の核心に迫っていく活劇だと言うだけで充分だろう。

付け加えるなら、これはオーソドックスな本格的冒険小説なのである。正統派なのである。これがいい。気負いも衒いもなく書く姿勢が嬉しい。内容はもちろんだ。ディテールはしっかり描き込まれているし、テンポ早くすごい新人が出てきたものだ。谷恒生が登場してきた時、なぜぼくが興奮したか。冒険小説っぽい話を書かせたらうまい作家は他にもいるのだ。だが〝正統派〟の後継者が突然出現するなんて思ってもいなかった。一気に活路が開かれた。船戸与一の登場は、そうした国産冒険小説戦線の新展開を確実に立証するものだと見たい。

冒険小説ファンなら、この大型新人のデビュー長篇に、良質の〝活劇小説〟だけがもつ興奮を見るにちがいない。今年度上半期ベスト1の大本命とまでいれこんでいるのだがどうか。（北上次郎）

（12号／1979年5月）

●またまた片岡義男だ！

また片岡義男か、と言われそうだが、イイものはいいのだ。しつこくやるぞ。

「ラジオが泣いた夜」（角川文庫）は九篇を収録した短篇集だ。近頃これほど刊行を待ち望んだ本はない。「これから出る本」で予告を見てから、毎日書店に通った。ぼくだけじゃない。片岡義男の新刊が出るぞ、と情報が飛び交い、仲間連中はみな書店に日参したものだ。これだけ待ち望まれれば作者としても本望だろう。だがそうした読者の期待を裏切らないのだから、まったくすごい。

「俺を起こして、さよならと言った」を誉めると、また橋岡修一氏からクレーム（？）がくるかもしれない。片岡ファンの中でも、好む作品系列は微妙に違っているから、このあたりは大変むずかしい、だが言っておく。

「至近距離」「ラジオが泣いた夜」それに「明日が来るわけない」と「ハッピー・エンディング」を入れてもいいが、この手のハード短篇を高く評価することにこちらも異存はないのだ。だが「俺を起こして、さよならと言った」の、このゾクゾクしてくる快感も捨てがたいではないか。（北上次郎）

（17号／1980年3月）

●面白本／ふしぎな数式で最強馬を決定！

ここ二十年間でどの馬がいちばん強いか——これは競馬ファンの永遠なる命題だ。ファンはみな自分の印象を大事にするからうるさいの何の。中には走破タイムを持ち出す奴もいるが、これは厳密には比較のデータにはならない。

史上最強といわれたテンポイント、トウショウボーイ、グリーングラスら四十八年組も、本当に最強なのか、となるとそのはっきりした根拠はない。

そこでさまざまな憶測や勝手な言い草が飛び交うことになるのだが、長岡一也・安東鬼「架空グランプリ計量分析」（C・D企画）は、そのあたりに断を下して気持いい。

第一回から二十三回まで、二十二頭の有馬記念馬を一緒に走らせたらどうなるか——その夢のレースを印象ではなく数字で表わすのがミソ。

一頭ずつ、基礎ハンデ、ラン修正、負担ハンデ修正、ローテーション修正、距離ステップ修正、枠順修正などを数字にして、足したり引いたり、最後に能力ハンデを出す。この数式、この本だけ読んでも実はわからない。安東鬼「競馬計量分析入門」という本が同じ版元から出ていて、その計算方法はそちらに詳細に書かれてある。

こちらは、なぜそういう計算方法になるのか、という根本的な疑問にはまるで答えず、バ〜ン!と数式を並べ、その結果がズラズラ並んでいるというわけだ。その結果、トウショウボーイはハナ差の二着、カブトシローは大差の二十一着。一着馬は何か。それを書いたら、この本買わないでしょ。だから秘密。

この数式に疑問を感じる人は読まないほうがいい。なぜかこうきまっているんだから、これでいいのだ。

（群一郎）

（17号／1980年3月）

●感動的なおすすめ伝記

「女の由来」を書いたエレン・モーガンの例を出すまでもなく女流生物学者は多い。加藤恭子「渚の唄」（講談社）によると、実験科学である生物学は女性に適しているという。なるほど、そうなのかもしれない。「渚の唄」は〝ある女流生物学者の生涯〟という副題が付けられている。伝記である。本誌で伝記カタログが載ったことがあったが、伝記というやつはどんな人のものでも面白い。おまけに生物学者とくれば、それだけでドラマチックだ。もう読む前からゾクゾクしてくる。さらに「渚の唄」の主人公はジーン・クラーク。アメリカ女性でありながら日本男性と結婚し、昭和十二年に海を渡って、さまざまなドラマ——一口じゃ説明できないよ——を経て、のちにお茶の水女子大学教授になるまで、いや五十三年に館山で没するまでの生涯を描いたこの本の魅力は、ジーンの置かれた特異な環境とそのなかで生き抜いた彼女の、ある種の爽快さによっている、といえそうだ。

（藤代三郎）

（17号／1980年3月）

●こういうのを見逃してはいけない

トニー・ケンリック『リリアンと悪党ども』（角川文庫）は二月末の刊行だが最近これほどニヤニヤ読んだ本も少ない。それにしては絶賛書評が少なかったようだ。あるいは書評が信頼を失っている時代だから見逃しちゃったのかもね。

そうなのだ、これはもっと騒がれていい小説なのだ。

レニー・エアース『赤ちゃんはプロフェッショナル』と似た設定だが、甲乙つけがたいほどこちらも面白い。ユーモア・ミステリーということになるんだろうが、読み終えたあと、なんだか愉しくなってくる。こんな気分にしてくれる小説は実に久しぶりだ。『スカイジャック』『殺人はリビエラで』と続いたケンリックの小説のなかでは、こんどのがベストなのではあるまいか。

ダスティン・ホフマン主演で映画にしたら、このおもろ哀しいドタバタ劇はとてもしゃれた映画になるような気がしたよ。誘拐される9歳の少女リリアンがとてもいい。人によって好みが違うからいちがいに言えないけど、こういう小説を見逃さないようにしておくれ。

（藤）

（18号／1980年5月）

●これは愉しい本だぞ

『井崎脩五郎のアオよ走れ!』（白夜書房）が抜群に面白い。

今から百余年前、つまり明治元年、オーストラリア原住民マオリ族が酋長の号令のもと、競馬を開催していた、なんて話がさり気なく出てくる。面白いのはこのあとだ。そのマオリ族競馬には競走規約があり、アルコール飲料の持ち込み禁止とか、人気馬をひっぱったら即座に競馬場からおっぽり出す、など、なかなか厳しかったというのだ。

この開催ルールは皮にしるされた古文書として、オーストラリアのメルボルン博物館にいまも残っているというが、まことに愉しい。本当かな、と思わせるところが特によろしい。

ダービー馬から、確率の話、地震のたびに大駈けした馬の話まで、縦横無尽、天衣無縫、軽妙洒脱。たとえばダービー馬の名前についての項で、イロハ四十八文字のうち「ヘ」という字だけはどのダービー馬の名前の中にも見当たらない、いつになったら「ヘ」が出るかと気にしていたら昨年のダービー馬が、「バンブーアトラス」。つま「ヘ」が出る前に「ブー」が出てしまった、と競馬雑学博士、井崎脩五郎の筆はどこまでも軽快。読み終えると「久しぶりに競馬場に行ってみるか」と思わせ何だか胸があたたかくなってくるのも、この著者の品の良さでありましょう。遅すぎた一冊。（藤）

（29号／1983年2月）

●ダーウィンの時代にタイムスリップするぞ

アラン・ムーアヘッド『ダーウィンとビーグル号』（浦本昌訳／早川書房）をホメておきたい。

これは五年間のビーグル号航海を描いたノンフィクションでその航海中にダーウィンがいかに進化論者となったか、という肝心な展開は、『恐るべき空白』などの著作を読んできたムーアヘッドのファンとして不満を禁じ得ないが、しかしこの書の本当の魅力は他にある。

動物、原住民、港、船内――豊富な挿画を見ているうちに、150年前にタイムスリップしてしまう。一枚ずつゆっくりながめるのは愉しかったよ。

興味深いエピソードはたくさんある。アルゼンチン軍司令官ローサス将軍のインディアン殺戮を目撃したダーウィンの、「キリスト教徒である兵士たちの方が、滅ぼされつつある無力な異教徒よりも、はるかに野蛮で残忍だ」

という記述のなかに真の〈冒険家〉の像を見ることも出来るだろうし、彼が旧世界の呪縛から逃がれ得たのは、なによりも正確な自然観察に徹しきれたからだ、ということも学び取ることが出来るだろう。

だが、この本の魅力は挿画に始まり、挿画につきる。7000円の定価は高すぎるかもしれないが、しかしいいのだ。（北）

（27号／1982年9月）

●冒険アクションの快作

伴野朗『ハリマオ』（角川書店）がいい。

第二次大戦下のマレー半島を舞台に、盗賊団の首領、日本人谷豊がマレー独立のために日本軍に味方して英軍と闘う冒険アクション小説だ。

インド人の怪力大男アブドラや原住民の吹矢少年ナンなど、脇役もいいし、英国諜報員に日本帝国陸軍少佐、さらにマラヤ共産党の闘士に幇の大親分、そして太極拳の達人までが入り乱れて、波乱万丈の物語が展開する。言うことなしの快作である。

同じハリマオを描いたものに生島治郎『死ぬときは独り』があるが、遜色はない。生島のほうがややロマンチックといえるか。これも好きな作品でした。

最近どうも形骸だけの冒険小説が目についてきて、困ったなと思っていたのだが、この『ハリマオ』は物語の展開に無理がなく、くさみもない。こういう小説がまだ読めるなら、わが日本産の冒険小説もまだ捨てたものではない。もう手を引こうかなと思っていたのに、これ一作でやめられなくなった。

個人的には『33時間』が今でも好きだが、客観的にみれば、この『ハリマオ』がこれまでの伴野朗作品の中で最上位にランクされるかもしれない。自信をもってのおすすめであります。　（北）

（27号／1982年9月）

●日本にもジョバンニが出現したぞ

北方謙三『逃がれの街』（集英社）がいい。

前作『弔鐘はるかなり』でデビューしたばかりの新人だが、どうやら最適の衣装を見つけたようである。前作はハードボイルドの手法を借りた作品だったが、この作者の生々しいリアリティが惜しいことに実を結ばず筆力は感じさせるものの、留保をつけざるを得なかった。今度の『逃がれの街』は一転してスタイルをジョバンニにとった。これが正解。ハナからケツまでしびれる。

ストーリーは単純である。やくざを殺した青年が追われて逃げる——ただそれだけだ。

ジョバンニの小説が単純であるように、こちらも太く、強い。公憤もなければ私怨もない。ただ、ぶつかっていく男の物語だ。これがいいぞ。ごちゃごちゃと説明過剰な小説の多いなかで、このぶっきらぼうに切りつめた物語は、きらりと光る。

おまけに5歳の少年を連れて逃げるなんて、そのまま『墓場なき野郎ども』ではないか。

女の描き方に不満が残る、と言った友人がいたが、まあそのところは目をつぶってあげなさい。新書戦争のあおりを喰いヤワな作家は喰いつぶされかけているが、わが北方謙三はそれほどヤワでもなければモロくもない。そういう予感を感じさせる作家でもあるのだ。　（北）

（26号／1982年7月）

●今月のギャンブル小説

ギャンブルについての本となると目がない。実用書から理論書まで、新刊が出る度に買い求める。とくに小説となると嬉しくて、家に持ち帰り、すぐ読むのがもったいなくて、コーヒーなんぞを飲みながら表紙を撫でたりさすったり読み始めるまで時間がかかる。読んでる最中もいつもなら残りページを目ではかって、まだこんなにあるのかとタメ息をつくところだが、ギャンブル小説の場合はもうこれしかない、となんとなく淋しくなってくる。

最近では阿佐田哲也の『新麻雀放浪記』が饒舌になった坊や哲を描いて感慨深かったが、今月はレナード・ワイズ『ギャンブラー』

（早川書房）にとどめをさす。これはポーカー小説だ。五年に一度のビッグゲーム出場をめざす無名の青年が主人公、というのは定石通りだが、パートナーの老ギャンブラー、エース・ホワイトを始めとして、主人公との絡みがそれぞれ活写されている。しゃれた大人の小説というべきか。ある御婦人にすすめたら、後日どこがいいのと怒られた。ギャンブルは地球に残された唯一つの男の世界なのかしら。

（藤）

（23号／1981年8月）

●この勇ましさを見よ

タイトルからして勇ましい。

『官僚！中央競馬はこれでよいのか』（長崎出版）というのである。著者は白井新平。副題に〈アナーキストの競馬人生五十年〉とある。三部構成で、第一部は「現代の眼」に発表した論稿を集めたもの。題して「官僚競馬の犯罪性」。

これが徹底して勇ましい。中央競馬の調教師は独禁法違反、とか、八〇年代に中央競馬は自壊する、とか、タイトルだけでもショッキングだが、本文がこれまた中央競馬会へのバリゾウゴンで、理事クラスはカタカナ表記の呼び捨てである。

著者は74歳、履歴を見ると、戦前からの競馬記者、昭和21年日本アナキスト連盟創立の発起人でもあり、啓衆社を起こし、「競馬週報」「競週ニュース」を発刊、馬伝染性貧血症の疑いをかけられたクモワカの再登録に尽力したとある。

第二部は個人誌に発表した中央競馬解体論、第三部はなんとシンペイ・シライの軌跡と題して著者自身の履歴が26ページに及んでいる。あっけらかんとしているところが面白い。

大時代がかった表現が多く、少々癖のありそうなお人らしいが、競馬をダメにしている官僚への攻撃に徹底していて、その点では小気味いい。

一八〇〇円と少々値は高いが中央競馬裏史としても読めるので、損はないぞ。

（藤）

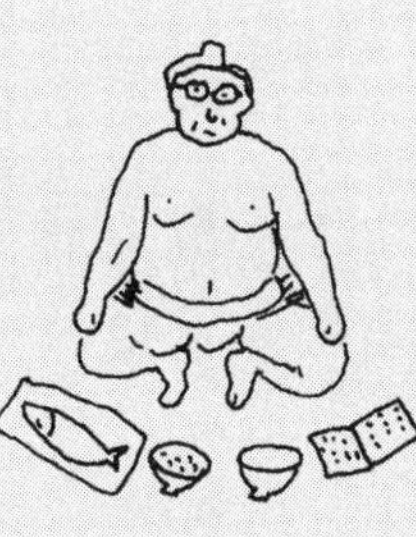

●本邦初！　青映画の専門書が出たぞ

あいにくと日本製のブルーフィルムは観たことがない。あちらのも十数本の経験しかない。結局はピストン運動をいかにして見せるか、ということにつきるので、直截すぎて趣味に合わないと思っていた。

認識を改めたのは、数年前京都DXで夫婦のショーを見てからだ。客は観ることよりやるほうが先だから舞台下で観ていても面白くも何ともないが、その夫婦は当然ながら観せることに徹していた。

あ、きれいだな、と思った。それ以後、なんだかとても軽くなったような気がしている。そんなふうに変えてしまうのだからバカにな

（22号／1981年4月）

らない。

三木幹夫『ブルーフィルム物語』（世文社）は、この種の専門書としては初めてというもの。15年刊の立風書房版の再刊だが、前回お見逃がしの方はぜひ御一読を。

〈秘められた映画75年史〉との副題からわかる通り、これは日本青映画通史である。

古今内外のタイトル一覧から青映画年表まで収録し、もちろん土佐の黒沢はじめ、日本ブルーフィルム史をいろどるさまざまな人々のエピソードもふんだんに出てきて、読みものとしても面白い。値段も手頃で、お買い得！

（群一郎）

（22号／1981年4月）

●男の性と愛を新たな視点から考える快著

◎北上次郎

小谷野敦『もてない男』（ちくま新書）は読み始めるとやめられない書だ。なにしろこの著者は、前著『〈男の恋〉の文学史』について「義憤のようなものが感じられる」と評されると「そうではない。私は『私怨』で書いているのである」と言うのだ。宅麻伸にいぜん恋人がいたことがわかったとき、ワイドショーの取材を受けて「それぐらい、あって当たり前じゃありませんか、もういい年の男なんだから、なかったら、それこそ、冬彦さんじゃないですか」と言う女優の賀来千賀子に向かって、悪かったな、と叫びたくなったと告白するのである。どこまで本当のことなのか、皆目わからないところがミソではあるものの、著者は一貫してもてなかったことを告白し、その「もてない男」の視点から、古今東西の小説、テレビドラマ、コミックを材料にして、なぜ孤独な男を描く恋愛ドラマがないのかと鋭く問うていくのだ。

オナニー遍歴を赤裸々に告白し友人がいないことまで書いてしまうところに、どこまで本当なの？と突っ込みをいれたくなるが、しかし「もてない」理由はすこぶる新鮮である。本書の白眉と思われる箇所なので、そこを引用する。カバーに印刷されている箇所で、序文からの引用だが、「……もてないということは別に恥ずべきことではない……また、『もてるというのはただでセックスができるということだ』と規定したものがあったが、私はこの定義を認めない。好きでもない女百人とセックスしても、もてるとは言えない、という立場に私は立っている」。

ようするにこの著者は「単なるセックスの道具としての女と交わるのは、下手なオナニーより虚しいのである。やはり人格的な交りを経たのちに交合したいのである。これを私は『恋愛欲』と呼んでおり、性欲より先に恋愛欲がある、と考えている」のだ。

つまり、生身の身体を持った生きた他者と関係したいというコミュニケーションの欲望を、著者は「恋愛欲」と名付けているのだが、その欲望を満たしたかったらコミュニケーション・スキルを磨けという上野千鶴子に対して、「いったい人間というのは『恋愛コミュニケーション・スキル』を磨かなければいけないのだろうか。そんなものが備わっていなくても、人間として欠陥があるとは言えないのではないか」と書くのである。目からウロコが落ちる本とはこういうことを言う。

（191号／1999年5月号）

年度別ミステリーベスト10

北上次郎選

1995/2000

1995年度ミステリーベスト10

95年はこの一冊を読むためにあった！

数年前、新保博久氏と二人でミステリーの年間ベストを決めた時にも結論が出なかったことだが、こういうミステリーのベストにホラーと冒険小説をはたして入れていいものかという迷いがまだ私のなかにある。

結局、数年前も、そして今回も、えいっと入れてしまった、もっとも大きな理由は、ミステリーから外してしまうと、それらのジャンルが永遠のはぐれ鳥になってしまうからだ。純粋なミステリーとは言いがたいとしても、ま、親戚ではあるんだからいいか、という曖昧な理由で今回もご勘弁いただきたい。

というわけで、1995年度の海外ミステリーから。まずダントツの1位は、『罪の段階』。この一冊を読めただけでも1995年は意味がある、と断言してもいい。この小説の話をする前に書いておくと、昨今流行りのリーガル・サスペンスのなかで信頼すべきはトゥロー一人である。グリシャムをトゥローと並べて語る風潮が私には気にいらない。作家としてはトゥローのほうが断然上位だ。ただし、今年の『有罪答弁』はうまいものの、うますぎて空回りした感がある。今年のベストから外したのは、あの傑作『立証責任』の作者だからである。そのトゥローがあの程度では困る。そしてそして、『罪の段階』は、その『立証責任』に匹敵する、あるいは越える傑作なのである。

まあ、テーマが私好みということはあるかもしれない。これは父と息子の絆を描いた小説である。離婚して別れて暮らしている息子のもとを主人公が訪ねる場面がある。少年は外で遊ぶことも知らず、たった一人で部屋の中でテレビを見ている。友達もいないらしい。七歳の彼は孤独のなかで死を考えている。この設定だけで、私はざわざわと落ちつかなくなる。おじさんは誰？ と尋ねる少年に向かって、主人公は「きみのパパだ」と抱き寄せるのだが、この悲しみと力強さが胸を打つ。ここまでくると、私はもうダメだ。これは回想場面だが、このシーンだけで私はこの物語から目を離せなくなる。

話の中身を紹介しておかないと、単に好みの選択と思われるかもしれないので（ま、好みなんだけどね）、一応触れておくと、主人公の元妻が殺人容疑で逮捕されるのが発端。妻はレイプ男から身を守

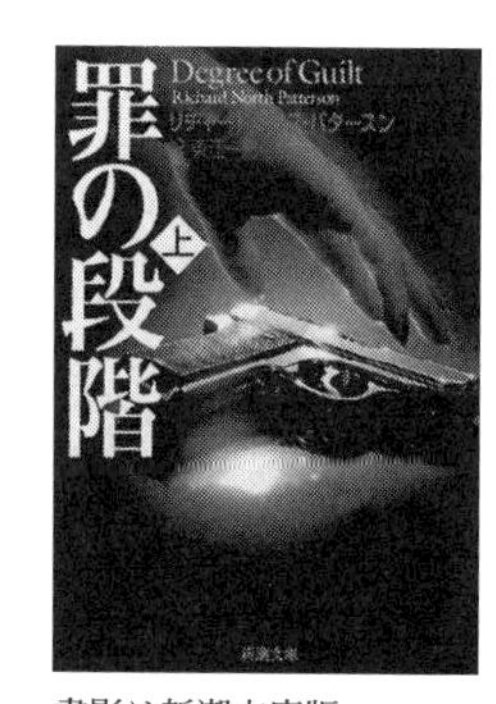

書影は新潮文庫版

海外ミステリーベスト10

① **『罪の段階』**
R・N・パタースン（東江一紀訳）／新潮社

② **『ブラック・ハート』**
M・コナリー（古沢嘉通訳）／扶桑社ミステリー

③ **『死にいたる愛』**
D・マーティン（渋谷比佐子訳）／扶桑社ミステリー

④ **『豊饒の地』**
F・ケラーマン（高橋恭美子訳）／創元推理文庫

⑤ **『女彫刻家』**
M・ウォルターズ（成川裕子訳）／東京創元社

⑥ **『クロスキラー』**
M・モンテシーノ（石田善彦訳）／新潮文庫

⑦ **『熱い十字架』**
S・グリーンリーフ（黒原敏行訳）／ハヤカワ・ミステリ

⑧ **『凍える遊び』**
R・M・クリッヒ（高橋裕子訳）／創元推理文庫

⑨ **『遙か南へ』**
R・R・マキャモン（二宮磬訳）／文藝春秋

⑩ **『秘密なら、言わないで』**
J・フィールディング（吉田利子訳）／文春文庫

国内ミステリーベスト10

① **『ソリトンの悪魔』**
梅原克文／ソノラマノベルス

② **『七回死んだ男』**
西澤保彦／講談社ノベルス

③ **『僕を殺した女』**
北川歩実／新潮社

④ **『梟の拳』**
香納諒一／講談社

⑤ **『ホワイトアウト』**
真保裕一／新潮社

⑥ **『鋼鉄の騎士』**
藤田宜永／新潮社

⑦ **『魍魎の匣』**
京極夏彦／講談社ノベルス

⑧ **『過ぎ行く風はみどり色』**
倉知淳／東京創元社

⑨ **『天使の牙』**
大沢在昌／小学館

⑩ **『パラサイト・イヴ』**
瀬名秀明／角川書店

るための正当防衛を主張して、主人公のもとに弁護を依頼してくる。で、裁判劇がスタートするのだが、面白いのは、弁護士の主人公が妻の言い分を信じていないこと。彼は今は一緒に暮らしている息子のために弁護を引き受けるだけで、彼女の言い分を信じていないのである。この皮肉が最大のミソ。半分を占める裁判劇はもちろんたっぷりと読ませるし（いささか強引な話にもなるけれど）、野心満満、平気で嘘をつく美女、というこのヒロインの造形が圧巻だし、さらに女性判事や女性弁護士などのわき役たちにいたるまで、キャラクターがきっちり立ち上がっているのもうまい。つまり、法廷ミステリーとして出色の作品であり、父と息子の絆を描いた傑作小説であるのだ。誰が何と言おうとも、1995年度の1位は、この『罪の段階』で決まりだろう。

2位は、『ブラック・ハート』。この物語が通常のシリーズものと一線を画するのは、これがひたすら過去に向き合っていることだ。この第三作では、過去の連続殺人鬼射殺事件が語られるが、小説中の回想という範疇を越えているのがミソ。次作では、彼が幼い頃に殺された母親の事件（彼女は売春婦だった）の真相が明かされるというから、ひたすら過去をさかのぼる小説といってもいい。この特異さが第一。問題はなぜこの物語が過去に向き合っているのか、ということで、そこを突きつめていくと、未来のないヒーローの、比類のない孤独が浮かび上がってくる。これが第二。つまり、きわめて特異なハードボイルド・シリーズといっていい。昨今のシリーズものでは、これがいちばん。

3位は、『死にいたる愛』。あまり評判にならなかったが、こういうヘンな小説は大好き。なにしろ、十四年ぶりに再会した幼なじみが、いきなり「おれは吸血鬼になったんだよ」と言い出すんだから、嬉しい。ここから予想もつかない話が始まっていく。話の骨格はシンプルだが、それを複雑に入り組んでみせるのがマーティンの芸だ。これは吸血鬼小説の変種であり、友情小説の傑作である。

以上がベスト3で、残りは簡単に触れておくと、5位の『女彫刻家』と8位の『凍える遊び』は、ともに流行のサイコ・サスペンスながら、ヒロインの造形のうまさに一票を入れた。前者ばかり評判になって後者があまり語られないのは悔しい。6位の『クロスキラー』はダメ男小説。7位の『熱い十字架』は正統派の中年男小説。つまり、この二作はまったくの個人的な選択で、一般性はないかもしれない。グリーンリーフは『運命の墜落』もあって、選択に迷うところだが、中年男小説という観点からはこちらを取る。いくら中年男小説の傑作とはいっても、そういう基準でミステリーのベスト10に並べるのはまずいような気がしないでもないが、まあ、このあたりは許されたい。9位の『遥か南へ』も、マキャモンの作品としては『少年時代』のほうが評判になっているが、反キングの私は断固こちらを取りたい。『少年時代』はキングでも書けるが、『遥か南へ』はキングには書けないだろう。妙な比較で申し訳ないが。10位の『秘密なら、言わないで』はおまけ。いくらなんでもこの動機はないだろ、と言われたら「ごめん」と謝るしかないものの、この稚気を愛したい。おっと、4位の『豊饒の地』について触れるのを忘れていた。これは完成度の高いシリーズの第三作だが、このシリーズについてはもうしばらくしてからゆっくり語りたいと思う。

というところで、日本篇。まず、第1位は『ソリトンの悪魔』。前作『二重螺旋の悪魔』にもびっくりしたが、幾分かの疵があったことも否定できない。ところがどっこい、その疵を完全に払拭して登場したのがこの傑作だ。日本クーンツ派の誕生といっていい。世評では『パラサイト・イヴ』がリードしている感があるが、中身はこちらのほうが断然上。つまり、1位と10位くらいの差がある。実は日本篇のベスト3は、１９９５年にいち

書影は双葉文庫版

ばん驚かせてくれた小説を並べた。そういうわけで2位は『七回死んだ男』。前号でも触れたので詳しくは書かないが、こういうヘンな小説は大好き。まったくバカなことを考える作家がいたものである。お断りしておくが、この場合の「ヘン」とか「バカな」というのは、最大の褒め言葉だ。3位の『僕を殺した女』もとことんひねくりまわすのが快感。こういう稚気は、ミステリーに欠かすことの出来ない要素のひとつなのではないかと思う。

4位〜6位には冒険小説を並べたが、4位の『梟の拳』は、『石の狩人』以来ずっと期待していた新人がついに書いた傑作。ストーリー主義におちていた作者が初めて自分の言葉で語りだした記念すべき作品として記憶されたい。5位の『ホワイトアウト』は、実力作家が迫力満点に描いた冒険小説の傑作といってよく、私も興奮しながら読んだことは事実だが、読み終えて数カ月たってみると、意外に残るものがなかったことに驚かされる。つまり、どこかに既視感があるのだ。刊行時にはそれを承知で絶賛してしまったのだが、しばらくたってみるとそれが気になる。たしかに興奮する書ではあるんだけどね。未完成ながらも『梟の拳』を4位にして、遙かに完成度の高いこの『ホワイトアウト』を5位にとどめるのはそのためである。6位の『鋼鉄の騎士』も、刊行から一年がたっているのは損。

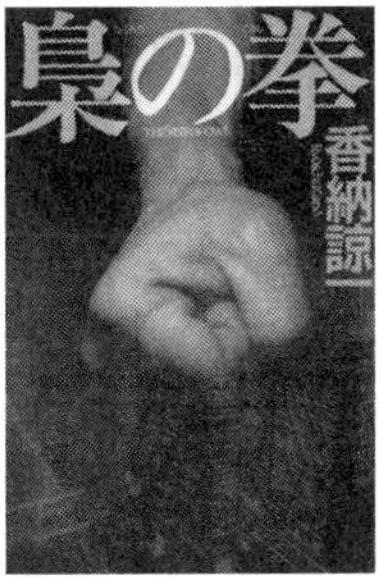

7位の『魍魎の匣』は今や超注目株となった新人作家の第二作。とにかく読ませる。第一作で「ありゃりゃ」となっていたら、この作品を知人にすすめられ、読み始めると今度は面白い。続けて『狂骨の夢』も読んでしまったが、この『魍魎の匣』がいちばん。ところが、どこが面白いのか私にはうまく説明できない。読んでいる間はぐいぐい引きずり込まれ、あっという間に一気読みしてしまうものの、その要因がまだ摑みきれないのだ。この作家については当分の間、宿題とする。

8位『過ぎ行く風はみどり色』と、9位『天使の牙』は、それぞれ「小説の節度」と「アイディア」に一票を入れた。「小説の節度」といったって、わかりにくいか。ようするに、おどろおどろしくない点に好感を持ったのである。

表に入れなかったものに触れておくと『蝦夷地別件』は時代小説にまわし、個人的にベスト1に推したい『スキップ』はミステリー外と判断した。評判を呼んだ『テロリストのパラソル』はあまりの好都合すぎるプロットが減点。『さらば長き眠り』については他のところに書いたので省略する。

最後に一作だけ触れておけば、今野敏『イコン』。キャラクター造形の見事さは十分ベスト10クラスに値するし、この作家の成熟が窺えるものの、まだそのキャラクターを貫く芯に欠けている。来年に期待したい。

1996年度ミステリーベスト10

白川道『海は涸いていた』が断固、ベスト1だ！

まず、馳星周『不夜城』について書く。

この著者が、本誌の新刊ガイド欄でお馴染みの坂東齢人であることは、噂の真相12月号で明らかにされてしまったので、もうご存じの読者も多いだろう。だいたい、この長編について本誌のガイド欄で誰も触れなかったのがおかしいから（特に、坂東齢人と私がこういう小説に触れないのは考えてみればヘンだ）、カンのいい方ならこれは怪しいなと思われていたかもしれない（本誌は連載執筆陣の著書は触れないという原則がある）。

実は、あの小説、花村萬月の作品について留保をつけつつも絶賛してきた書評家・坂東齢人を一方に置くと理解しやすい。つまり、『不夜城』は、書評家・坂東齢人が理想とする小説だったのである。そういう見方も出来るだろう。

この小説の内容については他でさんざん書いたので繰り返さない。ここでは世紀末にむけて新しい世代の作家がついに登場したということだけを書いておく。

しかししかし、一九九六年度のベスト1は、断固として、白川道『海は涸いていた』なのである。これだけは、たとえ相手が『不夜城』でも譲れない。

ここに目新しいドラマはない。事情があって故郷を捨て、名前を捨てて生きている男がいる。友人がいて、幼なじみがいる。昔の恋人がいて、生き別れになった妹がいて、死んだ父母がいる。そういうドラマだ。しかし、人と人の絆とは何か、血とは何か、という太いテーマが力強く物語を貫いているので、緊迫感がみなぎっている。すごいぞ。人物造形が群を抜いているから涙もあふれてくるのだ、という気がする。この長編について、もっといろいろ語りたい気がするが、その興奮は昨年の本誌3月号で書いているので、ここでは別の重要なことについて書いておいたほうがいい。

というのは、ベスト10の表を見ていただければわかるように、この中に宮部みゆき『蒲生邸事件』が入っていないのだ。この長編が面白かったのにもかかわらず、迷って迷って、結局ベスト10から外したのはなぜか。その理由はただ一点、これはミステリー外であるとの判断のためだ。

こういうことを書いちゃうと、では、ミステリーとは何か、ということを書かなければならないから大変なのだが、さ

書影は新潮文庫版

国内ミステリーベスト10

① 『海は涸いていた』
白川道／新潮社

② 『不夜城』
馳星周／角川書店

③ 『されど修羅ゆく君は』
打海文三／徳間書店

④ 『星降り山荘の殺人』
倉知淳／講談社ノベルス

⑤ 『蟹喰い猿フーガ』
船戸与一／徳間書店

⑥ 『雪蛍』
大沢在昌／講談社

⑦ 『奪取』
真保裕一／講談社

⑧ 『神々の座を越えて』
谷甲州／早川書房

⑨ 『悪意』
東野圭吾／双葉社

⑩ 『謎物語』
北村薫／中央公論社

海外ミステリーベスト10

① 『上院議員』
R・バウカー（高田恵子訳）／創元推理文庫

② 『依頼なき弁護』
S・マルティニ（菊谷匡祐訳）／集英社文庫

③ 『千尋の闇』
R・ゴダード（幸田敦子訳）／創元推理文庫

④ 『極北が呼ぶ』
L・デヴィッドスン（石田善彦訳）／文春文庫

⑤ 『敵手』
D・フランシス（菊池光訳）／早川書房

⑥ 『死の蔵書』
J・ダニング（宮脇孝雄訳）／ハヤカワ・ミステリ文庫

⑦ 『バースへの帰還』
P・ラヴゼイ（山本やよい訳）／早川書房

⑧ 『罪深き誘惑のマンボ』
J・R・ランズデール（鎌田三平訳）／角川文庫

⑨ 『ラスト・コヨーテ』
M・コナリー（古沢嘉通訳）／扶桑社ミステリー

⑩ 『スリーパーズ』
L・カルカテラ（田口俊樹訳）／徳間書店

あて短いスペースで書ききれるかどうか。いやいや、スペースがあっても、こちらの考えがまとまっているとは言えないので、なかなかむずかしいのである。

いきなり、結論を書いてしまう。北村薫の「魅力的な謎が魅力的に解かれること」という定義や、新保博久の「一つないし一連の犯罪を主題とし、その犯罪について探偵役、あるいは犯人、もしくは被害者を主人公とするエンタテインメント小説」という定義など、幾つかの定義には惹かれるものがあるが、問題は、それが物語の力点になっているかどうかだと私は考える。

たとえば、世評高いデイヴィッド・グターソン『殺人容疑』では、ある事件が描かれるものの、そこに物語の力点はない。むしろ、その背景となる人間ドラマでたっぷりと読ませる「小説」といっていい。これでは傑作小説ではあっても、ミステリーではないだろう。そういう文脈に立つと、過去にタイムスリップした青年を主人公にして、歴史は変えられるか、という太いテーマを軸にした傑作小

書影は創元推理文庫版

説『蒲生邸事件』も、ミステリー的要素を物語の力点にしているとは思えない。宮部みゆきの小説としか言いようがない小説なのである。

いや、正直に書くと、まだ迷っているのだ。昨年、北村薫の『スキップ』をミステリー外と判断したような明確なものが『蒲生邸事件』にはなく、これをどう分類すべきなのか、という迷いがある。そしてその迷いは、ミステリーという名称ではすでに現実の作品をつかまえきれなくなっていることの表れなのかもしれない、という気もしているのである。

あるいは、「このミス」のように、『蒲生邸事件』も『蒼穹の昴』も、面白ければミステリーでいいじゃないの、というかたちがいちばん正しいのかもしれない。しかしなあ、なんかひっかかるんだよな。というわけで、相変わらず曖昧な結論で申し訳ないが、ここでは『蒲生邸事件』も『蒼穹の昴』も、当欄の対象外にしておく。

急いで残りの作品に触れておきたい。といっても、西澤保彦『人格転移の殺人』という宿題についてはまだ保留だからたいして書くことがない。たしかに『人格転移の殺人』は面白かったが、これを認めてしまうと歯止めがなくなるような気がするのだ（何の歯止めだ？）。『七回死んだ男』を絶賛した人間が、『人格転移の殺人』に留保をつけるのは論理的におかしいと言われたら返す言葉もないのだが、せめて、『殺意の集う夜』にとどめてほしいのである。これでも何のことやらわからないか。

相変わらず、意欲的な作品を書き続けている東野圭吾は、有力候補が目白押しだが、一九九六年は『悪意』を取る。大沢在昌『雪蛍』と船戸与一『蟹喰い猿フーガ』は、名手の佳品。黙って読まれたい。ご贔屓作家・倉知淳の『星降り山荘の殺人』は犯人探し小説の文句なしの傑作であり、谷甲州『神々の座を越えて』は、山岳冒険小説のおすすめ。

最後に北村薫『謎物語』に触れておけば、これは一九九六年度にいちばん驚いた書。ミステリーについて書かれたエッセイだが、目からウロコが落ちるというのはこういうことを言う。宿題や留保ばかりが多い私と違って、北村薫の論旨の展開はまことに明快で、あるいはこの書が一九九六年度のベスト1だったかもしれない。1冊全部を小説で埋めたかったが、どうしてもこの書を落とすことは出来ないので、ベスト10のラストにさりげなく入れておきたい。

（ランク外の作品にも触れておけば、今年は内山安雄『上海トラップ』。この作風の先に、傑作が待ち構えているような気がしてならない）

というところで日本篇から海外篇に話を移せば、こちらのベスト3は、自信の三冊である。ベスト1に推したリチャード・バウカー『上院議員』は、ある作家が「物書きの目で見ると、あの犯人はすぐわかりますよ」と言っていたが、ぼん

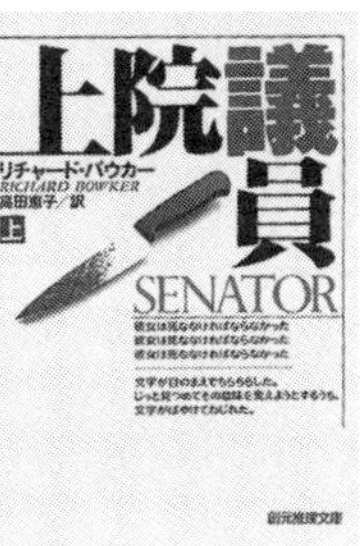

くらな私はわからず、たっぷりと愉しめた一冊だ。入り組んだストーリーの背後に人生の悲哀があり、その深く静かなドラマと謎解きが見事に融合した傑作といっていい。特に、中年読者には共感するところ大。全編を貫くセンチメンタルなひびきもいいぞ。

プロットといえば、いまやこの人の右に出る人はいないというほど、スティーヴ・マルティニの独壇場といってよく、リーガル・サスペンス界で、「文学のトゥロー」に匹敵するのは、この「プロットのマルティニ」だけ。そのマルティニの『依頼なき弁護』は捻って捻って、捻くりまわす芸が快感。弁護士ポール・マドリアニを主人公とする第三作だが、相変わらず、読ませる。この作家の評価が日本でいまいち低い理由が私にはなんとも理解できない。

3位に推したロバート・ゴダード『千尋(ちいろ)の闇』は、巧みな構成と群を抜く筆力で読ませる傑作。半世紀以上前に失脚したイギリスの政治家の謎を調査する物語で、挿入される政治家の手記だけでも読みごたえ十分なのに、それを現在のドラマにつなげる芸が見事。うまいぞ。特に、八八歳のヒロインの造形が圧巻。この老婆が「今度こそ、あなたを見放しはしない」と言うクライマックスでは涙がこみ上げてくる。

この上位三作が、一九九六年度は群を抜いていたと思う。ほかの七作とはかなり差がある。たとえば、4位に推したデヴィッドスン『極北が呼ぶ』は、冒険小説としてシンプルすぎる点は否めない。しかし、最後の脱出行の場面だけで私は十分なのだ。なにしろ、『北壁の死闘』を書いたボブ・ラングレーが『衛星軌道の死闘』という大ボラ小説を書くご時世だから、これくらいでも十分としなければならない。

それ以外の作品に触れる前に、表に入れなかった作品について書いておけば、エルロイ『ホワイト・ジャズ』。実は私、この小説を10ページで断念した。友人に聞くと、我慢して読めば面白くなるから、ということだったが、あの文体は読めない。したがって評価外。

5〜8位は、それぞれ小品として愛したい。この順位はどう変わってもいい。四作の中では、フランシス『敵手』がシッド・ハレー、三たびの登場で読ませる。9位の『ラスト・コヨーテ』は、第一作から愉しみにしてきたシリーズの最新作で、このあと、この作者がどこに向かうのかが気がかりである。10位の『スリーパーズ』は、ジョゼ・ジョバンニの作品や、シャリエール『パピヨン』に通底する「乱暴な友情の物語」で、昔懐かしい香りのする小説。

1997年度ミステリーベスト10

真保裕一『奇跡の人』がなぜ1位なのか

一九九七年度の江戸川乱歩賞受賞作、野沢尚『破線のマリス』の新刊評を文藝春秋十一月号に書いたら、しばらくして版元の人から電話がかかってきた。その一部を新聞広告に引用させてくれないかという。えっと思った。私、褒めたつもりなどなかったのだ。あわてて読み返すと、やっぱり褒めていない。

たしかに「なかなか読ませる」とは書いている。だって、読ませるものね。しかし、この作品に対する評価はそれだけで、あとは現代ミステリーの状況論を書いただけだ。そのことを説明するためには『破線のマリス』のネタに触れざるを得ないので、未読の方はここから十数行スキップしてください。

つまり、『破線のマリス』の物語構造が最近のミステリーの流れを象徴しているのではないか、という話を書いたのである。ええと、もういいですか。『破線のマリス』の最大のミソは、弁護士墜死事件の謎が最後まで解かれないまま終わることである。物語は違う方向にどんどんずれていくのだ。それが悪いわけではない。物語のポイントは別のところにあるので、この作品自体はこれでもかまわない。はい、スキップした方は戻ってもらって結構です。であるから、ここから先は『破線のマリス』の問題ではなく、現代ミステリーの問題になるのだが、この構造は物語の軸を謎解きから人間ドラマにシフトしてきたここ十年のミステリー界を象徴しているような気がするのである。

もちろん、すべてのミステリーが物語の軸を謎解きから人間ドラマにシフトしてきたわけではない。謎はあってもその謎解きの過程より人間ドラマのほうを重視する一部のミステリーの話だ。わかりやすく言うならば、大沢在昌や宮部みゆきの一部の作品を想起してもらえればいい。こちらで問われるのは、キャラクター造形であり、描写力であり、文章力である。そういう「一部のミステリー」がこの十年、広範囲な読者を摑んできたことはここに改めて書くまでもない。では、物語の軸を謎解きから人間ドラマにシフトすると、どうなるか。ミステリーから離れて普通小説に近づいていくのだ。つまり、世紀末ミステリーを解くキーワードは、この「普通小説への接近」だ。「一部のミステリー」が直木賞や山周賞を席

国内ミステリーベスト10

① 『奇跡の人』
真保裕一／角川書店

② 『鎮魂歌（レクイエム）』
馳星周／角川書店

③ 『黒い家』
貴志祐介／角川書店

④ 『催眠』
松岡圭祐／小学館

⑤ 『炎都』
柴田よしき／トクマノベルズ

⑥ 『三月は深き紅の淵を』
恩田陸／講談社

⑦ 『嗤う伊右衛門』
京極夏彦／中央公論社

⑧ 『瞬間移動死体』
西澤保彦／講談社ノベルス

⑨ 『負犬道』
丸山昇一／幻冬舎

⑩ 『風が吹いたら桶屋がもうかる』
井上夢人／集英社

海外ミステリーベスト10

① 『炎の証言』
S・ルーベン（桃井健司訳）／扶桑社ミステリー

② 『殺意を呼ぶフィルム』
P・オショーネシー（富永和子訳）／扶桑社ミステリー

③ 『氷の男』
P・マーゴリン（田口俊樹訳）／ハヤカワ文庫

④ 『邪悪の貌』
W・ディール（広津倫子訳）／徳間文庫

⑤ 『贖いの日』
F・ケラーマン（高橋恭美子訳）／創元推理文庫

⑥ 『蒼穹のかなたへ』
R・ゴダード（加地美知子訳）／文春文庫

⑦ 『フロスト日和』
R・D・ウィングフィールド（芹澤恵訳）／創元推理文庫

⑧ 『ドッグ・イート・ドッグ』
E・バンカー（黒原敏行訳）／ハヤカワ文庫

⑨ 『ニューヨーク地下鉄警察』
M・デイリー（坂口玲子訳）／扶桑社ミステリー

⑩ 『雪の狼』
G・ミード（戸田裕之訳）／二見文庫

巻しているのも、ミステリーがエンターテインメントの主流になったからではなく、普通小説に接近したからなのである。

　念のために書いておくと、小説の成熟という点で、この傾向を私は支持する。しかし、そのことと、ミステリーの問題は別で、あまりに離れてしまうならもうミステリーという名はふさわしくない。そこで、普通小説に接近していく「一部のミステリー」に新たな名称を与えたいというのがここ数年の課題だった。相変わらず結論が出ずに宿題のままだが。ようするに、『破線のマリス』はそういう時代の流れを象徴する作品だったのである。文藝春秋の新刊評の末尾を「こういう物語が江戸川乱歩賞というミステリー界の伝統ある新人賞を受賞したことは、新しい時代の到来を象徴的に語っているように思われる」と締めたのも、そういう意味で、けっしてこの作品を褒めたわけではない。一部のミステリーが置かれた現代の状況を私は語っただけだ。

　しかし誤解を招いたのは事実なので、ここで改めてはっきりと書く。『破線のマリス』はなかなか読ませるが、しかしどうってことのない作品だ。むしろ、こういう物語構造の作品が江戸川乱歩賞を受賞したことに時代の影響を見ることが出来ると。最初からそう書けばよかったんですね。版元の方、誤解を招くような書き方ですみません。

そういう状況を一方に置くと、真保裕一『奇跡の人』がなぜ一九九七年度の1位であったかという理由も説明しやすい。『奇跡の人』はストーリーそのものがミソになっている作品なので内容をいっさい紹介できないが、ようするに物語の軸をシフトすることなく、人間ドラマをまるごと謎にしてしまったのだ。描写力に秀でた作家にしか出来ない技ではあったとしても、この発想の転換は鮮やかだった。九七年はこの一作のためにあった、と言っても過言ではない。

前置きが長すぎたので、あとは詳しく触れる余裕がない。馳星周『鎮魂歌』はデビュー作がけっしてフロックではなかったことを証明した作品として、貴志祐介『黒い家』と松岡圭祐『催眠』はともに一九九七年の大型新人として、『RIKO』に留保をつけていた柴田よしきは再発見の作品として『炎都』を、それぞれ挙げておきたい。

というところで翻訳に移る。洋の東西を問わず、「普通小説への接近」がキーワードになっていることは、エドガー賞最優秀処女長編賞にノミネートされたマイケル・C・ホワイト『兄弟の血』でも明らかである。ミステリーとして読むと謎の底が浅いにもかかわらず、圧倒的に読ませるこの作品は、「普通小説への接近」というキーワードを置かないと、評価しにくい。フェイ・ケラーマン『贖いの日』も同様の流れの中にあり、両作ともたっぷりと読ませるが、二作ともにベストに入れるのは抵抗があり、このベストには後者を取った。もちろんこちらも、その「普通小説への接近」はすべてのミステリーに言えることではなく、あくまでも一部のミステリーにかぎっての話であることを断っておきたい。

というわけで、一九九七年度の1位は、シェリー・ルーベン『炎の証言』。自分で選んでおきながら驚いてはいけないが、ぱっぱっぱっと選んでから、えっ、これが1位かよ、と改めて驚いた。しかし、新刊評で「地味な話だが、十年もすれば、これは記念すべき第一作として振り返られる作品になるような気がする。自信の◎」と書いたのである。すごい賛辞だ。

主人公は弁護士のマックスと、火災調査専門の私立探偵ワイリー。『炎の証言』は、このコンビが活躍するシリーズの第一作である。なぜ火災調査専門の探偵が登場するのかというと、マックスが、事故や火災に関係したとしても依頼客の製品に責任がないことを証明する製造物責任法の弁護士だからである。したがって、火災調査の目新しさが物語を新鮮にしていることが一つ。しかしそれだけならいずれパトリシア・コーンウェルのように形骸化する危険がある。こちらはそうではない（と思う）。ワイリーの魅力的な個性が一つ。物語の骨格がしっかりしていることが一つ。アフォリズムが随所に挿入されていることが一つ。そういう美点が幾つもあるのだ。

　いちばんいいのは全体を節度が覆っていることで、こういう小説が少ないことは書いておいたほうがいい。翻訳本が出た当時の私の新刊評の一部を引用する。すごいぞ。

「マックスが父親の言葉を思い出すシーンではディック・フランシスを想起するし、ワイリーの推理には名探偵ものの香りがある。ラストには、肯定することの力強い感動まで待っている。これが小説というものだ」

　本当に記念すべき第一作になるかどうか、十年後が愉しみだ。この予想が外れたら？　なあにそのころにはみんな忘れているだろう。

『炎の証言』の節度を高く評価しておきながら、2位から4位にこういう派手な作品を並べては、首尾一貫しないが、まあそれは許されたい。『殺意を呼ぶフィルム』『氷の男』『邪悪の貌』の三作は実は順不同。その中で『殺意を呼ぶフィルム』を2位にしたのは、これがいちばん見逃された感があるからにすぎない。マーゴリン『氷の男』は折原一の解説でその存在を満天下に知らしめたが、同様の面白さを持つ『殺意を呼ぶフィルム』がこれでは可哀相なので、私がお前の肩を持つ。ようするに、これもまたマルティニなのだ。次々に思わぬことが起きて、二転三転するうちにクライマックスになだれこんでゆくという快作。たしかに深みには欠けるものの、マルティニ派の作家にそんなものを求めてはいけません。マルティニ派の読者なら『氷の男』と『殺意を呼ぶフィルム』はぜひとも読まれたい。『邪悪の貌』は同時多発的裁判で、リーガル・サスペンスの変種。三部作の第二部で、こちらは先行き不安だが、この第二部はぎりぎり評価したい。

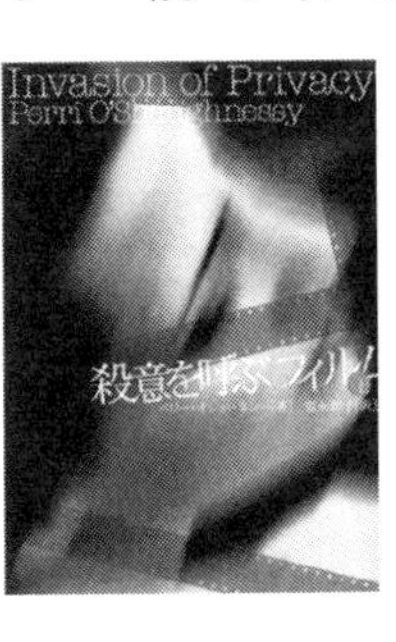

　翻訳は数が多いので、なんと『幻の特装本』『スキナーのルール』『仏陀の鏡への道』という作品が落ちてしまった。

　その代わりにランク入りしたのが『ドッグ・イート・ドッグ』『ニューヨーク地下鉄警察』『雪の狼』では怒られそうだが、『ドッグ・イート・ドッグ』はジョバンニのファンとして、『雪の狼』は冒険小説のファンとして、それぞれ挙げておきたい。特に『雪の狼』は、冒険小説がどこにも見当たらなくなってしまった現状では懐かしいものがある。『ニューヨーク地下鉄警察』だけは弁護に困るが、ようするにこういう話を私は好きなのである。

究極のリドル・ストーリー『秘密』に◎

1998年度ミステリーベスト10

秘密　東野圭吾

一九九八年度の問題その1は、馳星周『夜光虫』である。衝撃的なデビュー作『不夜城』に驚き、第二作『鎮魂歌』も高く評価し、二年続けてこのベスト10で2位にあげてきたが（それぞれの1位は、『海は涸(かわ)いていた』と『奇跡の人』であったから、相手が悪かったとしか言いようがない）、第三作のこの『夜光虫』には緊迫感が失われている。誤解されないように急いで書けば、やっぱり馳星周はうまいのである。横との比較で言えば、かなり上位にランクされる作品ではあるだろう。しかし、馳星周の第一作、第二作を読んできて、この第三作を読むと、あれっと思ってしまう。舞台を台湾に変えても、やっぱり同じ話が綴られるからだ。救いのない話が延々と繰り広げられるのである。そのディテールはうまい、といってもいいが、またかよという印象は拭えない。つまり、緊迫感は物語から失われたわけではなく、読者の中から失われたのである。ひらたく言ってしまえば、三作続いたことによって、もう驚かなくなっているのだ。

ということは、馳星周がこの路線を進むかぎり、物語はどんどんエスカレートせざるを得ない。主人公をもっと追いつめ、物語に刺激を盛り込まなければならなくなる。なんだか行き着く先が見えてしまうような気がしないでもない。

しかし、問題はそのことではない。第四作の『漂流街』がなんと読ませることだ。『不夜城』『鎮魂歌』でお馴染みの新宿を舞台に、同じような話であるのに『夜光虫』とは一転して読ませるのである。どんどんエスカレートしなくても、うまさだけでたっぷりと読ませるのだ。これでは同じような話だから緊迫感が失われたのだという前述の論がまったく成り立たない。なぜ『夜光虫』に新鮮さが失われているのに『漂流街』には緊迫感が漲っているのか。その理由が私にはわからない。これがどういう意味を持つのか、しばらくの間、宿題。

問題その2は、江戸川乱歩賞を受賞した福井晴敏『Twelve Y.O.』を大沢在昌と池上冬樹が絶賛していること。大沢在昌は浅田次郎『とられてたまるか！』と、梅原克文『二重螺旋の悪魔』をいち早く私に教えてくれた人で、読み手としていつも敬意を表している人である。しかも

国内ミステリーベスト10

① 『秘密』
東野圭吾／文藝春秋

② 『フォー・ディア・ライフ』
柴田よしき／講談社

③ 『月神（ダイアナ）の浅き夢』
柴田よしき／角川書店

④ 『理由』
宮部みゆき／朝日新聞社

⑤ 『グランド・ミステリー』
奥泉光／角川書店

⑥ 『金のゆりかご』
北川歩実／集英社

⑦ 『漂流街』
馳星周／角川書店

⑧ 『幻の女』
香納諒一／角川書店

⑨ 『邪馬台国はどこですか?』
鯨統一郎／創元推理文庫

⑩ 『陰の季節』
横山秀夫／文藝春秋

海外ミステリーベスト10

① 『五輪の薔薇』
C・パリサー（甲斐萬里江訳）／早川書房

② 『慈悲のこころ』
F・ケラーマン（小梨直訳）／創元推理文庫

③ 『緋の女』
J・D・クリスティリアン（棚橋志行訳）／扶桑社ミステリー

④ 『ブラック クロス』
G・アイルズ（中津悠訳）／講談社文庫

⑤ 『偽りの目撃者』
H・コーベン（中津悠訳）／ハヤカワ文庫

⑥ 『闇に浮かぶ絵』
R・ゴダード（加地美知子訳）／文春文庫

⑦ 『緋色の記憶』
T・H・クック（鴻巣友季子訳）／文春文庫

⑧ 『ブラックライト』
S・ハンター（公手成幸訳）／扶桑社ミステリー

⑨ 『記憶の闇の底から』
J・ネヴィン（岡聖子訳）／扶桑社ミステリー

⑩ 『ビッグ・ピクチャー』
D・ケネディ（中川聖訳）／新潮文庫

私と好みが似ているので、信頼もしている。池上冬樹も私が一目置いている評論家で（彼とは好みが少し異なっているが）、その二人が絶賛しているので手に取ったものの、私にはこの長編のどこがいいのか、さっぱりわからない。文章は読み辛いし、話もラドラムだ。私が信頼する二人が絶賛しているので将来的には大化けする人なのかもしれないが、少なくともこの作品からはその萌芽がうかがえない。

もっとも、小林泰三『密室殺人』の例もあるから、ちょっと困ってしまう。本誌11月号で「オレ自身の解釈も半分まちがってた事実が判明。なるほどこれは前代未聞かも」と大森望が書いていたのでどういう意味かと気になって手に取ったが、私にはこの『密室殺人』がさっぱりわからなかったのである。なにかヘンだなと思っても、作者が下手なんだと考えて（失礼！）そこで立ち止まらないので、全然気がつかないのだ。私、本格推理に向いていないみたい（今さら言うことでもないが）。であるから、『Twelve Y.O.』にも私にはわからないそういうことがあるのかもしれない。しかし、これは本格じゃないし、そういうことがあるとは思えないのだが。

　問題その3は、一九九八年度のベスト1に自信を持って推す東野圭吾『秘密』をめぐる解釈だ。池上冬樹が本誌11月号で「最終章のドンデン返しはいらないと思う。むしろもっと曖昧なままで決着をつけたほうが小説としての奥行きが深まったのではないか」と書き、その解釈に私は酒場でいちゃもんをつけたのだが（私はどんでん返し派ではなく、曖昧派なのである）、なんと作者に問い合わせた人がいて、しかもそれが池上冬樹の解釈通りだったというオチがついたといういわくつきの作品である。

　しかし、作者が何と言おうとも、あのラストはどんでん返しではないと思う。むしろ、リドル・ストーリーとしての傑作ではないか、と考える。つまり、あれがどんでん返しなら1位に推す作品ではないが、リドル・ストーリーとしての1位なのである。いくらなんでも1位はないでしょ、と言われるかもしれないが意地の1位だ。

書影は講談社文庫版

　日本作品について触れるスペースがもうほとんどない。一九九七年の『炎都』で大化けした柴田よしきは一九九八年度も絶好調で、『フォー・ディア・ライフ』『月神（ダイアナ）の浅き夢』と快作を連発。二作ともにランク入りさせることに抵抗はあるものの、あまりの出来の良さに、ええいっと2位と3位を占拠。宮部みゆきも『理由』『クロスファイア』と傑作を書いているが、ここでは『理由』のほうを取る。北川歩実『金のゆりかご』は『僕を殺した女』以来の傑作として、香納諒一『幻の女』は、この作家の大化けした作品として、松本清張賞受賞の横山秀夫『陰の季節』は新しい警察小説として、鯨統一郎『邪馬台国はどこですか？』は、こういう作品が好きなのだということで、それぞれランク入り。奥泉光『グランド・ミステリー』は形容に困る傑作で、この長編をまだ私はうまく語れない。

　ベスト10に入れなかった作品について触れておけば、アクション小説として面白かった北野安騎夫『グランド・ゼロ』と、エッセイの収穫である北村薫『謎のギャラリー』が印象に残った。

　というところで、次は翻訳。一九九八年度の翻訳ミステリーのベスト3は、歴史ミステリー三作を並べてみた。ベスト1は19世紀初頭のロンドンを舞台にした『五輪の薔薇』。小説のあらゆる要素をぎっしりつめた快作で、この醍醐味の前にはすべての小説が色あせる。ベスト2位の『慈悲のこころ』は、16世紀末のイギリスを舞台にした波瀾万丈の歴史ロマン。好都合すぎる展開が気にならないでもないが、これだけ読ませてくれれば文句なし。デュマやサバチニの小説がお好きな方ならたっぷりと堪能できるだろう。3位の『緋の女』は、19世紀後半のニューヨークを舞台にした歴史ミステリーで猥雑な街の様子をディテール豊かに描いて

読ませる。歴史ミステリーは、この他にもリンゼイ・デイヴィス『密偵ファルコ　白銀の誓い』という古代ローマを舞台にした異色のミステリーがあるが、とりあえずこの三作。

4位には冒険小説の収穫として『ブラック クロス』をぜひ挙げておきたい。この作者の『神の狩人』が評判がいいようだが、私は断然、『ブラック クロス』のほうを取る。いまどき本格的な戦争冒険小説を読めるなんて、すごいことではないか。しかも、マクリーン『ナヴァロンの要塞』も真っ青という出来なのである。昨年の『雪の狼』よりもこちらのほうが冒険小説としてベスト。思い切って1位にしちゃおうかとも思ったのだが、いくらなんでもそれはね。

スポーツ・エージェント、マイロンを主人公にしたシリーズは、『偽りの目撃者』と『カムバック・ヒーロー』があり、どちらを取るか迷った。まあ、たいして差はないので、無冠の前者をここでは取る。ハーラン・コーベンは私がいま個人的にもっとも期待する作家なのだ。

一九九八年度はここまでの五作だけでいいような気がするものの、そういうわけにもいかないので、あと五作。ゴダード『闇に浮かぶ絵』と、トマス・H・クック『緋色の記憶』はそれぞれ名人芸の世界といっていいが、逆に言えばそれほど驚くほどの出来ではないかもしれない。名手の作品はそういう印象を与えるので損をしてしまう。一九九八年度の翻訳ミステリーでいちばん驚いたのは、『ブラックライト』。あの『ダーティホワイトボーイズ』が四部作の第二作で、しか

も番外篇だったなんて全然知りませんでした。この『ブラックライト』は四部作の第三作なんだって。内容よりもこの解説にぶっ飛んだ。出来れば順番に翻訳してほしかったと思ったのは私だけではないと思う。

『記憶の闇の底から』は幼児虐待ものをひねった作品として、『ビッグ・ピクチャー』はダメ男小説として票を入れるが、しかし翻訳ミステリー後半の五作は、たとえばマイクル・コナリーのボッシュ・シリーズ最新作『トランク・ミュージック』や、エドワード・バンカー『リトル・ボーイ・ブルー』とエディ・リトル『アナザー・デイ・イン・パラダイス』などのクライム・ノベルなどと比較しても大差はない。

個人的に印象が強かったのが、『追跡犬ブラッドハウンド』。六十五歳でデビューした女性作家の第一作で、犬派読者はとにかくたまらない。物語がぎくしゃくしているので、ベストには入れられないが、犬たちの健気で可愛い描写は特筆もの。

1999年度ミステリーベスト10

この色彩感豊かなドラマに拍手

翻訳の1位に推したドナルド・ジェイムズ『モスクワ、2015年』は、私が解説を書いているので、ここに挙げるのに抵抗があったけれど、あまり評判にならなかったようなので、こうなると意地のプッシュだ。たしかに強引なプロットが目につくところはある。しかし、内戦終了後の混乱のモスクワを舞台に、連続殺人事件の犯人を追いかけるという警察小説の枠を借りて、驚くほど色彩感豊かなドラマが展開するのである。そのストーリーの展開こそがミソの小説だろうから、ここではいっさい触れないが、読み終えてもずっと残り続けるのはこの小説の持つ力といっていい。

ドナルド・ジェイムズには先に翻訳紹介された作品が一作あり、それが『裏切りの紋章』だが、『モスクワ、2015年』を読むと、その『裏切りの紋章』が無性に読みたくなり、あわてて書棚を探してしまったほどである。1999年の一年間に、その作家の他の作品を遡って読んだのは、ドナルド・ジェイムズ以外にコリン・ハリソンしかいない。そういう「引き寄せる力」を持った作品なのだ。

しかしながらそのコリン・ハリソン『マンハッタン夜想曲』は正直に言うとすめるにはためらいがある。これも全然評判にならなかった作品だが、それには理由があって、けっして上出来とは言いがたいからだ。ぎくしゃくしているし、まとまりを拒否するところもあって、まったくヘンな小説なのである。ところがどういうわけか、胸に残るのである。こういうダメ男小説が好きな方にのみ、おすすめしておきたい。一般性のない3位で大変申し訳ないが、もっともこの3位以外も全部一般性はないからいいか。

コリン・ハリソンの作品は四年前にハヤカワ文庫から『裁かれる検察官』が翻訳されていて（こちらは、ハリスンとなっている）、これは探し出すまで時間がかかり、ようやく見つけたときはホント、嬉しかった。こちらもダメ男小説であることは言うまでもない。早くこの作家の次作が読みたい。

2位に戻って、クックの『死の記憶』は、記憶三部作の一篇だが、今年翻訳の出た『夏草の記憶』よりはこちらが上位。記憶三部作といっても、『緋色の記憶』と『夏草の記憶』は似た構造を持ってい

海外ミステリーベスト10

①『モスクワ、2015年』
D・ジェイムズ（棚橋志行訳）／扶桑社ミステリー

②『死の記憶』
T・H・クック（佐藤和彦訳）／文春文庫

③『マンハッタン夜想曲』
C・ハリソン（笹野洋子訳）／講談社文庫

④『ボーン・コレクター』
J・ディーヴァー（池田真紀子訳）／文藝春秋

⑤『惜別の賦』
R・ゴダード（越前敏弥訳）／創元推理文庫

⑥『シマロン・ローズ』
J・L・バーク（佐藤耕士訳）／講談社文庫

⑦『狩りのとき』
S・ハンター（公手成幸訳）／扶桑社ミステリー

⑧『甦る帝国』
G・アイルズ（中津悠訳）／講談社文庫

⑨『スコッチに涙を託して』
D・レヘイン（鎌田三平訳）／角川文庫

⑩『明日への契り』
G・P・ペレケーノス（佐藤耕士訳）／ハヤカワ文庫

国内ミステリーベスト10

①『白夜行』
東野圭吾／集英社

②『永遠の仔』
天童荒太／幻冬舎

③『亡国のイージス』
福井晴敏／講談社

④『王妃の離婚』
佐藤賢一／新潮社

⑤『てのひらの闇』
藤原伊織／文藝春秋

⑥『バトル・ロワイアル』
高見広春／太田出版

⑦『MISSING』
本多孝好／双葉社

⑧『T.R.Y.』
井上尚登／角川書店

⑨『最悪』
奥田英朗／講談社

⑩『イントゥルーダー』
高嶋哲夫／文藝春秋

るが（過去に何かがあり、その真相を伏せたまま物語がその過去に向かって進んでいく）、『死の記憶』は異なる。こちらは過去の回想が重要な要素として出てくるものの、あくまでも現在の段階から調査するという構造になっている。回想はその現在を浮き彫りするためのものだ。

どちらかといえば、『死の記憶』の構造はオーソドックスといっていい。よくある構成であり、『緋色の記憶』と『夏草の記憶』のほうがオリジナル色が濃いことはたしかだろう。その二篇のほうがシンプルなぶんだけ驚きも大きく、クックのうまさが目立つ作品となっている。それは認めよう。しかしミステリーとしては謎が二重構造になっている『死の記憶』のほうが上位なのではないか。父がなぜ家族全員を殺したのかという謎の底に、彼が逃亡前に二時間も家で何を待っていたのかという謎があり、その最後の謎が全体を揺さぶっていることに留意したい。

スティーヴン・ハンターは評判のいい『極大射程』よりも『狩りのとき』を取る。

知人たちがなぜこれほどまでに『極大射程』を絶賛するのか、私にはまったくわからない。クライマックス・シーンのあっけなさは、クライブ・カッスラーに共通するものがある。つまり、ストーリーとスタイルが先走っているように思えるのだ。その点、この『狩りのとき』は下巻の現代篇に漲る緊迫感あふれるアクションが見事。息をつかさずダイナミックにたたみかけるアクション・シーンは、冒険小説ファンにたまらない。このボブ・リー・スワガー四部作は翻訳の順序がばらばらという不幸な紹介のされ方をしたけれど、最後の最後に傑作が待っていたのだと思うとすべてを許したくなる。

翻訳の順番ということでは、これも順序が逆になったグレッグ・アイルズの第一作『甦る帝国』。ここに出てくるスターンの若き日の冒険譚が、あの傑作『ブラック クロス』であったのだが、しかしこちらは逆になっても大差はない。秘密組織は出てくるし、世界を破滅に導く陰謀は出てくるし、二十年前ならラドラムが書きそうなパターン通りの謀略小説で、しかも途中でネタは割れているのに（というよりも作者がそれを隠そうとしない！）、最後まで一気に読ませるのは西ベルリンの警察官親子のドラマに見られるように、人物造形が巧みだからだ。その点がラドラムと異なっている。表面的には「はったり小説」の大家ラドラムと似ていても、決定的に異なるのはそういう細部へのこだわりのためだろう。迫力満点に描かれるアクション・シーンも緊密で、こちらも冒険小説ファンにおすすめ。

ジェイムズ・リー・バーク『シマロン・ローズ』も強く印象に残った。元テキサス・レンジャーで現在は弁護士のビリー・ボブが主人公だが、レイプ事件の容疑者として逮捕された青年の弁護を引き受ける話だ。

「廊下の鏡の下にあるオークのテーブルには朝刊がたたんで置いてあり、手錠姿のルーカスが、一面の全身写真のなかから私をじっと見つめていた。目もとは私に似ていない。どう見ても母親似だ」

つまり、昔付き合っていた女性との間に出来た息子が同じ街に住んでいて、その息子が事件の容疑者として逮捕されたのである。父親としての名乗りをあげることなく、彼は事件の調査を開始する、というのが『シマロン・ローズ』の概略だが、まったく私好みの話なので、もう何も言うことはない。デイヴ・ロビショー・シリーズは文学的香気の強いシリーズだったが、この新シリーズはその独特の情感を残しながらも動きの速い展開で巧みに読ませていく。

うまい作家はどんなものを書いてもうまいのだ、と続けられないのは、ロバート・ゴダードの例があるからで、どうしてあれほど緊密な作品を書いていた作家がこれほどつまらなくなってしまうのか、まったく不思議というしかない。今年翻訳されたゴダード作品で読ませるのはこの『惜別の賦』のみ。これはいつものゴダード節でたっぷりと読ませる。

紙枚がないので、そろそろ国内作品に移りたいが、しかしこちらは独自性を出そうとしても1999年は出しようがない。どうひねくっても、ベスト3は『永遠の仔』『白夜行』『亡国のイージス』の三作で仕方がないような気がするからだ。この三作はどれも傑作の名に恥じない大作ばかりで、こういう傑作を一年に三作も読めることこそ日本ミステリー界の成熟なのだと思う。

その中で『白夜行』を1位にしたのは、けっして『永遠の仔』を評価しないわけではなく、いつも損な道を選択する技巧派東野圭吾の意地と矜持に一票入れたかったからだ。

直木賞受賞作の『王妃の離婚』を4位にランクしたのは、この作者の『双頭の

書影は集英社文庫版

鷲』をここに並べられないのが悔しいからで（いくらなんでもミステリーではないものな）、それならばこっちだという選択である。少なくても『MISSING』よりはミステリー要素が強いからここに並べても違和感はない。その『MISSING』は迷ったものの（つまり、ミステリー色の強くない短篇のほうが出来がいいのだ）、この作者の可能性を高く評価するので、どうしても入れておきたかった。しかし数年もしないうちに、この作者の第一作品集はどうしてミステリーのベストにあがったのか、と言われるような気がする。

しかし、そんなことを言ったら奥田英朗『最悪』も同じか。こういう作品をはたしてミステリーにあげるべきなのかどうか、数年前からずっと宿題で、まだ決着がつかない。その問題は、『イントゥルーダー』や『てのひらの闇』にも言えて、特に前者はミステリーとしての脆弱さを指摘されても弁護しにくい。しかし、人物造形がここまで描けるならば将来が楽しみ。高嶋哲夫も『MISSING』の本多孝好同様に、別のジャンルに行ってしまう作家かもしれないが、それでも私は支持し続ける。むしろ心配は井上尚登『T．R．Y．』のほうで、この長編自体は面白く読めたものの、この芸達者がどの方向にいくのか、この一作だけでは先行きが見えない。『バトル・ロワイアル』は版元の売り方が好きではないものの（落選と大きく書いたポップを書店で見かけたが、あれはないと思う）、それは作者に罪があるわけではないので、6位に評価。といってもこのベスト10の4位以下は順不同といっていい。高見広春も井上尚登と同様、次作で真価が問われるだろう。

というところが私のベスト10だが、まだ読み落とした作品があるようで、ちょっと気になる。まあ、それも私の限界だろうからいいか。

書影は双葉文庫版

2000年度ミステリーベスト10

『夜が終わる場所』が自信のベスト1だ！

2000年度のミステリー総括で国内編をお休みして、翻訳編のみにするのは、日本ミステリーの十冊が選べないからだ。2000年の日本ミステリーが不作の年だったのか、それとも私の読書量が足りないのか、たぶん後者だと思うけれど、そういうわけで許されたい。とはいうものの、では翻訳ミステリーなら全部読んでいるのか、と問われると辛いものがある。まあ、こちらは十冊がすらすら浮かんできたから、というにすぎない。

しかし、その第1位は自信の一冊だ。読みおえた瞬間に、これが今年のベスト1だと確信することは少なくないが、1年が終わって本当にその作品が1位に残り続けることは意外に少ない。私の場合には、ということだが。

ホールデン『夜が終わる場所』はそういう一冊だ。この長編を読んでから、以前翻訳された他の作品をあわてて探しに走ったほど、2000年度にいちばん印象に残った長編といっていい。その作家の過去の作品をあわてて遡るのは、私の場合、そうあることではない。困っているのは、その内容をあまり紹介できないことだ。何の先入観も持たずに黙って読んでいただきたい。しかしそれでは職務を果たしたことにならないだろうから、新刊時の書評を引用しておく。

「現在の少女失踪事件と、7年前の失踪事件が交互に語られていく。そこにどんどん回想が挿入されていく。主人公は響察官のマック。相棒のパンクとは幼なじみだ。まず、その少年時代が瑞々しく描かれる。ひ弱なマックがパンクにフットボールを教えられるシーン。パンクと川で泳ぐシーン。そういう少年時代の輝く日々が静かに鮮やかに描かれる。そして大学時代の再会。パンクは一歳半の娘を持つ年上女性サラを伴って、マックの前に現れる。そのサラに惹かれていくマックの哀しく短い青春が、これも鮮やかに回想される。その回想は複雑に絡み合う。7年前に失踪したのはサラの娘だ。それから二人の仲はおかしくなっている。一方のマックも最初の結婚に失敗し、現在の妻と娘の折り合いが悪く、家庭内はぐちゃぐちゃ。その過去と現在がどんどん複雑に絡み合っていく」

長い引用ですみません。もう少しです。このあとが我ながらすごい絶賛だ。

海外ミステリーベスト10

① **『夜が終わる場所』**
C・ホールデン（近藤純夫訳）／扶桑社ミステリー

② **『子供の眼』**
R・N・パタースン（東江一紀訳）／新潮社

③ **『闇よ、我が手を取りたまえ』**
D・レヘイン（鎌田三平訳）／角川文庫

④ **『一瞬の光のなかで』**
R・ゴダード（加地美知子訳）／扶桑社

⑤ **『コフィン・ダンサー』**
J・ディーヴァー（池田真紀子訳）／文藝春秋

⑥ **『生への帰還』**
G・P・ペレケーノス（佐藤耕士訳）／ハヤカワ文庫

⑦ **『スーパー・エージェント』**
H・コーベン（中津悠訳）／ハヤカワ文庫

⑧ **『ジグザグ・ガール』**
M・ベッドフォード（髙田恵子訳）／創元推理文庫

⑨ **『密偵ファルコ 鋼鉄の軍神』**
L・デイヴィス（田代泰子訳）／光文社文庫

⑩ **『極北のハンター』**
J・B・ハギンズ（田中昌太郎訳）／ハヤカワ文庫

「群を抜く描写力、巧妙なプロットとあふれる詩情。どれを取っても申し分がない。これが小説だ。これがミステリーだ。真相に近づいていくマックとともに、かくて我々は人生の真実に気づくのである。自信を持って本年度のベスト1に推す！」

この長編の書評はあちこちに書いたが最初に書いたこの文章が私の興奮をいちばん伝えているのではないかと思う。これ以上書いていくとネタばれになりかねないのでやめておくが、本当は粗筋も知らずにこの書を読み始めるのがいい。1年たってもベスト1の確信はとうとう揺るがなかった。

2位は、リチャード・ノース・パタースン『子供の眼』。あの大傑作『罪の段階』の続編だが、この長編だけでも読めるようになっているので、安心して読まれたい。スコット・トゥローが『囮弁護士』というトゥローらしくない作品を書き、マルティニが『臨界テロ』というハイテク軍事スリラーを書くご時世だから、リーガル・サスペンスの王道を真っ直ぐに進むパタースンの奮闘ぶりがとにかく嬉しい。後半の裁判劇の息詰まるような興奮を見よ。

3位は、デニス・レヘイン『闇よ、我が手を取りたまえ』。前作の『スコッチに涙を託して』もなかなか読ませたが、このシリーズ第二作はそれ以上の傑作である。この長編の美点を一つだけ書きとめておくと、物語の後半に出てくる子供時代の回想だ。溜まり場となる鳩小屋だ。主人公のパトリック、友人のフィル、のちにギャングとなってパトリックと対立するケヴィン、後年凶暴な殺人者になりながらもパトリックの守護者を自認するブッバ、フィルと結婚することになるアンジーなど、家庭の愛に恵まれず、怒りと傷ついた心を持つ子供たちが集まってきた鳩小屋の回想が白眉といっていい。つまり、悪人も善人も事件の背後に潜む真犯人も、すべて身近な人間たちという構造なのである。すなわち、悪は我々の内に潜んでいるのだ。その内なる深淵を鋭く鮮やかに描いたことが本書を際立たせている。鳩小屋のエピソードのさりげない挿入はそのために他ならない。

ここまでが自信のベスト3。この三作は誰に何と言われようが変えるつもりはないが、第4位のゴダード『一瞬の光のなかで』と、ディーヴァー『コフィン・ダンサー』については、そこまで固執するつもりはない。まあ他の作品よりはいいかとの選択。まず、ゴダードだが、久々の復活作としてぜひあげておきたい。行方不明のヒロインを探す話だが、こういうダメ男を描くとゴダードはまったくうまい。しかも実に奇妙な話が展開し、それだけでなく、どんどんねじれていくから、久久のゴダード節といっていい。浮気症のダメ男が探索の果てに得たものは何であったのか、失ったものは何であったのか、その人生の真実を鮮やかに描き出すのだ。

『コフィン・ダンサー』は、その直前に翻訳された『悪魔の涙』がおやおやっという出来だったので危ぶまれたものの、さすがはディーヴァー、見事な復活といっていい。つまり4位と5位には「復活作家」を並べたのである。ここにも『悪魔の涙』に見られたご都合主義のプロットがないではないが、これくらいはいいだろう。プロットの冴えは見事。『悪魔の涙』で、この作家はもういいやと思った読者もぜひ本書を手に取られたい。ゴダードがそうであるように、ディーヴァー、まだまだ終わったわけではない。

ここまでの五冊に比べて、これからの五冊は順不同。表に入れなかった他の作品、たとえばジェイムズ・セイヤー『アメリカの刺客』、マイクル・コナリー『わが心臓の痛み』、ジェイムズ・ロング『ファーニー』、ロブ・ライアン『アンダードッグス』、ジョナサン・レセム『マザーレス・ブルックリン』、ローラ・リップマン『ボルチモア・ブルース』、テレンス・ファハティ『キル・ミー・アゲイン』、ニコラス・ブリンコウ、『マンチェスター・フラッシュバック』、スティーヴン・ドビンズ『水の棺の少年』、ロバート・クラーク『記憶なき殺人』などと入れ換えても、別に差し支えない。僅差のベスト10入りといっていい。

それなのに、どうしてこの五作にしたのかというと、『極北のハンター』と『ジグザグ・ガール』を除く三作は、私のお気に入りのシリーズなのだ。

ペレケーノス『生への帰還』は、ワシントン・サーガの最終篇として、ハーラン・コーベン『スーパー・エージェント』は、このシリーズの分岐点になる作品として、そしてリンゼイ・デイヴィス『鋼鉄（はがね）の軍神（マルス）』はシリーズ中の異色の冒険譚として、ぜひあげておきたかった。

ベッドフォード『ジグザグ・ガール』は恋人の真の姿を探す奇術師の物語で、ゴダード・ファンにおすすめの一冊。最後になったが、ジェイムズ・バイロン・ハギンズ『極北のハンター』は、冒険小説がめっきり少なくなった昨今が淋しいと嘆いている読者へのプレゼント。どれほど作品が少なくなっても、年に一冊はおすすめの翻訳冒険小説があるものだが、2000年度はこれ。アラスカの米軍施設から逃げ出した謎の巨獣と、それを追うプロたちの死闘が陳腐すれすれの設定ながらも延々繰りひろげられる。これは意地の一冊だ。

北上次郎選

年度別
エンター
テインメント
ベスト10

2001
2023

2001年度エンターテインメントベスト10

唯川恵『肩ごしの恋人』が堂々のベスト1だ

今年度からミステリーのベスト10は池上冬樹の担当になり、私は新設のエンターテインメントベスト10の担当を受け持つことになった。エンターテインメントといっても幅が広く、SF・ミステリー・時代小説・ホラー、ええと、あとは何があるのか、とにかくあまりに対象が広大すぎる。そこで、ジャンル小説はすべて対象外にすることにした。ミステリーやSFは各種のベスト10が他にあるので、だぶりを避けたい。そういうジャンルベストではこぼれ落ちてしまうような作品を、ここでは意図的に取り上げたいのだ。たとえば2001年度なら、宮部みゆき『模倣犯』がエンターテインメントのベスト10に入らないのは基本的におかしいのだが、それもそういう事情による。それにしては時代小説を対象にしているのは首尾一貫しないかもしれないが、これは私の好み。

もう一つは翻訳小説を対象にするかどうかだ。これは最後まで迷った。翻訳小説もジャンル小説でないものは話題になりにくく、本来なら当欄の対象にしたかった。ずいぶん前のことになるが、例に出せば、E・アニー・プルー『港湾ニュース』、最近ならばリーサ・リアドン『ビリーの死んだ夏』のような作品だ。で、2001年度の翻訳を振り返ると、ランクインさせたいのはベニオフ『25時』。これはミステリーではないので、こういう欄で取り上げないとこぼれ落ちる。しかし、この作品については別ページで書いていることだし、今回は見送ることにした。来年以降は翻訳を入れるかもしれないが、今年はそういうわけで日本単独のベスト10である。

それにしても、ジャンル小説は対象外にするとはいえ、エンターテインメント全般のベストを選ぶとは大胆不敵で（たとえば恋愛小説と時代小説を同じ土俵で論じることにはそもそも無理がある）、おいおいという感じだが、まあこういうベスト10は基本的にお遊びであることだし、許されたい。

書影は集英社文庫版

エンターテインメントベスト10

① 『肩ごしの恋人』
唯川恵／マガジンハウス

② 『翼はいつまでも』
川上健一／集英社

③ 『素晴らしい一日』
平安寿子／文藝春秋

④ 『邪魔』
奥田英朗／講談社

⑤ 『あかね空』
山本一力／文藝春秋

⑥ 『天を衝く』
高橋克彦／講談社

⑦ 『都立水商！』
室積光／小学館

⑧ 『白い薔薇の淵まで』
中山可穂／集英社

⑨ 『きのうの空』
志水辰夫／新潮社

⑩ 『愛の領分』
藤田宜永／文藝春秋

本文に入る前に、せっかくなので翻訳ミステリーのベストをあげておくと、1位が『ハドリアヌスの長城』、2位が『ミスティック・リバー』、3位は『ボトムズ』。4位が同点で『愛しきものはすべて去りゆく』と『神は銃弾』。特に1位の『ハドリアヌスの長城』は、昨年1位の『夜が終わる場所』に匹敵するくらいの自信のベスト1なのだが、どうもあまり評判になっていないようで、悔しいのでここに書いておきたい。そうか。これはエンターテインメントに入れてもよかったのか。もう10冊を選んだあとなので入れられないが、来年からはミステリーと一般小説の境界線上にあるこういう翻訳小説はこちらに入れていきたい。

まず、1位の『肩ごしの恋人』から。この数年の唯川恵の急激な成熟は驚嘆に値する。昨年の『ベター・ハーフ』もなかなか読ませたが、今回の『肩ごしの恋人』がこの作者のベスト。萌とるり子の絶妙な造形を読まれたい。しばらく付き合った男には上司の娘という婚約者がいて、結局は振られたかたちになったるり子が怒る冒頭の場面を引く。

「その婚約者っていうのが、ひどいブスなの。おまけに国立大を出てるような可愛げのない女なのよ。私、男がわかんなくなったわ。女は綺麗で、セックスがよくて、一緒にいて楽しいこと以外、何が必要なの？」

るり子というのはこういうことを言う女性である。わがままで厭味な女である。しかし絶妙だ。たとえば、このるり子が結婚したあと、夫に浮気相手がいることが発覚し、その当の相手から電話がかかってくるシーンの述懐を引く。

「電話を切って、ものすごく張り切っている自分を感じた。／こんなわくわくした感覚は久しぶりだった。（略）最近、伸びきったゴムみたいな毎日だなと退屈していたところだった。そこに妻と愛人の対決といった、とてもわかりやすい刺激である。これが張り切らずにいられるわけがない」

つまり、イベント好きの女性なのであ

る。だから騒々しい。主人公の萌はずっと振り回されるのだが、どういうわけか絶交できない。軽妙に語られるその女同士の腐れ縁的友情が物語の核。さまざまな人物が登場して、実に巧みなエピソードを幾つも積み重ね、うまいうまい。

ヒロインの幸せ探しというシンプルなテーマを平易な文章で綴るという点では、山本文緒の初期作品『パイナップルの彼方へ』『ブルーもしくはブルー』を彷彿させるが、それ以来の興奮といっていい。どういうストーリーかはあえて書かない。小説を読むことの喜びがここにある、と書くにとどめる。自信のベスト1だ。

2位の『翼はいつまでも』は、川上健一、十一年ぶりの復活作。あの初恋小説の傑作『雨鱒の川』（ぼろぼろ泣くぞ）から十一年。川上健一の新作が読めるとは嬉しい。こちらは中学生小説である。ビートルズがラジオから流れ出ていた一九六〇年代初頭の東北を舞台にした少年小説だ。友情と初恋、野球と音楽。そういう少年の日々が描かれる。新しさはないかもしれないが、こういう小説が私にはとても愛しい。この長篇についてはあちこちに書いたので、これ以上は書かない。

書影は集英社文庫版

3位は『素晴らしい一日』。平安寿子は後半に連作長篇『パートタイム・パートナー』も出しているが、作品的にはやはりこちらを取りたい。これは短篇集だが、巻末に収録の「商店街のかぐや姫」がベスト。ダメ亭主と働き者の妻、それに姑の絶妙な関係を描いて読ませる。『パートタイム・パートナー』を読むと、まだ方向に迷いがあるようだが、前記の「商店街のかぐや姫」と、『素晴らしい一日』の表題作に登場するダメ男の絶妙な造形にヒントがあるような気がしてならない。

4位は迷ったすえに『邪魔』。迷ったのは、この長篇がミステリーの各種のベスト10にもランクインすると思われるからで、そういう作品をあげるのには若干の抵抗がある。しかしミステリー外であるとの判断で、こちらにも挙げておきたい。さまざまな書評等でこの作品の美点が語られているのでここに繰り返すまでもないが、平凡な生活を営んでいた主婦がどんどん変貌していくディテールが圧巻。これもこの作者のベスト。

5位と6位には時代小説を並べる。時代小説は新人中堅ベテランが入り乱れて活況を呈しているが、２００１年度に印象に残った作品を並べると、表中の2作の他に、中見利男『太閤の復活祭』、乙川優三郎『かずら野』、千秋寺京介『怨霊記』、古田十駕『風譚義経』、宮城谷昌光『沙中の回廊』、富樫倫太郎『陰陽寮外伝　晴明百物語』、樋口修吉『縁かいな』と目白押し。ここから2作選ぶのは大変だが、『あかね空』は人情話の傑作としてランクイン。

豆腐屋一家の幸せと不幸を描く長篇だが、つまりは家族小説だ。その離反と絆を、さまざまな道具立てを周囲にちりばめながら描いていく。私がこの手の話に極端に弱いということもあるが、2001年度いちばんの感涙本。

『天を衝く』は、一転して感動と興奮の歴史小説だ。数年前の『火怨』にもぶっ飛んだものだが、あの傑作にも負けず劣らない迫力で全編をぐいぐい押し通す。戦国末期に生まれた九戸政実の波瀾に満ちた半生を描く大長篇で、読み始めるとやめられない。

書影は講談社文庫版

7位の『都立水商!』は、東京都教育局が水商売専門高校を新宿歌舞伎町に創設するという破天荒な長篇で、女子生徒のために「ホステス科」「ソープ科」「ヘルス科」、男子生徒のために「ホスト科」「ゲイバー科」「マネージャー科」「バーテン科」をつくり、その実習まであるというのだから、ユーモア風刺小説に分類されるのだろうが、半分近くを占める水商野球部の痛快な活躍譚が白眉。奇抜な設定を補っているのはその秀逸なディテールにほかならない。

8位からは、山周賞、柴錬賞、直木賞と文学賞受賞作品を並べてみた。本誌のガイド欄で私が絶賛してきたものばかりで、本来ならこのベストの上位に並べなければならない作品といっていい。賞を取らなければそうしていただろうが、受賞したからには遠慮してもらって下位。まず、『白い薔薇の淵まで』。山周賞を受賞しなかったら、これを1位にしようと思っていた。つまり、個人的にはこれが2001年度のベスト1。息苦しい恋が鮮やかに描かれて、恋愛小説としての完成度はぴか一。『猫背の王子』から始まった中山可穂の、ある意味での集大成といっていい。

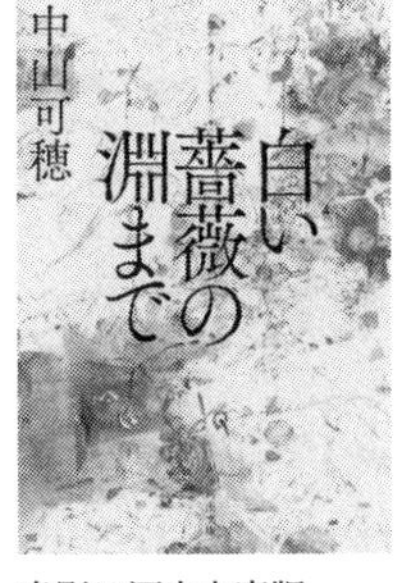

書影は河出文庫版

『きのうの空』は、志水辰夫の傑作。無冠の帝王がついに柴田錬三郎賞を受賞したのは実に感慨深い。心配なのは希代のヘソ曲がり作家だから、また別の方向に行ってしまうのではないかという懸念だけ。『愛の領分』は藤田宜永のベスト作品。恋愛小説に転じた作者がついに書き上げた傑作だ。

というのが私の選んだベスト10作だが、当然ながらこれ以外にも気になる作品が幾つかある。薄井ゆうじ『湖底』、加納朋子『ささらさや』、高樹のぶ子『満水子』、秋山鉄『ボルトブルース』など、10作の枠がなければ選びたかった作品だが、これは止むを得ない。しかし、この10作以外にも面白い小説はあるかもしれないが、この10作が強い印象を与えてくれることにはひそかな自信がある。

2002年度エンターテインメントベスト10

『流星ワゴン』は本年度最高の小説である

平安寿子『グッドラックららばい』を読み終えた瞬間、今年のベスト1は決まったなと思った。昨年も同じ作者の作品集『素晴らしい一日』を私は3位に選んでいて、たしかに平安寿子の才能の片鱗をうかがわせる秀作だったが、あの3位は将来性を高く買うがための評価でもあった。いつか必ず、この作家は傑作を書くに違いないという期待が、『素晴らしい一日』を3位に押し上げた側面があったことは否定できない。こういうベストテンには、そういう期待度がかなりの比重を占める。いや、私が選んだ場合には、ということだが。特に、新人作家の作品を選ぶ際にはその傾向が少なくない。

『グッドラックららばい』を読んで嬉しかったのは、その期待が裏切られなかったからである。見事にその才能が開花したからである。この長編についてはあちこちで書いたので繰り返さないが、実に鮮やかな家族小説といっていい。自分のことしか考えない家族がばらばらに暮らしていて、それでも崩壊しないというのが新鮮だ。二十年間家出している母親の挿話に見られるように、ディテールのうまさは言うまでもないが、そのタフな一家を見事に描ききった筆力に感服する。だから、文句なしの1位なのである。ずっと、そう考えていた。

それなのに、いざベストテンを選ぶ際になると、1位の欄に『流星ワゴン』と書き入れてしまうのである。えっ、どうしてこっちが1位なんだよと驚いた。

『流星ワゴン』も家族小説である。こちらもあちこちで書いたので詳しい紹介は避けるけれど、SF的シチュエーションを導入した実に鮮やかな家族小説だ。リストラになって失職した男がいる。妻は浮気しているようで、子供は登校拒否。つまり家族は崩壊している。もう生きている気力もない。で、駅前のロータリーで酒を飲んでいると、一台のワゴンがすっと止まり、あなたの大事な場所に連れていってあげますと妙なことを言う男が降りてくる。主人公が連れていかれたのは一年前の新宿だ。昼間の雑踏だ。大事な商談の場所に急ぐ主人公はその交差点で見知らぬ男に肩を抱かれた妻をそのとき目撃するのだが、一年前には声をかけなかった。あのとき商談など放っておいて妻を呼び止めていれば、あるいは家庭

流星ワゴン
重松清

書影は講談社文庫版

エンターテインメントベスト10

① 『流星ワゴン』
重松清／講談社

② 『グッドラックららばい』
平安寿子／講談社

③ 『魔岩伝説』
荒山徹／祥伝社

④ 『コンビニ・ララバイ』
池永陽／集英社

⑤ 『母恋旅烏』
荻原浩／小学館文庫

⑥ 『マドンナ』
奥田英朗／講談社

⑦ 『半落ち』
横山秀夫／講談社

⑧ 『黄色い目の魚』
佐藤多佳子／新潮社

⑨ 『非道、行ずべからず』
松井今朝子／マガジンハウス

⑩ 『ベリィ・タルト』
ヒキタクニオ／文藝春秋

も崩壊しなかったかもしれない。まだ防げたかもしれない。その場所と時に、再度主人公は連れていかれる。

また妻を見る。しかし、彼はふたたび迷う。本当にやり直せるのかと。そのとき後ろから、呼び止めなくてもいいのか、と声をかけられる。振り返ると、そこに立っているのは父親だ。癌で余命いくばくもなく、故郷で寝たきりになっているはずの父親が、しかも若き日の姿になって立っている。どうして父がいるのだ、しかもオレと同じ年齢で、どうしてだ？

というところから始まる長編で、ね、面白そうでしょ。この導入部で、おお、この先を読みたいと思ったら、まずその期待は裏切られない。この先は現物に当たっていただきたいが、とてもスリリングな家族小説といっていい。キャラクターの掘り下げも構成もディテールもすべてが一級で、しかも他人事ではない切実感が貫いている。

読みおえたときも、もちろん傑作だと思っていた。あるいは重松清のベストかもしれない。そのあと、ずいぶんたってから『グッドラックららばい』を読み、こちらをベスト1にしようと思ったのは、重松清がすでに山周賞も直木賞も受賞している作家で、いまさら『流星ワゴン』を挙げることもないかなという気がしたからで、作品評価とは別の判断にほかならない。こういうベストテンはしょせんはお遊びなんだから、すでに評価されている作家よりもまだ陽の目を浴びてない新人作家のほうを上位にしたほうがいいのではないか、という判断が正直に言うとあったのである。昨年も、山周賞、直木賞、柴錬賞の三賞受賞作を下位に並べたが、それも同じ理由による。そのとき一位に推した『肩ごしの恋人』はその後に直木賞を受賞してしまったが、それは結果論にすぎない。

ところが、『流星ワゴン』はじわじわと効くのだ。読み終えたときよりも一カ月後のほうが印象が強くなり、そして半年後はもっと強烈なものに育っていく。『流星ワゴン』の底を流れる切実感と、この小説が与えてくれる静かなパワーが、月日がたつごとにどんどん膨れ上がっていくのである。新人作家をなるべく上位に置きたいという気持ちを、そういうふうに自分の感情が裏切っていくのである。こうなるともうだめだ。で、あふれ出る感情に素直に従うことにした。二〇〇二年でいちばん素晴らしい小説は『流星ワゴン』であったと。『グッドラックららばい』には本当に申し訳ないが、そういうことで許されたい。

　文学賞受賞作家の作品は下位に置くという例年のやり方なら（このベストは昨年から始めたばかりだから、例年という言い方はおかしいが）、おそらく『流星ワゴン』は10位で、1位2位3位には、『グッドラックららばい』『コンビニ・ララバイ』『母恋旅烏』という、新人作家というか、これからブレイクしそうな作家の作品を並べただろうが、そういうわけで今年は例外。すべて現在の感情に従うことにした。

　で、2位の『グッドラックららばい』に続いては、3位に『魔岩伝説』を抜擢する。伝奇小説の少ない現代ではきわめて貴重な作品なので、ぜひとも上位に挙げておきたい。

　先に弁解しておく。二〇〇二年の時代小説は、乙川優三郎『生きる』、宇江佐真理『斬られ権佐』、山本一刀『蒼龍』、宮本昌孝『夏雲あがれ』、富樫倫太郎『陰陽寮6　平安地獄篇』と相変わらず傑作が目白押しであったにもかかわらず、これらの中からこのベストテンに『魔岩伝説』と、松井今朝子『非道、行ずべからず』の二作しかリストアップしなかったことに、深い理由はない。『魔岩伝説』と『非道、行ずべからず』がいちばん見逃されているという理由にしかすぎない。二作ともに傑作で優劣はつけられないのに、『魔岩伝説』が3位で、『非道、行ずべからず』が9位というのもヘンだが、これも荒山徹のほうが人口に膾炙していないとの理由にすぎない。感情に従うと言ったわりにはいつもの基準を出したりして、なんだか首尾一貫しない決め方だが、ええい、もっと正直に書いてしまえ。これを書かないとすっきりしない。『流星ワゴン』だけが例外で、あとは昨年と同じ決め方なのである。人の性格はそんなに簡単に変わらないのである。それを『流星ワゴン』だけが変えたのである。そう考えていただきたい。

『魔岩伝説』の内容について何の紹介もしていないことにたったいま気がついたが、ようするに波瀾万丈の伝奇小説だ。同好の士は読まれたい。けっして退屈させないはずだ。これを読んで面白いと思った人はデビュー作の『高麗秘帖』と、第二作の『魔風海峡』もぜひお読みいただきたいと思う。

　4位から8位は順不動。『黄色い目の魚』が4位で、『コンビニ・ララバイ』が8位であってもいい。作品の差はそれほどない。どれも傑作ばかりだ。『母恋旅烏』からいく。前号で、この作者の『神様からひと言』をガイド欄で紹介したときに書いたけれど、類型ぎりぎりの戯画化されたキャラがきわどい綱渡りで成功しているといっていい。この二作の間に上梓された『コールドゲーム』よりも、『母恋旅鳥』と『神様からひと言』が成功しているのは、この作者の本質を示唆しているようで興味深い。つまり、こういうケレンが荻原浩の美点を効果的に引き出しているのだ。会社員小説『神様からひと言』もいいが、『母恋旅鳥』は旅役者一座を描いた家族小説で、笑わせて泣かせる構成と細部が鮮やかである。

作品選択に困ったのは奥田英朗も同様で、『イン・ザ・プール』にするか、『マドンナ』にするか、最後まで迷った末に『マドンナ』にした。ヘンな精神科医を主人公にした連作集『イン・ザ・プール』の奇妙なおかしさも捨てがたいものの、ここはあえてストレートな『マドンナ』でいきたい。こちらも前号で紹介したばかりなので、繰り返す必要はないだろうが(ようするに中年課長を主人公にして、その悲哀と奮闘ぶりを描いた作品集だ)、もともとデッサン力に優れているからこういうストレートな作品を書けるのだということは強調しておきたい。うまいよなまったく。

横山秀夫『半落ち』はミステリーのほうで選ばれるだろうし、時代小説を除いてジャンル小説は対象外にするというこのベストのコンセプトからは外れるのだが、どうしても選んでおきたかった。評判の作品なのでこれ以上触れないが、ラストに落涙。

『黄色い目の魚』は、佐藤多佳子の秀作。高校生小説だが、絵のモチーフが効いている。初恋ではなく、友情でもなく、もっと特別のつながりという危うい関係を描く筆致の冴えが見事。4位〜8位で最後に残ったのが『コンビニ・ララバイ』だが、こちらは本の雑誌の上半期のベスト1に選ばれた作品だから、もう説明は不要だろう。

9位の松井今朝子『非道、行ずべからず』は、直木賞を受賞してもよかったと思う。これまでのベスト。しかしこの作家はもっともっとすごい傑作を近々書くような気がしてならない。そういう予感を懐かせる作家でもある。10位の『ベリィ・タルト』は、不思議な人物造形で読ませる佳作。不思議というのは、奇妙なリアリティが充満しているからだ。それが物語の新鮮さを生み出している。

というのが私の選んだ10冊で、他にも山本文緒『ファースト・プライオリティー』、中山可穂『マラケシュ心中』、森巣博『越境者たち』、東野圭吾『トキオ』、浅田次郎『椿山課長の七日間』と、印象に残った作品はあるものの、考え出すときりがないので、これにて打ち止め。

2003年度エンターテインメントベスト10

姫野カオルコ『ツ、イ、ラ、ク』を推す

異例ながら、今年は10位から始めることにする。『月のない夜』がどうしてこれほど胸に残るのか。この稿の直前に、文庫増刊号の原稿を書いていたとき、突然その理由に気がついた。そこで私は、『クライマーズ・ハイ』になぜあれほど感動したのか、個人的な事情を書いているのだが、それと同じことがこの『月のない夜』にも言えそうな気がする。

つまり、『クライマーズ・ハイ』に私が揺さぶられたのは、これが巧緻に作り上げられた職場小説だったからなのだが、『月のない夜』は裏返しの職場小説なのだ。その落ちていく過程はやや類型的とはいえ、この主人公の失ったものが私には他人事ではない。回想として挿入される会社全体が元気だったころの飲み屋の光景とか、オフィスの風景とか、その活気がやたらとまぶしいのである。彼が失ったものが、幸せな家庭だけであったなら、ふんと笑ってしまえるだろうが、活気あふれる職場となると、途端に笑えなくなる。ここにいるのは私だ。

急いで付け加えておくが、そう感じさせるのが、作者の筆力であることは言うまでもない。特に、ラスト二章の鮮やかさは今も印象に強く残り続ける。

行きがかり上、順序を無視して、『クライマーズ・ハイ』にも触れておくが、文庫増刊号とのダブリをお許し願えれば、これはたまたま新聞社を舞台にしているだけで、たまたま日航機墜落事故報道がメインになっているだけで、その本質は正統派の職場小説である。職場におけるさまざまな軋轢、さまざまな雑事といかに向き合うか、その気の遠くなるような徒労を描いた長編である。だから、なにごとかをなし遂げたあとの高揚が胸を打つ。例によって、ケレンたっぷりの趣向はあるが、そこはご愛嬌。

ええい、ここまできたら順序は無視でいく。二〇〇三年でいちばん悔しかった小説について語りたい。『マルドゥック・スクランブル』。こんな小説が出ていたなんて知りませんでした。第一巻「圧縮」が五月、第二巻「燃焼」が六月、第三巻「排気」が七月と、三カ月連続刊行だったんだって。何してたんだ、そのころオレ。こういうのを読み逃がしていてはいけません。カッコいいぞ。ぞくぞくするぞ。

書影は角川文庫版

エンターテインメントベスト10

①『ツ、イ、ラ、ク』
姫野カオルコ／角川書店

②『永遠の出口』
森絵都／集英社

③『マルドゥック・スクランブル』
冲方丁／ハヤカワ文庫JA

④『重力ピエロ』
伊坂幸太郎／新潮社

⑤『クライマーズ・ハイ』
横山秀夫／文藝春秋

⑥『非国民』
森巣博／幻冬舎

⑦『ZOO』
乙一／集英社

⑧『十兵衛両断』
荒山徹／新潮社

⑨『明治ちぎれ雲』
平山壽三郎／講談社

⑩『月のない夜』
鳴海章／徳間書店

近未来アクション小説である。とりあえず、そう言ってしまおう。主人公は少女バロット。相棒はなんとネズミだ。いや、ネズミ型の万能兵器だ。バロットが念じると何にでも変身してしまう万能兵器である。この二人（？）が力を合わせて、アクションをくりひろげるが、そのすべてがカッコいい。

特筆すべきは第二巻の後半から第三巻の前半までを占めるカジノ・シーン。なんと全体の三分の一を、このカジノ・シーンが占めるから驚く。これでは、いくらなんでも、バランスを欠いていると言わざるを得ない。しかも、一〇〇万ドルのチップを手に入れるためとは言っても、その必然性がないから呆然。つまり、構成にいささか難があることは指摘しなければならない。

ところが、そのカジノ・シーンがすごいんですね。ギャンブル小説ファンには絶対のおすすめ。こういう書き方をすると、ギャンブル小説がお嫌いの方が手に取らないのではないかと心配になってくるが、このカジノ・シーンはようするにお遊びです。その他の部分も圧倒的な迫力で読ませるから、構成に難があるなんて、どうでもいいわいという気になってくる。その特異な才能にかぎりない拍手を贈りたい。近未来社会に関するさまざまな用語が飛び交っているものの、小説の枠組みは意外にオーソドックスで、そこがまたいい。

作者紹介を読むと、冲方丁は一九九六年に『黒い季節』でスニーカー大賞金賞を受賞してデビューした作家で、すでに何冊も著書があるようだ。不勉強にもこの作家のことを知らなかったのが恥ずかしい。それにしても、この『マルドゥック・スクランブル』を新刊のときに素早く読んで、誰よりも先に絶賛したかった。出遅れたことが、まったく悔しい。

カジノといえば、森巣博『非国民』も二〇〇三年の収穫として忘れられない。森巣博の用法に従えば、カシノだが。この作家は、旧来の小説の枠が何の意味も持たないほど、自由奔放な話法で知られ、時に確信犯的な逸脱も見られるが、今回は比較的オーソドックスな枠組みの中で物語を展開している。それこそがこの作家の自信の現れと解する。相変わらずパワフルであることは言うまでもない。

　二〇〇三年でいちばん悔しかったのが『マルドゥック・スクランブル』なら、いちばん驚いたのは、『ＺＯＯ』。この小説については何度も書いたので、もう繰り返すまでもないが、一つだけ付け加えておけば、「落ちる飛行機の中で」のラストから六行目のヒロインの台詞に注意。物語が飛行機の中で終わらず、後日譚をつける構成にもおやっと思うが、それをこの台詞で落とすのである。普通なら、これでは終わらんだろと言いたくなるが、乙一の場合はこれで見事にオチがつくのが何といっても不思議。

書影は［完全版］

　もう一つ、続けよう。二〇〇三年でいちばんカッコよかったのが、『重力ピエロ』。そう、この小説はひたすら、カッコいい。ストーリー自体は、たいした話ではない。その順序通りに語ったら、おそろしく陳腐な話になるところを、凝った構成と台詞で驚くほど斬新なものに変えてしまうのである。その技法がカッコいい。しかもその底に懐かしい香りが漂っているのだ。

　私、この長編を読んで、あわてて過去の作品を読みました。それまで読んでいなくてすみません。『ラッシュライフ』は四冊も買っちゃったんですが。問題は、この『重力ピエロ』が伊坂幸太郎の本線なのか、まだわからないことだ。少なくてもこれまでの作品を読むかぎりではわからない。これからどこに向かおうとしているのかは、しばらく宿題。

　二〇〇三年の時代小説からは、『十兵衛両断』を取る。相変わらずの奇想が全開である。まったく、唸るほどうまい。これまでの『高麗秘帖』『魔風海峡』『魔岩伝説』が、すべて傑作という希有な作家だが、今回は十兵衛二人説を軸に、とんでもない方向にどんどんズレていく快感がたまらない。

　『明治ちぎれ雲』は、『東京城残影』『明治おんな橋』に続く明治三部作の最終編としてランクイン。新刊ガイドのときに書いたけれど、男に運命を翻弄される『東京城残影』から、女たちの友情を描く『明治おんな橋』、そして男に従属しない自立を描く『明治ちぎれ雲』までの三部作といってよく、つまりは通して読むとヒロインたちの成長を描いている。

　と、ここまでの八作は、実は順不同。いきがかり上、順位をつけたけれど、『マルドゥック・スクランブル』が10位で、『月のない夜』が3位であってもかまわない。問題は1位だ。

　最後まで迷った。実はずっと、『永遠の出口』が1位だなと考えていた。これは二〇〇三年度の青春小説ベスト1である。小学四年生から高校三年までの日々を、丁寧に、そして巧みな挿話とともに描きだす傑作で、森絵都の作家としての実力を示す一作といっていい。

ご存じのように、森絵都は児童文学界のあらゆる賞を総なめしたほどの偉才で、『カラフル』『つきのふね』『DIVE!!』などは、本誌のガイド欄でもそのつど絶賛してきた。その作家が初めて大人向きの小説を書いたのである。それが傑作だったのである。1位にしたいではないか。『ツ、イ、ラ、ク』が出てくるまではずっとそう考えていた。

『ツ、イ、ラ、ク』について語る前に、表にあげなかった作品にも触れておけば、印象に残ったものは数多い。『星々の舟』と『フォーティーン』はそのうまさを認めるものの、直木賞を受賞したのでもういいだろうし、藤田宜永『愛さずにはいられない』、桐野夏生『グロテスク』は文句なしの傑作であっても、直木賞作家の作品を並べることにはやはり抵抗がある。佐藤賢一の『黒い悪魔』と『オクシタニア』も捨てがたいが、ランクインしなかったのは同じ理由に因る。

『葉桜の季節に君を想うということ』も二〇〇三年の収穫といっていいが、ミステリーのほうで話題になるだろうからとの判断で、ここではあえて載せなかった。じゃあ、『重力ピエロ』はどうしてランクインしたんだよと言われそうだが、そんなに話題になるとは思っていなかったんですね。某評論家は『陽気なギャングが地球を回す』のほうがいいと言うし、意地でも『重力ピエロ』派の宣言をしたかった。

池永陽『アンクルトムズ・ケビンの幽霊』、松樹剛史『スポーツ・ドクター』、蜂谷涼『煙波』など、まだ他にも印象に残った作品があるが、そんなことを言いだしたらきりがない。

書影は集英社文庫版

書影は新潮文庫版

そこで、『ツ、イ、ラ、ク』の話になるのだが、先月号のガイドで紹介したばかりなので、一部繰り返しになることをお許し願いたい。そのとき書いたように、文体が不統一で、しかも心理テストが挿入されたりなどするから、破綻すれすれの小説といっていい。けっして欠点のない小説ではない。つまり、端正な小説ではないのだ。

しかし、ここで描かれるのが中学生と教師の恋であることに留意。しかもそれが一生に一度の恋で、苦しく切ない恋なのである。こんな題材をストレートに描かれたのではたまらない。誰だって斜にかまえてしまうだろう。ところが、姫野カオルコは、破綻すれすれの、ぎくしゃくした文体で、その距離を、その隙間をどんどん埋めていくのである。そうすることによって、絵に描いたような甘い題材が、切実で、けっして他人事ではないものに、鮮やかに転化するのだ。その離れ業こそが、類似の恋愛小説とは一線を画し、この長編を屹立させている。文句なしの1位だ。

２００４年のベスト１は、『黄金旅風』だ

まず、『楊家将』について語りたい。北方謙三の中国小説については、原典を徹底的に解体し、再度構築し直すという大胆不敵な『水滸伝』を繙けばいい。吉川英治も柴田錬三郎も成しえなかったことをこの作家が軽々とものにしてしまったことは記憶されていい。日本大衆小説史にさん然と輝く快挙である。

問題は『楊家将』の場合、日本語訳がないので、どれだけ原典を解体して再構築しているのか、それがわからないことだ。『水滸伝』の場合は、さまざまな日本語版や、吉川英治や柴田錬三郎などの翻案版があるので比べやすいが、こちらはそういう比較が出来ない。

おそらく北方謙三のことであるから、大胆な省略、オリジナルなエピソードの挿入などがされているのだろうが、それを指摘できないのは辛い。いつの日か、『楊家将』の日本語訳が出たときに、北方謙三の凄さを改めて認識するのではないか。おそらくそうであるに違いない。我々に今わかるのは、血湧き肉躍る物語がここにあることだけだ。

凄いぞこれは。何度も同じ例を出すようで申し訳ないが、分かりやすいと思われるので、今回も高橋克彦「陸奥三部作」の例を出す。もちろん、『火怨』『炎立つ』『天を衝く』の三作だが、あの陸奥三部作に興奮した人なら、間違いなく血が沸騰する。だから本来なら２００４年のベスト１なのだ。刊行が２００３年の12月だったので、前回の締め切りには間に合わなかった。ここで入れなければどこで入れるというのか。しかし、その間に吉川英治文学賞を受賞してしまったのである。その前ならともかく、その後となるとやはり少しばかり抵抗がある。そこで第10位に置くことにした。10位だからといって、２００４年度に10番目に面白かった本という意味ではないことをお断りしておく。

で、１位なのだが、恩田陸『夜のピクニック』に猛追されたものの、２００４年度は『黄金旅風』の逃げきり。読み終えた瞬間から、２００４年度のベスト１だと信じていたが、その確信は最後まで揺るがなかった。鎖国直前の長崎を舞台にした歴史小説だが、飯嶋和一の最高傑作と信じる。

長崎代官の子として生まれ、放蕩のか

エンターテインメントベスト10

①『黄金旅風』
飯嶋和一／小学館

②『夜のピクニック』
恩田陸／新潮社

③『裸者と裸者』
打海文三／角川書店

④『空の中』
有川浩／発行メディアワークス、発売角川書店

⑤『ぼくは悪党になりたい』
笹生陽子／角川書店

⑥『夜の電話のあなたの声は』
藤堂志津子／文藝春秋

⑦『どこかに神様がいると思っていた』
新野哲也／新潮社

⑧『カタブツ』
沢村凜／講談社

⑨『もっと、わたしを』
平安寿子／幻冬舎

⑩『楊家将』
北方謙三／PHP研究所

ぎりをつくして父のあとを継ぐ主人公の幼き日の挿話がまずいい。のちに町火消しの若頭となる幼なじみとの交流がいい。すこぶるカッコいい男たちが登場するのだ。背景にあるのは、鎖国直前の施政者の思惑と、日本とアジアをめぐる各国の思惑。そういう大状況を背景において、長崎の町に住む人々の暮らしを守る彼らの戦いが始まるのだ。膨大な人物を鮮やかに描きわける筆致の素晴らしさ。複雑なプロットを平易に書きわける構成の秀逸さ。いやはや、すごい。

『楊家将』との比較について書いておけば、『楊家将』がシンプルに徹することで興奮を生み出す道を選んだのに比べ、『黄金旅風』は巧緻な物語を造ることで、渾然一体となった興奮を生み出していることだ。どちらが上ということではなく、当然ながら作品の方向性は異なっている。私は両者ともに買い。『楊家将』を10位にしたのは前記の理由にすぎない。この『黄金旅風』と『楊家将』にサンドイッチされた中に2004年度のエンターテインメントはある。

2位の『夜のピクニック』についても少し触れておく。これは高校生が夜を徹して歩くだけの話だ。女の子が男の子に話しかけることが出来るかどうかというだけの話だ。もちろん話しかけたいことには理由があるのだが、そうしたところで劇的な恋愛が始まるわけでもなく、そうして自然に話しかけることでナチュラルに生きたいというだけの事情にすぎない。ここまでシンプルな話も少ないだろう。にもかかわらず、どうしてこれほど感動させるのか。うまいな恩田陸は。

恩田陸の全作品を読んでいるわけではないので、あまり語る資格はないのだが、これまでの恩田作品にはどこかに物足りなさがあったことは否定できない。とってもうまいんだけど、この先を読みたいんだよおというもどかしさがいつもつきまとっていた。さわりの文学、という分類がもしあるとしたら、恩田陸は伊坂幸太郎と並んで、その筆頭といってよかったが、しかし『夜のピクニック』は異な

る。それがなによりも嬉しい。

第3位は、『裸者と裸者』。実はこの著者の『ハルビン・カフェ』が私にはだめだったのである。もちろん、『ハルビン・カフェ』は緊迫感あふれる物語で、打海文三の実力もずっと評価しているが、しかし私とは無縁の物語だなという気がしていた。だから今回の『裸者と裸者』もすぐには手が伸びなかったのだが、知人の推薦の弁に手にとると、いやはや何とも。今度はまったくの私好み。

内戦状態の日本が舞台であるから、略奪、強姦、殺人は当たり前の世界である。その深刻な状況をいくらでも掘り下げることが可能なのに、著者がその局面を巧みに回避していることに留意したい。さらに、パンプキン・ガールズに見られるように、随所にユーモラスな場面を挿入するのだ。『ハルビン・カフェ』を評価する知人は、今回の『裸者と裸者』に対して緊密度に欠けると批判しているが、しかしこれこそがリアリズムというものではないのか。娯楽大作のこの路線を私は高く評価する。問題は、希代の頑固作家だけに、本当にこの路線を進むのかという疑いがあることで、お願いですからこのまま行ってください。

第1位〜第3位と、第10位が決まって、残すは第4位から第9位までの6作だが、あとは順不同でもいい。その6作について語る前に、ランクインしなかった作品にも触れておけば、2004年度の落涙小説ベスト1の鷺沢萠『ウェルカム・ホーム!』、小樽小説を書き続けている特異な作家蜂谷涼の傑作『螢火』、相変わらず唸らせてくれる重松清『卒業』（2004年はこれがいちばん）、著者の死で続刊が読めないことが悔しい野沢尚の本格的サッカー小説『龍時03−04』、白石公子の青春小説の佳作『僕の双子の妹たち』、いま話題沸騰中の江國香織『間宮兄弟』（酒場ネタで困っている人は必読）、松村栄子『雨にも負けず粗茶一服』、北原亞以子『夜の明けるまで』、島村洋子『あんたのバラード』、安住洋子『しずり雪』と、まだまだ印象に残った作品はある。

ミステリーでは、戸松淳矩『剣と薔薇の夏』、貫井徳郎『追憶のかけら』、青井夏海『陽だまりの迷宮』、雫井修介『犯人に告ぐ』も印象に残ったが、ミステリーは各紙誌のアンケートがあるので、そちらにまかせ、ここではあえて除外。

最後まで迷ったのは『ウェルカム・ホーム!』と、『螢火』。この2作は、ランクインしてもおかしくなかった。ベスト10ではなく、ベスト12なら入れていただろう。7位の『どこかに神様がいると思っていた』と、8位の『カタブツ』は短編集で、このどちらかを外して、『ウェルカム・ホーム!』か『螢火』のどちらかを入れてもよかったが、短編集が1冊だ

けランクインとなると、それが2004年度のベスト短編集の色合いが濃くなってしまう。ここは二冊を並べたかった。エンターテインメント界における短編集はいつの時代でも不遇で、注目を浴びることは少ないが、だからこそ、短編集の収穫としてこの二冊をあげておきたい。『どこかに神様がいると思っていた』は何かを失った男が自然の中で癒されていくというモチーフの作品集かと思うと、そうではないことが徐々に判明してくるのが圧巻。器用すぎる（そう見える）のが若干心配だが、次作を待ちたい。

　異世界歴史小説の傑作『瞳の中の大河』から一転して『カタブツ』にたどりつく沢村凜のほうが器用に見えるかもしれないが、その前作『あやまち』を見ると、意外にこの作家は不器用そうだ。方向の転換は、器用だからではなく、沢村凜の模索に他ならない。『あやまち』には留保をつけたけれど、今度の『カタブツ』はいい。独自の世界を切り開く意欲が、この作品集を屹立させている。

　4位～6位に触れる前に、9位の『もっと、わたしを』について書いておく。優柔不断やジコチューなど、共感できない人物を主人公にした連作集だが、こういうキャラを描くとこの作家の筆は冴えまくるのである。それは平安寿子の目線が私らと同じところにないからだ。好きに生きればいいじゃんというのは、あの傑作『グッドラックららばい』にも共通するモチーフだが、ここでも全開である。

　というところで、このベストも最終コーナー。第4位から第6位まで。まず、第4位は、有川浩『空の中』。ちなみに「ありかわひろし」ではなく、「ありかわひろ」と読み、女性作家である。

　知的生命体とのファーストコンタクトを描くSF長編だが、トマス・M・ディッシュ「リスの檻」がSFマガジンに載った（もう四半世紀前か）瞬間からSFを離れた読者にもたっぷりと読ませてくれる。つまり、昔懐かしい香りを伝えてくるのだ。もちろん、ハラハラドキドキするし、多重人格のカウンセリング場面には大笑いするし、楽しさもたっぷりとある。『塩の街』で電撃ゲーム小説大賞を受賞した作家の第二作で、ライトノベルといっても侮れないことを証明する1冊だ。ただし、厳しいことを言えば、反政府運動（というのかね）のリーダー格の少女に関する挿話とその造形は類型を抜け出ていない。このあたりを克服しないと、ライトノベルからもっと広い世界に羽ばたくことは難しいだろう。

　たとえば第5位の、笹生陽子『ぼくは悪党になりたい』は、児童文学作家が初めて書いた大人向けの小説だが、ここには児童文学内に安住しない矢印がある。

　最後の6位は、ベテラン作家の作品だが、いま藤堂志津子の作品が面白くてたまらない。いまさらうまいと感心していてはバカみたいだが、ひりひりとしたものを伝えてきて落ちつかなくなるのはこの作者の筆力にほかならない。

2005年度エンタテインメントベスト10

日本大衆小説の歴史はこの一作のためにあった！

例年なら大作、話題作は10位に置くのがこのベストの通例である。それは、すでに話題になったものよりも、まだ正当に評価されてない作品をクローズアップしたいという動機による。たくさんの人に読まれている作品を今さらあげることもあるまい。

しかし今年ばかりはそういうわけにはいかないのである。北方謙三『水滸伝』があるかぎり。

この大河小説がいかに偉大であるかは先月号で書いたばかりなので、ここでは繰り返さない。中里介山『大菩薩峠』から始まる日本大衆小説八五年の歴史はこの作品を生み出すためにあった、とまで、勢い余って書いてしまった。もちろん、半分は本音なのだが、半分は勢いだ。強調したいという感情の噴出だ。

暮れから正月の休みにかけて、未読の方はぜひとも一気に読まれることをおすすめしたい。二〇〇六年の正月休みは北方謙三『水滸伝』を読破した年だなあとのちのちまで記憶されるだろう。そういう至福の読書があなたを待っているはずだ。というわけで、二〇〇五年のベスト1は、大変異例ながら、ストレートに選択して北方謙三『水滸伝』にする。

この『水滸伝』がなかったらベスト1にしたかったのが、池上永一『シャングリ・ラ』。大森望が本誌で国産SFのベスト1と書いていたが、SFを読み慣れていない方にもすすめたい。私がたっぷり楽しんだんだから大丈夫。ちなみに私は、大森望のすすめるグレッグ・イーガンがさっぱりわからない人間である。ところがそういう読者でも、『シャングリ・ラ』は堪能するのである。つまりSF的設定ながら、これがエンターテインメントであるからにほかならない。

一〇〇年後くらいの東京が舞台。地球温暖化のために熱帯と化した東京は、気温を五度下げるために森林都市の道を選択する。これが本書の基本設定だ。

アトラスという高層都市（これが東京のどこにあるかは物語のラスト近くで明らかになる）が建設されていて、そこに住めるのは一部の特権階級だけ。ちなみにその時代、国民は納税額でAからGまでクラスわけされ、アトラスに住めるのはEクラス以上。多くの庶民はじめじめした地表に住まなければならない。で、

エンターテインメントベスト10

① 『水滸伝』
北方謙三／集英社

② 『シャングリ・ラ』
池上永一／角川書店

③ 『隠蔽捜査』
今野敏／新潮社

④ 『凸凹（でこぼこ）デイズ』
山本幸久／文藝春秋

⑤ 『ナラタージュ』
島本理生／角川書店

⑥ 『雨にぬれても』
上原隆／幻冬舎アウトロー文庫

⑦ 『いつかパラソルの下で』
森絵都／角川書店

⑧ 『柳生薔薇剣』
荒山徹／朝日新聞社

⑨ 『県庁の星』
桂望実／小学館

⑩ 『しかたのない水』
井上荒野／新潮社

森林化に反対する反政府ゲリラが結成され、その戦いを本書は描いていく。『シャングリ・ラ』はそういう話だ。

この設定だけでも面白いが、もちろんそれだけではない。まず、キャラクターがいい。というより群を抜いている。主人公は少女國子。これを補佐するオカマのモモコがひたすらカッコいいし、國子と対する少女美邦と彼女を補佐する小夜子など、個性豊かな人物が活写されている。これが第一。彼らの活躍を読むだけでも堪能できるのである。

次に見えない戦闘機や人工知能を始めとして、物語の小道具がいいこと。戦車とブーメランで闘うんだぜ。炭素経済というのがはたしてどういうものなのか、私にはわからない点もあるのだが、なあにそういう箇所は飛ばせばいい。

アトラスは何のために建設されているのか、トリプルAにランクされる子供がなぜ地表にいるのか、そういう謎が最後に見事に着地するのも快感だ。引っ張るだけ引っ張って、気がついてみると肝心の謎が解決していないという小説もないではないが、これはそうではないのだ。

私は池上永一のいい読者ではないが（これまでの作品を何と読んでない。すみません）、これにはホント、びっくりした。こういう凄い作品を書く作家とは知らなかった。超面白小説として断然のおすすめ。『水滸伝』と『シャングリ・ラ』が同年になければ、これを1位に推しても不思議ではない今野敏『隠蔽捜査』を二〇〇五年の第3位にする。

これはタイトルから明らかなように警察小説だ。しかし捜査小説ではなく、横山秀夫の多くの警察小説がそうであるように、管理部門の人間を主人公にした小説である。総務課長竜崎伸也が、内部の不祥事をもみ消そうとする一部の勢力と暗闘をくりひろげる長編だ。

横山秀夫の管理部門小説が先にあるかぎり、新鮮さはないものの、それでもこの長編がたっぷりと読ませるのは、全編に漲る緊迫感のためだ。考えてみれば、シンプルな話なのに、それでも物語に緊

張が張っているのは、竜崎伸也という男が彫り深く活写されているからにほかならない。この男の「自分はすべきことをしている」という信念の強さが、緊迫感を生み出していることに留意。物語のダイナミズムはけっして複雑なストーリーから生まれるのではなく、秀逸な人物造形から生まれるという道筋をこの長編は示している。ラストで感動がこみ上げてくるのも、そのためだ。

ここまでのベスト3は、自信のベスト3で、例年と比べても傑作が揃った年であったと思う。以下の7作は、実は順不同。いきがかり上、第4位を『凸凹デイズ』にして、第10位を『しかたのない水』にしたけれど、これは順序が入れ代わってもいい。

その第4位以下の作品に触れる前に、10作にランクインしなかった作品にも触れておけば、まずミステリーの収穫として、東野圭吾『容疑者χの献身』と、歌野晶午『女王様と私』があるが、これはジャンル・ベストにあがってくると思われるのでここでは除外。

他に印象に残ったものを列記すると、三雲岳斗『カーマロカ』、瀬尾まいこ『優しい音楽』、垣根涼介『君たちに明日はない』、村上龍『半島を出よ』、小路幸也『HEART BEAT』、朱川湊人『花まんま』、島本理生『一千一秒の日々』、三羽省吾『厭世フレーバー』、五十嵐貴久『2005年のロケットボーイズ』、荻原浩『さよならバースディ』とあるが、文学賞を受賞したり、話題になって今さら選ぶまでもなかったりする作品が少なくない。その作家の他の作品を選んでいるのでここでは除外したものもある。最後まで迷ったのが『カーマロカ』。10作の枠があるので入れなかったが、こういう小説は大好きなのである。

ということで第4位以下をざっとご紹介する。その大半は本誌のガイド欄で紹介してきたものだから、今さら書くこともないのだが、まず第4位は山本幸久。『凸凹デイズ』は今月号で取り上げているので、そちらをご覧ください。これが出てくるまでは『はなうた日和』を第4位にしようと思っていたが、『凸凹デイズ』が出ちゃったので差し替えることにした。今が旬の作家なので、ぜひとも今のうちにお読みになっておくことをおすすめしたい。うまいぞ、ホント。

第5位は意地で『ナラタージュ』。意地というのは、「SIGHT」で大森望と書評対談をやっているのだが、そこで大森に思い切りけなされたからである。しかし誰が何と言おうとも、この作家のうまさを私は買う。『一千一秒の日々』も秀逸な連作集で、そちらにしてもよかったが、意地でこの長編をプッシュ。

上原隆『雨にぬれても』は、はたしてエンターテインメント小説なのかという声もあろうが（エッセイ、あるいは人物ルポルタージュという分類のほうが正しいのかもしれないが）、あえてランクイン。「墓まいり」という冒頭の一篇を読まれたい。これを読んで、あわててこの人の全著作を買いに走ってしまった。

「恋愛じゃなく、友情じゃなく、仕事仲間。」という『凸凹デイズ』の帯の惹句はこの「墓まいり」に付けてもいい。仕事の中身が語られると、その濃さに負けて、関係の物語性が希薄になってしまうが、何も仕事をしない土曜の風景は、だからこそ、つながっている関係を鮮やかに浮き彫りにする。ここにあるのは、ただいまの私の理想の風景といってもいい。それを短編小説のように上原隆は巧みに切り取ってみせるのである。

『いつかパラソルの下で』は、『永遠の出口』以来、久々の大人向け小説で、相変わらずうまい。この兄と妹と主人公の、三人兄妹のキャラクター造形を見られたい。『永遠の出口』もそうだったが、絶妙といっていい。こういう造形が、森絵都は天才的にうまい。それにしても、佐渡の「いかいか祭り」に行ってみたい。

時代小説は、荒山徹『柳生薔薇剣』。『十兵衛両断』に続く「柳生伝奇」である。年が明ければ柳生友景を主人公にした連作集が出てくるはずで、当分の間、荒山柳生伝奇を楽しめるのは嬉しい。

例によって朝鮮と日本の関係を背景に奇想たっぷりの物語が展開していく。『十兵衛両断』よりもシンプルで、ストレートだが、それは『十兵衛両断』が凄すぎたからで、この作品が劣るわけではない。個人的にはもう少し奇想天外でもよかったような気がするものの、それも贅沢な注文か。この作家の出現で、時代小説界が活気を呈してくることを祈りたい。

『県庁の星』は期待の新人、桂望実の快作。県庁の若き役人が大手スーパーに派遣され、そこで役所では味わえない経験を積んで大人になっていく話だが、いくら達者でもこれだけではよくある話にすぎない。パートの二宮泰子の造形こそがこの長編のミソ。この主婦もまた若き役人と対立することで変わっていく。その二重構造がこの長編のキモなのである。だから、映画化されるとき、この二宮泰子を若い女優が演じると聞いてびっくり。それでは原作の意図が活かされない。私、映画化されるなら二宮泰子は風吹ジュンだとばかり思っていた。

ベスト10のトリを飾るのは、『しかたのない水』。フィットネス・クラブを舞台に、男女のドラマを描いていくが、登場するのはろくでもないやつばかり。自意識過剰であったり、ジコチューであったりする。ようするに不満が渦巻いているのだ。彼らのやりきれない話を作者は冷徹に描いていく。だから読んでいると、ざらざらしたものが残り続ける。けっして読後感のいい小説ではないが、藤堂志津子の小説に近い味わいがあり、読み終えても気にかかるのである。

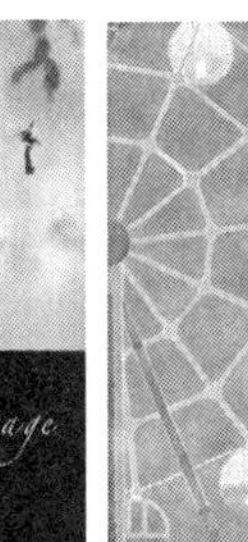

2006年度エンターテインメントベスト10

大混戦を制したのは万城目学『鴨川ホルモー』だ！

例によってベスト10に入れなかったものから触れていく。翻訳小説は毎年迷っているのだが、今年も外すことにした。ヴィカス・スワラップ『ぼくと1ルピーの神様』、ロレンツォ・リカルツィ『きみがくれたぼくの星空』、ロン・マクラーティ『奇跡の自転車』と候補は三作あり、どれも一般小説なのでジャンル・ベストにあがってくるとは思えず、こちらで拾いたかったのだが、この三作をランクインさせるとそのぶんだけ日本の小説がこぼれ落ちることになり、それも忍びないので迷った末に外すことにした。

しかし、このエンターテインメントベスト10を始めてから、まだ一度も翻訳小説を入れたことがないのだ。早く入れて実績（？）を作らないと、このまま入れずに終わりそうで、ちょっと心配ではある。楽しい小説がお好きな方なら、『ぼくと1ルピーの神様』を、ちょっと疲れ気味の中年あるいは初老の読者なら、『きみがくれたぼくの星空』を、そして『奇跡の自転車』はどんな人にすすめるべきか。おっと、これはガイド欄で取り上げていなかったか。急いで紹介しておくと、ロードノベルだ。四三歳の中年男が自転車でアメリカ大陸を横断していく話だ。ロードノベルの常套で、その旅の途中でさまざまな人と知り合って、変貌していくという長編だが、すごくいいです。

時代小説は、宮本昌孝『風魔』、梓澤要『恋戦恋勝』、羽太雄平『家老脱藩』とあるが、他ジャンルが今年は強力なので今年はこちらも見送り。

藤田宜永『前夜のものがたり』、恩田陸『チョコレートコスモス』、今邑彩『いつもの朝に』、山本幸久『男は敵、女はもっと敵』、諸田玲子『希以子』、ヴァシィ章絵『ワーホリ任侠伝』、瀬尾まいこ『温室デイズ』、秦建日子『ＳＯＫＫＩ！』、吉野万理子『雨のち晴れ、ところにより虹』と、まだまだ印象に残った作品があるが、一〇作の枠があるのでは止むを得ない。

最後まで迷ったのが、小川一水『天涯の砦』。宇宙ステーションが爆発して、その残骸に残された人間たちがいかに脱出するかを緊迫した筆致で描いたSFだが、これ、冒険小説である。私、こういうの、大好き。ところが、もちろんＳＦでもある

からこれをランクインさせるとなんだかSF的なるものが多すぎてしまう。例年なら7位か8位に置きたいところだが。とにかく冒険小説ファンにはおすすめ。

ということで、1位からいく。実は途中まで大混戦。『鴨川ホルモー』『アイの物語』『一瞬の風になれ』のどれが1位でもおかしくない。正直に書くと、最後まで迷った。『鴨川ホルモー』と『一瞬の風になれ』は、本誌のガイド欄で触れているので、ここでは『アイの物語』について書いておく。

マシーンが支配した遠い未来、人類は文明から切り離された山の奥でコミューンをつくって細々と暮らしている。食料輸送列車を襲ったりしているのだが、ある日、青年がマシーン側に捕まってしまうのが発端。拷問されるのか洗脳されるのかと怯えていると、そこに現れたのが女性型アンドロイド。私の話を聞きなさい、といってそのアンドロイドの話が始まっていく。一日一話ずつの千夜一夜物語だ。その中身がいいことは言うまでもない。マシーンと人の歴史の一コマ一コマを巧みな挿話で読者の前に提示するのだ。これだけでもいい。読みごたえはたっぷりだ。

特に、アンドロイドと老人の交流を描く第6話が感涙もの。しかしこの小説の真価は最後の第7話にある。どうしてそういう世界になってしまったのかということと、そうなってからマシーンはいったい何をしているのか、ということがここで一気に噴出するのである。つまり、歴史とビジョンに我々は遭遇するのだ。この壮大な絵にくらくらする。

SFの側でこの小説がどう評価されているのかは知らないが、現代エンターテインメントとして高く評価したい。SFを読み慣れていない読者にも（私だ）たっぷりと楽しめるのである。児童文学を年少読者だけに読ませておくのがもったいないように、これもSFの読者だけのものにしておくのはもったいない。ぜひ読まれたい。すごいぞ。

アイディアとセンスに満ちた奇想青春

エンターテインメントベスト10

① **『鴨川ホルモー』**
万城目学／産業編集センター

② **『アイの物語』**
山本 弘／角川書店

③ **『一瞬の風になれ』**
佐藤多佳子／講談社

④ **『しずかな日々』**
椰月美智子／講談社

⑤ **『図書館戦争』**
有川 浩／発行メディアワークス、発売角川書店

⑥ **『東京バンドワゴン』**
小路幸也／集英社

⑦ **『愚者と愚者』**
打海文三／角川書店

⑧ **『竜巻ガール』**
垣谷美雨／双葉社

⑨ **『ありふれた魔法』**
盛田隆二／光文社

⑩ **『四度目の氷河期』**
荻原 浩／新潮社

伝奇小説『鴨川ホルモー』や、スポーツ青春小説の傑作『一瞬の風になれ』と比べても、その完成度、充実感は拮抗しているといっていい。だから、この三作のどれが1位になってもおかしくはない。『鴨川ホルモー』を1位にしたのは、新人のデビュー作だからで、この才能あふれる作家への祝福のエールだ。

神社境内で学生たちが突然踊りだす傑作シーンを見られたい。主人公の恋が物語の脇筋に終わらず、物語を変えていく結構を見られたい。古都千年の歴史を背景にする壮大な絵がいいし、ラストに見られるセンスも抜群。まだ一作しか書いてない新人作家だが、才能はあふれんばかりだ。早く次作を読みたい。

第4位に推す『しずかな日々』は、本誌ガイド欄でも触れたけれど、こちらは再確認しておく。第四十二回の講談社児童文学新人賞を『十二歳』で受賞した作者の新作で、小学五年生の日々を描く長編だ。原っぱでの草野球、川遊び、夏の祭りと花火と水泳大会。どこにでも、そしていつでもあったような少年の日々が瑞々しく描かれる。

しかしこの長編が類似の小説と一線を画すのは、それをノスタルジックには描かないことだ。綺麗なシーンはたくさんある。級友の押野が姉さんと庭に立っているシーン。押野の姉さんがまぶしそうに手をかざして空を見ているその後ろ姿が逆光になって、少年には影になって見えるシーンだ。そういうきらきらと光っている場面はある。五年生になったばかりの日、押野から初めて声をかけられて草野球を楽しんだ日の胸の鼓動も、瑞々しい。

だが、少年の母親が不在であることに留意。勉強もできず、運動もからきしで、友人と遊んだことのない少年は、幼いときに父親を亡くし、そして母親とも別れるというくだりに注意。この全体が回想として描かれていることにも触れておきたい。ラストの静けさは、至福の少年時代を送ったということでは生まれてこない。彼にとって少年時代は、人生の出発点であり、いまに続く一本の道なのである。その強い矢印がここにはある。それを波瀾万丈の日々とは描かず、しずかな日々として描くセンスに脱帽する。

魚住直子『非・バランス』や、梨屋アリエ『でりばりぃＡｇｅ』など、最近、児童文学が次々に一般文庫に入っているのは、現代エンターテインメントとして通用する作品がこのジャンルにたくさん眠っているからだ。椰月美智子もそういう作家の一人として記憶されたい。

第5位の『図書館戦争』については、本誌ガイド欄で書いたかなあ。書いてないか。まあしかし、本誌の上半期ベスト

1に輝いた長編だから今さら紹介しなくてもいいだろう。その『図書館内乱』を取り上げたときにも書いたけれど、もしこれをシリーズ化していくのなら、恋愛ドラマにシフトしていかず、図書館のドラマとして描いていただきたい。

『東京バンドワゴン』『ありふれた魔法』『四度目の氷河期』の三作はガイド欄で紹介してきたので、ここでは繰り返さない。ガイド欄で取り上げる機会のなかった打海文三『愚者と愚者』と、垣谷美雨『竜巻ガール』についてのみ、触れておきたい。

前者は、長大なシリーズものの第二部で（全一〇部になるとか、全三部で完結するとか噂はいろいろ飛び交っているが）、相変わらず読ませる。未来の東京を舞台に、内戦状態の日本が、その猥雑な未来が、ディテール満点に活写される。前作『裸者と裸者』に比べユーモラスな描写が少なくなっているのは気がかりだが、いやあこれだけ読ませてくれるなら大満足。いつか私の好みを離れて違う方向に行ってしまう心配もあるのだが（ようするに『ハルビン・カフェ』だ）、まだ大丈夫。

問題は最後の『竜巻ガール』である。これは作品集だが、表題作は小説推理新人賞受賞作。ということは業界では一応ミステリーに分類される。ミステリーを対象外にしておきながら、この本をランクインさせるのは首尾一貫しないと指摘する方もいるかもしれない。いや、私が自分で突っ込んでいるんですが。

だったら、海堂尊『チーム・バチスタの栄光』とか、門井慶喜『天才たちの値段』（これは面白かった！）とか、日本ミステリーで印象に残ったものが他にもあるので、そちらをあげない理由がない。ちなみに、どさくさついでに書いておくと、翻訳ミステリーでは、『死と踊る乙女』『天使と罪の街』『真夜中の青い彼方』が印象に残った。

ところが一読すれば明らかなように、『竜巻ガール』はきわめて一般小説に近いのである。たとえば表題作は、父が再婚したら、相手の女性には娘がいて、それがガングロ娘だったという短編だが、ここにある謎は、父の浮気は誰が仕掛けたのかということにすぎない。いや、それでも妙な言い方になるが、立派な謎といっていい。「日常の謎派」ミステリーにおける謎を一方に置けば、父の浮気の背後を探る話はミステリーとして十分に成立する。

しかし問題は、作者がそれを謎として強調していないことだろう。物語の結構は明らかにその謎を中心としていないのである。ようするに、かぎりなく一般小説に近い。もちろん、センスは抜群だ。なんでもない話を、ここまで見事なドラマに仕立て上げる手腕に感服。

この作家が今後、この作品を出発点としてミステリー色を深めていくのか、それとも一般小説にもっと接近していくのか、まだわからないが、記念すべきデビュー作としてあげておきたい。

2007年度エンターテインメントベスト10

バラエティ豊かな自信のベストテンだ!

桜庭一樹『私の男』については先月号のガイドで紹介したばかりなので、ここでは繰り返さない。淳吾はダメ男である。これは、そのダメ男と離れられない女の話である。この長編をそう読むことも可能だろう。ではなぜ、そのダメ男を切り捨てられないのか。それが愛と性の不可思議さで、その闇を桜庭一樹は鮮やかに描き切っている。ホントにうまい。

桜庭一樹が秀逸なのは、この淳吾という男の造形だ。結婚式に遅れてくるシーンを見られたい。いつの間にかこの男が立っていて、すると途端に妖しげな空気が立ち込める。社会性がまったくなく、甘えん坊のこのダメ男を、その立ち姿だけで巧みに描く筆致に留意。

『赤朽葉家の伝説』にも驚いたものだが、あれが習作に見えてしまうほど、今回の完成度は抜けている。文句なしの2007年度のベスト1だ。

2位は、沢村凜『黄金の王 白銀の王』。こちらは今月号のガイドで紹介しているので、その理由は省略。

というわけにもいかないだろうから、少しだけ繰り返しになっても書いておく。ようするに異世界ファンタジーで、すでにこの作者には『瞳の中の大河』という作品があるが、完成度は今回がピカイチ。一国の未来をめぐって仇同士が戦うのではない、ということがミソ。直接的に戦わせないという構成が素晴らしい。ラインハルトとヤン・ウェンリーの関係を想起してしまった。少し違う? これ以上は、今月号のガイド欄をご覧いただきたい。

そういうわけで、1位と2位の紹介は簡単にすませる結果になってしまうが、その代わり、今回は3位以下をたっぷりと紹介したい。その3位は、海野碧『水上のパッサカリア』。実は、この長編、新刊のときに読み逃がしていた。こういう作品が時にある。

たとえば、飛鳥井千砂『学校のセンセイ』(ポプラ社)。6月に出た本だが、こんな小説が出ていたとは知りませんでした。気がついたのが10月で、ここまで出遅れるともう紹介する場がない。自分の不勉強を恥じるのはこんなときだが、飛鳥井千砂は『はるがいったら』で小説すばる新人賞を受賞した作家で、その受賞作もなかなか興味深く読んだ記憶がある。そういう作家の新刊が出ていること

エンターテインメントベスト10

① **『私の男』**
桜庭一樹／文藝春秋

② **『黄金の王　白銀の王』**
沢村 凜／幻冬舎

③ **『水上のパッサカリア』**
海野 碧／光文社

④ **『銀漢の賦』**
葉室 麟／文藝春秋

⑤ **『渾身』**
川上健一／集英社

⑥ **『スコーレNo.4』**
宮下奈都／光文社

⑦ **『クローバー』**
島本理生／角川書店

⑧ **『おどりば金魚』**
野中ともそ／集英社

⑨ **『グラデーション』**
永井するみ／光文社

⑩ **『花宵道中』**
宮木あや子／新潮社

に早く気がつけば、すぐにとりあげたのにと猛烈に後悔しました。

特に使命感もなくセンセイになった青年を主人公に、その日々を軽妙に描いた長編で、大傑作というわけではないが、この作家をのちに語るときには欠かすことの出来ない作品になるだろう。って、どさくさまぎれに紹介してしまったが。

しかしながら、『水上のパッサカリア』は少し事情が異なる。新刊のときに読み逃がしたのは、この本の刊行を知らなかったからではない。自分の書棚にあったのに、なかなか手が伸びず、そうしているうちに紹介の機会を逸してしまった。なかなか手が伸びなかったのは、これが日本ミステリー文学新人賞受賞作だったからだ。残念ながら、これまでにこの賞といい機会がなかった。だから気持ちのどこかに、あとでいいやという感情があったことは否定できない。

ホントにすまない。すごくいいのだ。ヒロインは物語の最初から死んでいる。二年前に事故に遭うまでの湖畔の暮らしを男は回想する。この菜津というヒロインの造形が見事なのだが、それだけではない。悠々たる筆致が素晴らしい。

116ページまでは何も起きないが(波瀾含みではあるけれど)、そこから始まる物語もけっして予想通りではないことも書いておく。つまりセンスがいいのだ。見事な造形と巧みな構成は、そのセンスから生まれている。余韻たっぷりのラストシーンまで一気に読ませる手腕はただごとではない。新刊のときに素早く読んで絶賛したかった。

日本ミステリーの秀作群、たとえば宮部みゆき『楽園』、今野敏『果断』、近藤史恵『サクリファイス』という作品群をこのベストテンから外しているのは、ジャンル・ベストがほかにあり、これらの作品はそちらで温かく迎えられるだろうと思うからだが、じゃあなぜ『水上のパッサカリア』はこちらのベストに入れるの、と指摘されるかもしれない。

ところが思ったほどジャンル・ベストのほうでは上がっていないようなのだ。

それでこちらで取ることにした。

第4位の『銀漢の賦』については新刊ガイドで紹介ずみだが、時間が立てば立つほど印象は強くなる。新人なのにこんなにうまいのかよ、と驚いたものだが、まったくの新人ではなかったようだ。友情小説の傑作として読まれたい。

この上位4作は自信のベスト4で、恋愛小説、異世界ファンタジー、ミステリー、時代小説と、ジャンルもバラエティに富んでいて、本人はとても気にいっている。

5位以下は、いきがかり上順位をつけたけれど、実は順不同。どれも傑作ばかりだが、『花宵道中』が5位で、『渾身』が10位でもおかしくはない。

だからコメントも順不同でいく。

まず、永井するみ。2007年はこの作家が大きく変わった年だ。ここ数年、永井するみの作品はミステリーにすることの無理が目についていた。これだけ人物造形がうまいのだからミステリーを離れてもいいのではないかと何度も書いてきたが、現代小説を書くと、やっぱりうまいのである。

『カカオ80%の夏』は、「ミステリーYA!」の一冊だからミステリーに分類されるんだろうが、それでもこの長編の良さはミステリーにあるのではなく、少女の日々を鮮やかに描いたところにある。『年に一度の、二人』はちょいと苦しかったところはあるが、『ドロップス』は三〇代女性の生活と意見をくっきりと描いて読ませたし、ここで9位に取った『グラデーション』は、一人の少女の成長の過程を、巧みな挿話を積み重ねて描いた傑作である。

ここまで来れば、もっと大きな作品が生まれるのは時間の問題だろう。こういうふうに変わっていく過程を見るのが読書の醍醐味の一つでもある。

野中ともそ『おどりば金魚』もそういう一冊として読まれたい。これまでの野中ともその作品は、どれもうまいのだが、なんだかどこかに既視感が付きまとっていた感は免れない。ところが東京の片隅のアパートを舞台に、そこに住む人々のドラマを描いた本書は、鮮やかに屹立している。以前から読んでいた作家のこういう傑作に立ち会うのは嬉しい。

宮下奈都『スコーレNo.4』は、半年たっても忘れなかった小説。こういうベストは、締め切り間近に刊行された本のほうが印象が強くて選ばれる可能性が高いのだが、ずっと以前に読んだこの長編が最後まで残り続けたのは、その丁寧な筆致の向こうにこの作者の将来性が明らかにひそんでいるからだろう。こういうものは忘れれない。

島本理生『クローバー』も今月号のガイドで紹介しているが、私の好きな作家のラブコメディ。この作家には、乱暴に言ってしまうと、『ナラタージュ』の路線と、『一千一秒物語』の路線がある。両方ともに好きなのだが、今回は後者。うまいよなあ。こういうものを書いても、たっぷりと読ませるのである。

おっと、『渾身』を忘れていた。スポーツ小説の第一人者、川上健一の相撲小説である。これはなによりも構成が素晴らしい。隠岐島の相撲大会があり、普通なら徐々に勝ち上がっていって、クライマックスの戦いになるものだ。それがこの手のスポーツ小説の常套といっていい。しかしこれは、大関同士（横綱は空位なので、大関が最高位だ）の土俵上の戦いを延々とくりひろげるのだ。それでも飽きずに迫力満点に読ませることこそ、川上健一の見事な芸といっていい。

スポーツ小説といえば、川西蘭『セカンドウィンド』という小説も出ているが、まだ第一部なので、ここではあげないでおく。『サクリスファイス』で自転車ロードレースの実態を知って驚いたものだが、その自転車ロードレースにジュニアの部があるとは、知らないことばかり。『セカンドウィンド』はそのジュニアレースを描いた少年小説で、この緊密度を保ったまま無事に完結すれば、来年の当欄に載ってくるだろう。

スコーレNo.4
Miyashita Natsu
宮下奈都

ついでと言っては何だけど、ベストテンには入れられなかった作品について触れておくと、重松清『カシオペアの丘で』、荒山徹『柳生百合剣』、堂場瞬一『大延長』、本多孝好『正義のミカタ』、荻原浩『さよなら、そしてこんにちわ』、北方謙三『楊令伝』、山本兼一『いっしん虎徹』、河合和香『侠風むすめ』、坂木司『ホテルジューシー』、貫井徳郎『夜想』、松井今朝子『吉原手引草』、黒野伸一『万寿子さんの庭』、五十嵐貴久『1995年のスモーク・オン・ザ・ウォーター』と、実はベストテン入りを迷った作品が多い。どれも印象に残った作品ばかりだ。しかし10冊の枠があるから止むを得ない。

最後になったが、10位を飾るのは、五月号のガイド欄で絶賛した宮木あや子『花宵道中』。吉原を舞台にして遊女朝霧の悲恋を描いた表題作を始め、苦しくて切ない恋が、鮮やかに描かれて胸に残った。「ねっとりしているようで、実は突き放しているのもいい。その筆致のバランスが絶妙だ。だからこそ、遊女たちの苦しい恋が官能的に立ち上がってくる」と新刊評に書いたことを再度繰り返しておきたい。

「R-18文学賞」の大賞と読者賞をダブル受賞した作品だが、この賞が初めて大物作家を生み出した印象が強い。

賞は作家を生み出すが、賞を育てるのも作家なのである。日本文学ミステリー大賞新人賞が、海野碧の誕生で今後忘れられない賞となったように、「R-18文学賞」もこの宮木あや子の登場で要注意マークの賞になるのは必至、と最後に予言しておく。外れたら、ごめん。

2008年度エンターテインメントベスト10

志水辰夫の最高の衣裳を寿ぐ！

最初に、この号のガイド欄で取り上げたものの、スペースの都合で語り足りなかった『悼む人』について補足するところから始めたい。

この物語の真ん中あたりに、美汐が病院で超音波検査を受けるくだりがある。このシーンが読み終えても残り続けるのである。まず美汐のおなかの上をローラーのような器具が動くと、モニター画面に生命の形が現れる。頭部と胴体がはっきり分かれ、目や口もできている。指も動かせるらしく、「お、ピースサインを作ってますね」と医者が言うのでモニターを見ると、たまたまだろうが、胎児は指を二本立てている、というシーンだ。頭からお尻までの座高が一四センチもあり、小さな小さな心臓が、トクトクトクトク、と速く活発に動いているのを見て、巡子と鷹彦が涙をこらえきれずに目もとを拭う、というくだりがこれに続いていく。

何でもないシーンといっていい。妊婦が病院で検査したら、小さな生命がモニターに映っていたというだけの話である。しかし巡子や鷹彦と一緒に、私たちもまたここで目もとを拭うのである。それは、それまでもその先も、この物語には死が充満しているからにほかならない。

死者を悼むために全国を旅している青年を主人公にした物語であるから、死が充満するのは当然だ。私たちに出来ることは、死者を忘れないこと、覚えていることだというフレーズが最後まで残り続けるが、美汐の病院での検査のくだりが印象的なのは、だからこそ、これから生まれてくる生命の躍動に感じ入るからである。いかにも天童荒太らしい小説といっていい。

というところで、リストに戻ろう。二〇〇八年度のベスト1は、志水辰夫『みのたけの春』。先月号のガイドで絶賛したばかりなので、内容については繰り返さない。時代小説は志水辰夫にとって最適の衣装であることを実感して、実に嬉しかった。

デビュー作『飢えて狼』からずっとこの作家の作品を愛読してきて、実はいまでも『背いて故郷』や『いまひとたびの』を愛している。これらは傑作であったといまでも信じている。しかし、それはこちらの事情であって、作者の事情はまた異なるということだ。そこに安住せずに

エンターテインメントベスト10

① 『みのたけの春』
志水辰夫／集英社

② 『百瀬、こっちを向いて。』
中田永一／祥伝社

③ 『覇者と覇者』
打海文三／角川書店

④ 『のぼうの城』
和田 竜／小学館

⑤ 『新世界より』
貴志祐介／講談社

⑥ 『出星前夜』
飯嶋和一／小学館

⑦ 『悼む人』
天童荒太／文藝春秋

⑧ 『アカペラ』
山本文緒／新潮社

⑨ 『テンペスト』
池上永一／角川書店

⑩ 『公園で逢いましょう。』
三羽省吾／祥伝社

ジャンルを変えてきたということは、志水辰夫にとっては『背いて故郷』も『いまひとたびの』も居心地の悪い衣装だったということだろう。シミタツ節は間違いであったと作者自らが懺悔したとき、その真意がまだ私にはわからなかった。あの懺悔は、私の愛する『背いて故郷』と『いまひとたびの』の否定にほかならない。だから、余計にわかりたくなかった。『みのたけの春』で初めて、わかる。志水辰夫はそこまで居心地の悪さを感じていたんだなと実感できる。これまでこの作家をヘソ曲がりと呼んできたことを反省する。この先にふたたびジャンルと方向を変えたとき、そのとき初めてヘソ曲がりと呼びたい。

　中田永一『百瀬、こっちを向いて。』は、表題作が数年前に刊行されたアンソロジーに収録されていたので、二〇〇八年度の収穫にあげていいのかという問題がある。三羽省吾『公園で逢いましょう。』も同じ事情にあるが、しかし中田永一の単独著作としては『百瀬、こっちを向いて。』が初めてなのだ。二〇〇八年の収穫としてあげてもいいだろう。実は、『みのたけの春』が出てくるまでは、これがひそかなベスト1だった。

　ストレートな青春小説に感じ入らなくなったというこちらの事情がある。年を取ると、若者たちの青春も恋もどうでもいいやいという心境になるのだ。いや、一般論にしてはいけないな。私の場合には、ということにしておこう。それよりは年寄りの話のほうが身近でリアルだから、そちらに惹かれていくのである。

　ところが、『百瀬、こっちを向いて。』のようにケレンたっぷりに語られると、他人事だった若者たちの恋と青春が、俄然リアルなものとして迫ってくる。作り物すれすれといっていいが、その際どい綱渡りが逆に私のような読者の心を鷲掴みする。そして、ぐいぐい引きずりこまれていく。

　これは数年前の姫野カオルコ『ツ、イ、ラ、ク』と同じ事情といっていい。あれも破綻すれすれの、ぎくしゃくした文体の、ケレンたっぷりの恋愛小説だった。だから、感じ入ったのである。

第3位にしたのは、今月のガイドでもとりあげた『覇者と覇者』。ガイド欄で詳しく書いたのでここでは省略。第4位を紹介する前に、ベスト10に入れなかった作品にも触れておくと、時代小説は北重人『汐のなごり』と、加藤廣『謎手本忠臣蔵』。前者はこの作家が大きく変貌を遂げた作品として、後者は忠臣蔵の意外な一面を明らかにしたという点で印象に残ったが、一〇冊の枠があるので止むを得ない。

ヤングアダルトからは、濱野京子『フュージョン』、ファンタジーは菅野雪虫『天山の巫女ソニン』、スポーツ小説は早見和真『ひゃくはち』と、百瀬尚樹『ボックス！』、新境地を開いた新野剛史『あぽやん』、相変わらず絶好調の山本幸久は『カイシャデイズ』と『ある日、アヒルバス』、おやっと思ったのが明川哲也『花鯛』と、木内昇『茗荷谷の猫』、さらに立川談四楼『一回こっくり』と印象に残った作品は少なくない。

椰月美智子は『体育座りで、空を見上げて』を春に上梓したが、これをスルーしたのはこの作家の美点が全開していなかったからだ、ということも書いておきたい。秋に上梓した『枝付き干し葡萄とワイングラス』『みきわめ検定』のほうにこそ、この作者の美点はある。椰月美智子は、ここ数年のうちにベスト10上位を狙う作品を書くに違いないと期待している。

『月のうた』で二〇〇七年のポプラ社小説大賞優秀賞を受賞した穂高明は、二〇〇八年に『かなりや』という作品を出している。まだ、ぎくしゃくしている感は免れないが、最近の新人の中では目立っている。この作家には要注意マークをつけておきたい。

書影は祥伝社文庫版

というところで、ベスト10に戻ろう。第4位は『のぼうの城』。時代小説界に彗星のように現れた和田竜は、とにかく強弱のリズムが素晴らしい。『のぼうの城』で石田三成の使者が城を訪ねてくるくだりを想起されたい。だれもが無血開城すると思っているのに、主人公のでくのぼうが「戦いまする」と宣言するシーンの素晴らしさに注目。この強弱こそが和田竜の小説に躍動感を与えているのである。『のぼうの城』は二〇〇七年の一二月に出た本なので、二〇〇七年のベスト10に入れることが出来なかった。二〇〇八年のベストに入れる次第である。

時代小説はもう一作、第6位に飯嶋和一『出星前夜』。島原の乱をストレートには描かないのはいつもの通りだが、相変わらずたっぷりと読ませて飽きさせない。もう一つは、その文章の響きが素晴らしいことで、思わず朗読したくなる。佐藤賢一の小説も朗読したくなるが、飯嶋和一も同様なのである。そうか、もう一人いれば、朗読したくなる三人の作家たち、という括りが出来るな。

ＳＦからは、貴志祐介『新世界より』。上下二巻本だが、読み始めるとやめられない。前半が少年少女の冒険譚で、後半は大スペクタクル。ＳＦ好きでなくても物語がお好きな方ならはまってしまうだろう。

池上永一『テンペスト』は、私が半分だけで書評を書いた小説だ。野性時代で前半九〇〇枚の連載が終わったとき、半分だけ読んで書評を書くってことはお願い出来ますかと編集部から依頼がきて、とにかく読ませてくださいと返事して読み始めたらびっくりもの。その段階でまだ後半は書かれていないのに、私が読んだのは前半にしかすぎないのに、野性時代に書評を書いてしまった。半分書評を書いたのは生まれて初めてである。しかもそのとき、「半分だけでも断言する。これは傑作である！」という見出しまで自分でつけてしまった。

重松清『とんび』（角川書店）を忘れていた。父がいて、息子がいて、幼い間はくっついて生きていても、その息子が成長すると家を出て独り立ちしていく。どこにでもあるような、いつの時代でもあるような父子関係だ。ただそれだけの話と言ってもいい。

ところがこれが胸に迫ってくる。シンプルな話で、ストレートな展開だが、だからこそ、とても他人事とは思えないのである。そのシンプルさは、ケレンたっぷりの究極のベスト1『流星ワゴン』と対極にある構造だが（重松清のすべての作品は、『流星ワゴン』と『とんび』の間に入ると言ってもいい）、両端だからこそいいのだという気がしてならない。

先月号のガイドで紹介した夢枕獏の格闘小説の傑作『東天の獅子』も忘れていた。この原稿を書いている段階ではまだ一〜二巻だけの刊行で、完結していないからベストに載せなかったのではない。これだけでも興奮するのでベスト10圏内は確実だ。ただ、忘れていただけである。すみません。

『とんび』も『東天の獅子』も、ベスト10を決めたあとに思い出したので、今さら入れるわけにもいかず、ここで補足するにとどめる。

まだ忘れている作品があるような気がしないでもないが、もうそろそろスペースもなくなってきたので、リストに戻りたい。残すは8位の『アカペラ』と、10位の『公園で逢いましょう。』のみ。三羽省吾については今月号のガイドで紹介しているのでそちらを参照されたい。

というわけで、この稿の最後は、山本文緒『アカペラ』。直木賞作家の作品をベストに並べることに抵抗がないではないが、しかし六年間の空白があり、これが久々の復帰作なので、ここに入れてもいいだろう。山本文緒は健在である。いや凄味を増して帰ってきた、と言っていい。未読の方はぜひ一読をおすすめしたい。すごいぞ。

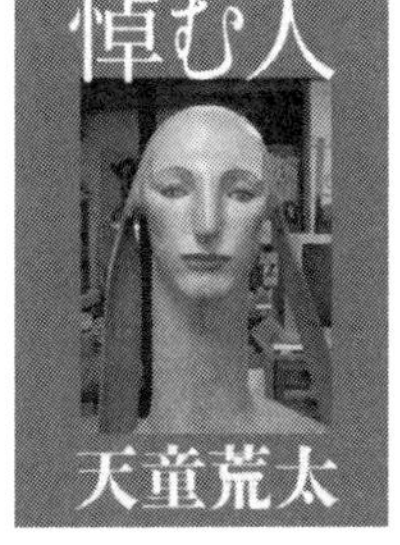

下川博『弩』が逃げ切りのベスト1だ！

二〇〇九年の1位は、下川博『弩』にしたい。樋口毅宏『さらば雑司ヶ谷』という傑作小説が登場して肉薄したものの、『弩』の逃げ切りだ。

　この長編時代小説については二〇〇九年七月号の本誌ガイド欄で紹介ずみだが、まずはオリジナルなストーリーの冴えが特筆もの。帯の惹句に「悪党の襲来に備え、侍を八人雇った村が実在した」とあるので、どこがオリジナルなんだと言われそうだが、それは最後の部分にすぎず、そこにたどりつくまで、実に豊穣な物語が展開するのだ。たとえばこれは、山国の村の唯一の特産である渋柿を輸出して、海辺の村から塩を入手するという経済を描いた小説なのだが、その苦労話の面白さが一つ。

　次は、この地域の領主となった称名寺の雑掌（ようするに現地責任者）の代理となった光信が善意のかたまりで、税を免除するどころか持っているものを全部与えてしまう爽快感が物語を貫いていること。物語の中を気持ちのいい風が吹くのはそのためだ。さらに、南北朝時代という特殊な時代が反映されているのも興味深い。読売新聞に書いた書評は次のように締めた。

「吾輔、澄の親子が、義平太、小萩の兄妹と、山の中で会うシーンをはじめ、一つ一つの場面が彫り深くくっきりと描かれているのも、長所の一つだろう」

「だめ押しは、みんなが知りたいのは戦に勝つ方法ではなく、村人としてなぜ命を賭けてまで戦わなければならないのか、その要の理（ことわり）だと言う小萩の説得力だ。これがあるから光信の感動的な演説も効いてくる」

「侍を雇って悪党たちと戦う挿話はそのあとに出てくるおまけのようなもので、もちろんこれもたっぷりと読ませるが、そこにいたるまでがむしろ本筋といっていい」

「ストーリーよく結構よくキャラもよく、物語のバランスも貫くセンスも、何から何まで素晴らしい傑作だ」

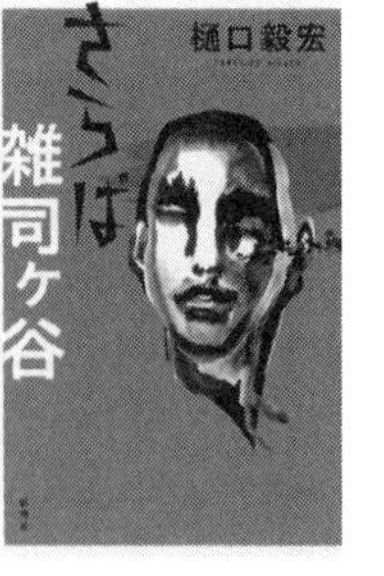

この書評ですべて言い尽くした感があるが、もし一つだけ付け加えるのなら、時代小説界に出現した久々の大型新人というだけでなく、この作家はもっと大きくなるということだ。

この『弩』に肉薄した『さらば雑司ヶ谷』も素晴らしい。こちらはハードボイルド、あるいはクライムノベル、もしくはノワールと、いろいろな文脈で読まれる作品だろうが、好みだけで言えば、私の好きな小説ではない。その意味では、馳星周のデビュー作『不夜城』と同じで、にもかかわらずこの長編を絶賛するのは、『不夜城』同様にその図抜けた才能がまぶしいからである。

二〇〇九年の3位は、豊島ミホの傑作『リテイク・シックスティーン』。休業前の最後に書かれた作品がこれまでの最高傑作とは皮肉だが、一度しかない生を慈しむ心、人と人とのつながりを愛しいと思う心――そういう感情が噴出するラストを見られたい。思わず熱いものがこみ上げてくる。今月号のガイド欄で紹介した小説なのでこれ以上は控えるが、悪戦苦闘の末に生まれた傑作だと思う。

4位は、先月号のガイド欄で紹介した藤谷治『船に乗れ！Ⅲ　合奏協奏曲』。音楽青春小説三部作の完結編だが、三冊全部でランクインと解されたい。先月号でも書いたけれど、音楽という「目に見えないもの」を平易に語る筆致がいい。ホントにうまい。

そしてなによりもいいのは、これが才能にあふれた特殊な人たちの青春ではなく、どこにでもいるような人たちの、つまりは私たちの物語であることだ。

5位は、これも今月号のガイド欄で紹介した『競馬の終わり』。個人的にはこれを年間ベスト1にしたかったくらいで、競馬好きにはこたえられない。

ＳＦ的シチュエーションを借りると競馬の本質が見えてくる、というのが素晴らしい。スピード化を求めるあまり、皐月賞が直線ＡＣＴ１６００ｍになるというくだりなどは、現行の菊花賞３０００ｍに対する長すぎるという批判を思い浮

エンターテインメントベスト10

① 『弩』
下川博／小学館

② 『さらば雑司ヶ谷』
樋口毅宏／新潮社

③ 『リテイク・シックスティーン』
豊島ミホ／幻冬舎

④ 『船に乗れ！Ⅲ　合奏協奏曲』
藤谷治／ジャイブ

⑤ 『競馬の終わり』
杉山俊彦／徳間書店

⑥ 『るり姉』
椰月美智子／双葉社

⑦ 『三人姉妹』
大島真寿美／新潮社

⑧ 『ちりかんすずらん』
安達千夏／祥伝社

⑨ 『少年譜』
伊集院静／文藝春秋

⑩ 『望郷の道』
北方謙三／幻冬舎

かべると、とってもリアルな競馬論なのである。ハムスターの檻トラックのくだりがけっして机上の空論やパロディではなく、リアリティが漂うのも、その鋭い批評性のためだ。

　サラブレッドのサイボーグ化の裏には政治的な意図、そして大きな時代の流れがあるのだが、そこに踏み込まず（説明に落ちず）、背景にとどめて未来の競馬世界に焦点を合わすのだから、これも素晴らしい。一つだけ言えることは、阿佐田哲也『麻雀放浪記』が麻雀を知らない人にも楽しめることは事実だが、麻雀を知っているともっと面白いのと同様な事情がここにもあることだ。すなわち、これは競馬を知らない人にもたっぷりと楽しめる傑作だが、競馬を知っていれば絶対にもっと面白い。こういう小説が読みたかったんだよと言われるに違いないのである。

　ここまでが二〇〇九年のベスト5である。ベスト10後半の紹介に移る前に、ベスト10に入れきれなかった作品に触れておく。二〇〇九年もたくさんのエンターテインメントが刊行され、私たちを楽しませてくれた。宮本昌孝『海王』、貫井徳郎『乱反射』、百田尚樹『風の中のマリア』、今野敏『疑心』、角田光代『くまちゃん』、篠田節子『仮想儀礼』、原宏一『東京箱庭鉄道』、三浦しをん『神去なあなあ日常』、飛鳥井千砂『サムシングブルー』、五十嵐貴久『ダッシュ！』、浅倉卓弥『オールド・フレンズ』、冨士本由紀『しあわせと勘違いしそうに青い空』、はらだみずき『サッカーボーイズ14歳』『赤いカンナではじまる』、魚住直子『園芸少年』、有川浩『フリーター、家を買う』、西條奈加『はむ・はたる』、川上健一『ナイン』、荒山徹『徳川家康（トクチョンカガン）』、藤田宜永『燃ゆる樹影』、山田健『ゴチソウ山』、喜多由布子『秋からはじまる』、北沢秋『哄う合戦屋』、小川一水『天命の標』、山本弘『地球移動作戦』、乃南アサ『ニサッタ、ニサッタ』と、印象に残った作品を思いつくまま並べただけで、二六冊。この中にはベスト10に入れたいと思った作品もないではない。そうか、まだあるな。西加奈子『きりこについて』、宮下奈都『遠くの声に耳を澄ませて』、志川節子『手のひら、ひらひら』、笹生陽子『世界がぼくを笑っても』、中島京子『ハブテトル　ハブテトラン』、猪本

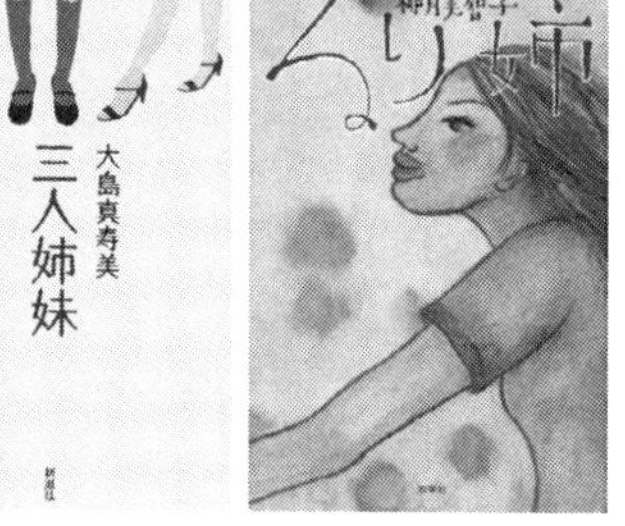

典子『猫別れ』、加納朋子『少年少女飛行倶楽部』、沢村凜『脇役スタンド・バイ・ミー』など、上半期ベスト10にあげながら今回落としてしまった作品群もある。これらを全部足すと三四冊。本来なら全部選びたいところだ。しかし、一〇作の枠があるので止むを得ない。

9位の伊集院静『少年譜』、10位の北方謙三『望郷の道』というベテラン作家の二作を外そうかとも最初は考えた。そうすれば二作の枠が空く。しかし、やはりベテラン作家も対象にしようと思いなおした。ただし、位置的には9位と10位。大ベテランに締めてもらって、このベストがきりりと引き締まったと思う。

伊集院静『少年譜』も、北方謙三『望郷の道』も、実は今さら説明を要さない。前者は、一七年前に書かれたきりでどこにも収録されなかった傑作短編「トンネル」をようやく読めるようになったのが嬉しい。短編というよりも掌編というべきだが、少年小説の名手が書いた傑作である。ここでは、四月号のガイド欄に書いたことをそのまま引いておきたい。

「内容を紹介するとそれだけで大事なものがこぼれ落ちてしまいそうだ。短いものなのでぜひ読んでいただきたい。伊集院静の最良のものがこの掌編の中にあると言っても過言ではない」

私の好きな短編ランキングを作れば、志水辰夫「夏の終わりに」と並んで、上位を飾るのは確定という短編なのである。ぜひお読みいただきたい。

前半が日本を舞台にした任侠小説で、後半が台湾を舞台にした起業小説という北方謙三『望郷の道』も読書の醍醐味を与えてくれる書。著者の曾祖父母をモデルにした小説のようだが、早く続編が読みたい。

というところで、残すのは6〜8位のみ。二〇〇九年八月号の本誌で上半期のベスト10を選んだときの一〇冊が、ここまでまだ一冊も出てきていない。

そこで、ようやく6位に『るり姉』。上半期ベスト1に推した作品だが、ここまで下がったということではなく、強力な作品群と争う年間でも6位と大奮闘と考えていただきたい。となると7位は当然、上半期2位に推した『三人姉妹』。それぞれの推薦理由は以前書いたので省略する。

8位の安達千夏『ちりかんすずらん』だけは注釈が必要だろう。こちらは新刊ガイドで取り上げていないからだ。

児童館に勤務する語り手の私と、母と祖母。その三人暮らしを描く連作集で、小さな謎を一つずつ解いていく構成がなかなかにいい。まだ完璧な作品集とは言いがたいものの、風鈴の音が聞こえてきそうな連作集と言えそうだ。

つまり6〜8位は、娘母祖母の三代だったり、姉妹だったり、その組み合わせは異なるが、女性三人小説を並べてみたのである。

というわけで、これが私の選んだ二〇〇九年の一〇作だ。どれも絶対に面白い！

2010年度　エンターテインメントベスト10

昨年まで「本の雑誌」の毎年1月号で発表していた「エンターテインメントベスト10」を今年から当WEBコラムの中でやることにした。タイトルを「2010年ベスト10」としたが、中身は昨年までの「エンターテインメントベスト10」と同じである。

「本の雑誌」の誌上でやっていたときは、締め切りの関係で対象とする本を11月中旬までに出た本、とせざるを得なかった。1月号が12月10日発売では止むを得ない。2009年の11月末に刊行された大島真寿美『戦友の恋』を、「本の雑誌」2010年1月号で発表した「2009年ベスト10」に入れられなかったのはそのためである。紙版のほうが締め切りが早いので、こういうことが起きてしまう。今年からは12月の中旬すぎに出た本でも、その年のベストの対象とする。たとえば今回、2010年の6位にした『嫌な女』の奥付記載発行日は12月25日である。例年なら絶対に入れることが出来なかった。これはネット発表の利点だろう。

というわけで、2010年のベスト10である。まず最初に断言してしまう。2010年は北方謙三の年であった。『楊令伝』15巻が完結したことも特筆に値するが、なんといっても現代小説『抱影』が素晴らしい。本の雑誌の新刊ガイドでは一部批判をしたけれど、それがなければ永遠のベスト1だ。単年度のベスト1にとどめるのは、その疵が気になるからである。このことについては本の雑誌12月号に詳しく書いたので、そちらを参照してください。本来なら『楊令伝』と『抱影』を1~2位に置くべきだろうが、それも何なので1位と10位にした。2010年の国産エンターテインメントはすべてこの二作の間にあるといっていい。

2位は宮部みゆき『小暮写眞館』。写真館

書影は講談社文庫版

書影は講談社文庫版

に引っ越した家族を中心にして、家族小説であり、青春小説であり、恋愛小説であり、そして同時にミステリーでもあるという作品だが、文章がこれほどまでに滑らかに進んでいくことに驚嘆。いまとても幸せだ、と思いながら小説を読むことは少ないが、その希有な体験がここにある。宮部みゆきは2010年、『あんじゅう』という時代小説も上梓していて、こちらも傑作であることを付け加えておく。

1位と2位にベテラン作家の作品を並べることに抵抗もあるが、素晴らしいのだからこれは仕方がない。3位は地球の大半が水没した25世紀を描く『華竜の宮』。SFの文脈で読まれる作品かもしれないが、壮大な海洋冒険小説の傑作として読まれたい。次々に異形の生物は登場するし、海上強盗団と武装警察の戦いはあるし、読み始めたら止まらない超面白小説だ。

以上がベスト3だが、4位以下の紹介に移る前に、ベスト10に入れられなかった作品にも触れておけば、上半期のベストに選んだ花形みつる『遠まわりして、遊びに行こう』、佐川光晴『おれのおばさん』、朝比奈あすか『彼女のしあわせ』、明野照葉『家族トランプ』、香坂直『ストロベリー・ブルー』の5冊、さらに、久保寺健彦『オープン・セサミ』、三浦しをん『天国旅行』、石井睦美『兄妹パズル』、三羽省吾『路地裏ビルヂング』、荻原浩『砂の王国』、乃南アサ『地のはてから』、窪美澄『ふがいない僕は空を見た』、不知火京介『鳴くかウグイス』。そして時代小説は、宮本昌孝『家康、死す』と、梶よう子『いろあわせ　摺師安次郎人情暦』。ミステリーは、里見蘭『さよなら、ベイビー』と伊岡瞬『明日の雨は。』と気になる作品は目白押しだが、10作の枠があるので止むを得ない。

年間ベスト10

①『抱影』北方謙三／講談社

②『小暮写眞館』宮部みゆき／講談社

③『華竜の宮』上田早夕里／早川書房

④『引かれ者でござい』志水辰夫／新潮社

⑤『at Home』本多孝好／角川書店

⑥『嫌な女』桂望実／光文社

⑦『サキモノ !?』斎樹真琴／講談社

⑧『スリーピング★ブッダ』早見和真／角川書店

⑨『二人静』盛田隆二／光文社

⑩『楊令伝』北方謙三／集英社

最後まで迷ったのは、大崎善生『ユーラシアの双子』と、島本理生『アンダスタンド・メイビー』。本来ならベスト10の上位に入れるべき傑作だろう。この2作をいれたほうがベスト10も落ち着くというものだ。実は今でも迷っている。

ということで話を4位以下に戻せば、4位は志水辰夫『引かれ者でござい』。前作『つばくろ越え』に対する懺悔については「本の雑誌」に書いたのでここでは繰り返さない。志水辰夫の新境地がここにある。

第5位『at Home』、第6位『嫌な女』、第7位『サキモノ!?』、第8位『スリーピング★ブッダ』、第9位『二人静』の5冊についてはすべて本の雑誌の新刊ガイドで紹介した本なので、これも繰り返さないでおく。いや、桂望実『嫌な女』を新刊ガイドで絶賛した「本の雑誌」2月号は1月発売なので、この時点では原稿を書いただけでまだ発売されていない。

したがって、ここに書いておく。これは素晴らしい。天性の詐欺師夏子の半生を、鮮やかな人物造形と挿話で描く長編だが、いちばんはラストだ。夏子にふりまわされる徹子の人生が一気に噴出するラストを見られたい。この秀逸な構造に◎だ。

2011年度 ベスト10

これまでは「エンターテインメントベスト10」という名で、日本の一般小説を中心にやってきたが、今年は翻訳ミステリーもノンフィクションもごちゃまぜにしてベスト10を選んでみた。

1位から順にいく。まず1位は『角のないケシゴムは嘘を消せない』。2011年の始めに出た本なのでそろそろ1年がたつが、編集者に会うたびに「面白いからぜひ読んでみてくれ」と言いつづけてきた。メフィスト賞を受賞したデビュー作『プールの底に眠る』の刊行が2009年12月。この『角のないケシゴムは嘘を消せない』の刊行が2011年1月。まだ2作しか著作のない作家だが、いま期待度はいちばん。とにかくヘンな小説を書く作家なのである。

　たとえば『角のないケシゴムは嘘を消せない』は七十三頭の牛と恋人が忽然と消えるところから始まる。琴里は消えた恋人を探しに東京に向かうのだが、「今晩、泊めて」と兄にメールを打つ。兄の信彦は「無理だ」と返信。どうして無理なのかというと、彼はいま透明人間の女性と一緒に暮らしているからだ。人には会わせられないからだ。その透明女と知り合ったときのことがすぐ回想で挿入される。部屋の中で手を伸ばすと、缶コーヒーほどの太さのものを彼は摑むのである。それはほんわかと温かく、柔らかく、力をこめたら壊れてしまいそうだった。そのときに信彦はどうするか。くどいようだが繰り返す。まったく姿も見えないのに、缶コーヒーほどの太さで、しかも柔らかく温かなものを摑むのである。ぎょっと驚くのが普通だろう。ところがこの男は「急いでる？」と言うのだ。この台詞は想像を絶する。で、「暇なら飲まないか？」と誘うのだから、何を考えているんだ！

　こういうふうに、とてつもなくヘンなところから始まる話で、こういうのは引っ張るだけ引っ張って、まとまらないまま終わるケースも少なくないのだが、これは見事に着地するから感服。一にセンスの良さ、二に構成のうまさ、三に鮮やかな奇想。そのすべてが素晴らしい。急いでデビュー作の『プールの底に眠る』も読んだが、こちらも相当にヘンな小説だった。

　書名や造本がラノベふうなので、年配読者は手に取りづらいと思われるが、ラノベがまったく読めない私がたっぷりと堪能できたのだから大丈夫。私がここまで楽しめるんだから、これは絶対にラノベではない。まだ二作しか著作のない作家なので、この人がどこへ向かうのか

年間ベスト10

①『角のないケシゴムは嘘を消せない』白河三兎／講談社

②『シャンタラム』G・D・ロバーツ（田口俊樹訳）／新潮文庫

③『しづ子』川村蘭太／新潮社

④『ジェノサイド』高野和明／角川書店

⑤『ローラ・フェイとの最後の会話』T・H・クック（村松潔訳）／早川書房

⑥『木村政彦はなぜ力道山を殺さなかったのか』増田俊也／新潮社

⑦『はぐれ猿は熱帯雨林の夢を見るか』篠田節子／文藝春秋

⑧『二流小説家』D・ゴードン（青木千鶴訳）／早川書房

⑨『消失グラデーション』長沢樹／角川書店

⑩『義経になった男』平谷美樹／ハルキ文庫

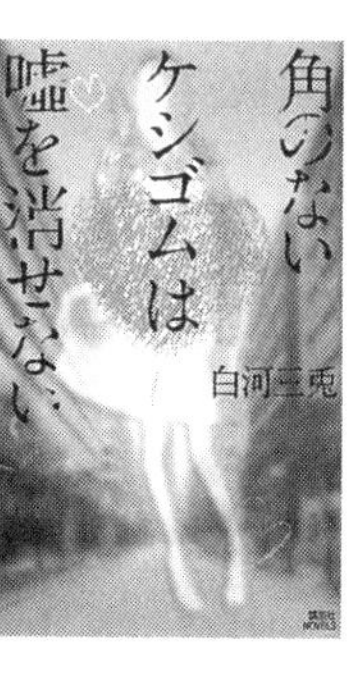

がまだわからない。しばらく追い続けたい。

2位は『シャンタラム』。こちらは「本の雑誌」2012年1月号で、ユージェーヌ・シュー『パリの秘密』を例にあげ、その19世紀の全体小説に比較して『シャンタラム』は21世紀の全体小説だと評したが、「小説推理」2012年2月号では翻訳ミステリーの1位にあげた。全体小説なのか、ミステリーなのか。いったいどっちだとこれでは言われてしまいそうだが、それは考え直したからだ。翻訳エンターテインメントのベスト1、というだけでは訴求力が弱いような気がしてきたのである。それにミステリーの要素がないのならともかく、その要素はばっちり。ならば、ここはあえて翻訳ミステリー・ベスト1と言ってしまおう。そういう強いフレーズで推したほうが、多くの読者も手に取ってくれるのではないか。そう思いなおしたという事情がある。

オーストラリアの刑務所を白昼脱獄してインドはボンベイのスラム街に逃げ込み、そこで無資格の診療所を開き、密告者のために想像を絶する刑務所にいれられ、最後はアフガニスタンの戦場に武器を届けるボンベイ・マフィアの長とともに、アフガンに赴いていく。つまりスラム街小説であり、刑務所小説であり、戦場小説だ。そのすべてだ。読み始めたらやめられない面白さがぎゅっとつまった長編で、文庫3巻を一気読み。正月休みの読書にぜひおすすめしたい。

3位は『しづ子』。ノンフィクションである。このジャンルでは『木村政彦はなぜ力道山を殺さなかったのか』という傑作もあって迷うところだが、好みでこちらを上位に取った。昭和二十年代にたった二冊の句集を残して消えていった幻の女流俳人の足跡を追うノンフィクションである。興味深いのは、対象となる鈴木しづ子という俳人に、著者がどんどん感情を入れていくところだ。その最たるものが、第一句集「春雷」の序文を師である巨湫から得るために、しづ子が師を訪れるくだり。昭和二十年の師走である。時に巨湫、五十歳。しづ子二十五歳。川村蘭太は浦和駅上りの終電時刻を調べ、奥田暁子著『GHQの性政策』という本を繙き、「当時の治安状態は最悪であった」と書く。そして「何故、しづ子と共に朝を迎えたとは書こうとしないのか。寧ろ彼女を泊まらせるのが当時の常識ではないか」と詰め寄るのである。これはもう巨湫への嫉妬といっていい。この濃い感情がこの書を屹立させている。

ここまでがベスト3だが、4位に移る前に、ベスト10に入れなかった作品にも触れておきたい。傑作は目白押しなのである。阿川佐和子『うからはらから』、早見和真『砂上のファンファーレ』、山田太一『空也上人がいた』、笹生陽子『空色バトン』、盛田隆二『身も心も』、三浦しをん『舟を編む』、久保寺健彦『ハロワ!』、三羽省吾『JUNK』、さらには籾山市太郎『アッティラ!』、桜木紫乃『ワン・モア』と、2011年もたくさんの面白本があったことはご報告しておきたい。

というところで4位は『ジェノサイド』。直木賞を落ちたのは残念だったが、山田風太郎賞を受賞。高野和明が大きく化けた一冊だ。本来は1位にするべきだろうが、あえて4位にしておく。その面白さ、全編を貫く緊迫感はいまさら言うまでもない。

5位は翻訳ミステリーから『ローラ・フェイとの最後の会話』。クックの読者なら「記憶シリーズ」を想起するかもしれない。父親の愛人が二十年ぶりに現れて、あのとき何があったのかを息子に語りかけるというシンプルな構成だが、記憶シリーズがそうであるように、これもたっぷりと読ませる。人は過ちを償うことが出来るのか——これがこの長編のモチーフだ。クックの名人芸を堪能されたい。

6位は、ノンフィクションの傑作『木村政彦はなぜ力道山を殺さなかったのか』。昭和二十九年の力道山対木村政彦の伝説的な試合を街頭テレビで見た世代としては、実に感慨深い。私は格闘技に関心のない者だが、そういう読者であっても日本柔道界の歴史を始めとして興味深いことが次々に出てきてびっくり。週刊朝日に寄せた書評で、「異様なまでに熱を帯びた筆致で汚名を晴らそうとする著者は、対力道山戦についても裏でかわした八百長の約束を力道山が破った、と力説する。だがこれだけは無理筋だ。観客に約束したはずのガチンコを裏切ろうとしたのは木村の側だったからだ」と松原隆一郎が書いていたが、格闘技に詳しくないので、どういうことなのかこれがよくわからない。私が思い出すのは、血だらけになった木村政彦を見て、力道山ファンの私ですら も、ちょっとやりすぎ

書影は新潮文庫版

だよなと子供心に思ったことだ。いや、子供だからそう思ったのかもしれないが。

7位は『はぐれ猿は熱帯雨林の夢を見るか』。私はヘンな話が大好きで、1位の『角のないケシゴムは嘘を消せない』はその典型だが、こちらも相当にヘンだ。とにかく、展開の先が読めないのだ。えーっ、こんなふうになっちゃうの、と驚きの連続である。こんな話を書くことが出来るのは篠田節子だけかもしれない。その驚き度、完成度を考えればこれを1位にしてもいいかも。

8位は翻訳ミステリーから『二流小説家』。2011年に話題になった翻訳ミステリーなので今さら紹介するまでもない。9位の『消失グラデーション』は横溝正史賞の受賞作で、とにかくびっくり。本来ならそのこと以外にも語らなければいけないのだろうが、あまりにびっくりしたのでランクイン。10位は時代小説から『義経になった男』。時代小説には宮部みゆき『おまえさん』を始め、志水辰夫『夜去り川』『待ち伏せ街道』、青山文平『白樫の樹の下で』、夢枕獏『大江戸釣客伝』、辻井南青紀『うごめく吉原』、河治和香『命毛』、吉川永青『我が槍は派道の翼』、野口卓『獺祭』とこちらも傑作が目白押しで一作に絞るのは困難なのだが、そこを無理して選んだのが『義経になった男』。書名からわかるように義経替え玉説を基調とした文庫全四巻の長編だ。義経に影武者がいたという説を持ち込んだ途端に、ひよわな義経像が雲散霧消してしまうのが面白い。もっと読まれていい面白小説だと思う。

2012年度 ベスト10

2012年の翻訳ミステリーのベスト1が、「このミス」も「週刊文春」も、『解錠師』スティーヴ・ハミルトン(ハヤカワ文庫)になるとはまったく意外。もちろん、つまらない作品ではないが、ベスト1はないだろ、という気がする。あの『チャイルド44』トム・ロブ・スミス(新潮文庫)ですら、「このミス」1位、「週刊文春」2位だったのだ。まさかね。

アーナルデュル・インドリダソン『湿地』(東京創元社)が1位になるものとばかり思っていた。アーナルデュル・インドリダソンは、スティーグ・ラーソン『ミレニアム』（ハヤカワ文庫）以降、どっと増えた北欧ミステリーの中でいまのところいちばん。「ラーソン以降」でこの人を超える作家はいない。ちなみに、ヘニング・マンケルは「ラーソン以前」だ。北欧ミステリー界の番付をつくれば、スティーグ・ラーソンが一人横綱、東の大関がヘニング・マンケル、西の大関がアーナルデュル・インドリダソンといった感じか。

年間ベスト10

①『私を知らないで』白河三兎／集英社文庫
②『海の見える街』畑野智美／講談社
③『母親ウエスタン』原田ひ香／光文社
④『暗殺者グレイマン』M・グリーニー（伏見威蕃訳）／ハヤカワ文庫
⑤『小野寺の弟・小野寺の姉』西田征史／泰文堂
⑥『百年法』山田宗樹／角川書店
⑦『海翁伝』土居良一／講談社文庫
⑧『君の夜を抱きしめる』花形みつる／理論社
⑨『アンドロイドの夢の羊』J・スコルジー（内田昌之訳）／ハヤカワ文庫
⑩『美しき一日の終わり』有吉玉青／講談社

あるいは、スコット・トゥロー『無罪』（文藝春秋）、アラン・グレン『鷲たちの盟約』（新潮文庫）、ジョン・ハート『アイアン・ハウス』（ハヤカワ・ポケット・ミステリ）などなど、印象に残る作品がまだまだあったのである。それらを押し退けて『解錠師』とはびっくりだ。年間のベストどころか、その月の推薦作にもしなかった記憶がある。いや、気になったのでたったいま調べてみたら、私、その月の推薦作にしていた（笑）。ただし、◎ではなく、○でもなく、△という印だから、きわめて消極的な推薦だ。

まあ、ベスト10というのはお遊びだから、なんでもいいのだ。私のこのベスト10も、意見の異なる人から見れば、何なのこれ、と言われるかもしれない。万人を納得させるベスト10はあり得ない。今年、このベスト10に翻訳エンターテインメントを2作入れることにしたのも深い意味はなく、どうしても入れたくなっただけ。

4位にした『暗殺者グレイマン』は、きわめて個人的な選択であることを先にお断りしておく。これは近年珍しいアクション小説の傑作なのだが、はたして多くの読書人がこの手の小説を好むのかどうかはわからない。ただ、八十年代に冒険小説に熱中していた人ならば、絶対のおすすめだ。静から動への激しい転換が、最初から最後まで切れ目なく続くのである。その間、ただの一度もダレないから感服。その迫力と興奮は、ただごとではない。スティーヴン・ハンター『狩りのとき』（扶桑社ミステリー）を読んだときの熱が蘇ってくる。続刊も翻訳されるようなので、なぜこの作者がこれほどの緊度あるアクションをたたみかけることが出来るのか、それまでの間、宿題にしておきたい。ただいま私、この小説を分析してみたくて仕方がないのだ。プロットを細かく分けて取り出し、なぜこれほどのアクション小説が奇跡的に成立したのかを考えてみたいのである。それが２０１３年の個人的な宿題だ。

翻訳エンタメのもう1冊は、9位にした『アンドロイドの夢の羊』。ジョン・スコルジーがあの『老人と宇宙』（ハヤカワ文庫）の作者であることを思い出して手に取ったが、この作者、娯楽小説の職人なので、ホントにうまい。最近のSFにはまったくついていけない私が、ジョン・スコルジーの小説にはどんどん引きずり込まれるのだから、もう感服である。SF嫌いの読者にこそすすめたい。読み終えても何も残らないが、それこそが娯楽小説の王道というものだ。

時代小説は7位の『海翁伝』。松前藩の基礎をつくった蠣崎季広、慶広の二代を描く歴史小説だが、読み始めるとやめられなくなる。蝦夷の地を守った男たちの歴史が、奥行きたっぷりに描かれる。土居良一は１９７８年に『カリフォルニア』（講談社文庫）で第1回群像新人長編賞を受賞した人で、その後、近未来のサハリンを舞台にした『ネクロポリス』（講談社）（これも傑作だ）などを書いているが、はたしてこの歴史小説の路線を続けて書いてくれるのかどうか。

8位はヤングアダルトから『君の夜を抱きしめる』。学習塾でアルバイトをする大学生の新太郎を主人公にしているが、今回はなぜか新太郎の育児の日々が始まるというもの。温かな気持ちが行間から立ち上がってきて、ゆっくりと溢れだすから素晴らしい。

と、ここまでは翻訳ミステリー、SF、時代小説、ヤングアダルトと、各ジャンル1冊ずつ選んだ恰好になっているが、それは偶然であり他意はない。２０１２年に印象に残った本を選んでいったらこうなっただけである。

10位の有吉玉青『美しき一日の終わり』はとても古風な恋愛小説で、こういう小説は一人静かに読んでいたい。美妙十五歳、秋雨八歳のときの出会いからこの小説は始まる。その瞬間からともに惹かれていくのだが、二人とも思いを終生秘めていく。ここで描かれるのは、なんと五十五年間の純愛だ。同時にとても官能的な小説でもあるのだが、それは言わぬが花。

『百年法』と『小野寺の弟・小野寺の姉』の二作については、いまさら説明は不要だろう。いきがかり上、ほんの少しだけ触れておくと、前者は構成が群を抜いている。たとえばラスト近くの牛島大統領の演説をあえて省略する技法が、最大の効果をあげている。女性の泣き崩れる声だけを描いて、演説そのものは描かないといううまさだ。この技法が随所で炸裂して、物語に緊張をもたらしている。後者は、姉と弟の、脱力するような日々がいい。テレビの脚本稼業に忙しいようで、小説を続けて書いてもらえるのかどうかが心配ではあるのだが。

海の見える街　畑野智美

書影は講談社文庫版

　ということで、残すはベスト3。まず1位は、昨年に引き続き、白河三兎の二連覇だ。前作『角のないケシゴムは嘘を消せない』から1年9カ月も待たされてしまったが、それだけの価値はある。今回も、まぎれもなく傑作だ。構成の見事さ、会話のうまさ、センスの良さ——すべてが素晴らしい。あとは黙って読まれたい。

　2位は『夏のバスプール』（集英社）の予定だったが、『海の見える街』が出たのでこちらにすることにした。『夏のバスプール』も傑作青春小説なので、ぜひ読まれたい。畑野智美はどんどん大きくなる。近年稀にみる新人といっていい。

　3位は、その奇妙な味に惹かれて、『母親ウエスタン』。この作品で初めて原田ひ香を知り、あわてて『東京ロンダリング』を読んだが、これも面白い。賃貸の部屋で自殺などが起きた場合、そのことを次の住民に告知する義務があるらしいのだが、そのために不動産屋が数カ月単位でその部屋にアルバイトを送り込む。そうすれば、その次の住民には告知する義務はなくなるというわけだ。そのアルバイトするヒロインの日々を描いたのが『東京ロンダリング』で、ヘンなことを考える作家がいたものだ。『母親ウエスタン』がどうヘンであるかは、あちこちの書評で書いたのでここには書かない。これも相当にヘンだ。とても不思議な小説を読んだな、という感覚が残り続ける。

例年なら、ベスト10に入れられなかった作品にも触れるところだが、今年は割愛する。このベスト10の中に一冊でも気になる本があったら、正月休みにぜひお読みいただきたい。小説はまだまだ力を持っている。愉しい時間をきっと与えてくれるはずである。

2013年度 ベスト10

今年も日本の現代エンタメのベスト10を選んでみた。

2013年最大の反省は、『図書館の魔女』を新刊時に読まなかったことだ。メフィスト賞はあの白河三兎を生んだ賞であるから強く意識はしているのである。しかし受賞作がいつも面白いかとなると、私には理解できない作品も少なくなく、これはどちらなんだろうと思ってしまったのが第一の敗因。次に、実際の図書館、新刊書店、古書店は大好きなのだが、そういうところを舞台にして本ネタが中心になる小説はあまり好きではないことだ。舞台にするのはいいのだが、ほらみなさんの好きな本がネタになっていますよお、と言いたげな小説には近づきたくない。これが本ネタに寄り掛かった作品なのかどうかはわからないが、帯に「リブラリアン・ファンタジー」とあるし、と腰が引けてしまったのが第二の敗因。しかしいちばんは、上下巻あわせて1400ページを超えるという大著にびびってしまったというのが本音。そのうちに評判が耳に入ってきたが、それでも手にとらず、大森望との書評対談で彼がテキストにしてきたのでようやく読み始めたというわけ。8月刊の本を11月に読んだのでは、もう書評を書くことは出来ません。ホントにすまない。8月に素早く読んで、誰よりも先に興奮したかった。

たしかに図書館の魔女は出てくるが、図書館そのものはあまり関係がない。なんだそうなんだ。さらに読み始めたらあまりの面白さにやめられず、長さが全然気にならない。その前にこの大長編を少しだけ説明しておくと、異世界伝奇小説だ。しかも私の好きなやつ。魔法も天使も出てこない。語られるのは戦争を回避するにはどうしたらいいか、ということで、つまりは外交小説である。そのためには国の富を増やすことが求められ、灌漑の重要性が語られる。そういう土木小説でもある。その間隙を縫うのは、人の言葉や仕種には表面に出ない意味があるということで、それを解説するくだりではホームズ物語の楽しさがある。さらにもう一つ言えば、上巻のラストに出てくるアクション・シーンは特筆もの。なんなんだこれは。読みながらこれほど楽しい小説は久々だった。

上巻2400円、下巻2600円という価格なので、購入するのはちょっとためらうかもしれないが、ちょっと変わった異世界伝奇小説をお好きな方には超おすすめだ。

年末に刊行されたのが、上田早夕里『深紅の碑文』。あの『華竜の宮』の姉妹篇である。つまり、陸地の大部分が水没した25世紀が舞台。人類は陸上民と海上民にわかれているが、一部の海上民は反社会的勢力「ラブカ」となって陸側の船舶などを襲撃し、激しく対立している——そういう時代を背景にした物語だ。『華竜の宮』では外務省に勤めていた青澄誠司は、外務省を退職し、ここでは救援団体「パンディオン」の理事長となって、陸と海の対立を解消しようと奮闘する。それは文字通りの奮闘だ。なぜなら陸側の人間も信用できないが、海側の、たとえば「ラブカ」のリーダー、ザフィールも容易に心を開かないからだ。その両者のドラマだけでも奥行きがあって物語的には十分なのだが、そこに周辺の人間たち、さらにはユイたちの若い世代のドラマも絡んでくる。いやあ、読ませる。

その骨太の物語に群を抜く人物造形、さらには秀逸な構成も見逃せないが、上田早夕里の美点の第一は、描写が鮮やかであることだろう。たとえば第一章の冒頭を読まれたい。貨物船にぐんぐん接近する小型船の上にザフィールが立っている場面だが、潮の匂いが充満している。そのくだりを引く。

年間ベスト10

①『図書館の魔女』高田大介／講談社

②『深紅の碑文』上田早夕里／早川書房

③『know』野﨑まど／ハヤカワ文庫

④『愛しいひとにさよならを言う』石井睦美／角川春樹事務所

⑤『風の王国』平谷美樹／ハルキ文庫

⑥『七帝柔道記』増田俊也／角川書店

⑦『金色機械』恒川光太郎／文藝春秋

⑧『小さいおじさん』尾﨑英子／文藝春秋

⑨『たからもの』北原亞以子／講談社

⑩『なぎさ』山本文緒／角川書店

「この海域の潮は、気温が下がると独特の匂いを発し始める。深海中層で繁殖する生物が日没と共に浮上して、陽光で繁殖したプランクトンを貪り食うからだ。夜が更けると、さらに大きな生物が上昇してくる。小魚、イカ、亀。無数の生物が食ったり食われたりを繰り返し、暗い海の中で乱舞する」

その「暗い海の底から立ち昇る臭気」が行間から伝わってくるのだ。あるいは、海の中でヴィクトルがガルを追って海面を目指すシーン。空から降り注ぐ陽光がガルの外皮を眩しいほどに輝かせるシーンだが、こういう印象的な「絵」の創出も、上田早夕里は天才的にうまい。物語が骨太なので、その壮大な黙示録につい目を奪われてしまいがちだが、私たちの胸を打つのは細部がこのように充実しているからにほかならない。

小説の完成度から言えば、本来ならこちらを1位にするべきかもしれない、という気もする。それでも『図書館の魔女』を1位にするのは、8月に出た本を11月に読むという失態をしたためで、反省と自戒の意味をこめて、こちらを1位にしたい。

野﨑まど『know』にも素晴らしいアクション・シーンが登場する。それがどうして素晴らしいかを紹介するとネタばれになるので書けないが、こういう細部がいいのがこの長編の特徴でもある。こちらは人造の脳〈電子葉〉の移植が義務づけられた2081年の京都を舞台にした小説だが、ラストが秀逸。いや、正直に書くと、エピローグがあることに気がつかず、こんな小説、読んだことがないと、その前の「幻のラスト」に感動してしまったのである。ということなので、あとでエピローグを読むと、これ、いらないじゃんというのが私の立場だ。電撃小説大賞出身ということで、一般的にはライトノベル作家に分類されるのだろうが、もっと奥行きがある人だと思う。

ここまでの上位3冊はすべて現実離れした内容であるのに比べ、4位はがらり一転、『愛しいひとにさよならを言う』。こちらはヒロイン友情小説だ。それを娘の視点で、さらに彼女が大人になってから回顧するかたちで語るという構成が効果をあげている。ヒロイン友情小説の傑作は、唯川恵『肩ごしの恋人』、角田光代『対岸の彼女』、大島真寿美『戦友の恋』とあるが、それら先行する傑作群に肩を並べる作品だと思う。

時代小説は、平谷美樹『風の王国』と、北原亞以子『たからもの』の2作。前者は全10巻の壮大な時代伝奇小説で、この著者には『義経になった男』（ハルキ文庫）という全4巻の傑作もあるが、今度は全10巻なので、読みごたえは十分。『たからもの』は北原亞以子の二大代表シリーズの一つ、深川澪通りシリーズの最終篇。もう一つの「慶次郎縁側日記」シリーズも年明けに最終篇が発売されるが、これでもう読めないのかと思うとひたすら淋しい。これも味わいながら読みたい。

『七帝柔道記』は異色の青春小説。通常のスポーツ小説なら、勝つことのカタルシスが最後に待っていることが少なくないが、ここにそういう希望はない。ほとんど絶望的な戦いが繰りひろげられる。練習風景もすさまじいが、試合の迫力もすごく、読んでいると息苦しくなってくる。

『金色機械』はその描写が鮮やかだ。冒頭、遊廓の主人の前に新入り娼婦が連れてこられる場面。その娼婦の胸のあたりで、ぱちん、と火花が飛ぶのだ。しばらくすると今度は肩のあたりで、ぱちん、と火花。このシーンが秀逸。遊廓の主人は人の殺意を読むことが出来るのである。殺意を持っているやつが近づくと火花が飛ぶのですぐにわかるとの設定だ。いいでしょ、これ。

書影は講談社文庫版

8位の尾﨑英子『小さいおじさん』は、第15回のボイルドエッグズ新人賞受賞作。この賞は万城目学のデビュー作こそ面白かったものの、私には理解できない作品が多く、これも最初は手に取るのをためらった。しかし、『図書館の魔女』とは違って、こちらは250ページのスタンダードな装いなので、すぐに読み始めると、いやあ素晴らしい。道具立てに既視感があると言った知人がいたが、それは厳しすぎる。手垢のついた素材をセンスあふれる筆致でまとめたところにこの作家の才能を感じる。

10位に置いた『なぎさ』には少しだけ説明が必要だ。その完成度から10位は本来ありえない。しかし直木賞作家の新作を私が推すこともないだろう。たとえば2013年は、唯川恵『手のひらの砂漠』、江國香織『はだかんぼうたち』、桜木紫乃『蛇行する月』という傑作もあった。『なぎさ』も入れればこの4作は、年間ベスト4といってもいい傑作である。だが、まだメジャーな賞を受賞していない作家、もっと売れていい作品、そういうものを私は推したい。10位の『なぎさ』は、直木賞枠と解していただきたいと思う。この『なぎさ』の向こうには、唯川恵や江國香織や桜木紫乃、さらにベテラン作家の傑作群があると思っていただきたい。それを代表しての『なぎさ』なのだ。

いつもならこのベスト10に入れなかった作品にも言及するのだが、今年は余裕がないのでこれにて打ち止め。

2014年は異色の恋愛小説『男ともだち』で決まり!

ミステリーと時代小説と翻訳小説を外して、現代エンターテインメントだけを対象に十作を選んでみた。森絵都『クラスメイツ』、角田光代『笹の舟で海をわたる』、藤田宜永『女系の総督』、桜木紫乃『星々たち』、篠田節子『長女たち』(この五作はすべて傑作だ。直木賞作家の新作ベスト10というランキングを作りたくなる)という傑作群を外したのは直木賞作家は対象外という内規を作ったからだ。その完成度、面白さは十分に認めなければならないが、どれも直木賞作家の作品なので残念ながらここでは対象外にする。ところがそう言いながら辻村深月『家族シアター』を入れてしまった。これでは首尾一貫しない。そう批判されたら頭をさげるしかない。読み終えたばかりの興奮がまだ続いているのだと許されたい。

行きがかり上、その『家族シアター』からいくが、辻村深月はホント、いまノリにノッてる。直木賞がピークで、その後の作品はいまいち、という作家も残念ながらいたりするが(誰とは言わないがいるぜ)、直木賞受賞を契機により充実度を増していく作家もいて、その近年の代表が辻村深月なのである。『ハケンアニメ!』もよかったが、本書はもっといい。母と娘、父と息子、姉と妹、じいさんと孫娘——さまざまな関係を巧みな挿話と、群を抜く人物造形で描いていく作品集で、うまいうまい。涙腺の弱い私などは何度も目頭を熱くさせてしまった。

順序を戻して1位から。2014年は千早茜『男ともだち』にとどめをさす。これは異色の恋愛小説だ。どうしてこれが直木賞を受賞しなかったのか。それはダメだろと思ったのは、この作品を評価しないと千早茜が違う方向に行ってしまうのではないかという心配があるからだ。というのは、泉鏡花文学賞を受賞した『魚神(いおがみ)』が私にはわからないのである。『あとかた』とか『からまる』とか、あるいはこの『男ともだち』の路線はいいが、『魚神』の路線はダメなのである。千早茜に

は、なるべく『あとかた』とか『からまる』とか『男ともだち』の路線で書き続けてほしいから、こちらをきちんと評価していただきたいのだ。わがままな願望と言われたら返す言葉もないが、私などは読みおえた瞬間に、今年のベスト1は決まったなと思ったものだ。ホントに素晴らしい。その詳細は当時の新刊ガイドで書いたのでここでは繰り返さない。

第2位は先月号のガイドで取り上げた『未必のマクベス』。犯罪小説であり、経済小説であり、初恋小説でもあると、さまざまな読み方のできる長編だが、細かなところでいろいろな批判はあるかもしれない。しかしまだ二作目の作家なのだ。それは贅沢な注文というものだ。その群を抜くセンスをまず高く評価しなければならない。文章よくキャラよく構成まで考え抜かれている小説などそうあるものではない。これが二十二年ぶりの第二作ということだが、次はこんなに間をあけず書いていただきたい。

3位は広谷鏡子『湘南シェアハウス』。これは2014年度のオリジナル文庫大賞の受賞作で、シェアハウス小説は流行りだが、女性だけでしかも世代縦断というのがミソ。あまりに手軽に仲間を集めすぎるとの批判はあるが、理想の家族はこういうかたちの中にしかないのだ。その提示が素晴らしい。老人の性を描いた傑作『花狂い』の著者が、こういうひたすら前向きな小説を書くというのもいい。つまり、全部確信犯なのである。

ここまでが自信のベスト3で、以下の作品に触れる前に、ベスト10に入れなかった作品にも触れておきたい。吉川トリコ『ミドリのミ』、加藤千恵『こぼれ落ちて季節は』、瀧羽麻子『ぱりぱり』、坂井希久子『ただいまが、聞こえない』、相沢沙呼『雨の降る日は学校に行かない』、彩瀬まる『神様のケーキを頬ばるまで』、田中兆子『甘いお菓子は食べません』、そして『手のひらの音符』『波風』の藤岡陽子の八人九作は、2014年に印象に残った作品で、ベスト10に入れてもおかしくはなかったと思う。どの作品

エンターテインメントベスト10

① **『男ともだち』**
千早茜／文藝春秋

② **『未必のマクベス』**
早瀬耕／早川書房

③ **『湘南シェアハウス』**
広谷鏡子／ハルキ文庫

④ **『魔術師の視線』**
本多孝好／新潮社

⑤ **『家族シアター』**
辻村深月／講談社

⑥ **『カノン』**
中原清一郎／河出書房新社

⑦ **『イノセント・デイズ』**
早見和真／新潮社

⑧ **『ミチルさん、今日も上機嫌』**
原田ひ香／集英社

⑨ **『女の子は、明日も。』**
飛鳥井千砂／幻冬舎

⑩ **『お父さんと伊藤さん』**
中澤日菜子／講談社

も、現代のエンターテインメントを書こうという強い意思が感じられる小説で、こういう作家たちが、妙な言い方になるが、現代のエンタメを支えているのだという気がする。4～10位の作品とこの9作はどこが違うのか、入れ換えてもいいじゃないかとの気がしないでもないけれど、まあ、ようするに微差なのである。そう解釈されたい。

4位の『魔術師の視線』は、楠瀬薫のもとを十四歳の少女礼が訪ねてくるのが発端。ビデオジャーナリストの薫は三年前に、超能力少女として売り出した礼の嘘を暴露した。結果として礼はスキャンダルの渦中に放り込まれる。そこまでするつもりのなかった薫は、騒ぎが一段落してから訪ね、詫びるつもりで「何かあったら電話して」と声をかける。その言葉を覚えていた礼が訪ねてきたわけだが、ストーカーに悩まされているが相談する大人がいないと礼は言う。それは礼の狂言ではないかと薫は思うのだが、しばらくこの子と付き合ってみようと考える。これが冒頭の挿話だが、ここから意外な方向に物語は進んでいく。

雑誌記者時代の先輩友紀、礼にインチキを教えた超能力者宮城大悟、突然入閣した政治家の寺内隆宏、薫が所属する事務所の社長塚越などのわき役が次々に登場して、色彩感豊かな話が展開していくのだ。いやあ、面白い。話がどこに向かっているのかわからないのは（だから、とてもスリリングだ）いつもの通り。これが本多孝好だ。余韻たっぷりのラストも素晴らしい。

6位の『カノン』は、編集者像にリアリティがないとかを始め、さまざまな批判がある。それは承知の上で6位に選んだのは、完璧な小説はない、と考えているからだ。疵や欠点はどの小説にもある。それを超えるものがあればいいのだ。その点、この『カノン』は五十代の男性が三十代の女性の体の中に入って人生を生きなおすという最初の設定が断然好み。どうしてそんなことになるのかは長くなるのでここでは詳述しない。興味のある方は本を開いて確認されたい。入れ代わり小説はたくさんあるが、五十男が三十女（しかも幼い子を持つ母親）の中に入るとの設定は初めてではあるまいか。つまり五十男は慣れない育児をしなければならなくなるのだ。それこそが最大のキモ。だからおそらく、性差が本書のモチーフだ。

私の批判は一つだけ。妻の体に入っているのが五十代の男と知りながら、夫が妻の体をまさぐるシーンがある。退院してきた妻を見て、つい手が伸びてしまうのである。問題はこのときの妻だ。いや、その体に入っている五十男だ。その

夫の手の動きを拒否してしまうのである。おいおい、と私はここで立ち止まってしまった。

最初は拒否したとしても、それで終わらず、次の夜、またはその次の夜と、徐々に拒否できなくなる展開を読みたかった。脳が体に溶け込んでいくというかたちがあるのなら、そういうふうに五十男の感情が変化していっても不思議ではない。そうやって三十女の体と一体化していくかたちを読みたかったということだが、著者の関心はそこにはなかったようだ。だからこれは批判というよりも、私の個人的な好みかも。もっともこのベスト10自体が、全部私の好みではあるのだが。

7位は『イノセント・デイズ』。これは死刑囚田中幸乃の刑が執行される日から始まる長編だ。彼女は元カレの家に火をつけて母子3人の命を奪った罪で逮捕され死刑の判決を受けるのだが、物語は時間線をどんどん遡っていく。その幼少期、中学時代、児童自立支援施設を出てきてからの青春——彼女の半生がさまざまな人の目を通して語られていく。しかしそれがどれほど悲惨な人生であっても、彼女の罪は消えないし、もう死刑を逃れられない。そんな話を早見和真が書くのか。10月号のガイドでも書いたのだが、ここから先が秀逸。繰り返しになるのでここで詳しくは書かないが、圧巻のラストまで一気読みの傑作だ。

8位の『ミチルさん、今日も上機嫌』は、ヘンな小説を書かせたら天下一品の原田ひ香の新作。2014年は1月に『彼女の家計簿』という作品も上梓しているが、これも読ませて飽きさせないものの、より原田ひ香らしい作品ということで、ここではこちらを取る。ミチルさんの造形がとにかく絶品だ。

9位の『女の子は、明日も。』は、ただいま精力的に作品を書きつづけている飛鳥井千砂の作品だが、2014年ではこれを取る。高校の同級生四人が十四年ぶりに再会し、月に一度会うようになる交友を描く連作集だが、一つ仕掛けがあって（それが最大のキモなのでここでは紹介しない。ヒントは専業主婦満里子の設定だ）、それが明らかになる後半の展開が圧巻。飛鳥井千砂の傑作として読まれたい。

10位の『お父さんと伊藤さん』は小説現代新人賞の受賞作。三十四歳のヒロインと五十四歳の伊藤さんが同棲しているアパートに、七十四歳の父親が突然やってきて、奇妙な共同生活が始まる話。伊藤さんの脱力キャラが群を抜いている。まだ課題は山ほど残されているが、デビューしたばかりなのだ。長い目で見ていきたい。

他にも忘れている作品があるような気がしてきて心配になるが、とりあえずこれにて打ち止め。

2015年度エンターテインメントベスト10

マイルールもぶっとぶ『朝が来る』がベスト1だ！

ミステリー、SF、時代小説などのジャンル小説を対象外にするのは、それぞれのベストが他にあるからだ。そういう各誌紙のベストの対象外とされる作品を取り上げたい、というのがこの「エンターテインメントベスト10」である。

直木賞作家の作品は対象外にするか、選んでも下位にとどめるというのもマイルールで、これは、すでにきちんと評価されている作家の作品よりも、まだ賞の対象になってないものを取り上げたいとの意図にほかならない。

と言いながら、いきなり例外をつくってしまったので、これから始めたい。1位にした『朝が来る』だ。直木賞作家の作品は対象外か、選んでも下位、というマイルールをいきなり逸脱してしまったが、本当は『永い言い訳』を1位にするつもりであった。上半期を終えたとき、この『永い言い訳』と『千日のマリア』が収穫であったのだが、だったら直木賞作家の作品である『千日のマリア』は10位で、まだ賞を獲得していない『永い言い訳』が1位だと思っていた。マイルールに従えば、そのようになる。これを超える作品が下半期に出てこないならば、との条件つきではあるけれど。

ところが、出てきちゃったのである。超える作品が。それが『朝が来る』だ。本誌のガイド欄で絶賛したのでここでは繰り返さないが、まったく素晴らしい。子を持つ夫婦、子のない夫婦、どちらにも読んでほしいと思う。このシンプルな結構を、これだけ力強く読ませる豪腕にびっくり。プロットがシンプルであるのはこの作家の自信の現れにほかならない。この作品を抜きに2015年は語れない。直木賞作家の作品は対象外とか下位にするとか、そういうレベルの話ではないのだ。堂々、自信のベスト1。

3位にした『戦場のコックたち』にも急いで触れておかなければならない。ミステリーを対象外にすると言いながらこの長編を3位にしたのはなぜか。ちなみに深緑野分は、2010年に「オーブランの少女」が第7回ミステリーズ！新人賞佳作に入選し、2013年同作を表題作にした短編集でデビューした作家である。この『戦場のコックたち』の帯にも大きく、「戦場でも事件は起きるし、解決する名探偵がいる」と書かれている。

朝が来る
辻村深月

エンターテインメントベスト10

① 『朝が来る』
辻村深月／文藝春秋

② 『永い言い訳』
西川美和／文藝春秋

③ 『戦場のコックたち』
深緑野分／東京創元社

④ 『ひりつく夜の音』
小野寺史宜／新潮社

⑤ 『ふたえ』
白河三兎／祥伝社

⑥ 『海を照らす光』
M・L・ステッドマン（古屋美登里訳）／早川書房

⑦ 『ビッグデータ・コネクト』
藤井太洋／文春文庫

⑧ 『ムーンリバーズを忘れない』
はらだみずき／角川春樹事務所

⑨ 『猟犬の國』
芝村裕吏／KADOKAWA

⑩ 『千日のマリア』
小池真理子／講談社

「1944年、若き合衆国コック兵が戦場で出会う〈日常の謎〉」と小さく帯に書かれてもいる。つまり、どこから読んでもこれはミステリーだ。

にもかかわらず、これを2015年の3位に選んだのは、森絵都『カラフル』を想起したからだ。作風が似ているわけではない。そういうことではない。本誌のガイド欄でミステリーは私の担当でないのでこの『戦場のコックたち』を取り上げなかったが、よその媒体の新刊書評で書いたことを少しだけ繰り返す。

『カラフル』はヤングアダルトではあったけれど、一般小説への可能性をひめた作品であった。それと同じものをこの『戦場のコックたち』に感じるのだ。パラシュートで降下する冒頭シーンの描写力を見られたい。野戦病院でむせかえる血の匂いが行間から伝わってくる箇所を読まれたい。そういう細部が驚くほどうまい。秀逸なエピローグも特筆ものだ。このうまさがあるなら、森絵都が『カラフル』から『永遠の出口』に向かったように、深緑野分も一般小説の分野に進出すれば間違いなく直木賞が射程に入ってくるはずだ。誤解されると困るので急いで付け加えるが、ミステリーを捨てたほうがいいと言っているわけではない。直木賞がいちばんエライと言っているわけでもない。森絵都が直木賞受賞後も児童文学から離れていないように、ミステリーと一般小説を自由に行き来することを、この作家に願っているのだ。つまり私はこの作品を、ミステリーの読者以外にも広く薦めたいのである。この作家の存在と可能性をもっと多くの人に知ってほしいのである。ミステリーをあえて3位にしたことにはこのような事情がある。

5位の『ふたえ』もミステリーだぞ、と言われるかもしれない。たしかにこれは秀逸なミステリーだが（ホントに面白くて、何度も読み返してしまった。読み終えると無性に話したくなるから読書会のテキストに最適かも）、私にとって白河三兎はミステリーというよりも「白河三兎というジャンル」なのだということ

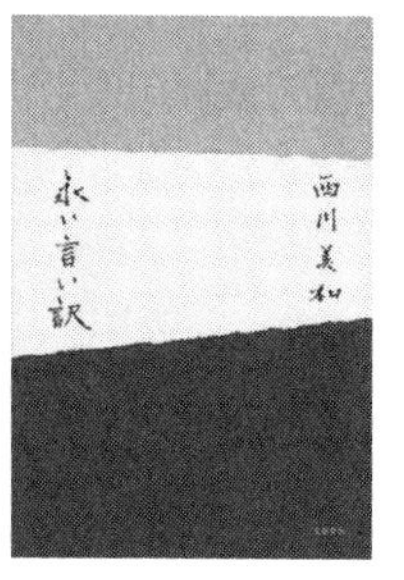

で許されたい。

　ミステリーということなら、道尾秀介『透明カメレオン』（作家生活十周年記念作品で初めて読者のために書いた、というけれど、これ、すっごく面白かったので、ずっと読者のために書いてくれよと思ってしまった）、さらに迫力満点の柚月裕子『孤狼の血』、そしてぶっ飛びものの白井智之『東京結合人間』（デビュー作の『人間の顔は食べづらい』もヘンな話だったが、これは奇想も完成度もそれ以上で、まったくヘンなことを考える作家がいたものだ）など、まだまだあるのだが、それらを全部断念しているのだから、白河三兎をここにあげるくらいは許されたい。勝手な言いぐさだけど。そうか、7位の『ビッグデータ・コネクト』もミステリーの範疇かも。今年は例外が多すぎるか。しかしこれは、オリジナル文庫大賞の受賞作でもあるので、ここに並べておきたかった。

　2位に下げた『永い言い訳』にも少しだけ触れておく。何かを失った者が再生していく物語は昨今少なくないが、再生するからにはその前に深く傷つくとの前提が必要になる。ところが、この『永い言い訳』の主人公は妻を亡くしても傷つかないのだ。この構成が最大のキモ。

　冷酷で、ずるい男だ。他人事とは思えない男だ。私の中にもこういう冷酷さ、ずるさがあるから、物語にどんどん引き込まれていく。この長編はそういう男が初めて妻を失った哀しみにたどりつくまでの話である。この逆転の構造が素晴らしい。

　翻訳小説を1点だけ入れたことについても触れておきたい。版元に聞いたわけではないが、ミステリーでもなく文学でもない翻訳小説はおそらく苦戦していると思うので応援したいとの気持ちがある。もう私好みの小説なのだ。孤島で暮らす夫婦のもとに赤ん坊が流れ着いて、それを育てる夫婦の物語だが、ラストが白眉。絶対にこうなるよなと分かっているのに、そしてその通りになるというのに、どっと涙が溢れ出るのだ。2015年にいちばん泣いたのがこの本。

　ちなみにこのベスト10では取り上げていないけれど、翻訳ミステリーの収穫は、①M・ヨート&H・ローセンフェルト『模倣犯』（犯罪心理捜査官セバスチャン・シリーズの第2弾だが、こんなダメ男、見たことない）、②ウィリアム・ケント・クルーガー『ありふれた祈り』（私好みの家族小説だ）、③アーナルデュル・インドリダソン『声』（近年の北欧ミステリーのベスト1作家だと思っているのだが、そう考えている人が思ったより少ないのは残念だ）の3冊だ。

　このあたりでベスト10に入れなかった作品にも触れておこう。坂井希久子『ウィメンズマラソン』、大崎梢『空色の小鳥』、椰月美智子『14歳の水平線』、高田大介『図書館の魔女　鳥の伝言（つてこと）』、榎本憲男『エアー2.0』なども印象に残った。それぞれにコメントをつけていると長くなるのでここは我慢。

　まだ4位の紹介が残っていた。新刊ガイドで取り上げなかったので（他の評者が取り上げるというので私は遠慮）、ここで詳しく書いておきたい。しかしよその媒体で書評を書いているから、やはり繰り返しになるかも。

　これはジャズ小説である。主人公はディキシーランド・ジャズのバンドでクラリネットを吹いていた四十六歳の下田保幸。リーダーが亡くなってバンドは解散し、他のメンバーはそれぞれに演奏の場を確保するが、この男は音楽教室で講師として働くだけ。貯金があるからしばらくはやっていけるけれど、そう長くはもたない。なぜ演奏する場を探さないのかといえば、ようするにやる気を失っているのだ。そういう男がもう一度人生を取り戻すまでの話である。

　こう紹介すると、なんだかよくある話のような気がするが、もちろん細部がいいのでその再生が鮮やかに立ち上がってくる。前作『その愛の程度』を読んだとき、この作家は驚くほどうまくなったと感心したものだが、この数年間の成果が本書にあるとも言えそうである。少し前に『転がる空に雨は降らない』という佳作を書いて、もう大丈夫と思ったらそれからまた悪戦苦闘した経歴を持つので、まだ安心はしていられないが、小野寺史宜の第2ステージが始まったことはたしかだと思う。

書影は新潮文庫版

　こういう変化を見ていくことがエンターテインメントを読む愉しさのひとつでもあり、『ムーンリバーズを忘れない』を高く評価するのもそういうことである。はらだみずきはサッカー小説でデビューした作家で、最初はけっして「うまい作家」ではなかった。特に文章がぎくしゃくしていたことは否めない。そういう地点からスタートした作家なので、どんどんうまくなっていく過程を私たちは見ていくことになった。それが圧巻。

　この前作『波に乗る』で初めて子の側から親を描き、この視点の変化は決定的に何かを生み出すはずだと思っていたが、そうして出てきたのが『ムーンリバーズを忘れない』なのである。深みのあるこういう作品を書くようになったのが、はらだみずきの成熟だ。こうして変わっていくから面白い。

2016年度エンターテインメントベスト10

すべてが素晴らしい『みかづき』が1位だ!

直木賞作家の作品は当欄の対象外にするか、あるいは選んでも下位、というマイルールを作りながらも、昨年は辻村深月『朝が来る』を1位にしてしまった。続けて今年も1位に森絵都『みかづき』を選んでしまってはマイルールの意味がなくなってしまうが、しかしこの長編を2016年の収穫としてあげないわけにはいかないだろう。例外は2年かぎりとして許されたい。

学習塾を経営する夫婦の物語である。その子として生まれた三姉妹の物語である。いやあ、面白いぞ。

教育とは何かというテーマを中心に据えて、大島家の歴史を描いていくこの長編は、ある意味では森絵都の集大成といっていい。絶妙な人物造形(特に大島吾郎のキャラがサイコーだ)も、秀逸な構成も(7章ラストの食事会のシーンで終わってもいいのに、そのあとに8章を付け足すところがいい。これが絶品)、すべてが素晴らしいのだ。この作品抜きに2016年は語れない。

新刊ガイドのときも書いたけれど、頼子(大島吾郎の妻千明の母)の名言をここでも引いておきたい。私、こういうアフォリズムが大好きなのだ。

「一緒になるなら、ほどよく鈍感でおおらかな男の人を選びなさい」

本当にいいことを言うものだ。吾郎と千明の娘たち、つまり三姉妹が結果的にその頼子の教えを守ることになるのもおかしい。

この『みかづき』が出てこなければ、1位にしようと思っていたのが『一瞬の雲の切れ間に』。砂田麻美は映画監督だが、この『一瞬の雲の切れ間に』が小説の第二作。あまりに素晴らしいので、あわてて小説第一作の『音のない花火』も読んだが、こちらもいい。この『音のない花火』は父親が癌を宣告され、亡くなるまでの話で、小説にストーリーを求める人はなんなのこれ、との感想を抱くかもしれないが、どんどん引き込まれていく。これが小説だ。『一瞬の雲の切れ間に』もこの『音のない花火』と同様に、目新しい話ではけっしてない。しかし私たちの日常をどう描くかというその摑み方が絶妙なのだ。やわらかい文章と的確な描写は群を抜いている。このうまさはただごとではない。心配なのは本業が映画監督なので、次の

作品を読むことが出来るのはいつの日なのか、それがわからないことだけだ。

3位に推すのは、『誰がために鐘を鳴らす』。山本幸久は器用な作家で、そのために損をしてきた印象がある。これまで駄作を一作も書いたことがなく、すべて水準以上の作品を書き続けているが、これはそう簡単なことではない。しかしそれが同時に、山本幸久の印象を弱めてしまっている感も否定できない。失敗作も書くけれど傑作も書く、という作家のほうが残念ながらインパクトがあるのだ。それにもう一つ、あの傑作『凹凹デイズ』を書いたのがデビューの翌年で、これは早すぎた代表作といっていいが、このときに吉川英治新人賞でも受賞していれば（私は直木賞でもおかしくはないと思うが）、その後の展開もまた変わっていたかもしれない。ところが不運なことに候補にもならなかった。その実力のわりに損をしていると思う。

しかししかし、この『誰がために鐘を鳴らす』は、その山本幸久の新たなステージを告げる一冊なのだ。高校のハンドベル部の青春を描く長編だが、そのストーリーの面白さもさることながら、一回こっきりの青春の苦さと甘さを絶妙に描いている。ホントにうまい。山本幸久が高校生を描くのは初めてであることを考えれば（私の記憶ではそうなのだが、違う？）、これが著者の新境地であることもわかっていただけるだろう。

あとは余談だが、実はこの長編、版元のＰＲ小冊子に紹介を書くためにゲラを読んだ。ところが依頼されたのは４００字4枚なのに、私が書いたのは12枚。書評を書き始めて40年になるが、こんなことは初めてだ。しかも、どうやっても削れないのだ。もっともその段階で締め切りまで3週間もあったので、その間沸騰していた頭も冷静になり、締め切りのときにはばさばさ切れてしまったが。

ここまでが自信のベスト3だが、ベスト10に入れなかった作品についても触れておこう。このベストは、ミステリーやＳＦ、時代小説などを対象外にしている

エンターテインメントベスト10

① **『みかづき』**
森絵都／集英社

② **『一瞬の雲の切れ間に』**
砂田麻美／ポプラ社

③ **『誰がために鐘を鳴らす』**
山本幸久／KADOKAWA

④ **『蓮の数式』**
遠田潤子／中央公論新社

⑤ **『僕が愛したすべての君へ』**
乙野四方字／ハヤカワ文庫JA

⑥ **『17歳のうた』**
坂井希久子／文藝春秋

⑦ **『Y.M.G.A.』**
三羽省吾／朝日新聞出版

⑧ **『明日の食卓』**
椰月美智子／KADOKAWA

⑨ **『フリー!』**
岡部えつ／双葉社

⑩ **『新極道記者』**
塩崎利雄／徳間書店

が、ミステリーは横溝正史賞の受賞作、逸木裕『虹を待つ彼女』（新人賞受賞作では近年のベストではあるまいか）、時代小説は青山文平『半席』『励み場』（直木賞受賞後のこの作家は高い水準の作品を書き続けているので要注意だ）、野口卓『手蹟指南所「薫風堂」』（この作家の新たな一面を見ることが出来る）、澤田瞳子『師走の扶持』などが印象に残った。

　現代小説では、テレビドラマの原作にぴったりの藤岡陽子『テミスの休息』（これは小さな法律事務所を舞台にした連作集で、意外にこの作家が器用であることがわかる）、相変わらずうまい石井睦美『ご機嫌な彼女たち』、ひたすら熱い早見和真『小説王』、新野剛志の軽妙洒脱な保育園小説『戦うハニー』、さらに西村健『光陰の刃』、本城雅人『ミッドナイト・ジャーナル』と、強い印象を残した小説は数多い。このあたりの作品は、どれもベスト10の作品と比べても遜色がない。鈴木一功『ファイティング40、ママはチャンピオン』、木村紅美『まっぷたつの先生』、佐川光晴『大きくなる日』と印象に残った作品はまだまだあるが、最後まで迷ったのが大崎梢。『空色の小鳥』『よっつ屋根の下』と、大崎梢は明らかに変わりつつある。この変貌はすごく気になるが、それは来年度の宿題にしておきたい。

　ベスト10に話を戻して4位は、『蓮の数式』。遠田潤子のベストは2014年の『雪の鉄樹』だと思うが、次位作品を選べばこれ。相変わらずヘンな話で、物語がどこへ向かうのかがさっぱりわからない。それが新鮮である。遠田潤子の小説は、内容を紹介してもほとんど意味がない。その美点はストーリーにないからだ。とにかく熱いこと、これが遠田潤子の最大の特色で、これが面白ければぜひ『雪の鉄樹』（光文社文庫）をお読みいただきたい。ぶっ飛ぶぞ。

　5位の『僕が愛したすべての君へ』は『君を愛したひとりの僕へ』と対になった作品で、どちらから読んでもかまわない。並行世界を描いた長編だからまぎれもなくSFだが、SFを読み慣れていない人も楽しめるだろう。恋愛小説、青春小説でもある。

　6位の『17歳のうた』は、坂井希久子の新作。私がこの作家を読み始めたのは2012年5月刊の『泣いたらアカンで通天閣』からだが、13年11月の『ヒーローインタビュー』、15年6月の『ウィメンズマラソン』、16年3月『ハーレーじじいの背中』、16年6月『ほかほか蕗ご飯』、そしてこの『17歳のうた』と、どんどんうまくなっているから驚異。今回の『17歳のうた』は、5人の17歳のさまざまな日常と事情を描く作品集だが、そのレベルの高さと安定感には驚かされる。ここまでくれば、もういつブレイクしても不思議ではない。

7位は、三羽省吾『Y・M・G・A・』。貧富の差が極限までひろがった近未来の東京を舞台にした長編だが、読み始めるとやめられなくなる。主役は地下に暮らす若者たち。この時代、低賃金で過酷な労働を強いられている者の多くは地下に住んでいる。その中でも一部の若者たちはグループを作って地上の商店を荒らしまくっている。当然、その強奪を阻止する勢力もいて、戦いは日常になっている。これはそういう長編だが、空飛ぶバイクなどの小道具もよく、もちろんわき役たちの造形もよく、物語の底をずっと謎が流れ続けるという構成もいい。鮮やかなラストまで一気読みの傑作だ。

8位の『明日の食卓』は、椰月美智子の問題作。3人の母親を描く長編だが、この3人は東京、神奈川、大阪と暮らす街も違えば、年齢も環境も異なる。もちろん知り合いでもない。共通するのは名字が「石橋」であることと、8歳の息子の名前が、優、悠宇、勇と「イシバシユウ」であること。もう一つ共通しているのは子育てに苦労していることで、これが本書のテーマ。

子育ては大変なのである。いや子育てだけでなく、協力してくれない夫、暴力を振るう夫など、配偶者にもさまざまな問題があるので、彼女たちは精神的に追い詰められていく。3人の母親が普通の日常から徐々に追い込まれていく過程を、作者が克明に描いていくので、そのリアルな筆致にどんどん引き込まれていく。そんな暗い話など読みたくない、と言う読者もいるかもしれないが、イシバシユウに起こることはいつでも私たちに起こりうることなのだという真実が、ラストから浮かび上がってくる。うまいうまい。

9位は、岡部えつ『フリー!』。女同士の友情（というよりも正しくいえば腐れ縁か）を描いた前作『パパ』も気になる一冊だったが、今回も妙に気になる。今回は、アラフォーのヒロインが会社を辞めてからの悪戦苦闘の日々を描く長編だが、わき役たちの造形もよく、秀逸なラストまで一気読み。まだ課題は残されているが、今のうちからお読みになっていくことをすすめておきたい。

最後の10位は、おおおと驚いた塩崎利雄『新極道記者』。あの傑作『極道記者』の続編が読めるとは思わなかった。20年前に週刊誌に連載していたものが今になって単行本化されるとは、生きていればいいこともあるものだ。競馬、麻雀、手本引きと相変わらず松崎は博打三昧で、その日々がこれでもかこれでもかと続くから、楽しい。勝てば天国だが負けが溜まれば借金地獄。さあ、松崎、このピンチをどう乗り切るか。ひりひりした熱さが伝わってくる好著として読まれたい。

書影は徳間文庫版

2017年度エンターテインメントベスト10

遠田潤子『オブリヴィオン』の熱にひたる！

辻村深月『かがみの孤城』を読んだときから、2017年のベスト1はこれだと決めていた。ホントにうまい。

中学生のこころが鏡の向こうにある城にいくという冒頭は、なんなのこれ、と言いたくなる。辻村深月の作品でなかったら、この瞬間に本を閉じていただろう。私、こういうの、苦手である。

何度も書いたことだが、ずいぶん昔、全米の郵便物がアメリカのある街に一度集まるという小説があった。いやあ、ぞくぞくするほど面白いなあ、これからどうなるんだろうと思っていたら、第2部に入るといきなり天使が登場。その瞬間に本を閉じてしまい、いまにいたるもその先を読んでいない。私、そういうファンタジックな設定がだめなのである。

しかし、辻村深月の作品だぜ、という信頼があるのでその先を読み進むと、そのお城にはヒロインのこころ同様に学校に居場所のない中学生が6人いて、みんながその場所で静かに過ごす日々が描かれていく。唸ってしまったのはこの先だ。そのうちの一人が、冬休み明けに学校に行きたいが、一人では自信がないからついてきてくれないかと言いだすのだ。この先の展開はネタばらしになるので書けないが、おっと驚く展開が待っている。さらにその奥に、もう一つの真実が潜んでいるという構成も秀逸だ。

辻村深月は2015年の『朝が来る』も素晴らしかったが（その年の私のベスト1である）、あの超シンプルな話から、今回の構成に凝った作品まで、どちらも傑作というのが驚異。当然、2017年のベスト1は『かがみの孤城』だ、と思っていた。『オブリヴィオン』が出てくるまでは。

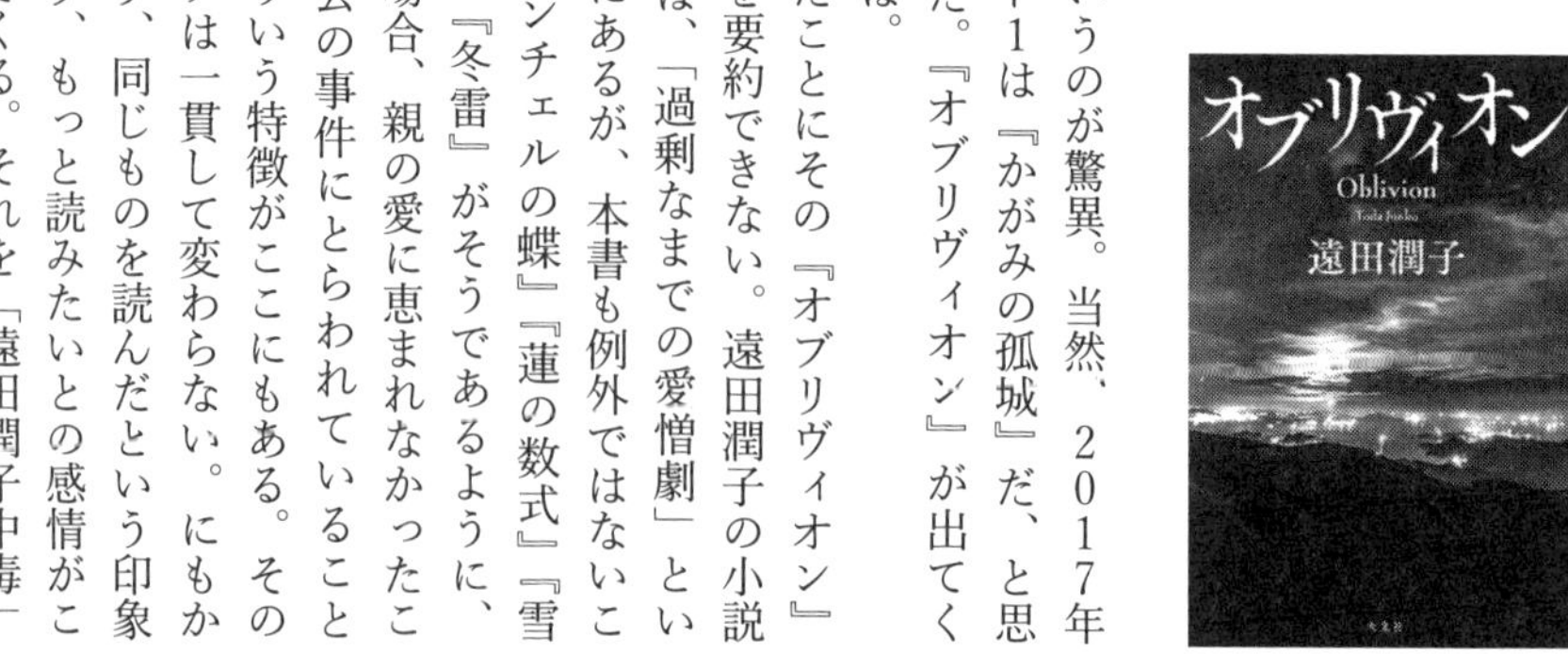

困ったことにその『オブリヴィオン』の内容を要約できない。遠田潤子の小説の特徴は、「過剰なまでの愛憎劇」ということにあるが、本書も例外ではないこと。『アンチェルの蝶』『蓮の数式』『雪の鉄樹』『冬雷』がそうであるように、多くの場合、親の愛に恵まれなかったこと、過去の事件にとらわれていること——そういう特徴がここにもある。そのモチーフは一貫して変わらない。にもかかわらず、同じものを読んだという印象は受けず、もっと読みたいとの感情がこみ上げてくる。それを「遠田潤子中毒」

と言う。登場人物の精神がいつもぴんと張りつめているので、その過剰な熱さが伝染してくるのだ。今回は特に、後半の展開が素晴らしいこと、そしてラストがいい。これが救いかどうかはわからない。そう言い切れないところはある。だからこそ、かすかな光がゆらゆらと見えるラストがいい。

遠田潤子についてはこれからも幾度か語っていくことになるだろう。なぜこれほど、私たちの心を摑まえるのか、についてはゆっくりと考えていきたい。具体的な作家論はもう少しあとだ。いまは、この熱さをただただ、感じていたい。

ベスト10の残り8作を紹介する前に、ベストに入れなかった作品について触れておきたい。このベストは、ミステリー、SF、時代小説を対象外にしている。だからここに、宮部みゆき『この世の春』は入っていない。新刊評で、「今年1作だけ小説を読むとしたら、これだ」とまで書いてしまったが、そういう作品をベストにあげないのはどうなのよ、との気がしないでもない。しかし、マイルールだから仕方がない。時代小説でもう1冊選ぶなら、澤田瞳子『腐れ梅』。北野社の創設をめぐる人間たちの欲望を描く長編で、これもすごかった。ミステリーは日本が、長沢樹『ダークナンバー』で、翻訳がカリン・スローター『ハンティング』。

エンターテインメントでこのベストに選ばなかった作品はたくさんある。これも入れたいあれも入れたいと迷った末に入れなかったのは10作。おお、もう一つのベスト10が出来てしまう。ここに書名だけ並べておけば、増田俊也『北海タイムス物語』、池上永一『ヒストリア』、宮下奈都『つぼみ』、大竹昭子『間取りと妄想』、木内昇『球道恋々』、藤田宜永『女系の教科書』、尾崎将也『ビンボーの女王』、青木祐子『嘘つき女さくらちゃんの告白』、瀧羽麻子『乗りかかった船』、江國香織『なかなか暮れない夏の夕暮れ』。これがベスト10からこぼれてしまった10作で、それぞれの作品にコメントをつけていくときりがない。最後の江國

エンターテインメントベスト10

① **『オブリヴィオン』**
遠田潤子／光文社

② **『かがみの孤城』**
辻村深月／ポプラ社

③ **『みちづれはいても、ひとり』**
寺地はるな／光文社

④ **『きょうの日は、さようなら』**
石田香織／河出書房新社

⑤ **『蘇我の娘の古事記（ふることぶみ）』**
周防柳／角川春樹事務所

⑥ **『Good old boys』**
本多孝好／集英社

⑦ **『劇団42歳♂』**
田中兆子／双葉社

⑧ **『眠れない夜は体を脱いで』**
彩瀬まる／徳間書店

⑨ **『本日も教官なり』**
小野寺史宜／KADOKAWA

⑩ **『カンパニー』**
伊吹有喜／文藝春秋

作品にだけ触れておくと、これを選ばないのは本当におかしいと我ながら思う。もう絶品である。すべての制約を取り払って考えれば、2017年のベスト1は、宮部みゆき『この世の春』と、江國香織『なかなか暮れない夏の夕暮れ』で争われるだろう。それが普通の感覚というものだ。すみません。

　ということで、改めてベスト10に戻り、3位から。寺地はるなの単行本デビューは2015年の『ビオレタ』（ポプラ社小説新人賞）なので、まだ新人作家といってもいいが、めきめきと腕をあげている。2017年3月刊の『今日のハチミツ、あしたの私』（角川春樹事務所）も意外な方向に進んでいく後半の展開が面白かったが、今回はもっといい。

　本誌12月号で紹介したばかりなので、ストーリーには触れないが、物語に直接関係のない細部がいいのだ。それは弓子が14歳のときを回想するくだり。好きだった男の子と自転車に乗って遠くの空港まで行った日の回想だが、覚えているのはその男の子のことではなく、その子を好きだった自分の感情だというくだりが妙にリアルで印象に残った。こういう細部が物語を引き締めている。これからも注目していきたい。

　4位は、石田香織『きょうの日は、さようなら』。一人暮らしを始めたマンションの、あやしい住民たちとの交流を描く作品で、そこに10数年ぶりに再会する兄が絡んでくるという話だが、個性豊かなわき役たちの造形がいい。第1作品集『マトリョーシカ』に収録されている短編「キョウスケとキョウコ」を長編化したのが本書だが、長編にするために肉付けした細部がいい。『マトリョーシカ』はまだばらつきのある作品集だったが、2作並べてみると、この作家のノビシロが見えてくる。今後が愉しみな作家だ。

　5位の周防柳『蘇我の娘の古事記（ふることぶみ）』は血湧き肉躍る古代史小説だが、この作家がこういう作品を書くとは思ってもいなかった。『逢坂の六人』を未読だったから驚いたのだが、あわててその『逢坂の六人』を読んだら面白いの何の。私はいつも気がつくのが遅すぎる。しかし、小説すばる新人賞を受賞した『八月の青い蝶』の作者がこういう小説を書くと想像できますか。でも、あの遠田潤子もデビュー作『月桃夜』から今の作風は想像できないから、これは珍しくないのかも。作家は自分に合った最適の衣装を見つけるまで変わっていくのだ。

6位が本多孝好『Good old boys』。これは2016年12月に刊行された小説なので、忘れられがちだが、このベストは2016年11月〜2017年10月を対象にしているので、ぜひ入れておきたい。まさか本多孝好がサッカー小説を書くとは思ってもいなかったがこれは異色のサッカー小説である。なぜなら父親たちの物語だからだ。ここで描かれるのは、クラブチーム「牧原スワンズ」に所属する小学4年生8人の父親たちなのである。会社員、整備士、トラックの運転手と職業はさまざまだ。中にはブラジル人もいたりする。いちばん好きなのは、キーパーのダイゴの父親を描く回。末娘の美佳がとにかく可愛い。美佳の「イチゴー」「ニゴー」が耳に残り続ける。いい小説だ。紙枚がないのであとは急ぐ。7位の『劇団42歳♂』は、中年男たちのややこしい友情を描く長編だが、アラフォー女性のさまざまな日々を描く『甘いお菓子は食べません』と対になっているようで興味深い。40代というのは男も女も、ややこしい年代なのである。

8位の彩瀬まる『眠れない夜は体を脱いで』も強く印象に残った1冊だ。男子高校生を描く「小鳥の爪先」、数年前から合気道を始めたアラフィフ女性の練習の日々を描く「あざが薄れるころ」、女子大生の奇妙な体験を描く「マリアを愛する」など、さまざまな年齢の男女の、さまざまな日々を鮮やかに描いている。うまい。

9位の小野寺史宜『本日も教官なり』は、相変わらず快調な作者の新作。単行本デビューからもう10年なので、新人の域を脱しつつあるが、この数年はホントに面白い。いや、2012年の『転がる空に雨は降らない』も面白かったから「数年」というのはおかしいか。12月に新刊が出てくるようなので、いまはそれを楽しみに待っているところである。『本日も教官なり』の内容をまったく紹

介していないことに気がついたが、この作家の持ち味もまたストーリーにはないからということで許されたい。

ラストは、伊吹有喜『カンパニー』。製薬会社に勤める四十七歳の主人公がバレエ団に出向を命じられるところからこの長編は始まるが、妻は子供を連れて家を出ていくし、慣れない職場に放り込まれるし、踏んだり蹴ったりだ。で、そこから人生をやり直していくというのがこの手の小説の常套だが、そうはならないのが本書のキモ。彼が変わるのではなく周囲が変わっていく。バレエ団の公演をめぐる後半の展開も圧巻だが、この構成がいい。伊吹有喜は『地の星 なでしこ物語』もよかったが、2018年に3部作の最終編が上梓されるというので、この大河小説の評価はそれを待ちたい。

2018年度エンターテインメントベスト10

瀬尾まいこの幸せな小説がベスト1だ!

2018年のベスト1は、誰が何と言っても、瀬尾まいこ『そして、バトンは渡された』である。この本が刊行されたのは2018年の2月であった。日経紙上で☆5つを付けるとき、まだ2月なのにこんなに早く満点を付けていいのかよ、という気がしないでもなかったが(この書評コラムで通常私は年に一度しか満点を付けないので)、年末までその座は揺るがなかった。

ではなにがよかったのか。異例ではあるが今年は1位から始めたい。帯の惹句がいいのでまずこれを引く。

「血の繋がらない親の間をリレーされ、四回も名字が変わった森宮優子、十七歳。だが、彼女はいつも愛されていた。」

いいよなあこれ。母親が二人いて、父親が三人いたのに、全然不幸ではなかった、という設定がホントに素晴らしい。

それは一方に、辛い話を描く小説が多いという現実があるからだ。ここでは書名を出さないが、それがどれほど優れた小説であっても、そういう作品ばかり読んでいると、辛くなってくる。だから、瀬尾まいこのこの小説を読むと、ほっとするのである。

幸せな小説なんて退屈だ、と言う人もいるだろう。しかし幸せな日々だからといって、けっして何も起きない平坦な毎日ではないのだ。特に、二人目の母親である梨花さんと、三人目の父親である森宮さんのキャラが濃いので、ヒロイン優子の日々は忙しい。それを瀬尾まいこは巧みに描いている。七年後を描く後日譚が素晴らしいことも付記しておく。

2001年に『卵の緒』で坊っちゃん文学賞を受賞してデビューしてから十七年。これまでも数々の佳作傑作を書いてきたが、今回がベスト。

続けて、2位に推した伊藤ちひろ『ひとりぼっちじゃない』も行ってしまおう。こちらはもしかすると読者を選ぶかも。というのは、少し異色なのだ。

これは、歯科クリニックに勤務する三十七歳の歯科医ススメの日記、という体裁の小説だが、この男がとにかく尋常ではない。他人が何を考えているのか気になって仕方がなく、ひたすらそれをうじうじと考えている。自分の話がつまらないからこの人は退屈しているのではないかとか、いま顔を背けたのは自分の息が

エンターテインメントベスト10

①『そして、バトンは渡された』
瀬尾まいこ／文藝春秋

②『ひとりぼっちじゃない』
伊藤ちひろ／KADOKAWA

③『たてがみを捨てたライオンたち』
白岩玄／集英社

④『大人は泣かないと思っていた』
寺地はるな／集英社

⑤『Go Forward!』
花形みつる／ポプラ社

⑥『夜の側に立つ』
小野寺史宜／新潮社

⑦『ドライブインまほろば』
遠田潤子／祥伝社

⑧『緑の花と赤い芝生』
伊藤朱里／中央公論新社

⑨『山猫クー』
川口晴／河出書房新社

⑩『童の神』
今村翔吾／角川春樹事務所

臭いからではないのかなどなど、異常なまでの被害妄想のオンパレード。なんなんこいつ、と怒りだす読者もいるかもしれないが、私が引き込まれたのは、やや、デフォルメされているとはいえ、こういう要素が私にも少なからずあるからである。だから他人事ではなく、いったいこの男、どうなるんだろうと一気読み。後半の展開にも注文がないではないが、しかし川西という助手の造形にこそ伊藤ちひろの作家としての実力がかいま見える。派手な髪で、化粧が濃く、誰にでも媚びて近づき陰でススメの悪口を言っている（と彼は思っている）娘で、ススメと川西の、その微妙な関係が徐々に変質していく過程が白眉。早く次作を読みたい。

3位の、白岩玄『たてがみを捨てたライオンたち』も急いで触れておく。『ひとりぼっちじゃない』よりも、こちらのほうが一般性があるかもしれない。一般性って何だ、と言われると途端に返事に困るけど。

男らしさとは何か、結婚とは何か――ということをめぐって展開する物語で、三人の視点で語られていく。小さな出版社に勤める直樹は専業主夫になるべきか悩んでいる三十歳。アイドルオタクの幸太郎は二十五歳の公務員。この二人のドラマもそれなりに読ませて飽きさせないが、問題は三人目の三十五歳の広告マン慎一だ。離婚して一人暮らしの男で、この男がなにを考えているのか、作者は周到に避けるのである。だから余計に気になってページをどんどんめくっていく。

脇をかためる人物造形も、描写も構成も、すべてが素晴らしく、一気読みさせる小説だが、読後もこの慎一のことが残り続ける。

というところが私の選んだ2018年のベスト3で、あとは順不同。残りの作品にコメントを付ける前に、ベスト10に入れなかった作品にも触れておく。

北方謙三『チンギス紀』とか、宮部みゆき『あやかし草紙』などを外しているのは、こういう傑作を並べるとそれだけ

でベスト10が埋まってしまうからだ。ミステリーを外しているのも、他にミステリー・ベストがあるのに私がやることもあるまいという理由にすぎない。ちなみに私の翻訳ミステリーのベスト1は、カリン・スローター『罪人のカルマ』だ。

　ベスト10に入れたかったのに、10作という枠のために断念したのが、奥田亜紀子『青春のジョーカー』、久保寺健彦『青少年のための小説入門』（7年ぶりの復活作）、八重野統摩『ペンギンは空を見上げる』（ミステリ叢書の一冊だが、一般読者にこそ読まれてほしい）、山本幸久『ふたりみち』、岩井圭也『永遠についての証明』、朱野帰子『わたし、定時で帰ります。』『対岸の家事』、桜井鈴茂『できそこないの世界でおれたちは』、伊吹有喜『天の花　なでし子物語』などなど、結構多い。

　というところで、ベスト10に話を戻せば、寺地はるな『大人は泣かないと思っていた』、小野寺史宜『夜の側に立つ』、遠田潤子『ドライブインまほろば』は安定した筆力で読ませてくれる作品ばかり。まず、寺地はるなだが、2017年から2018年にかけて、『みちづれはいても、ひとり』、『架空の犬と嘘をつく猫』、そしてこの『大人は泣かないと思っていた』と傑作の三連発。友情小説、家族小説ときて、この『大人は泣かないと思っていた』は何だろう。そのすべてだ。

　小野寺史宜は2018年に『ひと』という作品も刊行していて、『夜の側に立つ』が出てこなければ、そちらにするつもりであった。『夜の側に立つ』は高校でバンドを組んだ男女の、その後の二十二年間を描く長編で、この作家がどんどんうまくなっていることを実感できる作品だ。

　遠田潤子『ドライブインまほろば』には複雑な感慨がある。相変わらず読ませるのだ。いつもならそのドラマの濃厚さに圧倒されて読んでいる間に息苦しくなるのが通例だが、今回はラストで一気に息苦しくなる。どれほど素晴らしい作品でも、救いのない、辛い話はイヤだ、と冒頭に書いておきながらこういう作品をランクインさせるのは矛盾するのだが、遠田潤子は例外だと考えていただきたい。それとも、もう少しすると遠田潤子の作品も私は読まなくなるんだろうか。まだわからない。

　今村翔吾『童の神』は、角川春樹小説賞の受賞作。祥伝社文庫の「羽州ぼろ鳶組」シリーズで人気作家になっている今

村翔吾がこの賞に応募したということにまず驚いたが、読むとまた驚く。がらり一転、波瀾万丈の伝奇小説なのだ。こういうのを書けるのよ。書き下ろし時代小説文庫作家がすべて、このように才能を隠しているような気がしてくる。それくらい驚いた。

伊藤朱里『緑の花と赤い芝生』は、太宰治賞作家の新作。リケジョ独身の志穂子と、専業主婦の杏梨の、近くて遠い微妙な関係を鮮やかに描く筆致に感服した一冊で、今後どういう作品を書いていくのかに注目したい。

問題は、川口晴『山猫クー』だ。後半の展開に難があるものの、強い印象を残す回想シーンが素晴らしいのでベスト10に入れてしまった。

まずはその回想シーンだが、現在の京都で同棲している美羽が、「京都とバンコックは似てるとおもわへん?」と言うのだ。そうかなあと言いながら、大きな川が流れていて、お寺さんが多いところはたしかに似ていると、航一は思う。そこに回想が挿入されるが、これがいいのだ。

美羽と航一は小学校の三年間をバンコックで過ごす。二人はほぼ毎日、一緒に街じゅうを歩きまわる。そのくだりが好きなので、新刊紹介のときもここを引いたが、今回も引く。ゆっくりと読んでいただきたい。

「その頃のぼくたちのからだには水路、チャオプラヤー河、空気にいつも含まれる雨のにおいが滲みこんでいて、肌はいつも湿っていた。風に混ざるバジル、カフィアライム、ココナッツミルクの香りが髪と服につき、ぼくらの体臭はタイ料理のように芳しかったはず。動物園にいくとキリンは頭をさげ鼻を近づけてき、虎は振り向き、象が尻尾を振ってくれたのは、ぼくらを食べ物だとおもったのかもしれない」

九歳の美羽と航一が、水かけ祭りを見に行った日、街じゅうに降る水滴がきらきらと光っていた——という光景もいい。やわらかな文章がとにかくいいのだ。この作家の可能性と将来性を信じるのはこういう美点に溢れているからだ。

問題はいろいろなことが起きる後半で、小説全体として考えればそれが傷になっていることは否定できない。それでもこの作品に固執するのは、それを補ってあまりある美点があればいい、という考えを私が持っているからだ。『ひとりぼっちじゃない』を選んだのも同じ理由である(どういう基準でこの10冊を選んだのかという小説評価について一度書いておきたかった)。

おっと、最後の一冊がまだ残っていた。『Go Forward!』は２０１８年のベスト1スポーツ小説である!

2019年度エンターテインメントベスト10

足立紳の最強のダメ男小説を見よ!

普通に考えれば、2019年のベスト1は、横山秀夫『ノースライト』だろう。この長編を貫く謎は、ただ一つだけだ。家の建築を依頼した一家は引っ越しもせずにどこへ消えたのか——という一点である。このシンプルな謎が力強い。そこに主人公の建築家の幼少時代の回想が挿入され、現在の仕事（公共建築物のコンペ）と並行して描かれていく。この構成のうまさにも留意。さらに、最後にこみあげる感動、とどれをとっても文句のない傑作で、2019年の1位はこの長編で間違いなし、と思っていた。

ところが、いざベスト10を決める段になると、1位の欄に足立紳『それでも俺は、妻としたい』と打ち込むのである。えっ、これが1位なのかよ。理性ではいまでも『ノースライト』を推しているのだが、私の感情は『それでも俺は、妻としたい』を推すのだ。こうなったら仕方がない。感情に流されるまま、足立紳と心中することにした。

『それでも俺は、妻としたい』は先月号のガイドで紹介したばかりなので、ここで詳述は避けるけれど、結論だけを書いておけば、これはダメ男小説である。こんなダメ男、近年見たことがない。妻とセックスがしたい、と悶々とする中年男の日日を描く連作集だが、才能がなくて努力がなくて言い訳ばかり、というとんでもない男である。それでいて、絶対に反省しないから、最強のダメ男といっていい。

余談になるが、小説新潮11月号に、足立紳、足立晃子の夫妻と脚本家野木亜紀子（10年来の旧友）の「爆笑鼎談」が載っている。『それでも俺は、妻としたい』で描かれた夫婦関係はほぼ筆者の家庭生活がモデルとのことだが（スワッピングだけは創作）、野木に「よくこの歳でそんなにできるねぇ」と言われた足立晃子はこう答える。

晃子　だって一分だもん。

おいおい。

ダメ男小説を愛する全国の同好の士に本書をすすめたい。

となると、『ノースライト』を2位に下げるのは心理的に抵抗があるので思い切って10位に置いて、このベストを締めることにした。

ということで、2位は宇佐美まこと『展望塔のラプンツェル』。貧困と暴力の街を舞台にした長編で、読んでいると辛くなってくるが、それを魔法のように変えてしまう力技に留意。宇佐美まことは2019年に『いきぢごく』という意欲作も発表しているが、『展望塔のラプンツェル』とは方向性の異なる作品を書いているところが興味深い。ある意味で、2019年は宇佐美まことの年であった、と言ってもいい。おかげで私は全作品を遡って読んでしまった。いや、嘘だな。デビュー作『るんびにの子供』だけは古書価がえらいことになっているので買えず、これだけ未読。どこかで再刊してくれないだろうか。

3位は、嶋津輝『スナック墓場』。2016年にオール讀物新人賞を受賞した作家の第1作品集である。2019年に単行本が上梓された新人ではピカ一といっていい。おそらく数年で、大きな賞を取る、と予言してもいい。そのくらい素晴らしい。人間を見る視線が、やさしくて奥行きがあって鋭いのだ。こういう新人はそういるものではない。

オール讀物新人賞を受賞した短編「姉といもうと」を中でもイチ押しするが、「一等賞」を推す人もいて、つまりは傑作ばかりの作品集ということでもある。

と、ここまでが自信のベスト3である。4位以下の作品にいくまえに、ベスト10には入れなかったものの、2019年に印象に残った作品を列記しておく。

荻原浩『楽園の真下』、加納朋子『いつかの岸辺に跳ねていく』、森絵都『カザアナ』、荒山徹『神を統べる者』、西條奈加『隠居すごろく』、朱野帰子『わたし、定時で帰ります。ハイパー』、佐川光晴『駒音高く』、早見和真『ザ・ロイヤルファミリー』、はらだみずき『銀座の紙ひこうき』。まだ他にもあったような気もするが、いまは思い出せない。

ノンフィクションは、鏡明『ずっとこの雑誌のことを書こうと思っていた』と、カーク・ウォレス・ジョンソン『大英自然史博物館 珍鳥標本盗難事件』、峯

エンターテインメントベスト10

① **『それでも俺は、妻としたい』**
足立紳／新潮社

② **『展望塔のラプンツェル』**
宇佐美まこと／光文社

③ **『スナック墓場』**
嶋津輝／文藝春秋

④ **『線は、僕を描く』**
砥上裕將／講談社

⑤ **『流浪の月』**
凪良ゆう／東京創元社

⑥ **『川っぺりムコリッタ』**
荻上直子／講談社

⑦ **『みかん、好き？』**
魚住直子／講談社

⑧ **『DRY』**
原田ひ香／光文社

⑨ **『傑作はまだ』**
瀬尾まいこ／エムオン・エンタテインメント

⑩ **『ノースライト』**
横山秀夫／新潮社

田淳『旅打ちグルメ放浪記』。それぞれにコメントをつけていくとキリがないので、コメントはつけない。

スペースを使ってきちんと語りたいのが、『短編ミステリの二百年1』。これはすごい。短編ミステリーのアンソロジーを全6巻で編むという企画だが、編者の小森収の評論が巻末に、なんと160ページもつくのだ。6巻全部にこのボリュームの評論がつけば、評論だけで全部で960ページになる。その量に圧倒されるが、中身も素晴らしい。私は評論を読みながら短編を一つずつ読んでいったが、逆にしてもいい。どう読んでも自由である。もちろん、教えられることが多いのだが（私はサマセット・モームの「創作衝動」という作品を初めて読んだ）、なによりも強調しておきたいのは、わかりやすく面白いことだ。これは評論で希有なことで、とても幸せな読書体験であった。ミステリーというものが奥が深く面白いものであることを教えてくれるのである。これほど刺激に富んだ評論も珍しい。ミステリーでいうならば、国産海外、実作評論とりまぜて2019年のオールミステリーのベスト1は、この本だ。

話をベスト10に戻す。4位以下は順不同でもいい。4位から8位は、強く印象に残った5作ということで、『DRY』が4位で、『線は、僕を描く』が8位でもかまわない。ただし、9位は『傑作はまだ』。昨年の1位にした瀬尾まいこ『そして、バトンは渡された』が、本屋大賞を受賞してしまったので、ここでは『ノースライト』に続く9位にしておく。中身はもちろん面白いのだが（生まれてから一度も会ったことのない息子が突然訪ねてくる、というところから始まる長編で、瀬尾まいこの美点がぎっしりとつまっている）、もっと陽の当たらない作品を取り上げたいのである。

ということで、4位は砥上裕將『線は、僕を描く』。水墨画小説だが、特に何も起きないという点がいい。1年後の大会に向けた争いになるのかなと思わせて、全然そうはならないという展開が素晴らしい。新人のデビュー作にしては、大胆な結構だが（つまらないドラマを用意して失敗するケースが多い）、最初から腰が据わっていると言えばいいか。

5位の『流浪の月』は紹介が難しい。2019年は、加納朋子『いつかの岸辺に跳ねていく』、荻原浩『楽園の真下』など、紹介の難しい作品が少なくなかったが（ヘタに紹介すると読書の楽しみを削いでしまう）、この『流浪の月』もそういう一冊だ。少女を大学生が自分の部屋につれていき（少女のほうから行った、との側面もある）、2カ月間一緒に暮らして、最後は動物園に行ったところ

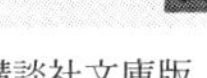
書影は講談社文庫版

を通報されて確保。この最初の設定は紹介してもいい。その15年後の物語であることも、書いてもいいだろう。しかし、これ以上は細かなことを紹介しないほうがいい。恋でも愛欲でもなく、ただそばに居たいと熱望する関係を、ここまでリアルに描き切る才能を評価したい。

　作者の凪良ゆうはBL作品を数多く書いている作家のようで、本作は一般文学だが、今後はBL方面からの進出が増えてくるかも、と思わせる一冊だ。エンタメの歴史で言えば、最初は児童文学（からの進出）であり、次にライトノベルであり、最近はBLなのだ。いや、思いつきを書いているだけですが。

　6位の荻上直子『川っぺりムコリッタ』は、私の好きな「映像関係者が書く小説」で、そうか、児童文学とライトノベルの間に、この「映像関係者」を入れてもいいかもしれない。1位に推した足立紳も、もちろん映画監督であり脚本家であるから、「映像関係者が書くエンタメ」だ。『川っぺりムコリッタ』は、主人公が温かなご飯を炊いて食べるシーンがいい。そうか、一冊忘れてた。ドリアン助川『新宿の猫』だ。焼きピーマンが無性に食べたくなる小説なのである。『川っぺりムコリッタ』の「温かなご飯」は、その「焼きピーマン」に並ぶ一品で、忘れがたい。

　このシーンがいいのは、高校生のときに母親に捨てられた山田30歳は、温かなご飯など、それまで食べたことがないからである。刑務所から出てきて、塩辛工場で真面目に働いて、そして塩辛をおかずに温かなご飯を一人で食べるのだが、それまでの人生の孤独がこのシーンに集約されている。こうなると、次の展開は一人で食べるのではなく、誰かと食べたくなるもので、ちゃんとその方向に向かっていくからご安心。では、誰と食べるのか。具体的には本書を読まれたい。

　もうほとんどスペースがないのであとは急ぎたい。魚住直子『みかん、好き？』は島を舞台にした青春小説。やっぱり魚住直子はうまい。原田ひ香『ＤＲＹ』は、祖母、母と暮らすヒロインの日々を描く小説で、なんだか恐ろしくなる。

　最後になるが、２０１９年を振り返るなら、小野不由美の十二国記が終わったことを抜きにしては語れない。18年ぶりの新作『白銀の墟　玄の月』全4巻を読んだときの興奮は当分の間、忘れられないだろう。しかし、この書を語るのは私の担当外になるので、これ以上は触れないでおく。

2020年度エンターテインメントベスト10

宇佐美まこと『夜の声を聴く』を一気読み！

2020年は、『夜の声を聴く』を1位に推す。帯に「日常が崩壊する衝撃のミステリー」とあり、さらに大きく「あなた、死にたいって思ってる？」とあり、おまけに装画も暗い色調なので、宇佐美まことの作品でなければ手に取らなかっただろう。そんな暗い話は読みたくない。しかし、宇佐美まことの作品であるから、そんなわけはないと読み始めるとあっという間に一気読み。

その詳細は12月号のガイド欄に書いたのでここでは繰り返さないが、読後感を爽快なものにしてるのは、エピローグが素晴らしいからだ。ネタばらしになってしまうので詳しくは書けないが、ようするに、人は変わることが出来る、人生を変えることは出来る、というのがこの長編のテーマなのである。

辛いことはある。孤独に叫びたい夜もある。しかし、それが永遠に続くわけではない。その未来への希望が、具体的な「絵」としてここにある。人物造形のうまさ、ストーリー展開の巧妙さは、いまさら言うまでもない。2020年は先が見えない重苦しい一年だったが、それを吹き飛ばしてくれる快著だ。

遠田潤子『銀花の蔵』もいい。旧家を舞台にした長編で、1968年から2018年までの50年間を描く大河小説。いままでのように冒頭から強烈にたたみかける展開ではないので、おやおやっと思ってしまったが、この作家が変わろうとしていることがこの構成からもうかがえる。2020年は短編集『雨の中の涙のように』(光文社)も上梓しているが、これもそういう変化の兆しとして受け取りたい。

この変化がどこに向かっているのかはおそらく数年後には明らかになっているだろうが、あれがターニングポイントだったとあとで言われる作品になるような気がしているのだ。

3位は『真夜中のすべての光』。これを新刊ガイド欄で取り上げなかったのは、数カ月遅れで読んだためだ。新刊のときに読んでいれば、大きく取り上げたのに、と思う。

妻を亡くした男が主人公の小説だ。ところが仮想都市「パンドラ」には、その妻の別人格が存在する。となると、その仮想都市に入っていき、この世にはいない妻と再会し、それからいろいろあって再生していく——そんな話になるんだろうと思っていると、そうはならないから面白い。そうか、こう来るのかという発見が随所にあり、ページを繰る手が止まらなかった。

読み終えてから急いで、前作『世界の端から、歩き出す』（ポプラ文庫ピュアフル）、デビュー作『雨音は、過去からの手紙』（マイナビ出版ファン文庫）と遡って読んだが、どれも面白い。2016年刊行のデビュー作から2年に一度の刊行なので、2020年の本書でまだ3作目という寡作作家である。次に新作を読むことが出来るのはいつなのか、早く出してくれ。

この『真夜中のすべての光』で「講談社タイガ」を強く意識するようになり（これまでノーマークだった。すみません）、そういうところに出てきたのが、白川紺子『九重家献立暦』。これは今月号のガイドで紹介しているのでここでは控えめに。うまいよなあ。よくある話でしょ、というこちらの先入観を気持ちよく覆していくのである。その静謐な筆致が物語と呼応して、豊かな情感を伝えてくる。急いでこの作家も過去の作品も遡ろうと思ったが、調べてみるとこちらは富良野馨とは逆に作品数があまりに多すぎる。これでは無理だと断念。

ベスト10に入れなかった作品についても触れておく。

2020年は、富良野馨や白川紺子のように一般的にはライトノベル、あるいはそれに隣接する作品として分類されているものに親しんだ一年だったが、そのラインには、葵遼太『処女のまま死ぬやつなんていない、みんな世の中にやられちまうからな』（新潮文庫）、阿部暁子『パラ・スター Side百花』『パラ・スター Side宝良』（集英社文庫）などがある。

他には、一木けい『全部ゆるせたらい

エンターテインメントベスト10

① **『夜の声を聴く』**
宇佐美まこと／朝日文庫

② **『銀花の蔵』**
遠田潤子／新潮社

③ **『真夜中のすべての光』**
富良野馨／講談社タイガ

④ **『ババヤガの夜』**
王谷晶／河出書房新社

⑤ **『夜明けのすべて』**
瀬尾まいこ／水鈴社

⑥ **『ふるえるからだ』**
大西智子／光文社

⑦ **『彼女が天使でなくなる日』**
寺地はるな／角川春樹事務所

⑧ **『九重家献立暦』**
白川紺子／講談社タイガ

⑨ **『愛されなくても別に』**
武田綾乃／講談社

⑩ **『いいからしばらく黙ってろ!』**
竹宮ゆゆこ／KADOKAWA

いのに』（新潮社）、町田そのこ『52ヘルツのクジラたち』（中央公論新社）、岩井圭也『文身』（祥伝社）、冨士本由紀『愛するいのち、いらないいのち』（光文社）、小野寺史宜『今日も町の隅で』（KADOKAWA）、伊吹有喜『雲を紡ぐ』（文藝春秋）、まだまだあるぞ、五十嵐律人『法廷遊戯』（講談社）、加納朋子『二百十番館へようこそ』（文藝春秋）、乃南アサ『チーム・オベリベリ』（講談社）、馳星周『四神の旗』（中央公論新社）、伊与原新『八月の銀の雪』（新潮社）、おお、書名をあげていくときりがない。

　面白かったものはまだあって、ミステリーでは、長浦京『アンダードッグス』（KADOKAWA）、時代小説は、松尾清貴『ちえもん』（小学館）と、西條奈加『心淋し川』（集英社）が面白かったが、キリがないからこのへんでやめておく。

　ちなみに翻訳ミステリーは、リズ・ムーア『果てしなき輝きの果てに』（竹内要江訳／ハヤカワ・ミステリ）が強く印象に残った。個人的には、トム・クランシー『レッド・ストーム作戦発動』との類似と違いが興味深い、マーク・グリーニーの『レッド・メタル作戦発動』（ハヤカワ文庫NV）をこのジャンルの一位とするが、一般的にはこちらを上位とするべきか。姉が警察官、妹は売春婦という姉妹が主役となる長編で、忘れがたい物語になっている。そうか、翻訳小説では、ディーリア・オーエンズ『ザリガニの鳴くところ』（早川書房）もあったか。これはたっぷりと堪能した長編だが、ここでは翻訳そのものを対象外にしているのと、エンタメよりは文学寄りなので、そこでも対象外。

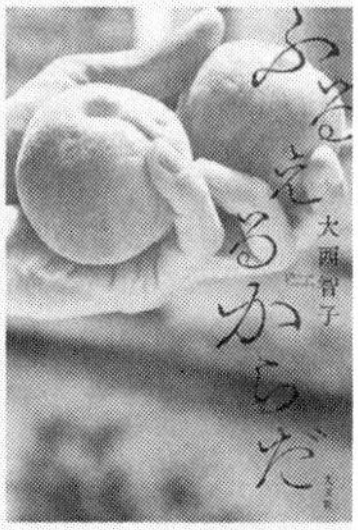

　山本文緒の7年ぶりの新刊『自転しながら公転する』（新潮社）を外しているのは、直木賞作家なのでここでは別格扱い。いや、すごく面白かったんですが。

　小説外もあげておけば、亀和田武『夢でもいいから』（光文社）と、石川肇『競馬にみる日本文化』（法藏館）が強く印象に残った。

　ベスト10に戻って、4位の『ババヤガの夜』と、5位の『夜明けのすべて』は、どちらも今月号のガイド欄で取り上げているのでそちらを参照してください。

　これで残すのは4冊。6位の大西智子『ふるえるからだ』は、主婦であり、母親であるヒロインの性と愛を描く長編で、読んでいると落ちつかなくなる。ヒロインの焦燥感がただごとではないからだ。本書は、小説宝石新人賞を受賞した作品を収める『カプセルフィッシュ』（光文社2015年）でデビューし、『にんげんぎらい』（光文社2018年）に続く著者の3作目だが（そうか、6年で3冊なら富良野馨と大差はないことになる。富良野馨を寡作作家としてしまった

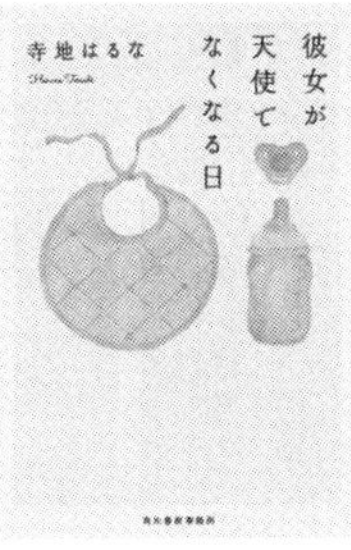

書影はハルキ文庫版

ことを訂正したほうがいいかも)、今後が大いに愉しみな作家である。

7位は、寺地はるな『彼女が天使でなくなる日』。2020年は、3月に『希望のゆくえ』(新潮社)、5月に『水を縫う』(集英社)、7月に『やわらかい砂のうえ』(祥伝社)、9月に本書と大活躍した一年だったが、本書がベスト(いや、『水を縫う』にも惹かれるのだが)。九州北部にある人口300人の島を舞台にした長編で、民宿兼託児所を営むヒロインを中心に、個性豊かな人物を描きわけ、胸に残る物語を作り上げている。人物造形は相変わらず秀逸なので、たっぷりと堪能できるのはいつもの通りだ。

残るのは、9位と10位だが、ここには「一般的にはライトノベル、あるいはそれに隣接する作品として分類されているもの」、あるいはその「ジャンル出身の作家」を並べてみた。3位『真夜中のすべての光』、8位『九重家献立暦』を足すと、2020年のベスト10のうち、その手のものはこれで4作。10作のうち4作とはかなりの比率だが、いまこのジャンルが面白いということだろう。いまごろ気がついてすみません。

まず、9位『愛されなくても別に』。これは反家族小説というところが興味深かった。さらにセンスがいい。問題は10位のほうだ。ヒロインが弱小の劇団に飛び込んでその運営に奔走する日々を描く長編だが、たいした話ではないのである。ところが、超個性的なわき役が次々に出てきて、その熱量が半端ない。粗削りだが、迫力満点の異色小説といっていい。これを読んだときにはすぐに過去作品に遡ろうと5～6作買ってきたのだが(特にタイトルが気になる『おまえのすべてが燃え上がる』を読みたかった)、結局はまだ読んでいない。読んでいないのにこんなことを言うのも何なのだが、この『いいからしばらく黙ってろ!』は例外的に成功した作品ではないだろうかという疑いがあったのだ。すみません、読みもしないで決めつけて。大丈夫かなあという不安があり、手が伸びずにここまできてしまった。私の狭い経験で言うと、このジャンルにはそういうケースが少なくないのだ。富良野馨のように、全部傑作だったというケースは少ない。白川紺子のこれまでの著作をまだ読んでいないのも、その数が多すぎて選べないという事情もあるけれど、そういう事態を恐れているということもあったりする。

一年遅れで読んだ浅葉なつ『どうかこの声が、あなたに届きますように』(文藝春秋)が面白かったので、浅葉なつの過去作品をいま集めているが、ある程度揃ったら浅葉なつを読み始めるというのは、ただいまの計画である。よおし、竹宮ゆゆこも白川紺子もこれまでの著作を読もう!

2021年度エンターテインメントベスト10

2021年はこの小説を読むためにあった！

２０２１年のベスト１は、文句なしに逢坂冬馬の『同志少女よ、敵を撃て』である。第11回のアガサ・クリスティー賞の受賞作なので、当欄の対象外にしているミステリーではないか、と指摘するムキもあるかもしれないが、そんなことを言っている場合ではないのだ。２０２１年はこの小説を読むためにあった、と言っても過言ではない。

第二次大戦下のスターリングラード攻防戦を描いたこの長編は、本当に素晴らしい。モスクワ近郊に住んでいた少女セラフィマが故郷も家族もすべて失い、女性狙撃訓練学校に入って一流の狙撃手をめざすというのがメインストーリーだ。つまり、まず成長小説である。その訓練の様子、仲間との確執と友情、そういうドラマが緊密に描かれることに留意したい。次は、物語の中心になるスターリングラード攻防戦の迫力だ。これがすごい。狙撃ということの中身、その実態が克明に描かれ、臨場感たっぷりに展開する。狙撃者は敵にいちばん嫌われる存在で、捕虜になったらまっさきに殺される存在だというが、味方にも嫌われているという孤独が一つ。もう一つは、自分が置かれているのが異常な独裁国家同士の殺し合いなのではないかという迷いと苦悩、それでも銃を撃ち続ける日々。女性だけの独立狙撃小隊にはさまざまなメンバーがいることも書いておかなければならない。ウクライナからやってきたオリガは、ソ連を信用してはいないけれど、ナチスドイツに勝ってコサックの誇りを取り戻そうと考えている。そのオリガは女性だけの独立狙撃小隊を監視するＮＫＶＤ（内務人民委員部）の一員として彼女たちに同行している存在でもあるから、ややこしい。つまり行動をともにしているといっても、必ずしも同じ価値観を持っているわけではないのだ。

物語の中心人物セラフィマは、母親を殺したドイツ兵を探している。その復讐が彼女の生きる目的になっていることも急いで書いておく。そしていちばん重要なポイントは、戦時性犯罪との戦いだ。セラフィマが物語の最後にスコープにとらえた人物は誰か。ここにこそこの長編のモチーフが凝縮されている。書名にもなっている「敵」とは、ナチスドイツではない。女性をモノとしか見ていない無神経

エンターテインメントベスト10

① 『同志少女よ、敵を撃て』
逢坂冬馬／早川書房

② 『賭博常習者』
園部晃三／講談社

③ 『子供は怖い夢を見る』
宇佐美まこと／KADOKAWA

④ 『余命一年、男をかう』
吉川トリコ／講談社

⑤ 『あの春がゆき　この夏がきて』
乙川優三郎／徳間書店

⑥ 『ガラスの海を渡る舟』
寺地はるな／PHP研究所

⑦ 『星を掬う』
町田そのこ／中央公論新社

⑧ 『剛心』
木内 昇／集英社

⑨ 『水よ踊れ』
岩井圭也／新潮社

⑩ 『MR』
久坂部羊／幻冬舎

で傲慢な世界中の男どもだ。そういう「敵」を彼女たちは撃っていたのである。考えてみるまでもなく、これまでの冒険小説は戦う男を描く小説であった。しかし本当にそれで世界は救われたのか。波瀾万丈、迫力満点の戦場小説の奥深い底のほうから、いまその問いが我々に突きつけられている。これが現代の冒険小説だ。

2021年の第2位は、園部晃三『賭博常習者』。こちらは「〝ろくでなし〟の自伝的長編」と帯にある小説で、ようするに「ダメ男小説」である。これが素晴らしい。高校生のときから競馬場に出入りし、アメリカの牧場にもいき、20歳のころにはテレビの制作現場で働き、やがて乗馬クラブを経営して破綻。40歳のころには車中暮らしというでたらめ男の行き当たりばったりの人生が（もちろん女にもだらしがないからサイコーだ）活写されるのである。

主人公がのめりこむギャンブルの中心が競馬なので、これは競馬小説でもあり、先月号のガイドでは、この四半世紀の競馬小説ベスト3に入る傑作であると書いた。と書いておきながら、いまさらこんなことを言うのも何なのだが、競馬そのものはそれほど多く描かれない。阿佐田哲也『麻雀放浪記』のように、その種目を描くことが中心にはなっていない。むしろ競馬を背景にした青春記といったほうがいい。

強調しておかなければならないのは、こんなにでたらめな半生記であるのに、意外にと言っては失礼だが、どこかに気品ともいうべきものが漂っていること。この物語にどんどん引きつけられるのはそのためかもしれない。

第3位は、宇佐美まこと『子供は怖い夢を見る』。これも先月号のガイドで紹介ずみの本だが、こちらは内容を紹介できない。これまでの宇佐美まことの愛読者なら、黙って本書を読まれたい。

しかしそれでは職務上まずいだろうから少しだけ書いておく。本当は帯コピーも見ずに本文を読み始めたほうが絶対にいいのだが（そのほうが、えーっ、こん

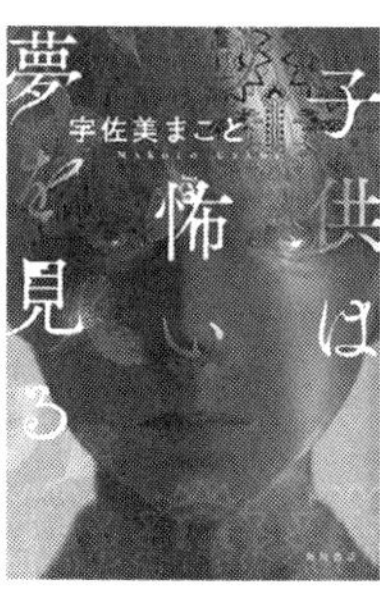

な話なのかよ、と驚くだろう）、仕方がない。帯コピーは「突如蔓延した未知の感染症。世界を救う鍵は、たった一人の僕の友だち。」というものであることをここに書いておく。帯コピーを引くだけというとんでもない紹介だが、これで許されたい。つまりこれは、きわめて異色の友情小説なのである。あとは、素敵なラストまで一気読みの快作で、とっても楽しい小説だった、と書くにとどめたい。

以上が2021年のベスト3だが、4位以下の作品に触れる前に、ベスト10に入れられなかった作品にも少しだけ触れておく。

時代小説やミステリーなどのジャンル小説はここでは対象外になっているので、砂原浩太朗『高瀬庄左衛門御留書』や周防柳『身もこがれつつ』、首藤瓜於『ブックキーパー脳男』、生馬直樹『フィッシュボーン』。さらに直木賞受賞作も対象外なので、佐藤究『テスカトリポカ』など強い印象を与えてくれた作品もここには入れてない。ちなみに翻訳ミステリーもここでは対象外にしているが、個人的なベスト1は、グリーニー『暗殺者の献身』だ。すごいぞ。

鈴木忠平『嫌われた監督』、田口俊樹『日々、翻訳ざんげ』、斎藤美奈子『挑発する少女小説』などのノンフィクションも残念ながら対象外だ。

一穂ミチ『スモールワールズ』、砂村かいり『炭酸水と犬』、小野寺史宜『とにもかくにもごはん』、小森陽一『インナーアース』、新野剛志『空の王』、三羽省吾『俺達の日常にはバッセンが足りない』、砥上裕將『7・5グラムの奇跡』などまだまだ気になる作品はあるのだが、迷った末にスルー。

ということで、4位の『余命一年、男をかう』から。スペースに限りがあるので、あとは急いでいく。吉川トリコがデビューしたのは2004年だから、17年前になる。もうそんなに歳月がたったとは信じられない。ずっと気になる作家だった。何度かブレイクの兆しはあったものの、運に恵まれなかっただけで、着実に作品内容は充実している。『余命一年、男をかう』は、そういう吉川トリコのベスト。広く読まれてほしいと思う。

乙川優三郎『あの春がゆき　この夏がきて』もいい。乙川優三郎は『脊梁山脈』（2013年）で現代小説に転じてから、余韻ある作品を書き続けている。今号のガイド欄で紹介しているので詳述は控えるが、今度の主人公は装丁家。物語の表層で幾つかの恋が語られるので、恋多き男のように思われるかもしれないが、意外に冷めているのが最大のキモ。その体の奥に眠る静かな感情が、幼いころを描く回想の一編で噴出してくる。

6位の寺地はるなは、毎年ベストテンにランクインしている作家で、その実力には定評がある。2021年は『ほたるいしマジカルランド』『声の在りか』『雨夜の星たち』『ガラスの海を渡る舟』の4作を上梓しているが、どれもいい。この中で『ガラスの海を渡る舟』を取ったのは、いちばん最近読んだので印象が強いというにすぎない。他の3作が劣っているわけではない。

7位の町田そのこは、なぜ『コンビニ兄弟』を書いたのか、ずっと気になっていた。『コンビニ兄弟』はそれまでの作品と明らかに違っていた。『夜空に泳ぐチョコレートグラミー』『ぎょらん』『うつくしが丘の不幸の家』『52ヘルツのクジラたち』というそれまでの作品は、どこか尖っていて、ざらざらして、ぎくしゃくしていた。特に『52ヘルツのクジラたち』は、だからこそ、読者の胸に届いた側面はあるのだが、しかしずっとこのままではいかないだろう。では、どうするのか。そう考えた瞬間にひらめいた。だから『コンビニ兄弟』を書いたのだと。『コンビニ兄弟』は「器用な普通小説」だが、この器用さを『52ヘルツのクジラたち』にふりかけると、『星を掬う』になるのだ。

もうスペースがあまりないので、岩井圭也『水よ踊れ』と、久坂部羊『MR』は簡潔に。前者は初恋小説＋青春小説だが、それを小さくまとめるのではなく、もっと遠くまで描こうとする作家の意欲を買いたい。ラストの展開がキモ。後者はこれを読んですっかり久坂部羊にはまってしまった作品。おかげでこれまでの長編17作を全部読んでしまった。デビュー作『廃用身』がすごい。

ということで、最後が8位の木内昇『剛心』。ちなみに4位から10位は便宜上、順位をつけているだけで、実は順不動。この『剛心』が4位であってもかまわない。

これを読んで、辰野金吾を描いた門井慶喜『東京、はじまる』（2020年／文藝春秋）を思い出したのだ。この『東京、はじまる』には、辰野の終生のライバル妻木頼黄が出てきたが、辰野を中心に描いた書なので、妻木頼黄はあまりよく描かれていなかった。『剛心』はその妻木頼黄を軸にした長編で、実はどういう男であったのか、その素顔が描かれている。野心満々の辰野金吾がどうにも好きになれず、ずっと釈然としないものを感じていたのだが、さすがは木内昇、明治建築史を妻木頼黄の側から描いてくれて、実にすっきりしたのである。

早見和真『八月の母』が意地のベスト1だ！

二〇二二年のベスト1は、早見和真『八月の母』か、飛鳥井千砂『見つけたいのは、光。』のどちらかだと考えていた。もちろんどちらも傑作である。

『八月の母』は、母と娘の関係を描く長編で、紹介できるのは第一部だけ。ここで語られるのは、親の愛に恵まれない美智子という女性の波瀾の人生だ。中学生のときに義父に蹂躙されても誰も助けてくれず、他にもさまざまなことがあり、物語の主役は美智子の娘エリカにバトンタッチされ、友達のいないエリカの少女時代が描かれていく。

これに続く第二部を紹介できないのは仕掛けのある小説だからだ。こんな展開になるとはまったく想像もできなかった。しかもそれがどんどんエスカレートしていき、私たちはとんでもない地点まで連れていかれるのである。ここでは、息をのんでページをめくっていった、と書くにとどめる。そして、最後に現れる隠れヒロインの覚悟と意思の強さに、私たちは胸を打たれるのだ。この構成が最大のキモであるので、こればかりは読んでいただいたほうがいい。

飛鳥井千砂『見つけたいのは、光。』も素晴らしい。飛鳥井千砂にとっては五年ぶりの新刊だが、こんなに大きくなって帰ってくるとは嬉しい驚きだった。こちらはディスカッション小説である。その日初めて会った三人がディスカッションするのにはわけがあるが、それを説明すると長くなるので割愛。三五歳の亜希、三七歳の茗子、四〇歳の三津子。ディスカッションするのはこの三人だ。テーマは、私たちが見つけたいのは何か、だ。言葉に出してしまえば、たった一語で終わってしまうことを（たとえば、正解は最初から明らかになっている。タイトルになっている、光だ）、延々とディスカッションすることで、そうやって遠回りすることで、結語にどんどん力が漲っていく。これが小説だ。構成も、人物造形も、すべてが素晴らしい。

このようにどちらも傑作であるので、『八月の母』と『見つけたいのは、光。』のどちらが優れているかを決めるのは、通常なら困難である。この二作は二〇二二年のツートップで、気持ち的には、どちらも二〇二二年のベスト1だ。だから、小説の評価とは関係のないことで決

八月の母
早見和真

エンターテインメントベスト10

① 『八月の母』
早見和真／KADOKAWA

② 『見つけたいのは、光。』
飛鳥井千砂／幻冬舎

③ 『素数とバレーボール』
平岡陽明／講談社

④ 「恋澤姉妹」（『彼女。』所収）
青崎有吾／実業之日本社

⑤ 『宙（そら）ごはん』
町田そのこ／小学館

⑥ 『汝、星のごとく』
凪良ゆう／講談社

⑦ 『空をこえて七星（ななせ）のかなた』
加納朋子／集英社

⑧ 『たこせんと蜻蛉玉（とんぼだま）』
尾崎英子／光文社

⑨ 『帰ってきたお父ちゃん』
水島かおり／講談社

⑩ 『団地のふたり』
藤野千夜／U-NEXT

める。『八月の母』は直木賞の候補になると考えていた。受賞するかどうかは時の運だが、候補にはなるはずだ。と思っていたのだが、なんとなんと候補にならなかったのである。えーっ、本当かよ。あれほど驚いたことは近年、ない。というわけで、せめてここでは1位にしたい。『見つけたいのは、光。』には大変申し訳ないが、そういう事情で意地のプッシュであることをご理解いただきたい。

3位作品の紹介に移る前に、ベスト10に入れなかった作品にも触れておきたい。鈴木みき『マウンテンガールズ・フォーエバー』（エイアンドエフ）、錦見映理子『恋愛の発酵と腐敗について』（小学館）、朝比奈あすか『ななみの海』（双葉社）、桂望実『残された人が編む物語』（祥伝社）、畑野智美『若葉荘の暮らし』（小学館）、御木本あかり『やっかいな食卓』（小学館）などが印象に残ったが、二〇二二年に特筆すべきは岩井圭也だろう。一月『竜血の山』（中央公論新社）、四月『生者のポエトリー』（集英社）、七月『最後の鑑定人』（ＫＡＤＯＫＡＷＡ）、九月『付き添うひと』（ポプラ社）と、すべてが水準以上の作品で楽しませてくれた。持ち味の異なる作品をこのように書き分ける筆力に感心する。岩井圭也は、野性時代フロンティア文学賞を受賞した『永遠についての証明』以降、全作品を読んできているが、これまでは年に一作か二作の刊行であったのに、二〇二二年は前記の四作（この原稿を書いているのは一〇月末なので、年内にもう一作出てきても不思議ではない）。まるで爆発するかのような勢いであった。

まだ忘れている作品があるような気がしないでもないが、忘れてしまったものは仕方がない。ついでに、翻訳ミステリーのベスト3も書いておけば（ここではSF、ミステリー、時代小説などのジャンル小説から、ノンフィクション、エッセイなどを対象外にしている。しかしそれではあまりに愛想がないので、翻訳ミステリーだけおまけとしてつけたい）、タナ・フレンチ『捜索者』（北野寿美枝訳／ハヤカワ・ミステリ文庫)、クリス・ウィタカー『われら闇より天を見る』(鈴木恵訳/早川書房)、カミラ・レックベリ/ヘンリック・フェキセウス『魔術師の匣』(富山クラーソン陽子訳/文春文庫)だ。

というところで3位は、平岡陽明『素数とバレーボール』。オール讀物新人賞を受賞した「松田さんの181日」以来のファンだが(「床屋とプロゴルファー」という短編が忘れがたい)、『素数とバレーボール』はその平岡陽明がついに書いた傑作だ。

ガンプ君の記憶方法は少し変わっている。たとえばチームメイトの北浜慎介に、誕生日と住所、それに身長と高跳びの記録を尋ねるのである。慎介が「4月2日生まれ。烏山町5-7-1、174センチ、高跳びは72センチ」と答えると、慎介はガンプ君の中で、4/2、5-7-1、174、72、というナンバーを持つ人間として登録される。ガンプ君はあらゆる人間を数字と紐づけて記憶するのだ。そのガンプ君は二四歳でアメリカに渡り、シリコンバレーでエンジニアになり、やがて起業家として大成功。いまは現役を退いてアメリカ西海岸で悠々自適の生活を送っている。

ガンプ君の代理人を名乗る人物から、高校のバレーボール部の面々(彼らはもう四一歳になっている)にメールがくるところから本書は始まっている。それがヘンなメールなのだ。五万年後にバレーボール部を復活したら入部してくれますか、というのだ。五年後ではない、五万年後だ。もし入部してくれるなら、各自二億八〇〇〇万円ずつ寄贈するというのである。すごくヘンな話だが、そのメールを貰った四一歳のチームメイトのそれぞれのいまが、描かれていく。これがセンスあふれる文章と人物造形で、どんどん引きこまれていく。うまいうまい。ようするに、構成が群を抜いているのだ。それまで隠されていた真実がラストで明らかになると、ガンプ君たちの青春が、そしてその向こうから私たちの青春までもが、ぐんぐんと立ち上がってくる。

以上が、二〇二二年の自信のベスト3である。違う年に刊行されていたら、それぞれがその年のベスト1になっていただろう。

このペースで紹介していくと、とても一〇作すべてを紹介しきれないので、あとは急ぐ。4位は短編(中編かも)の「恋澤姉妹」。百合小説アンソロジーに収録されている一編だが、切れ味鋭いハードボイルド小説として読みたい。あまりの

鮮やかさにびっくりだ。

そうか、4位から10位までは順不同であることをお断りしておく。頭に浮かんだ順に書いたにすぎない。

5位と6位は、町田そのこと凪良ゆうの、これまでのベスト作品。まず、町田そのこ『宙ごはん』は、タイトルにごまかされる。このタイトルで、第一話の見出しが「ふわふわパンケーキのイチゴジャム添え」というのだ。第二話「かつおとこんぶが香るほこほこにゅうめん」、第三話「あなたのための、きのこのとろとろポタージュ」と続いていくのだが、これでは昨今流行りの食をモチーフにしたほっこり系の小説と勘違いしても不思議ではない。全然違う！　全然ほっこりしていない！

新刊ガイドでとりあげたとき、「瀬尾まいこの衣装をつけた遠田潤子」と評したが、瀬尾まいこと遠田潤子の作品を読んできた読者がこの『宙ごはん』を読んだときの、それは正直な実感である。しかし、瀬尾まいこと遠田潤子の作品を読んでいない読者には何のことやらわからないだろうから、適切な譬えではない。

ようするに、激しい物語が展開するのだ。しかもそれが面白いのだ。昨年の『星を掬う』もよかったが、この作家はどんどん大きくなっていく。

凪良ゆう『汝、星のごとく』も素晴らしい。こちらなんといっても、プロローグが秀逸だ。そこでは現在が描かれるのだが、ヒロインの暁海が夫の北原先生を見送る姿が描かれている。高校時代の先生と、暁海が結婚していること。その北原先生が月に一度、恋人に会いにいくこと。これらを明らかにしたあと、ヒロイン暁海の高校時代に遡っていく。転校してきて同級生となった櫂との、たった一度の恋が描かれていく。つまり私たちは、暁海と櫂の恋が失われることを知りながら読むのだ。万が一にも結ばれることはないのだ。プロローグが効いているので、切なく、やるせない恋の風景がかくて鮮やかに立ち上がってくる。

残すは四作。とても全部は紹介しきれないことにようやくいま気づいたので、あとは読んでいただくことにして、ここでの紹介は藤野千夜『団地のふたり』だけにしておく。

奈津子とノエチの長い友情の物語だ。なにしろ知り合ったのが保育園だから、その友情には年季が入っている。同じ団地に住み、同じ保育園に通い、いまでもふたりは同じ団地に暮らしている。五〇歳で、ともに独身。時には喧嘩もするけれど、すぐに仲直りして一緒にごはんを食べたりして過ごしている。特に、なにか波瀾があるわけではない。静かな日々が、静かに過ぎていくだけだが、なんだか無性にこの小説に惹かれていく。

北上次郎・藤代三郎・目黒考二著作一覧

北上次郎

『冒険小説の時代』集英社、1983年9月　集英社文庫、1990年7月
『気分は活劇』徳間書店、1984年8月　角川文庫、1993年7月
『余計者の系譜』太田出版、1993年4月　角川ソフィア文庫（『余計者文学の系譜』と改題）、1999年5月
『ベストミステリー10年』晶文社、1993年10月
『冒険小説論　近代ヒーロー像一〇〇年の変遷』早川書房、1993年12月　双葉文庫、2008年6月
『冒険小説ベスト100』本の雑誌社、1994年12月
『新刊めったくたガイド大全』本の雑誌社、1995年5月　角川文庫、2000年4月
『情痴小説の研究』マガジンハウス、1997年4月　ちくま文庫、2001年10月
『面白本ベスト100』本の雑誌社、1997年11月
『感情の法則』早川書房、1999年3月　幻冬舎文庫、2006年10月
『別れのあとさき』毎日新聞社、2001年11月
『ベストミステリー大全』晶文社、2002年4月

『記憶の放物線』本の雑誌社、2003年6月　幻冬舎文庫、2006年12月
『うろたえる父、溺愛する母　19世紀小説に家族を読む』筑摩書房、2003年11月
『エンターテインメント作家ファイル108〈国内編〉』本の雑誌社、2006年8月
『活字競馬　馬に関する本究極のブックガイド』白夜書房、2013年3月
『極私的ミステリー年代記（クロニクル）上下』論創社、2013年8月
『勝手に！　文庫解説』集英社文庫、2015年9月
『書評稼業四十年』本の雑誌社、2019年7月
『息子たちよ』早川書房、2020年1月
『阿佐田哲也はこう読め！』田畑書店、2021年3月

藤代三郎

『戒厳令下のチンチロリン』情報センター出版局、１９８２年８月
角川文庫、１９９２年７月
『外れ馬券に雨が降る』ミデアム出版社、１９９５年４月
『外れ馬券に風が吹く』ミデアム出版社、１９９６年５月
『外れ馬券に雪が舞う』ミデアム出版社、１９９７年５月
『外れ馬券に日が沈む』ミデアム出版社、１９９８年４月
『鉄火場の競馬作法「そのまま」「幸せ」の叫び方』カッパ・ブックス、１９９８年10月
『外れ馬券に月が泣く』ミデアム出版社、１９９９年４月
『外れ馬券に星が飛ぶ』ミデアム出版社、２０００年４月
『外れ馬券に雲がゆく』ミデアム出版社、２００１年６月
『外れ馬券は空高く』ミデアム出版社、２００２年４月
『馬券党宣言』ミデアム出版社、２００３年５月
『外れ馬券は永遠に』ミデアム出版社、２００４年４月
『外れ馬券に喝采を』ミデアム出版社、２００５年７月
『外れ馬券に春よ来い』ミデアム出版社、２００６年７月
『外れ馬券に口笛を』ミデアム出版社、２００７年７月
『外れ馬券に微笑みを』ミデアム出版社、２００８年７月
『外れ馬券は夕映えに』ミデアム出版社、２００９年７月
『外れ馬券に祝福を』ミデアム出版社、２０１０年７月
『外れ馬券は人生である』ミデアム出版社、２０１１年８月
『外れ馬券に友つどう』ミデアム出版社、２０１２年８月
『外れ馬券で20年』ミデアム出版社、２０１３年８月
『外れ馬券が多すぎる』ミデアム出版社、２０１４年８月
『外れ馬券は終わらない』ミデアム出版社、２０１５年７月
『外れ馬券に乾杯！』ミデアム出版社、２０１６年８月
『外れ馬券を撃ち破れ』ミデアム出版社、２０１７年８月
『外れ馬券に挨拶を』ミデアム出版社、２０１８年８月
『外れ馬券に約束を』ミデアム出版社、２０１９年８月
『外れ馬券にさよならを』ミデアム出版社、２０２０年８月
『ターフの周辺』百年書房、２０２１年６月
『外れ馬券に帆を上げて』ミデアム出版社、２０２１年８月

目黒考二

『本の雑誌風雲録』本の雑誌社、１９８５年５月
角川文庫、１９９８年10月
本の雑誌社（新装改訂版）、２００８年10月
『活字三昧』角川書店、１９９２年９月
角川文庫、１９９６年１月
『中年授業』角川書店、１９９４年８月
角川文庫（『活字学級』と改題）、１９９７年８月

『活字浪漫』角川書店、1997年7月
角川文庫（『酒と家庭は読書の敵だ。』と改題）、2003年1月

『笹塚日記』本の雑誌社、2000年7月

『一人が三人 吾輩は目黒考二・藤代三郎・北上次郎である。』晶文社、2000年7月

『だからどうしたというわけではないが。』本の雑誌社、2002年10月

『笹塚日記 親子丼篇』本の雑誌社、2003年9月

『笹塚日記 うたた寝篇』本の雑誌社、2005年1月

『連篇累食』ぺんぎん書房、2005年7月

『新・中年授業』本の雑誌社、2006年3月

『笹塚日記 ご隠居篇』本の雑誌社、2007年3月

『昭和残影 父のこと』KADOKAWA、2015年5月

『目黒考二の何もない日々』百年書房、2016年1月

共著

北上次郎

【読むのが怖い！シリーズ◉共著者 大森望】

『読むのが怖い！』ロッキング・オン、2005年3月

『読むのが怖い！ 帰ってきた書評漫才～激闘編』ロッキング・オン、2008年4月

『読むのが怖い！Z 日本一わがままなブックガイド』ロッキング・オン、2012年7月

『書評七福神が選ぶ、絶対読み逃せない翻訳ミステリベスト2011-2020』書肆侃侃房、2021年5月
共著者・川出正樹、酒井貞道、霜月蒼、杉江松恋、千街晶之、吉野仁

藤代三郎

『馬券データ竜宮城』ベストセラーズ、2010年10月
共著者・亀谷敬正

『馬券特効薬』ガイドワークス、2015年11月　共著者・亀谷敬正

目黒考二

【発作的座談会シリーズ◉共著者 椎名誠、沢野ひとし、木村晋介】

『発作的座談会』本の雑誌社、1990年11月
角川文庫、1996年10月

『いろはかるたの真実』本の雑誌社、1996年4月
角川文庫、2000年8月

『沢野絵の謎』本の雑誌社、1997年12月

『超能力株式会社の未来』本の雑誌社、2000年6月

『沢野字の謎』本の雑誌社、2000年10月

『帰ってきちゃった発作的座談会』本の雑誌社、2009年10月
角川文庫、2013年8月

『これもおとこのじんせいだ！』本の雑誌社、1998年3月
共著者・椎名誠、沢野ひとし、木村晋介、中村征夫、太田和彦

『新・これもおとこのじんせいだ！』本の雑誌社、2003年1月
共著者・椎名誠、沢野ひとし、木村晋介、中村征夫、かなざわいっせい、太田篤哉

【本人に訊くシリーズ◉共著者　椎名誠】

『本人に訊く　壱　よろしく懐旧篇』椎名誠　旅する文学館、2016年10月
集英社文庫、2019年8月

『本人に訊く　弐　おまたせ激突篇』椎名誠　旅する文学館、2017年4月
集英社文庫、2020年1月

編著

北上次郎

『ラヴ・マイナス・ゼロ』CBS・ソニー出版、1985年6月

『海を渡った日本人　日本ペンクラブ編』福武文庫、1993年1月

『明治の文学　第24巻　近松秋江＋岩野泡鳴＋正宗白鳥』筑摩書房、2001年12月
共編者・坪内祐三

【青春小説傑作選】

『14歳の本棚　部活学園編』新潮文庫、2007年3月

『14歳の本棚　初恋友情編』新潮文庫、2007年4月

『14歳の本棚　家族兄弟編』新潮文庫、2007年5月

『さしむかいラブソング　片岡義男コレクション2』ハヤカワ文庫JA、2009年5月

【昭和エンターテインメント叢書】

『ごろつき船』大佛次郎　小学館文庫、2010年3月

『大番』獅子文六　小学館文庫、2010年4月

『半九郎闇日記』角田喜久雄　小学館文庫、2010年5月

『昭和水滸伝』藤原審爾　小学館文庫、2010年6月

『捜神鬼』西村寿行　小学館文庫、2010年7月

『セブンティーン・ガールズ』角川文庫、2014年5月

『椎名誠[北政府]コレクション』椎名誠　集英社文庫、2019年7月

『不屈　山岳小説傑作選』ヤマケイ文庫、2020年3月

【日本ハードボイルド全集◉共編者　日下三蔵、杉江松恋】

『死者だけが血を流す／淋しがりやのキング』生島治郎　創元推理文庫、2021年4月

『酔いどれ探偵／二日酔い広場』都筑道夫　創元推理文庫、2021年7月

『野獣死すべし／無法街の死』大藪春彦　創元推理文庫、2021年10月

『他人の城／憎悪のかたち』河野典生　創元推理文庫、2022年1月

『冷えきった街／緋の記憶』仁木悦子　創元推理文庫、2022年4月

『幻の殺意／夜が暗いように』結城昌治　創元推理文庫、2022年7月

『傑作集』(仮)　創元推理文庫、2023年夏刊行予定

活字浪漫　目黒考二

目黒考二・北上次郎・藤代三郎年譜

川口則弘

1940年代

■一九四六年（昭和二十一年）
十月九日　東京都板橋区幸町に生まれる。目黒亀治郎（日本紙化工業社員）・テルの第三子。五つ上に姉・章子、三つ上に兄・省一郎がいる。
しばらくして日本紙化工業の近くにあった倉庫の二階に引っ越す。

1950年代

■一九五一年（昭和二十六年）五歳
この頃　父に連れられて神田の古本街に行く。
■一九五二年（昭和二十七年）六歳
父が住宅金融公庫に応募して、豊島区高松町に四十五坪の土地を購入。新築の家に転居する。

この頃　病に罹り、半年ほど自宅で療養する。

近所の金持ちの家から、養子に貰いたいという話が持ち上がる。

近所の軽食屋で初めてコーラを飲む。
■一九五三年（昭和二十八年）七歳（小学一年）
四月　豊島区立高松小学校に入学。
この頃　父が会社から臼と杵を借りてきて自宅の庭で餅つきをする。
■一九五四年（昭和二十九年）八歳（小学二年）
この頃　父と犬の散歩に出かけた先で転倒。額から血を流し、父に抱かれて病院に運び込まれる。
■一九五五年（昭和三十年）九歳（小学三年）
この頃　ローラースケートが流行る。
■一九五六年（昭和三十一年）十歳（小学四年）
この頃　初めて家の食卓に白米だけのご飯が出る。

初めて家にテレビがやってくる。

級友の父親に連れられて映画に観にいくとき、初めてタクシーに乗る。
■一九五七年（昭和三十二年）十一歳（小学五年）
夏　海の家で、後藤福次郎・編著『まごころ2』収録の「ロのまわりに　ぬった　たまご」を読む。
この頃　病弱な体質が治り、同級生と運動するようになる。
姉が友達の家から犬をもらってきて飼い始める。クロと名づける。
■一九五八年（昭和三十三年）十二歳（小学六年）
野球に熱中。巨人軍に長嶋茂雄が入団するが、同じ巨人の広岡達朗を応援する。
■一九五九年（昭和三十四年）十三歳（中学一年）
四月　豊島区内の中学校に入学。自転車通学する。
この頃　父が日本紙化工業を退社。孔版印刷業「東雲堂印刷」を起こす。
父の電話メモに架空の名前を書いてイタズラし、父を困らせる。

1960年代

■一九六〇年（昭和三十五年）十四歳（中学二年）
この頃　友達と自転車で遠征し、畑のキュウリを引き抜いて追いかけられる。
■一九六一年（昭和三十六年）十五歳（中学三年）
生徒会長に立候補し、当選する。
[中学生の頃]　三年間通して少年野球に熱中する。チームは毎年、地区予選の一回戦で敗退。

1960年代

■一九六二年（昭和三十七年）十六歳（高校一年）

春休み　野球仲間の友人に教えられて松本清張『点と線』（カッパ・ノベルス）を読む。その面白さに驚き、近所の貸本屋「ふたば文庫」に通い出す。清張の他、源氏鶏太、笹沢左保、黒岩重吾などにハマる。

四月　都立文京高校に入学。

同級の女子と交際が始まる。初めての彼女。

同級生と一緒に九州旅行（佐世保、大牟田、阿蘇、宮崎）。日焼けがひどく、宮崎から一人で帰郷する。

父が若いころに刑務所に入っていた、と本人から聞かされる。

冬　失恋する。大雪山で死のうと決意して札幌に行くが、自殺を断念して桑園の叔父の家に行く。

■一九六三年（昭和三十八年）十七歳（高校二年）

四月　二年生に進級。留年して同級となった宮本知次と知り合う。

夏　受験勉強に嫌気が差す。

初めて麻雀を覚える。夏休みの最後の二週間で二万円負ける。

この頃　煙草を吸い始める。

生島治郎『傷痕の街』を読み、興奮する。

■一九六四年（昭和三十九年）十八歳（高校三年）

この頃　受験勉強から離れ、雀荘に入り浸る。

自宅に二畳ほどの狭い部屋を作ってもらう。

十二月二十四日　友人たちと高円寺の連れ込み旅館に泊まる。

冬　不良グループとともに校長室に呼び出され、注意を受ける。

■一九六五年（昭和四十年）十九歳（大学一年）

三月　高校の卒業式に出席。その夜、池袋・三業地の居酒屋で友人と飲み、筋者らしき男性から酒を奢られる。

四月　明治大学文学部に入学。大学二年まで和泉校舎に通う。

映画研究部に入部。一期上に菊池仁がいた。

1960年代

この頃　新宿日活に土曜のオールナイト興行を観にいく。

初めて紀伊國屋書店の新宿本店に入る。

英語の後期試験でヤマが外れ、五点をとる。

大学近くの喫茶店でウェイターのアルバイトを開始。冬休みに入る前に辞める。

■一九六六年（昭和四十一年）二十歳（大学二年）

春　ほとんど家に帰らず、先輩の下宿（荻窪、阿佐ヶ谷、西荻窪など）を泊まり歩く。

夏　高校の同級生グループと式根島で過ごし、釜たきの腕をふるう。

映画研究部で、和泉校舎の支部長となる。副支部長は同級生の野間廣道（野間宏の長男）。

和泉祭で上映するため、東映本社に石井輝男監督「ならず者」を借りに行く。

大学祭の準備のために二週間大学に泊まり込む。

この頃　先輩の菊池仁を目標にし、駿河台下の喫茶店「ピッコロ」で、野間と二人で菊池の難解な映画評論について勉強会を開く。

先輩の高橋哲男の下宿に泊まる。翌日、西荻窪駅の線路際にあった古本屋に付いていき、店頭に出ていた二十円均一の春陽堂『明治大正文学全集』「谷崎潤一郎集」を買う。自分で初めて買った本となる。

実家で飼っていたクロが死ぬ。

■一九六七年（昭和四十二年）二十一歳（大学三年）

大学三年から大学卒業まで駿河台校舎に通う。

春　信州で行われた学内のサークルの代表者たちによる合宿に参加。

春休み　溜まり場だった喫茶店「ピッコロ」が閉店。その後、山の上ホテル別館にあった喫茶店「ひまわり」に入り浸る。

1960年代

映画研究部の副委員長となる。委員長は野間。

『小説新潮』に三回分載された野坂昭如「好色の魂」を自分で製本し、「ひまわり」で友人たちに披露する。

この頃　古本屋を歩きまわる。一年で本棚に千冊の本が溜まる。麻雀で大勝ちし、池袋の近藤書店で『萩原朔太郎全集』を買う。父のツケで買えるという理由で、常盤台の新刊書店に通う。

■一九六八年（昭和四十三年）二十二歳（大学四年）

四月　個人誌『映画展望』特集号を刊行。同誌に「「フランケンシュタイン」の系譜〈邪道の正統派〉としての夏目漱石試論」を発表する。

この年　平野謙教授のゼミに出席。

夏　友人たちと猿ヶ京温泉を旅行。インドの山奥の仙人に憧れ、旅館で三点倒立の練習に明け暮れる。

この頃　『全集・現代文学の発見』の「性の追求」巻で春日井建の歌に出会い、しびれる。

■一九六九年（昭和四十四年）二十三歳

就職活動を行う。国文学関係の出版社は筆記試験で落ち、学習研究社、日刊スポーツ新聞社は重役面接で落ちる。住宅情報誌を発行していた霞が関の出版社に採用決定。

三月　明治大学を卒業。卒論は漱石について書いた「肉体と精神の邂逅」（担当教授・平野謙）。

四月一日　正社員の辞令が降りるが三日目に退社。本が読めないからという理由と、職場の人たちと会話するのが苦手だったため。以後七一年まで七つの会社に勤める。国鉄社員の昇進試験の参考書を作る会社や、文学座の映画制作部など、短期間で入退社を繰り返す。

聴講生として再び大学に戻り、教職課程を履修。

この頃　コンピュータの手相占いのアルバイトを二週間続ける。最終日、本社に呼ばれ、社員に勧誘される。

1970年代

コーヒー代・煙草代をつくるために本棚の本を毎日売りにいく。

秋　池袋の高野書店で『島崎藤村全集』を売り、その資金を元にガールフレンドたちと京都を旅行。

■一九七〇年（昭和四十五年）二十四歳

二月　菊池仁の勤めるデパートニューズ社（現ストアーズ社）の求人広告を新聞で見かける。翌日、銀座の喫茶店で、菊池と椎名誠に会う。

デパートニューズ社に入社。初任給一万五千円。

入社三日目に椎名に辞意を伝えるが、引き止められる。

会社を一か月休んで教育実習に行く。

夏　椎名が中心となった「東日本何でもケトばす会」（東ケト会）の合宿が三宅島であり、初めて参加。

夏　社員旅行を兼ねて大阪万博に行く。旅行先で、総務の女性と二人で飲みにいき、付き合うようになる。

この頃　会社に遊びに来ていた椎名の古い友人、沢野ひとしと出会う。

十月　デパートニューズ社を辞める。

この頃　春日井建『行け帰ることなく』（深夜叢書社）を買う金がなく、池袋の「芳林堂書店」に毎日通って眺める。付き合っていた女性と破局。

■一九七一年（昭和四十六年）二十五歳

春　出版社「明文社」に入社。『週刊実話と秘録』編集部に配属され、高橋征郎デスクのもとで働く。

この頃　沢野から突然電話で呼び出され、池袋・三業地の飲み屋で飲む。

椎名と直接会う機会が減ったため、読んだ本の感想を便箋に綴り、「SF通信」とタイトルをつけて椎名に送る。その後、「読書ジャーナル」「めぐろジャーナル」と変えながら数年続ける。

■一九七二年（昭和四十七年）二十六歳

六月　「別冊S／F通信」と銘打った小冊子『星盗人』を制作。「北上次郎」の筆名を使い、平井和正『狼の紋章』『狼の怨歌』を論じた書評を書く。

夏　「東ケト会」式根島の合宿に参加。炊事班長の沢野とコンビを組んで食事をつくる。

この頃　ときどき腐ったような匂いを感じ始め、大学病院の神経科に通う。以後二年半ほど通院。

暮　椎名と北アフリカに行く計画を立てるが椎名の都合で中止。代わりに一人でインド旅行のツアーに参加する。そこで知り合った二十一歳の女子大生と、帰国後デートする。

■一九七三年（昭和四十八年）二十七歳

この頃　高橋征郎が創刊編集長となった明文社の『月刊NANPA』でコミック評を書く。「北上次郎」の筆名を使う。

新宿の飲み屋「北斗星」で椎名、沢野とひんぱんに飲む。

インド旅行で知り合った女性に振られる。

十一月十一日　菊花賞でタケホープ、ハイセイコーの枠連3-6の馬券を当てる。

十二月十六日　有馬記念でストロングエイト、ニットウチドリの万馬券を当てる。

■一九七四年（昭和四十九年）二十八歳

夏　「東ケト会」神島の合宿に参加。十八番の「ひょっこりひょうたん島」テーマソングを披露する。

秋　明文社に入社してきた亀和田武と知り合う。ただし亀和田は学生運動の経歴が社に知られて半月ほどで解雇される。

この頃　競馬に明け暮れる。

ボウリングに夢中になり、暇を見つけては歌舞伎町のボウリング場に通う。

■一九七五年（昭和五十年）二十九歳

七月　「東ケト会」粟島の合宿に参加。携帯ラジオで新潟競馬NST賞を聴き、アイフルの勝利を知る。

この頃　椎名、沢野と酒の席上で『本の雑誌』の構想が語り合われる。

明文社に遊びに来ていた双葉社『漫画アクション』編集者の本多健治と出会う。その会話のなかで『本の雑誌』の話題が出たところ、本多が乗り気になり、雑誌刊行が具体的に動き出す。

秋頃　『本の雑誌』創刊号に向けて制作を始める。椎名と十数万円ずつを出し合う。

■一九七六年（昭和五十一年）三十歳

四月下旬　『本の雑誌』を創刊。発行部数五百部。編集兼発行人となる。

神田、御茶ノ水、池袋、渋谷などの書店に営業に回る。十字屋書店、ウニタ、茗溪堂などに置いてもらい、地方・小出版流通センターでの取り扱いが決まる。

七月刊『本の雑誌』二号から編集人・椎名、発行人・目黒の体制になる。五号まで実質的に編集を仕切る。

この頃　池袋の実家を出て、梅ケ丘でアパート暮らしを開始。

明文社に提出した漫画雑誌の新企画が採用され、編集長に任命される。しかしまもなくオイル・ショックの影響で紙の値段が急騰し、企画は中止。

『週刊サンケイ』十一月二十五日号「ブック・コーナー」で『本の雑誌』が取り上げられる。

■一九七七年（昭和五十二年）三十一歳

春　明文社を退社する。

沢野の紹介で、こぐま社の嘱託になる（〜七八年頃まで）。

四月刊『本の雑誌』五号が出た直後、新宿「石の家」にスタッフが集まったとき、椎名と編集方針で揉める（石の家のクーデター）。

六月頃　『漫画アダムズ』（大亜出版）に、椎名のアイディアを漫画原作に仕上げて「椎葉幸兵」の合同筆名で「アンドロイドポルノ　鉄のアイラ」等を発表。

七月刊『本の雑誌』六号から椎名が実質的な編集長となる。刊行直後、本多健治から呼び出され、義理ある人の原稿がボツにされたと怒られる。

春～夏頃　双葉社『小説推理』の有吉一夫からミステリー時評の連載依頼を受ける。

十月刊『本の雑誌』七号で、報酬なしの「助っ人」を募集。

アリス出版『劇画アリス』から原稿を依頼され「桃色犯科帳」を連載。「群一郎」の筆名を使う。

「ワセダ・ミステリ・クラブ」幹事長の三橋暁と会い、『本の雑誌』にミステリー時評の執筆や、「全ミステリ・カタログ」「全S・Fカタログ」作成を依頼。以後、同クラブのつながりで香山二三郎、新保博久、皆川正夫、関口苑生らと出会う。

■一九七八年（昭和五十三年）三十二歳

『小説推理』一月号からミステリー時評を連載（～二〇二三年二月号まで）。

『月刊DONDON』三月号のために、国立市で谷恒生にインタビューする。

春　集英社の美濃部修から依頼を受け、生島治郎『殺しの前に口笛を』（集英社文庫）の解説を書く。原稿を渡すとき、初めて同社の山田裕樹に会う。

六月刊『本の雑誌』九号から「新刊めったくたガイド」を始める。

十月刊『本の雑誌』十号の追加配本の頃、茗溪堂で面白本ベスト六〇〇冊＋ミステリーとSFのオールタイム・ベスト10を選定。

十一月　明治大学SF研究会の千脇隆夫、天野正之と会う。

この頃　姪から「大きくなったら叔父さんのお嫁さんになる」と言われる。
▼この年、文庫解説三本（生島『殺しの前に口笛を』の他、佐野洋『同名異人の四人が死んだ』講談社文庫、等）。

■一九七九年（昭和五十四年）三十三歳

一月　椎名宅で開かれた『本の雑誌』関係者の新年会に参加する。
二月刊『本の雑誌』十一号、配本部隊が結成される。第一期メンバーは千脇隆夫、天野正之、米藤俊明、山川哲也。
反省会をやろうと椎名が言い出し、四谷三丁目の飲み屋で鍋を食べる。
四月　『本の雑誌』の事務所として四谷三丁目「慶和ビル」の一部屋を借りる。椎名がストアーズ社に応募してきた木原ひろみに声をかけ、『本の雑誌』の事務員として採用する。
五月刊『本の雑誌』十二号から隔月刊化。
初めて関西に営業に行く。二泊三日で名古屋、京都、大阪、神戸の四都市をまわる。
十二月　グリーングラスが引退。競馬場から足が遠のく。
暮　『本の雑誌』スタッフで忘年会を開く。
▼この年、文庫解説二本（生島治郎『悪人専用』集英社文庫、等）。

■一九八〇年（昭和五十五年）三十四歳

三月刊『本の雑誌』十七号の頃、編集をめぐって椎名と喧嘩。翌週、新宿の飲み屋で和解し、編集責任は椎名、営業責任は目黒と分担を決める。
三月　『本の雑誌』の事務所を信濃町「セントラルマンション」に移転。
春　母の知人の紹介で知り合った女性・有美子と結婚式を挙げる。母から月二千円ずつ入金された貯金通帳と印鑑をもらう。
七月　本の雑誌社を株式会社化し、取締役社長に就任。
十月三十一日　「本の雑誌の研究会のようなもの通信」第一回例

会を、信濃町・東医健保会館の会議室で開く。多田進に初めて会う。

この頃 木原のために「群ようこ」の筆名をつける。

▼この年、文庫解説九本（笹沢左保『結婚関係』集英社文庫、等）。

■一九八一年（昭和五十六年）三十五歳

春 長男・慎吾が生まれる。

四月 双葉社『小説アクション』創刊号に「活劇小説宣言」を発表。

四月 予定から一年遅れで椎名『もだえ苦しむ活字中毒者地獄の味噌蔵』を発売。書店に配ってあったポスターを直すため、新発行日・新定価のシールを貼りに回る。

『本の雑誌』の相次ぐ発行遅延を受けて、四月刊二二号で「81年、本の雑誌は、発売日をうたわない」とキャッチ・フレーズをつける。

十一月刊『本の雑誌』二四号で助っ人募集。百二十人の学生が事務所に押し寄せ、のちに「地獄の大募集」と呼ばれる。ほぼ毎日、学生を飲みに連れていく。

十二月 別冊編集部をつくり、『別冊本の雑誌①ブックカタログ1000』を刊行。

十二月二十日 六本木のスナックで行われた日本冒険小説協会の発足会に参加する。

▼この年、文庫解説五本（田中光二『灼熱の水平線』角川文庫、等）。

■一九八二年（昭和五十七年）三十六歳

▽八月『戒厳令下のチンチロリン』（情報センター出版局、↓九二年七月・角川文庫）を藤代三郎名義（以下、藤）で刊行。

九月三十日 立川高島屋でイベント「椎名誠とおもしろかなしずむの世界」を開く（〜十月五日まで）。

この頃 運転免許の夏期合宿に申し込む。一緒に行くはずだった配本部隊の苅部庸二郎が急性肝炎になり、そのまま通わずじまいとなる。

1980年代

実家に預けてあった本を整理し、池袋の高野書店に引き取ってもらう。

町田市に自宅転居。

妻とエジプトを旅行、夜は配本の夢を見る。

▼この年、文庫解説六本（西村寿行『血の翳り』角川文庫、等）。

■一九八三年（昭和五十八年）三十七歳

春 『本の雑誌』の事務所を新宿五丁目「第2スカイビル」に移転。浜本茂が社員となる。

▽九月『冒険小説の時代』（集英社、↓九〇年七月・集英社文庫）を北上次郎名義（以下、北）で刊行。

『平凡パンチ』十二月五日号に「全方位・無手勝手流スーパー書評 読書屋・北上次郎」として取り上げられる。

▼この年、文庫解説四本（西村寿行『呑舟の魚』新潮文庫、等）。

■一九八四年（昭和五十九年）三十八歳

▽八月『気分は活劇』（徳間書店、↓九三年七月・角川文庫、北）。

十二月刊『本の雑誌』三九号をもって木原が退社。

この頃 次男・謙二が生まれる。

▼この年、文庫解説六本（大藪春彦『処刑戦士』徳間文庫、等）。

■一九八五年（昭和六十年）三十九歳

三月 椎名がカルチャースクールで担当していた「本とよもやま話」講座の受講生たちによる自主的な読書会に呼ばれ、司会役を担当する（〜九二年六月まで）。テキストは第一回がマーガレット・ドラブル『碾臼』、最終回はスティーヴン・キング『IT』。

春 両親を連れて北海道（登別温泉など）を旅行する。

春 熱海の旅館で開かれた日本冒険小説協会全国大会に参加。

五月 『本の雑誌』創刊十周年記念イベントを西武ブックセンター池袋店、三省堂書店神保町本店で開く。

▽五月『本の雑誌風雲録』（本の雑誌社、↓九八年十月・角川文

庫）を目黒考二名義（以下、目）で刊行。
▽六月『ラヴ・マイナス・ゼロ』（CBS・ソニー出版）の編者を担当（北）。
初の社員旅行として伊豆稲取温泉に一泊。
秋 母の老人性認知症が進む。
この頃から 武蔵野美術大学短大の生活デザイン学科の非常勤講師として授業を受け持つ（〜二〇〇〇年十二月まで）。
▼この年、文庫解説八本（北方謙三『逃がれの街』集英社文庫、等）。

■一九八六年（昭和六十一年）四十歳

『ミステリマガジン』二月号から「活劇小説論」の連載開始（〜九二年十二月号まで）。のちの『冒険小説論』の原型となる。

二度目の社員旅行として熱海に一泊二日。
▼この年、文庫解説三本（生田直親『東京大戦争』徳間文庫、等）。

■一九八七年（昭和六十二年）四十一歳

十一月 三度目の社員旅行として二泊三日で松本城、黒部ダムを回る。
この頃 椎名から『本の雑誌』月刊化の構想を聞くが、先延ばしにする。
暮 浜本が退社する。深く悲しみ、浜本と相談の上、フリーの編集者として引き続き仕事を依頼する。
▼この年、文庫解説七本（北方謙三『檻』集英社文庫、等）。

■一九八八年（昭和六十三年）四十二歳

四月二十二日 ザ・ギンザ・アートスペースにて『本の雑誌』月刊化記念「本の雑誌どかどか展」を開催（〜二十八日まで）。
五月 五九号から『本の雑誌』を月刊化。配本主任の座を降りる。
この頃 入稿での泊まりが激増。夜食を食べて半年で五キロ太る。

九月 月刊化から一年は海外に出ないと約束した椎名が「日中共同楼蘭探検隊」で海外に旅立つ。

吉田伸子が入社する（〜九七年暮まで）。

この頃 長男の授業参観に行く。その後の父兄懇談会で他の父親と口論となり、二度と行かなくなる。

新宿紀伊國屋書店でジェイムズ・クラムリー『さらば甘き口づけ』の池上冬樹の巻末解説を立ち読みし、興奮する。

『サンデー毎日』で「榊吾郎」の名でコラムを担当。
▼この年、文庫解説四本（阿部牧郎『失われた球譜』文春文庫、等）。

■一九八九年（平成元年）四十三歳

一月七日 天皇崩御の報を受けて、会社を閉め、三十数時間にわたり、スタッフたちとチンチロリンをやって過ごす。
春の終り〜夏頃 高田馬場駅前BIGBOX二階の喫茶店で、新潮社に勤めていた大森望と初めて会う。
八月 『本の雑誌』の事務所を新宿御苑前「LAND・DENビル」に移転。
十一月二十五日 日本図書設計家協会の「出版デザイン印税制を考える会」にパネリストとして出席。
この頃 沢野がワープロを購入したことをきっかけに、ワープロを始める。
浜本が社員として復社する。
▼この年、文庫解説十本（西村寿行『遠い渚』光文社文庫、等）。

■一九九〇年（平成二年）四十四歳

五月 神戸・大阪で「本の雑誌どかどか十五周年記念イベント」を開催。
十月二十八日 天皇賞でヤエノムテキ、メジロアルダンの枠連が的中。一万円が三十五万円になり、社員に寿司をおごる。

1990年代

十一月　東京・札幌で「本の雑誌どかどか十五周年記念イベント」を開催。

▽十一月　椎名、沢野、木村晋介との共著『発作的座談会』（本の雑誌社、→九六年十月・角川文庫、目）。

▼この年、文庫解説八本（大藪春彦『俺の血は俺が拭く』ケイブンシャ文庫、等）。

■一九九一年（平成三年）四十五歳

四月　ＮＨＫ衛星放送「週刊ブックレビュー」の放送開始。以後、数多く出演する（～二〇一二年三月まで）。

五月　母が入院する。

六月　別の病院に入院した父が死去。享年八十二。二日後に母が死去。享年八十。両親の合同告別式を営む。

九月　市ヶ谷「私学会館」で『本の雑誌』創刊一〇〇号記念パーティーを開く。

秋　競馬に馬連が導入されたのをきっかけに、再び競馬場に熱心に通い始める。

十一月　三年分の社内積み立て金を使い、四度目の社員旅行として三泊四日で北京に行く。

▼この年、文庫解説一本（Ｃ・トーマス『ファイアフォックス・ダウン』ハヤカワ文庫ＮＶ）。

■一九九二年（平成四年）四十六歳

春　『本の雑誌』編集部の宇佐美智久が故郷の熊本で結婚、媒酌人を務める。

四月　ＴＯＫＹＯ ＦＭで「サントリー・サタデー・ウェイティング・バー」が放送開始。たびたび出演し、おすすめ本を紹介する（～二〇一三年まで）。

▽九月　『活字三昧』（角川書店、→九六年一月・角川文庫、目）。

1990年代

山田風太郎作品の復刊を目指して本の雑誌編集部内に「風太郎研究会」をつくる（～九五年頃まで）。

この頃　踏切際に捨てられていた子犬を、長男が友達からもらってきて飼い始める。ジャックと名づける。

▼この年、文庫解説三本（紀田順一郎『新版 古書街を歩く』福武文庫、等）。

■一九九三年（平成五年）四十七歳

▽一月　『海を渡った日本人』（福武文庫）の選者を担当（北）。

三月　『本の雑誌』の事務所を笹塚（中野区南台）に移転。

▽四月　『余計者の系譜』（太田出版、→九九年五月・角川ソフィア文庫『余計者文学の系譜』、北）。

▽十月　『ベストミステリー10年』（晶文社、北）。

雑誌『Gallop』十月二十四日創刊号から競馬エッセイ「馬券の真実」を連載する（藤、～二〇二二年十二月二十五日号まで）。

▽十二月　『冒険小説論　近代ヒーロー像一〇〇年の変遷』（早川書房、北）。

▼この年、文庫解説八本（北上次郎選『海を渡った日本人』福武文庫、等）。

■一九九四年（平成六年）四十八歳

五月十七日　『冒険小説論』で第四十七回日本推理作家協会賞（評論その他部門）を受賞する。

夏　亀和田武に誘われて小倉競馬場に行く。以後、競馬のために頻繁に地方遠征に出かける。

▽八月　『中年授業』（角川書店、→九七年八月・角川文庫『活字学級』、目）。

▽十二月　『冒険小説ベスト１００』（本の雑誌社、北）。

▼この年、文庫解説五本（志水辰夫『行きずりの街』新潮文庫、等）。

■一九九五年（平成七年）四十九歳

四月　J-WAVEで放送される本の雑誌二〇周年記念番組〈椎名誠と「本の雑誌」の仲間たち〉に沢野、木村とともに出演。

▽四月『外れ馬券に雨が降る』（ミデアム出版社、藤）。

▽五月『新刊めったくたガイド大全』（本の雑誌社、↓二〇〇〇年四月・角川文庫、北）。

五月二十一日「本の雑誌二〇周年記念「歴史的」座談会～京都風雲編～」に登壇する。

七月四日　北九州市立女性センターでNHK衛星放送「週刊ブックレビュー」の公開収録。

八月　初めて函館競馬場に行く。

十月　菊花賞を見に浜本と二人で京都競馬場に遠征。以降二〇一九年まで毎年、菊花賞ウイークに京都へ出かける。

十一月　新宿紀伊國屋ホールで「本の雑誌二〇周年記念「歴史的」座談会～新宿望郷篇～」を開催。

十一月　新宿のパーク ハイアット 東京で『本の雑誌』創刊二〇周年記念パーティーを開く。

この頃　書棚にあった文庫版『ちくま日本文学全集』全五〇巻を長男にプレゼントする。

▼この年、文庫解説八本（周防正行『シコふんじゃった。』集英社文庫、等）。

■一九九六年（平成八年）五十歳

四月　聖蹟桜ヶ丘のアウラホールで「発作的座談会多摩夕闇篇」を開催。

『小説現代』五月号に小説と銘打たれた短編「春分の日」を発表する。

▽四月　椎名、沢野、木村との共著『いろはかるたの真実』（本の雑誌社、↓二〇〇〇年八月・角川文庫、目）。

1990年代

▽五月『外れ馬券に風が吹く』（ミデアム出版社、藤）。

八月四日　運動会仲間&麻雀仲間の明石賢生が急逝する。

夏　PAT（オンライン競馬投票サービス）が当たり、自宅で使いはじめる。

この年　ムック『アジアでギャンブル』（トラベルジャーナル刊）の取材で香港競馬を見にいく。

この頃　小野不由美「十二国記」第五部『図南の翼』が出て、長男にこのシリーズを薦める。

長男が学校で倒れて頭を強打、意識不明との連絡を受けて急行する。

▼この年、文庫解説八本（宮本輝『地の星　流転の海 第二部』新潮文庫、等）。

■一九九七年（平成九年）五十一歳

一月十六日『不夜城』で直木賞候補になった馳星周の発表待ち会に参加。

四月二十七日　京都競馬場「鷹ケ峰特別」を観戦。

▽四月『情痴小説の研究』（マガジンハウス、↓二〇〇一年十月・ちくま文庫、北）。

▽五月『外れ馬券に雪が舞う』（ミデアム出版社、藤）。

▽七月『活字浪漫』（角川書店、↓二〇〇三年一月・角川文庫『酒と家庭は読書の敵だ。』、目）。

▽十一月『面白本ベスト100』（本の雑誌社、北）。

▽十二月　椎名、沢野、木村との共著『沢野絵の謎』（本の雑誌社、目）。

▼この年、文庫解説八本（椎名誠『アド・バード』集英社文庫、等）。

■一九九八年（平成十年）五十二歳

一月十七日　中山競馬場で10Rと最終レースの二度、馬連で万馬券を的中。

『ＡＥＲＡ』三月二日号「現代の肖像」に取り上げられる（文・中川六平）。
▽三月　椎名、沢野、木村、中村征夫、太田和彦との共著『これもおとこのじんせいだ！』（本の雑誌社、目）。
▽四月『外れ馬券に日が沈む』（ミデアム出版社、藤）。
六月六日　イギリスに行き、エプソム競馬場でダービーを観戦。
六月十九日　東京「総評会館」の出版研究集会で、「本の雑誌社を興して」と題した講演を行う。
十月　聖蹟桜ヶ丘のアウラホールで「発作的座談会多摩カツ丼篇」を開催。
▽十月『鉄火場の競馬作法「そのまま」「差せ」の叫び方』（カッパ・ブックス、藤）。
この頃から　毎年年末に新潮社・足立真穂、文藝春秋・川田未穂、実業之日本社・辻美紀子が幹事となって「目黒さんを囲む会」が開かれる。
▼この年、文庫解説九本（馳星周『不夜城』角川文庫、等）。

■一九九九年（平成十一年）五十三歳

二月十九日　第一二〇回直木賞を宮部みゆきが受賞。東京會舘ローズルームで開かれた授賞パーティーに出席する。
三月十四日　熊本県小川町の総合文化センターでＮＨＫ衛星放送「週刊ブックレビュー」の公開収録。
▽三月『感情の法則』（早川書房、→二〇〇六年十月・幻冬舎文庫、北）。
▽四月『外れ馬券に月が泣く』（ミデアム出版社、藤）。
『本の雑誌』四月号に、原稿の穴埋めのため「笹塚日記」を掲載。編集長の椎名から続けて書くように要請されて連載となる（〜二〇〇七年三月号まで）。
五月　パソコンを使うために千脇隆夫から実習を受け始める。

五月　この年から日本推理作家協会賞の選考委員を務める（〜〇二年まで）。
六月八日　初めて独力でパソコンからメールを送る。宛先は池上冬樹。
十月八日　両国「江戸東京博物館」で、「現代ミステリーの面白さ」と題した講演を行う。
十一月　初めてノートパソコンを購入。
『ＳＩＧＨＴ』秋号（創刊号）から書評ページを担当する。
『日本経済新聞』に書評を連載（〜二〇〇二年十二月まで）。
▼この年、文庫解説九本（白井喬二『富士に立つ影　7　運命篇』ちくま文庫、等）。

■二〇〇〇年（平成十二年）五十四歳

三月十日　福岡「宗像ユリックス」で北上謙三と公開対談を行う。
四月『朝日新聞』書評委員になる（〜〇四年三月まで）。
四月〜五月　名古屋、大阪、東京、札幌で「本の雑誌創刊二十五周年記念「最終」座談会」を行う。
▽四月『外れ馬券に星が飛ぶ』（ミデアム出版社、藤）。
五月　新宿伊勢丹の眼鏡売り場で、老眼鏡と近眼鏡をつくる。
▽六月　椎名、沢野、木村との共著『超能力株式会社の未来』（本の雑誌社、目）。
六月十四日　飯田橋エドモントホテルで行われた関口苑生『江戸川乱歩賞と日本のミステリー』出版記念パーティーに出席。
▽七月『笹塚日記』（本の雑誌社、目）。
▽七月『一人が三人　吾輩は目黒考二・藤代三郎・北上次郎である。』（晶文社、目）。
八月五日　横浜の「日本ＳＦ大会 Zero-CON」で椎名との公開対談「ＳＦは楽しい！」に登壇（司会・大森望）。
九月十一日《ＷＥＢ本の雑誌》開設。「読書相談室」の回答者の一人となる。
九月　『週刊大衆』九月二十五日号で伊集院静が「馬券の真実」を絶賛していることを知り、喜ぶ。
▽十月　椎名、沢野、木村との共著『沢野字の謎』（本の雑誌社、目）。
十一月　『本の雑誌』事務所のあるビルの四階に仕事場を持つ。
十一月十四日　腹痛を催し、初台の内藤病院へ担ぎ込まれる。診断は尿道結石。点滴を打って痛みが治まる。
十二月七日　市ヶ谷「私学会館」で開かれたパズル雑誌『ニコリ』創刊二十周年パーティーに出席。
年末　『本の雑誌』発行人を引退し、顧問に就任する。
▼この年、文庫解説十二本（真保裕一『奇跡の人』新潮文庫、等）。

■二〇〇一年（平成十三年）五十五歳

四月九日　「山の上ホテル」で開かれた坪内祐三の快気祝い＋出版記念パーティーに出席。
『ＳＩＧＨＴ』夏号から大森望との対談書評が始まる。
▽六月　『外れ馬券に雲がゆく』（ミデアム出版社、藤）。
九月　千駄ヶ谷「代々木病院」で大腸ポリープ（良性の腫瘍）を摘出。
十月　笹塚の仕事場で自炊の生活に挑戦し始める。
十一月十五日　第十四回柴田錬三郎賞を志水辰夫が受賞。帝国ホテルで開かれた授賞パーティーに出席する。
▽十一月　『別れのあとさき』（毎日新聞社、北）。
▽十二月　『明治の文学』第24巻〈近松秋江＋正宗白鳥＋岩野泡鳴〉の編者を担当（筑摩書房、北）。
この頃　「目黒さんを囲む会」のメンバーたちからパスタマシンを贈られる。
▼この年、文庫解説八本（北原亞以子『傷　慶次郎縁側日記』新潮文庫、等）。

■二〇〇二年（平成十四年）五十六歳

四月五日　新宿「朝日カルチャーセンター」でゲスト講師として書評について話す。
▽四月　『外れ馬券は空高く』（ミデアム出版社、藤）。
▽四月　『ベストミステリー大全』（晶文社、北）。
七月五日　仙台の古本屋「萬葉堂」に立ち寄ってから山形に入り、「遊学館」で「小説家になろう講座」に出る。
七月七日　池袋ジュンク堂で吉野朔実のトークショーの進行役を務める。
七月十四日　新潟競馬場「笹山特別」で三連複の三十六万馬券が的中。
▽十月　『だからどうしたというわけではないが。』（本の雑誌社、目）。
十月三日　千駄ヶ谷の病院で首にできていた脂肪腫を切開する。
十月下旬　競馬仲間たちとアメリカ競馬旅行。タッチパネルで馬券が買えることに感心する。
▼この年、文庫解説十六本（谷甲州『エリコ』ハヤカワ文庫ＪＡ、等）。

■二〇〇三年（平成十五年）五十七歳

一月十二日　『朝日新聞』読書欄で『ウマゲノム版　種牡馬辞典グローバルリズム編』（今井雅宏著、白夜書房）を書評する。
▽一月　椎名、沢野、木村、中村征夫、かなざわいっせい、太田篤哉との共著『新・これもおとこのじんせいだ！』（本の雑誌社、目）。
春　妻が海外旅行に出かけたため、一週間、主夫生活を体験する。
四月三日　ＴＢＳラジオ「森本毅郎・スタンバイ！」に隔週で出演（〜一二年三月まで）。

▽五月『馬券党宣言』（ミデアム出版社、藤）。
▽六月『記憶の放物線 感傷派のための翻訳小説案内』（本の雑誌社、→〇六年十二月・幻冬舎文庫、北）。
夏 夏競馬の回収率が十六％と低迷し、肩を落とす。
九月十五日 青山ブックセンター本店で、大森望、吉田伸子と書評家座談会のイベントに出演。
▽九月『笹塚日記 親子丼篇』（本の雑誌社、目）。
▽十一月『うろたえる父、溺愛する母 19世紀小説に家族を読む』（筑摩書房、北）。
▼この年、文庫解説七本（夢枕獏『あとがき大全』文春文庫、等）。
■二〇〇四年（平成十六年）五十八歳
三月 幻冬舎で『ミステリーの書き方』収録用の「宮部みゆきインタビュー」の聞き手を務める。
四月六日『広告』五月号の特集「日本をおもしろくする77人」に載った浜本の写真が痩せて見えることに驚き、不機嫌になる。
▽四月『外れ馬券は永遠に』（ミデアム出版社、藤）。
八月 三連単が試験発売される札幌競馬場で、『サンケイスポーツ』青木知子記者と馬券予想対決。
八月 斎藤由香と一緒に札幌遠征。二週連続で札幌競馬場に行く。
十月 人間ドックで血中コレステロール値が高いと診断され、再診の結果、体重を減らすことを厳命される。
▼この年、文庫解説十二本（梶尾真治『ＯＫＡＧＥ』新潮文庫、等）。
■二〇〇五年（平成十七年）五十九歳
▽一月『笹塚日記 うたた寝篇』（本の雑誌社、目）。
三月 花粉症の症状に悩まされる。
▽三月 大森望との対談書評『読むのが怖い！ ２０００年代のエンタメ本２００冊徹底ガイド』（ロッキング・オン、北）。

五月三十日 銀座の中華料理店で第一回「Gallopエッセー大賞」選考会が開かれる。
▽七月『連篇累食』（ぺんぎん書房、目）。ただし版元が倒産したため、印税は未受け取りのままとなる。
▽七月『外れ馬券に喝采を』（ミデアム出版社、藤）。
八月九日「九段グランドパレス」で北方謙三と『水滸伝』の対談。
秋 携帯電話で馬券を買いはじめる。
▼この年、文庫解説十九本（L・ヒレンブランド『シービスケット』ヴィレッジブックス、等）。
■二〇〇六年（平成十八年）六十歳
一月五日 中山競馬場「中山金杯」で三連単三十六万馬券をゲット。
三月頃 同じ町内で自宅を転居。物を大量に処分する。
▽三月『新・中年授業』（本の雑誌社、目）。
▽七月『外れ馬券に春よ来い』（ミデアム出版社、藤）。
八月「笹塚ボウル」で開かれた新潮社と本の雑誌社ボウリング対決大会に参加する。
▽八月『エンターテインメント作家ファイル１０８〔国内編〕』（本の雑誌社、北）。
九月九日 中山競馬場「汐留特別」三連単千六百五十五万円馬券を惜しくも外して呆然とする。
十一月 還暦を祝う会が開かれる。
十二月「目黒さんを囲む会」のメンバーたちから還暦祝いとして自転車を贈られる。
▼この年、文庫解説十六本（多島斗志之『離愁』角川文庫、等）。
■二〇〇七年（平成十九年）六十一歳
一月末 笹塚の仕事場を畳む。
二月《WEB本の雑誌》で「目黒考二の何もない日々」の不定期

連載を開始（〜最終更新二二年八月九日）。

二月　北海道の山下誠次から「北上次郎解説文庫リスト」を受け取り感激する。

▽三月『笹塚日記　ご隠居篇』（本の雑誌社、目）。

▽三月〜五月『14歳の本棚　青春小説傑作選』（部活学園編）（初恋友情編）（家族兄弟編）（新潮文庫）の編者を担当（北）。

▽七月『外れ馬券に口笛を』（ミデアム出版社、藤）。

八月　札幌競馬場で、誤って前日の新聞を見て馬券を買い、競馬仲間たちに大笑いされる。

十一月二十六日　神田三省堂書店で、新保博久、池上冬樹、羽田詩津子とトークイベント。

▼この年、文庫解説十二本（須藤靖貴『押し出せ青春』小学館文庫、等）。

■二〇〇八年（平成二十年）六十二歳

『ミステリマガジン』一月号から、前年五月〜八月に行なった座談会「新・世界ミステリ全集」を立ち上げる」（新保博久、池上冬樹、羽田詩津子）の掲載開始（〜五月号まで）。

二月十八日　禁煙を始め、みるみる太る。

▽四月　大森望との対談書評『読むのが怖い！　帰ってきた書評漫才〜激闘編』（ロッキング・オン、北）。

五月　大森望と出版記念トークショー（五日・谷中往来堂書店、九日・神田三省堂書店）。

▽七月『外れ馬券に微笑みを』（ミデアム出版社、藤）。

十月　この年から始まった「さくらんぼ文学新人賞」（さくらんぼテレビ主催）の選考委員になる（〜一一年四月決定の第三回まで）。

▽十月『本の雑誌風雲録　新装改訂版』（本の雑誌社、目）。

▼この年、文庫解説十一本（今野敏『隠蔽捜査』新潮文庫、等）。

2000年代

■二〇〇九年（平成二十一年）六十三歳

『ミステリマガジン』二月号から、田口俊樹とゲストによる座談会「翻訳ミステリ応援団！」が始まる（〜一〇年四月号まで）。

一月　『読売新聞』読書委員になる（〜一〇年十二月まで）。

一月八日　ダイエットを始める。その後一年で十五キロほど痩せるが、同時に便秘に悩まされる。

▽五月『さしむかいラブソング　片岡義男コレクション2』（ハヤカワ文庫JA）の編者を担当（北）。

▽七月『外れ馬券は夕映えに』（ミデアム出版社、藤）。

九月　WEBサイト《翻訳ミステリー大賞シンジケート》開設。十月二十一日、青山ブックセンター六本木店で記念イベントを行う。

▽十月　椎名、沢野、木村との共著『帰ってきちゃった発作的座談会』（本の雑誌社、→一三年八月・角川文庫、目）。

秋　自宅で飼っていた愛犬ジャックが死ぬ。

▼この年、文庫解説十四本（大島真寿美『虹色天気雨』小学館文庫、等）。

■二〇一〇年（平成二十二年）六十四歳

▽三月〜七月　小学館文庫「昭和エンターテインメント叢書」の編者を担当（三月、大佛次郎『ごろつき船』、四月、獅子文六『大番』、五月、角田喜久雄『半九郎闇日記』、六月、藤原審爾『昭和水滸伝』、七月、西村寿行『捜神鬼』、北）。

▽七月『外れ馬券に祝福を』（ミデアム出版社、藤）。

▽十月『馬券データ竜宮城』（ベストセラーズ、藤、亀谷敬正との共著）。

この年　グリーンチャンネルに加入、朝から自宅で競馬を楽しめる環境が整う。

年末　本の雑誌社顧問を辞任。同じく椎名が『本の雑誌』編集長を退く。

▼この年、文庫解説十六本（川上健一『渾身』集英社文庫、等）。

■二〇一一年（平成二十三年）六十五歳

四月二十三日　東日本大震災の影響で中止されていた競馬が再開、東京競馬場に仲間たちと集結する。

四月二十四日　新馬券「WIN5」が導入され、その面白さに目覚める。

六月三十日　「メトロポリタン山形」で行われた「さくらんぼ文学新人賞」贈賞式に出席。

七月　この年から始まった「アガサ・クリスティー賞」の選考委員になる（～二二年八月決定の第十二回まで）。

八月五日　WEB《椎名誠　旅する文学館》がオープンし、初代名誉館長に就任する。以後、椎名に全著作インタビューを行う（～二二年まで）。

▽八月　『外れ馬券は人生である』（ミデアム出版社、藤）。

『こどもの本』十一月号から「ヤングアダルトの時代」を連載（～一二年十月号まで）。

▼この年、文庫解説十一本（三雲岳斗『煉獄の鬼王　新・将門伝説』双葉文庫、等）。

■二〇一二年（平成二十四年）六十六歳

一月八日　競馬で「WIN5」が初めて当たる。配当百二十二万円。

四月　TOKYO FM「サントリー・サタデー・ウェイティング・バー」放送二十周年パーティーに出席。

六月二十三日　「仙台文学館」のせんだい文学塾に田口俊樹と登壇し、「翻訳小説の楽しみ方」について語る。

▽七月　大森望との対談書評『読むのが怖い！Z　日本一わがままなブックガイド』（ロッキング・オン、北）。

▽八月　『外れ馬券に友つどう』（ミデアム出版社、藤）。

▼この年、文庫解説十一本（大島真寿美『戦友の恋』角川文庫、等）。

■二〇一三年（平成二十五年）六十七歳

▽三月　『活字競馬　馬に関する本 究極のブックガイド』（白夜書房、北）。

三月二十一日　東京堂書店で亀和田武と『活字競馬』発売記念のトークイベントを行う。

▽八月　『極私的ミステリー年代記（クロニクル）』上下（論創社、北）。

▽八月　『外れ馬券で20年』（ミデアム出版社、藤）。

九月七日　山形県・遊学館で椎名誠とトークイベント。

秋　タブレット型端末を買う。

▼この年、文庫解説十四本（飴村行『爛れた闇』角川ホラー文庫、等）。

■二〇一四年（平成二十六年）六十八歳

二月　宜野湾市・沖縄コンベンションセンターで講演。ジュンク堂書店那覇店で宮城一春とトークイベントを開く。

▽五月　『セブンティーン・ガールズ』（角川文庫）の編者を担当（北）。

七月二十五日　紀伊國屋書店新宿本店で北村薫と戸川安宣のトークイベント「東京創元社創立六〇周年記念＊わたしと東京創元社」の司会を務める。

▽八月　『外れ馬券が多すぎる』（ミデアム出版社、藤）。

秋　『外れ馬券が多すぎる』が日本図書館協会選定図書となる。

▼この年、文庫解説十本（夢枕獏『魔獣狩りI淫楽編』新潮文庫、等）。

■二〇一五年（平成二十七年）六十九歳

『文藝春秋』五月号のグラビア「小さな大物」に取り上げられる。

▽五月　『昭和残影　父のこと』（KADOKAWA、目）。

▽七月『外れ馬券は終わらない』（ミデアム出版社、藤）。
▽九月『勝手に！ 文庫解説』（集英社文庫、北）。
▽十一月『馬券特効薬』（ガイドワークス、藤、亀谷敬正との共著）。
十二月四日『本の雑誌』が第六十三回菊池寛賞を受賞。ホテルニューオータニで行われた贈呈式に出席する。
十二月十八日 早川書房設立七十周年記念カフェのトークショーに、田口俊樹と出演する。
『日刊ゲンダイ』でコラム「これが面白極上本だ！」を連載（～二〇二三年一月十三日まで、北）。
▼この年、文庫解説十五本（桜木紫乃『ワン・モア』角川文庫、等）。

■二〇一六年（平成二十八年） 七十歳

▽一月『目黒考二の何もない日々』（百年書房、目）。
春 本の活字が見えづらいことに気づく。
夏 初めてスマホ購入。
七月三十日 新潟競馬場でグリーンチャンネル「競馬場の達人」の収録がありゲスト出演する。
▽八月『外れ馬券に乾杯！』（ミデアム出版社、藤）。
▽十月 椎名誠との共著『本人に訊く 壱 よろしく懐旧篇』（椎名誠 旅する文学館、→一九年八月・集英社文庫、目）。
十月九日 七十歳の誕生日に「毎日王冠」馬連7－10を購入、的中する。
▼この年、文庫解説十七本（野口卓『犬の証言』文春文庫、等）。

■二〇一七年（平成二十九年） 七十一歳

四月二十二日 町田市民文学館 ことばらんどで「本の雑誌厄よけ展」が開催される（～六月二十五日まで）。
▽四月 椎名誠との共著『本人に訊く 弐 おまたせ激突篇』（椎名誠 旅する文学館、→二〇年一月・集英社文庫、目）。
▽八月『外れ馬券を撃ち破れ』（ミデアム出版社、藤）。

2010年代

夏の終り 「翻訳ミステリー・シンジケート」札幌読書会に出席する。
十月二十日 梅田蔦屋書店で「２０１７年のエンタメおすすめ本30」のトークイベントに登壇。
十月二十九日 台風のなか東京競馬場で「天皇賞」を観戦。
十一月十一日 愛知県・正文館書店知立八ツ田店で、小山力也とトークショー。
ＷＥＢ《サンスポＺＢＡＴ》でコラム「馬券の休息」を連載（～一九年五月、藤）。
▼この年、文庫解説十四本（尾崎英子『私たちの願いは、いつも』角川文庫、等）。

■二〇一八年（平成三十年） 七十二歳

四月十五日 「皐月賞」三連単三十七万馬券を、事前に予想していたが、直前で変えてしまい取り逃す。虚脱感に襲われる。
六月二日 競馬初心者たちを募って競馬場ツアーを敢行。
▽八月『外れ馬券に挨拶を』（ミデアム出版社、藤）。
十月十九日 梅田蔦屋書店で「どこよりも早い ２０１８年エンターテインメント・ベスト10」のトークイベントに登壇。
この年 競馬仲間と三人でＬＩＮＥグループをつくる。
▼この年、文庫解説十四本（盛田隆二『残りの人生で、今日がいちばん若い日』祥伝社文庫、等）。

■二〇一九年（令和元年） 七十三歳

一月二十二日 YouTubeで音声による書評「北上ラジオ」が始まる（～二二年八月十八日まで）。
四月三日 文禄堂高円寺店で亀和田武と「雑誌をつくった少年たち」をテーマにトークショーを開催。
▽七月『書評稼業四十年』（本の雑誌社、北）。
▽七月『椎名誠［北政府］コレクション』（集英社文庫）の編者を担当（北）。

▽八月『外れ馬券に約束を』（ミデアム出版社、藤）。

九月十日　ブックファースト新宿店で鏡明とトークショー&サイン会（司会・大森望）。

十月十八日　梅田蔦屋書店で「どこよりも早い　２０１９年エンターテインメント・ベスト10」のトークイベントに登壇。

この年　あまりに当たらないため「ＷＩＮ５」馬券の購入をやめる。

▼この年、文庫解説十三本（野口卓『まさかまさか　よろず相談屋繁盛記』集英社文庫、等）。

■二〇二〇年（令和二年）　七十四歳

『ミステリマガジン』一月号から「勝手に文庫解説2」の連載開始（〜二三年三月号まで）。

▽一月『息子たちよ』（早川書房、北）。

二月二十二日　この日と翌日、東京競馬場に行く。翌週からコロナ禍のため競馬は無観客開催となる。

三月　外出自粛要請中に自宅周辺で降雪。家の前の坂道を一人で雪かきする。

▽三月『不屈　山岳小説傑作選』（ヤマケイ文庫）の選者を担当（北）。

▽八月『外れ馬券にさよならを』（ミデアム出版社、藤）。

九月十八日　LiveWireのオンラインイベント「日下三蔵の昭和SF&ミステリ秘宝館#17 戸川昌子編」にゲスト出演。

十二月十三日『毎日新聞』に浜本のインタビュー記事が載ったことを妻に教えられ、嬉しがる。

▼この年、文庫解説十本（北上次郎選『不屈　山岳小説傑作選』ヤマケイ文庫、等）。

■二〇二一年（令和三年）　七十五歳

▽三月『阿佐田哲也はこう読め！』（田畑書店、北）。

2020年代

▽四月〜『日本ハードボイルド全集』（創元推理文庫）、日下三蔵、杉江松恋と共に編者を担当（北）。

春　競馬仲間のＬＩＮＥグループに、スマホを始めた田口俊樹が加わる。

▽五月『書評七福神が選ぶ、絶対読み逃せない翻訳ミステリベスト　２０１１－２０２０』（書肆侃侃房、北）、川出正樹、酒井貞道、霜月蒼、杉江松恋、千街晶之、吉野仁との共編著。

▽六月『ターフの周辺』（百年書房、藤）。

▽八月『外れ馬券に帆を上げて』（ミデアム出版社、藤）。

▼この年、文庫解説十三本（幡大介『騎虎の将　太田道灌』徳間文庫、等）。

■二〇二二年（令和四年）　七十六歳

専門チャンネル「グリーンチャンネル」の競馬番組「全日本はずれ馬券委員会」（全十二回）に委員長として出演（藤）。

十一月十七日　新宿浪曼房でＫＡＤＯＫＡＷＡの宍戸健司定年パーティーに出席。開会の挨拶をする。

十一月二十八日　夢枕獏の自宅に行き、キマイラに関する多くの資料を渡される。

十二月十二日　便通がなく病院へ行ったところその場で入院が決まる。

十二月十六日　肺がんステージ4であることが判明。

▼この年、文庫解説十四本（宇佐美まこと『熟れた月』光文社文庫、等）。

■二〇二三年（令和五年）

『本の雑誌』二月号に書評を寄稿。最後の「新刊めったくたガイド」となる。

一月十七日　町田胃腸病院から町田市民病院に転院。

一月十九日　午前十時、永眠。七十六歳三ヶ月。

初出について

目黒考二、北上次郎、藤代三郎の傑作選はそれぞれの原稿の末尾に本の雑誌の掲載号を明示してあります。
北上次郎「ミステリーベスト10」は一九九六年～二〇〇一年の本の雑誌一月号、「エンターテインメントベスト10」は二〇〇二年～二〇一三年の本の雑誌一月号に掲載したものです（但し二〇一〇年度から二〇一三年度までの四年間はWEB本の雑誌に掲載）。
ほかに本文中に掲載号の記載のないものは「本の雑誌」二〇二三年五月号と書き下ろし、語り下ろしです。

本書中には現在の目から見ると穏当を欠くと思われる表現、語句が一部見られますが、発表時の時代背景を考え合わせ、原文のままとしています。また、掲載している書籍の版元、定価は「本の雑誌」刊行時のものです。

北上次郎文庫解説リストの制作にあたり、読者の橋本敦司さんより欠落している作品についてご教示いただきました。この場を借りて御礼申し上げます。

別冊本の雑誌㉑

本の雑誌の目黒考二・北上次郎・藤代三郎

二〇二三年九月二十五日　初版第一刷発行

編　者　本の雑誌編集部
発行人　浜本茂
印　刷　中央精版印刷株式会社
発行所　株式会社　本の雑誌社
〒101-0051
東京都千代田区神田神保町1-37　友田三和ビル
電話　03（3295）1071
振替　00150-3-50378

定価はカバーに表示してあります
ISBN978-4-86011-483-1 C0095